Reise zu den „Illyriern“
Kroatien-Stereotype in der deutschsprachigen Reiseliteratur und Statistik
(1740–1809)

SÜDOSTEUROPÄISCHE ARBEITEN

Für das

Institut für Ost- und Südosteuropaforschung

herausgegeben von

ULF BRUNNBAUER

und

KONRAD CLEWING

2013

OLDENBOURG VERLAG MÜNCHEN

SÜDOSTEUROPÄISCHE ARBEITEN

147

Mirna Zeman

Reise zu den „Illyriern“

Kroatien-Stereotype in der deutschsprachigen Reiseliteratur und Statistik (1740–1809)

2013

OLDENBOURG VERLAG MÜNCHEN

Bibliografische Information der Deutschen Nationalbibliothek
Die Deutsche Nationalbibliothek verzeichnet diese Publikation in der Deutschen Nationalbibliografie; detaillierte bibliografische Daten sind im Internet über <http://dnb.d-nb.de> abrufbar.

ISBN 978-3-486-72269-7

Satz: Kraus PrePrint, Landsberg am Lech
Druck und Bindung: AZ Druck und Datentechnik GmbH, Kempten

Inhaltsverzeichnis

Vorwort

Die vorliegende Arbeit, 2009 als Dissertationsschrift an der Universität Paderborn angenommen, wurde ermöglicht durch die Unterstützung des Paderborner Graduiertenkollegs „Reiseliteratur und Kulturanthropologie". Der damaligen Kollegssprecherin, meiner Doktormutter Prof. Dr. Gisela Ecker, die mit außerordentlichem Engagement mein Projekt betreut und mich vielseitig unterstützt hat, bin ich an erster Stelle zum Dank verpflichtet: dafür, dass sie mir viel Freiraum zum selbständigen Arbeiten ließ, mir einen gesunden Mut zur Lücke vermittelte und mich zum kritischen Denken ermunterte. Gisela Ecker verdanke ich auch die Ehre des Dissertationspreises der Universität Paderborn im Jahr 2010, für den sie die Arbeit vorgeschlagen hatte.

Der größte Dank gebührt meinem Lebensgefährten Nebojša, der mich über alle Höhen und Tiefen der Promotionszeit hinweg unterstützt, begleitet und dabei die Geduld mit mir nicht verloren hat, auch dann nicht, wenn ich langanhaltend meine Nase in die Bücher steckte. Ohne ihn gäbe es dieses Buch wohl nicht.

Wertvolle fachliche Hinweise, Anregungen und Ermunterungen verdanke ich Prof. Dr. Dr. h. c. mult. Hartmut Steinecke, bei dem ich mich auch für die Erstellung des Zweitgutachtens herzlich bedanken möchte. Mein Dank geht außerdem an Dr. Anja Johannsen, Dr. Guido M. Berndt und Oliver Scholle für ihre Korrekturen und für zahlreiche Diskussionen über die „Morlaken". Besonderer Dank gilt Herrn Prof. Dr. Ludwig Steindorff und Frau Renata Steindorff, die meinem Projekt durch Interesse, Hilfsbereitschaft sowie fachliche und praktische Hinweise Unterstützung zukommen ließen. Dr. Konrad Clewing ist es zu verdanken, dass diese Untersuchung in überarbeiteter Fassung in der Reihe der „Südosteuropäischen Arbeiten" erscheinen konnte. Mein weiterer Dank geht an die Deutsche Forschungsgemeinschaft, die Universität Paderborn und den Deutschen Akademischen Austauschdienst, die mein Projekt mit Promotionsstipendien unterstützten.

Ausschlaggebend für meine wissenschaftliche Laufbahn und den erfolgreichen Abschluss dieser Arbeit war der Rückhalt meiner Eltern, Miro und Nataša, sowie meiner Schwester Maja, die mir mit Rat und Tat beständig zur Seite standen, wofür ich ihnen außerordentlich dankbar bin. Bei Ozren fand ich immer offene Ohren für mein Thema, dafür und für seine stete Hilfsbereitschaft sei ihm gedankt. Diese Arbeit wäre undenkbar gewesen ohne die Erfahrung der *briškula*-und-*trešeta*-Abende mit meinen Großeltern, einer *bodulica* und einem *vlaj*, die mich wie kaum jemand anders weltanschaulich prägten und mein Interesse für dalmatinische Identitäten weckten. Dem Andenken an *baka i dida*, Jovana Rogulj und Špiro Rogulj Rokel, ist dieses Buch gewidmet.

Düsseldorf, Juli 2012

Mirna Zeman

I Einleitung

1 Einführung

„Wir haben uns besonnen,
Wo wir werden hinkommen.
Reisen ist kein Schand
Zu Wasser und zu Land, [...]
Haben noch einen harten Stand
Bis 'nunter ins Kravattenland,
Sitz ich auf der Sau,
Und herrumerschau,
Belgrad ist schon da."[1]

Die historische deutsche Handwerksburschen-Geographie kannte es offenbar, das Reiseziel Kroatien. „Bis 'nunter ins Kravattenland"[2] – das Unternehmen, das in diesem Wanderlied aus der Liedersammlung „Des Knaben Wunderhorn" noch als Wunschvorstellung, als etwas Ersonnenes erscheint, haben viele deutschsprachige Reisende tatsächlich verwirklicht und beschrieben. Die Reiseliteratur, das Hauptsprachrohr der mobilen Menschen der vergangenen Jahrhunderte, hält ihre Erfahrungen fest, die Erfahrungen unterschiedlicher „Kravattenland"-Besucher, darunter auch solcher, die im 18. Jahrhundert wahrhaftig „auf der Sau"[3] saßen und den im „Kerbholz und Knotenstock" imaginierten Weg nach Belgrad in der Tat zurücklegten.

1 Aus: Kerbholz und Knotenstock. Fliegendes Blatt. Zitiert nach Ludwig Achim von ARNIM / Clemens BRENTANO, Des Knaben Wunderhorn. Alte deutsche Lieder. Kritische Ausgabe. Bd. 2. Hg. Heinz RÖLLEKE. Stuttgart 1987, 359–362, 359, 361 [Erstauflage 1806/1808]. Siehe auch Handwerksburschen Geographie, in: Oskar SCHADE (Hg.), Deutsche Handwerkslieder. Leipzig 1865, 142–147 [Ndr. Wiesbaden 1970]. Den Hinweis auf dieses Lied fand ich bei Zdenko ŠKREB, Name und Gestalt des Kroaten in der deutschen Dichtung, *Anzeiger für slavische Philologie* 9 (1977), 281–299, 287.

2 Beim Namen „Kravattenland" handelt es sich um eine ältere, vor allem österreichisch-bayerische Lautung für „Kroatenland". In einer niederösterreichischen Variante dieses Wanderliedes aus dem 18. Jahrhundert wird „Krawaten" als Reiseziel genannt. Siehe Jakob KELEMINA, Handwerksburschengeographie, ein niederösterreichisches Lied des 18. Jahrhunderts, *Zeitschrift des Vereins für Volkskunde* 18 (1908), H. 3, 296–300, 299.

3 ARNIM / BRENTANO, Kerbholz und Knotenstock, 361. Gemeint ist der Fluss Sau/Save.

Von beiden Arten des Reisens nach Kroatien – dem imaginären, „sich ersonnenen“ und dem tatsächlich unternommenen – handelt die vorliegende Studie. Konkreter: Sie beschäftigt sich mit Begegnungen deutschsprachiger Autoren mit der kroatischen/dalmatinischen/slawonischen Fremde im Modus der realen und dem der „bewegungslosen Reise“[4], d. h. der tatsächlichen Begegnungen durch Mobilität und der geistigen Auseinandersetzung am Schreibtisch. Der zeitliche Schwerpunkt der Untersuchung liegt in der Periode zwischen dem Regierungsantritt Maria Theresias (1740) und der Gründung von Napoleons Illyrischen Provinzen (1809) – einem Zeitraum, in dem die historischen Territorien[5] Kroatiens auf eine offenkundige und gut dokumentierte Weise eine intensive Rehabilitierung in den Itinerarien und Imaginarien der deutschsprachigen Kultur erfahren haben. Die Wirkung der Wissens- und Stereotypenvorräte, die sich in der weit zurückreichenden Tradition der gegenseitigen Beziehungen – im österreichischen Falle auch der gemeinsamen politischen Geschichte – ausgebildet hatten, ist jedoch nicht zu unterschätzen. Deswegen ist keine zeitliche Rahmensetzung im Sinne eines starren Korsetts möglich. Bei den Konfrontationen mit und den Konstruktionen der kroatischen/dalmatinischen/slawonischen Fremde gab es im Falle der deutschsprachigen Autoren des 18. und frühen 19. Jahrhunderts immer ein zeitliches und textuelles Davor. Diesem Umstand möchte ich zumindest skizzenhaft Rechnung zu tragen versuchen, indem ich einen notwendigerweise selektiven „wissensarchäologischen“ Rückblick auf das imagologische Vermächtnis der früheren historischen Epochen versuche.

Die Spur der kulturellen, Reise- und intellektuellen Beziehungen von einst verläuft quer durch die Texte, Genre- und Diskursgrenzen überschreitend. Ihr folgend, wird diese Arbeit eine interdisziplinär-kulturwissenschaftliche, über die klassischen Oppositionen faktisch/fiktional, literarisch/nicht literarisch hinausgehende Analyse eines heterogenen Textkorpus vorlegen. Untersucht werden verschiedenste Texte, die auf die historischen Länder Kroatiens und ihre Bevölkerung Bezug nehmen. Diese interessieren mich vor allem in Kategorien von Iter, Imago und Identity Label, das heißt, als Zeugnisse des Reisens, der geistigen Auseinandersetzung mit dem Fremden – in der angelsächsischen Terminologie: des Othering – und der kollektiven Auto- und Heteroidentifizierungen.

4 Zum Konzept der „bewegungslosen Reise“ siehe den Call for Papers der Forschungsgruppe für Interkulturelle Studien an der Université Jean Monnet St. Etienne: Cfp. Die bewegungslose Reise, unter <http://hsozkult.geschichte.hu-berlin.de/termine/id=4448>, 15.07.2011.

5 Zu historischen Territorien Kroatiens siehe Ludwig Steindorff, Kroatien. Vom Mittelalter bis zur Gegenwart. Regensburg 2001.

2 Fragestellungen

2.1 Reisen

Ein prominentes, viel beschriebenes Reiseziel waren die historischen Territorien Kroatiens im 18. und frühen 19. Jahrhundert nicht: Trotz ihrer geographischen Nähe und der historischen und politischen Bindungen an die Habsburgermonarchie avancierten sie eher selten zum Gegenstand deutschsprachiger Reiseliteratur und blieben auch im westeuropäischen Rahmen am Rande des Reiseinteresses. Die realhistorische Grenzlage dieser Gebiete zwischen den frühneuzeitlichen Imperialmächten Venedig, Habsburger Monarchie und Osmanisches Reich fand auch auf den Mental Maps der Zeit ihre Entsprechung und demgemäß bedeutete Imago Croatiae auch im 18. und frühen 19. Jahrhundert zum großen Teil Imago Confiniorum. „Hier auf dem äußersten Punkte der österreichischen Monarchie, wo ich gegenüber die Osmanen vor mir sehe", heißt es im Text eines Kroatien-Besuchers um die Jahrhundertwende, „beobachte ich die noch so unbekannten Einwohner dieser Gränz-Länder [...]."[6] Ähnlich wie Johann Andreas Demian, der Autor dieser Zeilen, erlebten viele weitere deutschsprachige Autoren aus dem Habsburgerreich den kroatischen Raum als den „äussersten Punkt"[7], als Grenze oder Rand des politisch und kulturell Vertrauten. Für einige von ihnen begann schon hier, und nicht erst jenseits der osmanischen Grenze das Fremde, gedacht in sprachlichen, ethnischen, konfessionellen, kulturellen und zivilisatorischen Kategorien. Die Metaphorik der Fremde innerhalb der eigenen staatlichen Grenzen,[8] die Bilder des Exotischen „vor der eigenen Haustür" bleiben nebst den Elementen des „Grenz-Orientalismus"[9] ein charakteristisches Merkmal ihrer Kroatien-Diskurse. Nicht selten wer-

6 Johann Andreas Demian, Nachrichten von der Militärkommunität Kostainicza in Croatien und dem Handel daselbst, *Archiv für Geographie und Statistik, ihre Hülfswissenschaften und Literatur. Mit vorzüglicher Rücksicht auf die östereichischen Staaten*, Jg. 1804, H. 6, 465–477, 465.

7 Demian, Nachrichten, 465.

8 Kroatien und Slawonien, nach 1815 auch Dalmatien können mit Endre Hárs, Wolfgang Müller Funk, Ursula Reber und Clemens Ruthner in Kategorien der symbolischen „inneren Peripherien" des Habsburgerreiches gedacht werden. Zum Konzept siehe Endre Hárs u. a., Zentren peripher. Vorüberlegungen zu einer Denkfigur, in: ders. u. a. (Hgg.), Zentren, Peripherien und kollektive Identitäten in Österreich-Ungarn. Tübingen, Basel 2006 (Kultur – Herrschaft – Differenz, 9), 1–15.

9 Unter Frontier Orientalism – dem Konzept, das man dem Anthropologen Andre Gingrich verdankt – ist ein relativ kohärentes Set von Metaphern und Mythen zu verstehen, das in volkstümlichen Traditionen, in den Künsten und in den Historiographien vieler mittel- und südosteuropäischer Länder zu finden ist, deren Geschichten durch militärische, kulturelle und wirtschaftliche Konflikte und Kontakte mit der benachbarten islamischen Welt geprägt sind. Das eigene Heimatland und seine Bevölkerung werden im Rahmen des „Grenz-Orientalismus" an der umkämpften gemeinsamen Grenze mit dem „Bösen Orientalen" imaginiert und in Bildlichkeiten des Antemurale Christianitatis gedacht und dargestellt. Zum Frontier Orientalism siehe Andre Gingrich, Frontier Myths of Orientalism. The Muslim World in Public and Popular Cultures of Central Europe, in: Bojan Baskar / Borut Brumen (Hgg.), MESS. Medi-

den das Unterwegssein in diesen Gebieten und seine Descriptio als Reisen und Schreiben im Spurlosen, als eine „Entdeckung" mit kolonialem Impetus inszeniert. Wenn in Kroatien und Slawonien – insbesondere aber in den Militärgrenzgebieten und später auch in Dalmatien – tatsächlich und am Schreibtisch unterwegs, sahen sich viele „österreichische" Autoren gerne mitten in den unbekannten Ländern, in einer „noch ganz incognita Terra austriaca".[10]

Wer aber waren diese Reisenden, die sich in der zweiten Hälfte des 18. und dem ersten Jahrzehnt des 19. Jahrhunderts aus dem deutschsprachigen Raum auf den Weg „bis 'nunter"[11] machten, in die Zone der friedlichen und feindlichen multiimperialen Begegnungen, in die Länder mit vielen Namen und vielfältigen Kulturen? Was war der Anlass, wer der Auftraggeber ihrer Reisen? Wie gingen sie vonstatten? Warum reiste man dorthin und warum beschrieb man diese Länder?

In der Beantwortung dieser Fragen liegt der erste thematische Schwerpunkt dieser Arbeit. Mein Anliegen ist es, auf der Basis detaillierter – auf imagologische, historische, kultur- und literaturgeschichtliche Kontextualisierungen hin ausgerichteter – Einzelprüfungen der historischen Reiseliteratur, die Praxis des Reisens in historische Territorien Kroatiens zu beleuchten und Näheres über die Reisetexte selbst und darin festgehaltene Wahrnehmungen auszusagen. Reiseberichte als sprichwörtlich problematische Quellen, die das Fremde an den Schnittstellen vielfältiger historischer Spezialdiskurse und in einem Geflecht aus Dokumentarischem und Imaginativem, Objektivisierendem und Subjektivem, Erfahrenem und Angelesenem schreiben, lassen sich erst in ihren vielfältigen Kontextgebundenheiten sinnvoll deuten. Kontextuell und interdisziplinär gelesen, geben sie Aufschluss über die Praxis des Reisens in ihrer Rolle der Wissensgenerierung und in ihren vielfachen funktionalen Beziehungen zu den aufkommenden Techniken der Gouvernementalität[12] im Habsburgerreich der Josephinischen und Franziseischen Epoche. Eines der Anliegen der Analysen ist es also, die Motive des Reisens und die Reisepraxis selbst in ihren vielfältigen Zusammenhän-

terranean Ethnological Summer School, Vol II. Ljubljana 1998, 99–127; DERS., Grenzmythen des Orientalismus. Die islamische Welt in der Öffentlichkeit und Volkskultur Mitteleuropas, in: Erika MAYR-OEHRING / Elke DOPPLER (Hgg.), Orientalische Reise. Malerei und Exotik im späten 19. Jahrhundert. Wien 2003, 110–129; DERS., Kulturgeschichte, Wissenschaft und Orientalismus. Zur Diskussion des „frontier orientalism" in der Spätzeit der k. u. k. Monarchie, in: Johannes FEICHTINGER u. a. (Hgg.), Schauplatz Kultur – Zentraleuropa. Transdisziplinäre Annäherungen. Innsbruck u. a. 2006 (Gedächtnis–Erinnerung–Identität, 7), 279–288. Siehe auch Bojan BASKAR, Ambivalent Dealings with an Imperial Past. The Habsburg Legacy and New Nationhood in ex-Yugoslavia. Wien 2003 (Wittgenstein 2000, Working papers, 10), 1–21, unter <http://www.theslovenian.com/articles/baskar.pdf>, 15.07.2011.

10 Ignaz DE LUCA, Geographisches Handbuch von dem östreichischen Staate. Vierter Band: Enthaltend Ungern, Illyrien, und Siebenbürgen. Wien 1791, Vorrede ohne Paginierung.

11 ARNIM / BRENTANO, Kerbholz und Knotenstock, 361.

12 Der Begriff geht auf Michel Foucault zurück. Vgl. Michel FOUCAULT, Sicherheit, Territorium, Bevölkerung. Geschichte der Gouvernementalität I. Vorlesung am Collège de France 1977–1978. Hg. Michel SENNELART. Frankfurt/M. 2006; DERS., Die Geburt der Biopolitik. Geschichte der Gouvernementalität II. Vorlesung am Collège de France 1978–1979. Hg. Michel SENNELART. Frankfurt/M. 2006.

gen mit der zeitgenössischen Wissensproduktion einerseits und der politischen Macht und Herrschaft andererseits – mit anderen Worten: das Beziehungsgeflecht zwischen Reisen, Wissen und Macht – zu beleuchten. Andererseits schreiben diese Werke auf ihre je eigene Weise – sei es affirmativ oder gegen den Strich – an vielen kleinen und großen Themen und Mythen der deutschen, österreichischen und kroatischen Historiographie mit. Durch komparatives Lesen der Reiseberichte mit historiographischen, literarischen, kameralistischen und anderweitigen Texten wird – um mit Jürgen Link und Wulf Wülfing zu sprechen – die „polemische Konkurrenz um Symbole"[13] sichtbar, der ich in meinen Analysen am Beispiel der „Ethno-/Nationalcharaktere" und anderen Mythen, beispielsweise vom „Soldatenhandel" oder „Joseph dem Deutschen", nachgehen möchte. Mein besonderes Interesse gilt den „Ambivalenz- und Spannungszonen" im „symbolischen System", d. h. den konkurrierenden Perspektiven, Konfrontationen und Polemiken auf dem Feld des Symbolischen, dem Pro- und-Contra-Spiel der diskursiven Positionen im Kampf um Sinnbildung.[14] Hierbei geht es mir nicht um den Wahrheitsgehalt dieser oder jener Aussage, sondern um ein Gegeneinanderstellen und Gegeneinanderlesen, das das Perspektivische betont und die eingefahrenen Vorstellungsmuster herausfordert.

Neben den Akteuren, Absichten, Zielen und zum Teil auch den Wegen und Arten des Reisens sind für diese Studie auch die Techniken und Inhalte der jeweiligen Versprachlichung von Interesse: die erzählten Reiseumstände, die rhetorischen Strategien und Legitimationsakte der Erzählenden und ihre unfreiwilligen Selbstdarstellungen. Berücksichtigt wird dabei neben dem historischen auch der diskursive Kontext, in dem der jeweilige Text situiert ist. Besondere Beachtung findet dabei das Verhältnis von Erfahrenem und Angelesenem, von Beschriebenem und prominenten Argumentationszusammenhängen der Epoche. Daher wird den intertextuellen Bezügen und wirkungsgeschichtlichen Implikationen der einzelnen Texte entsprechende Aufmerksamkeit geschenkt. Aus literaturwissenschaftlicher Perspektive erweisen sich historische Reiseberichte als interessant, weil sie durch intertextuelle Verweise und Diskursverschränkungen auf institutionalisierte Literatur und deren Imaginarien reagieren. Lässt sich anhand der Kroatien-bezogenen Berichte der Reisenden auch eine Entwicklung in Richtung einer Ästhetisierung der Gattung feststellen?

Im Mittelpunkt der Analysen wird die Beschäftigung mit einer Frage stehen, die zugleich den zweiten und zentralen thematischen Schwerpunkt der Studie andeutet, nämlich mit der Frage: Wie nahmen die damaligen Reisenden die Bevölkerung Kroatiens wahr, welche Images und mögliche Stereotype vermittelten sie über die dort lebenden „Völkerschaften"?

[13] Jürgen Link / Wulf Wülfing, Einleitung, in: diess.: (Hgg.), Nationale Mythen und Symbole in der zweiten Hälfte des 19. Jahrhunderts. Strukturen und Funktionen von Konzepten nationaler Identität. Stuttgart 1991, 7–15, 12.

[14] Ebd., 12–13.

2.2 Fremdbilder

„Euch grüßet das Lied, Männer der Ehre!
Heldenbewohner Croatiens!
Gleich fertig den nervigten Arm
Zum Pfluge, zum Schwerte zu strecken!

Zwar ist euch fremd der deutsche Gesang;
Doch hab't ihr auch Barden und liebet das Lied.
Ich hab euch behorcht. Es quoll euch herauf
Tieflangsam und fürchterlich ernst."[15]

Um über die Bewohner Kroatiens dichterisch reflektieren zu können, brauchte man nicht unbedingt „bis 'nunter ins Kravattenland"[16] zu reisen, denn die „Kroaten" „behorchen" konnte man auch von Wien aus, und zwar buchstäblich, indem man einigen von ihnen als Reisenden oder Zugewanderten begegnete. Man konnte sie aber auch imaginativ „behorchen", sich auf eine nicht zuletzt durch die Lektüre bestimmter Prätexte gewonnene Vorstellung über diese „Heldenbewohner"[17] stützend. Beides war höchstwahrscheinlich bei dem oben zitierten Dichter Michael Denis der Fall. Um die kulturellen Stereotype der vergangenen Epochen aufzuspüren, bedarf es folglich der Heranziehung auch solcher Texte, die Verhandlungen des Eigenen und Fremden im Modus der „bewegungslosen Reise" – sei es dichterische Imagination oder eine andere Form der geistigen Auseinandersetzung – vornehmen. In diesem Sinne werden in der vorliegenden Studie neben den Reiseberichten auch literarische Werke (Romane, Erzählungen, Bühnenstücke und Gedichte), Landesbeschreibungen und „Statistiken", Topographien, Reisegeographien, ethnographische Werke, Zeitungsartikel und unterschiedliche wissenschaftliche und quasiwissenschaftliche Abhandlungen auf die Imago Croatiae und ethnocharakterologische Diskurse über unterschiedliche pränationale Bevölkerungsgruppen aus dem kroatischen Raum hin geprüft.

Dass man mittels der Erforschung sogenannter „Bilder des Fremden" oder „Imagotypien" in der Literatur Kenntnisse über die interkulturellen Beziehungen gewinnen kann, ist seit Langem bekannt. Aus dieser Erkenntnis heraus erwuchs ja eine ganze Forschungsdisziplin, die sich komparatistische Imagologie nennt.[18] Doch erst die Spätmoderne mit ihrem

[15] Aus Johann Nepomuk Cosmas Michael Denis, Der Zwist der Fürsten. Besungen von Sined dem Barden. Wien 1778. Zitiert nach Michael Denis, Auserlesene Gedichte. Passau 1824, 162. Den Hinweis auf dieses Lied fand ich bei Mira Janković, Ossian kao poticaj za sakupljanje narodnih pjesama kod Južnih Slavena, *Zbornik za narodni život i običaje* 38 (1955), 177–221, 196.

[16] Arnim / Brentano, Kerbholz und Knotenstock, 361.

[17] Denis, Auserlesene Gedichte, 162.

[18] Zur komparatistischen Imagologie als einem Teilbereich der Vergleichenden Literaturwissenschaft, zur Geschichte, zur Methode und zum Gegenstand dieser Disziplin siehe das Nachschlagewerk von Manfred Beller / Joep Leerssen (Hgg.), Imagology. The Cultural Construction and Literary Representation of National Characters. A Critical Survey. Amsterdam, New York 2007. Siehe dort die weiterführenden Literaturhinweise. Vgl. auch Cedric C. Barfoot

kulturologischen Paradigmenwechsel, konstruktivistischen Ansätzen und Fokussierungen der Fragen nach Identität und Alterität bewirkte eine regelrechte Rehabilitierung der Imageforschung und trug zugleich zu einer Erweiterung der ursprünglich eng literaturbezogenen Interessenshorizonte dieser Disziplin bei.[19] Die jüngere Entwicklung – die Stefanie Stockhorst als den „cultural turn in der komparatistischen Imagologie"[20] begrüßte – manifestiert sich zum einen in den neuen Rahmensetzungen: Nicht nur literarisch verdichtete Images, sondern auch imagologische Aussagen außerhalb der ästhetischen Praxis avancieren immer häufiger zum Gegenstand imagologischer Studien. Die kulturologische Orientierung führte zum anderen auch zu einer Fokusverschiebung weg von der bloßen Beschreibung der vorhandenen Zuschreibungstopoi hin zur Untersuchung ihrer Entstehungs- und Vorgeschichten, der historischen und ideologischen Hintergründe, kulturellen Kontexte und Intertexte, in die die sprachlichen Images eingebettet sind, sowie zur Erforschung der Funktionen, die völkerbezogene Stereotype in unterschiedlichen Narrativen erfüllen.

Auch in der historischen Stereotypenforschung – einem Teilbereich der Geschichtswissenschaften, der sich ebenfalls für ethnocharakterologische Diskurse interessiert – lässt sich in den letzten Jahrzehnten die interdisziplinäre Öffnung beobachten, am offenkundigsten in der Praxis der historischen Diskursanalyse. Michael Imhof plädierte für eine semiotisch ausgerichtete und durchaus auch historisch anwendbare kulturwissenschaftliche Stereotypenforschung, die an die Ergebnisse der generativen/kritischen Diskursanalyse und Jürgen Links Konzept der Kollektivsymbolsysteme anzuknüpfen hätte.[21]

(Hg.), Beyond Pug's Tour. National and Ethnic Stereotyping in Theory and Literary Practice. Amsterdam 1997; Günther Blaicher (Hg.), Erstarrtes Denken. Studien zu Klischee, Stereotyp und Vorurteil in englischsprachiger Literatur. Tübingen 1987; Joep Leerssen / Karl Ulrich Syndram (Hgg.), Europa Provincia Mundi. Essays in Comparative Literature and European Studies Offered to Hugo Dyserinck on the Occasion of his sixty-fifth Birthday. Amsterdam 1992; Manfred S. Fischer, Nationale Images als Gegenstand vergleichender Literaturgeschichte. Untersuchungen zur Entstehung der komparatistischen Imagologie. Bonn 1981.

[19] Zu dieser Neupositionierung siehe Sabine Egger, Komparatistische Imagologie im interkulturellen Literaturunterricht, *Zeitschrift für Interkulturellen Fremdsprachenunterricht* 6 (2002), Nr. 3, 1–22, unter <http://zif.spz.tu-darmstadt.de/jg-06-3/beitrag/imagologie.htm>, 15.07.2011. Vgl. Stefanie Stockhorst, Was leistet ein cultural turn in der komparatistischen Imagologie? Henry Crabb Robinson als Vermittler deutscher Dichter- und Gelehrtenkultur nach England, *Arcadia* 40 (2005), 354–374.

[20] Ebd., 354.

[21] Vgl. Michael Imhof, Stereotypen und Diskursanalyse. Anregungen zu einem Forschungskonzept kulturwissenschaftlicher Stereotypenforschung, in: Hans Henning Hahn (Hg.), Stereotyp, Identität und Geschichte. Die Funktion von Stereotypen in gesellschaftlichen Diskursen. Frankfurt/M. u. a. 2002 (Mitteleuropa–Osteuropa, 5), 57–71. Für eine transdisziplinär ausgerichtete diskursanalytische Stereotypenforschung plädiert auch Ruth Florack, Stereotypenforschung als Baustein zu einer Interkulturellen Literaturwissenschaft, in: Peter Wiesinger (Hg.), Akten des X. Internationalen Germanistenkongresses Wien 2000. „Zeitenwende – Die Germanistik auf dem Weg vom 20. ins 21. Jahrhundert". Bd. 9: Literaturwissenschaft als Kulturwissenschaft. Bern u. a. 2003 (Jahrbuch für internationale Germanistik, Reihe A, Band 61), 37–43.

Auch die vorliegende Arbeit folgt diesen kulturwissenschaftlichen Ansätzen. Sie versucht, sich den gedanklichen, sprachlichen bzw. diskursiven Repräsentationen oder Images der „Kroaten", „Morlaken", „Illyrier" in deutschsprachigen Texten zu nähern, indem sie verschiedene Lösungsvorschläge, die die einzeldisziplinären, diskurshistorischen und postkolonialen Beiträge zu den Image Studies in den letzten Jahrzehnten geliefert haben, engführt.[22] Wesentlich erscheint mir dabei, wie Michael Imhof schreibt, Folgendes zu ermitteln:

> „Warum wird zu einem bestimmten Zeitpunkt und in einem bestimmten Zusammenhang – innerhalb und außerhalb des Textes – gerade dieses und nicht ein anders lautendes Stereotyp mit welcher Funktion für die Äußerung insgesamt und begleitet von welcher Motivation, die nicht intentional sein muß, von einem bestimmten Sprecher verwendet?"[23]

Im Falle des komplexen „Trinoms" deutsch-österreichisch-kroatisch in der ideen-, politisch-, wissenschafts-, kultur- und identitätsgeschichtlich turbulenten historischen Epoche der „Sattelzeit"[24] ist die Detailarbeit mit den Texten besonders wichtig. Die jeweiligen soziohistorischen und diskursiven Kontexte der Aussagen über Bevölkerungsgruppen im kroatischen Raum müssen von Fall zu Fall und möglichst umfassend immer wieder neu erschlossen werden. Dabei bedarf es – so scheint es mir – einer gewissen Distanznahme zu den mittlerweile bereits konventionellen Interpretationsmodellen, die auf den Thesen der aufklärerischen westlichen diskursiven „Erfindungen" Osteuropas und des Balkans als „Wilde Europe" aufbauen und dabei das imagologische Vorher und den Anteil der slawischen Autodiskurse an den diskursiven Konstruktionen dieser Großräume ausklammern. Die Fremdheitsdiskurse, die ich in deutschsprachigen Texten über das historische Kroatien angetroffen habe, erweisen sich als viel uneinheitlicher und ambivalenter, als dies gemäß der Unterstellung einer monolithischen „westlichen" euroorientalistischen Perspektive zu erwarten wäre. Plausibel erscheinen mir daher die Entscheidungen Jürgen Osterhammels und Bernhard Strucks, in beachtender Zurückhaltung vom „Modell des autistischen Diskurses"

[22] Zum Definitorischen sei auf das Buch von Beller / Leerssen, Imagology verwiesen, das ausführliche Begriffserklärungen zu den relevanten Termini („Image", „Stereotyp", „Cliché" usw.) enthält. Vgl. auch Elke Mehnert (Hg.), Bilderwelten – Weltbilder. Vademekum der Imagologie. Chemnitz 1997. Auf die Problematik der uneinheitlichen Terminologie in der Image- und Stereotypenforschung wurde bisher vielfach eingegangen. Die vorliegende Studie kann diesbezüglich keine klärende Arbeit leisten. Eine synthetisierende Darstellung der bisherigen Definitionsversuche der einschlägigen Begriffe liegt im Buch von Małgorzata Świderska, Studien zur literaturwissenschaftlichen Imagologie. Das literarische Werk F. M. Dostojevskijs aus imagologischer Sicht mit besonderer Berücksichtigung der Darstellung Polens. München 2001 (Slavistische Beiträge, 412) vor.

[23] Imhof, Stereotypen, 65.

[24] Den Begriff führte der Historiker Reinhart Koselleck für den Zeitraum zwischen 1750 und 1850 ein. Die „Sattelzeit" ist gedacht als eine Übergangsepoche zwischen der Frühen Neuzeit und der Moderne. Reinhart Koselleck, Einleitung, in: Otto Brunner / Werner Conze / Reinhart Koselleck (Hgg.), Geschichtliche Grundbegriffe. Historisches Lexikon zur politisch-sozialen Sprache in Deutschland. Bd. 1. Stuttgart 1972, XIII–XXVII, XV.

auf den Spuren Saids neue Wege zu gehen, ohne dabei dessen Erkenntnisse und Einsichten zu verschenken.[25]

Anhand eines heterogenen Quellenkorpus, der sich – bis auf eine Ausnahme – auf das im angegebenen Zeitraum publizierte Material beschränkt,[26] versuche ich den Kroatien-bezogenen Alteritätsdiskursen deutschsprachiger Autoren in ihren *longue durée*-Dynamiken und in ihrem mannigfaltigen Bedingt-Sein nachzugehen, d. h. ihren Konditioniertheiten durch realhistorische Ereignisse und Praktiken, subjektive, gruppen- und berufsspezifische Perspektiven und Beobachtungssituationen der reisenden und nichtreisenden Beobachter gleichwie durch uralte Wahrnehmungsschemata und zeitgenössische Nova geistes- und wissenschaftsgeschichtlicher Provenienz. Die möglichen generalisierenden Ethnocharakterologien, völkerbezogenen Stereotype, völkerpsychologischen und exotistischen Zuschreibungen werden durch Gegenlesen unterschiedlicher Quellen, durch Beschreibung der Hintergründe ihrer Entstehung, Wandlung und Automatisierung herausgefordert. Des Weiteren wird auch den ideologischen Hintergründen zeitgenössischer Stereotypenbildungen entsprechende Aufmerksamkeit geschenkt: Insbesondere dann, wenn durch die Darstellung des Eigenen und Fremden eine zivilisatorische Ungleichheit zwischen dem deutschsprachigen Zentrum und der slawischen Peripherie inszeniert wird, lohnt es sich nach den Politika zu fragen, die möglicherweise durch solche Darstellungsweisen legitimiert werden.[27]

[25] Zur Kritik am „Modell des autistischen Diskurses" auf den Spuren Saids siehe Jürgen OSTERHAMMEL, Die Entzauberung Asiens. Europa und die asiatischen Reiche im 18. Jahrhundert. München 1998, 21–29. Vgl. auch Bernhard STRUCK, Nicht West – nicht Ost. Frankreich und Polen in der Wahrnehmung deutscher Reisender zwischen 1750 und 1850. Göttingen 2006. In deutschsprachigen Kroatien-Reiseberichten lassen sich durchaus auch Belege für „balkanistische" oder „euro-orientalistische" Verzerrungen in den Darstellungen des Fremdkulturellen finden. Doch es wäre kaum gewinnbringend und der Vielschichtigkeit dieser Texte auch nicht gerecht, ihre vielfältigen Inhalte interpretativ auf eine weitere Sammlung von Nachweisen für die „westliche" Überheblichkeit gegenüber einem „unzivilisierten" und „rückständigen" Südosten zu reduzieren. Ich stimme der Meinung Bernhard Langs zu, der an einer Stelle in Bezug auf die Lektüre westeuropäischer Orient-Reiseberichte aus dem 18. und 19. Jahrhundert schreibt: „Wer sich in den Inhalt der Reiseberichte und Kommentare vertiefen will, tut gut daran, sich die Lektüre nicht allzu sehr durch den Zorn über den „Orientalismus", den uns der eloquente Edward Said eingeimpft hat, verderben zu lassen." Bernhard LANG, Der Orientreisende als Exeget, in: Gisela ECKER / Susanne RÖHL (Hgg.), In Spuren reisen. Vor-Bilder und Vor-Schriften in der Reiseliteratur. Berlin 2006 (Reiseliteratur und Kulturanthropologie, 6), 31–61, 53.

[26] Einzig beim Reisejournal des Kaisers Joseph II. über Kroatien und das Litorale aus dem Jahre 1775 handelt es sich um eine handschriftliche Quelle, die jedoch nachträglich von Ivan Erceg gedruckt wurde und daher – nicht zuletzt aufgrund ihrer Wichtigkeit für die Erforschung der Zusammenhänge zwischen Reisen und Imperium im 18. Jahrhundert – hier herangezogen wurde.

[27] Zu den Erkenntnispotenzialen einer postkolonialen Lesart narrativ vermittelter Images über die Völker der Habsburger Monarchie siehe Clemens RUTHNER, Kulturelle Imagines und innere Kolonisierung. Ethnisch kodierte Selbst- und Fremdbilder der k. u. k. Monarchie – eine Projektskizze, in: Moritz CSÁKY / Klaus ZEYRINGER (Hgg.), Inszenierungen des kollektiven Gedächtnisses. Eigenbilder, Fremdbilder. Innsbruck 2002 (Paradigma Zentraleuropa, 4), 30–

Kulturelle Stereotype sind bekanntlich hartnäckige und – wie András Vári trefflich formulierte – „tückische Gebilde".[28] Denn einmal geschaffen, lösen sie sich in der Regel von ihren ursprünglichen Kontexten ab und führen beinahe ein Eigenleben auf den Kolportierungswegen des kulturellen Intertextes, auf denen sie häufig ihre ursprüngliche Funktion verlieren und semantische Verzerrungen erfahren, bis sie plötzlich mit neuem Vorzeichen in völlig neuen Bedeutungszusammenhängen auftauchen. Diese Mechanismen möchte ich genauer unter die Lupe nehmen, durch eine Untersuchung des diskursiven „Nachlebens" der Stereotype der Reisenden in Texten der deutschen und österreichischen Kosmographen, „Statistiker" und anderer Armchair-Reisender durch Kroatien-Reiseberichte.

2.3 Problematik kollektiver Identifizierungen

> „Allein sollte man wohl glauben, daß in einem minder aufgeklärten Zeitalter, als das unsrige ist, die Kleinigkeit einer solchen Nahmens-Etymologie, sogar bedeutende Folgen auf jenen Volksstamm hatte, welcher den Nahmen zufällig trug?"[29]

Wie heterogen das untersuchte Material auch sein mag, aus dem Sammelsurium unterschiedlichster Darstellungen zum historischen Kroatien kristallisiert sich vor allem eines heraus: das terminologische Wirrwarr bzw. das schwer durchschaubare Durcheinander aus kollektiven Auto- und Heterobezeichnungen für die dort lebenden Bevölkerungsgruppen. In den deutschsprachigen Reiseberichten über historische Territorien Kroatiens trifft man auf eine erstaunliche Pluralität kleinräumig (regional), konfessionell, ständisch, sprachlich, ethnisch und supraethnisch konnotierter Fremdbezeichnungen. Die zeitgenössischen Reisenden sprachen unter anderem von den „Kroaten", „Morlaken", „Liburniern", „Grenzern", „Griechen", „Likkanern", „Dalmatiern", „Rahzen" usw. und belegten diese Gemeinschaften meist mit dem übergreifenden Gesamtnamen „Illyrier". Während die einen deutschsprachigen Schriftsteller der Aufklärungszeit alle Südslawen der Monarchie „Illyrier" nannten, richteten sich die anderen nach der zeitgenössischen Hofsprache der Habsburger, die mit diesem Namen nur die griechisch-orthodoxen Südslawen des Reiches belegte. Diese terminologische Verschwommenheit gilt nicht nur für deutschsprachige Texte. „‚Illyrian' could be anything", schreibt diesbezüglich der amerikanische Historiker John V. A. Fine:

53. Zu den Defiziten dieser Ansätze siehe Stefan Simonek, Möglichkeiten und Grenzen postkolonialistischer Literaturtheorie aus slawistischer Sicht, in: Johannes Feichtinger / Ursula Prutsch / Moritz Csáky (Hgg.), Habsburg postcolonial. Machtstrukturen und kollektives Gedächtnis. Innsbruck 2003 (Gedächtnis – Erinnerung – Identität, 2), 129–139.

[28] András Vári, Die Palette ethnischer Stereotypen in Ungarn 1790–1848, in: Eva Schmidt-Hartmann (Hg.), Formen des nationalen Bewusstseins im Lichte zeitgenössischer Nationalismustheorien. München 1994 (Bad Wiesseer Tagungen des Collegium Carolinum, 20), 173–196, 191.

[29] Joseph Rohrer, Versuch über die slawischen Bewohner der österreichischen Monarchie. Bd. 1. Wien 1804, 2.

„[F]or a few authors the term could cover all Slavs, including even Russians, or maybe only the South Slavs (including Orthodox Serbs and, depending who is speaking, maybe Bulgarians too. For others the term ‚Illyrians' might denote all Catholic South Slavs (or some narrower group among these Catholics). There even were some Habsburg officials, most often not Slavs themselves, who applied the term ‚Illyrian' specifically to the Serbs."[30]

Es bedarf also durchaus auch eines detektivischen Gespürs, um nachzuvollziehen, wer im jeweiligen Textbeispiel unter diesem Namen eigentlich gefasst worden ist.

Die Pluralität der Fremdbezeichnungen wirft auf jeden Fall die Frage nach Integrationskonzepten und Erscheinungsformen kollektiver Identitäten in kroatischen Geschichtsregionen der Sattelzeit auf: ein Thema, dessen systematische Erforschung noch in den Anfängen steht.[31] Die vorliegende Studie kann einiges über die Heteroidentifizierungen aussagen und terminologische Vorarbeit leisten, durch quellentreue Erfassung der verwendeten Identitätsetiketten und die Beschreibung ihrer semantischen Umfänge in den jeweiligen Verwendungskontexten. Die konkreten Fragestellungen lauten: Welche Fremdbezeichnungen für die Bevölkerung Kroatiens, Dalmatiens und Slawoniens waren damals im Umlauf? Wen genau bezeichnen die jeweiligen Identity Labels? Welche Gemeinschaften und Zusammengehörigkeitsgefühle werden identifiziert?

Bei der Untersuchung der deutschsprachigen Kroatien-Darstellungen ist – um mit Joep Leerssen zu sprechen – „das Aggregat" „deutschsprachig" „nicht minder komplex und problematisch" als die Kategorien „illyrisch", „kroatisch", „morlakisch": „One of the most complex issue an imagologist can face", hält Leerssen fest, „is the question, not *about* whom but *for* whom does a text speak?"[32] Wie treffend diese Behauptung ist, müsste all jenen, die mit der Komplexität der Identifizierungsmodelle im habsburgischen Vielvölkerreich vertraut sind und die Problematik der österreichischen Identität(en) der deutschen gegenüber kennen, spontan einleuchten.[33] Umso mehr lohnt es sich also, nicht nur den Aussagen

[30] John V. A. Fine, When Ethnicity Did Not Matter in the Balkans. A Study of Identity in Pre-Nationalist Croatia, Dalmatia and Slavonia in the Medieval and Early Modern Periods. Ann Arbor/MI 2006, 277.

[31] So Neven Budak, Hrvatska i Slavonija u ranome novom vijeku. Zagreb 2007, 218. Siehe dort die weiterführenden Literaturhinweise zu den Fallstudien und Arbeiten, die im kroatischen Forschungskontext die Frage der protonationalen Identitäten im kroatischen Raum berühren. Diesem Desiderat kommt noch die Studie von Zrinka Blažević, Ilirizam prije ilirizma. Zagreb 2008, nach. Im Hinblick auf das 18. Jahrhundert ist ergänzend noch die Fallstudie von Zoran Velagić zu erwähnen: Identitet Hrvata katolika u osamnaestom stoljeću i njihov odnos spram pravoslavnih i protestanata, in: Ružica Čičak-Chand / Josip Kumpes (Hgg.), Etničnost, nacija, identitet. Hrvatska i Europa. Zagreb 1998, 153–167.

[32] Joep Leerssen, Identity/Alterity/Hybridity, in: Beller / Leerssen (Hgg.), Imagology, 335–341, 338.

[33] Selbst wenn man die Problematik des deutsch-österreichischen Verhältnisses im späten 19. und 20. Jahrhundert ausklammert, machen die verwickelten Fragen bezüglich einer „österreichischen" Identität im Kräftefeld Deutsches Reich – Habsburgischer Vielvölkerstaat im 18. Jahrhundert es einem leicht, nachzuvollziehen, was Friedrich Heer im Sinn hatte, als er in seinem Buch „Der Kampf um die österreichische Identität" schrieb: „Es gibt kein Gebilde in Europa,

der Reisenden zu vormodernen Loyalitäten und Gemeinschaften im kroatischen Raum, sondern auch ihren eigenen, textuell artikulierten Zugehörigkeitsgefühlen und Bindungen nachzugehen.

Mit welchen Gemeinschaften identifizierten sich deutschsprachige Reisende? Welche Identitätsmodelle lassen sich in ihren Texten ausmachen?

In der Forschungsliteratur zum Habsburgerreich und Kroatien im 18. Jahrhundert wurde bereits vielfach darauf hingewiesen, dass Begriffe wie Österreicher, Deutsche oder Kroaten im 18. Jahrhundert andere Bedeutungen hatten als heute. „Das Substantiv ‚Österreich' und das Adjektiv ‚österreichisch'", schreibt diesbezüglich Grete Klingenstein, „kommen da in dichtgewebten Begriffsnetzen mit höchst unterschiedlichen Inhalten und auch verschiedenen geographischen Radien vor."[34] Dasselbe gilt in einem besonderen Maße für das Sammelsurium der Ethnonyme und Personengruppennamen mit Bezug auf historische Regionen Kroatiens. „‚Der Kroate' existierte im deutschsprachigen Sprachgebiet zwar als Stereotyp des ‚blutgierigen' Kriegers", so Wolfgang Kessler, „als nationale Zuordnung war ‚kroatisch' noch nicht etabliert."[35] Um die inhaltlichen Abweichungen von den heutigen nationalen Bezeichnungen kenntlich zu machen, werden in meinen Kommentaren – nebst allen anderen Völkerbezeichnungen, die im Wortgebrauch des 18. Jahrhunderts vorkommen – auch die Begriffe Kroaten, Österreicher, Italiener, Deutsche in Anführungszeichen gesetzt.

3 Warum Kroatien? Zur Forschungslandschaft

Die vorgeschlagene interdisziplinär-kulturologische „Gesamtschau" auf das historische deutsch-österreichische Kroatieninteresse wäre ohne die einzeldisziplinären Vorarbeiten ei-

dessen Existenz so sehr mit den Identitätsproblemen seiner Mitglieder verbunden ist wie Österreich." Zitiert nach: Fritz Fellner, Die Historiographie zur österreichisch-deutschen Problematik als Spiegel der nationalpolitischen Diskussion, in: Heinrich Lutz / Helmut Rumpler (Hgg.), Österreich und die deutsche Frage im 19. und 20. Jahrhundert. Probleme der politisch-staatlichen und soziokulturellen Differenzierung im deutschen Mitteleuropa. München 1982 (Wiener Beiträge zur Geschichte der Neuzeit, 9), 33–60, 33.

34 Grete Klingenstein, Was bedeuten „Österreich" und „Österreichisch" im 18. Jahrhundert? Eine begriffsgeschichtliche Studie, in: Richard G. Plaschka / Gerald Stourzh / Jan Paul Niederkorn (Hgg.), Was heißt Österreich? Inhalt und Umfang des Österreichbegriffs vom 10. Jahrhundert bis heute. Wien 1995 (Archiv für österreichische Geschichte, 136), 150–220, 151.

35 Wolfgang Kessler, Politik, Kultur und Gesellschaft in Kroatien und Slawonien in der ersten Hälfte des 19. Jahrhunderts. Historiographie und Grundlagen. München 1981 (Südosteuropäische Arbeiten, 77), 195–195. Zu dieser Problematik siehe auch Robert Zett, Zur Geschichte des Kroatennamens, in: Peter Brang u. a. (Hgg.), Schweizerische Beiträge zum VIII. Internationalen Slavistenkongress in Zagreb und Ljubljana, September 1978. Bern u. a. 1978 (Slavica Helvetica, 12), 283–293.

ner ganzen Reihe von Wissenschaftlern und Wissenschaftlerinnen, die in diesem Überblick über den Forschungsstand in ihrer Gesamtheit leider nicht gebührend gewürdigt werden können, nicht möglich. An dieser Stelle können in einer stark synthetisierenden Weise nur die wesentlichen Studien zum gewählten geographischen Rahmen und einigen inhaltlichen Teilaspekten der vorliegenden Untersuchung genannt und die Ansätze umrissen werden, von denen die Arbeit maßgeblich profitiert hat. Die Literaturbasis lässt sich – nach den Forschungsbereichen, zwischen denen diese Arbeit „levitiert" – in mehrere Untergruppen ordnen. Als erstes muss die Reise- und Reiseliteraturforschung genannt werden. Dieser sich seit drei Jahrzehnten im Aufwind befindende Forschungsbereich brachte eine fast unüberschaubare Anzahl an Arbeiten zum Phänomen, zu Kultur und Geschichte des Reisens, zu Gattungsgeschichte und -theorie der Reiseliteratur hervor.[36] Unter den mittlerweile ganze Bibliotheken füllenden Büchern zu innereuropäischen Reisen aus dem 18. und frühen 19. Jahrhundert findet man jedoch kein einziges, das sich in umfassender und regionalübergreifender Weise mit deutschsprachigen Reiseberichten über Kroatien beschäftigen würde. Wichtige Voraussetzungen dafür, dass ohne den Aufwand umfangreicher Archivrecherchen über solche Reisen überhaupt nachgedacht werden konnte, waren jedoch bereits vor einigen Jahrzehnten im kroatischen Forschungskontext durch die Arbeiten von Ivan Pederin geschaffen worden. Es sind Pederins Monographien „Jadranska Hrvatska u austrijskim i njemačkim putopisima", „Njemački putopisi po Dalmaciji" und zahlreiche andere Fallstu-

[36] Vgl. u.a.: Peter J. Brenner, Der Reisebericht in der deutschen Literatur. Ein Forschungsüberblick als Vorstudie zu einer Gattungsgeschichte. Tübingen 1990 (Internationales Archiv für Sozialgeschichte der deutschen Literatur. Sonderheft, 2); ders. (Hg.), Der Reisebericht. Die Entwicklung einer Gattung in der deutschen Literatur. Frankfurt/M. 1989; Antoni Mączak/Hans Jürgen Teuteberg (Hgg.), Reiseberichte als Quellen europäischer Kulturgeschichte. Wolfenbüttel 1982 (Wolfenbütteler Forschungen, 21); Ralph-Rainer Wuthenow, Die erfahrene Welt. Europäische Reiseliteratur im Zeitalter der Aufklärung. Frankfurt/M. 1980; Wolfgang Griep/Hans Wolf Jäger (Hgg.), Reisen im 18. Jahrhundert. Neue Untersuchungen. Heidelberg 1986 (Neue Bremer Vorträge, 3); diess. (Hgg.), Reise und soziale Realität am Ende des 18. Jahrhunderts. Heidelberg 1983 (Neue Bremer Beiträge, 1); Boris Krasnobaev/Gert Robel/Herbert Zeman (Hgg.), Reisen und Reisebeschreibungen im 18. und 19. Jahrhundert als Quellen der Kulturbeziehungsforschung. Berlin 1980 (Studien zur Geschichte der Kulturbeziehungen in Mittel- und Osteuropa, 6); Hermann Bausinger/Klaus Beyrer/Gottfried Korff (Hgg.), Reisekultur. Von der Pilgerfahrt zum modernen Tourismus. München ²1999; Dean Duda, Priča i putovanje. Hrvatski romantičarski putopis kao pripovjedni žanr. Zagreb 1998; ders., Putopis: od pokušaja određenja žanra do Krležina dikurza, in: *Umjetnost riječi* 40 (1996), H. 2–3, 71–83; Vielfach profitiert hat die Studie zudem von den Forschungsergebnissen des Graduiertenkollegs „Reiseliteratur und Kulturanthropologie", aus dem mehrere Konferenz- und Sammelbände hervorgegangen sind, darunter Renate Schlesier/Ulrike Zellmann (Hgg.), Reisen über Grenzen. Kontakt und Konfrontation, Maskerade und Mimikry. Münster 2003; Anja K. Maier/Burkhardt Wolf (Hgg.), Wege des Kybernetes. Schreibpraktiken und Steuerungsmodelle von Politik, Reise, Migration. Münster 2004 (Reiseliteratur und Kulturanthropologie, 4); Ecker/Röhl (Hgg.), In Spuren reisen; Philipp Bracher/Florian Hertweck/Stefan Schröder (Hgg.), Materialität auf Reisen. Zur kulturellen Transformation der Dinge. Berlin 2006 (Reiseliteratur und Kulturanthropologie, 8).

dien zu den deutsch/österreichisch-kroatischen Reise-, Kultur- und Literaturbeziehungen, denen ich nicht nur einen wichtigen Impetus zur eigenen Beschäftigung mit diesen Themen, sondern auch die notwendigen bibliographischen Informationen über die relevanten Primärquellen – vor allem über das mediterrane Kroatien (Istrien, Dalmatien), aber auch darüber hinaus – verdanke.[37] Hilfreich bei der Erforschung der historischen Reisepraxis und ihrer schriftlichen Zeugnisse in einem breiteren südosteuropäischen Rahmen genauso wie bei der Erschließung der Quellenlage zu kroatischen Reiserouten deutschsprachiger Autoren waren für mich auch die Untersuchungen Zoran Konstantinovićs zu den benachbarten Regionen Serbiens und Montenegros.[38] Zu deutschsprachiger Reiseliteratur mit ostadriatischen Bezügen und den Fremdbildern, die sie vermitteln, liegen mehrere Aufsätze, u. a. von Josef Matl, Miroslava Despot, Catherine Carmichael und Andreas Gottsmann vor.[39]

Schließlich ist die Arbeit von Andreas Helmedach, „Das Verkehrssystem als Modernisierungsfaktor. Straßen, Post, Fuhrwesen und Reisen nach Triest und Fiume vom Beginn des 18. Jahrhunderts bis zum Eisenbahnzeitalter", zu nennen, ein Buch, dem meine Untersuchungen in vielerlei Hinsicht verpflichtet sind. In dieser auf gründliche Recherchen gestützten verkehrsgeschichtlichen Studie fand ich zum einen eine Reihe unentbehrlicher Informationen zur Infrastruktur des Reisens im kroatischen Küstenland, zu den Verkehrswegen, Straßen- und Wasserbauprojekten im habsburgischen Anteil Kroatiens im 18. Jahr-

[37] Vgl. Ivan Pederin, Jadranska Hrvatska u austrijskim i njemačkim putopisima. Zagreb 1991; ders.: Njemački putopisi po Dalmaciji. Split 1989; zahlreiche Beiträge in Zeitschriften und Sammelbänden, hier eine Auswahl: ders., Österreichs Weg an die Adria. Das Bild Dalmatiens in der Reiseliteratur bis zu Hermann Bahr, *Österreich in Geschichte und Literatur* 20 (1976), H. 1, 33–48; ders., Istra u austrijskim i njemačkim putopisima 18. do 20. st., *Istarski mozaik* 11 (1973), H. 6, 54–68; ders., Die Morlaken in der deutschen Reiseliteratur, *Welt der Slaven* 19/20 (1974–1975), 273–298; ders.: La Dalmazia nelle relazioni di viaggio austriace e tedesche, *Aevum* 49 (1975), H. 5–6, 485–505; ders., Austrijski putopisci prema Hrvatima Dalmacije s obzirom na ratove 1797.–1814., 1848., 1859. i 1866. godine, *Radovi Centra JAZU u Zadru* 21 (1974), 197–215; ders., Balkanski okvir slike Slovenaca i Hrvata u austrijskom i njemačkom zavičajnom romanu, *Slavistična revija* 36 (1988), H. 3, 283–291. Zu weiteren Arbeiten siehe das Literaturverzeichnis.

[38] Zoran Konstantinović, Deutsche Reisebeschreibungen über Serbien und Montenegro. München 1960 (Südosteuropäische Arbeiten, 56).

[39] Vgl. Josef Matl, Ragusa (Dubrovnik) in der deutschen Literatur, in: ders., Südslawische Studien. München 1965 (Südosteuropäische Arbeiten, 63), 337–363; Miroslava Despot, Strani pisci o Rijeci i Hrvatskom primorju. Bio-bibliografski prilog, *Riječka revija* 3 (1954), H. 1–2, 37–44; Catherine Carmichael, Ethnic Stereotypes in Early European Ethnographies. A Case Study of the Habsburg Adriatic c. 1770–1815, *Narodna umjetnost* 33 (1996), H. 2, 197–209; Andreas Gottsmann, Das Bild Dalmatiens und der Dalmatiner in der österreichischen Reiseliteratur des 19. und frühen 20. Jahrhunderts, *Österreich in Geschichte und Literatur* 43 (1999), 65–83. Mehrere rezente Aufsätze zum Thema findet man in dem von Slavija Kabić und Goran Lovrić herausgegebenen Sammelband Mobilität und Kontakt. Deutsche Sprache, Literatur und Kultur in ihrer Beziehung zum südosteuropäischen Raum. Zadar 2009.

hundert.[40] Zum anderen profitierte ich vielfach von Helmedachs Untersuchung der sozialen Praxis des Reisens, vor allem von seinen Bezugnahmen auf deutschsprachige Reiseberichte über das Litorale und Istrien, von denen einige auch in der vorliegenden Arbeit – allerdings unter anderen Gesichtspunkten – einer Analyse unterzogen werden.

Diese schmale Literaturbasis belegt, dass Kroatien durchaus als Stiefkind der historischen Reiseliteraturforschung bezeichnet werden kann. Dies ist umso verwunderlicher angesichts des zunehmenden Interesses für Raumdiskurse,[41] Wahrnehmungs-, Kommunikations- und kulturelle Symbolisierungsprozesse und der stärkeren Hinwendung zu Themenfeldern wie Kulturkontakt, Grenze, Reisen, nationale Stereotype[42], Mental Maps[43] usw., die sich seit

40 Siehe Andreas Helmedach, Das Verkehrssystem als Modernisierungsfaktor. Straßen, Post, Fuhrwesen und Reisen nach Triest und Fiume vom Beginn des 18. Jahrhunderts bis zum Eisenbahnzeitalter. München 2002 (Südosteuropäische Arbeiten, 107).

41 In den letzten zwanzig Jahren hat sich der Blick auf die Kategorie des Raumes in den historischen Wissenschaften maßgeblich geändert. Im Kontext der neueren Forschungsergebnisse zu symbolischen Geographien und Mental Mappings, die die Aufmerksamkeit auf den Konstruktionscharakter räumlicher Kategorien der europäischen Geschichte (Nordeuropa, Osteuropa, Balkan, Zentraleuropa usw.) gelenkt hatten, wird seit einiger Zeit über die Haltbarkeit und Operationalisierbarkeit des Konzepts „Geschichtsregion" in den historischen Wissenschaften debattiert. Zu Raumdebatten und neuen Forschungsfeldern in der osteuropäischen Geschichte siehe die hervorragende synthetisierende Darstellung von Frithjof Benjamin Schenk, Das Paradigma des Raumes in der Osteuropäischen Geschichte, *zeitenblicke* 6 (2007), Nr. 2, unter <http://www.zeitenblicke.de/2007/2/schenk/index_html>, 15.07.2011; siehe auch ders., The Historical Regions of Europe. Real or invented? Some Remarks on Historical Comparison and Mental Mapping, in: ders. (Hg.), Beyond the Nation. Writing European History today. St. Petersburg 2004, 15–24.

42 Von den zahlreichen historischen und sozialwissenschaftlichen Beiträgen zur Stereotypenforschung mit Bezug auf Südost- und Osteuropa seien hier nur die Arbeiten von Wolfgang Höpken (Hg.), Öl ins Feuer? Oil on Fire? Schulbücher, ethnische Stereotypen und Gewalt in Südosteuropa. Textbooks, Ethnic Stereotypes and Violence in South-Eastern Europe. Hannover 1996 (Studien zur internationalen Schulbuchforschung, 89); und Hahn (Hg.), Stereotyp, Identität und Geschichte erwähnt. Zu weiteren Arbeiten siehe Johannes Hoffmann, Stereotypen – Vorurteile – Völkerbilder in Ost und West in Wissenschaft und Unterricht. Teil 3: Eine Bibliographie. Wiesbaden 2006 (Studien der Forschungsstelle Ostmitteleuropa an der Universität Dortmund, 1).

43 Der ausführliche Forschungsbericht mit einschlägigen Informationen zur Begriffsgeschichte sowie weiterführenden Literaturhinweisen liegt im Artikel von Frithjof Benjamin Schenk, Mental Maps. Die Konstruktion von geographischen Räumen in Europa seit der Aufklärung, in: Christoph Conrad (Hg.), Mental Maps. Göttingen 2002 (*Geschichte und Gesellschaft* 28 (2002), H. 3), 493–514 vor. Der Begriff Mental Maps kommt ursprünglich aus der kognitiven Psychologie. Er wurde zum ersten Mal von E. C. Tolman im Jahre 1948 geprägt. Aus kognitivpsychologischer Sicht stellt eine mentale Landkarte „ein subjektives, inneres räumliches Bild eines Teils der räumlichen Umwelt eines Menschen." Bei den sozial- und kulturwissenschaftlichen Forschungen stehen dagegen „textlich und bildlich festgehaltene Raumvorstellungen einer Gemeinschaft" im Vordergrund, d. i. kollektive Vorstellungen und Repräsentationen, wertende Unterteilungen und Konzeptualisierungen von Räumen in Texten, Karten, Bildern und anderen Medien. Zitiert nach Schenk, Mental Maps, 494–495. Zum Mental Mapping

den politischen Wenden der 90er Jahre und den postmodernen Turns in der historischen Ost- und Südosteuropaforschung beobachten lassen. Im Rahmen der durch Edward W. Saids „Orientalism"[44] angeregten kritischen Auseinandersetzungen mit der stereotypen und essentialisierenden Wahrnehmungs- und Darstellungsweise bestimmter geographischer Räume und kollektiver Zuschreibungen, die diese Räume evozieren, avancierten seit den 90er Jahren auch die Kategorien „Osteuropa" und „Balkan" zum Gegenstand konstruktivistischer Hinterfragungen. So haben die Arbeiten von Maria Todorova und Larry Wolff gezeigt, dass diese Termini keinesfalls wertfreie geographische Bezeichungen für bestimmte Großregionen sind. Vielmehr handelt es sich um symbolische Räume, die – wie diese Studien suggerieren – ein europäischer „Westen" seit dem späten 18. Jahrhundert immer wieder als sein rückständiges, zivilisierungsbedürftiges, exotisches, unterlegenes Gegen-Europa/anderes Europa imaginiert und konstruiert hatte.[45] Im Rahmen dieser wie auch einer Reihe weiterer, meist diskurshistorisch verfahrender Arbeiten und Fallstudien zu symbolischen Geographien, kulturellen Konstruktionen und historischen Imagologien der europäischen Östlichkeit,[46] Südlichkeit,[47] Westlichkeit,[48] Nördlichkeit[49] und den daran beteiligten -ismen

aus kognitionspsychologischer Sicht siehe die klassische Studie von Roger M. Downs / David Stea, Maps in Minds. Reflections on Cognitive Mapping. New York 1977. Vgl. auch andere Beiträge in Conrad (Hg.), Mental Maps.

44 Edward W. Said, Orientalism. London ^{3}2003 [Erstauflage 1978].

45 Vgl. Larry Wolff, Inventing Eastern Europe. The Map of Civilization on the Mind of the Enlightenment. Stanford/CA 1996. Maria Todorova, Imagining the Balkans. New York 1997. Zur Problematik im Überblik vgl. u. a. das Vorlesungsmanuskript von Ulf Brunnbauer, „Europa" und der „Balkan": Fremd- und Selbstzuschreibungen. Vorlesung „Einführung in die Geschichte Südosteuropas", Osteuropa-Institut, FU Berlin, unter <http://userpage.fu-berlin.de/~ulf/Europa%20und%20der%20Balkan.pdf>, 15.07.2011.

46 Wichtige Ergebnisse zum Mental Mapping aus der Perspektive osteuropäischer Autoren hat das Forschungsprojekt „East Looks West: East European Travel Writing on European Identities and Divisions, 1600–2000" an der Londoner School of Slavonic and East European Studies geliefert. Zu den Ergebnissen siehe Wendy Bracewell / Alex Drace-Francis (Hgg.), Under Eastern Eyes. A Comparative Introduction to Eastern Europe Travel Writing on Europe. Budapest, New York 2008 (East Looks West, 2).

47 Siehe u a. Frithjof Benjamin Schenk / Martina Winkler (Hgg.), Der Süden. Neue Perspektiven auf eine europäische Geschichtsregion. Frankfurt/M. 2007.

48 Siehe u. a. Ute Dietrich / Martina Winkler (Hgg.), Okzidentbilder – Konstruktionen und Wahrnehmungen. Leipzig 2000 (Ambivalenzen der Okzidentalisierung, 3); Bracewell / Drace-Francis (Hgg.), Under Eastern Eyes.

49 Vgl. Bernd Henningsen (Hg.), Das Projekt Norden. Essays zur Konstruktion einer europäischen Region. Berlin 2002 (Wahlverwandtschaft – Der Norden und Deutschland. Essays zu einer europäischen Begegnungsgeschichte, 9). Vgl. dazu zahlreiche Publikationen aus der Reihe Imaginatio Borealis – Bilder des Nordens des Kieler Graduiertenkollegs „Imaginatio borealis. Perzeption, Rezeption und Konstruktion des Nordens", darunter: Annelore Engel-Braunschmidt u. a. (Hgg.), Ultima Thule. Bilder des Nordens von der Antike bis zur Gegenwart. Frankfurt/M. 2001 (Imaginatio Borealis – Bilder des Nordens, 1); Astrid Arndt u. a. (Hgg.), Imagologie des Nordens. Kulturelle Konstruktionen von Nördlichkeit in interdisziplinärer Perspektive. Frankfurt/M. 2004 (Imaginatio Borealis – Bilder des Nordens, 7); Dennis

wird den historischen Wahrnehmungsprozessen, ihren Akteuren und Aufzeichnern – darunter auch Reisenden – besondere Aufmerksamkeit geschenkt.

Trotz des anhaltenden Interesses an historischen und gegenwärtigen Repräsentationen bzw. Konstruktionen des Ostens, Südostens und der Mitte Europas[50] und der verstärkten wissenschaftlichen Aufmerksamkeit für den Diskurs des Balkanism[51] – sind in diesem Forschungsambiente die Bezüge auf historische Territorien Kroatiens selten und die Quellen, die von Reiseerfahrungen und Otherings deutschsprachiger Autoren in den kroatischen Ländern erzählen – bleiben meist außer Betracht.

In der Auseinandersetzung mit der kroatischen Geschichte sind Konzepte der Pluralität der synchronen Vermächtnisse (das osmanische, das habsburgische, das venezianische) und der Liminalität im multiimperialen Kontext gefragt. Zudem multipliziert sich die großräumliche Zuordnungsproblematik im Falle des historischen Kroatien durch gravierende geographisch-klimatische, rechtspolitische, administrative, kulturelle, ethnische und sprachliche Heterogenitäten zwischen und innerhalb seiner vielen Teilgebiete zusätzlich.

Hormuth / Maike Schmidt (Hgg.), Norden und Nördlichkeit – Darstellung vom Eigenen und Fremden. Frankfurt/M. 2010 (Imaginatio Borealis – Bilder des Nordens, 21).

50 Siehe u. a. Karl Kaser u. a. (Hgg.), Europa und die Grenzen im Kopf. Klagenfurt 2003 (Wieser Enzyklopädie des europäischen Ostens, 11); Gabriella Schubert / Wolfgang Dahmen (Hgg.), Bilder vom Eigenen und Fremden aus dem Donau-Balkan-Raum. Analysen literarischer und anderer Texte. München 2003 (Südosteuropa-Studien, 71); Wolfgang Geier, Südosteuropa-Wahrnehmungen. Reiseberichte, Studien und biographische Skizzen vom 16. bis zum 20. Jahrhundert. Wiesbaden 2006 (Studien der Forschungsstelle Ostmitteleuropa an der Universität Dortmund, 39); Vesna Goldsworthy, Inventing Ruritania. The Imperialism of the Imagination. New Haven, London 1998; Carmen Andras, Romania and its Images in British Travel Writings. In-between Peripherality and Cultural Interference, *TRANS. Internet-Zeitschrift für Kulturwissenschaften* 14 (2003), unter <http://www.inst.at/trans/14Nr/andras14.htm>, 15.07.2011. Zum Mitteleuropa als Makroregion, Begriff und Konstrukt siehe u. a. Miroslav Hroch, Die Mitte und der Norden. Eine mitteleuropäische Selbstreflexion, in: Henningsen (Hg.), Das Projekt Norden, 65–78.

51 In Bezug auf die essentialisierenden, mit Dichotomien barbarisch/zivilisiert, rückständig/progressiv, irrational/rational operierenden Diskurse über das „westeuropäische" Selbst und das „Andere" aus dem Balkan hat sich Todorovas Schöpfung Balkanism als Terminus technicus eingebürgert. Zum Balkanism siehe neben Todorova, Imagining the Balkans u. a. Milica Bakić-Hayden, Nesting Orientalisms. The Case of Former Yugoslavia, *Slavic Review* 54 (1995), 917–931; dies. / Robert M. Hayden, Orientalist Variations on the Theme „Balkans'. Symbolic Geography in Recent Yugoslav Cultural Politics, *Slavic review* 51 (1992), 1–15; Nicole Lindstrom / Maple Razsa, Reimagining the Balkans. The Role of Balkanism in the Construction of Croatian National Identity, unter <http://www.hks.harvard.edu/kokkalis/GSW1/GSW1/03%20Lindstrom%20Razsa.pdf>, 15.07.2011; Dušan I. Bjelić / Obrad Savić (Hgg.), Balkan as Metaphor. Between Globalization and Fragmentation. Cambridge/MA 2002; Gabriella Schubert, Imaginäre Geografien der Peripherie. Der „Balkan" im Spannungsfeld europäischer Paradigmen, in: Hárs u. a. (Hgg.), Zentren, Peripherien und kollektive Identitäten, 41–53; dies., Südosteuropäische Identitäten im Spannungsfeld von Zentrum und Peripherie, in: dies. / Holm Sundhaussen (Hgg.), Prowestliche und antiwestliche Diskurse in den Balkanländern/Südosteuropa. München 2008 (Südosteuropa-Jahrbuch, 34), 181–203.

Ein durchaus gangbarer und vielfach erprobter Ausweg aus diesen methodischen Schwierigkeiten ist die Fokussierung auf eines der imperialen Vermächtnisse und/oder die Entscheidung für eine regionalterritoriale anstatt der gesamtkroatischen Betrachtungsweise. Diesen Zugang hat auch Larry Wolff in seinem Buch „Venice and the Slavs. The Discovery of Dalmatia in the Age of Enlightenment" gewählt, in dem er eine Analyse der geistigen und narrativen Konstruktionen Dalmatiens von Seiten der venezianischen Aufklärer geliefert und ein Beispiel für die Ergiebigkeit postkolonialer Ansätze für die Interpretation der venezianisch-dalmatinischen Verhältnisse im 18. Jahrhundert gegeben hat.[52]

Aus dem US-amerikanischen Forschungskontext stammen zwei weitere Bücher, die hinsichtlich ihrer Fragestellungen der vorliegenden Studie nahe sind: zum einen die Arbeit zu deutschen Wahrnehmungen der Slawen in der frühen Neuzeit von Kiril Petkov unter dem Titel „Infidels, Turks and Women: The South Slavs in the German Mind, ca. 1400–1600", zum anderen der Tagungsband „Creating the Other. Ethnic Conflict and Nationalism in Habsburg Central Europe".[53] Die Studie Petkovs nimmt zwar nur punktuell auf Darstellungen Kroatiens Bezug und gilt einem früheren Zeitraum, verweist aber auf „balkanistische" Stereotypisierungen lange vor dem späten 18. Jahrhundert und liefert somit ein wichtiges Korrektiv für Todorovas und Wolffs Datierungen der westeuropäischen „Erfindungen" Osteuropas und des Balkans in das späte 18. Jahrhundert. Der erwähnte Sammelband dagegen vereint Fallstudien zu unterschiedlichen Teilen des habsburgischen Zentraleuropa, die sich u a. mit den Identitäts- und Alteritätskonstruktionen sowie nationalen Stereotypen im habsburgischen Vielvölkerreich im Zeitraum zwischen dem 18. und dem 20. Jahrhundert beschäftigen. Unter den Beiträgen verdient der Artikel von András Vári, „The Functions of Ethnic Stereotypes in Austria and Hungary in the Early Nineteenth Century", hervorgehoben zu werden, der einen wichtigen Referenzpunkt für die Beschäftigung mit ethnischen Stereotypen in der statistischen Literatur des Habsburgerreiches im hier untersuchten Zeitraum darstellt.[54]

Für die Untersuchung des habsburgischen imperialen Vermächtnisses, einem Thema, das die Balkanismus-Forschung völlig ausgeklammert hat,[55] sind in den letzten Jahrzehnten wichtige Impulse aus Wien gekommen. Die Forschungen zur Habsburgermonarchie haben derzeit Konjunktur und profitieren vielfach von postmodernen Ansätzen und Fragestellungen.[56] In einer ganzen Reihe von Studien und Projekten österreichischer Kulturwis-

52 Wolff, Venice and the Slavs. The Discovery of Dalmatia in The Age of Enlightenment. Stanford/CA 2001.

53 Vgl. Kiril Petkov, Infidels, Turks and Women: The South Slavs in the German Mind, ca. 1400–1600. Frankfurt/M. u.a. 1997. Nancy M. Wingfield (Hg.), Creating the Other. Ethnic Conflict and Nationalism in Habsburg Central Europe. New York, Oxford ²2004.

54 András Vári, The Functions of Ethnic Stereotypes in Austria and Hungary in the Early Nineteenth Century, in: Wingfield (Hg.), Creating the Other, 39–56.

55 Vgl. dazu Zrinka Blažević, Rethinking Balkanism: Interpretative Challenge of the Early Modern Illyrism, *Études balkaniques* 1 (2007), 87–106, 89.

56 Auch in diesem Feld lässt sich das wachsende Interesse für räumliche Zusammenhänge und kulturelle Symbolisierungsprozesse beobachten. Indikativ dafür ist das verstärkte Interesse

senschaftler wurden und werden auch derzeit die Problemperspektiven der Cultural und Postcolonial Studies für die Erforschung der Mythen, Stereotype, ethnischen Hierarchisierungen und diskursiven Herrschaftslegitimationen in den Kulturen der k. u. k. Monarchie fruchtbar gemacht. So befassen sich viele Beiträge, die u. a. auf der hervorragend konzipierten Internetplattform „Kakanien Revisited"[57] ihr Publikationsforum finden, mit den Machtverhältnissen und deren kulturellen Dimensionen innerhalb der habsburgischen Ordnung bzw. innerhalb der k. u. k. Monarchie selbst.[58]

Mittlerweile fehlt es nicht mehr an Studien, die die Ergebnisse der „euro-orientalistischen" Interpretationen auf Saids Spuren sowie die Projektionen der Postcolonial Studies auf die innereuropäischen Verhältnisse und den Kulturraum der Monarchie in Frage stellen und dafür plädieren, den situativen Funktionen und real-historischen Hintergründen begrifflicher Konstruktionen mehr Aufmerksamkeit zu schenken,[59] die einseitigen Untersuchungen von Fremdbildern (beispielsweise des Osteuropabildes in westeuropäischen Texten) durch komparative Perspektiven zu ersetzten und vermeintlich „kolonisierte" slawische Kulturen der Monarchie zur Sprache kommen zu lassen, durch gebührende Aufmerksamkeit für Identitäts- und Alteritätsverhandlungen und Raumkonstruktionen in slawischsprachigen Texten.[60]

für Grenzregionen, Mobilität und Kommunikation sowie für machtpolitische und kulturelle Asymmetrien innerhalb der Habsburgermonarchie. In den neueren Untersuchungen zur (Kultur-)Geschichte des Habsburgerreiches hat sich das Zentrum-Peripherie-Modell als tragfähig erwiesen. Siehe dazu Hans-Christian MANER, Zentren und Grenzregionen in der Habsburgermonarchie im 18. und 19. Jahrhundert. Eine Einführung, in: DERS. (Hg.), Grenzregionen der Habsburgermonarchie im 18. und 19. Jahrhundert. Ihre Bedeutung und Funktion aus der Perspektive Wiens. Münster 2005 (Mainzer Beiträge zur Geschichte Osteuropas, 1), 9–24, 15–20.

57 „Kakanien Revisited" ist eine Plattform für interdisziplinäre Forschung im Bereich Mittel-, Ost- bzw. Zentraleuropa. Es handelt sich um ein vom österreichischen Bundesministerium für Bildung, Wissenschaft und Kultur und der Universität Wien gefördertes Vernetzungs-Projekt. Vgl. <http://www.kakanien.ac.at.>, 15.07.2011.

58 In Buchform u. a. Wolfgang MÜLLER-FUNK / Peter PLENER / Clemens RUTHNER (Hgg.), Kakanien revisited. Das Eigene und das Fremde (in) der österreichisch-ungarischen Monarchie. Tübingen, Basel 2002 (Kultur – Herrschaft – Differenz, 1); FEICHTINGER / PRUTSCH / CSÁKY (Hgg.), Habsburg postcolonial; HÁRS u. a. (Hgg.), Zentren, Peripherien und kollektive Identitäten.

59 Siehe dazu die Sundhaussen-Todorova-Kontroverse um den Balkan als Vorurteil oder Strukturraum. Vgl. Holm SUNDHAUSSEN, Europa balcanica. Der Balkan als historischer Raum Europas, *Geschichte und Gesellschaft* 25 (1999), 625–653; Maria TODOROVA, Der Balkan als Analysekategorie. Grenzen, Raum, Zeit. *Geschichte und Gesellschaft* 28 (2002), 470–492.

60 Vgl. die Polemik um den „k. und k. Kolonialismus" zwischen Clemens Ruthner und Stefan Simonek. Vgl. Stefan SIMONEK, Mit Clemens Ruthner unterwegs im Wilden Osten. Eine Replik, *Newsletter Moderne. Zeitschrift des Spezialforschungsbereichs „Moderne – Wien und Zentraleuropa um 1900"* 4 (2001), H. 2, 30–31, unter <http://www.kakanien.ac.at/rez/SSimonek1.pdf>, 15.07.2011; Clemens RUTHNER, K. u. k. „Kolonialismus" als Befund, Befindlichkeit und Metapher: Versuch einer weiteren Klärung, unter <http://www.kakanien.ac.at/beitr/theorie/CRuthner3.pdf>, 15.07.2011.

Aufgrund ihrer Konzentration auf die Selbstbilder und die Konstruktionen kollektiver Identitäten in der Region sind für die vorliegende Studie außerdem die Ergebnisse neuerer Forschungen zu den Mythen und Ideologemen in Südost- und Mitteleuropa von Relevanz. Weiterführend sind in dieser Hinsicht die Arbeiten von Reinhard Lauer und Zrinka Blažević zum Illyrismus sowie die Arbeiten von Wendy Bracewell und Ivo Žanić zu identitätsstiftenden Hajduken- und Antemurale-Mythen in kulturellen und politischen Diskursen Kroatiens und seiner Nachbarländer.[61]

Eine weitere Untergruppe der Sekundärliteratur lässt sich in einem weiten Sinne dem Feld der literarischen und Kulturbeziehungsforschung zuordnen. Nützliches zu den historischen deutsch/österreichischen Literatur- und Kulturbeziehungen zu Südosteuropa verdankt man nach wie vor der älteren Schule der deutschen Slawistik, namentlich den Arbeiten von Fritz Valjavec und Josef Matl, wenn auch die darin enthaltenen Schlussfolgerungen und Interpretationen – beispielsweise in Richtung einer vermeintlichen deutschen Kulturmission unter den Slawen – im besten Falle als überholt bezeichnet werden müssen.[62] Weiterführend sind außerdem neuere Arbeiten zu den deutschsprachig-slawischen/kroatischen Literaturbeziehungen, insbesondere die diesbezüglichen Forschungsergebnisse der Zagreber Germanistik.[63] In direkter Beziehung zu dieser Arbeit stehen die Überlegungen Wolfgang Kesslers zu Reiseliteratur als Quelle historischer Kulturbeziehungsforschung in Ost- und Südosteuropa.[64]

[61] Siehe Reinhard Lauer, Genese und Funktion des illyrischen Ideologems in den südslawischen Literaturen (16. bis Anfang des 19. Jahrhunderts), in: Klaus Detlev Grothusen (Hg.), Ethnogenese und Staatsbildung in Südosteuropa. Beiträge des Südosteuropa-Arbeitskreises der Deutschen Forschungsgemeinschaft zum III. Internationalen Südosteuropa-Kongreß der Association Internationale d'Études du Sud-Est Européen. Bukarest, 4.–10.9.1974. Göttingen 1974, 116–143; Blažević, Ilirizam; Ivo Žanić, Simbolični identitet Hrvatske u trokutu Raskrižje-predziđe-most, in: Husnija Kamberović (Hg.), Historijski mitovi na Balkanu. Sarajevo 2003, 161–203, unter <http://www.filg.uj.edu.pl/~wwwip/postjugo/files/82/identitet-hrvatske.pdf>, 15.07.2011; Wendy Bracewell, Bandits as Ambiguous Heroes in Balkan Politics and Culture, in: Norman M. Naimark / Holly Case (Hgg.), Yugoslavia and its Historians. Understanding the Balkan Wars of the 1990s. Stanford/CA 2003, 22–37.

[62] Vgl. Fritz Valjavec, Geschichte der deutschen Kulturbeziehungen zu Südosteuropa. 5 Bde. München 1953–1970 (Südosteuropäische Arbeiten, 41–45). Josef Matl, Europa und die Slaven. Wiesbaden 1964. Zu Kulturbeziehungen aus bildungs- bzw. universitätsgeschichtlicher Perspektive siehe u. a. Othmar Feyl, Beiträge der slawischen Verbindungen und internationalen Kontakte der Universität Jena. Jena 1960.

[63] Stellvertretend für zahlreiche Zagreber germanistische Beiträge zum Thema vgl. u. a. Marijan Bobinac (Hg.), Porträts und Konstellationen 1. Deutschsprachig-kroatische Literaturbeziehungen. Zagreb 2001 (Zagreber Germanistische Beiträge. Jahrbuch für Literatur- und Sprachwissenschaft, Beiheft 6). Zur Literaturbeziehungsforschung siehe auch Peter Drews, Deutsch-slawische Literaturbeziehungen im 18. Jahrhundert. München 1996 (Slawistische Beiträge, 337).

[64] Wolfgang Kessler, Kulturbeziehungen und Reisen im 18. und 19. Jahrhundert, in: ders. / Henryk Rietz / Gerd Robel (Hgg.), Kulturbeziehungen in Mittel- und Osteuropa im 18. und

Bezüglich thematischer und großräumlicher Interessen kommen dem vorliegenden Buch zahlreiche Beiträge von Gabriella Schubert und Zoran Konstantinović nahe, die aus unterschiedlichen Perspektiven den Spuren literarischer und kultureller Begegnungen zwischen Deutschland und Südosteuropa nachgehen – allerdings mit einem eindeutigen Schwerpunkt auf den östlichen Nachbarländern Kroatiens.[65]

Wie auf dem Feld der historischen Reiseliteraturforschung, so ist auch im wissenschaftlichen Umfeld der Imagologie Kroatien zwar kein weißer Fleck geblieben, dennoch sind auch hier die Forschungslücken erheblich. Ein bezeichnendes Beispiel für die defizitäre Forschungslage im außerkroatischen Wissenschaftskontext liefert die kürzlich erschienene Monographie zur Geschichte, Theorie und Methode der Image Studies mit dem Titel „Imagology. The Cultural Construction and Literary Representation of National Characters". Im lexikonartig konzipierten zweiten Teil dieses Werkes, der „in alphabetical order, entries on nearly all European nations, […] as represented in European literature and culture"[66] auflistet, sucht man vergeblich nach dem Stichwort Kroaten oder Kroatien.

Zu den Images der Kroaten in der deutschsprachigen Literatur liegen zwei ältere Aufsätze des kroatischen Germanisten Zdenko Škreb[67] und ein neuerer von Marijan Bobinac vor.[68] Außerdem ist mir zum Thema ein Beitrag von Ulrich Dronske bekannt, der allerdings vor allem auf die Literatur des 20. und 21. Jahrhunderts Bezug nimmt.[69]

Eine weitere Gruppe relevanter Arbeiten widmet sich dem mittlerweile auch international gut erforschten Phänomen des Morlakismus. Zweifellos können die „Morlaken" – die Bewohner des dalmatinischen Hinterlandes – aufgrund der Popularität, die sie im Europa

19. Jahrhundert. Festschrift für Franz Ischreyt zum 65. Geburtstag. Berlin 1982 (Studien zur Geschichte der Kulturbeziehungen in Mittel- und Osteuropa, 9), 264–288.

65 Siehe u. a. Gabriella SCHUBERT, Berlin und Südosteuropa, in: Klaus MEYER (Hg.), Berlin und Osteuropa. Ergebnisse einer Vortragsreihe. Berlin 1991 (Wissenschaft und Stadt, 19), 177–209; DIES., Deutschsprachige Reiseberichte zu Eßgewohnheiten und Tischsitten der Muslime auf dem osmanisch besetzten Balkan, in: Dagmar BURKHART (Hg.), Körper, Essen und Trinken im Kulturverständnis der Balkanvölker. Wiesbaden 1991 (Balkanologische Veröffentlichungen des Osteuropa-Instituts an der Freien Universität Berlin, 19), 107–117; DIES. / Zoran KONSTANTINOVIĆ / Ulrich ZWIENER (Hgg.), Serben und Deutsche. Traditionen der Gemeinsamkeit von Feindbildern / Srbi i Nemci. Tradicije zajedništva protiv predrasuda. Jena, Erlangen 2003.

66 Manfred BELLER / Joep LEERSSEN, Foreword, in: DIESS. (Hgg.), Imagology, xiii-xvi, xiii.

67 ŠKREB, Name und Gestalt des Kroaten; DERS.: Lik i ime Hrvata u njemačkoj književnosti, *Croatica* 9–10 (1977), 209–215.

68 Marijan BOBINAC, Slika Hrvata u njemačkoj književnosti, *Umjetnost riječi* 50 (2006), H. 2/3, 269–286. Wichtige Forschungsergebnisse zu Kroaten-Stereotypen im deutschsprachigen Raum, u. a. aus sprachhistorischer Sicht hat Jozo Džambo geliefert. Vgl. Jozo DŽAMBO, Maledicta ethnica. O nacionalnim stereotipima i verbalnoj agresiji, in: Udruga đaka franjevačke gimnazije visoko (Hg.), Dies academicus u čast dr. fra Ignacija Gavrana. Zbornik, Zagreb 1999, 91–119; DERS., Die Slawen – deutsche und österreichische Zerrbilder, in: Adalbert Stifter Verein (Hg.), Gleiche Bilder, gleiche Worte. Deutsche, Österreicher und Tschechen in der Karikatur (1848–1948). München 1997, 29–44.

69 Ulrich DRONSKE, Kroaten in der deutschen Literatur, *Neohelicon* 32 (2005), H. 2, 425–441.

des 18. Jahrhunderts genossen, zu den „Stars" der westeuropäischen historischen Kroatien-Repräsentationen erklärt werden. Dementsprechend mangelte es im internationalen sowie im jugoslawischen und kroatischen Forschungsumfeld bisher nicht an Forschungsinteresse am Reisebericht von Alberto Fortis „Viaggio in Dalmazia" und den europaweiten Rezeptionsvorgängen, die er durch seine Beschreibung der morlakischen „Exoten" auslöste. Die „Morlaken" und der Morlakismus sind ein weites Feld, dessen Erforschung trotz etlicher historiographischer, philologischer, literaturhistorischer und imagologischer Annäherungen keinesfalls an ein Ende gekommen ist.[70] In Bezug auf die Quantität und die Vielfalt der diesbezüglichen Arbeiten könnte man mit Mirko Tomasović von „Morlakismus und Fortisologie"[71] als einem genuin metadisziplinären und auch international vertretenen Forschungsbereich sprechen, auf den an anderen Stellen in dieser Studie ausführlicher Bezug genommen wird. Verwiesen sei hier deshalb nur auf einige jüngere Publikationen sowie auf die wichtigsten Fallstudien, die sich mit der Aufnahme der morlakistischen Themen in die deutschsprachige Literatur befassen.

Dass das Thema auch in den neueren Forschungen aktuell und international attraktiv ist, zeigen die Arbeiten Larry Wolffs, der das diskursive Phänomen des Morlakismus zunächst als Fallbeispiel im Rahmen einer breit angelegten Studie zur „Erfindung" Osteuropas durch westeuropäische Reisende und Intellektuelle der Aufklärung behandelt, um es im bereits erwähnten Buch „Venice and the Slavs" zum argumentativen Schwerpunkt seiner Analysen der Legitimationsdiskurse der Herrschaft und ideologischen Rechtfertigungen der semikolonialen Machtverhältnisse zwischen Venedig und seinen Besitzungen in Dalmatien im späten 18. Jahrhundert zu machen.[72] Die venezianische „Entdeckung" der „Morlaken" ging Wolff zufolge vom venezianischen administrativen Apparat aus und vollzog sich im Rahmen eines ausgeprägt imperialen Diskurses, dem Alberto Fortis' Reisebericht eine anthropologische und exotistische Komponente verlieh.[73]

Anders als Wolff näherte sich der kroatische Romanist Inoslav Bešker dem Thema in der jüngeren Zeit aus dem Blickwinkel der archetypischen Literaturkritik. In seinem Artikel „Morlakizam i morlaštvo u književnosti" stellt Bešker die These von einem gemeinsamen morlakischen Paradigma in den Literaturen auf, die linguistisch gesehen einem gemeinsamen – heutzutage durch unterschiedliche nationale Grenzen geteilten – štokavischen Raum zugeordnet werden können. Neben den berühmtesten Beispielen westeuropäischer mor-

[70] Dies bezeugt anschaulich auch die großangelegte Zagreber Ausstellung zum dalmatinischen Hinterland und den Morlaken. Vgl. Vesna KUSIN / Joško BELAMARIĆ / Marko GRČIĆ (Hgg.), Dalmatinska zagora-nepoznata zemlja. Galerija Klovićevi dvori, Jezuitski trg 4.4. rujna – 21. listopada 2007. Zagreb 2007.

[71] Mirko TOMASOVIĆ, Morlakizam i Fortisologija, in: DERS., Komparatističke i romanističke teme. Split 1993, 138–141.

[72] Vgl. WOLFF, Inventing Eastern Europe; DERS., Venice and the Slavs.

[73] Siehe WOLFF, Venice and the Slavs. Vgl. u. a. DERS., The Rise and Fall of Morlacchismo: South Slavic Identity in the Mountains of Dalmatia, in: NAIMARK / CASE (Hgg.), Yugoslavia and its Historians, 37–53; DERS., Dalmatinische und italienische Reisen: Das Paradies der mediterranen Rückständigkeit, in: SCHENK / WINKLER (Hgg.), Der Süden, 207–229.

lakistischer Texte beschäftigt sich Bešker vor allem mit morlakischen Archetypen in den Literaturen Ex-Jugoslawiens.[74]

Die Rezeptionsgeschichte von „Asanaginica"[75] und anderen von Fortis aufgezeichneten Volksliedern der „Morlaken" gilt als eines der Hauptfelder der bisherigen wissenschaftlichen Beschäftigung mit dem Morlakismus in der kroatischen Germanistik und der deutschsprachigen Südslawistik. Zur Chronologie, zu Vermittlungswegen und zur Übersetzungsgeschichte dieser Ballade im deutschsprachigen Raum liegen mittlerweile zahlreiche ausführliche Darstellungen vor: Die morlakistischen Beiträge Goethes und Herders wurden im Rahmen der germanistischen und slawistischen Volksliedforschung bis in alle Einzelheiten hinein, oftmals unter dem Stichwort „serbisch-deutsche Literaturbeziehungen" untersucht.[76] Im Gegensatz zum literarischen Kanon des deutschsprachigen Morlakismus – die Auseinandersetzung mit diesbezüglichen Beiträgen deutscher literarischer Größen wie Goethe und Herder kann mittlerweile als gebahnter Weg durch das Dickicht der diskursiven Manifestationen des Phänomens gelten – blieben die literarischen „Morlaken"-Darstellungen außerhalb des zeitgenössischen Volkslied-Diskurses genauso wie die außerliterarischen Zeugnisse ihrer Wahrnehmung im deutschsprachigen Raum bis heute weitgehend unerforscht. Dabei ist gerade bei der Erforschung der Fremdbilder ein Blick über die Grenzen der „hohen" Literatur und der kanonischen Werke hinaus notwendig. Das analytische Beharren auf den begeisterten Aufnahmen des „morlakischen" Stereotyps in den westeuropäischen Literaturen unter Verzicht auf die Frage nach seinen Manifestationen in denjenigen Texten, die Faktizität oder sogar Wissenschaftlichkeit prätendieren – wie Landesbeschreibungen, „Statistiken", publizistische Beiträge – hat offensichtlich zu einer einseitigen Bewertung des Phänomens geführt. Die vielfachen negativen Dimensionen der „Morlakomanie" und das gefährliche Potential ihrer essentialisierenden Zuschreibungen entgingen den Forschern der deutschsprachigen „Morlaken"-Darstellungen bisher ganz.

Auf die zahlreichen mikro- und makrogeschichtlichen Beiträge, ohne die die hier angestrebte Betrachtung der Reiseberichte in ihren kontextuellen Gebundenheiten nicht möglich wäre, kann an dieser Stelle nicht einmal ansatzweise eingegangen werden. Hervorheben möchte ich jedoch die Forschungsergebnisse zu den frühneuzeitlichen Grenzergesellschaften im kroatischen Raum, die in jüngerer Zeit das Zagreber historische Forschungsprojekt unter der Leitung von Drago Roksandić „Triplex Confinium" geliefert hat.[77] Unentbehrlich

[74] Inoslav BEŠKER, Morlaci i morlaštvo u književnosti, *Književna smotra* 34 (2004), Nr. 123 (1), 113–124. Zum Thema liegt inzwischen auch BEŠKERS Doktorarbeit: I Morlacchi nella letteratura europea. Roma 2007 vor. Diese Studie war mir zum Zeitpunkt des Verfassens dieser Arbeit nicht zugänglich.

[75] Asanaginica oder Hasanaginica. Die Schreibweise mit „A" folgt der Fortis'schen Variante.

[76] Stellvertretend für zahlreiche Arbeiten, die etwas später zu ihrem Recht kommen werden, siehe eine der ältesten von Milan ĆURČIN, Das serbische Volkslied in der deutschen Literatur. Leipzig 1905. Eine frühe „Kroatisierung" der Ballade bei Samuel SINGER, Beiträge zur Literatur der kroatischen Volkspoesie. Agram 1882.

[77] Vgl. Drago ROKSANDIĆ, Triplex Confinium. Ili o granicama i regijama hrvatske povijesti. 1500–1800. Zagreb 2003; DERS. (Hg.), Microhistory of the Triplex Confinium. Internatio-

für meine Forschungen war zudem die Dissertation von Eva Faber, „Litorale Austriaco. Das österreichische und kroatische Küstenland 1700–1780", die einen wichtigen Beitrag zur Erforschung der Kommunikationsprozesse zwischen dem Wiener Zentrum und der nordadriatischen Peripherie im 18. Jahrhundert geleistet hat.[78] In ihrer gründlichen Darstellung der Handelsprojekte der Habsburger an der Nordadria und der Verwaltungsstrukturen im merkantilistischen Experimentierraum „Litorale" behandelt Faber unter anderem das Thema Reisen in seiner Funktion der Informationsvermittlung zwischen dem Wiener Zentrum und der ostadriatischen Peripherie. Ihr Buch liefert wertvolle Einblicke in die amtlichen Kommissions- und Kommerzialreisen in das „österreichische Küstenland" im 18. Jahrhundert und ist daher von hoher Relevanz für meine Untersuchungen.

Um deutschsprachige Kroatien-Reiseberichte überhaupt gewinnbringend lesen zu können, sind im konkreten Fall neben dem notwendigen Verständnis der komplizierten politischen Geschichte Kroatiens, Dalmatiens und Slawoniens – der großen Geschichte der multiimperialen Interaktionen und Begegnungen in Form der Kriege und Grenzziehungen, der Koexistenz und des Herrschaftswechsels – vielfältige historische Spezialkenntnisse gefragt. Denn viele der damaligen Kroatien-, Dalmatien- und Slawonienbesucher waren in einem je spezifischen Auftrag unterwegs und wandten sich mit ihren eng zeitbezogenen Darstellungen an einen Rezipientenkreis, bei dem sie in der Regel einen hohen Grad an Informiertheit über den zeitgeschichtlichen Kontext sowie Umstände und Ziele der eigenen Reiseunternehmen voraussetzen konnten. Um den drohenden Aktualitätsverlust und mögliche Verständnisschwierigkeiten eines späteren Lesers kümmerten sich diese Reiseschriftsteller nicht und hinterließen ein Korpus, das seinen Rezipienten in Wissensbereiche zwingt, die von der Militär-, Wirtschafts-, Sozial-, Verkehrs- und Alltagsgeschichte bis hin zur Geographie, Anthropologie, Ethnologie und Literaturgeschichte reichen. Die zahlreichen wissenschaftlichen Arbeiten, die es mir möglich machten, die Texte der Reisenden zu verstehen, werden in den jeweiligen Kapiteln gebührend berücksichtigt.

nal project conference papers (March 21–22, 1997). Budapest 1988; DERS. / Nataša ŠTEFANEC (Hgg.), Constructing Border Societies on the Triplex Confinium. International Project Conference Papers 2. „Plan and Practice. How to Construct a Border Society? The Triplex Confinium c. 1700–1750" (Graz, December 9–12, 1998). Budapest 2000 (CEU History Department, Working Paper Series 4); DERS. u. a. (Hgg.), Triplex Confinium (1500–1800): Ekohistorija. Zbornik radova sa međunarodnog znanstvenog skupa održanog od 3. do 7. svibnja 2000. godine u Zadru. Split, Zagreb 2003 (Biblioteka Knjiga Mediterana, 28).

[78] Eva FABER, Litorale Austriaco. Das österreichische und kroatische Küstenland 1700–1780. Trondheim, Graz 1995.

4 Zu Problemen und Ansätzen

Die vorliegende Arbeit bewegt sich in vielfacher Weise auf einem schwierigen Terrain. Das erste methodologisch-terminologische Problem ergibt sich aus dem angestrebten gesamtkroatischen territorialen Zugang.

Alle bisher genannten Beiträge, die sich mit den textuellen Zeugnissen historischer Reisen aus dem deutschsprachigen in den kroatischen Raum beschäftigt haben, wählten eine regionalterritoriale Perspektive, die generell ein Spezifikum der auf Kroatien bezogenen Historiographie darstellt. Konrad Clewing schreibt dazu:

> „Die Gliederung Kroatiens in einzelne Geschichtsregionen ist für die Zeit bis zum Aufkommen der Nationalbewegungen und bis in das 20. Jahrhundert hinein so markant, daß kaum je ein Historiker versucht hat, regionsübergreifend zu arbeiten."[79]

Im gewählten Untersuchungszeitraum hat man es bei dem Gebiet des heutigen Kroatien mit einem regelrechten Mosaik von vielen zu unterschiedlichen Zeitpunkten entstehenden und sich auflösenden politischen Territorien und Verwaltungseinheiten in der Interessens- und Machtsphäre von vier Großmächten zu tun – ein Umstand, der zugleich eine große arbeitstechnische Herausforderung bedeutet. Dieser Herausforderung versucht sich die vorliegende Studie zu stellen, um die Reisenden über ihre mikroterritorialen Grenzgänge, über wahrgenommene Partikularitäten und Differenzen, aber auch über einigende Momente in einem Gebiet, das sich heute mit dem des Nationalstaates Kroatien weitgehend deckt, erzählen zu lassen, was bei einer strikten Regionalorientierung nicht möglich wäre. Außerdem wird durch eine gesamtterritorial ausgerichtete Studie der Versuch unternommen, den erheblichen Forschungslücken nachzugehen, die durch die bisherige starke Orientierung der Reiseliteraturforschung auf die Ostadria unter Vernachlässigung der kontinentalen und pannonischen Teile Kroatiens entstanden sind. In den Analysen werden natürlich die damaligen Zugehörigkeiten kroatischer Länder zu den einzelnen Dominien ebenso wie ihre vielfältigen politischen und administrativen Zugehörigkeiten, ihre kulturellen, geographischen, ethnischen, konfessionellen und sozialen Partikularitäten konsequent berücksichtigt.

Diese gesamtkroatische Perspektive meint also, dass in der vorliegenden Untersuchung Reiseberichte und andere Texte mit Bezug auf unterschiedliche historische Territorien Kroatiens berücksichtigt werden.[80] Aus den Reiserouten selbst ergibt sich die Konzentration auf die kleinräumig uneinheitlichen Gebiete des venezianischen, später österreichischen Dalmatien und Istrien, auf die kroatischen und slawonischen Militärgrenzgebiete, die zivilkroatischen Komitate sowie auf das österreichische und das spätere ungarische Küstenland. Die Republik Ragusa bleibt in dieser Studie ausgeklammert.

[79] Konrad Clewing, Staatlichkeit und nationale Identitätsbildung. Dalmatien in Vormärz und Revolution. München 2001 (Südosteuropäische Arbeiten, 109), 19.

[80] Vgl. Steindorff, Kroatien. Zu den neun Verwaltungseinheiten, die das heutige Staatsgebiet im 18. Jahrhundert teilten, siehe Josip Horvat, Kultura Hrvata kroz 1000 godina. Bd. 2. Zagreb 1980, 9.

Terminologisch versucht die Arbeit so treu wie möglich den Quellen zu folgen. Die kleinräumigen Bezüge der Reisenden werden in den Analysen weitgehend beibehalten. In eher allgemeineren Kommentaren wird der Begriff „Kroatien" in seiner weiter gefassten Bedeutung, als zusammenfassender Name für die historischen Territorien Kroatiens in allen ihren weiteren kleinräumigen und politischen Heterogenitäten gebraucht. In diesem Umfang sind auch die Begriffe „Kroatien-Texte" und „Kroatien-Berichte" zu verstehen.

Ein zweites methodologisches Problem ergibt sich aus der Breite der Fragestellungen. Kann eine Studie, die sich primär für Kroatien, die „Kroaten", „Morlaken" usw. im Blick der „Deutschen" und „Österreicher" interessiert, parallel und gleichermaßen ernsthaft die Mikrogeschichte des Reisens und der interkulturellen Interaktionen – samt Strapazen und Gefahren, Abenteuern und Langeweile, Missverständnissen und Verständigungen – erzählen, und auf einer anderen Ebene noch dazu eine „Geschichte des Begreifens"[81] zur Zeit der Aufklärung streifen? Und kann sie außerdem noch etwas Brauchbares zu den politischen und wirtschaftlichen Beziehungen und Informationsvermittlungswegen zwischen dem Zentrum der Habsburgermonarchie und seiner südöstlichen Peripherie aussagen sowie zu den vornationalen Loyalitäten und Bindungen einzelner Vertreter ihrer schreibenden Intelligenz, ohne dabei die möglichen literarischen Umbrüche der Gattung Reisebericht außer Acht zu lassen? Die Reisebeschreibungen, denen ich in meinen Forschungen begegnete, bieten durchaus die Möglichkeit zu all dem, vorausgesetzt, man liest sie aufmerksam mit einer Reihe weiterer Texte (und zugleich gegen dieselben) im Bewusstsein der erkenntnistheoretischen Probleme, die Narrationen über Vergangenes im Allgemeinen und historische Reiseberichte im Besonderen mit sich bringen.

Der methodische Weg, den ich hier einschlage, ist ein eklektischer. Leiten ließ ich mich bei meiner Vorgehensweise von zwei Notwendigkeiten: jener einer theoretisch informierten Rückkehr zu den Quellen selbst und jener einer Kontextualisierung der in den Quellen enthaltenen Aussagen. Mit der Rückkehr zu den Quellen ist gemeint, dass ich die Primärwerke nicht zur Illustration oder Beweisführung bestimmter Thesen heranziehe, sondern mich um Detailanalysen, um ein Close Reading bemühe.[82] Kontextualisierung meint hier ein Wide Reading „im Sinne eines Co-Reading der Texte des kulturellen Kontextes"[83] bzw. eine Berücksichtigung dessen, was Jürgen Osterhammel „Logistik der Fremdbildproduk-

81 Osterhammel, Die Entzauberung, 28.

82 Close Reading im Sinne des New Historicism meint materialnahe und detailgenaue Lektüre eines Textes, die eine Rekonstruktion der „Fäden" anstrebt, „die aus verschiedensten kulturellen Bereichen in einen Text hinein und auch wieder aus ihm heraus führen". Dabei geht es vornehmlich um die Offenlegung der Schnittstellen, an denen ein Text mit seinem kulturellen Entstehungsbereich verwoben bleibt. Birgit Neumann, Kulturelles Wissen und Literatur, in: Marion Gymnich / Birgit Neumann / Ansgar Nünning (Hgg.), Kulturelles Wissen und Intertextualität. Theoriekonzeptionen und Fallstudien zur Kontextualisierung von Literatur. Trier 2006 (ELK, Studien zur Englischen Literatur- und Kulturwissenschaft, 22), 29–51, 39.

83 Wolfgang Hallet, Intertextualität als methodisches Konzept einer kulturwissenschaftlichen Literaturwissenschaft, in: Gymnich / Neumann / Nünning (Hgg.), Kulturelles Wissen und Intertextualität, 53–70, 63.

tion" genannt hat – zum einen „die ganz konkreten Kon-Texte gesellschaftlicher Praxis", zum anderen die „Einbettung einzelner Äußerungen in Argumentationszusammenhänge", bzw. in „Diskurse".[84]

Die kulturwissenschaftliche Breite der Fragestellungen bringt zwangsläufig eine gewisse Uneinheitlichkeit der Darstellungen mit sich und erfordert auch beim Leser die Bereitschaft und Geduld zur „interdisziplinären Reise" auf meinen abwechselnd spezialhistorisch, wirtschaftspolitisch und militärgeschichtlich, bisweilen geistes- und wissenschaftsgeschichtlich und narratologisch ausgerichteten Pfaden und Wegen. Der Sinn und Grund dieser verzweigten „Reisegestaltung" liegt in der Suche nach Antworten auf die schwierigen Fragen nach dem Wie, Warum und Woher des jeweiligen kulturellen Othering, das jeweils – wie es mir scheint – durch konkrete, meist nur durch detailanalytische „Umwege" ergründbare und von Fall zu Fall unterschiedliche Wahrnehmungssituationen, Interessen und Wissensbestände der Reisenden und Schreibenden konditioniert ist.

[84] Osterhammel, Die Entzauberung, 28.

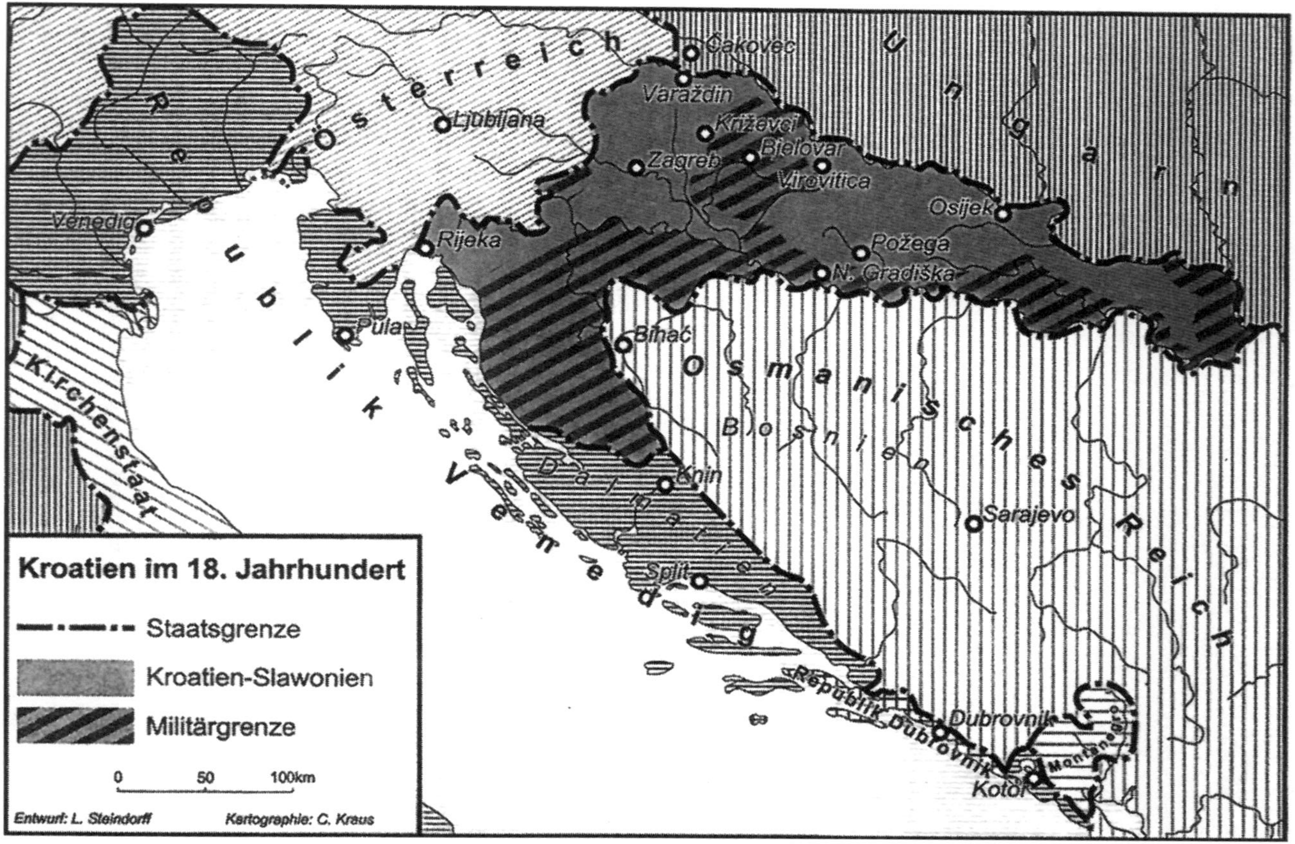

Abb. 1. Karte Kroatien im 18. Jahrhundert.

II Imagothemen

1 Definitorisches

Die Verflechtung kroatischer Geschichte mit der deutschen setzte bereits im frühen Mittelalter ein; die langandauernden politischen Bindungen an Wien wurden mit der Eingliederung des nordwestlichen Teils des Landes in den habsburgischen Staatskörper im frühen 16. Jahrhundert verfestigt.[1] Kurz: Die „Vorfahren" der heutigen Deutschen und Österreicher hatten seit Jahrhunderten mit den Slawen des nordwestlichen Balkans zu tun. Im Spannungsfeld der regen politischen und kulturellen Kontakte waren wahrscheinlich zahlreiche kollektiv-typisierend dargestellte und in verschiedene Namenslandschaften eingebundene „kroatische"/„slawische"/„illyrische" Völker durch die relationalen und je nach Zeit, Perspektive, Position, Ideologie oder Interessenslage variierenden Alteritätsartikulationen der deutschsprachigen Textkultur „hindurchspaziert".

Infolge der Erkenntnis der Historizität und Kontextualität des aufklärerischen Paradigmas in Bezug auf die völkerbezogenen Stereotype hat bereits Gilles Bertrand auf die Notwendigkeit hingewiesen, „die Untersuchung der Stereotype nicht auf Reiseberichte zu beschränken", und formulierte die Empfehlung,

> „für jede Kultur den jeweiligen Hintergrund nachzuzeichnen, um die geläufigen Überlieferungen und Traditionen, die Konstanten von einem Text zum anderen in der gleichen Epoche, in einem Jahrhundert oder im Rahmen einer nationalen Tradition ebenso wie die Brüche und Entwicklungen über einen langen Zeitraum auszumachen."[2]

Für die komplette Erfassung der Traditionen der Stereotypenbildung von den Anfängen der langen Beziehungsgeschichte zwischen dem kroatischen und dem deutschsprachigen Raum fehlt mir das notwendige Wissen. Die Aufgabe selbst dürfte – nicht zuletzt aufgrund der fluktuierenden symbolischen Standortzuweisungen für einen (oder mehrere) in sich

1 Eine sehr gelungene Synthese der kroatischen Geschichte in der deutschen Sprache legte Ludwig Steindorff vor. Siehe Steindorff, Kroatien.

2 Gilles Bertrand, Der Diskurs der Reisenden. Einige Ansätze zu einer vergleichenden Erforschung von Stereotypen der Völker im Europa der Aufklärung, in: Arnd Bauerkämper / Hans Erich Bödeker / Bernhard Struck (Hgg.), Die Welt erfahren. Reisen als kulturelle Begegnung von 1780 bis heute. Frankfurt/M., New York 2004, 301–320, 308f.

geteilte(n) „Andere(n)" durch vielschichtige und polyphone Exklusions- und Inklusionsnarrative – auch viel Forschungsmut erfordern.

Stattdessen werde ich durch eine notwendig selektive wissensarchäologische Rückblende die frühneuzeitlichen Traditionszusammenhänge nachzuzeichnen versuchen, zu denen man sich, sofern im 18. Jahrhundert in Kroatien, Dalmatien und Slawonien unterwegs, diskursiv in Bezug setzen konnte.

Über die gattungsüberschreitenden, interdiskursiven Wanderwege der völkerbezogenen Stereotype auf der diachronischen Ebene und in synchronen Austauschprozessen der Aufklärung lässt sich – wie es mir scheint – ein analytisches Netz durch das heuristische Modell einiger gängiger imagotypischer und *longue-durée*-Komplexe breiten, die ich in Anlehnung an die Terminologie und Methode von Małgorzata Świderska „Imagothemen" nenne.[3]

In ihrem Buch zum Polenbild in Romanen Dostojevskijs legte Świderska eine Methode der imagologischen Textinterpretation vor, die auf dem Konzept der „Imagothèmes" fußt.[4] Unter Imagothèmes versteht Świderska thematisch zusammenhängende Komplexe, die in einem literarischen Text die Alterität markieren. Sie setzen sich laut dieser Autorin aus Einzelelementen, den sogenannten „Imagemen" zusammen. Zu diesen zählen unterschiedliche „fremd" markierte Elemente in einem Text, etwa die erwähnten und handelnden Figuren, die positiven und negativen sozialen und nationalen Stereotype sowie alle anderen Erwähnungen der fremden Kultur, Landschaft und Geschichte. Die einzelnen „fremden" Imageme können ein ideologisches Imagothème bilden, sie können als Bestandteile eines anderen fremden oder übergreifend sinnstiftenden Imagothèmes fungieren oder (auch gleichzeitig mit einem ideologischen) auch einen utopischen Charakter aufweisen.[5]

Die Stärke des Modells von Świderska liegt darin, dass es makrostrukturelle Aspekte der narrativen Fremdbildproduktion in den Vordergrund rückt. In dieser Hinsicht nähert sich Świderskas Imagothème-Konzept den generativ-diskursanalytischen Ansätzen der Forschergruppe um Jürgen Link, denen ich wichtige theoretische Grundlagen zur Konzeptualisierung der Imagothemen als analytischem Hilfsmittel verdanke. In mein Konzept der Imagothemen fließen insbesondere die Erkenntnisse zur Tiefenstruktur der Diskurse über

[3] Die Ausführungen zu Imagothemen beruhen auf meinem Artikel: Mirna Zeman, Kroatische Imagothemen. Deutschsprachige Fremddarstellungen „illyrischer Völkerschaften", in: Mirosława Czarnecka/Thomas Borgstedt/Tomasz Jabłecki (Hgg.), Frühneuzeitliche Stereotype. Zur Produktivität und Restriktivität sozialer Vorstellungsmuster. V. Jahrestag der Internationalen Andreas Gryphius Gesellschaft Wrocław 8. bis 11. Oktober 2008. Bern u.a. 2010 (Jahrbuch für Internationale Germanistik, Reihe A: Kongressberichte, 99), 129–150. Ich verzichte hier auf Selbstzitate.

[4] Das Verdienst der Studie liegt u.a. darin, dass sie einen Teil der Forschungsergebnisse der neueren französischen imagologischen Schule (Daniel Pageaux's Konzept der imagerie culturelle und das u.a. den hermeneutischen Ansätzen Paul Ricœrs verpflichtete Modell von Jean-Marc Moura) der deutschsprachigen bzw. der des Französischen nicht mächtigen Leserschaft zugänglich macht.

[5] Vgl. „Einleitung" und das theoretische Kapitel „Zu Theorie und Methode: Die Problematik der literaturwissenschaftlichen Imagologie", in: Świderska, Studien, 11–127.

„Nationalcharaktere" ein, die Jürgen Links Untersuchungen zu nationalen Mythen, Symbolen und Stereotypen anhand der Konzepte des Interdiskurses[6], der elementaren Literatur und der Kollektivsymbolik[7] erbracht haben. Wichtige Anregungen zur Konzeptualisierung der Imagothemen verdanke ich außerdem den Arbeiten von Reinhard Lauer und Zrinka Blažević zum illyrischen Ideologem in der frühen Neuzeit.[8]

In Anlehnung an Świderskas imagologisches Modell und Links Konzeptualisierung des Begriffes „Thema" definiere ich ein Imagothema als semantischen Komplex, der für längere Zeit „diskursive Energie"[9] besitzt und viele, auch aus entgegengesetzten diskursiven Positionen heraus formulierte Aussagen in sich bündelnd das Kollektiv-Typische einer (Volks-) Gruppe thematisiert und produziert.

Das vorgeschlagene Modell der auf Kroatien bezogenen Imagothemen ist natürlich ein selektives Modell und vor allem als heuristisches Hilfsmittel zu verstehen, das es ermöglichen dürfte, die Verhandlungen kultureller Differenz in deutschsprachigen Texten mit Bezügen auf den kroatischen Raum und dessen Bevölkerung auf der synchronen und diachronischen Ebene zu verfolgen und die Aussagen der Reisenden in ihrer diskursiv-kontextuellen Eingebundenheit zu verstehen. In Anerkennung der Tatsache, dass die Beschäftigung mit

6 Der Begriff „Interdiskurs" steht nach Link für die Gesamtheit der Diskurselemente, die mehreren Diskursen gemeinsam sind. Siehe dazu Jürgen Link, Elementare Literatur und generative Diskursanalyse (mit einem Beitrag von Jochen Hörisch und Hans-Georg Pott). München 1983. Der Interdiskurs kann auch als ein stark selektives kulturelles Allgemeinwissen verstanden werden, das sich in den Redeformen mit totalisierendem und integrierendem Charakter sammelt. Siehe Siegfried Jäger, Kritische Diskursanalyse. Eine Einführung. Münster [4]2004, 131. Die Interdiskursivität ermöglicht eine Reintegration des in den Spezialdiskursen arbeitsteilig organisierten Wissens.

7 Der übergreifende Interdiskurs wird durch „elementarliterarische Formen" hergestellt, etwa durch Analogien, Metaphern, Mythen, Charakterbilder und sogenannte Kollektivsymbole. Unter „Kollektivsymbolik" versteht Link „die Gesamtheit der so genannten ‚Bildlichkeit' einer Kultur, die Gesamtheit ihrer am meisten verbreiteten Allegorien und Embleme, Metaphern, Exempelfälle, anschaulichen Modelle und orientierenden Topiken, Vergleiche und Analogien". Die Kollektivsymbolik einer Gesellschaft bildet ein System, das der gesamtgesellschaftliche Diskurs zusammenhält. Zitiert nach Jäger, Kritische Diskursanalyse, 133–134. Zur Interdiskurstheorie siehe auch: Jürgen Link, Literaturwissenschaftliche Grundbegriffe. München [6]1997; ders., Interdiskurs, System der Kollektivsymbole, Literatur. Thesen zu einer generativen Diskurs- und Literaturtheorie, in: Achim Eschbach (Hg.), Perspektiven des Verstehens. Bochum 1986, 128–146; Jürgen Link / Wulf Wülfing (Hgg.), Bewegung und Stillstand in Metaphern und Mythen. Fallstudien zum Verhältnis von elementarem Wissen und Literatur im 19. Jahrhundert. Stuttgart 1984; Link / Wülfing (Hgg.), Nationale Mythen und Symbole.

8 Vgl. Lauer, Genese und Funktion; Blažević, Ilirizam.

9 „In einem Thema", schreibt Link, „muß so etwas wie „diskursive Energie stecken, die sich nicht zuletzt als polemische Energie auswirken kann. Ein ‚Thema' besitzt eine erhöhte Wahrscheinlichkeit, dass sich an ihm entgegengesetzte diskursive Positionen (z. B. in Form von Debatten) konfrontieren. Die ‚diskursive Energie' manifestiert sich zweitens darin, daß ein ‚Thema' nach der Art eines Magneten sehr viele Aussagen um sich herum zu kumulieren scheint, und zwar nicht bloß über kurze Zeit (diskursives Ereignis), sondern über mittlere oder sogar lange Zeit". Zitiert nach Jäger, Kritische Diskursanalyse, 159.

den Stereotypen den Forscher „demselben Prozess der Generalisierungen aus[setzt], dem sie wiederum ihren Ursprung verdanken"[10], habe ich versucht, mit einem breiten Korpus an Primär- und Sekundärquellen zu arbeiten. Dennoch bleiben die vorliegenden Analysen dem Ausschnitt und dem Exemplarischen ebenso wie dem notwendig Perspektivischen eines individuellen Forscherblickes verpflichtet und sind daher als nur eine der möglichen Annäherungsweisen an das Phänomen zu verstehen.

2 „Relative" Fremdheit

Bisherige Forschungen haben gezeigt, dass an den mittelalterlichen und frühneuzeitlichen Kroatien-Diskursen bereits auch Reisende mitgewirkt hatten. Von der Zeit der Kreuzzüge an bis in das 16. Jahrhundert hinein bekamen zahlreiche Kreuzfahrer und Pilger, darunter auch viele aus den deutschen Ländern, auf ihren Durchreisen zum Heiligen Land die ostadriatischen Küstenstädte zu Gesicht, und manche verschlug die Reise auch ins Innere des mittelalterlichen Sclavoniae.[11] Von den ersten Jahrzehnten des 16. Jahrhunderts bis zum Ausbruch des Dreißigjährigen Krieges durchzogen dann viele habsburgische Gesandte wie auch andere diplomatische Expeditionen aus dem Westen auf ihrem Weg nach Konstantinopel die Balkanländer.[12] Ihre lateinisch und deutsch verfassten Itineraria und andere Schriftstücke der propagandistisch-informativen „Türkenliteratur" stellten der frühneuzeitlichen Öffentlichkeit im Westen profunde Beschreibungen der Alltagskultur der Völker Südosteuropas zur Verfügung und verhalfen einem ganzen Repertoire an Stereotypen über die orthodoxen Slawen zu ihrem Eingang in den Interdiskurs der humanistischen *res publica literaria*.[13] Eingehende Untersuchungen zu Darstellungen historischer Regionen Kroatiens in diesen Texten stehen indessen noch aus.

Die bereits erwähnte Studie Kiril Petkovs zu den Südslawen-Bildern in Deutschland zwischen 1400 und 1600 suggeriert, dass sich auf der Folie der konfessionellen Voreinge-

[10] Bertrand, Der Diskurs der Reisenden, 302.

[11] Zu den mittelalterlichen Reiseberichten siehe u. a.: Jean Richard, Križari i putnici u srednjovjekovnoj Slavoniji, *Croatica christiana periodica* X (1986), Nr. 18, 27–39; Jorjo Tadić, Promet putnika u starom Dubrovniku. Dubrovnik 1939; Petar Matković, Putovanja po balkanskom poluotoku za srednjega vieka, *Rad JAZU* 42 (1878), 56–184; Nathalie Woda, Reisen französischer Pilger zwischen Venedig und Korfu im 15. Jahrhundert, *Hortus Artium Medievalium* 12 (2006), 243–252.

[12] Siehe dazu u. a. Matl, Ragusa; Konstantinović, Deutsche Reisebeschreibungen; Geier, Südosteuropa-Wahrnehmungen. Vgl. auch Karl Nehring, Kaiserliche Gesandtschaftsberichte und Finalrelationen aus Konstantinopel als Quelle zur Geschichte Südosteuropas im 16. und 17. Jahrhundert, *Études balkaniques* 22, 3 (1986), 110–115. Zu Gesandtschaftsreisen durch Ungarn siehe S. Katalin Németh, Fiktionalität und Realität in den deutschen Ungarnbeschreibungen des 17. Jahrhunderts, in: Dieter Breuer / Gábor Tüskés (Hgg.), Das Ungarnbild in der deutschen Literatur der frühen Neuzeit. Bern u. a. 2005, 55–77.

[13] Siehe dazu Petkov, Infidels.

nommenheiten und relational zu einem „imperialen Selbstbewusstsein" in den deutschen Ländern ein polarisiertes Image der Südslawen entwickelt hatte, wobei die Differenzierungen zwischen dem „orthodoxen Kern" und dem „katholischen Rand" sowie der Unterschied im imperialen Status (Slawen unter osmanischer Herrschaft/Reichsuntertanen bzw. ungarländische Slawen) in den deutschen Wahrnehmungen Südosteuropas eine Rolle spielten.[14]

Laut Petkov sicherten den Slawen im nordwestlichen Balkan ihr katholischer Glaube und ihre politischen und kulturellen Bindungen an die österreichischen Länder oder an die nicht minder imperialen Strukturen des spätmittelalterlichen Ungarn aus „deutscher" Sicht eine andere Position auf der Skala zwischen Identifikation und Fremdheit, als dies bei ihren östlichen Nachbarn der Fall war. Erstere qualifizierten sich nicht für die Fremdzuschreibungen wie „Häretiker", „Türken" oder „Griechen", mit denen man damals dem Sultan unterworfene nichtkatholische „Balkan-Slawen" von einem „deutschen" Selbst abzugrenzen pflegte. Für seinen Untersuchungszeitraum konstatiert Petkov:

> „Latin Catholic and Imperial or Hungarian subjects, the Slavs in the north-western Balkans and east central Europe were endowed with enough characteristics to be assimilated to other Imperial nations, or, to virtually disappear into the ‚German nation'. Small wonder that Germanic speakers seldom bothered to mention them separately when there was talk of the south-east frontiers of the Empire. Since they were only relatively ‚other' there was little incentive to attract German attention to them, at least not in cases when not specifically provoked."[15]

Welche Fälle waren es denn, bei denen diese „Slawen" die Aufmerksamkeit der „Deutschen" auf sich zogen? Zu welchem Anlass erweckte der kroatische Raum ein Interesse, das über einzelne Spezialdiskurse hinaus auch im Interdiskurs der „deutschen" Kultur nachweisbar wäre? Wann und aus welchen Gründen wurden das historische Kroatien und seine Bevölkerung im deutschsprachigen Raum zum Imagothema – einem Thema mit diskursiver Energie, das eine größere Anzahl imagotypischer, auch von unterschiedlichen diskursiven Positionen aus formulierter Aussagen in sich bündelte?

3 *Martialisches Imagothema*

Als sich in den 40er Jahren des 18. Jahrhunderts ein ambitionierter Anonymus aus Deutschland an die didaktisch motivierte und anthropologisch ambitionierte Beschreibung der „Hussaren", „Heyducken", „Tolpatschen", „Insurgenten", „Sclavonier", „Panduren", „Warasdiner", „Lycaner", „Croaten", „Morlacken", „Raitzen", „Dalmatiner", „Wallachen" und „Uskoken" machte, begründete er sein – für damalige Zeiten eher ungewöhnliches – Unterfangen mit folgenden Sätzen:

[14] Ebd., 23, 264f.
[15] Ebd., 20.

Merckwürdige
Historische
Nachrichten
Von denen
Bey den jetzigen Kriegen,
Von neuen bekannt gewordenen
Völckern,
In welchen
Deren Character, Kleidung, Sitten, Gewohnheiten, Einrichtung, Waffen, Art zu fechten, Gottesdienst, und noch viel andere angenehme und denckwürdige, den Zustand, derer gegenwärtig in Krieg begriffenen Völcker, betreffende Sachen mehr,
Zu Lust und Nutz der curieusen Welt,
Aus sichern
Und zuverläßigen Nachrichten
aufrichtig beschrieben
werden.
JENA,
Verlegts Georg Michael Marggraf,
1743.

Abb. 2. Titelseite von: Merckwürdige historische Nachrichten [...], 1743.

„Wir mögen unsere Augen, nach Süden oder Norden, nach Osten oder Westen kehren: so vernehmen wir jetzo nichts als Krieg und Krieges-Geschrei. Diese Krieges-Unruhen, präsentieren uns eine Menge von Völckern, die sonsten vielen nicht sonderlich bekannt, und den meisten gantz und gar unbekannt gewesen sind."[16]

Krieg, „Streiffereyen" unbekannter Völker und der belehrende Impetus existierten in der „deutschen" Publizistik auch schon drei Jahrzehnte zuvor: Im Jahre 1715 heißt die Handlung „Venetianischer-Türcken-Krieg" und die „curieusen" Akteure der Nachricht „Montenegriner", „Morlacken", „Arnauten", „Dulcignoten" und „Mainoten".[17] Der Gelehrte Erhard Reusch, der 1718 als erster der Kenntnislosigkeit der „Teutschen" in Bezug auf Dalmatien mit einer größeren Monographie nachzukommen suchte, bemühte dieselbe Symbolik: Nur die wenigsten festen Orte in Dalmatien würden dem Namen nach bekannt sein,

[16] Merckwürdige historische Nachrichten von denen bey jetzigen Kriegen, von neuen bekannt gewordenen Völckern, in welchen deren Charakter, Kleidung, Sitten, Gewohnheiten, Einrichtung, Waffen, Art zu Fechten, Gottesdienst, und noch viel andere angenehme und denckwürdige, den Zustand, derer gegenwärtig in Krieg begriffenen Völker, betreffende Sachen mehr, zu Lust und Nutz der curieusen Welt, aus sichern und zuverlässigen Nachrichten aufrichtig beschrieben werden. Jena 1743, Einleitung, ohne Paginierung, Den Hinweis auf dieses interessante Buch fand ich bei SCHUBERT, Berlin und Südosteuropa, 185.

[17] Kurze Nachricht von denen Montenegrinern/Morlacken/Arnauten/Dulcignoten und Mainotten. Deren in dem Venetianischen Türcken-Krieg zum öfftern gedacht wird, *Curieuses Bücher und Staats-Cabinet*, XXIX Eingang (1715), 1532–1537.

„wenn nicht bei den Kriegsläuften ein und der andere Ort wäre berühmt worden“.[18]

Richten wir den Blick noch weiter zurück in die Vergangenheit: „Kroatien ist von wegen der vielen Einfälle, so der Türke darin getan, in kurzer Zeit bekannt worden“[19], heißt es in der Schrift eines gewissen Theodor Tscherning, der nach der zweiten, zugunsten des Kaiserlichen entschiedenen Schlacht von Mohács (1697) um die Nachricht der Öffentlichkeit über „Das von den Türken lang geqäuelte, nun durch die Christen beseelte Königreich Ungarn“ sorgte. Dass unter dem diskursiven Eindruck der großen Siege und Niederlagen gegen die Osmanen auch das Thema „Crabaten“ eine gewisse Brisanz besaß, bezeugt ebenso ein Lied aus den 30er Jahren des 16. Jahrhunderts, in dem Hans Sachs über die „grausam wüterei des grausamen Türken“ klagt und an das bezwungene Dalmatien und an verheerte „Crabaten“ erinnert.[20]

Abb. 3. Warasdiner, Lycaner u. a. in: Merckwürdige historische Nachrichten […], 1743, S. 49.

Die Realität, die in den historischen Territorien Kroatiens der frühen Neuzeit durch mehrere Jahrhunderte hindurch kontinuierlich dieselbe blieb, war die der Kriege. Es ist eine Binsenweisheit, dass Kriegssituationen besonders wirksame Bilder erzeugen. Daher wundert es nicht, dass die Kriegssymbolik auch im Arsenal hetero- wie auch autoidentifizierender Stereotypen eine tragende Rolle spielte und immer noch spielt. Die Kopplung der Rede

18 [Erhard Reusch,] Alter und neuer Staat des Königreichs Dalmatien, welcher alles und jede historische Merkwürdigkeiten von den ältesten Zeiten an begreift absonderlich diejenigen, so sich den Candischen und letzten Kriege, dann nach dem Carlowitzer Frieden bis auf das Jahr 1717 zugetragen; […]. Nürnberg 1718, 111–112.

19 Theodor Tscherning, Das von den Türken lang gequälte, nun durch Christen neu beseelte Königreich Ungarn: das ist kurzgefasste Vorstellung und Beschreibung der ungarischen Städte, Vestungen und Schlösser samt angrenzenden Ländern […]. Nürnberg 1697. Zitiert nach Matl, Ragusa, 343. Zu Tscherning siehe auch Konstantinović, Deutsche Reisebeschreibungen, 39; Schubert, Berlin und Südosteuropa, 207.

20 Vgl. [Hans Sachs,] Ein klag zu got uber die grausam wüterei des grausamen Türken ob seinen viel kriegen und obsiegen. Zitiert nach Rochus von Liliencron (Hg.), Die historischen Volkslieder der Deutschen vom 13. bis 16. Jahrhundert. Bd. 4. Leipzig 1867, 57–60, 58 [Nachdr. Hildesheim 1966]. Zu Türkenpublizistik und dem Türkenbild in Deutschland im 16. Jh. siehe u. a.: Onur Bilge Kula, Beiträge der „Newen Zeitungen“ zum Türkenbild in der ersten Hälfte des 16. Jahrhunderts, in: Wiesinger (Hg.), Akten, 21–29.

über die Bewohner Kroatiens an das Thema des Krieges, die die oben zitierten Beispiele illustrieren, blieb bis in das 19. Jahrhundert hinein im deutschsprachigen Raum ubiquitär. Viele deutschsprachige Autoren tendierten dazu, die schwer greifbare ethnisch-kulturelle Vielfalt dieses Raumes durch den Terminus „Kriegsvölker" oder „Kriegsvölkerschaften" auf einen gemeinsamen Nenner zu bringen. Die Rede über „illyrische Kriegsvölker" verdankt ihr Entstehen, ihre ambivalenten Topikreihen und ihre Langlebigkeit im Interdiskurs deutschsprachiger Kultur(en) mehreren zu unterschiedlichen Zeitpunkten wirkmächtigen „synchronen Systemen von Äquivalenzen und Gegensätzen"[21], zunächst jenem zwischen dem christlich-europäischen Wir und dem osmanischen Erbfeind, später den Gegensätzen in der Relation katholisches Wir / protestantischer Erbfeind bzw. habsburgisches Wir / preußischer Erbfeind.

Abhängig von der diskursiven/ideologischen Position des Betrachters bzw. der herrschenden „dominanten Opposition"[22] zogen die „illyrischen Kriegsvölker" in deutschsprachigen Texten eine Reihe positiv und negativ konnotierter Symbole an sich. Im Hinblick auf diese Mehrdeutigkeiten lässt sich von zwei dominanten Subsystemen des martialischen Imagothemas sprechen, die sich als funktional-kompatible Bestandteile in die größeren ideologisch-politischen Paradigmen der jeweiligen Zeit einfügten. Als stereotypenträchtig erwies sich zum einen das ideologisch einheitliche deutsch-österreichische Frontier-Narrativ, das den südslawischen *homo militaris* auf die „Vormauer des Christentums" positionierte und den dortigen „Crabaten" und anderen Völkern den Nimbus der militärischen Tapferkeit verlieh. Zum anderen sorgten die Söldner aus kroatischen Militärgrenzgebieten, die im Dreißigjährigen Krieg, im Österreichischen Erbfolge-, im Siebenjährigen und im Bayerischen Erbfolgekrieg in Mitteleuropa zum Einsatz kamen, in großen Teilen des Deutschen Reiches für das Odium der Grausamkeit, das dem „kroatischen" Volksimage lange anhaftete. Den grundsätzlichen Tonfall dieses zweiten Narrativs, das den „crabatischen" Söldnertruppen gilt, illustriert trefflich eine Phrase aus der Feder Friedrich Schillers: „Der Croaten fürchterliche Banden".[23]

21 Ute Gerhard / Jürgen Link, Zum Anteil der Kollektivsymbolik an den Nationalstereotypen, in: Link / Wülfing (Hgg.), Nationale Mythen und Symbole, 16–52, 32. Gerhard und Link stellen fest, dass Nationalsymbole und Nationalstereotype nie isoliert, sondern nur als synchrones System von Äquivalenzen und Gegensätzen applizierbar sind: „Besteht erst einmal zwischen zwei Nationen eine dominierende Opposition, so wird der ‚Erbfeind' tendenziell durchgehend mit Binäroppositionen zu den eigenen Symbolen belegt."

22 Ebd., 32.

23 Friedrich Schiller, Geschichte des 30jährigen Krieges. Stuttgart, Tübingen 1838 (Schillers sämtliche Werke in zwölf Bänden, 9), 206 [1790–1792]. Vgl. dazu Bobinac, Slika Hrvata, 276.

3.1 Am Bollwerk des Christentums

Die Fama der militärischen Tüchtigkeit, die das Image der „Kroaten" und „Grenzer" im habsburgischen Vielvölkerreich auf lange Dauer umschloss,[24] reicht weit in die Geschichte der Türkenkriege zurück. Auch in den deutschen Ländern färbte sich das Bild der „Kroaten" schon früh militärisch, und im Angesicht der virulenten Gefahr durch den türkischen „Erzfeind" auch ausgesprochen positiv. Ein Volkslied aus dem Jahre 1526, das anlässlich der vernichtenden ungarischen Niederlage bei Mohács antiosmanisch mobilisierend die Gemeinschaft der Christen beschwört, kennt bereits die „krabatische" Bravour im Kriegshandwerk, die damals allerdings nicht ausreichte:

> „[...] Krabaten haben lange zeit
> auch erlitten manchen streit
> und umb hilf gehalten an;
> ich sing und sang in warheit,
> sie haben erzaigt manheit,
> oft und vil das best gethan,
> biß sie schier sein vertriben
> und ir wenig beliben. [...]"[25]

An solchen und ähnlichen Thematisierungen der christlichen, südslawischen, habsburgisch-imperialen und – wie aus diesem Beispiel ersichtlich – auch „krabatischen" Leistungen in den Kämpfen gegen die Osmanen fehlte es damals und in folgenden Jahrhunderten nicht. Die Symbolik der Bollwerke, Vormauer und Schilder des christlichen Glaubens gegen den „heidnischen Eindringling" wurde zu jener Zeit sowohl zur Gemeinschafts- und Identitätsstiftung als auch zu unterschiedlichen politischen, imperialen und ideologischen Zwecken massenhaft bemüht.[26] In der frühen Neuzeit, im Rahmen der Diskreditierungen des muslimischen Fremden, der Glorifikationen der christlichen Siege und Verherrlichungen der Rolle der jeweils eigenen Gemeinschaft in der Türkenabwehr bildete sich der symbolische Fundus für das moderne polyfunktionale und ideologisch anpassungsfähige Narrativ heraus, das Andre Gingrich Frontier Orientalism genannt hat. Unter diesem Begriff versteht Gingrich ein kohärentes Gebilde aus Metaphern und Mythen, die in der Öffentlichkeit und Volkskultur unterschiedlicher mittel- und südosteuropäischer Länder mit einer Geschichte der Konfrontationen und Begegnungen mit der benachbarten Regionen der muslimischen

24 Siehe dazu Daniela Strigl, Schneidige Husaren, brave Bosniaken, feige Tschechen. Nationale Mythen und Stereotypen in der k. u. k. Armee, in: Hárs u. a. (Hgg.), Zentren, Peripherien und kollektive Identitäten, 128–143.

25 „Volgend zwei lieder der armen gefangnen Christen zu Constantinopel, irer jämmerlichen klag und ermanung an gemeine christenheit". Zitiert nach Liliencron (Hg.), Die historischen Volkslieder, Bd. 3, 580–584, 583. Den Hinweis auf dieses Lied fand ich bei Petkov, Infidels, 183f.

26 Zum Bollwerk-Image Ungarns aus deutscher Sicht vgl. Breuer/Tüskés (Hgg.), Das Ungarnbild.

Peripherie vorhanden sind.[27] Der Grenz-Orientalismus, den Gingrich als modernes Phänomen versteht, bezieht sich unter anderem auf unterschiedliche Frontier- oder Antemurale-Mythen von der zeitlosen Mission des jeweiligen christlichen Heimatlandes und seiner Bevölkerung an der anliegenden territorialen Grenze mit dem Osmanischen Reich und auf damit verbundene folkloristische Verherrlichungen der eigenen militärischen Siege gegen den „bösen Orientalen". Damit ist eine selektive, martialische Aspekte hervorhebende Mythosgeschichte (und Erinnerungskultur) gemeint, die die komplexen und vielfältigen interkulturellen Interaktionen auf die eindimensionale Erzählung vom Blutvergießen und vom Krieg reduziert. Durch sein folkloristisches und lokal-mythohistorisches Toposrepertoire, das ihm mächtige identitätsstiftende Ansprache verleiht, eignete und eignet sich der Grenz-Orientalismus für unterschiedliche politische und nationalideologische Instrumentalisierungen, die seit dem 19. Jahrhundert bis in die Gegenwart sowohl in Österreich als auch in Ungarn, Slowenien und Kroatien nachweisbar sind.[28]

Die Antemurale-Symbolik war im Habsburgerreich der frühen Neuzeit weit verbreitet, und man kann davon ausgehen, dass in den zeitgenössischen Narrativen über Missionen, Bollwerke und den Erbfeind auch die virtus bellica des „crabatischen/südslawischen Bundesgenossen" in der gemeinsamen Schild-Mission thematisiert und produziert wurde. Ein illustratives Beispiel dafür bietet die barocke Topographie des Herzogtums Krain aus der Feder Johann Weichard Valvasors aus dem Jahre 1689.[29]

In seinem 4 Bände, 15 Bücher und 3500 Seiten starken protoenzyklopädischen Werk „Die Ehre des Herzogthums Krain" preist der gelehrte Polyhistor aus Laibach in Wort und Bild die Vielfältigkeit, Schönheit, vor allem aber die Bedeutsamkeit des eigenen Vaterlandes in der christlichen Verteidigungsmission gegen den „heidnischen Türken". Zum Zweck der Verdeutlichung und Hervorhebung der großen krainerischen Bollwerk-Dienste schildert dieser Autor ausführlich auch die benachbarten historischen Territorien Kroatiens, vor allem die durch Krain und andere innerösterreichische Länder militärisch und finanziell unterstützten Militärgrenzgebiete.

[27] Vgl. Baskar, Ambivalent Dealings, 3f.; Gingrich, Frontier Myths; ders., Grenzmythen.

[28] Zum Antemurale-Mythos und seiner Rolle in den symbolischen Autodiskursen Kroatiens und Ex-Jugoslawiens liegt ein hervorragender Beitrag von Ivo Žanić vor. In seinem Aufsatz „Simbolični identitet Hrvatske u trokutu Raskrižje-predziđe-most" thematisiert Žanić die Geschichte und die Rolle dieses Mythos in der Erschaffung und Stabilisierung kollektiver Identitäten in Kroatien und Bosnien und geht ausführlich auf seine Instrumentalisierungen durch wechselnde Ideologien in einem langen Zeitraum vom 15. bis zum späten 20. Jahrhundert ein. Vgl. Žanić, Simbolični identitet.

[29] Zum Leben und Werk des Polyhistors und weitgereisten Gelehrten Johann Weichard Valvasor (1641–1693) siehe u. a. Johann Merhar, Valvasor als Ethnograph. Eine Charakteristik. Triest 1910 (*Jahresbericht des k. k. Staats-Gymnasiums in Triest* 60 (1909/10)); Eva Holz, Nekaj besed o avstrijski Istri v Valvasorjevi Slavi vojvodine Kranjske, in: Darko Darovec (Hg.), Stari krajepisi Istre. Koper 1999, 163–172. Zu Valvasors Wahrnehmungs- und Darstellungsweise der Bevölkerung des Karlstädter Generalats vgl. Sanja Lazanin / Drago Roksandić, J. W. Valvasor and J. Rabatta on the Croatian Military Border in 1699 and 1719. Stereotypes and Mentality in the Triple Frontier Comparative Perspectives, in: Roksandić (Hg.), Microhistory, 88–110.

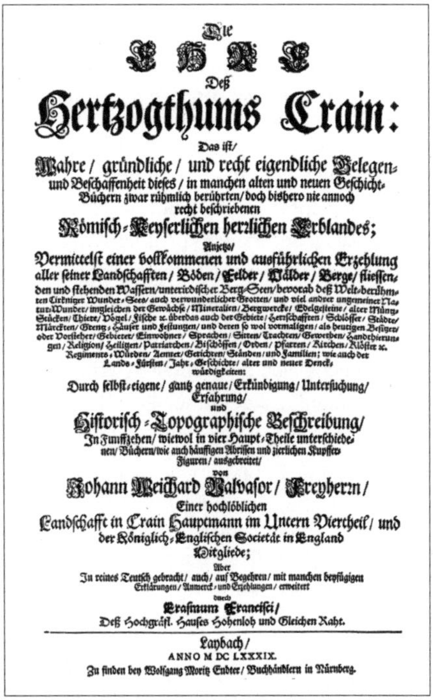
Die
EHRE
Deß
Hertzogthums Crain:
Das ist/
Wahre/ gründliche/ und recht eigendliche Belegen- und Beschaffenheit dieses/ in manchen alten und neuen Geschicht-Büchern zwar rühmlich berührten/ doch bishero nie annoch recht beschriebenen
Römisch-Keyserlichen herrlichen Erblandes;
Anjetzo/
Vermittelst einer vollkommenen und ausführlichen Erzehlung aller seiner Landschafften/ Böden/ Felder/ Wälder/ Berge/ fliessenden und stehenden Wassern/ unterirdischer Berg-Seen/ bevorab deß Welt-berühmten Cirkniger Wunder-Sees/ auch verwunderlicher Grotten/ und viel andrer ungemeiner Natur-Wunder/ imgleichen der Gewächse/ Mineralien/ Bergwercke/ Edelgesteine/ alter Müntz-Stücken/ Thiere/ Vögel/ Fische etc. überdas auch der Gebiete/ Herrschafften/ Schlösser/ Städte/ Märckten/ Grentz-Häuser und Festungen/ und deren so wol vormaligen/ als heutigen Besitzer/ oder Vorsteher/ Gebieter/ Einwohner/ Sprachen/ Sitten/ Trachten/ Gewerben/ Handthierungen/ Religion/ Heiligen/ Patriarchen/ Bischöffen/ Orden/ Pfarren/ Kirchen/ Klöster etc. Regiments-Würden/ Aemter/ Gerichten/ Ständen/ und Familien; wie auch der Lands-Fürsten/ Jahr-Geschichte/ alter und neuer Denck-würdigkeiten:
Durch selbst-eigene/ gantz genaue/ Erkündigung/ Untersuchung/ Erfahrung/
und
Historisch-Topographische Beschreibung/
In Funffzehen/ wiewol in vier Haupt-Theile unterschiedenen/ Büchern/ wie auch häuffigen Abrissen und zierlichen Kupffer-Figuren/ ausgebreitet/
von
Johann Weichard Valvasor/ Freyherrn/
Einer hochlöblichen Landschafft in Crain Hauptmann im Untern Viertheil/ und der Königlich-Englischen Societät in England Mitgliede;
Aber
In reines Teutsch gebracht/ auch/ auf Begehren/ mit manchen beyfügigen Erklärungen/ Anmerck- und Erzehlungen/ erweitert
durch
Erasmum Francisci/
Deß Hochgräfl. Hauses Hohenloh und Gleichen Raht.
Laybach/
ANNO M DC LXXXIX.
Zu finden bey Wolfgang Moritz Endter/ Buchhändlern in Nürnberg.

Abb. 4. Titelseite von: VALVASOR / KRAJEC / PFEIFER, Die Ehre des Herzogthums Krain, ^{2}1877–1879 [1689].

In Valvasors „Ehre" geht es um Geschichte und Geographie, um Städte und Festungen, Naturschätze, Sitten und Gebräuche, aber auch ums Blutvergießen, Bluterkaufen, mittlerweile auch ums Bluttrinken an den – aus Valvasors Sicht – „unseren", also aller Christen Grenzen. Über „Croatien" heißt es in dieser Metaphorik:

> „Solcher Gestalt ist nicht leicht ein Ort in gantz Croatien anzutreffen, welcher nicht so wol mit Christen- als Türcken-Blut gleichsam überschwemmt worden wäre, und so haben diese Leute mit ihrer Eltern und Vor-Eltern Blut und Tode das Land und seine Grentzen erhalten, welches sie noch biß auf diese Stunde auf gleiche Weise zu beschützen gezwungen sind."[30]

Bei dieser schwierigen Aufgabe sind natürlich körperliche Ausdauer, Stärke und Unempfindlichkeit, vor allem aber viel Mut und soldatisches Können gefragt. Mit Valvasors „Krabaten", „Uskoken" und „Wlachen" am antemurale Christianitatis ist es um Europa und den „richtigen Glauben" nicht so schlecht bestellt, denn über martialische Qualitäten, wie am Beispiel der „Crainerischen Crabaten" illustriert, verfügten nach Valvasor alle diese „Völcker":

> „Massen sie im Felde und auch sonst gnugsam mit ihrem Sebel und gewiß-zielenden Feuer-Geschöß bezeugen, daß sie Feuer im Busem haben, welches sie nicht anderst, ohn mit dem Feindes Blut abzukühlen, entschlossen seynd, wann es fechtens gilt. Denn sie geben trefflich-gute Soldaten sowol, als ihre Nachbarn und Nation-Verwandte, die Einwohner Croatiens, deren Streitbarkeit und Schnell-Berittenheit überall in Europa bekandt, sonderlich in Türckey, da man ihren Sebel fürchtet, wie den gewissen Tod."[31]

In Bezug auf die damals berühmt-berüchtigten „Uskoken"[32] heißt es in ähnlicher Manier:

30 Johann Weichard VALVASOR, Die Ehre des Herzogthums Krain. Bd. 3, Buch XII. Hgg. J. KRAJEC / J. PFEIFER. Rudolfswerth ^{2}1877 [1689], 7.

31 VALVASOR, Die Ehre, Bd. 2, Buch VI, 303.

32 Mit diesem Terminus wurden ursprünglich die Auswanderer aus dem osmanisch beherrschten Balkan bezeichnet, die sich über die Grenze in die venezianischen und habsburgischen Staatsgebiete flüchteten. Im Laufe der Zeit wurde das Wort vornehmlich für die irregulären Grenztruppenverbände aus der Stadt Senj verwendet, die im 16. Jahrhundert ihren Unterhalt durch räuberische Einfälle in die osmanischen Gebiete und die Piraterie an der Adria bestritten.

„Es ist dieses ein vor alle Mal gewiß, dass in ganz Europa auf dem Meer kein so kühn und streitbares Volck, als diese Zenger sind, gefunden werden mag, denn die streiten zwischen denen auch auf das äusserste erbosten Wellen nicht wie ergrimmte Menschen gegen die Feinde, sondern recht wie ausgelassene rasende Furien und Teufel."[33]

Valvasors Darstellungen der „Fiumaner", „Dalmatier oder Liburnier", „Histerreicher", „Tschitschen", „Krabaten", „Uskoken" usw. wurden bis in das frühe 19. Jahrhundert hinein im deutschsprachigen Raum als Standardquelle des ethnographischen Wissens und auch völkerbezogener Stereotype über Kroatien benutzt.

Der Mythos von der ungewöhnlich starken Physis der Militärgrenzbevölkerung spielte in Rahmen der Türkenabwehrpropaganda natürlich eine wichtige Rolle. An der venezianisch-habsburgisch-osmanischen Grenze wollte man abgehärtete, ausdauernde, „baumstarke" Krieger gegen die Osmanen kämpfen wissen: Athleten, die, wie Valvasors „Uskoken", so schnell laufen, „das es ihnen kein Teutsches Pferd nachthut"[34], und Kraftmenschen, die sich wie Reuschs „Morlaken" auch auf eine andere Weise mit den Pferden messen:

„Es sind diese Morlachen ein groß/stark/dauerhaft und verwegenes Volk / welches auf denen rauen Gebürgen Hunger und Kälte hat vertragen gelernet. Von ihrer Stärke wird erzehlet / daß ihrer viere einen Reuter samt dem Pferde auf die Achseln fassen / und zwanzig oder dreissig Schritte fort tragen. Welches sie mit ihren Officirern öffters practiciret / wenn sie über das Gebürge gewollt / wo die Wege überaus böse sind / und bisweilen Gefahr ist / es möchten Mann und Pferd den Hals abstürzen."[35]

Die uskokischen Aktivitäten – ein Dorn im Auge der Handelsmacht Venedig – sorgten für Spannungen zwischen Venedig und den Habsburgern, die schließlich im sogenannten Uskokenkrieg 1615–1617 kulminierten. In der Folge dieses Krieges wurden die Uskoken aus Senj vertrieben und ins Innere der kroatischen Militärgrenze umgesiedelt. Die südslawische Epik bewahrte die Erinnerungen an die Uskoken durch Glorifizierungen ihrer Taten. Die mündliche Überlieferung und literarische Darstellungen sorgten für den Erhalt uskokischer Geschichten im kroatischen kulturellen Gedächtnis bis in die Gegenwart hinein. Die Zeitgenossen, die sich durch die Uskoken gefährdet fühlten, hatten für diese soldatischen Gemeinschaften dagegen nur abwertende Urteile parat. Zu den Uskoken und uskokischen Imaginarien liegt eine hervorragende Studie von Catherine Wendy Bracewell, The Uskoks of Senj. Piracy, Banditry, and Holy War in the Sixteenth-Century Adriatic aus dem Jahr 1992 vor. Ich benutzte die kroatische Ausgabe Catherine Wendy Bracewell, Senjski uskoci. Piratstvo, razbojništvo i sveti rat na Jadranu u šesnaestom stoljeću. Preveli Nenad Popović und Mario Rossini. Zagreb 1997.

33 Valvasor, Die Ehre, Bd. 4, Buch XII, 81.

34 Valvasor, Die Ehre, Bd. 2, Buch VI, 292.

35 [Reusch,] Alter und neuer Staat, 106. Dieses Beispiel schreibt der Kompilator aus Nürnberg aus dem Reisebericht des Franzosen Jakob Spon und des Engländers George Wheler ab. Die beiden Reisenden haben Dalmatien im Jahre 1675 im Rahmen ihrer altertumskundlichen Reise nach Griechenland besucht. Ihr Reisebericht, der unter dem Titel „Voyage d'Italie, de Dalmatie, de Grece et du Levant" 1678 in Lyon erschien, liefert neben der Beschreibung der archäologischen und kunsthistorischen Schätze Dalmatiens auch einige ethnographische Informationen, die sich unter anderem auf die „Morlaken" beziehen. Die deutschsprachige Übersetzung dieses Werkes erschien in Nürnberg im Jahre 1681. Siehe Jacob Spon / Georgius Wheler, Italiänische/Dalmatische/Griechische und Orientalische Reise-Beschreibung [...] aus dem Französischen ins Teutsche übersetzt durch J. Menudier. Nürnberg 1681. Zu Spon und

In den „Ethnocharakteren“, die die frühneuzeitlichen grenzorientalistischen Narrative konfigurierten, verbanden sich also die Elemente positiver Militär- und Körpersymbolik mit klima- bzw. umweltdeterministischen Vorstellungen von den physischen und soldatischen Vorzügen der Bergbewohner. Somit hat man es bereits hier mit einer positiven imagotypischen Gleichung zu tun, die dank ihrer Integrierbarkeit in unterschiedliche Wahrnehmungsparadigmen und Diskurse auf lange Sicht und besonders im Habsburgerreich fester Bestandteil Kroatien-bezogener Alteritätsverhandlungen bleiben wird. Das schmeichelhafte, auf das Bollwerk- und Heldenmetaphorik bauende soldatische Fremdbild deckte sich natürlich mit den Selbstvorstellungen der betroffenen Gemeinschaften, ein Umstand, der der Erstarrung der besprochenen Stereotype erheblich Vorschub leistete.

3.2 Dislozierte „Crabaten“

Mit dem Dreißigjährigen Krieg hat sich die Position der „Kroaten“ auf der virtuellen Fremdheitsskala der deutschsprachigen Texte grundsätzlich geändert: Hatten sie bisher im Heiligen Römischen Reich der deutschen Nation als „Habsburgische Slawen“ den Status des „relatively Other“[36] und als Türkenabwehr-Teilnehmer auch jenen des christlichen Bundesgenossen gehabt, so wurden sie jetzt und vorwiegend aus protestantischer Sicht zum absolut Fremden, dem Feind – in Gestalt berüchtigter Söldnertruppen der Katholischen Liga. Im Gräuelhaushalt dieses langen Krieges hantierten bekanntlich Tausende von Männern aus Kroatien, vorzugsweise in „geschlossenen Verbänden“ als leichte irreguläre Reiter, so dass das Ethnikon „Kroaten“ bald die Bedeutung einer Reitergattung annahm.[37] Unter dem ersten Generalat Wallensteins hatte der Oberst Isolani ein erstes reguläres Regiment von diesen Reitern aufgestellt. Von nun an wuchs dieses seiner Herkunft und ethnischen Zugehörigkeit nach bunt gemischte Reitertruppenangebot des Kaisers immer mehr unter dem Namen „Croaten, Crobaten, Crabaten“ zusammen (vgl. Abb. F1).[38] Durch das gewaltsame Handwerk im Heiligen Römischen Reich deutscher Nation gewannen diese Söldner neben Plündergut und Kriegsbeute auch den Ruf soldatesker Brutalität, Rohheit und Hemmungslosigkeit und erkämpften sich als Schreckensgestalten einen festen Platz im symbolischen Haushalt der deutschen Kultur. So bezeichnen viele regionale und lokale Historiographien Nordhessens die schlimmsten Kriegsmomente jeweiliger Ortschaften

Wheler vgl. Robert Matijašić, Putopisi i starinoznanstvo XVII. I XVIII. stoljeća na našoj obali, *Nova Istra* 3 (1998), 122–131.

36 Petkov, Infidels, 20.

37 Johann Christoph Allmayer-Beck / Erich Lessing, Die kaiserlichen Kriegsvölker. Von Maximilian I. bis Prinz Eugen. 1479–1718. München 1978, 109.

38 Peter Engerisser, Von Kronach nach Nördlingen. Der Dreißigjährige Krieg in Franken, Schwaben und der Oberpfalz 1631–1635. Weißenstadt ^{2}2007, 481; siehe auch Axel Stolch, Die Schlacht bei Nördlingen, unter <http://www.schwedenlager.bopfingen.de/home 2009.htm>, 15.07.2011.

und Landesteile symbolisch immer noch als „Kroatenjahre“[39]. Die kaiserliche Einnahme Kaiserslauterns, an der Söldner unterschiedlichster Herkunft teilnahmen, wird symbolisch als „Kroatensturm“ verarbeitet.[40] In Sachsen, Schwaben, Oberpfalz und anderen Gegenden Deutschlands erinnern neben zahlreichen Flur-, Berg-, und Ortsteilnamen[41] immer noch zahlreiche „Kroatensteine“[42] (vgl. Abb. F12, F13, F14) an die unheilvollen Besuche der kaiserlichen Soldateska.

Die zeitgenössische Kroatophobie hinterließ zahlreiche Spuren im deutschen dialektalen Sprachgut. So findet man im Wortschatz unterschiedlicher Mundarten zahlreiche Belege für appelativische Verwendungen des Ethnikons „Kroate“, die auf das negative Söldnerimage zurückgehen. Dem Schleswig-Holsteinschen Wörterbuch zufolge ist unter „Krabaat“

39 Siehe beispielsweise die Webseite der Dorfgemeinschaft Röhrenfurth: Chronik. 800 Jahre Röhrenfurth (1982). Geschichte und Geschichten eines Dorfes. Aktualisierte Ausgabe. Der 30jährige Krieg. Erste Plünderungen in 1623, das Kroatenjahr 1637, Zerstörungen in Röhrenfurth, unter <http://www.roehrenfurth.de/html/html/der_dreigjahrige_krieg.html>, 15.07.2011.

40 Siehe u. a. Ernst CHRISTMANN / Heinz FRIEDEL, Kaiserslautern einst und jetzt. Beiträge zur Geschichte der Großstadt Kaiserslautern von der Vor- und Frühgeschichte bis zu den heutigen Flur- und Straßennamen. Otterbach-Kaiserslautern ²1976 (Schriften zur Geschichte von Stadt und Landkreis Kaiserslautern, 12), 87; Stadt Kaiserslautern – Chronik, unter <http://www.kaiserslautern.de/tourismus/stadtportrait/chronik/index.html?lang=de>, 15.07.2011. Im Jahre 2007 schaffte es der „Kroatensturm“ bis in den Pfälzer Regionalkrimi. In Bernd FRANZINGERS Kriminalroman „Jammerhalde“ bildet der Kroatensturm die Hintergrundfolie einer mysteriösen Mordserie. Im Roman vollzieht ein Geschichtsenthusiast seinen Racheakt für das im Dreißigjährigen Krieg verübte Massaker an den Kaiserslauternern, indem er auf bestialische Weise drei Nachkommen derjenigen Völker ermordet, die sich an dem „Kroatensturm“ von 1635 beteiligten. Der gut recherchierte Kriminalroman lässt einen Ungarn, einen Polen und einen Kroaten zum Opfer des Serienmörders werden. Der Leser wird an mehreren Stellen darüber informiert, dass es sich beim Motiv für Serienmorde um den „so genannten Kroatensturm“ handelt, denn „[d]ie aus 7000 Mann bestehende Belagerungsarmee, die im Jahre 1635 Kaiserslautern vollständig zerstöte und an der Jammerhalde ein fürchterliches Massaker anrichtete, setzte sich neben den Deutschen vorwiegend aus Ungarn, Polen und Kroaten zusammen.“ Vgl. Bernd FRANZINGER, Jammerhalde. Tannenbergs siebter Fall. Meßkirch ²2009 [2007].

41 Joseph Storfer kennt Ortsteile mit den schwäbischen Namen „Krawatt“ und „Kroatennest“, Flurnamen wie „Croatenäcker“, „Krawattentobel“ und „Krawattenbauer“. Siehe Albert Joseph STORFER, Wörter und ihre Schicksale. Berlin 2000, 221–223 [1935]. Laut Google existieren in Deutschland neben zahlreichen „Kroatensteinen“ immer noch „Kroatenschluchten“, ein Bach namens „Kroatenwasser“ sowie mehrere „Kroatengraben“ und „Kroatengassen“.

42 Vgl. dazu Rainer H. SCHMEISSNER, Steinkreuze in der Oberpfalz. Regensburg 1977, 413; dem Kroatenstein im Sadtkreis Weiden (Oberpfalz) widmete der Schriftsteller Franz Joachim Behnisch (1920–1983) folgende Verse: „Senkrecht fällt die Einsamkeit rings um den Stein mit dem angebrochenen Kreuzarm. Drau oder Save: woher, Kroat? Warum konntest du einst nicht zurück über Miesbrunn und Spielhof hinunter ins Königreich Böhmen?“ Franz Joachim BEHNISCH: „Kroatenstein“. Zitiert nach: *Lichtung* 9 (1996), H. 1, 47. Zu Kroatensteinen siehe u. a. Geo- und Umweltportal Freiberg: „Grabentour von Krummenhennersdorf nach Reinsberg“, unter <http://www.gupf.tu-freiberg.de/geologie/grabentour.html>, 15.07.2011; sowie Franz STÖRZNER, Geschichte(n) in Stein: volkstümliche Kleindenkmale an Thüringer Wanderwegen. Ilmenau 2001.

Abb. 5. The Lamentations of Germany. Croats Eate Children, in: MEYER, Die Ikonographie der Nation, 2003, S. 170.

ein wilder, übermutiger Mensch zu verstehen; sächsisch „Krafaten“ heißt auf Deutsch widrige Umstände, Schwierigkeiten und „krabatisch“ bedeutet wild, kriegerisch, erschreckend.[43] In Ostpreußen und Schlesien nannte man laut Albert Joseph Storfer noch in den 30er Jahren des vergangenen Jahrhunderts ein wildes, ausgelassenes Kind „Krabate, Krabatke, Krabutke, Krabaute“.[44] Einige Etymologen vermuten, dass man als „Kleine Krabaten“ zuerst die unehelichen Kinder bezeichnete, die die Mütter an den Durchzug der kroatischen Söldner erinnerten, andere führen diese affektive Metapher auf das Schimpfwort „Kroate“ zurück, das ursprünglich für einen „Rohling, Wildling“ stand und mit der Zeit in abgeschwächter Bedeutung immer häufiger als zärtlicher Beiname für unartige, muntere, kecke Kinder verwendet wurde.[45] In der sächsischen Mundart war vor vier Jahrzehnten für unartiges Verhalten der Kinder auch die Verbalform „herumkrabaten“ gebräuchlich.[46]

Es ist nicht verwunderlich, dass in antikaiserlichen Volksliedern und Flugschriften, die Massaker und Verwüstungen während der Einnahmen Magdeburgs und Heidelbergs beklagen, Tillysche „Crabaten“ als „gottlose“, dämonische Gestalten dargestellt wur-

[43] Otto MENSING, Schleswig-Holsteinisches Wörterbuch. Volksausgabe. Bd. 3. Neumünster 1931, 291. Eberhard LINS, Sächsisch auf Deutsch. Herkunft und Bedeutung sächsischer Wörter. München 1974, 50. Auch Karl Ludwig Müller führt mehrere appelativische Verwendungen dieses Völkernamens an, die in unterschiedlichen Sprachen vorkommen und auf die kroatischen Söldner zurückgehen: Zum Beispiel italienisch „croato“ in der Bedeutung „widerwärtig, verhaßt, abscheulich“. Niederländisch „krawaat“ in der Bedeutung „schlecht, böse, gemein“. Vgl. Karl Ludwig MÜLLER, Übertragener Gebrauch von Ethnika in der Romania. Eine vergleichende Untersuchung unter Berücksichtigung der englischen und der deutschen Sprache. Meisenhein am Glan 1973, 244.Zum schimpfwort „Croat“ vgl. auch DŽAMBO, Die Slawen.

[44] STORFER, Wörter, 222.

[45] Vgl. Franz SÖHNS, Die Parias unserer Sprache. Eine Sammlung von Volksausdrücken. Heilbronn 1888, 22–23; STORFER, Wörter, 222; DŽAMBO, Die Slawen.

[46] LINS, Sächsisch auf Deutsch, 50. Siehe auch MÜLLER, Übertragener Gebrauch, 244. Zu weiteren Beispielen vgl. DŽAMBO, Maledicta ethnica; sowie DERS., Die Slawen.

den.[47] In diesem historischen Augenblick war ja klar, wer unter dieser Bezeichnung gemeint ist. Doch durch die Verwendung des Kroatennamens für die aus unterschiedlichen Ethnien zusammengestellten Söldnerverbände, die zudem aufgrund ihrer Brutalität besonders auffällig wurden, fielen – wie man am Beispiel sprachlicher Belege sehen konnte – die ihnen anhaftenden negativen Markierungen auf die ethnische Gemeinschaft zurück, unter deren Namen sie auftraten.

Diese Verschiebung mit imagologischen Implikationen wurde auch literarisch vielfach sanktioniert. In einer Reihe deutschsprachiger Werke – von Volksliedern und Flugschriften über Grimmelshausens „Simplicissimus" und Schillers „Wallenstein" bis hin zu modernen Romanen wie Enzensbergers „Wo warst du Robert?" – treten die „Kroaten" in der Regel in Nebenrollen als kriminelle, kollektiv agierende Eindringlinge, als flache Figuren aus dem militärischen Bereich auf, die skrupellos ihren Profit aus dem Zustand der Gesetzlosigkeit des Dreißigjährigen Krieges ziehen.[48]

[47] So heißt es in einem Volkslied unter dem Titel „Belägerung und Einnehmung der churfürstlichen pfalzgräfischen Residenz- und Hauptstadt Heidelberg, welche geschehen im Monat September des 1622. Jahrs" beispielsweise: „Die gottlosen Crabaten / Hieben darnider schon / Burger und Soldaten, / Was sie noch trafen an, / Weiber und auch die kleinen Kind / Wurden gehaut darnieder / Erschrecklich unbesinnt." Zitiert nach Franz Wilhelm Freiherr von Ditfurth, Die historisch-politischen Volkslieder des dreißigjährigen Krieges. Aus fliegenden Blättern, sonstigen Druckwerken und handschriftlichen Quellen gesammelt und nebst den Singweisen zusammengestellt. Hg. Karl Bartsch. Heidelberg 1882, 76–78, 77 [Nachdr. Leipzig 1972]. Die „Crabaten" kommen in vielen anderen Liedern aus dieser Sammlung vor. Der Ruf der grausamen Soldateska eilte den „Kroaten" auch in England voraus: Dies belegt eine Abbildung aus dem in London 1638 erschienenen Buch „The Lamentations of Germany" von Dr. Vincent, die die „Kroaten" u. a. als Kinderesser darstellt (vgl. Abb. 5). Diese Abbildung fand ich in der ausgezeichneten Arbeit zu Deutschland-Stereotypen in der englischen Druckgrafik des 18. Jahrhunderts: Meyer, Die Ikonographie der Nation, S. 170.

[48] Ausführlich dazu siehe Bobinac, Slika Hrvata. Vgl. auch Škreb, Name und Gestalt des Kroaten sowie ders., Lik i ime Hrvata. Grimmelshausens Simplicissimus wird von den „Kroaten", die aber „Böhmisch" sprechen, entführt und verbringt bei ihnen einige Zeit als Diener. Gelegentlich darf er mit zum „Fourage reiten", wobei er Einsicht in den „Arbeitsalltag" der Kroaten bekommt: „das Furagiern [...] ist nichts anders, als daß man mit großer Mühe und Arbeit, auch oft nicht ohne Leib- und Lebensgefahr hinaus auf die Dörfer schweifet, drischt, mahlt, backt, stiehlt und nimmt was man findt, trillt und verderbt die Bauren, ja schändet wohl gar ihre Mägd, Weiber und Töchter". An einer anderen Stelle heißt es über die „Kroaten": „das Rauben und Plündern hinderte sie an ihrem schleunigen Fortzug im geringsten nichts, dann sie konntens machen wie der Teufel, von welchem man zu sagen pflegt, daß er zugleich laufe und (s.v.) hofiere, und doch nichts am Weg versaume." Zitiert nach Hans Jacob Christoph Grimmelshausen, Der abenteuerliche Simplicissimus Teutsch. Stuttgart ^{3}1996 [1669], 174, 173. Ausführlicher zum Kroatenbild bei Grimmelshausen: Joern Nuber, Simplex bei den Croatischen Scharen, in: Kabić / Lovrić (Hgg.), Mobilität und Kontakt, 243–249. In Schillers „Wallensteins Lager" wird der „Kroat" als diebisch und naiv kodiert, illustrativ ist in dieser Hinsicht der Satz „Kroat, wo hast du das Halsband gestohlen?", mit dem Schiller durch die Figur des Scharfschützen zum ersten Mal in „Wallenstein" den Kroaten anspricht. Vgl. Friedrich

Da kroatische Truppeneinheiten auch im folgenden Jahrhundert, für die habsburgische Sache kämpfend, mehrmals ins Innere Deutschlands vorstießen, gab es in der preußischen Publizistik Gründe genug zum „Weiterstricken“ an diesem Muster. An der Diskreditierung der kaiserlichen Soldaten beteiligten sich in den 50er Jahren des 18. Jahrhunderts protestantische Dichter wie Ewald Christian von Kleist[49] und Johann Wilhelm Ludwig Gleim. Letzterer schmückte seine Verse über die Preußenfeinde aus Kroatien und Slawonien vorzugsweise mit beleidigenden Tiermetaphern. Der Feder Gleims entstammen folgende Verse, die berühmt-berüchtigte „Panduren“[50] ansprechen:

Schiller, Wallenstein. Ein dramatisches Gedicht. Tübingen 1800. Hg. Joseph Kiermeier-Debre. München 2004, 21.

49 So heißt es in Kleists „Ode an die preußische Armee. April 1757“: „Nur schone wie bisher im Lauf von großen Taten / Den Landmann, der dein Feind nicht ist! / Hilf seiner Not, wenn du von Not entfernet bist! / Das Rauben überlaß den Feigen und Kroaten.“ Zitiert nach Emil Horner (Hg.), Vor dem Untergang des alten Reiches. 1756–1795. Leipzig 1930, 23–24. (Deutsche Literatur. Sammlung literarischer Kunst- und Kulturdenkmäler in Entwicklungsreihen. Reihe politische Dichtung, 1) [Nachdr. Darmstadt 1973]. Ausführlich zum Kroaten-Bild bei Kleist und Gleim siehe Bobinac, Slika Hrvata, 274–275.

50 Das Wort „Panduren“ (wahrscheinlich v. lat. banderium) bezeichnete ursprünglich bewaffnete Leibdiener der Gutsherren in der kroatischen historischen Region Slawonien. Einen hohen Bekanntheitsgrad erlangten die „Panduren“ als irreguläre militärische Einheit unter Anführung des „Warlords“ Franz Freiherrn von der Trenck (1711–1749). Der in Slawonien ansässige Grundherr und Soldat preußischer Herkunft Baron von der Trenck erhielt 1741 von Kaiserin Maria Theresia die Erlaubnis, ein Freikorps aus „Panduren“ auf eigene Kosten aufzustellen und gegen die Preußen ins Feld zu führen. Die Trenck'sche Pandurentruppe bestand aus Freiwilligen unterschiedlicher Herkunft, darunter auch aus Räubern (Haiducken), die bisher als Wegelagerer im slawonisch-bosnischen Grenzgebiet ihr Unwesen getrieben hatten. Berühmt und berüchtigt wurden die „Panduren“ wegen der Tapferkeit, Disziplinlosigkeit, Grausamkeit und Raubsucht, die sie im Österreichischen Erbfolgekrieg in Schlesien und Bayern, am Rhein und in Böhmen unter Beweis stellten. Einen großen Eindruck auf die Zeitgenossen machten die Trenck'schen Soldaten außerdem durch ihre von der gewöhnlichen Soldaten-Montur sehr abweichende orientalische Kleidung und Ausrüstung sowie durch ihre „türkische Militärmusik“. Die „Panduren“ trugen türkische Flinten und Säbel, lange Messer, weite Pluderhosen, reich verzierte Jacken und rote Kapuzenmäntel, weswegen man sie gelegentlich „Rote Capuziner“ oder „Rotmäntler“ nannte. Das Leben des kontroversen Pandurenoberst Franz von der Trenck – der wegen unterschiedlicher Verbrechen von der Kaiserin zu lebenslänglicher Festungshaft auf dem Spielberg in Brünn verurteilt wurde, wo er schließlich starb – ist von vielen Legenden umgeben. Die fingierte Lebensgeschichte des draufgängerischen Kriegsunternehmers Trenck, die erstmals 1745 in Frankfurt erschien, inspirierte zahlreiche österreichische, deutsche und kroatische Erzähler zur Verarbeitung der Trenck- und Pandurenstoffe in Romanen, Erzählungen und Bühnenstücken. Ausführlicher dazu vgl. Ivan Pederin, Der Pandurenoberst Franz von der Trenck als Held österreichischer, deutscher und kroatischer Literatur, *Österreich in Geschichte und Literatur* 17 (1973), H. 6, 382–402; ders., Nastanak književnog mita o Franji Trenku, *Forum* 15 (1976). Bd. 31, H. 3, 550–558; Ferdo Šišić, Franjo barun Trenk i njegovi panduri. Zagreb 1900. Stellvertretend für zahlreiche Trenck'sche Biographien siehe Lebensgeschichte des Franz, Freiherrn von der Trenck, kaiserl. königl. Obersten Partheigängers, und ersten Errichters und Anführers eines Pandurenkorps. Aus bewährten Urkunden gesammelt. Wien 1787.

„Was liegst du nackender Pandur
Recht wie ein Hund im Loch?
Und weisest deine Zähne nur?
Und bellst? So beisse doch!“[51]

Das Image der „Crabaten“ in der preußischen Publizistik im Bayerischen Erbfolgekrieg 1778 ähnelte ganz den Darstellungen, die man aus den Zeiten kannte, zu denen noch Wallensteins Söldner „herumkrabateten“. Hier ein Beispiel:

„[...] Der Razen, Panduren, Crabaten,
Dem Tränck seiner Galgen-Soldaten
Mordbrennen wie Kinderspiel.
Ihr Nasen- und Ohren-Abschneiden,
Ihr Schänden von Jungfern und Weiben
Stünket selbsten den Teiffel zu viel.“[52]

Natürlich hatte die habsburgische Seite ihren „Gleim“ in Gestalt und Feder des Hofbarden Maria Theresias und Josephs II., Michael Denis, der in seinen Liedern nicht müde wurde, mit lobenden Tönen die „kroatischen“ Ehrungen des „deutschen“ Kriegsgottes in heimischen Tempeln zu besingen.[53] Das positive Soldatenimage wird beispielsweise in Denis' langem narrativem Gedicht „Auf die Brandschätzung Berlins den 16. Weinmonats 1757“ vermittelt, in dem der Einmarsch der habsburgischen Truppen in Berlin unter General Andreas Hadik als Wallfahrt der kühnen „Kroaten“ stilisiert wird. Im Lied „Auf den österreichischen Sieg bei Breslau, und die erfolgte Einnahme der Stadt den 22. und 23. Wintermonate 1757“ bemüht Denis die Körpersymbolik, um die Unerschrockenheit der „Warasdiner“ gebührend zu ehren:

„Wer ist, der nicht entkräftet wird,
Wenn er den rechten Arm verliert?
Ich spräche! Welch ein Gegenstand!
Der grüne Warasdiner Jäger!“[54]

[51] Zitiert nach [Gotthold Ephraim Lessing,] Vorbericht, in: Johann Wilhelm Ludwig Gleim, Preussische Kriegslieder von einem Grenadier. Heilbronn 1882, 3–6, 6 (Deutsche Literaturdenkmale des 18. Jahrhunderts, 4) [Neudr. Nendeln/Liechtenstein 1968]. Zahlreiche Spottverse über die „Panduren“ und „Kroaten“ hält die Ditfurthsche Sammlung historischer Volkslieder des Siebenjährigen Krieges fest. Siehe Franz Wilhelm Freiherr von Ditfurth, Die historischen Volkslieder des siebenjährigen Krieges, nebst geschichtlichen und sonstigen Erläuterungen. Aus fliegenden Blättern, handschriftlichen Quellen und dem Volksmunde gesammelt und herausgegeben. Berlin 1871.

[52] Bayerischer Erbfolgekrieg 1778, zitiert nach Horner (Hg.), Vor dem Untergang, 70.

[53] „Wie weit noch auf Berlin? / So fragten die Croaten / Als sie kaum Böhmen recht betraten. / Ein seltner Andachtstrieb zog sie dahin. / Sie wollten kurzum zu Berlin / Den deutschen Kriegsgott in seinem Temple ehren, / Und, weiss nicht was, von ihm begehren.“ Michael Denis, Auf die Brandschätzung Berlins den 16. Weinmonats 1757, in: ders., Poetische Bilder der meisten kriegerischen Vorgänge in Europa seit dem Jahr 1756. Augsburg 1768, 48–50, 48.

[54] Denis, Poetische Bilder, 60. Auch österreichische Flugschriften aus dieser Zeit feiern die Kühnheit der kriegerischen Kroaten. So heißt es in der „Ode auf den von dem Herrn Feldmarschal

Im „Trinklied der Kroaten" des Dichters, Dramatikers und Historikers aus Krain Anton Tomaž Linhart aus dem Jahre 1780, das Denis'sche Einflüsse offenbart, erfahren die prägnanten positiven „kroatischen" Elemente des martialischen Imagothemas ihre dichterische Vereinigung. Der Slawe aus dem krainerischen Nachbarland besingt die stählernen kroatischen Türken- und Preußenbezwinger mit folgenden Versen:

> „Setzt an, und trinkt, ihr Brüder all!
> Der blanken Schwerter Schwinger!
> Setzt an, ihr Männer von Stahl!
> Des Türkenschwarms Bezwinger!
>
> Es lebe der Kroaten Ban!
> Und der ihn gibt! Es lebe,
> Der uns durch Feur und Schwert hinan
> Hinführt ins Schlachtgewebe!
>
> Es lebe, der uns Schlachten sucht,
> Um da mit blankem Eisen
> Zu sehn der blauen Schaaren Flucht,
> Die Schande feiger Preußen."[55]

3.3 Exkurs: Über Mode und Zauberkunst

Die Bilder, die durch die Symbolik der Kroatenjahre, -stürme, -steine, -schluchten und der unartigen Kinder das Nachteilige, Negative, Feindselige in den deutsch-kroatischen Begegnungen der Vergangenheit hervorheben, waren verständlicherweise nicht kompatibel mit den identitätsstiftenden Imaginarien späterer jugoslawischer und/oder kroatischer Autoren. Nicht wenige Intellektuelle und Schriftsteller – darunter August Šenoa und Miroslav Krleža – fühlten sich vielmehr durch negative Erzählungen über die „Kroaten" irritiert und dazu veranlasst, dem Bumerang des Odiums, das nachhaltend und repetitiv auf die Heimat und Landesgenossen der einstigen Soldateska zurückfiel, diskursiv zu opponieren.[56] Doch es gab im großen Steinbruch der Erzählungen, den der Dreißigjährige Krieg anlegte, genug Inhalte und Motive für bequemere, dem Selbstaffirmativen nicht zuwiderlaufende Narrative. Zum Beispiel für jenes über das kroatische „Urheberrecht" auf das mittlerweile unent-

Grafen von Daun wider den König von Preußen den 18. des Brachmonats dieses Jahres gänzlich erfochtenen Sieg" aus dem Jahre 1756: „Hier schwingt der muthige Husar / Den krummen Säbel, der Gefahr, / Unordnung, Schrecken, Tod ins Herz der Glieder bringet. / Dort stehet kriegerisch der Kroat / Und sinnt auf eine neue That / Durch die er Feinde fällt und selbst im Weichen zwinget." Zitiert nach Heinrich Moriz RICHTER, Oesterreichische Volksschriften und Volkslieder im siebenjährigen Kriege. Beiträge zur Geschichte der politischen Literatur im achzehnten Jahrhundert. Wien 1864, 34–35.

55 Anton Tomaž LINHART, Zbrano delo. Bd. 1. Ljubljana 1950, 232. Das „Trinklied der Kroaten" gab Linhart 1780 in dem deutsch geschriebenen Almanach „Blumen aus Krain" heraus. Vgl. Mirko ZUPANČIĆ, Literarno delo mladega A. T. Linharta. Ljubljana 1972, 88.

56 Vgl. BOBINAC, Slika Hrvata, 269f.

behrliche männliche Modeaccessoire, die Krawatte. Im Dreißigjährigen Krieg erregten die „Crabaten" nämlich nicht nur als – je nach Perspektive – „grausame" oder „kühne" Truppen Aufsehen, auffallend wurden sie angeblich auch durch ihre ungewöhnliche Bekleidung, vor allem durch leinene Halstücher, die sie vorne zusammengesteckt zu tragen pflegten. Laut einer Überlieferung bekamen französische Offiziere diese Halsbinden der „krabatischen" Reiter in Deutschland zu sehen und fingen an, diese modischen Details nachzuahmen. Als man zur gleichen Zeit in Frankreich damit anfing, nach dem kaiserlichen Muster leicht bewegliche Kavallerieverbände zu Aufklärungszwecken aufzustellen, nannte man diese „cravates royaux", die Halsbinde der „Originalkroaten", die man zunehmend kopierte, „cravate".[57] Auf welchem Wege die Krawatte auch immer ihren Eingang in die französische Mode gefunden hat, wichtig ist, dass es im heutigen Kroatien ein medial überpräsentes identitätsstiftendes Narrativ gibt, das die Krawatte als eine kroatische nationale Erfindung reklamiert. Einem durchschnittlichen europäischen Krawattenträger ist heute kaum mehr bewusst, dass das schöne Modestück seinen Ursprung den Kriegen und seine neuzeitliche Verbreitung wahrscheinlich den Soldaten und Militärs aus Kroatien verdankt.[58] Dies wäre auch bei den heutigen Kroaten der Fall, gäbe es nicht die kontinuierliche massenmediale und industrialisierte Pflege der symbolischen Verbindung zwischen den Kroaten und der Krawatte.[59]

[57] Vgl. STORFER, Wörter, 221. Zu Kroaten als Namenspaten des Schlipses siehe auch Vladimir HUZJAN, Pokušaj otkrivanja nastanka i razvoja kravate kao riječi i odjevnoga predmeta, *Povijesni prilozi* 34 (2008), 103–121.

[58] So die gängigste These in der Modegeschichte. Vgl. Alfons KAISER, Du bist, was du trägst. Die Krawatte, in: DERS. / Susanne KUSICKE (Hgg.), Poncho, Parka, Prada-Täschchen. Kleines Glossar der unentbehrlichen Kleidungsstücke. München 2006, 38–43, 40; François CHAILLE, Tradition und Trend. Krawatten. Niedernhausen 1997, 23–26.

[59] Das in Globalisierungsdiskursen so oft totgesagte Prinzip des Nationalen feiert in vielen Ländern – darunter auch Kroatien – anscheinend seine Modernisierung durch Kommodifizierung und die Markenzone breitet sich durch Praktiken des Nation Branding offenkundig in die Konstruktionen des Nationalen aus. Mitte der 90er Jahre des vergangenen Jahrhunderts gründete ein kroatisches Krawatten-Produktionsunternehmen die allgemeinnützige Organisation Academia Cravatica, die sich seitdem erfolgreich mit der Produktion von Narrationen beschäftigt, die das Marketing der Krawatte der Marke Croata mit der nationalen Idenitätsstiftung verbinden. Das Narrativ der patriotischen „Krawatologen" nimmt seinen Ausgang in der Behauptung, dass das Wort Krawatte vom Namen des kroatischen Volkes kommt. Die Idee der kroatischen Krawatte wurde in den letzten Jahren durch unterschiedliche grandiose symbolische Aktionen und Medienereignisse promotet. Im Jahre 2003 wurde zum Beispiel das römische Amphitheater in Pula in der Anwesenheit und mit finanzieller Unterstützung unterschiedlicher politischer Akteure zum Träger einer um die 800 Meter langen „größten Krawatte der Welt" installiert (vgl. Abb. F17). Drei Jahre später sorgte ein weiteres spektakuläres Projekt der Academia Cravatica für öffentliche Aufmerksamkeit. Im Zenit der touristischen Saison wurde durch einen 4000 Meter langen roten Faden, der aus technischen Gründen eine Krawatte repräsentierte, ganz Kroatien umwunden. Einen Einblick in die national-krawatologische Projektreihe und die überholte herderianische Volksgenie-Rhetorik der Academia gewährt die Webseite der Institution, unter <http://academia-cravatica.hr>, 15.07.2011. Zum

Einige Modehistoriker wissen zwar über die Tragepraxis geknoteter Tücher im militärischen Zusammenhang schon zu römischen Zeiten zu erzählen und halten die Halsbinde nicht für ein ausschließlich kroatisches Spezifikum.[60] Mittlerweile gibt es auch Forschungsergebnisse, die die etymologische Verbindung zwischen der Schlipsbezeichnung und den kroatischen Kavallerieeinheiten in Frage stellen.[61] Solcher „Fachsimpelei" gegenüber sind sprachlich, diskursiv und medial sanktionierte Vorstellungen allerdings bekanntlich resistent, umso mehr, als die „Krawatte aus der Heimat der Kroaten" ihren Absatz findet und die „Kroatensteine" längst zum Angebot des Trekking-Tourismus in Deutschland gehören.

Das Thema Kroaten als Namensgeber erschöpft sich nicht in den Krawatten-Geschichten: Angesichts der Aktualität, die – zum Zeitpunkt des Verfassens dieses Kapitels – Kinoleinwände in Deutschland dem Schullektüreklassiker „Krabat" von Ottfried Preußler verleihen, dürfte es relevant sein, darauf zu verweisen, dass auch Preußlers Zauberlehrling seinen Namen einem „Kroaten" verdankt.[62]

Bekanntlich baut der Stoff von Preußlers „Krabat" auf Motiven einer in der Lausitz weit verbreiteten Sage auf, die vom Zaubermeister und seinem Lehrling erzählt.[63] Die Sage

Thema siehe Jasna Čapo Žmegač, Znate li da kravata potječe od Hrvata?, *Hrvatska revija* 8 (2008), H. 4, 4–13, unter <http://www.matica.hr/HRRevija/revija2008_4.nsf/AllWebDocs/Znate_li_da_kravata_potjece_od_Hrvata>, 15.02.2011; dies.: Wussten Sie, dass die Krawatte von den Kroaten stammt? Zur nationalen Deutung eines global verbreiteten Gegenstandes, in: Begegnungen. Festschrift für Konrad Köstlin zur Emeritierung am 30. September 2008. Wien 2008 (Veröffentlichungen des Instituts für Europäische Ethnologie, 32), 87–102; Dubravka Oraić Tolić, Hrvatski kulturni stereotipi. Diseminacije nacije, in: dies. / Ernő Kulcsár Szabó (Hgg.), Kulturni stereotipi. Koncepti identiteta u srednjoeuropskim književnostima. Zagreb 2006, 29–47. Zu der Praxis des „Krawattierens" in Kroatien und dem aktuellen, globalen Vormarsch des Nation Branding siehe Mirna Zeman, Käufliche Stereotype, trinkbare Sagen, vermarktete Nationen. Zu Kroaten, Krabat-Schnaps und Krawatte, in: Maik Bierwirth / Oliver Leistert / Renate Wieser (Hgg.), Ungeplante Strukturen. Tausch und Zirkulation. München 2010 (Schriftenreihe des Graduiertenkollegs „Automatismen, 2), 235–252.

60 Vgl. Ingrid Loschek, Accessoires. Symbolik und Geschichte. München 1993, 146f.

61 So stellt Mirna Cvitan Černelić fest, dass das Wort „cravate" bereits im 14. Jahrhundert in der französischen Dichtung belegt ist. Vgl. Mirna Cvitan Černelić: Kravata, in: Neven Budak (Hg.), Croatica – Hr: Hrvatski udio u svjetskoj baštini. Bd. 1. Zagreb 2007, 362–367, 364.

62 Der Film „Krabat" von Marco Kreuzpaintner feierte im Oktober 2008 Weltpremiere. Die filmische Inszenierung basiert auf dem gleichnamigen Roman von Ottfried Preussler, der seit seinem ersten Erscheinen im Jahre 1971 immer wieder neu verlegt wurde. Ich benutzte die Ausgabe Stuttgart, Wien 1981.

63 Zur Krabat-Sage siehe Marie-Luise Ehrhardt, Meister Krabat – ein Zauberer in Volksüberlieferung und Jugendliteratur, in: Heino Gehrts / Gabriele Lademann-Priemer (Hgg.), Schamanentum und Zaubermärchen. Kassel 1986 (Schriftenreihe der Europäischen Märchengesellschaft, 10), 14–41; dies., Die Krabat-Sage. Quellenkundliche Untersuchung zu Überlieferung und Wirkung eines literarischen Stoffes aus der Lausitz. Marburg 1982; Paul Nedo, Der Zauberer Krabat. Zur Entstehung einer demokratischen sorbischen Volkserzählung, in: Hans Holm Bielfeldt (Hg.), Vorträge auf der Berliner Slawistentagung (11.–13. November 1954). Berlin 1956 (Veröffentlichungen des Instituts für Slawistik, 8), 271–284. Vgl. auch Walter Scherf, Das Märchenlexikon. Bd. 1. München 1995, 748–751.

kommt in vielen Überlieferungen und voneinander stark abweichenden Fassungen vor, in fast allen steht dennoch im Zentrum, dass es im Leben eines gewissen Krabat – der im Laufe der Zeit und von Überlieferung zu Überlieferung von einem bösen zaubernden Herrn aus Groß-Särchen zum guten Zauberjungen wurde – nicht mit rechten Dingen zugeht. Marie-Luise Ehrhardt, die sich mit der Entwicklung und der diskursiven Verarbeitung des Krabat-Stoffes viel beschäftigt hat, kennt den Namenspaten des „sorbischen Faust“:[64]

> „Als zu Beginn des 18. Jahrhunderts überall die Hexenverfolgungen teils zügiger, teils zögernder ausgesetzt werden und die Geschichte des Schwarzkünstlers Faust bereits in der Volksbuchfassung zur ‚Groschenliteratur‘ gehört, stirbt 1704 im protestantischen Groß-Särchen im zweisprachigen Gebiet der Lausitz (Sachsen) der Kroatenoberst Johann Schadowitz, von dem es später heißt, daß er Krabat genannt wurde (Krabat-Kroat) und daß der König von Sachsen ihm für seine Verdienste im Türkenkrieg ein Gut in der Lausitz gab. [...] Dass aus diesem Kroatenoberst der Zauberer Krabat wird, ist der Sagenbildung im 18. Jahrhundert zu danken, die sich auf die Lebensumstände des Kroatenobersten bezog: er war als Kroat ein Fremder, er war reich, er hatte sein Gut vom sächsischen König erhalten.“[65]

Dass sich ein aus der Ferne kommender, eine andere Sprache sprechender, katholischer Herr mit Beziehungen zum König gerade in ihrem Dorf ansiedelte, musste in den Augen der gemeinen Groß-Särchener höchst verwunderlich und ungewöhnlich, ja an Zauberei grenzend erscheinen. Die Erzählungen über den zunächst als böse empfundenen fremden Herrn – gestaltet in volkstümlicher Zauber-Motivik – knüpften hieran an. Im 19. Jahrhundert griffen die katholischen Geistlichen die Geschichte über den zaubernden Herren auf, machten aus ihm einen Hirtenjungen, der in einer Zauberschule die Schwarze Kunst erlernt, sie später zu guten Zwecken einsetzt, zum Gutsherren und Ratgeber des Königs wird und schließlich in der Abkehr von der Magie und in der Hinwendung zu Gott seine Erlösung findet. Der Krabat zauberte also zunächst für den Ortspfarrer, denn die Geschichte, in mehreren Fassungen in sorbischer Sprache verfasst, erfüllte laut Erhard als Exemplum oder Lehrstück zur Glaubenserziehung und Identitätsbildung der gemeinen Lausitzer Slawen ihren Zweck.[66] In den literarischen Bearbeitungen des 20. Jahrhunderts, in denen Krabat unter anderem im Dienste des Sozialismus und – in Preußlers Version – als Orientierungshelfer für Heranwachsende „zauberte“[67], verblasste allmählich die Verbindung zwischen der sorbischen Sagengestalt und ihrem kroatischen Namensgeber.

[64] Vgl. Abb. F15. Der Vergleich geht auf den sorbischen Volkskundler Georg Pilk zurück.
[65] Ehrhardt, Meister Krabat, 16f.
[66] Vgl. ebd.
[67] Ebd., 20.

4 Das illyrische Imagothema

Das martialische Imagothema, das unterschiedliche Diskurse über den kroatischen Raum in der frühen Neuzeit integriert, kodiert das Fremde, über das es spricht, nicht ausschließlich, dennoch aber vorwiegend als „krabatisch"/„kroatisch". Trotzdem gibt es keine Anhaltspunkte für die Annahme, dass die „Kroaten", die die fliegenden Blätter, Gedichte und Romane in das Alltagswissen des deutschsprachigen Lesepublikums, „umwölkt von einem Pulvernebel",[68] eintreten ließen, ethnische Kroaten waren. Vielmehr hatten Denis wie auch Grimmelshausen, deren „Kroaten" ja „böhmisch" sprechen, eine militärische Gattung, eine Truppe oder ein Regiment im Sinn.

Doch in der frühen Neuzeit ging es nicht nur um Truppen und Regimenter. Dass sich im 15. und 16. Jahrhundert auch in den Gelehrtenstuben Deutschlands ein verstärktes Interesse an Südosteuropa und dem kroatischen Raum breit machte, hing mit humanistischen Anstrengungen um proto- oder pränationale Identitätskonstruktionen und damit zusammenhängende Beschäftigungen mit origines gentibus zusammen.

In verschiedenen Teilen Europas suchte man zu dieser Zeit und vorwiegend im historiographischen und kosmographischen Schrifttum durch Abstammungsmythen, Migrationstheorien und Ethnocharakterologien die Identität, Kontinuität, die territorialen Ansprüche und kollektiven Qualitäten der eigenen „imaginierten Gemeinschaft" zu erschaffen, zu begründen und zu rechtfertigen.[69] Hand in Hand mit der Entdeckung der Antike ging die Neuerfindung des kollektiven Selbst – verbunden mit der Reflexion über konkurrierende Gemeinschaften. In diesem Sinne arbeiteten die am Projekt des Negotiatio Germaniae[70] beteiligten Gelehrten auch an der mythohistorischen Ergründung der Slavic Connection: Sie dachten über den Ursprung und die Migrationen der Südslawen nach und schrieben darüber, nicht selten in der Absicht, ihr vermeintliches „Germanen-Sein" aufzuzeigen.[71] Die Idee, dass es zwischen den diversen slawischen Ethnien Verbindungen gibt, die sie über politische Teilungen und konfessionelle Unterschiede hinweg als eine Gemeinschaft erscheinen ließen, beschäftigte die Gelehrten in Deutschland also lange bevor Herder, Schlözer und Hacqeut die Bühne der Slawenkunde betraten.

[68] So ein den „Kroaten" gewidmeter Vers aus der Ode an seine Excellenz dem Herrn General Feld-Zugmeister Freiherrrn Gideon von Loudon als selber die Festung Schweidnitz mit Sturm erobert […], in: RICHTER, Oesterreichische Volksschriften, 142–146, 144.

[69] Vgl. PETKOV, Infidels. Zu humanistischen Konstruktionen kollektiver Identitäten siehe auch Christopher B. KREBS, Negotiatio Germaniae. Tacitus' Germania und Enea Silvio Piccolomini, Giannantonio Campano, Conrad Celtis und Heinrich Bebel. Göttingen 2005 (Hypomnemata, 158); vgl. auch BLAŽEVIĆ, Ilirizam, 63–87; Markus OSTERRIEDER, Krieg und Frieden im Mythos. Auszug aus: Das wehrhafte Friedensreich. Bilder vom Krieg und Frieden in Polen-Litauen (1505–1595). Wiesbaden 2005, 93–103, unter <http://www.celtoslavica.de/bibliothek/kf_mythos.pdf>, 15.07.2011.

[70] KREBS, Negotiatio Germaniae.

[71] Siehe PETKOV, Infidels, 224–229.

Wie Kiril Petkovs Studie zeigt, nahmen die frühneuzeitlichen deutschsprachigen Chronisten immer wieder auf die historischen Territorien Kroatiens Bezug und besiedelten diese mit Völkern, die sie unter anderem „Illyrier" nannten.

Der Gebrauch dieses antiken Namens lässt sich durch den zeittypischen „chronologischen Kollaps"[72] zwischen der zeitgenössischen und antiken Anthropologie erklären: In humanistischen patriotischen und protonationalen Werkstätten hantierte man bekanntlich geschickt mit Anachronismen und sanktionierte gerne die präsupponierten ethnischen und „nationalen" Kontinuitäten mit antiken Namen. Dies gilt auch für jene in Dalmatien und Kroatien, wo man unter Einfluss von und in der Interferenz mit germanischen und sarmatischen Mythemen und Ideologemen fleißig an den diskursiven Konstruktionen einer eigenen „illyrischen" Gemeinschaft arbeitete.[73] Reinhard Lauer, der sich mit selbstaffirmativen Identitätsdiskursen der dalmatinisch-ragusanischen Schriftsteller des Humanismus auseinandergesetzt hat, zeigte überzeugend, wie diese ein Geschichtsbild entwarfen, das die Zusammengehörigkeit aller slawischen Stämme betonte und auf der fabelhaften These von der Identität der antiken Illyrier mit den Südslawen aufbaute – ein Mythos, der zugleich den Anspruch der Südslawen auf ihre Wohnsitze im ehemaligen Illyricum rechtfertigen sollte.[74]

In ihrer neuere Ansätze verfolgenden Studie „Ilirizam prije Ilirizma" beschäftigte sich Zrinka Blažević ausführlich mit den illyrischen Identitätskonstruktionen der dalmatinischen Humanisten. Blažević spricht in dieser Hinsicht vom „illyrischen Ideologem", das sie als einen „historisch festgelegten begrifflichen oder semantischen Komplex mit intertextuellem Charakter und großem performativem Potenzial" definiert, „der den gemeinsamen Ursprung, die sprachliche Einheit, die territoriale Ausdehnung und Ausnahmequalitäten der im Umfang des Slawentums unterschiedlich identifizierten ‚Illyrier'" thematisiert.[75] Das „illyrische Ideologem" konstituiert sich – wie Blažević überzeugend zeigt – unter Rückgriff auf ein festes Repertoire von Topoi: Zu seinen Gemeinplätzen gehören u. a. die Narrative über den gemeinsamen Ursprung, die territoriale Amplitude und die kollektiven Charaktereigenschaften der slawischen „Illyrier".

Auffallend ist, dass die Elemente des vormodernen Illyrismus auch in Heterodiskurse integriert werden; ihre Spuren lassen sich in deutschsprachigen Texten mit Bezügen auf historische Territorien Kroatiens bis in das 19. Jahrhundert verfolgen. Auch Reisende, Anthropologen, Geographen und „Statistiker" der Aufklärung schrieben über Gemeinschaften, die über jene in regionalen und staatlichen Rahmen umrissene hinausgriffen. In Dalmatien,

72 Wolff, Inventing Eastern Europe, 285.

73 Ausführlich dazu Blažević, Ilirizam.

74 Vgl. Lauer, Genese und Funktion, 116–143. Eine treue Wiedergabe der Ergebnisse von Lauer findet man auch bei Wilfried Potthoff, Geschichte und Geschichtsmythen in den südslavischen Literaturen, in: ders. (Hg.), Konfliktregion Südosteuropa. Vergangenheit und Perspektiven. Vorträge der Ringvorlesung an der Rheinischen Friedrich-Wilhelms-Universität Bonn im Wintersemester 1995/1996 und Sommersemester 1996. München 1997 (Aus der Südosteuropa-Forschung, 8), 165–177. Zum Begriff „illyrisch" und seiner Verwendung vor und im „Illyrismus" siehe auch Kessler, Politik, 192–217. Vgl. auch Fine, When Ethnicity Did Not Matter.

75 Blažević, Ilirizam, 337 (Übersetzung M. Z.). Vgl. auch Blažević, Rethinking Balkanism.

Kroatien und Slawonien tatsächlich oder am Schreibtisch unterwegs, sahen sich viele mitten unter den „Illyriern", die bisweilen mit den antiken illyrischen Stämmen identifiziert und auf ihre slawischen Verbindungen hin geprüft wurden. Aus dem frühneuzeitlichen „Wissenskasten" holte man sich nicht nur das identity label „Illyrier" und die imagologische Gleichung zwischen den antiken und zeitgenössischen Völkern, sondern auch die typischen Darstellungswerkzeuge, die Blažević in den Texten dalmatinischer Humanisten ausmacht: Sprachen-, Völker- und Tugendkataloge, Topoi des gemeinsamen Ursprungs, der räumlichen Ausdehnung und der sprachlichen Einheit der Slawen/„Illyrier". Da es sich auch hierbei um eine diskursive Betätigung an den imaginären Geographien und Ethnographien mit Tendenz zur Thematisierung des Kollektiv-Typischen handelt, schlage ich vor, von einem illyrischen Imagothema in der deutschsprachigen Textkultur zu sprechen. Es scheint mir durchaus lohnenswert, der Frage nachzugehen, wer von den Reisenden und Autoren der Aufklärung auf den Spuren der „Illyrier" wandelte und wer nicht. In welchen Texten wird die über das Kroatisch/Dalmatinisch/Slawonische hinausgehende „illyrische"/„(süd) slawische" Alterität verhandelt? Welche Topoi oder Imageme konstituieren diese möglichen Fremdbilder?

5 Das poetische Imagothema

Der große Erfolg, den Macphersons „Poems of Ossian" in Europa erzielten, hatte nicht nur in der ästhetischen Qualität der Lieder des angeblichen keltischen Barden seinen Grund. Eine wichtige Rolle kam auch der politischen Funktionalisierbarkeit ossianischer Gedichte zu. Insbesondere die Frühphase der Ossianrezeption ist, wie Wolf Gerhardt Schmidt feststellt, „durch eine Dominanz des politisch-kulturellen Diskurses geprägt, der mitunter eine patriotische Stoßrichtung aufweist".[76] Gerade der politische Ossiandiskurs in seiner einerseits pangermanischen, andererseits schottischen Variante macht sich in der Genese eines neuen, poetischen Imagothemas geltend, das sich auf die „Illyrier" im Allgemeinen, insbesondere aber auf die im dalmatinischen Hinterland lebenden „Morlaken" bezieht.[77] Der erste Impuls in diese Richtung kam in den 60er Jahren des 18. Jahrhunderts – in der Blütezeit

[76] Wolf Gerhard SCHMIDT, „Homer des Nordens" und „Mutter der Romantik". James Macphersons Ossian und seine Rezeption in der deutschsprachigen Literatur. Bd. 1. Berlin, New York 2003, 6.

[77] Gemeint sind die Bewohner der Hinterlandsgebiete des Venezianischen Dalmatiens. Vom Namen und seiner Bedeutung wird später ausführlicher die Rede sein. Zum Ossianismus und dem Interesse an der südslawischen Dichtung vgl. u. a. JANKOVIĆ, Ossian; Holm SUNDHAUSSEN, Der Einfluß der Herderschen Ideen auf die Nationsbildung bei den Völkern der Habsburger Monarchie. München 1973 (Buchreihe der Süddeutschen Historischen Kommission, 27), 145–164. Die folgenden Ausführungen beruhen auf meinem Artikel: Mirna ZEMAN, Reisen in Supren „illyrischer Barden". Gemeinplätze des literarischen Morlakismus, in: ECKER / RÖHL (Hgg.), In Spuren reisen, 125–144.

der Bardendichtung – aus „Österreich". Der schon erwähnte „Ossian"-Übersetzer Michael Denis,[78] der die Volkslieder aus dem kroatischen Raum aus verschiedenen Quellen kannte, machte schon 1768 Klopstock auf die Existenz „illyrischer Barden" aufmerksam und betonte in einer Anmerkung seines „Ossian", dass „sich ein Sprachkundiger Macphersons Mühe nehmen sollte mit den aufbewahrten Überbleibseln des dichterischen Altherthums unserer slavischen Nationen, besonders in Böhmen, Dalmatien und Croatien".[79] In einem darauffolgenden Brief an Denis äußerte Klopstock seine Begeisterung für die „illyrischen Barden" und verlangte von ihm den Nachweis über deren deutsche Provenienz. Er schrieb u. a.:

> „Sie haben mir durch Ihre Nachricht, daß noch illyrische Barden durch die Überlieferung existiren, eine solche Freunde gemacht, daß ich ordentlich gewünscht hätte, daß mir Ihr Ossian weniger gefallen hätte, um Sie bitten zu können, ihn liegen zu lassen und diese Barden zu übersetzen. [...] Nehmen Sie das Beste unter den allerältesten, lassen Sie den illyrischen Text mit lateinischen Buchstaben auf die eine Seite und eine völlig wörtliche Übersetzung auf die andere schreiben. [...]"[80]

Eben dies tat einige Jahre später Alberto Fortis[81], der im Auftrag seines Mäzens John Stuart, Earl of Bute, auf den Spuren dieser Barden in Dalmatien reiste.[82] Er bezeichnete sie

78 Johann Nepomuk Kosmas Michael Denis (1729–1800) war Wiener Jesuit, Verfasser von Bardenliedern und geistlichen Hymnen in neulateinischer Tradition. Berühmt wurde er vor allem wegen seiner Ossianübersetzung, der ersten vollständigen fremdsprachigen Ausgabe der Gedichte Macphersons überhaupt. Zu seinem Leben und Werk vgl. Johann Willibald Nagl / Jakob Zeidler / Eduard Castle (Hgg.), Deutsch-Österreichische Literaturgeschichte. Ein Handbuch zur Geschichte der deutschen Dichtung in Österreich-Ungarn. Bd. 2. Wien 1914, 78–86. Constantin von Wurzbach, Biographisches Lexikon des Kaiserthums Oesterreich, 60 Bde, hier Bd. 3. Wien 1856–91, 238–246. Auch Online unter <http://www.literature.at/collection.alo?objid=11104>, 15.07.2011; Schmidt, „Homer des Nordens", 545–569.

79 Zitiert nach Nagl / Zeidler / Castle (Hgg.), Deutsch-Österreichische Literaturgeschichte, Bd. 2, 36. Siehe auch Janković, Ossian, 199; Sundhaussen, Der Einfluß, 152–153. Zum Thema Denis und die Südslawen siehe auch Peter Scherber, Michael Denis und die Anfänge der neueren Literatur Sloveniens, in: Hans Bernd Harder (Hg.), Festschrift für Alfred Rammelmeyer. München 1975, 185–197; Borislav Arapović, Povratak hrvatskih pukovnija 1779. Mostar 2000.

80 Zitiert nach Ćurčin, Das serbische Volkslied, 39. Siehe auch Brief von Klopstock an Denis: Brief nr. V – Bernstoff, den 22. Juli 1768, in: Joseph Friedrich Freyherr von Retzer (Hg.), Michael's Denis Literarischer Nachlass. Zweite Abtheilung. Wien 1801, 118–119. Zu den „illyrischen Barden" bei Denis und Klopstock vgl. Janković, Ossian, 198; Schmidt, „Homer des Nordens", 568–569.

81 Zu Leben, Werk und den ostadriatischen Reisen des paduanischen Weltgeistlichen, Gelehrten und Naturwissenschaftlers Alberto Fortis (1741–1803) ist viel geschrieben worden. Vgl. zahlreiche Publikationen von Žarko Muljačić, darunter: Putovanja Alberta Fortisa po Hrvatskoj i Sloveniji (1765–1991). Split 1996; ders., Još o Fortisovim putovanjima po Hrvatskoj, *Pomorski zbornik* 7 (1969), 555–571; ders., Prilog proučavanju veza Alberta Fortisa s Hrvatima, *Rad Zavoda povij. znan. HAZU* 37 (1995), 583–593; siehe auch Wolff, Venice and the Slavs; Josip Bratulić, Alberto Fortis i njegov put po Dalmaciji, in: Alberto Fortis, Put po Dalmaciji. Priredio Josip Bratulić. Zagreb 1984, V–XXVII.

82 Fortis Reisen an die ostadriatische Küste waren vor allem naturwissenschaftliche Unternehmen. Neben seinem eigenen Interesse an der Geologie, Paläontologie, Mineralogie und Botanik ver-

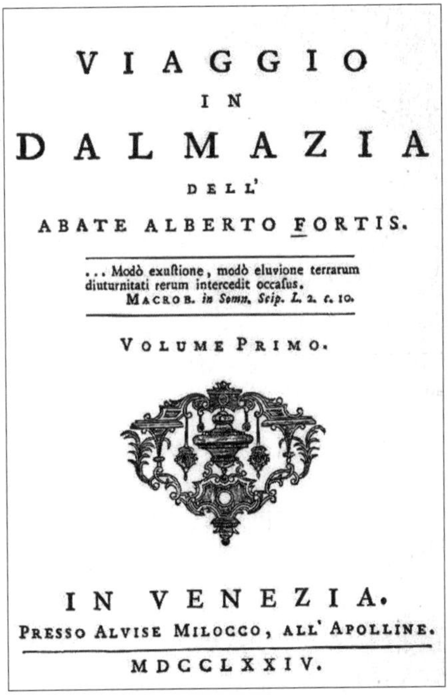

VIAGGIO
IN
DALMAZIA
DELL'
ABATE ALBERTO FORTIS.

... Modò exuſtione, modò eluvione terrarum diuturnitati rerum intercedit occaſus.
MACROB. *in Somn. Scip. L.* 2. *c.* 10.

VOLUME PRIMO.

IN VENEZIA.
PRESSO ALVISE MILOCCO, ALL' APOLLINE.
MDCCLXXIV.

Abb. 6. Titelseite der Originalausgabe von: Fortis, Viaggio in Dalmazia, 1974 [1774].

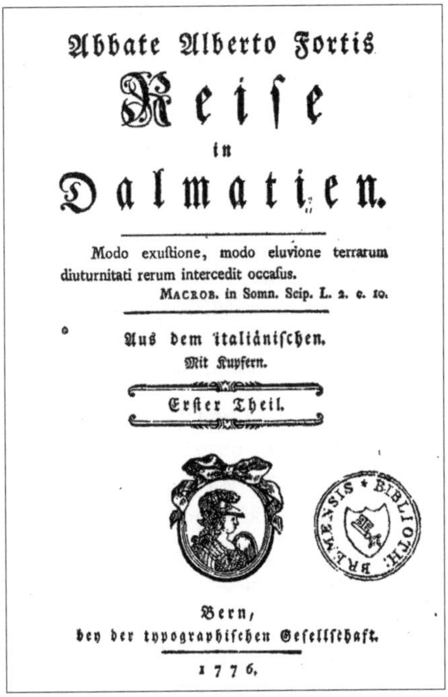

Abbate Alberto Fortis
Reiſe
in
Dalmatien.

Modo exuſtione, modo eluvione terrarum diuturnitati rerum intercedit occaſus.
MACROB. in Somn. Scip. L. 2. c. 10.

Aus dem Italiäniſchen.
Mit Kupfern.
Erſter Theil.

Bern,
bey der typographiſchen Geſellſchaft.
1776.

Abb. 7. Titelseite der deutschen Übersetzung von: Fortis, Reise in Dalmatien, 1776.

aber nicht als „Illyrier", sondern als „Morlaken". Der einflussreiche schottische Politiker und Antiquitätensammler Stuart, unter dessen Ägide Macphersons Werke und Cesarottis „Ossian"-Übersetzung erschienen, erhoffte sich von Fortis' Reisen einen sensationellen „morlakischen" Lieder-Fund, den man als Argument in der damals aktuellen Debatte um die Authentizität Ossians hätte einsetzen können.[83] Eben diesem Stuart ist das in Europa

folgte Fortis auch die Absichten unterschiedlicher Sponsoren: Die venezianische Regierung interessierte sich für die dalmatinische Wirtschaft und Ressourcen. Die englischen Aristokraten, die sich finanziell an den Expeditionen beteiligten, hofften vor allem auf materielle Bereicherungen ihrer Antiquitäten-, Raritäten- und Naturaliensammlungen. Zwischen 1765 und 1791 hat Fortis insgesamt zwölf Reisen an die Küste des heutigen Kroatien unternommen.

83 John Stuart earl of Bute, Antiquitätensammler und Mäzen, 1762–1763 britischer Premier, hatte großen Einfluss auf König Georg III. und war darum bemüht, mit Unterstützung der königlichen Autorität, das Ansehen Schottlands in England zu erhöhen. Die Suche nach den verschollenen dichterischen Zeugnissen der Barden aus der heldenhaften Vergangenheit sah Bute als Mittel des Kampfes um die schottische kulturelle Affirmation. Neben Macpherson, Cessaroti und Fortis kam die finanzielle Unterstützung dieses Mäzens auch dem kunsthistorisch interessierten Dalmatien-Reisenden Robert Adam, zugute, der 1764 sein Werk „Ruins of the Palace of the Emperor Diocletian at Spalatro in Dalmatia" veröffentlichte. Zu Bute siehe

besonders enthusiastisch rezipierte ethnographische Kapitel der „Viaggio in Dalmazia" unter dem Titel „De Costumi de Morlacchi" gewidmet.[84]

In diesem Kapitel setzte sich Fortis unter anderem mit den Eigenschaften der Volksdichtung dalmatinischer Hinterlandsbewohner auseinander:

> „Ich bin nicht so glücklich gewesen, bey dieser Nation Gedichte zu finden, die ihr Alter über das vierzehende Jahrhundert hätten beweisen können [...]"[85]

schrieb Fortis an den Earl of Bute und teilte ihm seine Entscheidung mit, dem Werk einige neuere morlakische Lieder, darunter auch das Lied über die Frau des Asan Aga, beizufügen:

> „Wenn sie auch nicht mit den Gedichten des berühmten Schottischen Barden verglichen werden können, so muß ihnen wenigstens das Verdienst zugestanden werden, daß sie die Simplicität der homerischen Zeiten, und die Sitten der Nation abschildern."[86]

Auf diese Parallele ging im Jahre 1797 der dalmatinische Gelehrte und Freund von Fortis, Giulio Bajamonti ein. In seinem Text „Il Morlacchismo d'Omero" wies Bajamonti auf die Ähnlichkeiten zwischen der „morlakischen" Epik und den Epen Homers sowie auf die homerische Moral der „Morlaken" hin.[87] Im poetischen Imagothema fungieren Homer und Ossian als wichtigste Bezugsinstanzen. Dies kann an einem Zitat aus Madame de Staëls Roman „Corinna", der im Jahre 1807 veröffentlicht wurde, besonders gut illustriert werden. Dort heißt es:

> „Die Dalmatier haben, wie auch die wilden Völker, ihre Improvisatoren; ebenso fand man diese bei den alten Griechen, und findet man sie bei allen Völkern, die Einbildungskraft und keine gesellschaftliche Eitelkeit haben; [...] Ihre Poesie gleicht, wiewohl sie Südländer sind, ein wenig der Ossianischen; doch kennen sie nur zwei bestimmte Weisen, die Natur zu empfinden: sie zu lieben, und sie unter tausend glänzenden Formen zu vervollkommnen, wie die

Janković, Ossian. Dies., Škotski mecena i djela o Dalmaciji. Zagreb 1954 (Zbornik radova. Filozofski fakultet. Sveučilište u Zagrebu, 1954, Bd. 2, 245–253). Vgl. auch Žarko Muljačić, Dalmacija viđena očima Britanca F. A. Herveya 1797.–1799. godine, *Dubrovnik* N. F. 2 (1991), H. 3/4, 205–214.

84 Der Reisebericht „Viaggio in Dalmazia" wurde in Venedig im Jahre 1774 veröffentlicht. Das Kapitel „De costumi de Morlacchi" erschien selbständig in deutscher („Die Sitten der Morlacken". Bern 1775; „Reise zu den Morlacken". Lausanne 1792), französischer („Lettre à Mylord Comte de Bute sur les moeurs et usages des Morlacques". Berne 1778) und schwedischer Übersetzung („Bref on Morlackerna". Göteborg 1792). Bald nach der Veröffentlichung des Originals erschienen auch die vollständigen Übersetzungen von „Viaggio in Dalmazia" in der deutschen, französischen und englischen Sprache: „Reise in Dalmatien" (Bern 1776), „Voyage en Dalmatie" (Berne 1778), „Travels into Dalmatia" (London 1778) und „Reisebeschreibung von Dalmatien" (Bern 1797). Siehe dazu Bratulić (1984), Alberto Fortis, XVIII.

85 Alberto Fortis, Reise in Dalmatien. Aus dem italienischen. Mit Kupfern, 2 Teile. Bern 1776, 136.

86 Ebd., 137f.

87 Vgl. Julije Bajamonti, Morlaštvo Homera. Übersetzt von Vladimir Rismondo, *Mogućnosti* 24 (1977), H. 1, 96–101. Ausführlich dazu siehe Wolff, Venice and the Slavs, 315–321; Matthias Murko, Das Original von Goethes „Klaggesang von der edlen Frauen des Asan Aga" (Asanaginica) in der Literatur und im Volksmunde durch 150 Jahre. Brünn u. a. 1937, 30–33.

Alten es thaten, oder sich, wie die schottischen Barden, dem Schauer des Geheimnißvollen, der Schwermuth, welche Ungewisses und Ungekanntes meist hervorruft, zu überlassen."[88]

Mit seiner Schilderung des kollektiven „morlakischen" Gedächtniszeremoniells, in dessen Rahmen sich die mündliche Überlieferung heroischer Inhalte in Form von gesungenen Volksliedern vollzieht, sowie mit seiner Darstellung der „morlakischen" Guslaren, die in der wilden Gebirgslandschaft durch poetische Erzählungen das Vergangene vergegenwärtigen und die ruhmvollen Taten ihrer Helden glorifizieren, kam Fortis einer Vielzahl zeitgenössischer Erwartungen entgegen. Es fällt somit nicht schwer, sich die enthusiastische Rezeption des Reiseberichts „Viaggio in Dalmazia" verständlich zu machen. Dank Fortis avancierten die Morlaken zu einem singend-kommunizierenden Volk, zu einem Volk der Naturdichter:

> „Wenn der Morlacke, besonders bey Nachtzeit, über die wüsten Gebürge reist, so singt er die alten Thaten der slavischen Ritter und Könige, oder irgend eine tragische Geschichte. Wenn es sich zuträgt, daß auf der Anhöhe eines angränzenden Berges ein andrer Reisender vorüber geht, so wiederhohlt er immer den Vers den der erste gesungen hat; und dieser Wechselgesang dauert so lange bis beyde Stimmen durch die Entfernung getrennt werden."[89]

Eine besondere Leistung des Reiseberichts „Viaggio in Dalmazia" ist es, dass sich dieses Werk so um die Popularisierung der südslawischen Volksdichtung in der europäischen Literatur verdient gemacht hat. Die durch Fortis vermittelten, von ihm teilweise fälschlich[90] als Volkslieder aufgefassten Beispiele der „morlakischen" Poesie wurden besonders im deutschsprachigen Raum mit Begeisterung aufgenommen. Mit den zahlreichen Übersetzungen der „Viaggio in Dalmazia" begann der „Siegeszug"[91] der als „morlakisch" bezeichneten Lieder in die Weltliteratur. Besonders enthusiastisch wurde das von Fortis aufgezeichnete Lied „Xalostna pjesanza plemenite Asan-Aginize" rezipiert, das Fortis sowohl in der Originalsprache als auch in eigener italienischer Übersetzung in seinem Reisebericht abdrucken ließ.[92] Zu

88 Anne Louise Germaine de Staël, Corinna oder Italien. Aus dem Französischen von M. Bock. Mit einem Vorwort von Fr. Spielhagen. Leipzig o. J., 385. Den Hinweis auf diesen Roman fand ich bei Wolff, Venice and the Slavs, S. 225f.

89 Fortis, Reise in Dalmatien, 140–141.

90 Die meisten Lieder, die Fortis durch seine Reiseberichte „Saggio d'osservazioni sopra l'isola di Cherso ed Osero" (1771) und „Viaggio in Dalmazia" (1774) vermittelte, stammen aus der Liedersammlung des Franziskanermönchs Andrija Kačić Miošić (1690–1760) „Razgovor ugodni naroda slovinskoga", die zum ersten Mal 1756 in Venedig erschien. Es handelt sich hierbei um eine Reihe von Gedichten, die nach Volksliedmotiven und in volkstümlichem Stil gedichtet, christlich-theologisch gefärbt und nach Chroniken und anderen geschichtlichen Dokumenten zurechtgestutzt wurden. Kačić ging es darum, für seine Landsleute eine versifizierte Geschichte ihrer glorreichen Vergangenheit zusammenzustellen. Die Sammlung wurde zum beliebtesten Volkslieder- und Lesebuch, viele der Lieder wurden im Volk weitergesungen, von Mönchen abgeschrieben und schließlich von den Einheimischen selbst für echte Volkslieder angesehen und danach behandelt. Siehe Andija Kačić Miošić, Razgovor ugodni naroda slovinskoga. Zagreb 2006 [Venedig 1756]. Vgl. dazu u. a. Ćurčin, Das serbische Volkslied, 20–21.

91 Murko, Das Original, 1.

92 „Xalostna pjesanza plemenite Asan-Aginize" ist das einzige durch Fortis vermittelte Lied, das nicht auf die Sammlung von Kačić zurückzuführen ist. Über die Frage, woher Fortis dieses Lied genommen hatte, ist man sich in der Forschung nicht einig.

den berühmtesten Übersetzern dieses Liedes, das in Herders Volksliedersammlung eingereiht ist, zählen Johann Wolfgang Goethe, Walter Scott, Charles Nodier, Therese Luise Albertine von Jakob (Talv(i)j), Prosper Mérimée und Aleksand(a)r Serge(j)evič Puškin.[93]

Der Reisebericht von Fortis diente einer ganzen Reihe französischsprachiger Improvisationen und Mystifikationen „morlakischer" bzw. „illyrischer" Volkslieder als Vorlage. Als erstes Werk in dieser Reihe erschienen die morlakischen Improvisationen von Justinne Wynne, Gräfin von Rosenberg-Orsini; sie wurden im Rahmen ihres Romans „Les Morlacques" im Jahre 1788 veröffentlicht.[94] Als letztes großes Werk des poetischen Morlakismus gilt „La Guzla", eine französischsprachige Sammlung angeblich „illyrischer" Lieder, die im Jahre 1827 anonym erschien.[95] Erst später, nachdem mehrere Autoren, darunter auch Puškin, eigene Übersetzungen aus dieser Sammlung veröffentlicht hatten, stellte sich heraus, dass es sich um eine Mystifikation Mérimées handelte.[96]

Der poetische Morlakismus, der die Beschäftigung mit den südslawischen Volksliedern im Umkreis der deutschen Romantik einleitete, erreichte seinen Höhepunkt in dem Zeitraum, dessen Anfang und Ende durch die Veröffentlichung zweier Mystifikationen markiert

93 Über die europäische Rezeption der „Asanaginica" ist auch im Rahmen der deutschen Slawistik viel geschrieben worden. Zu Vermittlungswegen, Übersetzungen und Adaptionen des Liedes im deutschsprachigen Raum siehe ausführlich Ćurčin, Das serbische Volkslied; Camilla Lucerna, Die südslavische Ballade von Asan Agas Gattin und ihre Nachbildung durch Goethe. Berlin 1905 [Nachdr. Hildesheim 1978]; Murko, Das Original; Ljubomir Ognjanov, Die Volkslieder der Balkanslaven und ihre Übersetzungen in deutscher Sprache. Berlin 1941; Franz Miklosich, Ueber Goethe's „Klaggesang von der edlen Frauen des Asan Aga, *Sitzungsberichte der Philosophisch-historischen Classe der Kaiserlichen Akademie der Wissenschaften* 103 (1883), 413–490; Jevto M. Milović, Goethe, seine Zeitgenossen und die serbokroatische Volkspoesie. Leipzig 1941 [Nachdr. Nendeln 1968]; Singer, Beiträge; Gabriella Schubert, Zur Rezeption serbischer Volkspoesie und Belletristik in Deutschland, in: dies. / Konstantinović / Zwiener (Hgg.), Serben und Deutsche, 107–124; Dagmar Burkhart, Paradoxical communication. The Bosnian oral ballad „Hasanaginica" as a pretext for literary texts, *Russian Literature* 59 (2006), H. 1, 25–39. Stellvertretend für unzählige Studien, die im jugoslawischen/kroatischen/serbischen/bosnischen Kontext existieren, sei nur auf das Standardwerk von Alija Isaković (Hg.), Hasanaginica, 1774–1974. Prepjevi, studije, varijante, bibliografija. Sarajevo 1975 verwiesen.

94 Das Werk erschien auch in deutscher und italienischer Übersetzung: Die erste deutsche Ausgabe unter dem Titel „Die Morlaken" wurde 1790 in Breslau gedruckt, die zweite „Jella oder das morlakische Mädchen" 1797 in Leipzig. Ausführlicher zu diesem Roman siehe Marijan Stojković, Morlakizam, *Hrvatsko Kolo* 10 (1929), 254–273; Cvijeta Pavlović, Les Morlaques i La Guzla: Dva čitanja Fortisova Puta po Dalmaciji, *Umjetnost riječi* 40 (1996), H. 2–3, 139–151; dies., Morlacchism according to the Novel Les Morlaques by Justinne Wynne the countess Rosenberg-Ursini (Venice, 1788), Narodna umjetnost 35 (1998), H. 1, 225–275; Wolff, Venice and the Slavs, 192–219.

95 Vgl. Prosper Mérimée, La Guzla, ou choix de poesies illyriques, recueillies Dans la Dalmatie, la Bosnie, la Croatie et l'Herzegowine. Paris 1827.

96 Ausführlicher dazu: Tomo Matić, Prosper Mérimée's Mystifikation kroatischer Volkslieder, *Archiv für slavische Philologie* 28 (1906), 321–349, u. 29 (1907), 49–79; Pavlović, Les Morlaques, 146–150; Ćurčin, Das serbische Volkslied, 176–186.

sind: durch Macphersons „Ossian“ in den 60er Jahren des 18. und eben durch Mérimées „La Guzla“ in den 1920er Jahren.

Abb. 8. Guslar Hyacinthe Maglanovich, in: Mérimée, La Guzla, 1827.

Das über einzelne Werke, Gattungen und Nationalliteraturen hinausreichende poetische Imagothema konstituiert sich unter dem repetitiven Rückgriff auf die Imageme wie die traditionelle südslawische Epik und ihre Performanz, die fiktiven und authentischen Guslaren-Figuren, die Omnipräsenz der Volksdichtung im Alltag, die homerische und ossianische Ästhetik, Ethik und Mobiliar, Naturpoesie usw. Es konturiert das Fremde, über das es spricht, in Bildlichkeiten des Archetypischen und mit dem Gestus der Philie: Die „Kroaten“ (bei Denis), „Morlaken“ (bei Fortis, Goethe, Rosenberg-Orsini usw.) und „Illyrier“ (bei Denis und Mérimée) werden zu den Sängern auf den Spuren Ossians zu den „Barden“, „Homeriden“ und schließlich zu den Naturdichtern. Das Image des südslawischen *homo cantans* hatte durchaus einen utopischen Charakter; im dalmatinischen Hinterland fand man, was man von Anfang an gesucht hatte: ein lebendes und singendes Ideal.

6 Das exotistische Imagothema

Als der Paduaner Weltgeistliche und Naturwissenschaftler Alberto Fortis in den 70er Jahren des 18. Jahrhunderts seine Reisen in Dalmatien antrat, eilte den „Morlaken“ – wie Larry Wolff überzeugend gezeigt hat – in der venezianischen Öffentlichkeit der Ruf der gewalttätigen, rachsüchtigen und faulen „Wilden“ voraus.[97] Dieser Ruf gründete vor allem auf den administrativen Berichten, Relationen und Reden verschiedener Provveditori Generali, die sich seit der venezianischen Eroberung der zuvor osmanischen dalmatinischen Hinterlandsgebiete (1699 bzw. 1718) eingehend mit den angeblich primitiven Sitten und dem „schlechten“ Charakter der „Morlaken“ beschäftigt und die Klischees einer „morlakischen Barbarei“ geschaffen hatten.[98] Diese „Barbarei“ wurde als Hinderungsgrund für jede wirtschaftliche Prosperität und zivilisierte Verwaltung aufgefasst. Die Äußerungen über die angebliche Gewalttätigkeit und Grausamkeit der Morlaken, über ihre Disziplinlosigkeit und ihre außerordentliche Faulheit sowie die Darstellungen ihrer „barbarischen“ Sitten, der

97 Siehe Wolff, Venice and the Slavs, 126–156.
98 Vgl. ebd.

Blutrache und der Bacchanale, zählen zu Gemeinplätzen dieses administrativen venezianischen Diskurses.[99]

Alberto Fortis, der im Rahmen seiner wissenschaftlichen Expeditionen diese obskure Gebirgslandschaft mehrmals durchreiste, präsentierte in „Viaggio in Dalmazia" seine rechtfertigende Antwort auf diese Verleumdungskampagne. In seinem Plädoyer für das diffamierte Volk, das eine systematische Darstellung der „morlakischen" Lebenswelt umfasst, behauptete Fortis zum ersten Mal eine Naturwüchsigkeit, Gutartigkeit und ethische Reinheit der „Söhne der dalmatinischen Berge"[100]:

> „Der Morlacke, der entfernt von den Ufern des Meers [...] wohnt, ist überhaupt zu reden, als moralischer Mensch, merklich von uns verschieden. Das Zutrauen, die Aufrichtigkeit und die Ehrlichkeit dieser guten Leute, sowohl im täglichen Leben als bey ihren Verträgen, arten oft in übermäßige Gutheit aus, und bekommen ein Ansehen von Einfalt."[101]

Die Distanz zum Meer, damit auch zu den moralisch defizitären, unter italienischem Einfluss stehenden dalmatinischen Küstengebieten und ihren Städten, gewährleistet die Tugend und Freiheit der dalmatinischen Hinterlandbewohner.

Fortis stellte die „Morlakei" als eine Oase der Ursprünglichkeit dar, die mitunter bukolische Züge aufweist. So werden die dalmatinischen Berge zu den „glücklichen Gegenden"[102], wo sich „die natürliche Unschuld und Freyheit der Schäferzeiten"[103] erhalten habe. Dieses pastorale Moment, das im Keim bereits in Fortis' Darstellung angelegt ist, wird im anthropologischen Roman über die Sitten der „Morlaken" von Justinne Wynne weiterentwickelt. Der französischen Autorin gelingt es, den vollständigen Inhalt des ethnographischen Kapitels aus „Viaggio in Dalmazia" für die eigene Darstellung der idyllisch-arkadischen Sittengemälde ihrer fiktionalen „Morlaken" zu adaptieren. Die pastorale Funktionalisierung der Fortis'schen Topographie ist schon zu Beginn dieses Romans zu beobachten, wenn die Autorin die realen, dem Reisebericht entlehnten geographischen Namen mit dem idyllischen *locus amoenus*-Topos verbindet und die dalmatinischen Berge als fremde Kulisse fungieren lässt:

> „Am Fusse des Gebirges Crisiza dehnt sich das schöne Thal von Dizmo, mit fruchtbaren Feldern und fetten Weiden, bis an die Ufer der Cettina aus. [...] Der grausende Anblick wilder Gebirge mit nackten Felsspitzen, sticht gegen den Schmuck bebauter Felder ab, deren zahlreiche Bewohner hier einer glanzlosen aber dauerhaften Ruhe genießen. Die irrende Heerden, die zerstreut liegenden Hütten, die Menschen, welche man von einer zur andern gehen sieht, geben ein entzückendes Landschaftsgemälde."[104]

[99] Siehe ebd.

[100] Der Ausdruck „Söhne der Berge" stammt von Franz Petter, einem in Dalmatien in der ersten Hälfte des 19. Jahrhunderts tätigen Spliter Gymnasialprofessor. Vgl. PEDERIN, Die Morlaken, 284.

[101] FORTIS, Reise in Dalmatien, 80.

[102] Ebd., 101.

[103] Ebd.

[104] Justinne WYNNE, Gräfin von Ursini und Rosenberg, Die Morlaken. Aus dem Französischen übersetzt von S. G. BÜRDE. Breslau 1790, 1–2.

Fortis' „Morlaken", körperlich stark und gesund, übermäßig gut und als außerordentlich gastfreundlich gefeiert, weisen Parallelen auf zu den „edlen Wilden" des Rousseau'schen Übergangszustandes zwischen Barbarei und Zivilisation. Auch andere Autoren und Autorinnen, wie der österreichische Reisende und Freund von Fortis, Balthasar Hacquet, der dalmatinische Fortis-Gegner Giovanni Lovrich sowie die französische Fortis-Verehrerin Justine Wynne rezipieren die „morlakische" Welt durch die Brille Rousseaus. So heißt es im Roman von Wynne:

> „Die Inseln, die Seeküste und die Städte genießen alle die Vortheile der Civilisirung [...]; sonst aber stellt dieses Land [...] das Gemählde des Standes der Natur in den ersten Anfängen des gesellschaftlichen Lebens dar, wie solches in den ältesten Zeiten gewesen seyn mag, und man es unter den ganz unbekannten Bewohnern einiger Inseln des stillen Oceans angetroffen hat."[105]

Sowohl bei Fortis als auch in anderen die morlakischen Themen variierenden Werken ist die kulturkritische Grundstruktur ihres Diskurses erkennbar: die Kontrastierung von Natur und Zivilisation, Land und Stadt, Tugend und Laster. In „Viaggio in Dalmazia" werden aber auch der Charakter und die Sitten der „Morlaken" als ambivalent dargestellt. Die außerordentliche Tapferkeit der „Morlaken" wird mit ihrer panischen Angst vor Gespenstern, ihre Armut mit ihrer Verschwendungssucht, ihre Rohheit mit der Feinheit ihrer Empfindungen, ihre Blutrache mit ihrem heiligen Freundschaftsbund kontrastiert. Eben diese Ambivalenz, auf der Fortis insistiert, indem er die „Morlaken" als empfindsames Kriegsvolk präsentiert, hat die Wirkung seines Reiseberichts katalysiert. In ein von den „glücklichen Gegenden"[106] stark abweichendes Landschaftsbild platziert Fortis die „Haiducken" – die berüchtigten morlakischen Straßenräuber:

> „Sie müssen wie die Wölfe leben, zwischen hangenden und unzugangbaren Abgründen herum schweifen, von einem Felsen auf den andern klettern, in der Ferne ihre Nachstellungen abzulauren; herum getrieben von immerwährendem Argwohn, dem Ungestüm aller Jahrszeiten ausgesezt, oft der nothwendigsten Lebensmittel beraubt, immer genöthigt ihr Leben für ihren Unterhalt zu wagen, und in den Finsternissen der ödesten Berghölen zu schmachten."[107]

Dem reisenden Gelehrten waren sicherlich zwei entgegengesetzte Vorstellungen von den „Haiducken" bekannt: eine positive, in südslawischen Volksliedern kreierte Vorstellung von den tapferen Friedenskämpfern, und eine negative, im amtlichen venezianischen Diskurs überwiegende Vorstellung von den grausamen Friedensbrechern. In „Viaggio in Dalmazia" werden die Eigenschaften der „Haiducken" in Zusammenhang mit der natürlichen und sozialen Umwelt gebracht: Die wilde Landschaft, die schwierigen Lebensverhältnisse, der Fatalismus und die zahlreichen Kriege bestimmen den Charakter der „Haiducken". Sie leben in Gebirgen, wo Gesetzlosigkeit und Mangel herrschen und rauben aus Notwendigkeit,

105 Wynne, Die Morlaken. Vorbericht, 3.
106 Fortis, Reise in Dalmatien, 101.
107 Ebd., 77.

zur Sicherung des eigenen Unterhalts. Die mordsüchtigen Wegelagerer aus dem administrativen venezianischen Diskurs werden in „Viaggio in Dalmazia" zu empfehlenswerten Reisebegleitern, da sie, wie Fortis betont, „keiner Verrätherey fähig sind".[108] Der Verteidiger der „morlakischen Nation" muss allerdings gestehen, dass die hungrigen Viehräuber Mordtaten keinesfalls abgeneigt sind: „Die Haiducken halten sich größtentheils für trefliche und verdienstvolle Leute, wenn sie türkisches Blut vergossen haben."[109]

Über die Art und Weise dieses Blutvergießens erfährt das internationale Publikum durch die Erzählung „Della Vita di Socivizca" von Giovanni Lovrich, die im Rahmen seiner in Buchform präsentierten Bemerkungen zu Fortis' „Viaggio" im Jahre 1776 erschien.[110] Lovrich, der mit seinem Werk auf eine Korrektur der Unwahrheiten aus „Viaggio in Dalmazia" hinzielte und damit eine venezianisch-dalmatinische Morlakendebatte auslöste, stellte den europäischen Rezipienten die Lebensgeschichte eines „wahren Haiducken", Stanislav Socivizca, vor: Dieser Socivizca, der eine lange Zeit von seinen türkischen Herren auf grausamste Weise misshandelt wird, nimmt das Recht in die eigenen Hände und tötet auf etwa 30 Textseiten dieser Erzählung auf verschiedenste Weisen Hunderte von „Türken".

Wie der Heroismus der „Haiducken" in dieser Erzählung dargestellt wird, zeigt sich im Text sehr schön an der Stelle, wo es um das Schicksal eines der wildesten „Haiducken" namens Peztschirep geht:

> „[...] unter andern befand sich der berüchtigte Peztschirep dabey, der sich ein Vergnügen daraus machte, die Türken lebendig zu spiessen und zu braten. Diesem wurde jedoch gleiches mit gleichem vergolten. Die Türken bekamen ihn in ihre Gewalt, und trieben ihm einen Pfahl durch den Rücken; auf diesem soll er drey Tage gelebt haben, aber immer gleich trotzig geblieben seyn, und um zu zeigen, wie sehr er den Tod verachte, Toback auf dem Pfahl geraucht haben."[111]

Hinsichtlich des Perspektivwechsels in der Ossianrezeption, der mit dem Beginn des Sturm und Drang stattfindet, schreibt Wolf Gerhard Schmidt:

> „Ossian ist nun nicht mehr nur der neuentdeckte Klassiker des nordischen Altertums, sondern das kosmopolitische Muster eines Naturpoeten. [...] Gleichzeitig avanciert Fingal zum

[108] Ebd.

[109] Ebd., 79.

[110] Im Original: Osservazioni di Giovanni Lovrich sopra diversi pezzi del Viaggio in Dalmazia del signor abate Alberto Fortis coll' aggiunta della Vita di Socivizca. Venezia 1776. Die in „Osservazioni" veröffentlichte Erzählung „Della Vita di Socivizca" erschien in der französischen, deutschen und englischen Übersetzung. Die deutschen Titel lauten: Leben des berüchtigten Haiducken Sotschiwizka von der Nation der Morlacken sonst Montenegriner genannt. Aus dem Italiänischen übersetzt. Nebst dem Bildniß des Sotschiwizka. Leipzig 1778; Leben des berühmten Haiducken Sotschiwizka und Nikel Lists, des bekannten Räubers. Leipzig 1802.

[111] [Giovanni Lovrich / Ivan Lovrić], Leben des berüchtigten Haiducken Sotschiwizka von der Nation der Morlacken sonst Montenegriner genannt. Aus dem Italienischen übersetzt. Nebst dem Bildniß des Sotschiwizka. Leipzig 1778, 17–18.

unerreichbaren Musterhelden und damit zum Vorbild für die ethisch integren, aber an der Moderne scheiternden Selbsthelfer Götz von Berlichingen und Karl Moor."[112]

Eine ähnliche Entwicklung vollzieht sich auch im Rahmen der „morlakischen" Bildfelder: Der unbeugsame, aber ehrliche Haiducke Socivizca wird zum Vorbild für eine morlakische Variante einer Ende des 18./Anfang des 19. Jahrhunderts populäreren Romanfigur, die als integrer Räuberhauptmann gegen die von sozialer Ungerechtigkeit geprägte Gesellschaftsordnung rebelliert. Im morlakischen Räuberroman von Charles Nodier aus dem Jahre 1818 avanciert Socivizca durch einen intertextuellen Verweis zum Großvater des trivialisierten Karl Moor dalmatinischer Provenienz, Jean Sbogar.[113]

7 *Zu den „Morlaken" und dem literarischen „Morlakismus"*

Das poetische und exotistische Imagothema codieren unterschiedliche Bevölkerungsgruppen in historischen Regionen Kroatiens als „Barden" und „Naturmenschen": Bei dem in der Einleitung zitierten Lied „Zwist der Fürsten" von Michael Denis sind es „die Heldenbewohner Croatiens", die den Anschluss an die ossianische Symbolik verdienen.[114] Klopstock dagegen redet über „illyrische Barden", während Madame de Staël die gängigen Imageme in Bezug auf „die Dalmatier" durchexerziert. Allerdings steht die Rolle der „Stars" dieser Diskurse unzweifelhaft den sogenannten „Morlaken" zu. Doch wer waren eigentlich diese „Morlaken"?

Die Frage der morlakischen/walachischen Identität erfreut sich in der Historiographie wie in anderen balkanologischen Forschungskontexten seit Jahrhunderten eines anhaltenden wissenschaftlichen Interesses.[115] Trotz zahlreicher Anstrengungen und Kontroversen ist

112 Schmidt, „Homer des Nordens", 6.

113 Ausführlicher zu diesem Roman siehe Matić, Prosper Mérimée's Mystifikation sowie Rudolf Maixner, Charles Nodier i Ilirija, *Rad JAZU* 229 (1924), 1–47.

114 Siehe das im Einleitungskapitel zitierte Lied „Der Zwist der Fürsten".

115 Ausführlich zu dieser Problematik vgl. Zef Mirdita, Vlasi u historiografiji. Zagreb 2004. Zu den „Walachen" und „Morlaken" im kroatischen historischen Kontext siehe auch Mladen Ančić, Srednjovjekovni Vlasi kontinentalne Dalmacije, in: Kusin / Belamarić / Grčić (Hgg.), Dalmatinska zagora, 161–167; sowie andere Beiträge in diesem Sammelband. Siehe auch Grga Novak, Morlaci (Vlasi) gledani s mletačke strane, *Zbornik za narodni život i običaje* 45 (1971), 579–603; Marija Sikirić, Morlaci, in: Enciklopedija Jugoslavije. 8. Bde. Zagreb 1955–1971, hier Bd. 6, 1965, 162f. (das gesamtstaatliche Prestigeprojekt der Enciklopedija erschien bei einer der wenigen Bundeseinrichtungen im Wissenschafts- bzw. Verlagsbereich und wurde von einem der bekanntesten Schriftsteller der Zeit, Miroslav Krleža, redaktionell geleitet); Petar Skok, Vlah, in: ebd., Bd. 8, 1971, 514f.; Mirko Marković, Dinara kao sezonska planina stočara sjeverne Dalmacije, *Zbornik za narodni život i običaje Južnih Slavena* 51 (1989), 19–107; Branimir Gušić, Wer sind die Morlaken im Adriatischen Raum?, *Balcanica* 4

die „walachische Frage" dennoch immer noch ein historiographisches Rätsel geblieben.[116] Über die „Morlaken" genauso wie über die „Walachen" („Vlachen"), mit denen man sie heute oftmals gleichzusetzen pflegt, wurde seit alters in historischen Quellen zum Balkanraum als über unterschiedlich identifizierte Andere oder Fremde geschrieben. Man hat es hierbei mit einer Vielzahl von perspektivbedingten und relationalen heteroidentifizierenden Aussagen zu tun, somit mit einer schwer durchschaubaren und schwer zu entwirrenden Fülle an potenziellen Signifikaten. Die Vieldeutigkeit der Quellen in Bezug auf die Frage der walachischen Identität ließ freien Raum für unterschiedliche historiographische Interpretationen.

Bis zur Mitte des 19. Jahrhunderts wurden die „Walachen" im historiographischen Schrifttum als eine Art exotischer Gemeinschaft angesehen, als ein Relikt der ethnischen Verhältnisse aus den vorslawischen Zeiten.[117] So wurden die im dalmatinischen Kontext zum ersten Mal Mitte des 14. Jahrhunderts schriftlich erwähnten „Morlacchi"[118] als Nachfahren der Gethen und Skythen, der Daker, Sarmatier, Quaden, Markomannen und einer Reihe anderer „barbarischer" Völker angesehen. Dieses romantische historiographische Image über die mittelalterlichen und frühneuzeitlichen „Morlaken"/„Walachen" begann sich mit dem Aufkommen der Diskurse nationaler Historiographien zu ändern. Diesbezüglich schreibt Mladen Ančić:

> „Das typische Merkmal dieser national-historiographischen Diskurse ist die teleologische Deutung des verschwommenen und bunten ethnischen Mosaiks der vormodernen Zeiten, eigentlich das Bestreben, in der historischen Dimension den Raum, den die an der Konstruktion einer Nation gerade beteiligte kulturelle Elite als eigen ansah, zu nationalisieren."[119]

In dieser Manier begann man auch die frühneuzeitlichen „Morlaken"/„Walachen", die man nicht mehr als eigenständige Ethnoidentität, sondern zunehmend im sozioprofessionellen Schlüssel als Gemeinschaften transhumanter Viehzüchter definierte, nach linguistischen, konfessionellen und anderen Kriterien für die eigene nationale Gemeinschaft zu vereinnahmen. Da man dabei von der „Stabilität" und „Dauerhaftigkeit" der kollektiven Identitäten

(1973), 454–463; Über die Walachen wurde auch im Kontext der Militärgrenzforschung vielfach geschrieben. Siehe dazu Drago Roksandić, Vojna Hrvatska. La Croatie militaire. Krajiško društvo u Francuskom Carstvu (1809–1813). 2 Bde. Zagreb 1988; Karl Kaser, Freier Bauer und Soldat. Die Militarisierung der agrarischen Gesellschaft an der kroatisch-slawonischen Militärgrenze (1535–1881). Wien, Köln, Weimar ²1997 (Zur Kunde Südosteuropas II/22); André Blanc, Zapadna Hrvatska. Studija iz humane geografije. Zagreb 2003, 129–136. Siehe auch Željko Holjevac/Nenad Moačanin, Hrvatsko-slavonska vojna krajina i Hrvati pod vlašću Osmanskoga carstva u ranome novom vijeku. Zagreb 2007.

116 Vgl. Mirdita, Vlasi.

117 Vgl. Ančić, Srednjovjekovni Vlasi, 161.

118 Zur Verwendung der Bezeichnung „I Morlacchi" in verschiedenen venezianischen und dalmatinischen Quellen vgl. Novak, Morlaci. Laut Novak wurde die Bezeichnung im dalmatinischen Kontext zum ersten Mal im Jahre 1352 in schriftlichen Quellen erwähnt.

119 Ančić, Srednjovjekovni Vlasi, 161.

ausging, postulierte man solche neue „nationale" Identität der frühneuzeitlichen „Walachen" auch für jene des Mittelalters.[120]

Im Gegensatz zu den traditionellen, längst verworfenen statischen Auffassungen der kollektiven Identitäten betonen die neueren Forschungen die Prozesshaftigkeit und Dynamik dieser Kategorien und setzen ihren Fokus auf die sozialen Interaktionen und schließlich auch auf die Verhandlungen vom jeweiligen „Wir" und „Sie", die sie hervorbringen. Dementsprechend steht auch bei der „morlakischen Frage" nicht mehr die Entschlüsselung eines eindeutigen „Wer" unter der Bezeichnung Walachen/Morlaken, sondern die Frage nach der Bedeutung dieser Heterobezeichnungen im jeweiligen Text und historischen/sozialen Kontext, in dem sie verwendet werden, im Vordergrund.[121] In Abkehr von reduktionistischen Versuchen, die „Morlaken" in das Prokrustesbett einer einzigen, eindeutigen und immer dagewesenen Wir-Gruppe zu zwingen, spricht sich der renommierte Historiker und Kenner dieser Problematik Drago Roksandić für das Konzept der multiplen Identitäten „walachischer"/„morlakischer" Grenzgesellschaften aus.[122]

In diesem Sinne lässt sich festhalten: Die Bezeichnung „Morlacchi" ist nur eine der vielen regional beschränkten Fremdbezeichnungen, die im 18. Jahrhundert für die ethnisch, kulturell und konfessionell vielfältige Bevölkerung im Gebiet um die venezianisch-habsburgisch-osmanische Grenze verwendet wurden. Dieses Wort stammt wahrscheinlich von der byzantinisch-griechischen Zusammensetzung Μαυρόβλαχοι, lateinisch „Morovlachi", ab, mit der ursprünglich die Gebirgshirten, die Nachkommen der autochthonen Bevölkerung des Balkans (der romanisierten Thrakier, Daker, Illyrier) bezeichnet wurden.[123] Im 18. Jahrhundert stand dieser Name für die Bewohner der Hinterlandsgebiete des venezianischen Dalmatien, die erst um 1700 auf Kosten der Osmanen erobert worden waren, und fungierte ausschließlich als Fremdbezeichnung, mitunter auch als Schimpfname, den die Venezianer und dalmatinischen Küstenbewohner benutzten, um das geographische, ökonomische und religiöse Anderssein der Hinterlandbewohner zu betonen.[124] Ähnlich wie bei ihren Nach-

[120] Siehe dazu Mirdita, Vlasi.

[121] Ančić, Srednjovjekovni Vlasi, 162.

[122] Drago Roksandić, The Dinaric Vlahen/Morlaken in the East Adriatic from the 14. to the 18. Century: How Many Identities?, unter <http://www.istitutoveneto.it/balcani/Drago_Rocsandic.pdf>, 9.05.2009 [Seite am 15.07.2011 nicht mehr zugänglich].

[123] Vgl. Sikirić, Morlaci, 162.

[124] In verschiedenen Quellen hat diese Bezeichnung verschiedene Bedeutungen: die „Morlaken" als Christen im Unterschied zu den Moslems, die „Morlaken" als Festlandsbevölkerung im Unterschied zu den Bewohnern der Küste und der Inseln, die „Morlaken" als Schimpfname für alle Bewohner des dalmatinischen Festlandes im Unterschied zu den „Bodoli" (den Bewohnern der adriatischen Inseln und der Küste), die „Morlaken" als Viehzüchter und Hirten im Unterschied zur städtischen Bevölkerung, die „Morlaken" als Flüchtlinge aus den osmanischen Gebieten, die „Morlaken" als christliche landwirtschaftliche Bevölkerung, die an der türkisch-venezianischen Grenze lebte. In manchen Fällen wurde die Bezeichnung „Walachen" synonym verwendet. Als „Walachen" wurden in der frühen Neuzeit vorwiegend Flüchtlinge an der kroatischen Militärgrenze bezeichnet: Die osmanische Expansion hatte Tausende griechisch-orthodoxe Flüchtlinge aus Serbien und Bosnien nach Ungarn und Kroatien vertrieben. Die so-

barn im österreichischen und osmanischen Anteil des Triplex Confinium[125], verdienten auch viele „Morlaken" aus dem venezianischen Dalmatien ihr Brot als Soldaten in fremden Diensten.
Nach den erfolgreichen Kriegen gegen die Osmanen erlebte die Republik Venedig zu Beginn des 18. Jahrhunderts ihre größte Expansion in das Innenland des Westbalkans.[126] Zugleich mit dem „acquisto nuovo" und „acquisto nuovissimo" erwarb sie auch neue Untertanen: Aus der Sicht der venezianischen administrativen Kreise waren es „i Morlacchi", die „Morlaken". Seit den 1740er Jahren gerieten das Innere Dalmatiens und seine Bewohner zu einem äußerst brisanten Thema der venezianischen Politik.[127] Die vorgefundene administrative Ineffizienz und die Korruption in der Provinz, die schlechte wirtschaftliche Lage, die Unordnung im Steuersystem, die angebliche Faulheit der „unaufgeklärten Morlaken", die Hungersnot und die Pestausbrüche waren die Probleme, die die venezianische Regierung mit einer Reihe von Maßnahmen zu bewältigen versuchte.[128]

In seiner – diskursanalytische, wissensgeschichtliche und postkoloniale Ansätze verfolgenden – Studie „Venice and the Slavs" geht Larry Wolff ausführlich der Frage nach der Produktion des Wissens über die dalmatinische Peripherie im administrativen Zentrum der Seerepublik nach. Die außerordentlich große venezianische Aufmerksamkeit für Dalmatien in der zweiten Hälfte des 18. Jahrhunderts deutet Wolff als Imperialinteresse einer absterbenden Regionalmacht, deren Größe und Einfluss im Vergleich mit den großen Imperialmächten wie Frankreich, England oder Spanien unbedeutend war. Er weist nach,

genannten Walachen begannen in den dreißiger Jahren des 16. Jahrhunderts aus der türkischen auf die habsburgische Seite der Grenze überzulaufen. Sie wurden in den verwüsteten Gebieten angesiedelt. Die Walachen erhielten Grund und Boden, das Versprechen religiöser Toleranz, sie wurden mit Selbstverwaltungsrechten ausgestattet, aller Abgaben enthoben und der Herrschaft der örtlichen Adeligen entzogen. Als Gegenleistung für diese Privilegien war ein bestimmter Anteil der waffenfähigen Männer an der Grenze zum ständigen unbesoldeten Militärdienst verpflichtet. Ausführlicher dazu vgl. Kaser, Freier Bauer und Soldat, 123.

[125] Der Begriff steht für das Gebiet, in dem die Republik Venedig, die Habsburger Monarchie und das Osmanische Reich seit dem 16. Jahrhundert aneinandergrenzten. Zum Triplex Confinium und seinen Grenzgesellschaften, darunter auch zu den Morlaken und Walachen vgl. Roksandić, Microhistory; Roksandić / Štefanec (Hg.), Constructing Border Societies sowie Roksandić u. a. (Hgg.), Ekohistorija.

[126] Die Grenzen des venezianischen Dalmatien erfuhren in der zweiten Hälfte des 17. und zu Beginn des 18. Jahrhunderts beträchtliche Veränderungen. Der Seerepublik gelang es, ihre Herrschaft auf das dalmatinische Hinterland auszudehnen. Neben den alten venezianischen Gebieten an der ostadriatischen Küste (dem sogenannten „acquisto vecchio") fiel der Republik im Friedensschluss von Karlowitz (1699) weiteres, durch Kriege gegen die Osmanen erobertes Territorium im Hinterland zu. Diese Gebiete nannten die Venezianer „acquisto nuovo". Im Jahre 1718 trat der Sultan im Frieden von Passarowitz wiederum einige landeinwärts gelegene Gebiete – „acquisto nuovissimo" genannt – an die Signorie ab. Der Verlauf der türkisch-venezianischen Grenze wurde zum letzten Mal geändert. Damit endete die osmanische Herrschaft im dalmatinischen Hinterland.

[127] Ausführlich dazu Wolff, Venice and the Slavs.

[128] Vgl. ebd.

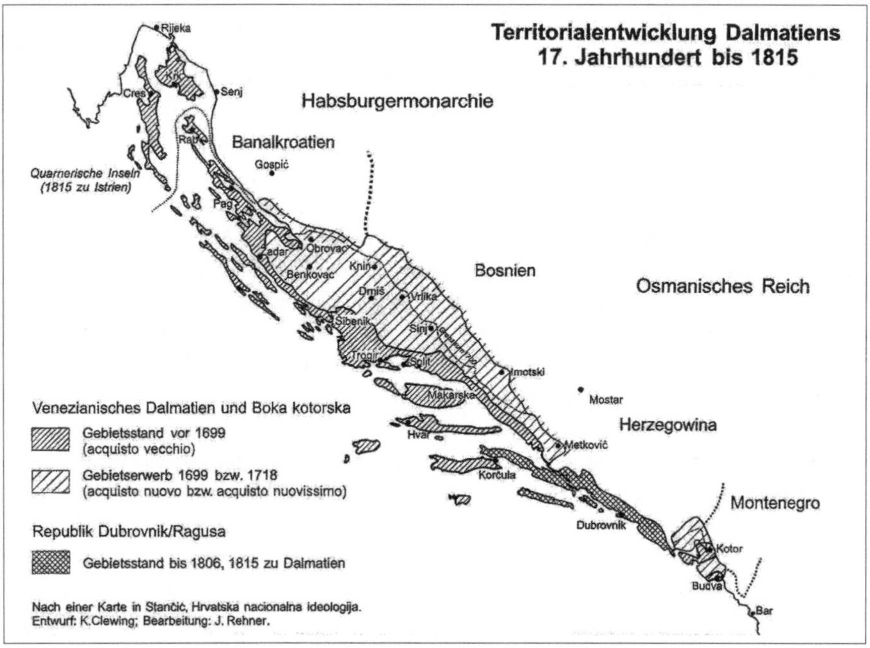

Abb. 9. Karte Territoriale Entwicklung Dalmatiens, 17. Jahrhundert bis 1815, in: Clewing, Staatlichkeit, 2001, S. 418.

wie verschiedene Texte der venezianischen Aufklärung einen ausgeprägt imperialen Diskurs über Dalmatien artikulierten und durch die prinzipielle Zuschreibung eines Mangels an Kultur, den der „Osten" in diesen Gebieten hinterlassen hatte, den dortigen venezianischen „zivilisatorischen Auftrag" zu rechtfertigen suchten:

> „The development of an imperial discourse of Dalmatia during the eighteenth century focused on several distinctive concerns. The most fundamental was the construction of an ideology of empire, Adriatic rather than Atlantic in its dimensions and references, mapping the geography of backwardness to justify the imperatives of economic development. Closely related was the formulation of a civilizing mission to redress the supposed barbarism of the Dalmatian Morlacchi to establish the importance of Venice's civilizing mission."[129]

Auch Alberto Fortis partizipierte – wie Wolff überzeugend darlegt – in vielerlei Hinsicht an diesem imperialen Diskurs. Der detailfreudig analysierende Naturwissenschaftler legitimiert sich an mehreren Textstellen seines Reiseberichts als Untertan der Republik, als patriotisch gesinnter Utilitarist, dessen Reise- und Forschungstätigkeit in Dalmatien im Dienste seiner Patronen vor allem von Nützlichkeitsdenken geprägt sind. Auch er erforschte die natürlichen Ressourcen Dalmatiens, um sie vom Nützlichkeitsstandpunkt Venedigs

[129] Wolff, Venice and the Slavs, 7.

aus zu überprüfen und letztlich auszubeuten.[130] Im Zusammenhang mit diesem thematischen Aspekt des Reiseberichts spricht Wolff vom „imperialen Interesse"[131] und von der „imperialen Mission"[132], die Fortis sowohl in der Feldforschung als auch am Schreibtisch umzusetzen versuchte, indem er sich in Dalmatien als Sammler verschiedenartiger Objekte für die venezianischen und ausländischen Auftraggeber betätigte und der venezianischen Öffentlichkeit in schriftlicher Form Dalmatien als eine wirtschaftlich nützliche Provinz präsentierte.

Auch als Anthropologe achtete Fortis auf das Pragmatische. Wolff weist beispielsweise darauf hin, dass Fortis' anthropologische Forschungen zur morlakischen Arbeitsmoral, zu Beschäftigungen, Nahrungspräferenzen und Tabus mit dem ökonomischen Interesse der venezianischen Regierung einhergingen und dass auch seine anthropologische Feldforschung unter anderem den Zweck verfolgte, Wissen zu ermitteln und bereitzustellen, das den Maßnahmen praktischer Politik eine feste Grundlage liefern sollte.[133]

Bei dem rezeptionsgeschichtlich interessantesten Kapitel „De Costumi de Morlacchi" handelt es sich um eine systematische Darstellung vieler Aspekte der morlakischen Lebensweise. Die Informationen, die Fortis in seiner Apologie der Morlaken liefert, können in folgende thematische Einheiten gruppiert werden: Ethnogenese der „Morlaken"; physische Eigenschaften der „Morlaken"; psychologische Eigenschaften – Volkscharakter; Sitten und Gebräuche, Alltagsleben; „Haiducken"; sowie Kultur und Volkslieder.[134]

Hierbei antwortete Fortis auf die gängigen Klischees von den problematischen morlakischen Untertanen mit einem neuen – anthropologischen – Narrativ und sorgte dabei für die Anschlussfähigkeit des „Morlakischen" an die aktuellen exotistischen, zivilisationskritischen und andere utopistische Diskurse, Bildfelder und Anschauungsschemata. Fortis gelang es, sein naturwissenschaftliches Werk durch ausgeprägt literarische Komponenten zu beleben. In seiner „Morlackey" herrschen nicht die Armut, die Hungersnot und die verschiedensten Seuchen, die im realen dalmatinischen Hinterland des 18. Jahrhunderts alltäglich waren. Sein dalmatinisches Hinterland ist ein mit den „neuentdeckten Exoten" besiedeltes Reservat, das in Europa als ein Modell für die Untersuchung des Naturzustandes und der Naturpoesie begeistert aufgenommen wurde.

In der Sekundärliteratur wird die Wirkung, die die „Viaggio in Dalmazia" Ende des 18. und Anfang des 19. Jahrhunderts vor allem in der deutschen, italienischen und fran-

130 Die venezianische Regierung interessierte sich vor allem für den Fischfang an der ostadriatischen Küste und für die ökonomischen Vorteile, die Venedig aus Naturschätzen Dalmatiens ziehen konnte. Als Gegenleistung für die finanzielle Unterstützung hat Fortis für die venezianische Regierung zwei Relationen über den Fischfang in dieser Region verfertigt. Siehe Wolff, Venice and the Slavs, 95–103.

131 Ebd., 89.

132 Ebd., 113.

133 Vgl. ebd., 168–171.

134 Vgl. dazu Valentina Gulin, Morlacchism between Enlightenment and Romanticism. Identification and Self-Identification of the European Other, *Narodna umjetnost* 34 (1997), 77–100, 84f.

zösischen Literatur erzielt hat, als „morlakizam" (‚Morlakismus") bezeichnet. Der Begriff „Morlacchismo" wurde schon 1797 vom schon erwähnten dalmatinischen Gelehrten und Freund Fortis', Giulio Bajamonti, geprägt und fand als „morlakizam" (Morlakismus) Ende der zwanziger Jahre des 20. Jahrhunderts Einzug in die kroatische Literaturwissenschaft. „Morlakizam" fungiert dort als Bezeichnung für das durch Fortis hervorgerufene literarische und folkloristische Interesse am dalmatinischen Hinterland und seinen Bewohnern.[135] Der Morlakismus wird in verschiedenen Quellen unterschiedlich definiert. Manche Autoren sprechen von der „literarischen Mode",[136] die aus dem durch das Interesse am Unbekannten, Ungewöhnlichen, Heroischen und Unverdorbenen geprägten geistigen Klima des späten 18. Jahrhunderts hervorging. In ihrem Artikel „Morlacchism between Enlightenment and Romanticism" definiert Valentina Gulin den Morlakismus als

> „a term containing the European reception of Dalmatian hinterlands of the eighteenth century, that is, of the customs, beliefs, and way of life of this population, and all the reflections that have arisen out of this reception: Morlach exotics, Romantic literary Slavism, interest for Morlach (Croatian, Slavic) oral literature, literary discussions, activating of Dalmatian economic issues, identification and self-identification."[137]

Es handelt sich also um eine spezifische Wahrnehmungs- und Darstellungsweise der Bewohner des dalmatinischen Hinterlandes, um das folkloristische und das literarische Interesse für das „morlakische Naturvolk" und seine Volkskultur und um die Gesamtheit der literarischen Texte, die sich mit der „morlakischen" Thematik beschäftigen. Dabei kommt dem Reisebericht „Viaggio in Dalmazia" eine wichtige Rolle in der Auslösung dieser, mit der um die Wende des 18. Jahrhunderts verbreiteten Affinität zum Wunderbaren, Naturhaften und Volkstümlichen in Zusammenhang stehenden Erscheinungen zu. Seinen Höhepunkt erreichte der literarische Morlakismus im Umkreis der literarischen antiklassizistischen Bewegungen, die der europäischen Romantik vorausgingen. Im Umkreis der Romantik wurde die europäische Faszination für die „Morlaken" durch das Interesse an den neuen südosteuropäischen Nationen ersetzt, in deren Bildungsprozessen die Bezeichnung „Morlacchi" unterging.

Über die Rezeptionsvorgänge, die die Veröffentlichung von „Viaggio in Dalmazia" auslöste, wurde in jugoslawischen und kroatischen Forschungskontexten vielfach geschrieben. Das Thema stieß auch in internationalem Rahmen auf entsprechendes Interesse. Im Rahmen der deutschsprachigen Slawistik wurden die Schwerpunkte verständlicherweise auf die Wirkungsgeschichte der Volkslieder und auf die Auseinandersetzungen der Sturm-und-Drang-Autoren und der späteren Romantiker mit der südslawischen Poesie gelegt. Alle

[135] Eingeführt in die Literaturwissenschaft wurde der Begriff im Artikel von Stojković, Morlakizam.

[136] Vgl. Pavlović, Les Morlaques; Tomasović, Morlakizam i Fortisologija; Bratulić, Alberto Fortis.

[137] Gulin, Morlacchism, 77–100, 85. Siehe auch Bešker, Morlaci; Pavlović, Morlacchism; Barbara W. Maggs, Three Phases of Primitivism in Portraits of Eighteenth-Century Croatia, *Slavonic and East European Review* 67 (1989), H. 4, 546–563.

diese Forschungsergebnisse rekapitulierend und ergänzend, lässt sich zur „morlakistischen" Textproduktion unter besonderer Berücksichtigung der Wirkungsereignisse im deutschsprachigen Raum Folgendes festhalten:

Die deutschsprachige Kultur war von Anfang an konsequent an den wichtigsten – sowohl regionalen als auch internationalen – diskursiven Ereignissen um Alberto Fortis' Reise und Reisebericht rezeptiv und produktiv beteiligt. Der Alpen-Dichter und Rezensent der *Göttingischen Anzeigen von Gelehrten Sachen*, Albrecht von Haller, wusste beispielsweise bereits vor der Veröffentlichung von „Viaggio in Dalmazia" im Jahre 1773 über die Details einer der Fortis'schen Expeditionen nach Dalmatien zu berichten.[138] Wahrscheinlich kreisten schon vor der Publikation des „Viaggio" einige Teile des Textes in Form handschriftlicher Epistel durch Europa, und das deutsche Lesepublikum profitierte ebenfalls von diesem Austausch.[139] Als der Reisebericht nun endlich in Gänze die Welt der Öffentlichkeit erblickte, folgten prompte Besprechungen in renommierten deutschen Rezensionsorganen, die akribisch die Ergebnisse der Fortis'schen Morlakenanthropologie und alle Kuriositäten aus der Lebensweise des dalmatinischen *bon sauvage* rekapitulierten. Unter anderem war es wiederum Haller, der 1775 den deutschen Lesern die Lektüre von Fortis' Kapitel zu den „Edlen vom Meere" nahelegte und für die Übersetzung der „Asanaginica" plädierte.[140]

Wahrscheinlich hat die Empfehlung Hallers die prompte Übersetzung des Reiseberichts ins Deutsche angeregt. Zwischen 1775 und 1797 erblickten insgesamt vier deutschsprachige Ausgaben des Morlaken-Kapitels das Licht der Öffentlichkeit. Der erste – vorerst anonyme – Übersetzer und im Zuge dessen Autor der ersten Übertragung der Ballade über die Frau des Asanaga war Friedrich August Clemens Werthes.[141] Bekanntlich war es in der Folge kein Geringerer als Goethe, der die Ballade nach Werthes' Fassung, der italienischen Übersetzung von Fortis und unter Heranziehung des slawischen Originals künstlerisch bearbeitete. Die unregelmäßigen elf- und mehrsilbigen italienischen Verse des Abbate Fortis ersetzte Goethe durch fünffüßige Trochäen. Dieses Metrum, das auch als „serbischer Trochäus" bezeichnet wird, wurde von fast allen anderen späteren Übersetzern der balkanslawischen Dichtung benutzt.[142] Die als „Klaggesang von der edlen Frauen des Asan-Aga" beti-

[138] [Albrecht von HALLER], Scardona. Unter diesem ungewöhnlichen Titel zeigen wir eine physicalische Reise an [...], *Göttingische Anzeigen von Gelehrten Sachen,* 30. Stück, den 11. März 1773, 249–252, 249, unter <http://resolver.sub.uni-goettingen.de/purl?PPN31973076X_1773_01>, 15.07. 2011.

[139] Vgl. MULJAČIĆ, Još o Fortisovim putovanjima, 563–564.

[140] Siehe [Albrecht von HALLER], Venedig. Bei Milocco ist in zwey Quartbänden A. 1774 abgedruckt: Viaggio in Dalmatia dell' Abbate Alberto Fortis [...], *Göttingische Anzeigen von Gelehrten Sachen,* 1. Stück, den 3. Jan. 1775, 4–8; [DERS.,] Venedig. Der zweyte Band der Dalmatinischen Reise des Hrn. Abt Fortis [...], *Göttingische Anzeigen von Gelehrten Sachen,* 22. Stück, den 21. Februar 1775, 177–180; beide Rezensionen unter <http://resolver.sub.uni-goettingen.de/purl?PPN31973076X_1775>, 15.07.2011.

[141] Zu Werthes siehe Theodor HEROLD, Friedrich August Clemens Werthes und die deutschen Zriny-Dramen. Münster 1898.

[142] Vgl. OGNJANOV, Die Volkslieder der Balkanslaven, 112.

telte Übertragung erschien zuerst anonym 1778 in Herders „Volksliedern" und 1779 in den „Vermischten Gedichten" unter Goethes Namen. Neben dem „Klaggesang" enthalten die „Volkslieder" auch drei andere durch Fortis vermittelte morlakische Lieder, die von Herder ins Deutsche übersetzt wurden: „Ein Gesang von Milos Cobilich und Vuko Brankovich", „Radoslaus", und „Die schöne Dolmetscherin".

Im Vergleich zu den europäischen Rezipienten nahm ein Teil des dalmatinischen Publikums die von Fortis präsentierte Darstellung des eigenen Landes mit deutlich geringerer Begeisterung auf. Die Reisebeschreibung des paduanischen Weltgeistlichen wurde zum Anlass für die zahlreichen literarischen Polemiken, an denen sich verschiedene dalmatinische und italienische Gelehrte beteiligten, darunter auch Fortis selbst. Der Auslöser der öffentlichen, in italienischer Sprache geführten venezianisch-dalmatinischen Debatte über den „wahren" Zustand Dalmatiens und die „wirklichen" Eigenschaften der „Morlaken" war das aus patriotischen Gründen verfasste Werk von Giovanni Lovrich (Ivan Lovrić), einem in Padua studierenden Dalmatiner, das im Jahre 1776 unter dem Titel „Osservazioni di Giovanni Lovrich sopra diversi pezzi del Viaggio in Dalmazia del signor abate Alberto Fortis coll' aggiunta della Vita di Socivizca" in Venedig erschien. Mit diesem Buch beabsichtigte der aus der „Morlackey" stammende, sich aber von der „morlakischen" Identität distanzierende Medizinstudent, auf die in „Viaggio in Dalmazia" vorhandenen „Unwahrheiten" aufmerksam zu machen, eine Korrektur der fehlerhaften Informationen zu leisten und die Darstellung der „Morlaken" mit eigenen Beobachtungen zu ergänzen. Dem Angriff des jungen Dalmatiners auf die „italienische" Autorität hinsichtlich des Themas Dalmatien folgten andere Stellungnahmen dalmatinischer Autoren, die entweder als Fortis-Verteidiger oder als Fortis-Gegner in verschiedenen Zeitungsartikeln und Werken ihre Ansichten sowohl über die „Morlaken" als auch über die Verhältnisse in den venezianischen Gebieten an der Ostadria an die Öffentlichkeit brachten und auf diese Weise ihre alternative, dalmatinische Perspektive artikulierten. Auch über die dalmatinisch-venezianische Morlakendebatte wurden die Zeitschriftenleser in Deutschland durch Rezensionen Hallers und Johann Jakob Ferbers prompt informiert.[143] Wenn auch die Gelehrten, die über die Debatten an der fernen Adria in Göttingen und Berlin schrieben, der Meinung waren, dass diese Schriftwechsel für einen Fremden gleichgültig seien, so bemühten sie sich dennoch um die Vermittlung der Inhalte aus Lovrichs „Osservazioni" und der darin enthaltenen Erzählung über den „Haiducken" Socivizca. Auch in diesem Fall folgten den Besprechungen prompte Übersetzungen: Im Jahre 1778 erschien in Leipzig „Leben des berüchtigten Haiducken Sotschiwizka" in deutscher Sprache. Rückschlüsse auf das Interesse der Leserschaft an der Lebensgeschichte

[143] [Albrecht von Haller]: Venedig. Wir haben des Hrn. Abt Fortis Reise nach Dalmatien und seine Nachrichten von den Morlaken zu seiner Zeit angesagt [...], *Göttingische Anzeigen von Gelehrten Sachen*, 90. Stück, den 28. Juli 1777, 716–718, unter <http://resolver.sub.uni-goettingen.de/purl?PPN31973076X_1777>, 15.07.2011; [Johann Jakob Ferber]: Abbate Alberto Fortis Reise in Dalmatien. Zwey Theile [...], *Allgemeine deutsche Bibliothek* 36 (1778), Stück 2, 518–520, unter <http://www.ub.uni-bielefeld.de/diglib/aufklaerung/suche.htm>, 15.07.2011. Zu weiteren Rezensionen siehe das Literaturverzeichnis.

des berühmten „Haiducken" lassen die wiederholten Neuauflagen in den Jahren 1783 und 1802 zu.

Was für den Reisebericht des „Italieners" und die Schrift seines dalmatinischen Opponenten gilt, trifft auch für die weiteren Texte aus der „morlakistischen" Reihe zu: Seien es französische Romane oder italienische Bühnenstücke mit morlakischer Thematik, die Inhalte der wichtigsten europäischen Variationen der morlakischen Themen konnte man auch in deutscher Übersetzung oder Bearbeitung genießen. Nachdem die morlakische Exotik um die Wende vom 18. zum 19. Jahrhundert erfolgreich in Italien auf die Bühne gebracht wurde,[144] sangen beispielsweise die dalmatinischen „Exoten" auch in deutscher Sprache als Akteure mehrerer Opern-Stücke auf den Bühnen in Wien und Graz. Der Katalog des Kölner Opern-Projektes kennt zum Beispiel den Titel „Zelina und Gorano oder die Morlaken-Hochzeit", ein Stück in drei Akten mit Musik von Paul Wranitzky und einem Libretto von Ferdinand Gioja, das zum ersten Mal 1806 im Kärtnertortheater in Wien aufgeführt wurde.[145] Ein Jahr nach der ersten österreichischen Inbesitznahme Dalmatiens hatte bereits Friedrich Hensler in der Marinellischen Schaubühne sein historisches Schauspiel „Eugenius Skoko, Erbprinz von Dalmatien" in fünf Aufzügen herausgegeben, mit dem das deutschsprachige Drama seinen „dalmatinischen Hamlet" erhielt.[146] Seine kaiserliche Majestät Franz I. lernte vor ihrer Dalmatien-Reise im Ständischen Theater zu Graz

[144] Der Stoff des Reiseberichts „Viaggio in Dalmazia" diente als Grundlage für eine ganze Reihe von Bühnenstücken, die um die Wende des 18. Jahrhunderts die dalmatinischen „Exoten" in unterschiedlichsten inszenatorischen Varianten dem venezianischen und italienischen Publikum präsentierten. Das erste dramatische Werk mit morlakischer Thematik war die Komödie von Camillo Federici, die unter dem Titel „Gli Antichi Slavi" im Jahre 1793 in Venedig aufgeführt und 1819 in Buchform veröffentlicht wurde. Fünf Jahre nach dem Fall Venedigs, im Jahre 1802, wurde das Stück als Opera buffa in Padua aufgeführt. Diese die Heiratsgebräuche der Morlaken thematisierende Oper hatte den Titel „Le Nozze dei Morlacchi". In demselben Jahr und unter demselben Titel wurde das Stück als Ballet inszeniert. Um 1810 wurde das italienische Theater um ein neues musikalisch-szenisches Werk ergänzt. Die ehemaligen venezianischen Untertanen tanzten noch einmal auf der italienischen Bühne in Gaetano Gioias ballo di caratere unter dem Titel „I Morlacchi". Zu den italienischen Bühnenstücken mit morlakischer Thematik siehe Wolff, Venice and the Slavs, 222–224. Vgl. auch Mate Zorić, Hrvat, Skjavun, Dubrovčanin, Morlak i Uskok – kao stereotipi i pjesnički motivi u talijanskoj književnosti, *Književna smotra* 24 (1992), 47–55.

[145] Das Stück ist aufgezeichnet auf der Webseite des Projektes „Die Oper in Italien und Deutschland zwischen 1770 und 1830", unter <http://www.oper-um-1800.uni-koeln.de/einzeldarstellung_fassung.php?id_fassungen=3672&herkunft=>, 15.07.2011.

[146] Vgl. Karl Friedrich Hensler, Eugenius Skoko, Erbprinz von Dalmatien. Ein historisches Schauspiel in fünf Aufzügen, nach der Geschichte für die Marinellische Schaubühne bearbeitet. Wien 1798. Der Erbprinz von Dalmatien, der seinen Namen unzweifelhaft den „Uskoken" verdankt, wird Anfang des 19. Jahrhunderts zum Helden eines weiteren Bühnenstücks aus der Feder von Heinrich Beyer, Skoko oder die Verschwörung von Jadera. Ein historisch-romantisches Schauspiel in fünf Aufzügen. Augsburg, Leipzig o. J. [ca. 1816] (Neue Deutsche Schaubühne oder dramatische Bibliothek der neuesten Lust-, Schau-, Sing- und Trauerspiele, 7).

singende „Morlaken" kennen: In Anwesenheit Ihrer Allerhöchsten Majestäten von Österreich Franz I. und Karoline feierte 1817 die Oper „Die Morlaken" von Eduard Lannoy ihre Erstaufführung.[147] Die Karriere der „morlakischen" Exotik in der institutionalisierten Literatur des deutschsprachigen Raumes ließe sich sicherlich weiter verfolgen. Es gibt Anzeichen dafür, dass sie im 19. Jahrhundert auch im Alltagswissen der gehobenen städtischen Bürgerschichten in Deutschland eine Rolle gespielt haben dürfte. Immerhin schaffte es 1900 eine farbenfroh bildlich dargestellte „Morlakin" bis in Liebigs Reklamesammelbilder (vgl. Abb. F5 und F6).[148]

Zahlreiche imaginäre und bewegungslose Kroatien-Reisen der Dichter, Schriftsteller und Gelehrten hinterließen in Bildlichkeiten der Krieger, Exoten, Barden und Homeriden „abbrevierte Stenogramme"[149] für das Wissen über die Völker der historischen Territorien Kroatiens in der deutschsprachigen Kultur. Unterstützten aber auch die deutschsprachigen Reisenden, die tatsächlich im Lande der „Illyrier" weilten, die althergebrachten Stereotype über den grausamen oder tapfer-loyalen südslawischen *homo militaris*? Leisteten auch sie Beiträge zu den zeitgenössisch aktuellen Imagothemen, die diesen zum *homo cantans* und *bon sauvage* beförderten? Vielleicht sah der eine oder andere Reisende zur gleichen Zeit auch Slawonien durch die Brille Rousseaus? Vielleicht begegnete man in Gorski Kotar und Varaždin „Edlen Wilden" oder „wilden Crabaten"? Wie kam man als fremder Reisender mit allen diesen „Völkerschaften" (und welchen genau?) in deren eigener Heimat zurecht?

147 Eduard von Lannoy, Die Morlaken. Eine große Oper in zwey Aufzügen, aus dem Italienischen des Herrn Joseph August Rossi frey übersetzt und in Musik gesetzt von Eduard v. Lannoy. Zum ersten Mahle aufgeführt auf dem ständischen Theater zu Grätz, bey Anwesenheit der Allerhöchsten Majestäten Franz. I. von Österreich und Karoline. Graz 1817.

148 Die seit den 70er Jahren des 19. bis tief in das 20. Jahrhundert zusammen mit Liebigs Fleischextrakt herausgegebenen Bildchen gelten als das erste Beispiel des Einsatzes von farbigen Drucksachen für Werbesachen und stellen eine wichtige Quelle für die Erforschung des historischen Bild- und Alltagswissens der gehobenen städtischen Bürgerschichten. Vgl. Bernhard Jussen (Hg.), Liebig's Sammelbilder. Vollständige Ausgabe der Serien 1 bis 1138. Auf der Grundlage der Sammlung Hartmut Köberich. The Yorck Project. Gesellschaft für Bildarchivierung. Berlin 2002 (Atlas des Historischen Bildwissens, 1), 2 CD-ROM.

149 Link/Wülfing, Einleitung, 13.

III Reise- und Augenzeugenberichte

1 Zur Quellenauswahl

Wie viele deutschsprachige Reisende im 18. Jahrhundert die einzelnen Länder und Gebiete, die heute Kroatien ausmachen, tatsächlich besucht haben, lässt sich nicht ermitteln. Selbst über die Anzahl derjenigen, die ihre Erfahrungen in Form gedruckter Reisebeschreibungen hinterließen, können keine eindeutigen Aussagen getroffen werden, denn eine gesamtkroatisch perspektivierte Bibliographie einschlägiger Reisetexte bleibt nach wie vor ein Desiderat. Wichtige Vorarbeiten in dieser Hinsicht haben allerdings, wie bereits andernorts erwähnt, Ivan Pederin – mit einer Teilbibliographie zu den Reisewerken über das mediterrane Kroatien – und Andreas Helmedach – mit seinen Analysen und Verzeichnissen der Reisebeschreibungen mit Bezügen auf den Raum zwischen Wien, Karlstadt, Fiume, Triest und Venedig – geliefert.[1] Als hilfreich erweist sich außerdem das umfangreiche Verzeichnis der deutschsprachigen Reiseberichte über Serbien und Montenegro von Zoran Konstantinović, das zum Teil auch Texte auf Basis kroatischer Reiserouten umfasst.[2]

Offenkundig hat es seit dem Mittelalter immer wieder Pilger und Gesandtschaftsreisende aus den deutschen Ländern gegeben, die in ihren Berichten die dalmatinische Küste und andere Landesteile Kroatiens beschrieben haben. Eine intensivere Hinwendung der deutschsprachigen Reiseliteratur zu diesem Raum lässt sich jedoch erst ab der zweiten Hälfte des 18. Jahrhunderts beobachten. Der Umstand lässt sich auf die Stabilisierung des relativen Friedens an den Grenzen zum Osmanischen Reich, auf die zeitgenössische habsburgische Politik, aber auch auf die zunehmende Verwissenschaftlichung, Demokratisierung und Publizität des Reisens zurückführen.

Gleichwohl sollte man die Kroatien-Reisen der Aufklärung – wie aus den besprochenen Imagothemen ersichtlich – nicht als eine „Entdeckung" des Landes und seiner Bevölkerung im Sinne von ihrem Einstieg in das Imaginarium und das Wissenssystem der deutschsprachigen Kultur überinterpretieren. Das aufklärerische deutschsprachige Über-Reisen-und-Kroaten-Schreiben bewegte sich nicht im Spurlosen und war alles andere als eine „Wiege" oder „Nullstunde" der Stereotype über dieses Land und seine Bevölkerung.

[1] Siehe Pederin, Jadranska Hrvatska, 351–370; Helmedach, Das Verkehrssystem.
[2] Vgl. Konstantinović, Deutsche Reisebeschreibungen, 213–229.

Auch der mögliche Schluss, die Gesellschaften der Aufklärung seien mobiler gewesen als jene der vorhergehenden Epochen, wäre falsch. Zahlreiche Migrationen, gesteuerte An- und Umsiedlungen der Bevölkerung vom und an den kroatisch/slawonischen „Limes", die alltägliche Praxis des Wohnsitz- und Obrigkeitswechsels an der dreifachen Grenze, die ausländischen Einsätze der kroatischen Söldner, private und berufliche Reisen des kroatischen Adels, der dalmatinischen Städter und ragusanischen Kaufleute, zahlreiche Visitationen unterschiedlicher habsburgischer Regierungsbeauftragter, bisweilen auch der Kaiser und Könige selbst: Dies sind nur einige Beispiele dafür, dass es an räumlicher Mobilität in der frühneuzeitlichen kroatischen Geschichte sicherlich nicht fehlte.

Die pragmatische und soziale Dimension der Mobilität in den historischen Territorien Kroatiens wird auch in folgenden Untersuchungen nicht außer Acht gelassen werden, die Fokussierung auf die kulturanthropologischen Aspekte der Kroatien-Erfahrungen lässt eine diesbezüglich eingehendere Beschäftigung indessen nicht zu. Da mit jeder Reise tendenziell Alteritäts- und Identitätsverhandlungen einhergehen, müsste man auch bei einer verengten Schwerpunktsetzung auf die Alteritätsproblematik in publizierten deutschsprachigen Reiseberichten möglichst viele, im Idealfall alle überlieferten Beispiele berücksichtigen. Die Arbeitsökonomie zwingt aber zu einer Auswahl aus dem zugänglichen Quellenmaterial und zur Arbeit mit Fallbeispielen.

Die Texte, die im zweiten Teil der Arbeit analysiert werden, haben vor allem eines gemeinsam: Sie nehmen das Othering unterschiedlich etikettierter Gemeinschaften und Bevölkerungsgruppen in den historischen Territorien Kroatiens unter Berufung auf authentische Reise- und Aufenthaltserfahrungen in diesem Raum vor. Bei der Auswahl der Fallbeispiele achtete ich zum einen auf die territorialen Ausdehnungen und Bezüge des Reisens und Beschreibens. Ausgehend von der Tatsache, dass im untersuchten Zeitraum kein einziger Reisebericht veröffentlicht wurde, der sowohl Kroatien im engeren Sinne[3] als auch Dalmatien und Slawonien thematisieren würde, habe ich versucht, den Korpus so zu strukturieren, dass es Aufschlüsse über Reise- und Fremderfahrungen in möglichst vielen zeitgenössischen territorial-politischen Einheiten (Militärgrenze, Dalmatien, Zivilkroatien, Slawonien, Istrien, dem Küstenland) ergibt. Andererseits legte ich Wert darauf, dass Reiseakteure unterschiedlicher Herkunft, Motivation, sozialer und beruflicher Profile zur Sprache kommen. Eine Auffächerung wurde auch in Hinsicht auf die Typen und Arten des Reisens sowie die Identifizierungsmodelle der Reisenden versucht. Schließlich kam es mir auch auf die Bekanntheit der Texte in der Forschungsliteratur an: Ich wählte vorzugsweise jene Texte aus, die in der bisherigen Forschung keine oder kaum Beachtung gefunden haben.

Viele relevante Arbeiten zum Thema Reisen in die slawischen Länder gründen auf der These, dass das Konzept von Osteuropa zur Zeit der Aufklärung im Westen erfunden wurde und dass es damals so etwas wie einen „euro-orientalistischen" Diskurs gab, in dem die

3 Der geographisch-politische Begriff von „Kroatien" umfasste im 18. Jahrhundert das „von Drau, Sau, Kulpa und Una bewässerte Provinzialkroatien sowie die kroatische Militärgrenze". Zitiert nach Kessler, Politik, 195.

Franzosen, Engländer und Deutschen diesen „Osten“ und seine Bewohner, die Slawen, in Kategorien der Rückständigkeit sowie der zivilisatorischen und kulturellen Inferiorität konstruierten.[4] So einseitig, wie dieses Interpretationsmodell es suggeriert, verlief die „Erfindung Osteuropas“ indessen nicht. Denn die Slawen selbst waren damals – wie Wendy Bracewell and Alex Drace-Francis überzeugend gezeigt haben – keinesfalls nur ein passives Objekt der westlichen Konstruktionen, sie repräsentierten sich sehr wohl auch selbst und beteiligten sich nicht minder aktiv an den Ost-West-Konstruktionen und -Mappings.[5]

In Bezug auf die postkolonialen Ansätze in der Erforschung der gegenseitigen Wahrnehmungen der Kulturen innerhalb der Habsburgermonarchie hat Stefan Simonek ähnliche Bedenken. Er betonte mit Recht, eine einseitig generalisierende postkolonialistische Reduzierung der slawischen Kulturen auf sprachlose Objekte eines allein von deutsch-österreichischer Seite ausgehenden Kulturkolonialismus könne „in wohlmeinender, aber nichtsdestotrotz paternalistischer Weise zu einer ungewollten Duplizierung des kolonialistischen Diskurses führen“.[6] Wenn man bedenkt, welch bedeutende Rolle die südslawischen Gelehrten – wie zum Beispiel Lovrich, Kopitar und Karadžić, um nur einige zu nennen – bei der Produktion und Vermittlung des Wissens und auch völkerbezogener Stereotype über

4 Zum Beispiel Wolff, Inventing Eastern Europe; Božidar Jezernik, Wild Europe. The Balkans in the Gaze of Western Travellers. London 2004. Mittlerweile wurde Wolffs These von der „westlichen Erfindung“ Osteuropas vielfach für problematisch erklärt, vor allem weil Wolff die Traditionen der Wahrnehmung der Slawen als „europäischen Anderen“ in früheren historischen Epochen genauso wie das in seinem Untersuchungszeitraum wirkmächtige Nord-Süd-Schema und andere räumliche Symbolisierungen ausklammert bzw. marginalisiert. Als ein wesentliches Gegenargument wird auch die Tatsache hervorgehoben, dass der Begriff „Osteuropa“ um 1800 in den Quellen selten oder gar nicht nachweisbar ist. Bernhard Struck konnte in seiner ausgezeichneten komparativ angelegten Studie der deutschsprachigen Reiseberichte über Frankreich und Polen feststellen, dass es nicht Ost-West-Gegensätze waren, die die Wahrnehmungen der Reisenden um 1800 entscheidend prägten, sondern die kulturelle Stadt-Land-Differenz. Die aufgeklärten, gebildeten und bürgerlich-städtisch geprägten Reisenden fanden laut Struck das Rückständige, die Armut, den Aberglauben, die Barbarei – Wolffs Osteuropa eben – in den ländlichen Gegenden Deutschlands und Frankreichs gleich wie Polens und Litauens. Jüngst wurde auch der Vorwurf formuliert, Wolff projiziere die Teilungen Europas entlang des Eisernen Vorhangs anachronistisch in das 18. Jahrhundert zurück. Vgl. Petkov, Infidels; Struck, Nicht West – nicht Ost; Alex Drace-Francis, A Provincial Imperialist and a Curious Account of Wallachia. Ignaz von Born, *European History Quarterly* 36 (2006), H. 1, 61–89; Blažević, Rethinking Balkanism. Der letztere Vorwurf bei Guido Franzinetti, The Idea and the Reality of Eastern Europe in the Eighteenth-Century, *History of European Ideas* 34 (2008), 361–368. Wolffs Datierung der venezianischen „Entdeckung“ der „Morlaken“ in das 18. Jahrhundert ist unlängst auch von Drago Roksandić kritisiert worden: Dalmatinska zagora u ranome novom vijeku: pitanja za raspravu, in: Kusin / Belamarić / Grčić (Hgg.), Dalmatinska zagora, 185–195, 187.

5 Vgl. Alex Drace-Francis, Toward a Natural History of East European Travel Writing, in: Bracewell / Drace-Francis (Hgg.), Under Eastern Eyes, 1–27; siehe ebd., 61–121 u. 147–195 die Beiträge von Wendy Bracewell, The Limits of Europe in East European Travel Writing; und dies., Travels Through the Slav World.

6 Simonek, Möglichkeiten und Grenzen, 130.

die slawische Peripherie in den jeweiligen „kolonialen" Zentren spielten, so erscheint diese Kritik durchaus nachvollziehbar. Simonek plädiert daher dafür,

> „das Bild, das deutschsprachige Reiseberichte, Briefe oder Autobiographien von den slawischen Kulturen der Monarchie im Sinne der Alterität zeichnen, [...] mit entsprechenden slawischen Quellen gegen[zu]lesen [...], so dass sich objektbezogenes Fremdbild und subjektbezogenes Selbstbild ergänzen und miteinander kommunizieren."[7]

Eine konsequente Umsetzung dieser plausiblen Forderung verbietet sich hier freilich aus arbeitsökonomischen Gründen. Allerdings soll sichergestellt werden, dass in dieser Arbeit nicht ein „einseitig vektoriales Bild"[8] von einem deutsch-österreichischen Monopol auf die Repräsentationen schweigender südslawischer Kulturen vermittelt wird: dadurch, dass zumindest punktuell auch einheimische Autoren in die Position der Sprechenden rücken. Auch die Rahmensetzung „deutschsprachige Texte" muss dabei nicht unbedingt aufgehoben werden, denn Deutsch war bekanntlich auch im Südosten der Monarchie – sowohl in administrativen als auch in Gelehrtenkreisen – eine *lingua franca.* Es bietet sich also an, einige Berichte der Einheimischen aus der deutschsprachigen Presse, die Aufschlüsse über Identifikationsmodelle, Selbst- und Fremdbilder geben, in die Analysen einzubeziehen. Dass dadurch das Auswahlkriterium Reisebericht etwas aufgelockert wird, dürfte kein allzu großes Problem darstellen.

Der Leser meiner Analysen wird also mit folgenden Autoren auf die Reise in das Land der „Illyrier" mitgenommen:

- Einem gewissen Herrn Racith: dem Namen nach ein Slawe, Bediensteter des orthodoxen Bischofs Petar Petrović, vielleicht selbst ein orthodoxer Geistlicher. Er verbrachte in den 1770er Jahren längere Zeit in der Lika und berichtete über diesen Aufenthalt in Schlözers *Stats-Anzeigen.*[9]
- Friedrich Wilhelm von Taube: hoher kaiserlich-königlicher Beamter aus baltendeutscher Familie, Experte in Sachen England, Handel und griechisch-orthodoxe Kirche. Slawonien-Reisender und -Kenner. Autor einer umfangreichen statistischen Reisebeschreibung über Slawonien und Syrmien.[10]
- Hieronymus Rödlich: „österreichischer" Offizier. Hielt sich in militärischen Diensten zur Zeit der ersten österreichischen Verwaltung in Dalmatien in Zadar und Kotor auf.

7 Ebd.

8 Ebd.

9 [Racith?,] Von und aus Kroatien. 1778, *Stats-Anzeigen* 1 (1782), 360–374, unter <http://www.ub.uni-bielefeld.de/diglib/aufklaerung/suche.htm>, 15.07.2011.

10 Friedrich Wilhelm von Taube, Historische und geographische Beschreibung des Königreiches Slavonien und des Herzogthumes Syrmien, sowol nach ihrer natürlichen Beschaffenheit, als auch nach ihrer itzigen Verfassung und neuen Einrichtung in kirchlichen, bürgerlichen und militarischen Dingen. 2 Bde. Leipzig 1777.

Skizzierte den „physisch-moralischen Zustand“ Dalmatiens in einem „statistischen“ Reisewerk.[11]

- Nikolaus Ernst Kleemann: Kaufmann aus Wien, schiffte auf seinen Handelsreisen auf der Adria und den Flüssen Sau (Sava) und Kulpa (kroatisch Kupa, slowenisch Kolpa). Seine Erfahrungen beschrieb er in zwei Reiseberichten.[12]
- Balthasar Hacquet: „Wahlösterreicher“ französischer Herkunft. Naturwissenschaftler, Arzt und leidenschaftlicher Bergsteiger. Reiste mehrmals im Südosten der Monarchie und hinterließ mehrere Texte mit Kroatien-Bezügen. Spezialist für die Militärgrenze (insbesondere das Triplex-Confinum-Gebiet) und die Anthropologie der Slawen.[13]
- Joseph II.: Kaiser und König. Hielt sich zwischen 1768 und 1788 sieben Mal im kroatischen Raum auf. Eingegangen wird auf sein nachträglich gedrucktes Reisejournal aus dem Jahre 1775, das auf Zivil- und Militärkroatien sowie auf das „Litorale Austriaco“ Bezug nimmt.[14]

[11] Hieronymus Rödlich, Skizzen des physisch-moralischen Zustandes Dalmatiens und der Buchten von Cattaro. Mit einer Charte und neun Kupfertafeln. Berlin 1811.

[12] Nikolaus Ernst Kleemann, Nikolaus Ernst Kleemanns Reisen von Wien über Belgrad bis Kilianova, durch die Butschiack-Tartarey über Cavschan, Bender, durch die Nogen-Tartarey in die Crimm, dann von Kaffa nach Konstantinopel, nach Smirna und durch den Archipelagum nach Triest und Wien, in den Jahren 1768. 1769. und 1770. Wien 1771. Ich benutzte auch die zweite Auflage Leipzig 1773; [Nikolaus Ernst Kleemann,] Briefe über die Schiffahrt und Handlung in Ungarn, Sklavonien und Kroatien. Geschrieben auf einer Reise in diesen Ländern, im Jahre 1773. Aus dem Italienischen übersezt von N.E.K. Prag 1783.

[13] Hacquets Reiseerfahrungen in den historischen Territorien Kroatiens halten folgende Werke fest: Balthasar Hacquet, Herrn Hacquets [...] Schreiben an Hrn. Ignatz von Born, über verschiedne, auf einer Reise nach Semlin, gesammelte Beobachtungen, *Abhandlungen einer Privatgesellschaft in Böhmen zur Aufnahme der Mathematik, der Vaterländischen Geschichte und der Naturgeschichte* 2 (1776), 230–257; ders., Oryctographia Carniolica oder Physikalische Erdbeschreibung des Herzogthums Krain, Istrien, und zum Theil der benachbarten Länder. 4 Bde., Leipzig 1778–1789; [ders.], Schreiben eines Reisenden aus Zermanien oder Tedanum des alten Illyriens, welches nun zu dem österreichischen Kroatien gehöret. 1783, *Geographisches Magazin* 2 (1783), H. 3, 326–340; ders., Heilung eines sehr schwer Verwundeten, von Hr. Hacquet, Wundarzt zu Lublana, *Chirurgische Bibliothek* 7 (1784), 773–776; ders., Physikalisch-politische Reise aus den Dinarischen durch die Julischen, Carnischen, Rhätischen in die Norischen Alpen. Bearb. von Hedwig Rüber und Axel Strasser. Hg. vom Deutschen Alpenverein. München 1989 [Erstveröffentlichung 1785]; ders., Abbildung und Beschreibung der südwestlichen und östlichen Wenden, Illyrier und Slaven, deren geographische Ausbreitung von dem adriatischen Meere bis an den Ponto, deren Sitten, Gebräuche, Handthierung, Gewerbe, Religion usw. nach einer zehnjährigen Reise und vierzigjährigen Aufenthalte in jenen Gegenden dargestellt [...]. 5 Hefte. Leipzig 1802–1805.

[14] [Joseph II.,] Reyse durch Kroatien und das Littorale anno 1775. Österreichisches Staatsarchiv. Haus-, Hof- und Staatsarchiv Wien. Hofreisen, Karton 9; abgedruckt bei Ivan Erceg, Dnevnik Josipa II o prilikama u Hrvatskoj i na jadranskoj obali god. 1775, *Starine JAZU* 53 (1966), 223–262.

- Stephan von Köröskényi: Komitatsadeliger aus Warasdin (Varaždin) in Kroatien. Reflektierte in einem Artikel in Schedius' *Zeitschrift von und für Ungern* über sein kollektives Selbst und die Charaktereigenschaften seiner Landesgenossen.[15]
- Vincenz Batthyány: Ungarischer Magnat. Beamter im Ungarischen Küstenland, später Statthaltereirat in Ofen. Experte für Land und Leute im „Litorale Hungarico". Unternahm im letzten Jahr der venezianischen Herrschaft eine Reise nach Dalmatien.[16]
- Johann Christian Bornagius: Protestantischer Pfarrer aus Hessen-Darmstadt. Kriegsreisender in Begleitung der hessischen Subsidienbrigade. Nahm am Rückzug der Kaiserlichen vor den anrückenden Franzosen durch Gorski Kotar teil. Hielt seine merkwürdige Reise und seine Urteile über die „Kroaten" in einem Reisebericht fest.[17]
- Johann Georg Widemann: Wiener Schriftsteller und Publizist. Bereiste Istrien aus Zufall, (proto)touristischen Absichten oder im Auftrag der Wiener Regierung? Thematisierte seine adriatischen Erfahrungen in zwei Reisebeschreibungen.[18]

2 *Reisen und Gouvernementalität*

2.1 Amtlich unterwegs: „Statistische" Reisen

Das Unterwegssein in kroatischen Ländern geschah im Zeitalter der Aufklärung sehr häufig im politischen Auftrag. Mit Wolfgang Kessler könnte man in Bezug auf die vorherrschende Reisemotivation deutschsprachiger Kroatien-Besucher festhalten: „Es reiste, wer musste, nicht ‚man'."[19] Hinter dem Muss des Reisens und Beschreibens standen in vielen Fällen ganz konkrete amtliche Aufgaben, vielfach gingen die Reisen dem Wissensbedarf der Wiener Regierung über die Zustände und die lokale Verwaltungspraxis an der Peripherie ihres weitläufigen Herrschaftsgebietes nach, das sich gerade mitten im zentralistischen Reformwerk und in den Transformationsprozessen zum modernen Staat befand.

Aus unterschiedlichen historiographischen Arbeiten geht hervor, dass durch das ganze 18. Jahrhundert hindurch amtliche Besuche aus Wien in militärischen und verwaltungspolitischen Angelegenheiten in historischen Territorien Kroatiens gang und gäbe waren. Die Berichterstattung war auch für die Herrschaftsgebiete der benachbarten Imperien gefragt und der Wiener Hof ließ auch diese durch Reisende geheim auskundschaften. So wur-

15 Stephan von Köröskényi, Rhapsodische Bemerkungen über Kroatien u. einige Gegenden Ungerns, *Zeitschrift von und für Ungern* 1 (1802), Bd. 2, H. 2, 183–202, u. Bd. 2, H. 3, 317–333.

16 Vincenz Batthyány, Über das ungrische Küstenland. In Briefen. Pesth 1805.

17 [Johann Christian Bornagius,] Ruhepunkte auf meinen Reisen durch das Salzburgische, Kärnten, Krain, das Littorale und Kroatien. Burg-Friedberg [Frankfurt] 1806.

18 [Joseph Georg Widemann,] Streifzüge durch Innerösterreich, Triest, Venedig, und einen Theil der Terra ferma im Herbste 1800. Leipzig [Wien] 1801; ders., Streifzüge an Istriens Küsten. Wien ^{2}1810 [^{1}1805].

19 Kessler, Kulturbeziehungen und Reisen, 274.

den die Habsburger – wie eine von Grga Novak im Wiener Archiv entdeckte Handschrift zeigt – schon lange vor der Inbesitznahme Dalmatiens von einem anonymen Spion über die Verhältnisse in dieser venezianischen Provinz sowie über die guten und schlechten Seiten des Charakters der potentiellen neuen Untertanen – der dalmatinischen Insel-, Küsten- und Hinterlandsbewohner – in Kenntnis gesetzt.[20]

Nur wenige dieser zahlreichen offiziellen Besucher ließen ihre Berichte auch drucken. Anfang des 19. Jahrhunderts taten dies jedoch der Offizier Hieronymus Rödlich (1767–1833) und ein statistisch interessierter Anonymus, die sich kurz nach dem Fall Venedigs in den habsburgischen Neuerwerbungen Dalmatien und (Venezianisch-)Istrien aufhielten.[21] Einige anonyme Autoren, wahrscheinlich ebenfalls Militärs, suchten nach 1797 in statistischen Werken und publizistischen Beiträgen diese Provinzen durch die Wissenstechnik der numerisch-deskriptiven Erfassung als Objekte der neuen Regierung zu konstituieren und der deutschen Öffentlichkeit zu präsentieren.[22] Auch für Slawonien liegt

[20] Die einzelnen Teile dieses Berichts veröffentlichte Novak in verschiedenen wissenschaftlichen Publikationen. Siehe Grga Novak, Dalmacija god. 1775/6. gledana očima jednog suvremenika, *Starine JAZU* 49 (1959), 5–78; ders, Jedan anonimni rukopis iz godine 1775/6 o dalmatinskim Zagorcima (Morlakima), Primorcima i Otočanima, *Narodna starina*, 1930, 21–37; ders., Poljoprivreda Dalmacije u drugoj polovini XVIII stoljeća, *Starine JAZU*, 50 (1960), 461–518; ders., Poljoprivreda na dalmatinskom primorju i otocima u XVIII stoljeću, *Starine JAZU* 51 (1962), 61–111; ders., Rudarstvo i iskoriščavanje rijeka i mora u Dalmaciji u XVII-II stoljeću, *Starine JAZU* 52 (1962), 5–48; ders., Trgovina i pomorstvo Dalmacije u drugoj polovini XVIII stoljeća, *Starine JAZU* 53 (1966), 5–47. Der Verfasser dieses Berichtes könnte, wie Josip Bratulić vermutet, Giuseppe Offner sein. Siehe Bratulić (1984), Alberto Fortis, XXII. Zu Offner siehe Cvito Fisković, Ivan Lović i Josip Offner, in: Milivoj Ćatipović (Hg.), Ivan Lovrić i njegovo doba. Referati i saopćenja sa znanstvenog skupa. Sinj 1979 (Zbornik cetinjske krajine, 1), 181–191.

[21] Hieronymus Rödlich weilte 1801 als Platzmajor in Kotor. Als Sekretär des damaligen Zivil- und Militärgouverneurs für Dalmatien und Albanien Freiherrn von Brady hielt er sich in den Jahren 1803/1804 erneut in Dalmatien auf. Die gesammelten statistisch-topographischen und völkercharakterologischen Nachrichten publizierte er 1811 im landeskundlichen Reisebericht „Skizzen des physisch-moralischen Zustandes Dalmatiens und der Buchten von Cattaro". Ausführlicher zu Rödlich siehe Pederin, Jadranska Hrvatska, 55–59. Seine Biographie liegt vor in der Bearbeitung Eduard Franz Rödlichs, Das Leben des Generals Hieronymus Roedlich (1767–1833). Mit Bild nebst Unterschrift. Berlin 1882. Istrien sah kurz nach der venezianischen Eroberung der anonyme Verfasser eines ebenfalls statistischen Beitrags, der 1814 unter dem Titel „Notizen über Istrien" in den Wiener Vaterländischen Blättern veröffentlicht wurde. Bei diesem Anonymus dürfte es sich um den Statistiker und Geographen Joseph Marx Freiherr von Liechtenstern gehandelt haben, der um 1800 mehrere statistisch-publizistische Beiträge zu den kroatischen Ländern, 1822 auch einen Reisebericht über Istrien und Dalmatien veröffentlichte. Vgl. [Joseph Marx Freiherr von Liechtenstern?], Notizen über Istrien, *Vaterländische Blätter für den österreichischen Kaiserstaat* 43 (1814), 253–254, und 44 (1814), 259–262.

[22] Vgl. Nähere Auskunft über den jetzigen Frieden zwischen Sr. Maj. dem Römischen Kaiser und der Republik Frankreich. Nebst einer Charte, worauf die Theilung des Venetianischen Staats und die Grenzen der Cisalpinischen Republik genau angegeben sind. Leipzig 1798; Geographisch-Statistische Beschreibung von See-Osterreich und der cisalpinischen Republik.

ein populärwissenschaftlich-statistischer Reisebericht aus dem Jahre 1777 vor. Sein Autor, Friedrich Wilhelm von Taube, zählte als hoher Beamter und Gesandter des Hofes ebenfalls zu den amtlichen Kreisen.[23]

Statistische Beiträge über die neuen und wenig gekannten Länder am Rande der Monarchie hieß die Presse in Wien und im deutschen Ausland willkommen.[24] Auch im fernen Göttingen, das zu jener Zeit ein Zentrum der Staatenkunde war, war man an detaillierten Nachrichten und politischen Spezialdiskursen selbst über einen fernab und weit hinter den Bergen liegenden Winkel des Habsburgerreiches, wie die Lika und die Krbava es waren, interessiert.[25]

Gemeinsam war dem Typus der amtlichen Berichterstatter mit Reise- oder Aufenthaltserfahrungen in kroatischen Ländern die Neigung zu charakterologischen Schilderungen der dortigen Bevölkerung aus vorwiegend politischen Räsonnements und Ressentiments. Die Argumentation in solchen Texten baut stark auf der binären Opposition Zivilisation – Wildheit auf: Der habsburgische Staat, seine bürokratischen Strukturen und administrativen Praktiken, mit denen sich der Erzähler in der Regel identifiziert, repräsentieren dabei ausnahmslos den ersteren Pol. Diesem stehen meist nach regional-geographischen Kriterien reglementierte Gruppen von „Untertanen“ oder „Einwohnern“ der Peripherie gegenüber, die in der Regel zu den „Wilden“ oder „Zivilisierungsbedürftigen“ gerechnet und dafür verurteilt werden, weil sie sich unterschiedlichen, in Bildlichkeiten des zivilisatorischen Auftrags dargestellten Praktiken und Maßnahmen der politischen Obrigkeiten widersetzen.

Als häufige Strategie in den Texten dieser auf Befehl Reisenden erweist sich die Diskreditierung der vormaligen Herren bzw. der konkurrierenden Imperien, die in der Regel für das vorgefundene Chaos und die Unordnung im Lande, bisweilen auch für die „Wildheit“ der Einwohner verantwortlich gemacht werden. „Die Illyrier sind unter dem türkischen Joche verwildert“[26], heißt es in diesem Sinne im Slawonien-Reisebericht des Hofsekretärs von Taube, der im Namen des Kaisers in kirchenpolitischen Angelegenheiten 1777/1778 im Lande unterwegs war. Im adriatischen Süden musste aus der Perspektive einiger k. u. k. Militärs, die nach 1797 als erste die Neuerwerbungen in Istrien und Dalmatien unter die

Nebst einer Landcharte worauf die Theilung des venetianischen Staats und die neuen Gränzen der cisalpinischen Republik genau angegeben sind. Leipzig 1798; Kurzgefaßte geographisch-statistische Beschreibung des k. k. Herzogthums Venedig und des damit verbundenen Dalmatien und Albanien. Nebst einer Landkarte und dem Plan von Venedig. Wien 1798. Von diesen „Statistiken“ wird später ausführlicher die Rede sein.

23 Vgl. Taube, Historische und geographische Beschreibung.

24 Zu den Beiträgen über Dalmatien, Kroatien und Slawonien in der Wiener Presse vgl. Gertraud Marinelli-König, Die Südslaven in den Wiener Zeitschriften und Almanachen des Vormärz (1805–1848). Versuch einer kritischen Bestandsaufnahme der Beiträge über Bosnien, Bulgarien, Dalmatien, die Herzegowina, Istrien, Krain (Kärnten, Steiermark), Kroatien, das Küstenland, die Militärgrenze, Montenegro, Serbien und Slawonien. Wien 1994.

25 Siehe [Racith ?,] Von und aus Kroatien.

26 Taube, Historische und geographische Beschreibung, Bd. 1, 65.

Lupe nahmen, hinter dem „aristokratischen Despoten" aufgeräumt werden, der diese Provinzen als Kolonialherr ausgebeutet hätte.[27]

Eine weitere Gemeinsamkeit dieser Reise-Autoren ist der ethnocharakterologische Beschreibungsmodus unter Verzicht auf jegliche diastratischen Differenzierungen. So glaubt von Taube, der moralische Charakter slawonischer „Illyrier"[28] lasse sich am besten am gemeinen Volk beobachten, da die „Gemütsbeschaffenheit" der edlen und gebildeten Klassen in fast allen europäischen Ländern gleich sei.[29] Die geographisch dreiteilig reglementierte anthropologische Landschaft Dalmatiens aus der Feder des Offiziers Hieronymus Rödlich gestaltet sich nach demselben Prinzip. Die Bewohner der Insel treten als Fischer, Küstenbewohner als Seeleute und Weinbauern, die inländischen Morlaken als Soldaten auf. In der alten Manier wird auch hier die morlakische Physis verherrlicht, unter ständigem Recycling der uralten klimatheoretischen Gleichnisse (Gebirge = Stärke), oftmals unter Anschluss an die neue Naturmensch-Imagerie.

Sei es in biographischer, soziokultureller oder ideologischer Hinsicht, in Bezug auf die Motivation, Ambitionen, Inhalte oder die Art des Schreibens und Erzählens, zwischen dem Offizier der kaiserlichen Armee Hieronymus Rödlich und der französischen Roman-Schriftstellerin Justinne Wynne Rosenberg Orsini liegen Welten. Dennoch sind sich beide in der Einsicht einig, dass die „Morlaken" noch im Naturzustand lebten. Auch Rödlich argumentiert bisweilen zivilisationskritisch, seine Sorgen über die verderblichen Einflüsse der gesitteten Welt gründen aber nicht auf philosophischen, sondern auf politisch-pragmatischen Räsonnements:

> „Im Durchschnitt leben sie [die Morlaken] daher noch immer in einer Art von Natur-Zustand. Auch wäre es eben nicht sehr zuträglich, sie zum geselligen Leben umbilden zu wollen, theils weil ein solches Unternehmen mit vielen und großen Schwierigkeiten verknüpft seyn würde, und theils auch, weil zu besorgen stünde, den kriegerischen Geist zu ersticken, welcher früher schon diese Provinzen gegen die feindlichen Angriffe der Türken beschützt hat, und auch jetzt noch fortfährt zu beschützen."[30]

Dieses Beispiel veranschaulicht die hohe interdiskursive Performativität des Naturmensch-Stereotyps, das in südslawischen Zusammenhängen um 1800 anscheinend nicht nur im exotistisch-literarischen, sondern auch im imperial-militärischen Diskurs ideologische Tragfähigkeit besaß. Das Barden-Stereotyp erfährt ebenfalls seine Kopplung an die statistischen Diskurse, bei von Taube geschieht dies in einer beiläufigen, keinerlei vorromantische Begeisterung für das Volkstümliche offenbarenden Bemerkung:

27 Vgl. Geographisch-Statistische Beschreibung von See-Osterreich, 98 sowie [Liechtenstern?], Notizen über Istrien, 262.

28 Taube versteht unter „Illyrier" alle Südslawen des westlichen Balkans, ungeachtet der konfessionellen Zugehörigkeit.

29 Taube, Historische und geographische Beschreibung, Bd. 1, 65.

30 Rödlich, Skizzen, 25.

„Inzwischen fehlet es doch bey den Illyriern nicht an vielen Dichtern und Meistersängern. Alle Illyrier sind Barden und haben ein natürliches Geschick zur Dichtkunst, die aber nicht ausgebildet ist. Obgleich ihre Gedichte melodisch klingen und gut ins Ohr fallen."[31]

Die Reisenden in politischen Geschäften greifen häufig auf die typischen Tugend- und Lasterkataloge der administrativen Diskurse zurück, wobei das bäuerlich-soldatische Other meist wegen seiner „natürlichen Trägheit"[32], seines unökonomischen Wirtschaftens und seiner Disziplinlosigkeit verspottet, für seine Gastfreiheit, seinen kriegerischen Geist und seine Tapferkeit gelobt wird. Der Offizier Rödlich konstruiert so aus der Position eines gouvernementalen Diagnostikers geogeistestypologisch die „eigentümlichen Charaktere" der dalmatinischen Insel-, Küsten- und Gebirgsbewohner nach Kriterien der „Duldsamkeit", „Folgsamkeit", „Tapferkeit" „Wirtschaftlichkeit".[33] Der Feststellung der kollektiv-moralischen Mängel folgt die diskursiv-politische Ausbreitung der Rezepte für ihre Aufhebung.

Die medizinische Symbolik und alle besprochenen Topoi und Strategien beherrschte und nutzte auch ein unbekannter politischer Schriftsteller, auf dessen Text ich näher eingehen möchte. Der Mann hieß wahrscheinlich Racith und machte in den 70er Jahren des 18. Jahrhunderts Erfahrungen in den habsburgischen Militärgrenzgebieten Lika und Krbava.

2.2 Ein Anonymus über die Lika und die Krbava

Landeinnahmen auf Kosten des Osmanischen Reiches waren um 1700 bekanntlich nicht nur eine venezianische, sondern vornehmlich auch eine habsburgische Angelegenheit. Die große habsburgische Ungarn-Reconquista, mit der sich Eugen von Savoyen in die Geschichte und in den Mythos des Vielvölkerreiches einschrieb, bedeutete unter anderem auch für Slawonien das Ende der etwa eineinhalb Jahrhunderte andauernden osmanischen Herrschaft. Auch am Triplex Confinium erkämpfte sich das Haus Habsburg sein „acquisto nuovo": Die gebirgigen, im Mittelalter kroatischen, bis 1689 dann osmanischen Grafschaften der Lika und der Krbava wurden nun „österreichisch".[34]

[31] Taube, Historische und geographische Beschreibung, Bd. 2, 16.

[32] Ebd., Bd. 1, 27.

[33] So konstatiert Rödlich, Skizzen, 13, die Inselbewohner sind „duldsam und bereitwillig, und wissen sich in die Gesetze zu fügen; sie treiben vorzüglich Fischerei, mitunter etwas Ackkerbau, und verdingen sich auch als Knechte". Die Küstenbewohner dagegen „unternehmender als die Insulaner, aber nicht so folgsam, wirtschaftlich, aber nicht gastfrey: eben so gute Seeleute als die Insulaner, und mitunter treffliche Schiffspatrone und Kapitäne. Doch scheint es, als ob sie sich auf diese Eigenschaft zu viel einbildeten, und dieselben Vorzüge bei andern nicht erblicken könnten, ohne neidisch darauf zu werden." (Ebd., 18–19.) In den Gebirgsbewohnern – den „Morlacken" – sieht Rödlich schließlich jenen „Theil der Nation, welchen man als Pflanzschule der kriegerischen Dalmatier zu Fuß und zu Pferde betrachten kann" (ebd., 25).

[34] Vgl. Hannes Granditz / Karl Kaser, Familie und Gesellschaft in der habsburgischen Militärgrenze. Lika und Krbava zu Beginn des 18. Jahrhunderts, in: Roksandić (Hg.), Microhistory, 27–69.

Abb. 10. Triplex-Confinium-Gebiet 1700, Kartenentwurf von Dr. Mirela Slukan Altić [deutsche Übersetzungen von M. Z.], in: Roksandić, Triplex Confinium, 2003, karta 15, S. XV.

Im administrativen habsburgischen Dispositiv dürften die Neueroberungen in gebirgigen Gegenden der Lika im 18. Jahrhundert eine ähnliche Prominenz genossen haben wie das dalmatinische Hinterland im venezianischen. Von den anfänglichen Irrungen und Wirrungen der Behörden um das richtige Verwaltungsmodell in diesem Gebiet, über die Auseinandersetzungen mit den Aufständen der Einwohner und die Eingliederung dieses Gebietes in das Militärgrenzsystem bis hin zu den absolutistischen Reformen und der Militarisierung der Grenzgesellschaften: Das Projekt Lika beschäftigte das ganze 18. Jahrhundert hindurch kontinuierlich den militärischen und bürokratischen Apparat der Monarchie.[35]

[35] In der zweiten Hälfte des 18. Jahrhunderts waren in der Lika und in der Krbava gleich wie im ganzen zur kroatischen Militärgrenze gehörenden Karlstädter Generalat die Bemühungen um die Schaffung einer einheitlich geprägten, militarisierten Gesellschaft in vollem Gange. Da mit dem Rückgang der osmanischen Angriffsmacht die ursprüngliche Verteidigungsfunktion der Militärgrenze an Bedeutung verloren hatte, wurde sie – mit Worten Günther Rothenbergs – in ein „Reservoir an geschulten Soldaten für künftige österreichische Kriege" umgewandelt. Vgl. Gunther Erich Rothenberg, Die österreichische Militärgenze in Kroatien 1522 bis 1881.

Im Unterschied zu den neudalmatinischen „Morlaken" aber avancierten die Bewohner der neuen Peripherie des Nachbarimperiums – in den Quellen meist „Likaner" oder „Grenzer" genannt[36] – trotz des anhaltenden imperialen Interesses und ungeachtet aller ihrer kulturellen und sozialen Gemeinsamkeiten mit den Nachbarn im Dalmatinischen im untersuchten Zeitraum weder zu den Helden der westeuropäischen Literatur noch zum Objekt sentimentaler Begeisterung. Die habsburgische anthropologische Definitionsmacht über die Untertanen an der dreifachen Grenze fand im Unterschied zu der venezianischen keinen Niederschlag im Ästhetischen. Dass ihre Wirkung dennoch über reine Informationsvermittlung in Richtung Wiener Zentrum hinausging, zeigt unter anderem der Artikel „Von und aus Kroatien, 1778", der in Schlözers' *Stats-Anzeigen* 1782 publiziert wurde und der die Leser im deutschen Ausland über die Einwohner der Militärgrenzgebiete Lika und Krbava unterrichtete.[37] Aufschluss über die Identität des Verfassers, der, wie eine Anmerkung des Herausgebers erläutert, von 1775 bis 1778 „in Diensten eines Griechischen Bischofs in Kroatien"[38] tätig war, gibt Balthasar Hacquet in seinem Reisetext „Schreiben eines Reisenden aus Zermanien"[39]. Dort identifiziert Hacquet den Anonymus als einen Herrn Racith.[40]

Wien, München 1970, 93–94. Verschiedene unter Maria Theresia und Joseph II. durchgeführte Reformen des Militärgrenzsystems hatten eine starke Militarisierung und Bürokratisierung zur Folge. Die Grenzer wurden organisatorisch in das stehende Heer eingefügt. Die Militarisierung der Gesellschaft durch die bürokratische Zentralmacht drang bis in den familiären Bereich vor. Karl Kaser schreibt diesbezüglich: „Der um das Jahr 1745 einsetzende und um das Jahr 1770 in seinen Grundlagen abgeschlossene Funktionswandel änderte die Physiognomie der Militärgrenze vollkommen. Aus dem Grenzer, dessen Aufgabe es war, allein durch seine Seßhaftigkeit die Grenze zu verstärken und wenn nötig türkische Überfälle abzuwehren, wurde ein Berufssoldat, der – in einer großen Armee dienend – in ganz Europa zum Einsatz kam. Aus den einzelnen individuell gewachsenen Grenzergesellschaften wurde eine einheitlich organisierte, auf der Basis des militärischen Befehls funktionierende militarisierte Gesellschaft." Kaser, Freier Bauer und Soldat, 358. Vgl. dazu auch Peter Krajasich, Die Militärgrenze in Kroatien. Wien 1974; Roksandić, Vojna Hrvatska.

36 Die Forschungen zu den kollektiven Selbstbildern der Militärgrenzbevölkerung stehen noch am Anfang. Siehe dazu Christian Promitzer, Grenzen und ethnische Identitäten. Eine theoretische Annäherung am Beispiel der habsburgischen Militärgrenze, in: Roksandić (Hg.), Microhistory, 111–124, 120–121. Zu den kollektiven Identitäten und Identifizierungen vgl. auch Roksandić, Vojna Hrvatska.

37 [Racith ?,] Von und aus Kroatien. Zu Racith vgl. meinen Artikel Mirna Zeman, Reisen und Beschreiben im Dienste der Monarchie. Deutschsprachige ethnographische Texte und Reiseberichte über das mediterrane und Dinarische Kroatien (1782–1804), in: Maier / Wolf (Hgg.), Wege des Kybernetes, 186–217, auf dem die folgenden Ausführungen basieren.

38 [Racith ?,] Von und aus Kroatien, 360.

39 Dieser Aufsatz erschien anonym in dem von Johann Ernst E. Fabri herausgegebenen *Geographischen Magazin*. Sechs Jahre später, im vierten Teil seiner „Oryctographia Carniolica", bekannte sich Balthasar Hacquet als Verfasser dieses Aufsatzes. Siehe [Hacquet,] Schreiben, 330; vgl. auch ders., Oryctographia Carniolica, Bd. 4, 4; siehe auch das Verzeichnis seiner Werke in: Hacquet, Physikalisch-politische Reise, 478.

40 Hacquet schreibt, Racith hätte durch einige Jahre hindurch als Sekretär bei dem „ser würdigen und gelehrten griechischen Bischof Petrowitch zu Plashky oder Plasky gestanden". [Hacquet,] Schreiben, 330.

Dem Namen nach kann man schließen, dass Racith ein Slawe war, vielleicht ein griechisch-orthodoxer Geistlicher.[41] Sein bald nach dem Inkrafttreten des Toleranzpatents Josephs II. publizierter Artikel vermittelt Spezialwissen über die Verwaltungspraxis in der Lika und der Krbava seit der Rückeroberung von der osmanischen Herrschaft. Das von Racith verfolgte Anliegen ist konfessioneller und bildungspolitischer Natur: Der Aufsatz liest sich als Apologie der prometheischen Bildungskraft der Religion, als Affirmation der Kirche und der Geistlichen als entscheidende Träger und Verbreiter der Zivilisation und guten Sitten unter dem Volk und schließlich auch als Plädoyer für die Errichtung einer Klerikalschule für orthodoxe Geistliche an der Militärgrenze. Um seinen Argumenten Nachdruck zu verleihen, greift Racith immer wieder auf den anthropologischen Diskurs zurück. Seine Ausführungen zu den konsequent namenlosen Einwohnern der Lika und der Krbava beginnen mit einer aufklärerisch gepunzten „Diagnose" ihrer anthropologischen und moralischen Mankos.

Bei der Rückeroberung osmanischer Territorien und der Einführung des habsburgischen Militärgrenzregimes in der Lika lag – soweit sind sich die Historiker einig – keine koloniale Situation vor. Dies bedeutet aber nicht, dass es im Militärgrenzzusammenhang keinen – mit Vesna Goldsworthy gesprochen – „Kolonialismus der Imagination"[42] bzw. keine Stimmen gegeben hätte, die die politischen Abhängigkeiten und Machtgefälle in diesem innereuropäischen Verhältnis mit denselben kulturologisch dichotomisierenden Argumenten zu untermauern suchten, mit denen sonst jene diskursive Formation operierte, die den klassischen Kolonialismus begleitete. Die Tatsache, dass der dynastische Staat der Habsburger keine kolonisierende Macht war, hinderte den Slawen und Verfasser des Berichtes „Von und aus Kroatien" beispielsweise nicht daran, imaginativ die Bewohner einer peripheren, aber europäischen Region unter Rückgriff auf typische Situationen und Topoi der Kolonialliteratur und -diskurse in die geographische, zeitliche und menschheitsgeschichtliche Ferne der vorkolumbianischen amerikanischen „Wilden" zu „verpflanzen". „Der damalige Zustand der Einwoner", schreibt Racith über die Lika vor der Militarisierung, „war demje-

41 Die Identität des Verfassers konnte ich anhand der gedruckten Quellen nicht ermitteln, vielleicht findet jemand in Zukunft Interesse daran, diesbezügliche Recherchen in den Archiven durchzuführen. Möglicherweise verbirgt sich hinter diesem Racith der Schriftsteller und Lehrer Stefan Rajić (1763–1813), Autor des pädagogischen Werkes „Erörterungen über die Mängel der Erziehung". Dieser Rajić übersetzte den didaktischen Epos des slawonischen Schriftstellers Matija Antun Reljković „Satir iliti divji čovik" aus dem Ikavischen ins Ekavische – in Rajićs Terminologie in die „einfache serbische Sprache" – und gab seine Bearbeitung in kyrillischer Schrift heraus. Ob Rajić tatsächlich Hacquets Racith war, muss dahingestellt bleiben. Hinweise auf Rajić fand ich bei Horst Röhling, Zum Druck serbischer Schulbücher im 18. Jahrhundert. Die Anfänge der Prosveta, in: ders., Slavica-Bibliotheca-Ecclesia orientalis. Aufsätze und Rezensionen aus den Jahren 1963–1979. Frankfurt/M. u. a. 1981 (Symbolae Slavicae, 12), 133–145. Zu Rajić siehe auch Wolfgang Kessler, Buchproduktion und Lektüre in Zivilkroatien und -slawonien zwischen Aufklärung und „Nationaler Wiedergeburt" (1767–1848), *Archiv für Geschichte des Buchwesens* 16 (1976), 339–790, 639.

42 Vesna Goldsworthy, Der Imperialismus der Imagination. Konstruktionen Europas und des Balkans, in: Kaser u. a. (Hgg.), Europa und die Grenzen, 253–275, 253.

nigen vollkommen ähnlich, worinn die Eroberer von Amerika einige wilde Völker, die von der Jagd und dem Raube leben, antrafen."[43] Die empathisch-ökokausalisierende Blickweise an das Phänomen der Hajdučija[44], wie man sie bei Fortis noch antraf, scheint ebenso wenig Raciths Sache gewesen zu sein wie die Moral der südslawischen Heldendichtung. Denn auch in diesem Punkt ist Raciths „Likaner" ein „europäischer Indianer":

> „Es war eine Zeit, da man diejenigen, welche eine Liste erschlagener Türken und verübter Räubereien aufweisen konnten, mit den Namen beherzter Leute (in der LandesSprache, der Helden) beehrte: weil eine solche Liste, eben wie bei den Wilden in NordAmerica das abgeschnittene HirnFell ihrer gefangenen Feinde, als ein Beweis der Stärke und des Muts, d. i. solcher Eigenschafften angesehen ward, welche bei rohen Nationen vorzüglich in Betrachtung kommen."[45]

In der Charakterologie der „Militärgrenz-Wilden" kommen die üblichen Stereotype aus dem administrativen Diskurs zum Einsatz: Körperliche Stärke und Schlauheit, Tapferkeit und die Fähigkeit, „Hunger, Hitze, Kälte, und überhaupt alle Ungemächlichkeiten des Kriegs, zu ertragen"[46], sind die Eigenschaften, die der Verfasser bei den Männern in diesen Gegenden beobachtet und demzufolge ihren „natürlichen Hang zum SoldatenStande"[47] diagnostiziert. Das in „den Wohnungen der Wilden vollkommen ähnlichen Häusern"[48] lebende Volk habe „keine als blos tierische Bedürfnisse"[49] und sei „natürlich träg, und ein Feind der Arbeit".[50] Die Männer, die die Feldarbeit ihren Frauen überlassen, begnügen sich, „ihre Wachen zu tun, und alsdann müssig zu gehen".[51] Als ihre Hauptleidenschaft gilt der Raub, den sie „als Mittel ansehen, das Leben ohne Arbeit zu erhalten".[52] Raciths negative Charakterologie der Bevölkerung der Lika wird konsequent vom politisch-imperialen Diskurs durchwoben. Es sei erlaubt, Raciths Argumente inhaltlich zu rekapitulieren.

Die dreißigjährige ernstliche Arbeit der Regierung „an der Gesittetmachung"[53] der „Einwohner" war laut Racith ohne Erfolg geblieben. Das gilt auch für die verschiedensten

43 [Racith ?,] Von und aus Kroatien. 1778, 360.

44 Gemeint ist die Gewaltpraxis und Raubökonomie, vorwiegend auf Kosten des osmanischen Nachbarn, wobei es sich im Grunde genommen um die Fortführung einer zu Kriegszeiten von Seiten der imperialen Regierungen grundsätzlich tolerierten und bisweilen auch unterstützten Lebensführung in Zeiten des Friedens handelt. Zum Hajduken-Repertoire im symbolischen Haushalt der Kultur und Politik Südosteuropas siehe Bracewell, Bandits; Ivo Žanić, Prevarena povijest. Guslarska estrada, kult hajduka i rat u Hrvatskoj i Bosni i Hercegovini 1990–1995. godine. Zagreb 1998.

45 [Racith ?,] Von und aus Kroatien. 1778, 366.

46 Ebd., 363.

47 Ebd.

48 Ebd., 362.

49 Ebd.

50 Ebd., 363.

51 Ebd.

52 Ebd.

53 Ebd.

Anstalten, die zur Verbesserung der Landwirtschaft, zur Einrichtung des Handels und zur Erweiterung des Nährstandes getroffen worden sind. Racith stellt fest:

> „Man gab sich bisher alle Mühe von der Welt, einige Veränderungen in der Kleidung der Einwoner einzufüren, die LandesSprache durch Errichtung deutscher Schulen in Abgang zu bringen, die Gemeinschaft mit den türkischen Untertanen, so viel möglich, zu vermindern: und damit glaubte man das Volk gesittet zu machen.“[54]

Vor den Zeiten der Reform besaßen die „Einwohner“ alle „Tugenden und Laster eines wilden Volks“[55]; nicht nur „Redlichkeit, Gastfreiheit“ und „Bereitwilligkeit einander beizustehen“[56], zählen aus der Sicht des Verfassers zu ihren damaligen Tugenden, sondern auch „LeibesStärke, Künheit und ein kriegerischer Geist“[57]. Andererseits wurden „die tiefste Unwissenheit, Aberglauben, Trunkenheit, Rachgierigkeit, Abscheu vor der Arbeit“[58] sowie „ein entschiedener Hang ihre Nachbarn zu beunruhigen und zu plündern“[59] als negative Eigenschaften des Volkes vor dem Beginn der politischen „Zivilisierungsmission“ diagnostiziert. Die negative Auswirkung der Laster der Fremden auf die guten Sitten des zivilisatorisch unverdorbenen Volkes, die Fortis in der „Morlackei“ beobachtet hat, scheint in der habsburgischen Militärgrenze in noch höherem Ausmaß um sich gegriffen zu haben.

> „Jetzt ist sie [die rohe und wilde Nation – M. Z.] mit Fremdlingen vermengt, welche, da sie anfangs gekommen sind, jene zu bilden und zu unterrichten, ihr den Geschmack der alten Tugenden benommen, und sie mit allen Lastern gesitteter Völker angesteckt haben, ohne sie die Tugenden derselben durch ihr Beispiel zu lehren. Misstrauen, Verstellung, und Betrug, sind in die Stelle der alten Einfalt getreten; die ehedem so heiligen Rechte der Gastfreiheit, sind in den abscheulichsten Geiz, und in eine unbarmherzige Unempfindlichkeit, ausgeartet […].“[60]

Nachdem er die politischen „Zivilisierungsversuche“ als gescheitert erklärt hat, positioniert sich Racith in der Rolle des Rezeptkundigen. „Es verhält sich mit den politischen wie mit gewissen körperlichen Krankheiten“[61], so beginnt er seine Proklamation der neuen Therapiewege in der Behandlung der „Wildheit“ der Likaner. Dann nimmt Raciths Heilkunde konkretere geistliche Umrisse an: „Da wo die ganze Masse des Geblüts von einem schleichenden Gifte angesteckt ist, muß der Kranke zu innerlichen HülfsMitteln seine Zuflucht nemen.“[62] Diese heißen bei Racith Religion, die „die wilden unbändigen Gemüter“[63] zu zähmen im Stande sei. Das Rezept lautet daher: „Man mache sich also die Verbesserung

54 Ebd., 363.
55 Ebd., 365.
56 Ebd.
57 Ebd.
58 Ebd.
59 Ebd.
60 Ebd., 365f.
61 Ebd., 365.
62 Ebd.
63 Ebd., 368.

der Geistlichkeit zum HauptGeschäfte.“[64] Danach kommen eine Kritik am System der theologischen Union und das Plädoyer für die Einrichtung einer Klerikalschule, die den jungen griechisch-orthodoxen Priestern die zum Unterricht des Volkes nötigen Kenntnisse beibringen würde. Für diejenigen, die meinen, dass „diese Unwissenheit, diese Wildheit der Sitten“ geschickt seien, „den Gehorsam und den natürlichen Mut eines Volkes zu unterhalten, das vorzüglich zu den Verrichtungen des Kriegs bestimmt“ sei, und die befürchten, „mer Einsicht und Kenntnis würden die Bedürfnisse desselben zu sehr vervielfältigen, in den Gemütern das Verlangen nach einem gemächlichen Leben, und mit diesem einen Hang zur Weichlichkeit erwecken“[65], hat der Sachkundige eine beruhigende Antwort parat:

> „Die Geschichte beweiset, daß ein SoldatenVolk zugleich eine große Tapferkeit, einen gesunden Verstand, und ein menschliches Gefül, besizen kann: und überhaupt scheint es, daß der Einfluß eines rauhen HimmelStrichs, die politische Lage des Landes, und die Unfruchtbarkeit des Bodens, allein hinreichend sind, der Weichlichkeit und dem Pracht den Eingang in diese Gegenden auf ewig zu verschließen.“[66]

Nachdem er auf die Notwendigkeit der Zusammenlegung der verstreuten Häuser in den Dörfern, auf die Vorteile der Wiesenpflege und der Einführung kompetenter Landwirtschaftsaufseher hingewiesen hat, widmet sich der Verfasser einer ausführlichen diskursiven Behandlung der anderen in der Karlstädter Grenze verbreiteten „Krankheit“, deren besorgniserregende Ausbreitung alle angestellten Vergleiche der Bevölkerungszahlen mit der Masse der Landeserzeugnisse immer wieder bestätigen, nämlich der allgemeinen Dürftigkeit. Eben wie „die Vollblütigkeit dem Körper tödlich sein könne, obwohl das Blut die Quelle des Lebens ist“, stellt der Heilkundige fest, so richte eine „das Ebenmaaß mit dem Ertrag des Landes“ übersteigende Menge der Einwohner dem Staat erheblichen Schaden zu, obwohl „in der Menge der Einwoner das Leben und die Stärke eines Stats“[67] bestehe. Die Folgen einer zu großen Bevölkerungsanzahl seien eine allgemeine Dürftigkeit und das räuberische Verhalten der Untertanen, da „das Land mit einer Menge überschäfftiger und angenärter Menschen angefüllt wird, welche in gesitteten Ländern ihre Zuflucht zum Mittleiden, unter rohen Völkern aber zur Gewalt, nemen“.[68] Die Lösung, die dieser für die Gesundheit der Monarchie engagierte Schriftsteller vorschlägt, ist Wasser auf die Mühlen der Dislozierungspolitik der Habsburger:

> „Wollte man [...] lieber das Land von den müßigen Essern befreien, so würde man eine verhältnißmäßige Anzahl junger unverheirateter Leute [...] aus dem Lande führen, dieselben in andre Provinzen der Monarchie verlegen, ihnen den gewöhnlichen KriegsSold reichen, und sie nach einer bestimmten Zeit in ihre Heimat zurückschicken.“[69]

64 Ebd.
65 Ebd., 369.
66 Ebd.
67 Ebd., 371.
68 Ebd.
69 Ebd., 373.

Von der vorgeschlagenen gesteuerten Umsiedlung der lästigen Esser verspricht sich Racith die Vorteile einer kollektiven Bildungsreise. Die umgesiedelte „Mannschaft" würde während ihres „auswärtigen Aufenthaltes" nicht nur „eine nützliche Veränderung in ihren Meinungen und Sitten leiden, die herrschende Sprache erlernen" und „durch den Fleis und das Beispiel fremder Nationen zur Nachamung gereizt werden", sondern sie würde auch „bei ihrer Rückker in ihr Vaterland in den Waffen geübter, und zu den landesherrschaftlichen Verrichtungen unendlich geschickter"[70] sein. „Wie nützlich könnte alsdenn die Jugend gebraucht werden", so Racith, „welche jezt ohne Unterricht und Bildung, gleich dem Viehe, zwischen den Heerden in Unwissenheit aufwächst."[71]

Bemerkenswerterweise hat man es hier nicht etwa mit einem der „österreichischen" Kommisionsreisenden oder Beauftragten des Hofkriegsrates zu tun, die über das stockende Reformwerk nach Wien berichtend oftmals den administrativen Alptraum mit kolonialistischem Vokabular zu beschreiben tendierten, sondern mit einem Slawen aus dem Umfeld der serbisch-orthodoxen Kirche. Soweit man aus der Historiographie und der Biographie des damaligen Bischofs Petar Petrović schließen kann, blieb die orthodox-geistliche Bildungselite, in deren Kreisen Racith offenbar verkehrte, weder gegenüber den ideengeschichtlichen Strömungen aus Westeuropa noch gegenüber der politischen Ideologie des Josephinismus verschlossen.[72]

Auf die ideologische Nähe zur offiziellen Politik der Habsburger deutet auch die kollektiv-identifikatorische Leere der Racithschen anthropologischen Ausführungen hin. Bekanntlich waren die Bestrebungen der Zentralmacht seinerzeit auch darauf hin gerichtet, das Gruppenbewusstsein der Militärgrenzbevölkerung zu vereinheitlichen. Von diesen Tendenzen zeugen beispielsweise die Zurückdrängung der ethnischen Namen in offiziellen Diskursen, das Beharren des Hofes auf der vereinheitlichenden illyrischen Terminologie und die bewusste Förderung der regionalen und militärpolitischen Identitätsmuster bei den Grenzern von Seiten der Zentralmacht. Vor diesem Hintergrund liest sich auch Raciths Verzicht auf jegliche Identitätsbezeichnungen für und Diversifizierungen unter den Grenzern aus den Provinzen „Lycca und Corbavien" als ein Zugeständnis an das Imperium. Raciths „Wilde" heißen nicht einmal „Likaner", sondern ganz allgemein „Einwohner", „Nation", „Volk", nur ihre Geistlichen werden an zwei Stellen als „illyrische" angesprochen.

70 Ebd., 374.

71 Ebd., 375.

72 Raciths „Arbeitgeber", der damalige Bischof der Karlstädter Diözese Petar Petrović, schöpfte seine freisinnigen Anschauungen in religiösen Dingen aus den Werken des französischen Skeptikers Pierre Bayle und ließ sich auch von den französischen Enzyklopädisten beeinflussen. Zu diesem hochgebildeten Würdenträger der orthodoxen Kirche, den Kaiser Leopold II. zum Hofrat der Illyrischen Hofkanzlei ernannte, siehe Mita Kostić, Štetan utecaj francuskog filozofa Bayle-a na temišvarskog episkopa Petra Petrovića, *Glasnik istorijskog društva u Novom Sadu* 1 (1928), 1–4. Siehe auch Matl, Europa und die Slaven, 250; Zoran D. Nenezić, Masoni u Jugoslaviji (1764–1980). Pregled istorije slobodnog zidarstva u Jugoslaviji. Prilozi i građa. Beograd ²1987, 143–144.

Das Adjektiv „illyrisch" fungiert bei Racith ausschließlich als eine konfessionelle Markierung. Im Unterschied zu den Verwendungen des Illyrier-Namens für Südslawen im Allgemeinen und für ihren westlichen Zweig im Besonderen – wie man sie bei den dalmatinischen und deutschen Humanisten antraf – liegt hier ein ganz anderer, für habsburgisch-administrative Diskurse typischer Gebrauch der alten Identitätsbezeichnung vor. In der zeitgenössischen Hofsprache galten nämlich ausschließlich die (nicht nur südslawischen) Griechisch-Orthodoxen des Reiches als „Illyrier", und in diesem Sinne belegt Racith den griechisch-orthodoxen Klerus mit diesem Namen.[73] Über die möglichen Autoidentifizierungen dieser Gemeindevertreter als „Serben" und generell über das ethnische Bewusstsein der Bewohner der Lika und Krbavas schweigt sich Raciths Text aus.

Wie aus den vorangegangenen Ausführungen ersichtlich, mobilisiert Racith die Zivilisation-Wildheit-Symbolik aus einer legitimistischen Position gegenüber den seinerzeit nicht unumstrittenen Prämissen der absolutistischen Politik in der Militärgrenze heraus und mit offenkundigem Engagement für die josephinischen Zugeständnisse an die griechisch-orthodoxe Kirche. Das westeuropäisch-aufklärerische Fortschrittsdenken und seine Ideale von Bildung als Voraussetzung für eine zivilisierte Gesellschaft multiplizieren sich bei Racith zu einem merkwürdigen konfessionell-imperialideologischen „Doppelpack". Konfessionalisierung und Militarisierung lesen sich hier als „Zivilisierung", die Religion wird als Zuflucht aus der „Wildheit" interpretiert und die Dislozierungen der „Grenzer" auf europäische Kriegsschauplätze werden für notwendige „Bildungsreisen" ausgegeben.

Die in der Epoche der Aufklärung so schillernde Figur des Wilden wird zur tragenden Stütze der Racithschen Argumentation. Wenn die Hauptaufgabe der Religion nicht in der Seelenrettung der Gläubigen, sondern in der Schaffung einer ihrem Ideal nach „zivilisierten" Gesellschaft liegt, so steigt mit dem Grad der „Wildheit" der Religionsbedürftigen auch die Wichtigkeit der gesellschaftlichen Rolle der Kirche. Dies ist umso mehr dort der Fall, wo

[73] So existierte im 18. Jahrhundert die Illyrische Hofdeputation, später Illyrische Hofkanzlei, die sich als Hofstelle ausschließlich mit den orthodoxen Christen des Reiches befasste. Für die letzteren war die Bezeichnung „illyrische Nation" gebräuchlich. In der Sekundärliteratur macht sich die Tendenz bemerkbar, die „illyrische Nation" der Hofsprache als „Serben" zu übersetzen. Eine grundlegende Druckquelle zu dieser Problematik, die Schrift „Kurzer Bericht von der Beschaffenheit der zerstreuten zahlreichen Illyrischen Nation in kaiserl. Königl. Erblanden" gibt den folgenden Bedeutungsumfang der Bezeichnung vor: „Unter dem Namen der illyrischen Nation werden in den von weiland Kaiser Leopold Majestät glorwürdigsten Andenkens ihr im Jahre 1691 ertheilten Privilegien vornehmlich dreierlei Völker, als: Raizen, Wallachen und Ruthener, verstanden, die zwar in einigen Stücken sehr von einander unterschieden, doch alle insgesamt Griechen, und meistens nicht unirt sind." Der Autor dieser Quelle soll Johann Christoph von Bartenstein (1689–1767) gewesen sein, der Staatssekretär und Berater Maria Theresias, seit 1760 Päsident der illyrischen Hofdeputation. Die Schrift soll Bartenstein als Unterrichtskompendium für den damaligen Kronprinzen und zukünftigen Kaiser Joseph II. verfasst haben. Sie wurde nachträglich 1802 gedruckt. Die Autorschaft ist umstritten. Vgl. [Johann Christoph von Bartenstein,] Kurzer Bericht von der Beschaffenheit der zerstreuten zahlreichen Illyrischen Nation in kaiserl. Königl. Erblanden. Frankfurt, Leipzig 1802, 2.

der Staat bisher vergeblich auf die „Gesittetmachung“[74] hingearbeitet hatte. Daher auch all die negativen völkerbezogenen Stereotype, die in Raciths Arrangement gleichzeitig für die Sache des Reformabsolutismus und der Orthodoxie diskursiv-legitimatorisch „arbeiten“.

3 Reisen und Wirtschaftspolitik

3.1 Unterwegs im Dienste des Handels: Kommissions- und Kommerzialreisen

> „Die Handlung zu Lande auf der Achse in einem Staate, gegen die Handlung zu Wasser auf Schiffen verglichen, kömmt mir vor, wie die Bewegung einer Schlange gegen den schnellen Flug eines Vogels.“[75]

Mit dieser einfallsreichen Formulierung gesellte sich eine Stimme aus Kroatien zu jener großen Gruppe der Autoren, die im 18. Jahrhundert durch ihr publizistisches Engagement das wirtschaftspolitische Schicksal der Habsburgermonarchie und ihrer einzelnen Länder mitzubestimmen suchten. Die Stimme gehörte einem gewissen Sebastian Hochmayer, „Erdmesser, Wasser- und Civilbaukündigen, auch Forstverständigen, Bürger in der königlichen Freystadt Warasdin in Kroatien“[76], der 1799 mit dem Werk „Meine Bemühungen zum Nutzen des Vaterlandes; wie nemlich, auch die kleinen Flüsse des Königreichs Kroatien schiffbar gemacht werden können“ an die Öffentlichkeit trat. Nachdem er „von einem löblichen Bellowarer Warasdiner Generalkommando auf Mappierung, und zwar zum hydraulischen Fache kommandiert worden war, gelegenheitlich alle Wässer dieses [...] Generalats beobachtete“ und sich durch „andere Reisen im Lande umher“ auch die Kenntnisse über die übrigen kroatischen Gewässer verschafft hatte, entwarf Hochmayer ein Projekt. In ihm zeigte er auf,

> „wie [...] wenigstens ein Zwischenhandel nach der konsummirenden königlichen Freystadt Agram, aber mit der Zeit auch ein auswärtiger Handel nach den benachbarten Staaten durch geringe Frachtkosten zu Wasser entstehen [...] könnte [...].“[77]

An solchen und ähnlichen Projekten fehlte es seinerzeit nicht, denn die Schiffbarmachung der Flüsse und der Ausbau der Straßen als Voraussetzung für die Entwicklung des Handels war ein Thema, das durch das ganze 18. Jahrhundert hindurch ganz oben auf der wirtschaftspolitischen Agenda in der Habsburgermonarchie stand. Ebenso wenig fehlte es an Reisenden, die wie Hochmayer als Ingenieure in Sachen des Wasser- und Straßenbaus

74 [Racith ?,] Von und aus Kroatien. 1778, 363.

75 Sebastian Hochmayer, Meine Bemühungen zum Nutzen des Vaterlandes; wie nemlich, auch die kleinen Flüsse des Königreichs Kroatien schiffbar gemacht werden können. Agram o. J. [1799], 12.

76 So die Selbstbezeichnung des Autors auf der Titelseite des Werkes.

77 Hochmayer, Meine Bemühungen, 3–4.

Kroatien und Slawonien durchkreuzten oder sich als Regierungsbeauftragte in der einen oder anderen Kommission, wegen der einen oder anderen Verwaltungs-, Verkehrs- und Handelsangelegenheit auf den Weg in dasjenige Gebiet machten, das seit dem Anfang des 18. Jahrhunderts als Tor für einen österreichischen Weg galt, Handelsmacht zu werden – das „Litorale".

Gerade für das „Litorale Austriaco" – ein Konglomerat, das im Zeitraum von 1752 bis 1776 als ein der Triester Intendanz und dem Wiener Kommerziendirektorium direkt unterstellter Bezirk auch die Häfen an der kroatischen Küste und die Gebiete entlang der Karolinerstraße umfasste[78] – liegen uns dank der minutiösen Studie von Eva Faber nähere Informationen über unterschiedliche Formen der Mobilität vor, die im direkten Zusammenhang mit den wirtschaftspolitischen Eingriffen Wiens in die südliche Peripherie des Reiches standen.[79] Im Hintergrund eines seit der Proklamation der freien Schifffahrt an der Adria in Verwirklichung begriffenen Vorhabens, die habsburgischen Küstenbesitzungen zu einer Drehscheibe für den erbländischen und internationalen Handel auszubauen, entwickelte sich im Laufe des Jahrhunderts im „Litorale" eine rege Reiseaktivität, die den Regierungskreisen und deren Vertrauenspersonen vorbehalten war und der Informationsfindung und deren Vermittlung an die Entscheidungsträger diente. Es handelt sich um sogenannte Kommissionsreisen. Kommissionen waren „Personen oder Gremien", die „außerhalb der eigentlichen Behörden standen und als „außerordentliche Amtsträger" mit besonderen, zeitlich beschränkten Vollmachten ausgestattet waren".[80] Sie hatte es schon im 16. und 17. Jahrhundert gegeben. Kommissionen galten unterschiedlichen Aufgaben, etwa der Kontrolle von Behörden oder der Einsichtnahme in die Verwaltungspraxis. Im 18. Jahrhundert waren die Kommissionsreisen in das Küstenland eine gängige Praxis. In dieser Hinsicht schreibt Faber:

> „Grundsätzlich läßt sich festhalten, daß vor den meisten kaiserlichen Entscheidungen eine Kommissionsreise angeordnet wurde. Ob eine neue Straße gebaut werden sollte, ob neue Institutionen rentabel, neue Ideen und Projekte an Ort und Stelle überhaupt realisierbar waren, sollte die Kommission in Erfahrung bringen."[81]

78 Im Jahre 1752 wurden auch Zenng und Carlobago in den Litoralbezirk eingegliedert. Seit den Verwaltungsreformen von 1748/1749 und 1752 wurde laut Faber der einst lediglich geografische Begriff „Litorale Austriaco" als „administrativer, politischer Begriff, von den Zentral- und Lokalbehörden bis 1776 auch für die kroatischen Häfen verwendet. Hingegen blieb die übrige kroatische Küste südlich des Territoriums von Buccari – eben mit Ausnahme von Zengg und Carlobago – unter Militärverwaltung. Hier galt weiterhin die Bezeichnung ‚kroatische Küste'. Nie konnte somit eine ‚neutrale, über der Ebene politisch-ideologischer Auseinandersetzung stehende Bezeichnung' gefunden werden. Das rächte sich insofern, als die Militärgrenze Zengg und Carlobago weiterhin zu ihrem Verwaltungsbereich zählte und sich gegen die Einflussnahme der Kommerzialverwaltung beständig wehrte." FABER, Litorale Austriaco, S. 11.

79 Die folgenden Ausführungen gründen auf dem Kapitel „Informationsvermittlung" aus FABERS Litorale Austriaco, 187–210.

80 FABER, Litorale Austriaco, 188.

81 Ebd., 190.

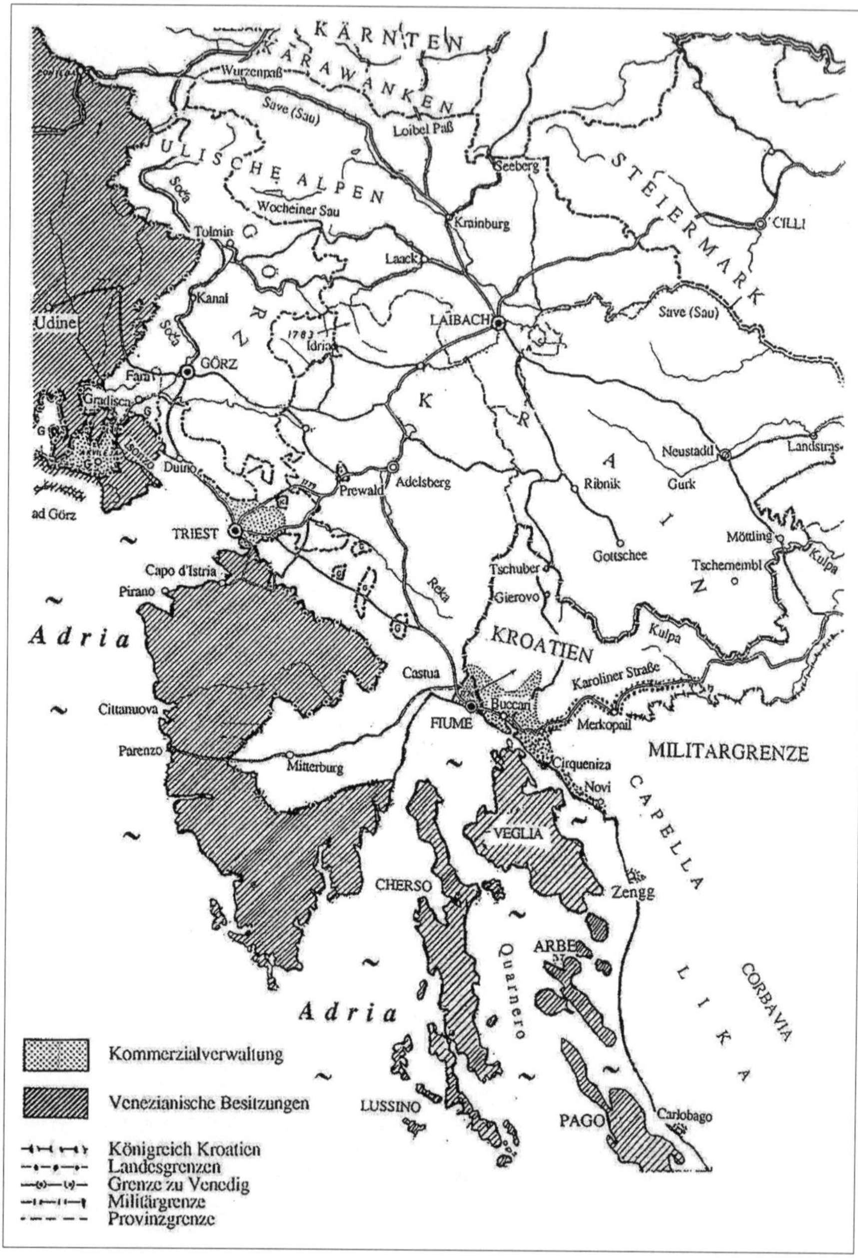

Abb. 11. Der Kommerzialbezirk und seine Nachbarn um 1770, in: FABER, Litorale Austriaco, 1995, S. 265.

Durch das ganze Jahrhundert hindurch waren unzählige hohe Beamte, darunter Minister, Repräsentanten der Landesbehörden und Intendanzräte, unterwegs auf „Visitationen“ und „Inspektionen“ des Küstenbezirks. Sie sammelten Informationen zur Verwaltungspraxis, zu Verfassung, Finanzen und Gerichtsbarkeit, überprüften Handelseinrichtungen, beschäftigten sich mit Verkehrsangelegenheiten und der Bevölkerungspolitik, mit der Übernahme oder Übergabe von Territorien und vielem mehr.

Im Auftrag des Herrschers waren auch die sogenannten Kommerzialreisenden unterwegs. Die Kommerzialreisen dienten der Informationsbeschaffung in Handelsbelangen.[82] Die Reisenden hatten keine exekutiven Vollmachten, handelten größtenteils selbständig und rekrutierten sich nicht unbedingt aus den Reihen der kaiserlichen Beamten, sondern konnten auch Privatleute sein. „So waren zum Beispiel Adelige in eigener Sache, erfahrene Kaufleute oder Landesfremde unterwegs“, schreibt Faber, „die für die Dauer der Reise das kaiserliche Vertrauen und somit finanzielle Unterstützung genossen.“[83]

Die offizielle und inoffizielle Reiseaktivität der kaiserlichen Vertrauten aus der Blütezeit des Merkantilismus blieb in zahlreichen Berichten, Mémoires und Relationen festgehalten. Dass diese in österreichischen Archiven aufbewahrten Berichte für imagologische Untersuchungen relevant sind, steht außer Zweifel. Anhaltspunkte darüber findet man bereits in Fabers verwaltungsgeschichtlich ausgerichteter Studie, in der sie bezüglich der Intendanzberichte schreibt:

> „Die meisten Behörden und auch Kaiser und Kaiserin selbst wussten relativ wenig über die Verhältnisse in den weit entfernt liegenden Erbländern. Diese Berichte waren daher auch unumgänglich notwendig, um den ‚allgemeinen Mangel an Landeskenntnissen‘ zu beseitigen. Gerade aus dem Litorale gab es kaum Erfahrungswerte von Land und Leuten, kaum Statistiken über Handelsumfang, Infrastruktur und Geschäftspraktiken. So fiel der Intendanz eine wesentliche Aufgabe zu, ein noch großteils unbekanntes und bisher eher unattraktives Territorium entdecken zu lassen. [...] Vielfach verzweifelt waren diese Bestrebungen der Intendanz, die vielen Hindernisse und ‚Verücktheiten‘ einer ‚Wildnis‘ dem ‚zivilisierten‘ und nach anderen Uhren tickenden, weit entfernten Wiener Behördentum nahezubringen. Wesentlich erscheint auch der Aspekt, dass Berichte nicht selten bestimmte Vorstellungen und gewissermaßen Klischees festschrieben. Der Untertan, der bei fehlender wirtschaftlicher Infrastruktur *dem Müßiggang ergeben ... und Tumulten zugetan* sei, sollte durch die Einrichtung von Manufakturen und Fabriken *zur Raison gebracht* werden. Die Topoi des mit den Attributen ‚faul‘, ‚arbeitsscheu‘ und ‚desinteressiert‘ behafteten Untertanen berücksichtigten – wie alle Klischeebilder – kaum Begleitumstände wie natürliche, kulturelle und politische Besonderheiten des Landes. Dagegen beschrieben andere Berichte jenes ‚lethargische‘ Volk als arbeitsam und fleißig, das mit seiner *indole industriosa*, also fleißigen Wesensart, allen Gefahren und Hemmnissen trotze.“[84]

Diese Klischeebilder mit Rücksicht auf die jeweiligen kollektiven Identitätszuschreibungen näher zu untersuchen, wäre ein lohnenswertes kulturwissenschaftliches Unterfangen. Viel-

[82] Ebd., 200–203.
[83] Ebd., 200.
[84] Ebd., 195 (Hervorhebungen im Original).

leicht findet ja in der Zukunft jemand Interesse daran, das entsprechende Archivmaterial nach den kulturellen Stereotypen zu erforschen.

In seinen Bestrebungen, das Wissen über die Wirtschaftsgegebenheiten zu erlangen, war der Hof auch auf Privatpersonen angewiesen. Zu diesen gehörten laut Faber

> „Ingenieure, reise- und unternehmungsfreudige Kaufleute, Adelige und Grundbesitzer, die an den Projekten zur Errichtung des geplanten einheitlichen Wirtschaftsraumes mitarbeiten oder ihren Beitrag dazu leisten wollten“.[85]

Einer dieser „unternehmungsfreudigen Kaufleute“, dessen Name häufig im Archivmaterial auftaucht[86], war Nikolaus Ernst Kleemann, Wegbereiter in der Donauschifffahrt und Praktiker im österreichischen Orienthandel. Kleemann, der auf seinen umfangreichen Handelsreisen unter anderem auch die östliche Adria durchmaß und alle Gefahren einer Flussreise in den kroatischen Ländern kennenlernte, machte seine Erfahrungen und Vorschläge auch öffentlich. Mit seinem Reisebericht „Briefe über die Schiffahrt und Handlung in Ungarn, Sklavonien und Kroatien. Geschrieben auf einer Reise in diesen Ländern, im Jahr 1773“ lieferte er einen Beitrag zu den zeitgenössischen Diskussionen, die die Wirtschaftspolitik betreffend – parallel zu Bestrebungen und konkreten Maßnahmen der Regierung – auf der Ebene der Öffentlichkeit ausgetragen wurden. Öffentlich diskutiert und debattiert wurden die wirtschaftsrelevanten Fragen – wie Andreas Helmedach in seiner Studie zum Verkehrsystem überzeugend dargelegt hat – auch zur Zeit des Absolutismus. „Die Diskussion über Vorrang oder Nachrang des Ausbaus bestimmter Straßenzüge sowie von Mängeln des Verkehrsystems überhaupt“, so Helmedach, „gehörte zu den wenigen Dingen, die in dieser Hinsicht auch in den Zeiten scharfer Zensur halbwegs gestattet waren. Sie steht daher im Habsburgerreich mit am Anfang der Erprobung einer ‚bürgerlichen Öffentlichkeit‘.“[87] Den Mängeln des Verkehrsystems – genauer gesagt, der Wasserstraße Donau-Sau-Kulpa – gilt auch Kleemanns Buch. Wenngleich in seinem Reisebericht verkehrstechnische Inhalte überwiegen, so kommt er nicht umhin, auch die Menschen, die in den und gegen die Strukturen des Verkehrsystems an den Wasserstraßen agierten, in seinen Beschreibungen zu berücksichtigen. Welche Gruppenidentitäten schrieb er diesen Menschen zu? Wie urteilte er über sie? Findet man die Klischeebilder, die Faber im Hinblick auf das Archivmaterial als gängig beschreibt, auch in seiner Reisebeschreibung vor?

85 Ebd., 198.

86 Vgl. Hans Halm, Österreich und Neurußland. Bd. 1: Donauschiffahrt und -handel nach dem Südosten 1718–1780. Breslau 1943.

87 Helmedach, Das Verkehrssystem, 110.

3.2 Nikolaus Ernst Kleemann: Handelsreisender und kaiserlicher Informant

Über die in „Briefen über die Schiffahrt und Handlung in Ungarn, Sklavonien und Kroatien“[88] beschriebene Flussreise aus dem Banat über Semlin (Zemun) und Petrina (Petrinja) nach Karlstadt (Karlovac) lässt sich vieles nicht eindeutig bestimmen, eines aber ist gewiss: Das hier thematisierte Handelsunternehmen zu Wasser erweist sich als alles andere als eine Reise, die mit dem „schnellen Flug eines Vogels“[89] verglichen werden könnte. Eigentlich liest sich die Beschreibung wie ein Beschwerdebuch über die Verkehrs(miss)verhältnisse in der Binnenschifffahrt auf der Strecke Donauraum-Adria und wie ein Projekt, auf welche Weise diese zum Wohl des Handels behoben werden könnten. Die möglichen Auftraggeber für die Handelsreise werden im Text nicht genannt, ebenso wenig die explizite Art des Transportgutes, die Orte der Auf- und Umladung sowie der Bestimmung der Ware. Die Identität des Reisenden sollte dem Zensor und dem Leser offenkundig verborgen bleiben, denn der Bericht erschien als angebliche Übersetzung aus dem Italienischen, zeitgemäß in neun Briefe gekleidet, eingeleitet durch eine entsprechende Vorgeschichte ihrer Entdeckung im Nachlass eines Dritten. Einzig die Initialen N. E. K., die im Titel des Buches für den angeblichen Übersetzer stehen, verweisen auf den Kaufmann und Reiseschriftsteller Nikolaus Ernst Kleemann. Schon die Zeitgenossen haben ihren Verdacht darüber geäußert, dass der angebliche Übersetzer der mögliche Reisende und Verfasser der „Briefe über die Schiffahrt“ sei.[90] „Aus dem Italienischen, wie das Titelblatt sagt, mögen diese Briefe wohl nicht übersetzt“, so ein zeitgenössischer Rezensent, „sondern vielmehr ein Produkt des Herrn Kleemanns selbst seyn, der durch die Beschreibung seiner Handelsreise nach der Crimm schon rühmlich bekannt ist, und vermuthlich seine guten Ursachen gehabt haben mag, sich hinter die Maske eines Übersetzers zu verstecken.“[91] Während manche ältere biographische Werke trotzdem an Kleemanns Rolle als Übersetzer oder Herausgeber festhalten,[92] wird ihm in der Sekundärliteratur meist die Autorschaft zugeschrie-

88 [Nikolaus Ernst Kleemann,] Briefe über die Schiffahrt.

89 Hochmayer, Meine Bemühungen, 12.

90 Zum Beispiel Friedrich Nicolai in seiner Beschreibung einer Reise durch Deutschland und die Schweiz im Jahre 1781. Bd. 4. Berlin, Stettin 1784, 431 (Friedrich Nicolais Gesammelte Werke. Hgg. Bernhard Fabian / Marie-Luise Spieckermann. Bd. 16. Nachdr. Hildesheim u. a. 1994).

91 [Ernst Theodor Langer,] Briefe über die Schiffahrt und Handlung in Ungarn, Sklavonien und Kroatien. Geschrieben auf einer Reise in diesen Ländern, im Jahre 1773. Aus dem Italienischen übersetzt von N. E. K. Prag, bey Gerle 1783 […], *Allgemeine deutsche Bibliothek* 57 (1784), 1. Stück, 256–257, 256, unter <http://www.ub.uni-bielefeld.de/diglib/aufklaerung/suche.htm>, 15.07.2011.

92 Vgl. Christian Conrad Nopitsch, Georg Andreas Will's Nürnbergisches Gelehrten-Lexicon oder Beschreibung aller Nürnbergischen Gelehrten beyderley Geschlechts […]. Bd. 6. Altdorf 1805, 219–220, 219; Wurzbach, Biographisches Lexikon, Bd. 12, 37–38, 38.

ben.[93] Ohne auf diese klärungsbedürftige Frage eine definitive Antwort geben zu können, wird auch im Folgenden von der Identität des „Übersetzers" bzw. des Herausgebers der Reisebeschreibung mit dem Reisenden und Verfasser der Briefe ausgegangen.

Das Renommee, das Nikolaus Ernst Kleemann zum Zeitpunkt des Erscheinens der „Briefe über die Schiffahrt" im Jahre 1783 sowohl bei Hofe als auch in der Öffentlichkeit genoss, fußte auf einer früheren Handelsreise, die ihn von Wien aus bis ans Schwarze Meer, auf die Krim und nach Konstantinopel geführt hatte.[94]

Im Auftrag seines Patrons – des Grafen Rüdiger Starhemberg – hatte Kleemann Ende der 60er Jahre ein mit Sensen, Eisen, Galanteriewaren, bedruckter Leinwand und „Nürnberger Waren" beladenes Schiff die Donau abwärts gefahren, um einen „Probehandel" auf der Krim zu versuchen.[95] Das Unternehmen, das zu den unsicheren Zeiten des russisch-türkischen Krieges durchgeführt wurde, verlief 1770 erfolgreich und stieß in Wien, wo man

93 Halm, Österreich und Neurußland, Bd. 1, 118, nennt Kleemann als den Verfasser, schließt dennoch nicht aus, dass dieses Werk „seinen tatsächlichen Ursprung in wirklich geschriebenen Reisebriefen von Freund zu Freund" hat. Ähnlich verfährt Faber, Litorale Austriaco, 198, wenn sie behauptet, Kleemann hätte seine Reise „in dem (wahrscheinlich fiktiven) Brief über die Schiffahrt [...]" geschildert. Miroslava Despot dagegen ist der Ansicht, dass es sich tatsächlich um Briefe eines Italieners handelt. Vgl. Miroslava Despot, Historijat trgovačkih putova između Rijeke i zaleđa u XVIII. i XIX. stoljeću, in: Jakša Ravlić (Hg.), Rijeka. Geografija, ekonomija, saobraćaj, povijest, kultura. Zbornik. Zagreb 1953, 123–132. Andere Sekundärwerke und Fallstudien zur Wirtschaftspolitik und zum Verkehrssystem in Kroatien erwähnen Kleemann, ohne die Autorschaft und Authentizität der „Briefe" zu problematisieren. Vgl. Nikola Petrović, Die Schiffahrt und Wirtschaft im mittleren Donauraum in der Zeit des Merkantilismus. Der Bau des Donau-Theiss-, des Franzens-Kanals und die Bestrebungen gegen Ende des XVIII. Jahrhunderts, den mittleren Donauraum mit dem Adriatischen Meer zu verbinden. Übersetzung aus dem Serbokroatischen von Dr. Martin Zöller. Novi Sad, Beograd 1982, 126; Adolf Beer, Die Österreichische Handelspolitik unter Maria Theresia und Joseph II. Wien 1898, 189; Branko Vujasinović, Radovi na uređenju Kupe za plovidbu izvedeni do kraja 18. stoljeća, *Hrvatske vode: časopis za vodno gospodarstvo* 7 (1999), H. 29, 433–441; Mita Kostić, O dunavsko-savskoj trgovini, lađama, lađarima i lađarskim cehovima u XVIII i XIX veku do pojave železnica, *Istorijski časopis* 9–10 (1959), 259–293.

94 Über Kleemanns Leben vor dieser Reise ist nur weniges bekannt. Hamberger und Meusel, de Luca und Wurzbach wissen dazu nichts zu berichten. Vgl. Georg Christoph Hamberger / Johann Georg Meusel (Hgg.), Das gelehrte Teutschland oder Lexikon der jetzt lebenden teutschen Schriftsteller, 23 Bde, hier Bd. 4. Lemgo [5]1796–1831, 113 [Nachdr. Hildesheim 1965–1966]; Ignaz de Luca, Das gelehrte Oesterreich. Ein Versuch, 1. Band, 1. Stück. Wien 1776, 256; Wurzbach, Biographisches Lexikon, Bd. 12, 37–38. Nach Nopitsch wurde Kleemann im Jahre 1736 in Altdorf als Sohn eines Pastors geboren. Nach dem abgebrochenen Studium der Theologie in der Heimatstadt kam er nach Wien, wo er zunächst „Schreiber bei den beiden Reichs-Agenten, von Fischer und von Fabrice" wurde und dann als Kaufmann in den Dienst des Grafen Rüdiger Strahemberg trat. Vgl. Nopitsch, Georg Andreas Will's Nürnbergisches Gelehrten-Lexicon, 219.

95 Vgl. Halm, Österreich und Neurußland, Bd. 1, 120. Siehe auch Gustav Otruba, Verwaltung, Finanzen, Manufakturen, Gewerbe, Handel und Verkehr, technisch-gewerbliche Bildung und Bevölkerungsentwicklung, in: Erich Zöllner (Hg.), Österreich im Zeitalter des aufgeklärten Absolutismus. Wien 1983, S. 103–151, 133.

bei merkantilistischer Auffassung daran interessiert war, den Donauhandel aktiv zu machen, auf großes Interesse.[96]

Durch die außenpolitischen Verhältnisse wurden in den frühen 70er Jahren die wirtschaftspolitischen Karten neu gemischt: Die Pforte, jahrhundertelang Kriegsfeind, seit den Frieden von Karlowitz, Passarowitz und Belgrad jedoch per Vertrag Handelspartner der Habsburger, wurde angesichts der russischen militärischen Siegeszüge gezwungen, sich an den Kaiser um Schutz zu wenden.[97] Joseph II. ging das Bündnis ein, und die Hoffnungen, Österreich würde am Handelspassivum gegenüber dem Osmanischen Reich etwas ändern können, wurden wieder wach. In diesem Zusammenhang spricht Halm vom Beginn einer „vollständigen Neuorientierung des handelspolitischen Verhältnisses"[98] Österreichs mit der Türkei. Diesen las er aus den Akten des Hofkammerarchivs aus dem Jahre 1771 ab, die unter anderem vom energischen Drängen Maria Theresias auf Vorschläge zur Beförderung des Aktivhandels nach den türkischen Ländern zeugen. In diesen Akten stieß Halm auch auf zwei „anonyme undatierte Beilagen" – eine zur Handelsfahrt an der Donau und die andere zur Lage des Handels auf der Krim – die beide der Feder Kleemanns entstammen.[99] In der erstgenannten Beilage erkannte der Historiker eine erste Niederschrift des Reiseberichts, der 1771 in Wien unter dem Titel „Nikolaus Ernst Kleemanns Reisen von Wien über Belgrad bis Kilianowa durch die Butschiack-Tartarey [...] durch die Norweg-Tartarey in die Crimmm [...] nach Konstantinopel [...] Smirna [...] Triest und Wien" auf den Markt kam.

96 Vgl. dazu Beer, Die Österreichische Handelspolitik, 83. Seit dem Anfang des 18. Jahrhunderts setzte sich die Politik des wirtschaftlichen Nebeneinanders zwischen der Habsburger Monarchie und dem Osmanischen Reich immer konsequenter gegen jene des militärischen Gegeneinanders der früheren Jahrhunderte durch. Durch die Friedensverträge von Karlowitz (1699), Passarowitz (1718) und Belgrad (1739) wurden die Handelsbeziehungen zwischen den beiden Reichen geregelt und Österreich begann sich von nun an um seine Stellung auf dem von anderen westeuropäischen Mächten dominierten osmanischen Markt zu bemühen. Die geographische Nähe der beiden Reiche wussten die osmanischen Untertanen besser zu nutzen als der österreichische Handelsstand, so dass der erbländische Orient- (durch Ungarn nach dem Türkischen Reich) und Levantenhandel (über Triest) bald ganz in ihre Hände geriet. Die Klagen über die handelnden „Türken", „Griechen" und „Raizten", die den österreichischen Handelsinteressen zuwiderliefen, füllten damals Bände. Der Erfolg Kleemanns im Donau-Ausfuhrhandel sorgte als eine Pionierleistung des österreichischen Handelsstandes für großes Ansehen. Zu Österreichs Handel mit dem Osten siehe Hans Halm, Österreich und Neurußland. Bd. 2: Habsburgischer Osthandel im 18. Jahrhundert. Donauhandel und -schiffahrt 1781–1787. Mit einer Karte. München 1954 (Veröffentlichungen des Osteuropa-Instituts München, 7); sowie Marianne von Herzfeld, Zur Orientpolitik Österreichs unter Maria Theresia. Wien 1919.

97 Das Vordringen der Russen zwang die Osmanen, sich zum ersten Mal in der Geschichte an Österreich um Schutz zu wenden und dem Kaiser, der selbst die Ausbreitung der Russen auf dem Balkan fürchtete, im Jahre 1771 einen Vertrag anzubieten, der sogar Subsidienzahlungen für einen eventuellen Feldzug versprach. Der Vertrag wurde von Österreich nie ratifiziert und wurde auch in der offiziellen türkischen Reichsgeschichte nicht erwähnt. Vgl. Herzfeld, Zur Orientpolitik, 22–23; Halm, Österreich und Neurußland, Bd. 1, 126.

98 Halm, Österreich und Neurußland, Bd. 1, 127.

99 Ebd., 127.

Die eigenen Reiseerfahrungen und die Vorschläge zur Verstärkung des österreichischen Handels mit dem Osmanischen Reich formulierte Kleemann, in seiner Doppelrolle als kaiserlicher Informant und Reiseschriftsteller im Dienste der Öffentlichkeit, in den folgenden Jahren immer wieder neu. Halms Recherchen zur Überlieferungs- und Editionsgeschichte der Klemannschen Manuskripte konnten belegen, dass seine Schriftstücke ständig zwischen den Ebenen des Administrativen und des Öffentlichen hin- und herpendelten. Für seine Arbeit wurde Kleemann auf beiden „Fronten" entsprechend entlohnt. Mit seiner Beschreibung der Krimreise hatte er großen Erfolg, die deutschen Ausgaben waren bald vergriffen und ins Holländische, Französische, Russische, Italienische sowie ins Schwedische übersetzt.[100] Andererseits darf die Stelle des Manipulanten bei der böhmischen Tabackpachtungskompagnie in Prag, die Kleemann bis 1783 innehatte, als eine Art Entlohnung für seine Informationsdienste bei den Behörden gelten. Im Archivmaterial ist auch von finanziellen Vorteilen die Rede.[101]

Kleemanns Expertise der Donauschifffahrt und seine Kenntnisse der türkischen Länder gedachte die Regierung im Jahre 1777 für eine Handelsexpedition einzusetzen, die eigentlich militärischen Zwecken dienen sollte. In Wien rechnete man nämlich damals mit einem neuen Russisch-Türkischen Krieg und wollte für den möglichen Untergang des Osmanischen Reiches und die eventuellen militärischen Aktionen auf dem Balkan vorbereitet sein. Daher galt es, eine Handelsexpedition mit einigen als Kaufleute getarnten Militärs donauabwärts zu schicken, um Auskünfte – Geländeskizzen, Routenbeschreibungen und andere militärisch relevante Daten – über die Balkanländer einzuholen. Die Staatskanzlei, fest davon überzeugt, dass Kleemann die Leitung dieses Unternehmens akzeptieren würde, hatte für ihn bereits einen Ferman in Konstantinopel einholen lassen. Nach seiner überraschenden Absage wurden die auf seinen Namen ausgestellten Reisedokumente von den angeblichen „Negotianten" und eigentlichen Militärkundschaftern benutzt. „Seit dem Juli 1777 gibt es also zur Irreführung der Türken (aber auch des Geschichtsforschers) zwei legale Träger des Namens Kleemann", schreibt Halm. „Bald sollte noch ein dritter hinzukommen; der Name Kleemann wurde fast zum Sammelnamen."[102]

Über weitere Reisen und Lebensumstände dieses Mannes weiß man wenig. Es liegt die Vermutung nahe, dass er von seiner dritten Reise ans Schwarze Meer im Kriegsjahr 1787 nicht mehr zurückkehrte.[103]

[100] Ebd., 114. Kleemanns erster Reisebericht wurde in Bezug auf die Darstellungen Serbiens von Zoran Konstantinović ausgewertet: Deutsche Reisebeschreibungen, 42–43.

[101] Halm erwähnt die Resolution Maria Theresias: „Dieser Mann scheinet etwas zu verdienen". Für seine „patriotische Gesinnung und den von ihm gewagten Versuch, anderen zum Beyspiel und Aufmunterung"" wurde Kleemann vom Hof eine Belohnung von 200–300 Dukaten in Aussicht gestellt. Halm, Österreich und Neurußland, Bd. 1, 156.

[102] Halm, Österreich und Neurußland Bd. 1, 164.

[103] Ebd., 171–172. Frau Carmen Kraus verdanke ich die Information, dass ein Nikolaus Kleemann 1784/1785 mit zehnköpfiger Familie im Banat auftaucht, in Orzydorf bzw. Mercydorf (vgl. Stefan Stader, Sammelwerk donauschwäbischer Kolonisten, Kar-L, Sindelfingen 2000). In Mercydorf lebte eine Familie dieses Namens bis etwa zur Wende 1990.

Aus den verfügbaren biographischen Daten zu Nikolaus Ernst Kleemann geht deutlich hervor, dass sein berufliches Engagement hauptsächlich der Wasserstraße Donau-Schwarzes Meer galt. Wann genau und in wessen Auftrag er die andere wichtige Handelsstraße versus mare – jene, die Südungarn mit den nordadriatischen Häfen verband – wählte, konnte nicht ermittelt werden. Denn über Kleemanns Reise- und Handelsaktivitäten im Banat, in Syrmien, Slawonien und Kroatien geben die eingesehenen Sekundärquellen keine Nachrichten.[104]

3.2.1 Die Erfahrung des Fastens

Auf dem Rückweg von seiner Krim-, Konstantinopel- und Mittelmeerreise im Jahre 1770 segelte Kleemann an der ostadriatischen Küste vorbei.[105] Obwohl sein Schiff in den ragunsanischen und istrischen Gewässern vor Anker gehen musste, kam Kleemann erst in Triest erstmals von Bord. Vom Land und von den Leuten an der östlichen Seite des „Golfo" weiß er in „Reisen von Wien über Belgrad bis Kilianova" daher nur wenig zu berichten. Die Fahrt selbst beschrieb er als langwierig und mühsam. Das widrige Wetter – stürmisches Meer und ungünstige Winde, darunter auch der Bora – sorgten dafür, dass aus der vorgesehenen Durchfahrt auf der Adria eine mehr als einen Monat andauernde Reise wurde. Im Text des Reiseberichts wird sie zeitraffend zurückgelegt, wobei sich die Erzählung auf eine kurze Wiedergabe des durch Wetterbedingungen gelenkten Reiseablaufs beschränkt. Dalmatien und Istrien werden erzählerisch auf vereinzelte Toponyme reduziert, die im Zusammenhang mit meist unwillig erfolgten Zwischenstopps vermittelt werden. Der Handelsreisende hatte es damals eilig, sein Erzähler auch, der letztere jedoch nicht so sehr, einen wichtigen Grund für die Eile zu verschweigen. „Mein Proviant war schon längstens theils aufgezehrt, theils verdorben", schreibt Kleemann, „ich litte schon seit einigen Tagen ziemlich Noth und hier war auch wenig zu bekommen."[106] Die „Noth" wurde an einer „kleinen Insel unter Istria", wo das Schiff fünfzehn Tage auf gutes Wetter wartete, akut: „Die Schiffleute gaben sich unterdessen zwar alle Mühe […] etwas Lebensmittel zu bekommen", so der Handelsreisende, „und erhaschten zuweilen ein Huhn oder Eyer; als aber die Fasten einfiel, war auch dieses nicht, und sogar keine Fische zu bekommen."[107] Das Nahrungsmittelproblem steht auch in der Beschreibung der Ankunft und der eingehaltenen Quarantänezeit in Triest im Mittelpunkt. Kleemanns ostadriatische Erfahrung bleibt somit festgehalten als eine Erfahrung des Fastens.

[104] Kleemanns Reisebericht liefert interessante Angaben zur Mikrogeschichte der Binnenschifffahrt im mittleren Donauraum, Slawonien und Kroatien und wurde bisher ausschließlich als Quelle zur Verkehrsgeschichte in der Forschung herangezogen. Siehe beispielsweise Vasilije Krestić, Stanje saobraćaja u Hrvatskoj u vreme illirskog pokreta, *Kolo*, N. F. 4 (1966), H. 8/10, 194–199. Über die Umstände dieser Reise wurde, soweit mir bekannt ist, bisher nicht geforscht. Vielleicht ließen sich in den österreichischen und kroatischen Archiven nähere Informationen zu diesem Reiseunternehmen finden.

[105] Vgl. Kleemann (1773), Nikolaus Ernst Kleemanns Reisen, 207–216.

[106] Kleemann (1773), Nikolaus Ernst Kleemanns Reisen, 214.

[107] Ebd.

3.2.2 Die Erfahrung des Verdrusses

Das Thema Ernährung auf Reisen[108] greift Kleemann in seinem zweiten Reisebericht wieder auf, und zwar in einem von insgesamt zehn kleinen kulturgeschichtlichen Skizzen, die am Ende der „Briefe über die Schiffahrt" zu finden sind. Diese Skizzen, vom Autor als „Schilderungen verschiedener Leute [...], Erklärungen gewisser Verfassungen, Gebräuche, Sitten usw."[109] betitelt und als Lektüre zum Zeitvertreib intendiert, stellen einen satirisch intonierten Rückblick Kleemanns auf die (Reise-)Kultur im südlichen und südöstlichen Grenzraum der Monarchie dar und beziehen sich meist auf die habsburgischen Militärgrenzgebiete an der Save und Donau. Sie verweisen auf die verzweigte und schwer rekonstruierbare Handels- und Reiseaktivität dieses Kaufmanns in einem Großraum, der von Laibach (Ljubljana) und Karlstadt (Karlovac) im Westen entlang der Grenze zum osmanischen Reich ungefähr bis Pantschowa (Pančevo) im Osten und tief in das Banat und nach Ungarn hineinreicht.

Aus den als „Machet Appetit zum Essen und Trinken" betitelten Textabschnitten wird deutlich, dass Kleemann nicht nur an der Adria erhebliche Schwierigkeiten mit der Lebensmittelversorgung hatte. In Kroatien, Slawonien, Syrmien und im Banat fand er noch mehr Ursachen zu klagen. Die schwer verdaulichen Speisen, begrenzte Auswahl an Lebensmitteln, schlechte und teure Wirtshäuser, „boshafte" Bauern, die dem Fremden nicht das Geringste von ihrem Überfluss zukommen lassen, sind die wichtigsten Punkte in seinem ernährungsbezogenen Beschwerderepertoire.[110] Vom kritischen Tonfall sind auch die rest-

[108] In Kleemanns Reiseberichten findet man eine Vielzahl von gastronomischen Bezügen vor. Solche Inhalte scheinen damals verpönt gewesen zu sein, was aus Kleemanns metatextuellen Aussagen zum Schreiben über das Essen zu schließen ist. So wird in „Reisen von Wien über Belgrad bis Kilianova" die Logik und die Legitimation des eigenen gastronomischen Diskurses folgendermaßen kommuniziert: „Man hat an den Reisebeschreibern so oft getadelt, wenn sie von Wirtshäusern, Essen und Trinken reden. Im Grunde intereßiert dies auch die Leser im geringsten nicht, und die Kunstrichter haben recht: aber der Magen hat doch auch seine Rechte; und wenn man an einen Freund schreibt, da sollte ich denken, möchte es auch eher erlaubt seyn, ein Wörtgen davon zu schwatzen; gesetzt auch, man sähe voraus, daß diese Briefe gedruckt werden sollten." KLEEMANN (1771), Nikolaus Ernst Kleemanns Reisen [...], 3.

[109] KLEEMANN, Briefe über die Schiffahrt, 62.

[110] Kleemanns gastronomischer Diskurs verrät einiges über seinen Verdauungsapparat, seine finanzielle Lage und sein Verhältnis zum eigenen Geldbeutel. „Man halt insgemein dafür, daß in diesen Ländern aller Überfluß an Lebensmitteln vorhanden, und solche nothwendig sehr wohlfeil sein müssen. Ja! Kukuruzbrod, Schweinefleisch, Speck und schlechter Wein ist aller Orten häufig und wohlfeil zu finden. Das erste blähet den Magen auf, und kann nur von Leuten verdauet werden, die es gewohnt, oder in starker Arbeit sind. Der Wein ist aller Orten neu, stark und gehet zu sehr ins Geblüte. [...] Die übrigen Lebensmittel sind in höherm Preis, als in Deutschland, und nur allein in Städten zu haben. Auf denen Dörfern bekommt man nichts, und wenn man auch zehenfach bezahlen wollte." KLEEMANN, Briefe über die Schiffahrt, 85–86.Von der sprichwörtlichen Gastfreundschaft der Südslawen weiß Kleemann nichts zu erzählen, ganz im Gegenteil. Über die Wirtshäuser führt er ähnliche Klagen wie über das Essen: Er qualifiziert sie nämlich als schlecht und teuer. Das Stereotyp über die Frugalität in der Lebensführung der Konkurrenten aus dem osmanischen Reich – den handelnden „Raitzen" – kannte und bemühte auch Kleemann. Er schreibt: „Nach diesen Umständen kann man es einem gewissen Kavalier

lichen Skizzen geprägt. In diesen rechnet Kleemann mit handelsbeeinträchtigenden Tätigkeiten der Offiziere, Mautbeamten und Postmeister an den kaiserlich-königlichen Grenzen ab, kritisiert Widersprüchlichkeiten in Passangelegenheiten, führt Klagen über das fehlende Entgegenkommen, das der reisende Kaufmann von Seiten des Militärs zu erwarten hat. Er nimmt die Mautgelder kassierende Geistlichkeit und den „edlen Stolz der Mautbeamten" aufs Korn, macht sich lustig über die wichtigtuerischen Selbstinszenierungen der höheren Stände, über die Gemahlinnen der Transportbeamten[111] sowie vieles mehr.[112]

In Kroatien, Slawonien, Syrmien und dem Banat werden neben dem Magen offenbar auch die Nerven des „österreichischen" Handelsreisenden erheblich in Anspruch genommen. In seinem Buch wimmelt es beinahe von „ärgerliche[n] Scenen"[113] „lächerliche[n] Auftritte[n]"[114] und „verdrießlichen Geschäften"[115]. Einem „Liebhaber von Gesellschaft" empfiehlt Kleemann, „nie in diese Länder zu kommen", oder zumindest „seine Galle zu Hause zu lassen", um sich nicht „in allen Orten, ja so gar in denen Kirchen ärgern [zu] müssen".[116] Viel schlimmer als in der Freizeit ärgert sich Kleemann zu Transportzeiten. Im

gar nicht übel nehmen, daß er sich allzeit mit Lebensmitteln versieht, wenn er von Wien an die türkische Gränze reiset. Es kosten ihm diese nicht mehr als etwa einen leichten Thaler, wenn er mit seinem Jäger auch 8. Tage unterwegs seyn sollte. Hingegen bezahlt er für das Zimmer nichts, denn er schläft die Nacht hindurch in der Kalesche. Wer auf diese raizische Art reisen, und seinen Magen zu einer achttägigen Fasten gewöhnen kann, der wird gewiß bey vielen Reisen eine ziemliche Summe ersparen." Kleemann, Briefe über die Schiffahrt, 86–87.

111 Unter dem Titel „Neueste Nachricht von denen Hofdamen" nimmt Kleemann auf den Temeswarer Wasserschub – die Zwangsverbringung der Wiener Prostituierten nach dem Banat – Bezug. Er mokiert sich nämlich über die Gemahlinnen der Transport-Beamten im Banat, Slawonien, Syrmien und Kroatien, die sich für Wiener Hofdamen ausgeben, indem er sie als „auf den Schub gekommene" Wiener „Galanterieschwester" präsentiert. Zum Temiswarer Wasserschub und zu anderen Formen der „Sicherheits-, sitten-, gesundheits- und fremdpolizeilichen Ausweisung" in Österreich zur Zeit des Absolutismus vgl. Ilse Reiter, Ausgewiesen, abgeschoben. Eine Geschichte des Ausweisungsrechts in Österreich vom ausgehenden 18. bis ins 20. Jahrhundert. Frankfurt/M. u.a. 2000, 165–198.

112 Für die Kulturgeschichte des Reisens ist insbesondere „Eine Nachricht für die Reisende" interessant, in der Kleemann die Inkonsequenzen in den Passangelegenheiten im südlichen Grenzraum der Monarchie zur Sprache bringt. So berichtet er mit Unzufriedenheit über die ständigen Passkontrollen, denen der Fremde ausgesetzt ist, wenn er darauf verzichtet, mit der Post zu fahren und sich stattdessen im Privatarrangement eines einheimischen Transportmittels – des „Dalika" (taljiga) – bedient. Zum Komfort und Preis-Leistungsverhältnis einer solchen Reise hält er Folgendes fest: „[Dalika] ist ein Wagen mit vier hohen Rädern von purem Holz, woran nicht einmal ein eiserner Nagel zu finden ist. Es sind mehrentheils vor diesen Pahetons 3. u. 4. Pferde nebeneinander gespannt. Bey trockenem Weg gehet dieses Fuhrwerk sehr geschwind, wenn es aber morastig ist, desto langsammer, denn die ungarischen und sklavonischen Pferde sind nicht gewohnt, und zu schwach im Koth zu ziehen. Ausserdem sind die Bauern mit diesem elenden Fuhrwerk erstaunlich theuer, und kommt solches öfters dreymal höher als Extrapost." Kleemann, Briefe über die Schiffahrt, 77.

113 Ebd., 64.

114 Ebd., 83.

115 Ebd., 9.

116 Ebd., 81–82.

Umgang mit unterschiedlichen im Verkehrsystem agierenden Menschen muss er mehrmals „Grobheiten verdauen“[117] und „abgeschmackte und lächerliche Zumutung“[118] über sich ergehen lassen, wobei ihm manchmal der Geduldsfaden reißt. Dies ist bei der slawonisch-kroatischen Flussreise, die insgesamt hohe Anforderungen an Kleemanns Verfassung stellt, mehrmals der Fall.

Ende März, angeblich im Jahre 1773[119], schifft sich Kleemann in Semlin (Zemun) um, um eine nicht näher bestimmte Ladung aus dem Banat – wahrscheinlich Getreide – save- und kulpaaufwärts bis nach Karlstadt (Karlovac) zu bringen (vgl. Abb. F21).[120] Bezüglich dieser Reise verzeichnet er später in seinem Reisebericht:

> „Ohngeachtet ich schon öfter auf der Donau, Theis und Sau herumgefahren, so soll dieses gewiss meine letzte Reise auf diesen Flüssen seyn; denn bey allen meinen Seereisen, war ich in den größten Stürmen nicht so oft der Gefahr ausgesetzt, Geld und Gut zu verlieren, als auf einer Flussreise in den k. k. Erbländern.“[121]

Aus dem rein verkehrstechnischen Aspekt heraus betrachtet, waren die vielen Schwierigkeiten einer solchen Reise bereits vorprogrammiert. Die Schiffe wurden damals stromaufwärts von Menschen gezogen, für die Schiffzieher (Treidler) bedeutete dies ein mühsames, für den Kaufmann ein zeitaufwendiges Unternehmen.[122] In den ungesäuberten Flüssen und

117 Ebd., 72.

118 Ebd., 80.

119 Der anonyme Rezensent in der *Handlungsbibliothek* und Friedrich Nicolai in der „Beschreibung einer Reise durch Deutschland und die Schweiz“ haben ihren Verdacht darüber geäußert, dass Kleemann später gereist ist als im Titel angegeben. „Zwar thut der Verfasser, als ob diese Briefe 1773 geschrieben wären; aber man kann aus verschiedenen kleinen Nebenumständen abnehmen, daß sie von späterm Datum sind.“ Nicolai, Beschreibung einer Reise, 431. Siehe dazu auch Johann Christian von Engel, Geschichte des Ungrischen Reichs und seiner Nebenländer. Bd. 2. Halle 1798 (Fortsetzung der Allgemeinen Welthistorie durch eine Gesellschaft von Gelehrten in Teutschland und England ausgefertiget. Neun und vierzigsten Theils 2. Band), 184. Siehe auch Johann Georg Meusel, Litteratur der Statistik. Bd. 1. Leipzig 1790, 414.

120 Allein aus dem Text des Reiseberichts ist der genaue Ablauf der Reise nicht rekonstruierbar. Die Briefköpfe halten die Aufenthaltsorte und -zeiten Temeswar (12. Jänner), Neusatz (17. Jänner), Semlin (20. März), Petrina (9. May), Karlstadt (18., 22., 28. Juny; 4., 23. Juli) fest. Wie und wann der Reisende in Temeswar angekommen ist und auf welcher Strecke er von Karlstadt nach Triest und Livorno reiste, lässt sich im Gestrüpp von Bezugnahmen auf eine Reihe von zeitlich nicht näher zu bestimmenden Reisen auf dem Wasser und zu Lande im mittleren Donauraum nur schwer erraten.

121 Kleemann, Briefe über die Schiffahrt, 6f.

122 Interessante Informationen zur Alltagsgeschichte der Triedler an der Donau im 18. Jahrhundert liefert der Aufsatz von Kostić, dem man Folgendes entnehmen kann: Bereits im Jahre 1566 ordnete Maximilian II. an, dass in den Donaugespannschaften Knechte (jobađi) und Obdachlose (želiri) fürs Treideln bestimmt werden sollen. Im Osmanischen Reich werden für das Schiffziehen flussaufwärts die Christen beauftragt. Die Schiffszieher, oft „barfuss und schlecht bekleidet“, wurden im Gestrüpp, Schlamm und Morast ungeheuren Anstrengungen und Strapazen ausgesetzt. Daher blieb diese Arbeit im 18. Jahrhundert „den Arbeitern niedrigster Art“, meistens den Sträflingen, Obdachlosen und landlosen Bauern überlassen. Die Einführung der

auf deren unausgehauenen Ufern stellen sich viele Hindernisse dem Fortkommen entgegen. Kleemann beschreibt sie in aller Ausführlichkeit. Er prüft die Save von ihrer Mündung in die Donau bis nach Petrina (Petrinja) auf ihre Gefahren für das schwimmende Gut: Auf die im Wasser treibenden Stöcke und Bäume, die unausgehauenen Inseln und scharfen Ecken im Flussverlauf und auf Flussmühlen, die die Fahrt erheblich beeinträchtigen.

Die Unglücksbeispiele anderer Schiffe aus der rezenten Geschichte sind in Kleemanns Erinnerung präsent. Daher lässt er die am häufigsten Schuldtragenden – die „tückischen" Stöcke im Wasser – nicht aus seinem erzählerischen Blick:

> „Von Ratschka bis an die Gegend von Ostroluga, welche zum Gradiskaner Regiment gehört, kömmt die ärgerlichste und beschwerlichste Fahrt, welche man sich nur vorstellen kann. Hier müssen die Schiffe zwey Tage lang, wegen verwachsenem und unausgehauenem Wald, auf Stützen geschoben, auch zugleich mit langen Hacken, welche man auf die Aeste wirft, gezogen werden. In dem Wasser selbst sind eine Menge Stöcke, und der Strom schwemmt deren immer mehrere aus dem Wald. Da diese Fahrt denen Schiffleuten sehr mühsam ist, und langsam gehet, indem man zu einer Strecke, die in einer halben Stunde gegangen werden kann, zween Tage auf dem Wasser verbringen muss, so verursachen die Stöcke bey hohem Wasser selten einen Schaden. Ungeachtet wir solches hatten, so gerieth dennoch eines unserer Schiffe auf einen solchen Stock, und blieb sitzen, es wurde aber mit vieler Vorsicht und Arbeit wiederum abgebracht."[123]

Die Fahrt auf der Save von Semlin bis Petrina kann trotz derartiger verkehrstechnischer Hindernisse und „ärgerlicher Szenen"[124] mit dem osmanischen Nachbarn, auf die später noch eingegangen wird, ohne Schaden in ungefähr einem Monat bewältigt werden. In Petrina angekommen, muss sich der Handelsreisende auf eine längere Wartezeit einstellen. „Schon vierzehn Tage liege ich wegen Seichte des Kulpaflusses ohnweit diesem Ort", schreibt Kleemann, „ohne Hoffnung zu haben, dass in dem Krainerischen Gebürge Regengüsse fallen, und diesen Fluß anschwellen werden, der uns nach Karlstadt bringen muß. [...] Geduld über Geduld gehört zu einem solchen Aufenthalt."[125] Mehr als einen Monat muss Kleemann warten, um die Kupa-Fahrt antreten zu können, eine Reise, die ihm viel Ärger bereiten sollte. Aus allen Unannehmlichkeiten, die dieser Fluss mit seinen Wasserpegelschwankungen, Untiefen und unzählbaren Wassermühlen bringt, würde sich Kleemann nach eigenen Angaben „nichts gemacht haben", hätte er nur sein Gut wenigstens bis Karlstadt wohlbehalten bringen können. Dies ist aber nicht der Fall, denn ein Stock im Flussbett ganz in der Nähe vor dem Reiseziel wird dem Schiff zum Verhängnis:

Strafe des Schiffziehens unter Joseph II., die im Jahre 1783 erfolgte, brachte eine Entlastung der Militärkommunitäten mit sich, da ihre Bürger dem „Zugsrobot" zufolge dem Aufwärtsziehen der Ärarschiffe verpflichtet waren. Die Bürger der ersten Klasse beziehungsweise ältere und vermögende Menschen tauschten mit ihren Knechten und Lohnarbeitern und kauften sich von der Arbeit los. Neben den Lohnarbeitern und Sträflingen bediente man sich für das Schiffziehen auch der Pferdekraft. Vgl. Kostić, O dunavsko-savskoj trgovini, 275–284.

123 Kleemann, Briefe über die Schiffahrt, 17–18.

124 Ebd., 64.

125 Ebd., 16.

„Der Korman fuhr den gewohnen Weg, aber sehr langsam. Wir hatten genug Tiefe, und das Schiff stieß auf den Grund, es wurde aber durch Stützen wiederum zurück gebracht, und wir machten uns nicht viel daraus, weil wir diesen Zufall schon öfters gehabt haben. Ein Bauer, welcher an dem Ufer zusahe, schrie dem Kormann zu: er sollte weiter auf die linke Seite fahren, da wäre Tiefe genug, es hätten alle Schiffe diesen Weg genommen. Der Kormann vom zweyten Schiff rief aber: Zurück! Es ist besser wir bleiben an einem sicheren Ort. – Allein unser Kormann, ein wilder Kerl, fluchte auf diese Warnung, lenkte das Schiff in die Tiefe und schrie auf die Leute ein dreymaliges Tyra! Nemlich: sie sollten stark anziehen. Kaum wollte ich ihm befehlen, zurückzugehen, so war das Schiff auf einem Stock, welcher eine Rippe zersprengte, und die Gewalt des Wassers drehte solches schnell herum. Der Korman und sein Gehülfe ließen das Ruder fahren, worüber ich mich am meisten entsetzte, und liefen auf das Vordertheil mit Stüzen zu helfen, jedoch vergeblich [...]“[126]

Da das Wasser in das Schiff eindringt, bleibt nichts anderes übrig, als sich an Land zu flüchten und schnell ein neues Transportmittel und die Arbeitskraft für das Notausladen zu besorgen. Bei dieser Aktion wird der bereits aufgeregte „Deutsche“ mit dem zusätzlichen Verdrussfaktor Mensch bzw. „Kroate“ konfrontiert.

Zunächst weigern sich einige Karlstädter Schiffseigner, dem fremden Kaufmann für gutes Geld ihre Schiffe zur Verfügung zu stellen, angeblich aus Schadenfreude gegenüber dem Konkurrenten. Kleemann kann dennoch mehrere Schiffsleute mit ihren „Koraben“[127] für die Arbeit gewinnen. Als er aber an den Unglücksort zurückkehrt und feststellt, dass die Schiffer die Kleinmütigkeit und den Geldbeutel seines Kompagnons ausgenutzt haben und dass einige von den „kroatischen Kanaillen“[128] trotz des hohen Lohns nicht richtig arbeiten wollen, verliert Kleemann vollkommen die Beherrschung:

„Da ich diese Leute besser kenne, und sahe, daß sie noch dazu nicht arbeiten wollten, und uns samt unserm Gut nach ihren gewöhnlichen Flüchen verwünschten, prügelte ich unter sie hinein, wie eine Furie, welches so viel fruchtete, daß wir die trockene Waare, die oben lag, geschwind ausluden, ehe solche von dem anwachsenden Wasser verdorben werden konnte, das übrige mussten wir verloren schätzen.“[129]

Damit sind Kleemanns Probleme mit den „Kroaten“ längst noch nicht zu Ende. Der Schiffsbrüchige benötigt dringend Arbeitskräfte, kann diese aber „um doppelten und dreyfachen Lohn“[130] nicht bekommen – ein Grund mehr, in seinem Text auf das Faulheits-Stereotyp zurückzugreifen. „[E]s ist eine althergebrachte Gewohnheit bey den Kroaten“, so Klemanns Erzähler, den Arbeitskraftmangel ergründend, „daß sie nicht eher arbeiten, bis ihnen der Hunger zu den Augen heraus sieht.“[131] Von den „viele[n] liederliche[n] Kerle[n]“, die in dieser Situation müßig dem Treiben um das verunglückte Schiff zusehen, fühlt er sich nicht

126 Ebd., 24–25.

127 Es handelt sich um eine zur Bewältigung der Untiefen des Kupa-Flusses geeignete kleinere Schiffart. Kleemann beschreibt die Koraben als „kleine lange Kähne, welche aus einem Baum gehauen“ werden und „etwa 25. Zentner tragen“. Kleemann, Briefe über die Schiffahrt, 31.

128 Ebd., 27.

129 Ebd.

130 Ebd.

131 Ebd., 27f.

nur genervt, sondern auch bedroht, denn diese „paßten" angeblich „der Nacht entgegen", um sich „wie die Norwegischen Küstenbewohner" plündernd auf die Ladung zu stürzen.[132] Daher wendet er sich an das zuständige Militärkommando und wird zunächst zum Augenzeugen einer geradezu typischen Weigerung der militärischen Hilfeleistung in Kommerzangelegenheiten. Mit einer negativen Antwort gibt sich Kleemann, der mittlerweile gelernt hat, „daß man in diesem Lande niemals zu grob seyn kann"[133], allerdings nicht zufrieden und droht dem Kommandanten mit einer Beschwerde beim Hof. „Meine Beredsamkeit, die ich besonders in außerordentlichen Fällen besitze", schreibt Kleemann, „drang endlich bey diesem Kommandenten durch. Er ließ den Platzmajor rufen, und befahl demselben in meiner Gegenwart mir ohne Verzug, Arbeitsleute um den gewöhnlichen Lohn, Wacht, und alles, was ich verlangte zu verschaffen, und über dieß musste auf seinen Befehl den ganzen Sonntag gearbeitet werden."[134]

Kleemanns „langweilige Wasserreise"[135] nimmt zumindest im Text in Karlstadt (Karlovac) ihr Ende. Nach einem längeren Aufenthalt in der Stadt – der „elende Ort" wird Kleemann „schon längstens überdrüssig"[136] – reist er über Triest und Venedig nach Livorno. Ob dies auch der Weg seines Gutes ist, lässt sich auf Basis des Textes nicht ermitteln. Die logische Fortsetzung dieser Reise wäre der Landweg auf der Via Carolina gewesen. Ob ihn Kleemann jemals genommen hat, muss dahingestellt bleiben, über den weiteren Reise- und Transportverlauf schweigen sich die „Briefe über die Schiffahrt" aus.

3.2.3 Von den „Kroaten", „Grenzsoldaten" und „Herren Muselmännern"

Wenn Kleemann über die Menschen, denen er auf seinen Handelsreisen im Südosten der Monarchie begegnet, spricht, so verwendet er häufig Berufsbezeichnungen und verzichtet zumeist darauf, seine „Postmeister", „Offiziere", „Mautbeamten" und „Gränzsoldaten" mit weiteren Identitätsbezeichnungen zu versehen. Aus seinem Reisebericht geht dennoch hervor, dass er im südlichen Grenzraum der Monarchie mit dem „Schiffsvolk"[137] zu tun hat, das aus „Ungarn, Sklavoniern, Wallachen, Kroaten und allerley Gesindel aus dem

[132] Ebd., 28.
[133] Ebd.
[134] Ebd., 28f.
[135] Ebd., 24.
[136] Ebd., 62.
[137] Mit dem Ausdruck „Schiffsvolk" sind die Schiffzieher (Treidler) gemeint. Über die Schwere ihrer Arbeit macht sich der Kaufmann keine großen Gedanken, die empfundenen sozialen Unterschiede und die eigenen Transportprobleme sind zu groß, als dass sich Kleemann derartige empathische Blicke in die Arbeitswelt seiner „Zugkraft" erlauben würde. „Sie können sich ganz leicht vorstellen", schreibt er bezüglich dieser „liederlichen Kerle", „daß genug verdrüßliche Auftritte zu sehen und zu hören sind, wenn man 6 Wochen und auch länger mit 100 dergleichen Kerln reißen muß." KLEEMANN, Briefe über die Schiffahrt, 45. Kleemanns Ausführungen zur Bestellung und Organisation der Schiffsleute, zu den bezahlten Lohnpreisen usw. wurden bereits von Kostić als eine wichtige Quelle zur Mikrogeschichte der Schifffahrt auf Donau, Save und Kupa erkannt und entsprechend ausgewertet. Vgl. KOSTIĆ, O dunavsko-savskoj trgovini.

Bannat“[138] besteht. Kleemann kennt die „raizische“ Art zu reisen, er urteilt über „ungarische“ Edel- und „kroatische“ Kaufleute. Wenn in den „Briefen“ von den „Kroaten“ und „Sklavoniern“ die Rede ist, so von Bauern und Kaufleuten, Schiffsleuten und Grenzsoldaten in den kroatischen und slawonischen Militärgrenzgebieten entlang der Save und Kupa, bzw. von jenen Bewohnern Kroatiens und Slawoniens, die im Verkehrssystem auf der Wasserstraße, die Kleemann nutzt, eine Rolle spielen oder nach seiner Meinung spielen sollten. Im Unterschied zu vielen reisenden und schreibenden Zeitgenossen, hat Kleemann weder im Banat und in Syrmien noch in Slawonien und Kroatien einen „Illyrier“ getroffen. Wenn er im Text auf eine Sammelbezeichnung zurückgreift, so auf „die Bewohner dieser Gränzen“[139]. Für ihre Sitten und Gebräuche interessiert sich der Kaufmann nicht, ebenso wenig für die soziokulturellen, wirtschaftlichen und politischen Verhältnisse, die sie prägen.

Von den „Kroaten“ und „Sklavoniern“ vermittelt der irritierte Flussreisende wie erwartet und wie zum Teil schon gesehen kein vorteilhaftes Bild. Seinen Verdruss über die Kupa-Schiffer bringt er mit der Bezeichnung „kroatische Kanaillen“[140] klar zum Ausdruck. Über ihre Landesgenossen aus anderen Tätigkeitsbereichen urteilt er nicht weniger hart, denn die Save und die Kupa haben ihm den ganzen Weg hindurch nur Schlimmes über die Bewohner ihrer Ufer erzählt. In ihren Gewässern sieht Kleemann Bäume, Pflöcke und Mühlstöcke – erhebliche Verkehrshindernisse und handelsbeeinträchtigende Faktoren, zugleich auch Indizien, aus denen er Rückschlüsse auf den Charakter der Einheimischen zieht. So führt er die unreinen Ströme in Kroatien und Slawonien auf die Bosheit und Faulheit der Bauern sowie auf den Eigennutz der einheimischen Kaufleute zurück. Dem kroatischen und slawonischen Bauern, der auf „Abwechslung von etlichtägiger Arbeit auf eine jährliche Faulheit“ eingestellt und daran gewohnt sei, „mit einer Pfeife Taback am Acker zu liegen, und seinem Weib und Töchtern zuzusehen, wie sie ackern und säen“,[141] wirft Kleemann vor, Steine und Pflöcke, Stöcke und Erde in die Flüsse und Kanäle zu werfen, ohne daran zu denken, diese zu säubern. Die kroatischen Kaufleute andererseits schlügen die Pflöcke in das Flussbett ein, um ihre verunglückten Schiffe auszuheben, ersparten sich aber danach die Mühe, diese wieder herauszuziehen. „Vielleicht aus Bosheit“, mutmaßt Kleemann, „dass dieses Unglück sie und nicht andere betroffen“.[142]

Die Wirkungen des veränderten außenpolitischen Verhältnisses zwischen Österreich und der Türkei lassen sich dank Kleemanns Reisebericht auf der Mikroebene der Geschichte dieses Grenzraumes verfolgen. Die Vorstellung von den kroatischen Grenzen als einem „Bollwerk des Christentums“ entlarvt sich noch einmal als ein Mythos, denn – wie Roksandić es formuliert – wenn immer es um Konflikte mit anderen Feinden ging, bei denen gemeinsames Interesse vorhanden war, waren sowohl das Osmanische Reich als auch die Habsburgermonarchie eher bereit, sich zu verständigen, als ein gemeinsames Interesse

[138] Kleemann, Briefe über die Schiffahrt, 45.
[139] Ebd., 21
[140] Ebd., 27.
[141] Ebd., 52.
[142] Ebd., 20.

im Namen der religiösen und moralischen Prinzipien zu ignorieren.[143] So war es für Österreich angesichts der drohenden preußischen Gefahr damals sehr wichtig, sich wenigstens der Neutralität der Pforte sicher zu sein.[144] Aus diesem Grunde war der Hof bemüht, „alles, was Unzufriedenheit, Beschwerden oder gar einen Friedensbruch nur von weitem veranlassen oder befördern könnte",[145] zu verhindern und sah sich genötigt, bei allen möglichen unerlaubten Handlungen der „Türken" die Augen zuzudrücken. Die handelsbezogenen Folgen dieser Politik erlebt Kleemann auf der Wasserstraße im Grenzraum zwischen den beiden Reichen. Die Militärgrenze erscheint in seinem Text als alles andere als eine undurchlässige Schutzmauer gegen Islam und Pest, wie die Konfinien traditionsmäßig gefeiert und von vielen Zeitgenossen immer noch gerne imaginiert wurden. Vielmehr findet man in den Briefen bittere Klagen über „nachbarliche Liebe und Freundschaft"[146] gegenüber den „Herren Muselmännern"[147], worunter Kleemann die Handelszugeständnisse an die osmanischen Untertanen und die Nachlässigkeit in der Verteidigung der Kaufschiffe vor den Ausschreitungen der bosnischen Nachbarn versteht. So berichtet er, offenbar irritiert, man habe den „Türken", wider alle Quarantänevorschriften, unlängst erlaubt, an den syrmischen und slavonischen Ufern der Save ihre Schiffe aufwärts zu ziehen:

> „Sie zahlen zu Semlin oder anderswo acht Gulden für den Paß, und jedes Schiff bekommt einen Soldaten zur Wache, damit keine Vermischung geschiehet. Wer die Herren Muselmänner kennt, kann sich leicht vorstellen, daß sie sich von einer solchen Wache nicht einhalten lassen, sondern Ausschreitungen genug begehen. Es könnten ihnen dergleichen zwar von denen Tschartaken-Wachten verwehret werden: allein diese Gränzsoldaten sind zu sehr abgeschreckt, gegen die stolzen Türken Muth genug zu zeigen."[148]

Dass die Befestigung der „freundschaftlichen" Beziehung zwischen der osmanischen und der habsburgischen Regierung im Jahre 1771 den Ausschreitungen der „Türken"[149] kein Ende bereitete, davon kann sich der „deutsche" Handelsreisende mit eigenen Augen überzeugen. Die Grenze und ihre Gesellschaften tickten ja nach „anderen Uhren"[150] als Wien und Konstantinopel:

> „Unweit der zwoten Tschartake unter Jassenowatz fuhr ein unbeladenes Schiff nahe an der türkischen Seite den Strom abwärts. Einige Türken, welche an dem Strand standen, schrien auf illyrisch denen Schiffleuten zu: sie sollten anländen. Diese ruderten fort. Auf einmal sprangen die übrigen hinter dem Gebüsche versteckten Türken hervor, und schossen ihre Flinten und Pistolen auf das Schiff los. Ein Mann von Karlstadt, welcher in Sklavonien

[143] Vgl. Drago Roksandić, The Triplex Confinium. International Research Project: Objectives, Approaches and Methods, in: ders., Microhistory, 7–25, 11.

[144] Vgl. Herzfeld, Orienthandelspolitik, 16–26.

[145] Herzfeld, Orienthandelspolitik, 24.

[146] Kleemann, Briefe über die Schiffahrt, 22.

[147] Ebd., 22.

[148] Ebd.

[149] Gemeint sind damit vornehmlich die muslimisch-osmanischen Untertanen aus dem benachbarten Bosnien.

[150] Faber, Litorale Austriaco, 195.

seine Freunde besuchen wollte, wurde sogleich erschossen, und ein Schiffsknecht mit einer Kugel an der Brust gestreift. [...] Von der nächsten Tschartake schoß zwar die Wache auf die Türken, es war aber der Strom so breit, daß kaum eine Kugel auf dessen Hälfte reichte. Die Türken gingen ganz vergnügt mit Singen und Schreien über ihre grosse That in den Wald hinein."[151]

Mit Empörung stellt Kleemann fest, dass für solche Zwischenfälle keine Genugtuung von den Osmanen verlangt wird. Die Offiziere dürften sich öfters nicht unterstehen, ihrem Kommandanten einen Rapport abzustatten, denn er verlange „von dergleichen Hunsdfüttereyen"[152] nichts zu wissen, geschweige denn, dass über solche peripheren Angelegenheiten nach Wien berichtet wird. Die spitze Feder des enervierten Kaufmanns zerstört die Bollwerk-Vorstellung und das Image der unerschrockenen südslawischen Grenzverteidiger, indem sie provokativ festhält:

„Es wird denen Gränztruppen im Gegentheil auf das schärfste verbothen, sich gegen die Türken zu vertheidigen, und ich kann sie versichern, daß die Sklavonischen und Kroatischen Gränzsoldaten vor dem blosen Namen: Türk, zittern, und daß drey lumpigte Türken im Stande sind, etliche dreysig Mann zu jagen, wohin sie wollen."[153]

3.2.4 Fazit: Negativ-Werbung für die Handelsstraße Banat–Adria

Kleemann verpasst in seinem Reisebericht keine Gelegenheit, die eigenen Vorschläge zur Behebung der Missstände auf der derzeit wichtigsten Ausfuhrstraße für die südungarischen Naturerzeugnisse zu formulieren. Dennoch liest sich dieses Werk eher als eine Klageschrift denn als Elaborat zur Förderung des Handels. So empfanden es zumindest einige zeitgenössische Leser aus Deutschland, wie die Besprechungen der „Briefe" in Hamburger und Berliner Rezensionsorganen zeigen. Ernst Theodor Langer, der den Reisebericht für die *Handlungsbibliothek* rezensierte, verstand das Buch als eine Ansammlung von Klagen über: „Schlecht erhaltene Canäle, durch stehn gebliebne und noch immer mehr hinzuschwemmene Stöcke gefährlich gemachte Flüsse", über das „unsichre erbärmlich manöuvrierende Schiffervolk, meist aus zusammengelaufnem Lumpengesindel bestehend", über „die Insolenz der Mautbedienten, die elende Verfassung der Fahrzeuge selbst und endlich de[n] wenige[n] Beystand, den der Schiffahrt treibende Kaufmann überall in Ungarn zu finden hat".[154] Langer gesteht zwar zu, dass ein großer Teil der Beschwerden auch für andere Gegenden gilt, dennoch scheint ihm, dass in den „dasigen" die Sache aufs Höchste gekommen sei. Kaum ein Unternehmer würde ein solches Bild des Transitlandes Ungarn als einladend empfinden!

Ein anderer zur Leserschaft der Briefe gehörender norddeutscher Zeitgenosse – der berühmte Friedrich Nicolai – bezeichnete Kleemanns „merkwürdige Schrift" als eine wichtige Frucht der Pressefreiheit in den österreichischen Staaten. „[W]enn man diese Schrift lieset",

[151] Kleemann, Briefe über die Schiffahrt, 64–65.
[152] Ebd., 66.
[153] Ebd.
[154] [Langer,] Briefe über die Schiffahrt, 256.

schreibt Nicolai, „so muß man gegen gewisse glänzende Zeitungsberichte wohl mißtraurisch werden. Man erschrickt, wenn man siehet, wie wild und wüst in diesen Ländern noch alles aussieht, wie so vieles verfault und verdirbt, und wie doch denjenigen, welche Nutzen stiften wollen, so unbeschreibliche Hindernisse in den Weg kommen.“[155] Nicolais Bezugnahme auf Kleemanns Reisebericht zeigt in aller Deutlichkeit, dass die Erfahrungen des enttäuschten Handelsmannes nicht nur zur schlechten Vermarktung des kroatischen Transithandels beisteuerten, sondern auch einen Beitrag zur negativen Werbung für die Militärgrenze und ihre Bewohner lieferten:

> „Je weiter man nach Ungarn, und noch mehr, wenn man nach Sklavonien und Kroatien kommt, desto unkultivierter ist das Land. Ja es hat an vielen Orten nicht einmal so weit gebracht werden können, daß durch tiefen Moräste und tiefen Wälder, welche sich dicht an den Ufern finden, für die Menschen, welche die Schiffe wider den Strom heran ziehen müssen, ein rechter Weg gebahnt worden wäre. [...] Die Kroaten und Illyrier sind eines wilden und müßigen Lebens gewohnt; und durch die eingeführte militarische Regierung, welche gewiß jeder der über die Natur der Menschheit nachgedacht hat, für die allerschlechteste Verfassung eines Landes erklären wird, werden weder gebildet noch gebessert, bekommen weder Nachdenken noch Industrie. Sie hindern daher alle Handlung, so bald nicht ihr Eigennutz unmittelbar damit verknüpft ist; und die Officiere, welche ein Kommando haben, denken auch wenig daran dieselbe zu unterstützen.“[156]

Enttäuscht und verärgert über den unglücklichen Ausgang seines Unternehmens, scheut Kleemann, hinter der Maske eines Übersetzers versteckt, nicht, Missstände im Verkehrssystem, den „Handelsboykott“[157] von Seiten der Militärgrenze, den Amtsmissbrauch, die fehlgeschlagenen kostspieligen Projekte und weitere Inkonsequenzen der Regierungspolitik in Bezug auf den Exporthandel durch die kroatischen und slawonischen Länder öffentlich anzusprechen. Einer verdrießlichen Erfahrung folgt verständlicherweise keine positive Werbung; und der verärgerte Handelsreisende, dem jedes Warten, aber auch ein Pferd mehr im Gespann der Postkutsche zu teuer ist, dem es um die Kalkulierbarkeit der Bewegung und Handlung geht, kümmert sich natürlich wenig um die Kulturanthropologie seiner Zugkraft, um die Sitten und Gebräuche des unberechenbaren Störfaktors Bauer und um die ideologische Aufwertung einer ihrer Aufgabe der Risikominimierung nicht gerecht werdenden militärischen Gesellschaft. Seine „Kroaten“ und „Sklavonier“ sind weder „Wilde“ aus der kolonialen Geschichte, wie Racthis namenlose Einwohner der Lika, noch „Edle Wilde“ aus dem zivilisationskritischen Morlaken-Diskurs des „Italieners“ Fortis. Sie sind keine „Illyrier“ – weder im Sinne der dalmatinischen Humanisten noch nach Wortgebrauch der Hofkanzlei. Sie sind auf die Eindimensionalität der Zuschreibungen der Liederlichkeit und Faulheit, des Eigen- und Unnutzes reduzierte Treidler, Bauern, kleine Kaufleute und Soldaten – Kleemanns sozial Anderes eben – die es durch unterschiedliche Anstalten ihrer Majestät in Ordnung zu bringen und umzuerziehen gilt – umzuerziehen zur Leistungsfä-

155 Nicolai, Beschreibung einer Reise, 431.
156 Ebd., 429.
157 Vgl. dazu Faber, Litorale Austriaco, 220.

higkeit und umzuprägen zu einer handelsfördernden Aktivität für einen gesamtstaatlich gedachten Wirtschaftsstandort „Österreich".

3.2.5 Exkurs: Transitland Kroatien

In den Zeiten, zu denen Kleemann Handel trieb und darüber schrieb, war ein schon längst begonnenes und noch lange nicht vollendetes Projekt der Habsburger in vollem Gang, nämlich das Projekt der Verkehrserschließung des Transitlandes Kroatien. Obwohl diesem Vorhaben ein vielfaches Motivbündel zugrunde lag, werden die Dominanzverschiebungen zugunsten der Habsburger Monarchie im Osten und Süden, die Aufnahme und Weiterführung des merkantilistischen Wirtschaftskonzeptes sowie die vereinheitlichende Tendenz des Reformabsolutismus in der Literatur als wichtigste Ursachen für das gesteigerte Interesse Wiens für kroatische Straßen und Flüsse herausgestrichen.[158] Ohne bemerkenswerte koloniale Besitzungen, die als Abnehmer für Manufakturen und Edelmetall- sowie Rohstofflieferanten ihrem Staat zu Reichtum verhelfen könnten, mussten sich die gekrönten Köpfe in Wien und ihre wirtschaftspolitischen Berater nach anderen Strategien umsehen, um die leeren Staatskassen aufzufüllen. Man setzte zwar ebenfalls auf das merkantilistische „Zauberwort"[159] Ausfuhrhandel, die Maßnahmen, die man ergriff, waren aber vorrangig binnenstaatlich orientiert. So wurden die einzelnen Gebiete bzw. die ganzen Regionen am Rande des habsburgischen Herrschaftskomplexes – wie das aus den nordadriatischen Häfen und ihrem Hinterland bestehende „Litorale Austriaco" im Südwesten oder das von den Osmanen eroberte Banat im Südosten – als der Wiener Zentralverwaltung direkt unterstellte Einheiten zu den Versuchsobjekten der neuen Wirtschaftspolitik, zu den habsburgischen „merkantilistischen Laboratorien".[160] Das Litorale hatte aufgrund seiner Meerlage zum Tor bzw. zum Warenumschlagplatz für den erbländischen und internationalen Handel

[158] Zur habsburgischen Wirtschafts- und Verkehrspolitik im 18. Jahrhundert und ihren Auswirkungen auf historische Regionen Kroatiens ist bisher viel geschrieben worden. Die unzähligen aus unterschiedlichen fachlichen Kontexten hervorgegangenen Beiträge sind in ihrer Gesamtheit kaum zu erfassen. Als Grundlange zur vorliegenden Untersuchung dienten bereits erwähnte Studien von Helmedach, Faber, Kostić, Despot, Beer, Petrović und Otruba sowie eine Reihe weiterer Sekundärbeiträge, deren genaue bibliographische Angaben das Literaturverzeichnis liefert. In der Kurzzitierweise: Erceg, Maritimpolitik; ders., Aussenhandel; ders., Trgovina; ders., Trst i bivše habsburške zemlje; ders., Pokušaji naseljavanja Crnogoraca; Karaman, Trgovinska magistrala; ders., Plovidba na dunavskim pritokama; ders., Aus der Geschichte; Vujasinović, Plovidba Savom; Golec, Prilozi; Umek, Plovba po Savi; dies., Trgovinski promet; Bićanić, Doba manufakture; Adamček, Ekonomsko-društveni razvoj.

[159] Otruba, Verwaltung, Finanzen, 129.

[160] Robert Born, Bollwerk und merkantilistisches Laboratorium. Das Temeswarer Banat in den Planungen der Wiener Zentralstellen (1716–1778), in: Maner (Hg.), Grenzregionen der Habsburgermonarchie, 37–49. Im Zusammenhang mit der Handels- und Expansionspolitik der Habsburger nach Osten (Banat, Galizien) und Süden (Dalmatien) schreibt Andrea Komlosy von „einer Art kolonialer Landnahme". Vgl. Andrea Komlosy, Innere Peripherien als Ersatz für Kolonien? Zentrenbildung und Peripherisierung in der Habsburgermonarchie, in: Hárs u. a. (Hgg.), Zentren, Peripherien und kollektive Identitäten, 55–78: 71.

werden sollen, das Banat mit seinen Argrarprodukten und Rohstoffreserven bot sich als Exportland an.[161]

Der Wasserstraße, die Kleemann bereiste, fiel im Rahmen der Bestrebungen, diese Gebiete miteinander bzw. den mittleren Donauraum mit der Adria zu verbinden, eine wichtige Aufgabe zu.[162] Die verkehrstechnischen Probleme, die der Kaufmann in der Beschreibung seiner Donau-, Save- und Kupareise ansprach, hatten bereits in den Jahrzehnten zuvor die Wiener Verwaltung beschäftigt, ihre Lösung wird das ganze Jahrhundert hindurch ein wichtiges Anliegen der zuständigen Administration bleiben. Die auf eine Verbesserung der kombinierten Verkehrsader Donau-Save-Kupa-Karolinerstraße hinzielenden Experimente des 18. Jahrhunderts erschöpften sich nicht nur im Diskursiven – in den Bände und Akten füllenden Elaboraten – sie offenbarten sich auch in konkreten Maßnahmen, wie in den bevölkerungspolitischen Eingriffen in den Gebieten um die Karolinerstraße,[163] in der Einrichtung der „Navigationsdirektionen" an Save und Donau, in den Schiffbauprojekten, Kanalisierungsarbeiten und Straßenreparaturen, um nur einige Maßnahmen zu nennen. Der Kupafluss, der Kleemann so viele Schwierigkeiten bereitete, konnte trotz zahlreicher Anstrengungen weder im 18. noch in den Jahrhunderten danach den Bedürfnissen des Durchzugshandels optimal angepasst werden. Bis zur Fertigstellung der Josephinerstraße im Jahre 1780 und der Louisenstraße, deren Bau als „Plan B" zum fehlgeschlagenen Projekt der Schiffbarmachung des Unterlaufs des Kupa von einer Aktiengesellschaft 1803–1809 unternommen wurde,[164] blieb die steile und als unsicher geltende Karolinerstraße nach Rijeka die einzige Verbindung Karlstadts mit dem Meer und damit unvermeidbar die letzte Trasse auf dem Getreideweg durch die kroatischen Länder.

Den Händlern, die auf ihrem Weg aus dem pannonischen Raum zur Adria der „verdrüsslichen" Kupa und den Schwierigkeiten des Transports auf der heruntergekommenen

[161] Zum Banat vgl. Sonja Jordan, Die kaiserliche Wirtschaftspolitik im Banat im 18. Jahrhundert. München 1967 (Buchreihe der Südostdeutschen Historischen Kommission, 17).

[162] Eine wichtige Rolle im Ausbau des Handelszuges zwischen dem mittleren Donauraum und der Adria kam den privilegierten Handelskompanien, den „für das merkantilistische Zeitalter typischen kapitalistischen Organisationsformen" zu. Im Jahre 1759 wurde zu diesem Zweck die privilegierte Société de Tamesvar unter Teilnahme des Ärars als Aktionär gegründet. Die Aufgabe dieser Handelskompanie, die bis 1775 bestand, war die Ausfuhr banatischer und ungarischer Naturprodukte und die Einleitung des Seehandels. Durch diesen Litoralhandel sollte vor allem Getreide an die Nordadria gebracht werden, das in Italien verkauft werden sollte. Von anderen Kommerziengesellschaften, die sich an diesem Handel beteiligten, seien hier nur noch die staatlich privilegierte Triester Handelsgesellschaft und die private Neue banatische Kommerzienkompanie erwähnt. Zu den Handelskompanien in Banat und Litorale vgl. Jordan, Die kaiserliche Wirtschaftspolitik; Petrović, Die Schiffahrt und Wirtschaft; Bićanić, Doba manufakture.

[163] Ausführlicher dazu u. a. Karaman, Trgovinska magistrala; ders., Pokušaji naseljavanja Crnogoraca.

[164] Zur Louisenstraße siehe u. a. Radoslav Lopašić, Karlovac. Poviest i mjestopis grada i okolice. Zagreb 1879, 67 [Nachdr. 1993]. Siehe auch Die neue Bergstraße von Karlstadt bis zum Adriatischen Meere, *Magazin der Handels- und Gewerbskunde* 3 (1805), Bd. 1, 368–372.

Via Carolina entgehen wollten, bot sich „der längere, aber bequemere Umweg über die Save bis zu Laibachs Savehafen Sallach und auf der Straße weiter nach Triest".[165] Im Jahre 1775 war ein anderer Reisender, Balthasar Hacquet, auf Inspektionsreise eines Teils dieser Strecke unterwegs. In einem kurzen zeitlichen Abstand von Kleemanns Reiseunternehmen durchschiffte er als Begleiter des Leiters der Laibacher Navigationsdirektion Gabriel Gruber die Save von Gurkfeld (Krško) bis Semlin (Zemun) und legte somit einen Teil der von Kleemann beschriebenen Route in der entgegengesetzten Richtung zurück. Die Save, ihre Ufer und die Einheimischen werden sich in der kurzen Zeit, die zwischen diesen beiden Reisen vergangen ist, wohl nicht wesentlich verändert haben. Wie wurden sie aber aus einer anderen Perspektive wahrgenommen?

4 Reisen und Naturgeschichte

4.1 Unterwegs im Gelände: Forschungsreisen und Sammlungen

Das große europäische Projekt der Naturgeschichte entvölkerte in der zweiten Hälfte des 18. und Anfang des 19. Jahrhunderts europaweit die Gelehrtenstuben. „Wie kann der Pflanzenforscher zweckmäßiger arbeiten", fragt ein Zeitgenosse rhetorisch, „als wenn er sich in das weite offene Gefilde der Pflanzenwohnungen begibt, und dort von Pflanze zu Pflanze eilt, ihre Charaktere aufsucht, vergleicht, ändert, berichtigt und verbessert?"[166] Im „offenen Gefilde"[167], wie in den bergigen Höhen des Erdballs wimmelte es zu der Zeit geradezu von Vertretern dieser jungen „Reisebranche", die wie kaum eine andere die aufklärerischen Wissensbetriebe und die Publizität des Unterwegsseins beeinflusste und in Gang hielt. Beobachtende, bestimmende, systematisierende, zählende, taxonomierende und sammelnde europäische Naturwissenschaftler, die infolge der Linné'schen Systema naturae den Exemplaren, Spezies und Erscheinungsformen der lebendigen und materiellen Natur, ihren Namen und ihrer Ordnung durch Sprache auf der Spur waren, zog es weltweit auf Expeditionen ins Innere: der fernen Kontinente ebenso wie Europas, der überseeischen Kolonien

[165] Helmedach, Das Verkehrssystem, 121. Vgl. auch Jordan, Die kaiserliche Wirtschaftspolitik, 193. Zu diesem Verkehrsweg siehe auch Jože Curk, Razvoj prometnih zvez v severovzhodni Sloveniji, in: Vanek Šiftar (Hg.), Razvoj prometnih zvez v panonskem prostoru do 1918. leta. Die Entwicklung des Verkehrswesens im panonischen Raum bis 1918. A közlekedési összeköttetések fejlődése Pannonia térségében 1918-ig. Maribor 1977 (Internationales kulturhistorisches Symposion Mogersdorf, 9), 199–224, 215; Bernard Stulli, Prometni problemi Hrvatske od početka 18. stoljeća do 1918. godine, in: Šiftar (Hg.), Razvoj prometnih zvez, 87–118, hier 94–96; Umek, Plovba; Vujasinović, Plovidba.

[166] David Heinrich Hoppe, Vorrede, in: Joseph von Seenus, Beschreibung einer Reise nach Istrien und Dalmatien vorzüglich in botanischer Hinsicht. Nürnberg, Altdorf 1805, 3–8, 6.

[167] Hoppe, Vorrede, 6.

wie auch der eigenen Staaten.[168] Die Umsetzungen dessen, was Mary Louise Pratt europäisches „planetares Bewusstsein“[169] genannt hat, erstreckten sich weit über das Reisen hinaus. Das Projekt Erdballerkundung brachte Sammlungen, Naturalienkabinette und botanische Gärten hervor, es schuf ein öffentlich beachtetes Publikationsforum und rief zahlreiche gelehrte Gesellschaften ins Leben, es förderte nicht nur die Entwicklung der Wissenschaften, sondern auch die der Reiseinfrastruktur und brachte Schwung in den Arbeitsmarkt. Dass manche naturwissenschaftlich Reisende ökonomische Ziele verfolgten und bisweilen auch der imperialen/staatlichen Repräsentation, dem Informationsbedarf oder der Eingriffsmöglichkeit Dienste leisteten, liegt auf der Hand.

An dieser Entwicklung nahm auch die Habsburgermonarchie teil. Die wichtigsten Fäden des Natur-Projektes liefen in den Händen des Hofes zusammen, und viele Leistungen auf diesem Gebiet standen im direkten Zusammenhang mit der Sammeltätigkeit der Monarchen selbst.[170] Das Haus Habsburg legte großen Wert auf die Erstellung und regelmäßige sowie beständige Erweiterung höfischer Naturaliensammlungen, Menagerien, Gärten und Museen. Wenn es um das Aufspüren und Herbeischaffen, das Aufstellen und wissenschaftliche Aufarbeiten der lebendigen und toten Exemplare aus der Tier-, Pflanzen- und Mineralienwelt ging, scheuten die Majestäten Franz I., Maria Theresia und Joseph II. keine noch so großen Kosten. Zahlreiche Expeditionen wurden in verschiedene Gebiete in Übersee entsandt: Naturforscher durchforsteten im Dienst der Monarchie und der Wissenschaft „Reviere“ in Amerika, in der Karibik, in Süd- und Ostafrika sowie Indien und Indonesien, um nach langen Aufenthalten mit kostbaren Ladungen lebenden Sammelguts sowie Mineralien, getrockneten und gepressten Pflanzen, Fossilien, Tierpräparaten und völkerkundlichen Gegenständen nach Wien zurückzukehren.[171] Hand in Hand mit der Sammeltätigkeit ging die Entwicklung der naturwissenschaftlichen Forschung, die zu Zeiten Maria Theresias universitäre Institutionalisierung erfuhr. Es bestand auch hier ein staatliches Bewusstsein, man müsse sich um die Erschließung, Erforschung und Exploitierung der natürlichen und ökonomischen Ressourcen des weiten und reichen „Länderkranzes“ der Monarchie küm-

[168] Vgl. dazu Mary Louise Pratt, Imperial Eyes. Travel Writing and Transculturation. London, New York 1992.

[169] Pratt, Imperial Eyes, 15 definiert Europas „planetary consciousness“ als „an orientation toward interior exploration and the construction of global-scale meaning through the descriptive apparatures of natural history“.

[170] Siehe dazu Günther Hamann, Zur Wissenschaftspflege des aufgeklärten Absolutismus: Naturforschung, Sammlungswesen und Landesaufnahme, in: Zöllner (Hg.), Österreich im Zeitalter des aufgeklärten Absolutismus, 151–178.

[171] In die Regierungszeit Maria Theresias und Josephs II. fallen auch die ersten Kolonialexperimente der Habsburger in Afrika und Indien. Im Jahre 1777 erwarb der Seefahrer Wilhelm Bolts für die Österreicher die Küste der Delagoabay im heutigen Mosambik und nahm ein Jahr später die vier mittleren Inseln der Nikobaren in der Bucht von Bengalen in Besitz. Siehe dazu Stefan Meisterle, Die koloniale Ostindienpolitik des Wiener Hofes in den Jahren 1775–1785, *Wiener Geschichtsblätter* 62 (2007), H. 4, 17–29. Zur Rolle der Habsburgermonarchie im europäischen Kolonialismus siehe Walter Sauer (Hg.), k. u. k. kolonial. Habsburgermonarchie und europäische Herrschaft in Afrika. Wien 2002.

mern. Der zentralistische Staat definierte und „naturalisierte" seine Macht im weitläufigen Länderkomplex durch Akkumulation und Besitz eines dingfesten pars pro toto für seine natürlichen und ökonomischen Reichtümer im imperialen Zentrum:

> „Was nun wieder speziell die Wiener Sammlungen betrifft, so trachtete Maria Theresia ebenso wie Kaiser Joseph II. nachdrücklich, ein möglichst vollständiges Beleg- und Studienmaterial aus allen einheimischen und sonstigen Lagerstätten sowie aus allen Bergwerken ihres riesigen Gesamtreiches zu vereinigen, nach streng wissenschaftlichen Prinzipien aufzustellen und durch die Anlegung eines systematischen Verzeichnisses sinnvoll benützbar zu machen – gewissermaßen als eine Dokumentation der Gaben der Natur, mit denen ihre Monarchie so unermesslich reich gesegnet ist."[172]

Zu diesem Zweck berief Maria Theresia den führenden Experten für das Erdreich in der Monarchie, den Mineralogen, Montanisten und leidenschaftlichen Forschungsreisenden Ignaz von Born (1742–1791) an das Wiener Naturalienkabinett.[173] Vieles, was im Reich auf mineralogisch-geologisch-metallurgisch-montanistischem Gebiet zu der Zeit passierte, stand im Zusammenhang mit diesem Mann, der ein ganzes Team aufbaute, das im Feld wie an Schreibtischen das Projekt der Bestandsaufnahme, der Erforschung und der Dokumentation der „Gaben" sowie der Sammlung der repräsentativen Objekte aus dem Erd-, Tier-, Pflanzen- und Völkerreich unter Habsburgs Krone vorantrieb. Einer der aktiven Akteure dieser Sammelszene und des Born'schen mineralogisch-montanistischen Netzwerks war Balthasar Hacquet (1739–1815), einer der fleißigsten Kroatien-Reisenden aus der Ära der imperialen Forschungsreisen.[174]

[172] Hamann, Zur Wissenschaftspflege, 160.

[173] Zu Ignaz von Born, dem wissenschaftlichen, schriftstellerischen und freimaurerischen Prominenten der österreichischen Aufklärung siehe Wurzbach, Biographisches Lexikon, Bd. 2, 71–74. Zu seiner Tätigkeit im Kontext der imperialen Sammlung siehe Marianne Klemun, The Royal Natural History Collection in Vienna (18th) Century: From Possessing Minerals as a Private Treasure Towards Territorial Ambitions as Consciousness, in: Cornelis F. Winkler Prins / Stephen K. Donovan (Hgg.), VII International Symposium „Cultural Heritage in Geosciences, Mining and Metallurgy: Libraries – Archives – Museums": „Museums and their collections", Leiden (The Netherlands), 19–23 May 2003. Leiden 2004 (Scripta Geologica Special Issue 4), 193–199, unter <http://www.repository.naturalis.nl/document/43865>, 15.07. 2011. Zu Borns eigenen Reisen und Repräsentationen der südöstlichen Grenzen der Monarchie siehe Drace-Francis, A Provincial Imperialist.

[174] Über die wissenschaftlichen Verdienste des „Saussure der Ostalpen" – wie Hacquet oftmals genannt wird – wurde bisher vielfach geschrieben. Auch in der kulturwissenschaftlichen Forschung genoss das Hacquet'sche Opus beachtliche Aufmerksamkeit. Sowohl im slowenischen als auch im kroatischen und deutschen Forschungskontext lässt sich in der neueren Zeit eine Rehabilitierung seiner Reiseberichte als Quellen der historischen Anthropologie, der Reiseforschung, der Regional-, Mikro-, Öko-, Alltags- und Wissenschaftsgeschichte beobachten. Zu Hacquets Leistungen in den Naturwissenschaften und der Länderkunde siehe u. a. Georg Jakob, Belsazar Hacquet, der Erschliesser der Ostalpen, in: Hacquet, Physikalisch-politische Reise, 433–473; Ernst Bernleithner, Die Entwicklung der österreichischen Länderkunde an der Wende des 18. und 19. Jahrhunderts. Univ. Diss. Wien 1949, 46–73. Zu Hacquets Reisen im Ostadria-Raum vgl. Pederin, Jadranska Hrvatska, 28–51; ders., Balthasar Hacquet, prvi

4.2 Balthasar Hacquet. Naturgeschichte und Slawenkunde

Als Hacquet 1766 als Bergarzt nach Idria – eine für ihre Quecksilbergruben bekannte Ortschaft im damaligen Krain – kam, hatte er bereits eine abenteuerliche Laufbahn hinter sich.[175] Der geborene Franzose und Sohn unbekannter Eltern erhielt seine Ausbildung bei den Jesuiten und studierte Heilkunde in Paris, nahm dann im Siebenjährigen Krieg als Militärarzt an verschiedenen Kriegszügen an der Seite verschiedener Mächte teil: Denn er geriet immer wieder in Kriegsgefangenschaft und trat nach der Gefangennahme in die Dienste der jeweiligen Truppen. Nachdem er abwechselnd im französischen, englischen und preußischen Heer gedient hatte, fiel er im Jahre 1758 in österreichische Hände. Der Flagge der Monarchie und der Fahne Äskulaps blieb Hacquet schließlich auch in Friedenszeiten treu. Auf Vermittlung Gerhard van Swietens wurde er in den Zivildienst und auf eigenen Wunsch nach Krain versetzt, wo er zunächst als Bergarzt, dann als Professor der Anatomie, der Physiologie, der Chirurgie und der Hebammenkunde in Laibach (Ljubljana) die nächsten zwanzig mit Forschungs-, Publikations- und Reisetätigkeiten ausgefüllten Jahre seines Lebens verbrachte.[176]

Hacquets Leidenschaft galt den Bergen, Gruben, Mineralien und Fossilien und dementsprechend oft zog es ihn ins Feld, auf beschwerliche Fußreisen, in die Höhen der Alpengip-

folklorist i etnolog hrvatskih krajeva, *Radovi Filiozofskog fakulteta u Zadru. Razdio lingvističko-filološki* 11 (1972–1973), 421–440; ders., Istra, 55–56; ders., Die Morlaken, 277–279. Hacquets Beobachtungen über die Lika und die Krbava wurden im kroatischen Forschungskontext in der neueren Zeit oftmals als Quelle der Alltags- und Ökogeschichte des Triplex Confinium herangezogen. Siehe dazu z. B. die Beiträge von Željko Holjevac, Ljudi, voda i prirodna sredina na Triplex confiniumu: Vukasovićeve i Hacquetove ekohistorijske opservacije u Lici i Krbavi, in: Roksandić u. a. (Hgg.), Triplex Confinium (1500–1800): Ekohistorija, 145–155 sowie zahlreiche andere Beiträge in demselben Band. Zum Leben und Werk dieses Gelehrten siehe mehrere Studien in der Zeitschrift *Hacquetia* 2 (2003), H. 2, darunter Mykhailo Kril, Balthasar Hacquet as a Historian, 49–53; Marianne Klemun, Raumkonzepte im Werk Belsazar Hacquets, 25–35; Jurij Fikfak, O Hacquetovih upodobitvah in opisih Drugega, 37–48, auch Online unter <http://www.zrc-sazu.si/isn/Publikacije/FikfakHacquet.pdf>, 15.07.2011. Ein umfangreiches bibliographisches Verzeichnis der Arbeiten von und über Hacquet liefert Stanislav Južnič, *Hacquetova bibliografija, Arhivi* 27 (2004), H. 1, 167–187, unter <http://www.arhivsko-drustvo.si/publikacije/arhivi/pdfxxvii1/juznic.pdf>, 15.07.2011.

175 Die Lebensdaten zu Balthasar Hacquet vermittelt seine erstmals 1908 von Otto Hartig publizierte Autobiographie. Vgl. den Nachdruck „Hacquets Autobiographie und Testament", in: Hacquet, Physikalisch-politische Reise, 406–432. Vgl. auch Johann Jakob Czikann / Franz Gräffer (Hgg.), Oesterreichische National-Encyklopädie. Bd. 2. Wien 1835, 466–467; Wurzbach, Biographisches Lexikon, Bd. 7, 163–166.

176 Im Jahre 1787 folgte er dem Ruf als Professor an die Universität in Lemberg, seit 1805 unterrichtete er in Krakau. In diesem Zeitraum unternahm er ebenfalls zahlreiche Reisen, die ihn durch weite Teile Mittelosteuropas bis nach Sachsen, Schleswig-Holstein, Dänemark, Schweden und ans Schwarze Meer führten.

fel, in die Tiefen der Bergwerke und in die Labyrinthe des Karstes.[177] Mit seinen Expeditionen nahm das Projekt, das Fortis zeitgleich für Venedig in Dalmatien durchführte, auch im habsburgischen peripheren Dominium seinen Lauf. Es galt, das schwer zugängliche Innere des äußeren Randes des habsburgischen „Länderkranzes" naturwissenschaftlich zu erschließen, mittels Naturgeschichte seine Ressourcen zu ermitteln, zu dokumentieren und zu kartographieren, möglicherweise auch mit dem einen oder anderen Objekt das Wiener Naturalienkabinett zu bereichern und somit für Sichtbarkeit jener Landesteile zu sorgen, die außer Sicht des Zentrums, an den äußersten Grenzen des Reiches lagen.

In diesem Sinne kam es dem in Laibach beschäftigten Naturwissenschaftler und Erkunder des habsburgischen Südostens gelegen, dass sein Bekannter und Stadtgenosse, der Schiffbauingenieur Gabriel Gruber, 1775 im Begriff war, eine Wasserreise auf der Save bis nach Semlin zu unternehmen.

4.2.1 Hacquets Flussreise

Der erboste Kaufmann Nikolaus Ernst Kleemann hatte für die damaligen Maßnahmen zur Verbesserung der Schifffahrt auf der Save und der Kupa keinerlei lobende Worte parat. Der diesbezüglichen Arbeit des damaligen „Wasserkommissarius"[178] stand er kritisch gegenüber, seinem Kanalbau zwischen der Save und dem Laibach (Ljubljanica) sagte er erhebliche verkehrstechnische Probleme voraus. Auch ohne dass sein Name im Text erwähnt wurde, waren sich die eingeweihten Leser – nicht nur im Habsburgerreich – darüber im Klaren, dass diese Kritik an die Adresse von Gabriel Gruber, dem „Directeur de la Navigation" für die Save und die Kupa ging.[179]

[177] Zu mineralogischen Reisen im Habsburgerreich, darunter auch zu Hacquet und Born, siehe Marianne Klemun, Writing, „Inscription" and Fact: Eighteenth Century Mineralogical Books Based on Travels in the Habsburg Regions, the Carpathians Mountains, in: Patrick N. Wyse Jackson (Hg.), Four Centuries of Geological Travel. The Search of Knowledge on Foot, Bicycle, Sledge, and Camel. London 2007, 49–63.

[178] Kleemann, Briefe über die Schiffahrt, 59.

[179] So ist dem Rezensenten der „Briefe" in der *Handlungsbibliothek* 1785 bekannt, „daß die beiden angestelten Navigationsdirektionen, besonders die unter dem Abt Gruber und Prof. Hacquet [...] die Schiffahrt auf besagten Flüssen schon viel erleichtert haben [...]". Siehe: Briefe über die Schiffahrt und Handlung in Ungarn, Sklavonien und Kroatien [...], *Handlungsbibliothek*, 1. Bd., 1785, 171–172, unter <http://www.ub.uni-bielefeld.de/diglib/aufklaerung/suche.htm>, 15.07.2011. Zu Gabriel Gruber, dem prominenten Vertreter der technischen Intelligenz Laibachs aus der Zeit der Aufklärung siehe Stanislav Južnič, Gabrijel Gruber in navigacijski inženir Jurij Vega, *Arhivi* 26 (2003), Nr. 1, 69–80, unter <http://www.arhivsko-drustvo.si/publikacije/arhivi/pdfxxvi1/juznic.PDF>, 15.07.2011; ders., Gruber's Karst Research. Gruberjevo raziskovanje krasa, *Acta carsologica* 33 (2004), Nr. 2, 277–298, unter <http://carsologica.zrc-sazu.si/downloads/332/juznic.pdf>, 15.07.2011; ders., Gabriel Gruber. Od ljubljanskega prekopa do jezuitskega generala. Ljubljana 2006. Vgl. auch Aleksandra Serše u. a. (Hgg.), Gabrijel Gruber S. J. 1740–1805. Razstava ob 200 letnici smrti. Ljubljana 2005, unter <http://www.arhiv.gov.si/fileadmin/arhiv.gov.si/pageuploads/publikacije/gruber/Katalogo.pdf.>, 15.07.2011.

Der aus dem Englischen entlehnte Terminus „Navigation“ bezeichnete im Habsburgerreich des 18. Jahrhunderts „alle Arbeiten zur Schiffbarmachung von Strömen und Flüssen“.[180] Von dem Stellenwert, der solchen Arbeiten damals beigemessen wurde, zeugt die Errichtung eines staatlichen Wirtschaftsorgans – der „Navigations-Direktion“, die von Maria Theresia veranlasst wurde.[181] Dieses für die Wasserwege zuständige Organ hatte zwei Abteilungen, die als „Divisionen“ bezeichnet wurden. Mit der Leitung der ersten Division, die für die Schifffahrt an Save, Kupa, Laibach, Mur und Drau zuständig war und ihren Sitz in Laibach hatte, wurde im Jahre 1772 der Jesuit und Hydrauliker Gruber beauftragt. Durch diesen Posten oblag dem vielseitigen Ingenieur ein umfangreicher Tätigkeitsbereich, zu dem auch Inspektionsreisen und Schiffsprobefahrten zählten. Als Gruber im Herbst 1775 im Auftrag des Hofes die Save von Laibach bis nach Semlin mit neu erbauten größeren Segelschiffen befuhr[182], nahm er Balthasar Hacquet mit an Bord. Dank Hacquet wurde die Reise schriftlich festgehalten – in einem Brief an Ignaz von Born, der erstmals 1776 in Prag[183] und zwei Jahre später durch Fortis' Vermittlung in italienischer Übersetzung in Mailand erschien.[184]

Was Hacquet und Kleemann vergleichbar macht, ist die Tatsache, dass sie im Abstand von wenigen Jahren auf demselben Fluss reisten (vgl. Abb. F21). Doch die beiden Unternehmen unterschieden sich durch die Motivation und die Dauer, durch die Richtung der Bewegung, die Art des Transportmittels und eine Reihe weiterer Umstände erheblich voneinander. Während Kleemann ein Geschäft zu erledigen hatte, dessen Erfolg im Wesentlichen vom Wasserweg selbst abhängig war, machte sich Hacquet zu Ferienzeiten auf die Reise, anscheinend aus wissenschaftlicher Neugier und ganz frei von jeglichem Leistungsdruck.

180 Othmar Pickl, Mur und Drau als Verkehrswege nach dem Südosten, in: *Šiftar* (Hg.), Razvoj prometnih zvez, 225–240, 228.

181 Zur Navigationsdirektion vgl. Franz Ilwolf, Flussregulierungen und Wasserbauten 1772–1774, *Archiv für österreichische Geschichte* 57 (1909), 523–583; siehe auch Petrović, Die Schiffahrt und Wirtschaft, 55; Pickl, Mur und Drau, 228–230; Južnič, Gabrijel Gruber, 70.

182 Nach Angaben von Hacquet handelte es sich um eine „Brigantine, mit 12 kleinen Kanonen bewaffnet“ und ein weiteres „Transportschiff mit zwey Segeln“. Diese wurden nach Angaben von Južnič und Umek in Karlstadt durch den Baumeister Heppe unter Assistenz von Grubers Ingenieuren erbaut. Vgl. Južnič, Gabrijel Gruber, 72; ders., Gabriel Gruber. Od ljubljanskega prekopa, 45; sowie Umek, Plovba po Savi, 266. Dem Ausstellungskatalog von Serše u. a. ist zu entnehmen, dass Gruber selbst das Projekt zum Bau dieser für die Binnenschifffahrt ungewöhnlichen Schiffsart entwarf. Vgl. Serše u. a. (Hgg.), Gabrijel Gruber, 14–15. Zu dieser Reise vgl. Južnič, Hacquetova bibliografija, 182–183.

183 Hacquet, Herrn Hacquets Schreiben.

184 Balthasar Hacquet, Lettera Odeporica del Sig. Professore Hacquet al Sig. Cavaliere di Borna, contente I dettagli d' un viaggio fluviatile, fatto pell' Illirio Ungarese e Turchesco da Lubiana in Carniola fino a Semlin nel Sirmio, *Opuscoli scelti sulle scienze e sulle arti* 1 (1778), 5–27. Am Ende des Artikels findet man eine Anmerkung der Herausgeber, die besagt: „Questa Lettera ci è stata comunicata dal Sig. Ab. FORTIS tradotta sotto agli occhi dell' Autore, che vi ha fatto di molte aggiunte.“ Nachdruck in Giorgio Pilleri / D. Mušić, La vita di Belsazar Hacquet e il suo viaggio a vela sulla Sava da Lubiana a Semlin. Autobiografia di Joannes Antonius Scopoli. Waldau, Bern 1984.

Die Fahrt mit der neuen Brigantine ging flussabwärts schnell vonstatten. Hacquets penible Aufzeichnungen halten den Ablauf der Aufenthaltsorte und -zeiten genau fest. Die Strecke von Gurkfeld (Krško) über Agram (Zagreb), Sissek (Sisak), Jesenovaz (Jasenovac), Gradiska (Gradiška) und Brod bis Semlin (Zemun) bewältigte Grubers Segler in ungefähr drei Wochen. Wie das Treideln des Gruber'schen Seglers flussaufwärts von sich ging, bleibt in Hacquets Schreiben an Born verborgen. Die späteren Werke Hacquets und die Beiträge von Stanislav Južnič verraten, dass die Rückfahrt alles andere als glimpflich verlief, was Hacquet dermaßen verärgert hatte, dass er zum lautesten Gegner der Gruber'schen Schiffbauprojekte wurde.[185] Aus der kleinen Reisebeschreibung erfährt man von alldem nichts, die komplette Rückreise wird im Text ausgeblendet.

Zum Thema Verpflegung hat auch Hacquet einiges zu sagen. So informiert er darüber, dass das Schiff ausreichend Proviant mit sich führt und allezeit als Schlafplatz genutzt wird. Im Unterschied zu Kleemann, der, wie gesehen, über den hohen Preis der Lebensmittel klagt, stellt Hacquet fest, diese seien preiswert. Dem Adressaten seines Briefes – Ignaz von Born – versichert Hacquet, keine „umständliche[n] Berichte von den elenden Wirtshäusern", die ihm bei der Lektüre von „Kleemanns Reise so vielen Ekel und Langeweile" verursacht hatten, in seinem Brief befürchten zu müssen.[186]

Hacquets Bezüge auf die Vor-Schriften erschöpfen sich nicht in der Spitze auf Kleemann: „Ich schiffte Büschings Geographie, und Linées Natursystem, das nie von meiner Seite kömmt, mit mir ein", schreibt Hacquet. „Dazu gesellte sich noch der zweyte Theil von Pallas Reise, den ich am Tage vor meiner Abreise erhielt."[187] Die „Reiseführer", der

185 Allem Anschein nach blieb auch Hacquet eine Havarie – diesmal inklusive unerwünschten Badens – nicht erspart, denn er erinnerte sich später an die „sonderbare[n] Wasserfahrt mit zusammen gebundenen Fässern auf dem reissenden Savastrome". Vgl. Hacquet, Abbildung und Beschreibung, 26. Seinem Ärger über das untaugliche Transportmittel und seinen Konstrukteur ließ Hacquet im Werk „Oryctographia Carniolica" freien Lauf. Dort schreibt er: „Wem kann es nur einfallen, Schiffe mit Segeln gebrauchen zu wollen, in einem oft reissenden und sehr gekrümmten Flusse, der zudem noch meistens mit dichten Waldungen an seinen Ufern begränzt ist. Ich selbst habe den ganzen Strom, nach seiner Länge mit solchen untauglichen Schiffen befahren, aber Segel waren niemals darauf zu gebrauchen; und nun sind diese kostbaren Schiffe, zu deren Einrichtung auch Kirchenschätze beygetragen, schon von einigen Jahren her, in die Vergessenheit geraten, ohne jehmals den allergeringsten Nutzen gestiftet zu haben." Hacquet, Oryctographia, Bd. 3, 152. Siehe dazu auch Južnič, Gabrijel Gruber, 72; sowie ders., Gabriel Gruber. Od ljubljanskega prekopa, 40–47.

186 Diese Kritik richtet sich wohl gegen die Aussagen aus Kleemanns erstem Reisebericht, jene aus den „Briefen über die Schiffahrt" dürften von Born und Hacquet noch nicht bekannt gewesen sein, da dieses Werk erst 1783 erschien. Die gastronomischen Exkurse, die bei gelehrten Lesern von Hacquets und von Borns Kaliber offenbar verpönt waren, sind in Kleemanns „Reisen von Wien über Belgrad bis Kilianova" stark vertreten. So heißt es dort unter anderem: „Kurz um, der Himmel bewahre Sie vor allen Wirthen auf der Donaufahrt." Die Wirtshäuser in Ungarn – sowohl in den Städten als auch in den Dörfern – seien schlecht, das Essen sei auf dem Lande „mit Knoblauch und Zwiebeln so elend und ungarisch zubereitet, daß es einem deutschen Gaumen sehr eckelhaft ist". Kleemann (1771), Nikolaus Ernst Kleemanns Reisen, 3 und 140.

187 Hacquet, Herrn Hacquets Schreiben, 232.

Adressat des Briefes und die Kritik an Kleemann kündigen bereits ein anderes Wahrnehmungsinteresse, andere Intentionen und Vorstellungen von den Konventionen der Gattung an. Für verkehrstechnische und gastronomische Weitläufigkeiten und den aufdringlichen Subjektivismus gibt es in einer Reisebeschreibung, die den Anspruch erhebt, als „Medium wissenschaftlicher Mitteilung“[188] verstanden zu werden, keinen Platz. Die Save selbst interessierte Hacquet kaum, und wenn, dann meist als Lebensraum oder Naturerscheinung, nicht als Verkehrsweg. Das grundlegende Faktum der Perspektivität der Reisetexte bestätigt ein Blick auf Hacquets Aussagen zu Kleemanns Lieblingsthema: die Bäume im Flussbett. Diese hat auch Hacquet nicht übersehen oder unerwähnt gelassen, er beschreibt sie aber nicht als beeinträchtigende Faktoren für die Schifffahrt, sondern als eine biologische Kuriosität. Die Bäume im Wasser sind für Hacquet nicht nur Bäume, sondern Spezies – vor allem die schwarze Pappel „Populus nigra L“, die Jahrhunderte im Wasser liegen kann ohne zu faulen. Die angebliche „Faulheit“ der Einheimischen, die Kleemann unter anderem an diesen schwimmenden Hindernissen ablas, wird von Hacquet weder in diesem, noch in einem anderen Zusammenhang erwähnt.

Kleemann spottet in seinem Text, Hacquet dagegen sammelt in ihm regelrecht. Sein Bericht ist ein diskursives polyhistorisches Kabinett, in dem „Veronica maritima L“ nebst einer Art Schlange ebenso ihren Platz in der Beschreibung finden wie versteinerte Muscheln und Kalk, „Zardaka“[189], die typische rote Kopfbedeckung der „Illyrier“ und ein in Essek (Osijek) ausgegrabener Elefantenzahn[190]. Für diesen Reisenden galt es, vor allem naturhistorische Beobachtungen anzustellen, das erfahrene Hier und Jetzt an Spuren des erdgeschichtlichen Damals, an Analogien zur geographischen Ferne und an der Einordnungsfähigkeit in zeitgenössische Taxonomien zu überprüfen. Die Triade im Reisegepäck liefert dabei meist die Lupe, manchmal – wie im Falle Büschings – gerät das Prätextwissen unter die korrigierende Lupe der Empirie.

Die ganze „Logistik von Fremdbildproduktion“[191] ist hier eine andere: Geldökonomisches spielt bei dem ganzen Unternehmen – zumindest für den Beobachter direkt – keine wesentliche Rolle, an Bord ist diesmal ein Forscher, der mit textuellen Wahrnehmungsdirigenten und Erwartungen der neugierigen Gelehrtenwelt im Gepäck reist. Ein wesentlicher Unterschied zwischen Kleemann und Hacquet besteht darin, dass letzterer die krainerische Sprache so gut beherrscht, dass er sich sicherlich mit den Sprechern des Kajkavischen und – wie er selbst betonte – auch des Štokavischen verständigen kann. Weiterhin hat Hacquet als Arzt eine – was die Annäherungschancen an die Einheimischen betrifft – in besonderem Maße günstige Position inne. Bei seinen Begegnungen mit der Militärgrenzbevölkerung an der Save wie im kroatischen Raum überhaupt kam dem Bretonen ein weiterer Punkt aus

188 Osterhammel, Die Entzauberung, 181.

189 „Tschardaken“, Čardaci, bei Hacquet „Zardaka“, waren Wachhäuser auf hölzernen oder gemauerten Pfosten, die der Grenzwacht und der Spionage dienten.

190 Hacquet, Herrn Hacquets Schreiben, 257.

191 Osterhammel, Die Entzauberung, 28.

seiner Vita als „kommunikatives Kapital"[192] zugute, nämlich die eigene soldatische Vergangenheit. Da er sich mit den einheimischen Bauern verständigen und sie auf die gemeinsame militärische Erfahrung ansprechen kann, kommt Hacquet beim Einkauf der Lebensmittel viel besser zurecht als sein Vorgänger Kleemann:

> „Am 11ten landeten wir nahe an einer Zardake, bey dem Dorfe Swinar, um dort zu übernachten. Wir dachten hier einige Eßwaaren einzukaufen. Die Bauern wollten uns aber nichts für unser baares Geld geben, so wie sie dieses durchaus gegen alle Fremde beobachten, die keine kaiserliche Uniforme tragen. Als wir sie aber in ihrer Sprache anredeten, und ihnen erzehlten, daß wir auch im letzten preußischen Kriege gedient hätten, näherten sich uns einige der Aeltesten aus ihrer Gemeinde, fragten uns: bey welcher Armee wir gestanden, welcher Schlacht wir beygewohnt hätten, und dergleichen Dinge mehr? Nachdem sie sich nun von der Wahrheit unsers Vorgebens versichert hatten, bezeugten sie uns und ihre Freude auf das nachdrücklichste, und gaben uns mit Vergnügen alles, was wir verlangten. So kriegerisch und patriotisch denken diese Leute!"[193]

Aus unterschiedlichen Interaktionssituationen ergeben sich unterschiedliche Images des Fremden: Von Kleemanns „abgeschreckten" Grenzsoldaten und „faulen" Bauern gibt es in Hacquets Beschreibung keine Spur. An der südöstlichen Grenze der Monarchie trifft der reisende Naturwissenschaftler dagegen tapfere, patriotisch denkende Menschen, die harmonisch in großen Familien (Zadruga) leben und ungeachtet ihrer schweren Lebensweise gesundheitliche und moralische Vorteile vor den städtischen Zivilisationsmenschen aufweisen.

In den „Briefen über die Schiffahrt" geht es um eine aufgrund der gemeinsamen geographisch-politischen Lage und eines gemeinsamen Tätigkeitsbereichs konstruierte „community" – um die Gemeinschaft der im Verkehr- und Handelssystem agierenden Grenzbewohner im Süden der Monarchie. In Kleemanns Diskurs kristallisiert sich eine Gemeinsamkeit zwischen den „Bewohnern dieser Gränzen"[194] als entscheidend heraus, nämlich ihre gemeinsame ökonomische Beeinträchtigungsaktivität. Hacquet dagegen legt die Gemeinsamkeiten zwischen den Grenzbewohnern die er – anders als Kleemann – „Illyrier" nennt, anthropologisch aus und tastet sich erzählerisch an eine weit über die Grenzen des erfahrenen geographischen Raumes hinausgehende illyrisch-asiatische Gemeinschaft der Sprache und Sitten an. Die Voraussetzung für Analogiebildungen liefert das Wissen im Reisegepäck – das Pallassche Russlandwerk. Die habsburgischen „Illyrier" und die von Pallas beschriebenen „sibirischen und tartarischen Nationen"[195] werden zu Vergleichsgrößen, als Tertium Comparationis gelten die Sprache, aber auch Kleidung und Sitten:

> „Aus des gelehrten Naturforschers Pallas Reisebeschreibung ward ich in meiner Meynung bestätiget, daß die Nation, welche die große Tatarey und Sibirien bewohnt, unsern Illyriern nahe verwandt sey. Vermuthlich sind die Völker Asiens zu uns herüber, oder aber aus unsern

[192] Ebd., 136.
[193] Hacquet, Herrn Hacquets Schreiben, 243.
[194] Kleemann, Briefe über die Schiffahrt, 21
[195] Hacquet, Herrn Hacquets Schreiben, 232.

> Gegenden hinüber gewandert. Letzteres wird mir durch die tägliche Beyspiele, die wir vor uns haben, wahrscheinlicher. [...] Dieß sei aber, wie man will, so beweiset doch immer die Aehnlichkeit der Sitten, und der Sprache, daß eine der beyden Nationen von der andern abstamme."[196]

Konnte sich ein „Illyrier" im 18. Jahrhundert tatsächlich mit einem „Kirgisen", „Kalmucken" oder „Tataren" verständigen? Die illyrisch-tatarische linguistische Verbindung, die Hacquet durch Anführen lexikalischer Beispiele zu zeigen versucht, entpuppt sich eigentlich als eine slawische. „Einen Berg nennen wir [die Krainer] hingegen, so wie die Tatarn: Gora"[197], schreibt Hacquet, der 1775 noch nicht zu wissen scheint, dass es sich bei diesem Oronym[198] wie auch bei anderen zitierten Wortschatzbeispielen um slawische Wörter handelt.

Beschäftigungen mit den slawischen Sprachen hat es natürlich auch vor Hacquets Zeiten gegeben – durch die aufklärerischen historischen Forschungen erhielt gerade die Sprachwissenschaft wichtige Impulse, wodurch nicht zuletzt die Grundlagen für die Entwicklung der wissenschaftlichen Slawistik geschaffen wurden.[199] Die Sprachenfrage ist zwar nicht Hacquets primärer Forschungsbereich, dennoch versucht er sich – in diesem frühen Beitrag zur Südslawen-Kunde wie auch in späteren Texten immer wieder – durch Wortschatz-Vergleiche und Etymologisierungen der brisanten Frage des Ursprungs der Slawen zu nähern. Den slawischen Wortschatz den „mitternächtigen asiatischen Völkern"[200] zuordnend, leitet Hacquet aus den vermeintlichen illyrisch-tatarisch/sibirischen Sprachähnlichkeiten seine Verwandtschafts- und Migrationstheorien ab, die er dann auch im Bereich des Sittlichen, des Ökonomischen usw. bestätigt gefunden zu haben glaubt.

„Alle Illyrier sind mager, und haben nicht die angenehmste Gesichtsbildung; ihr Wuchs ist aber schön, und ihre Nerven fest", schreibt Hacquet. „Sie haben mit den Kirgisen, welche Pallas abgebildet hat, viel ähnliches."[201] Die Physiognomie, die Kleidung, die Ökonomie und der Aberglauben der „Illyrier", ja selbst ihre Geschicklichkeit „wilde Thiere abzulauschen"[202] erinnern Hacquet an das angelesene Pallas'sche Asien. Auf seiner Reise die Save abwärts will er auch öde und unbebaute Steppen angetroffen haben, Festungen,

[196] Ebd., 253f.

[197] Ebd., 253.

[198] Zum slawischen Oronym „gora" vgl. Marko Šarić, Ekohistorijski osvrt na planine i morlački svijet, in, Kusin / Belamarić / Grčić (Hgg.), Dalmatinska zagora, 221–231, 223.

[199] Von den Gelehrten, die in der zweiten Hälfte des 18. Jahrhunderts mit den sprachkundlichen Forschungen zu den Südslawen hervortraten, seien hier nur August Ludwig von Schlözer und Johann Siegmund Valentin Popowitsch (Janez Žiga Popović) erwähnt. Vgl. dazu. Herbert Peukert, Deutsche Südslawen-Klassifikationen, in: Wolfgang Steinitz u. a. (Hgg.), Ost und West in der Geschichte des Denkens und der kulturellen Beziehungen. Festschrift für Eduard Winter zum 70. Geburtstag. Berlin 1966 (Quellen und Studien zur Geschichte Osteuropas, 15), 341–355.

[200] Hacquet, Herrn Hacquets Schreiben, 255.

[201] Ebd., 242.

[202] Ebd., 256.

Tiere, Pflanzen und Menschen, die sibirische Assoziationen wecken und Wachthäuser, die an China erinnern.

Die „Asiatisierung" Slawoniens im Schreiben an von Born gründet sich offenkundig auf Hacquets komparativ-ethnographisches Interesse im Zusammenhang mit der Lektüre der Pallas'schen „Reise durch verschiedene Provinzen des russischen Reiches", auf seine etymologischen Verwechslungen und stammvolkstheoretische Denkrichtung. Wenn sie hier überhaupt ein imperiales Janusgesicht hat, so im Sinne einer Übertragung russischer binnenkolonialer Imaginationen auf Verhältnisse des Habsburgerreiches. Die gegebene Konstellation war ähnlich: Peter Simon Pallas war Hacquets Fachkollege und Leiter einer der Expeditionen der Petersburger Akademie, die zur wissenschaftlichen Erschließung außereuropäischer Gebiete des Zarenreiches von Katharina II. in Auftrag gegeben wurden. Das Pallas'sche Sibirien-Unternehmen und seine Ergebnisse dürften aus mehreren Gründen einen Eindruck auf den Slawonien-Reisenden gemacht haben. Genauso wie der „Deutsche" Peter Simon Pallas war auch Balthasar Hacquet als ausländischer Gelehrter und Naturwissenschaftler in Sachen der Erkundung der ethnographisch noch unerschlossenen Peripherie eines Großreiches unterwegs. Wenn auch Hacquet in seinen Werken nie einen offiziellen Wiener Auftrag gestand, so legt die Einsicht in sein Œuvre und seine Vita die Vermutung nahe, dass bei seinen Wanderungen am Rande des habsburgischen Imperiums neben der eigenen wissenschaftlichen Neugier auch jene der regierenden Kreise eine Rolle gespielt hatte. In die Rolle des „österreichischen Pallas" hineinversetzt, baut Hacquet assoziativ Identitäten zwischen slawonischer und sibirischer Peripherie zu einer Zeit, zu der sich die offiziellen imperial-ideologischen Bemühungen des zaristischen Russland um die symbolische Neuerschaffung seines asiatischen „kolonialen Ergänzungsraum[es]"[203] gerade in ihrer zweiten, explorativen Phase befanden.[204]

Wenn Hacquet gerade nicht Asien in Slawonien imaginiert, gibt er seine Sicht der verwaltungspolitisch bedingten Differenzen, ethnischen und konfessionellen Identitäten der Einheimischen preis. Den Begriff „Slawe" verwendet Hacquet in seinem Schreiben an von

203 Osterhammel, Die Entzauberung, 45.

204 Das intellektuelle Projekt der Asiatisierung Sibiriens kam als symbolische Entsprechung der petrinischen Okzidentalisierungsideologie in den 20er Jahren des 18. Jahrhunderts auf. Zu seiner Agenda zählte zunächst die Neubestimmung der Grenze zwischen Europa und Asien: Unter Peter dem Großen verlegte der Kartograph Vasilij Tatiščev in den 30er Jahren des 18. Jahrhunderts den Verlauf der traditionellen Grenze entlang des Don weit nach Osten ins Uralgebirge. Nachdem Pallas 1771 diese Lösung physikalisch-ökologisch sanktionierte, setzte sie sich auch in der westlichen Literatur durch. „Diese Asiatisierung Sibiriens", so Osterhammel, „verband sich damit, daß man nun aus der westlichen Terminologie den Begriff der ‚Großen Tatarei' übernahm und in der Beschreibung der Territorien des Nordens das Bild eines russischen Mexiko oder Peru zu beschwören suchte." Große wissenschaftliche Expeditionen mit dem Fokus auf wirtschaftliche Ressourcen waren weitere Ausprägungen der anhaltenden staatlichen Initiative in der sibirischen Binnenkolonie. Siehe dazu Osterhammel, Die Entzauberung, 44–46 sowie 114–115. Siehe auch Mark Bassin, Imperialer Raum/Nationaler Raum. Sibirien auf der kognitiven Landkarte Russlands im 19. Jahrhundert, in: Conrad (Hg.), Mental Maps, 378–403.

Born nicht, sondern spricht über die „illyrische und slavonische Nation“[205] oder „unser[e] Illyrier“[206]. Er stellt fest, dass die Einwohner in den Komitaten unwissender, rauer und wohlhabender als jene in den Generalaten seien. Die „Croaten“ und „Slavonier“ bekennen sich laut Hacquet teils zum katholischen, teils zum orthodoxen Glauben und leben trotz dieser konfessionellen Differenz friedlich zusammen.[207]

Der Forschungsreisende erlebt keine Schießereien auf der Save, berichtet aber umständlich über das für die imperialen Grenzgebiete typische Ausreißverhalten der Kriminellen, die sich von der kaiserlichen Seite nach Bosnien und vice versa vor der Strafverfolgung flüchteten. Er selbst ist Augenzeuge mehrerer Grenzgangversuche, darunter auch dem eines „Missethäters“ aus Bosnien, der seine Frau erschlagen hat und sich in das kaiserliche Gebiet begeben will. Hacquet sieht auch etwas, was Kleemann – auf derselben Strecke reisend – nicht bemerkt oder nicht beschreibt, nämlich die Galgen am kaiserlichen Ufer der Save, „meistens voll von Dieben“, die „oft wegen eines gestohlenen elenden Pferdes!“ hängen.[208]

Auch über das Verhalten der „türkischen“ Nachbarn fällt Hacquet andere Urteile als Kleemann. „Ich glaubte, diese ärgerliche[n] Szenen, welche von türkischer Seite denen k. k. Unterthanen gespielet werden“, schreibt Kleemann „müssten sich diese Zeit über in Freundschaft und nachbarliche Willfährigkeit verwandelt haben; da die Herren Türken bey ihrem dermaligen kritischen Zeitpunkt, doch einige Achtung gegen die k.k Länder hegen sollten. Aber nichts weniger, als dieses.“[209] Hacquet hat diesbezüglich eine ganz andere Meinung. Er hält nämlich fest:

> „Sie können sich kaum vorstellen, wie biegsam und höflich die Türken seit dem letzten Kriege mit Russland geworden sind. Sie behandeln die Fremden sehr leutselig, beobachten ihre Gebräuche, und nähern sich ihnen nicht, um sie nicht in die Ungelegenheit zu versetzen, die Quarantaine bey ihrer Ankunft in Semlin halten zu müssen; sie bezeugen ihre freundschaftliche Gesinnungen selbst in ihrem Betragen.“[210]

Wie ist diese Diskrepanz zwischen den Wahrnehmungen der Reisenden interpretierbar? Fokussiert man auf die Frage, wen genau die beiden Reisenden mit „Türken“ meinen, so kommt man einer möglichen Erklärung auf die Spur. Kleemann fällt seine Urteile im Kontext der erlebten Ausschreitungen, die den bosnischen Räubern zuzuschreiben sind. Wenn Hacquet in der oben zitierten Textstelle von den „Türken“ spricht, so meint er damit jene Untertanen des Osmanischen Reiches, die nicht dem kriminellen Milieu angehören sowie die regierenden Kreise – namentlich den Pascha von Belgrad, der nach Hacquets Angaben im Kontext der geänderten nachbarlichen Verhältnisse die übergelaufenen kaiserlichen Soldaten mit der Begnadigungsbitte zurückzuschicken pflegt. Während Hacquet zwischen den Missetätern – den Grenzgängern, die sich beiden und keinem Reich verpflichtet füh-

205 Hacquet, Herrn Hacquets Schreiben, 253.
206 Ebd.
207 Ebd., 237.
208 Ebd., 245.
209 Kleemann, Briefe über die Schiffahrt, 64.
210 Hacquet, Herrn Hacquets Schreiben, 250f.

len – und den höflichen „Türken" unterscheidet, beschäftigen Kleemann, der unter dem Eindruck des erlebten Verbrechens steht, solche Differenzierungen nicht.

Die Gegenüberstellung beider Darstellungen sagt nichts über den Wahrheitsgehalt dieser oder jener Äußerung aus, sie macht aber die Mechanismen der Erzeugung individueller „Wahrheiten" deutlich und liefert ein komplexes Bild, das den historischen Grenzangelegenheiten jegliche Uniformität nimmt. Ob es nun um den „höflichen" oder „bösen" Türken oder um den ökonomisch unnützen oder anthropologisch kuriosen Slawonier geht – das Gegeneinanderlesen beider Texte zeigt deutlich, dass an eine Uniformität der Wahrnehmungsweise selbst dann nicht zu denken ist, wenn es um zwei Autoren geht, die fast zu derselben Zeit auf demselben Fluss reisten.

4.2.2 Die Not der Entdecker. Der landscannende Blick

Wasser war längst nicht Hacquets Haupt-Mobilitätselement, denn typischerweise verließ sich auch dieser aufgeklärte Naturerkunder bei seinen Reisen auf die eigenen Füße. Im Zeitraum zwischen 1770 und 1787 durchwanderte Hacquet – auf eigene Kosten, wie er in seinen Werken beteuerte, möglicherweise aber auch mit finanzieller Unterstützung des Hofes – weite Teile der historischen Territorien Kroatiens.[211] Hacquet war einer der fleißigsten Kroatien-Reisenden der Aufklärung und zählte unzweifelhaft zu den profundesten Kennern der Verhältnisse in diesem Teil der Habsburgermonarchie. Die mitunter recht gefährlichen Wege bis hin zu diesem Kenntnisstand ging Hacquet mit viel Mühe und Enthaltsamkeit. So zurückhaltend in der Schilderung der Strapazen und Belastungen wie im Brief an von Born war Hacquet in seinen drei größeren Werken mit Kroatien-Bezügen nicht. Dort berichtet er im Gegenteil oft und ausführlich über die Beschwerlichkeit der Fußmärsche durch die wüsten Gebirgslandschaften, die er als viel beschäftigter Arzt und Professor in seiner Freizeit, meist in den Sommerferien, unternahm. Seine Reisegesellschaft besteht meist aus einem „kleinen Gebirgspferd", das die „höchstnotwendigen physikalischen Intrument[e]", die „wenigen Kleidungsstück[e]" und, „wo sich's thun ließ", auch den Forscher selbst auf seinem Rücken trägt.[212] Für Orientierungshilfe sorgen ab und zu einheimische Wegwei-

[211] Aufgrund von Hacquets Aussagen und Bernleithners Rekonstruktionsversuch aller Routen seiner Reisen lassen sich insgesamt zehn Aufenthalte des Naturwissenschaftlers im kroatischen Raum ausmachen. Im Jahre 1766 weilte Hacquet nach eigenen Angaben unter den Illyriern, als er „die dortigen Seegegenden" besuchte. 1770 unternahm er eine Reise durch die „Küstengebiete von Österreich" (Pederin meint Dalmatien), 1774 besuchte er Istrien und unternahm ein Jahr danach eine Schiffsreise auf der Save durch Slawonien. Im Jahr 1777 führte Hacquet eine botanische Reise durch Krain, das Uskokengebirge, Litorale und Istrien, ein Jahr danach bestieg er alle Berge der Julischen Alpen, die Krain und Kroatien durchziehen, um seine erste gesteinskundliche Karte fertigzustellen. 1780 durchwanderte er die Venetianische Mark und „Hochkroatien" (u. a. über Varazdin, Samobor, Kostajnica, Novi, Gvozdansko, Glina, Slunj, Lika, Istrien) und reiste zwei Jahre später wieder durch Kroatien. 1783 führte ihn der Weg durch die Lika und Westbosnien, seine letzte Reise im Jahre 1787 durch „Türkisch-Kroatien". Zu den genauen Routen siehe Bernleithner, Die Entwicklung, 52–60. Vgl. auch Pederin, Jadranska Hrvatska, 28–51.

[212] Hacquet, Physikalisch-politische Reise, 14.

ser, über die man in Hacquets Schriften allerdings nur wenig erfährt. „Stets allein, stets mit meinem Schicksal überlassen", klagt Hacquet in seinem unvollkommenen Deutsch, „wandelte ich mit meiner Rosinante diese Gegenden durch; wer solche kennt, wie die Inländer von Kroatien und Krain, die können es sagen: dem Verfasser hat das Glück wohl gewollt, daß er aller Orten so glücklich durchgeschlüpfet."[213] Eines der zahlreichen gefährlichen Hindernisse, das sich Hacquet auf seinen Reisen mehrmals in den Weg stellt, ist der Borawind – der Topos der Ostadria-Reiseliteratur schlechthin. Hacquet nennt ihn europäischer „Uragan", nicht ohne guten Grund:

ORYCTOCRAPHIA CARNIOLICA,
oder
Physikalische Erdbeschreibung
des
Herzogthums Krain,
Istrien,
und zum Theil der benachbarten Länder.

Dritter Theil.

Leipzig,
bey Johann Gottlob Immanuel Breitkopf, 1784.

Abb. 12. Oryctographia Carniolica, 4. Theil, Titelseite, in: Hacquet, Oryctographia Carniolica, 1789.

> „Wie gefährlich in diesem Lande, besonders an der Küste, die Nordostwinde herrschen, davon kann nur derjenige einen Begriff geben, der durch Erfahrung überwiesen worden ist, wie Menschen von solchen Orkanen in das Meer oder an den Felsen hingeschleudert und auch von eben den Winden, welche Steine von der Grösse einer Faust, und wohl noch grösser in der Luft herumführen, getödtet werden. So ist auch diese sogenannte Bora, wenn sie in voller Gewalt wüthet, von einer solchen durchdringenden Kälte begleitet, dass wenn man auf weitem Felde davon überfallen wird, man oft das Leben ainbüsst."[214]

Wenn gerade nicht die Bora weht, lauern andere Gefahren, insbesondere an den Grenzen zum Osmanischen Reich, wo – wie Hacquet sich trefflich ausdrückt – zu der Zeit ein „ewiger kleiner Krieg"[215] herrscht. Durch die berüchtigten einheimischen Räuber kommt Hacquet nicht zu Schaden und jene, denen er in der Lika begegnet, stellen für einen Reisenden längst keine Gefahr mehr dar:

> „Bey meiner Ankunft brachte man einige Mörder und Räuber ein, wie auch zwey Köpfe, wovon einer von einem Harambascha oder Anführer einer Räuberbande war. Diesen Auftritt in einem Lande zu sehen, wo man weder Stadt noch Dorf, Gospich ausgenommen, auf seiner Reise zu finden hat, ist nicht sonderlich angenehm; allein da dieses nichts weniger als selten ist, so wird man bald daran gewöhnt."[216]

[213] Hacquet, Oryctographia, Bd. 4, IX.
[214] Hacquet, Abbildung und Beschreibung, H. 3, 110f.
[215] Hacquet, Physikalisch-politische Reise, 65.
[216] Ebd., 44.

Genauso wie in Fortis' Reisebeschreibungen, so waltet auch in Texten seines österreichischen Pendants das „landscanning eye“[217], eine Perspektive, die den Raum des Reisens mittels einer streng fachlich-analytischen Sprache naturhistorisch kodiert und die Landschaft selbst in ihrem menschenleeren Dasein als Ökosystem oder Interpretament der Geognosis zur grundlegenden Matrix der Reiseerzählung macht.

So erfährt zunächst der ganze Landstrich zwischen der Krainer und der osmanischen Grenze von Warasdin im Nordwesten bis Istrien im Südosten und weiter südlich bis tief in die Lika hinein in Hacquets' vierbändigem Reisewerk „Oryctographia Carniolica“ eine erste konsequent naturhistorische Prüfung und diskursive Einbettung in die Systeme des montanistisch-mineralogischen Wissens. Dieses monumentale Reisewerk bleibt auf weiten Strecken ganz seiner Intention einer „physikalischen Erdbeschreibung“[218] treu.

Die Bewegung im Raum gestaltet sich in diesem Text meist als ein bloßer Panoramablickwechsel von einer zur anderen Steinformation, von einem zum anderen Berg. Der Erzähler navigiert seinen Leser durch Angaben der Himmelsrichtungen und geographischen Orientierungspunkte von einer spezialwissenschaftlichen Descriptio zur anderen und bombardiert ihn regelrecht mit harten Fakten über das beobachtete Steinreich. Das Erzählsubjekt observiert, vergleicht, notiert und nennt die versteinerte und verhärtete Gegenständlichkeit der Natur mit richtigem Namen. Textabschnitte wie dieser sind typisch für „Oryctographia“ und Hacquets Reiseberichte insgesamt:

> „Von dieser Gegende gieng die Untersuchung immer mehr gegen Mittag abwärts in das Hysterreichische [Istrische], wo ich durchaus nichts als Kalksteine mit Versteinerungen antraf; der Stein war meistens von Farbe weiß, oder graugelb. Die meisten Versteinerungen waren hier Linsensteine, oder Pfennigsteine (helmintholitus nautilis numismalis, teils planis minoribus solutis). Diese Versteinerungen machen mit der Mutter, worin sie sitzen, ein festes Ganzes aus, daß der Stein eine recht gute Politur annimmt, und für einen guten Marmor gelten kann.“[219]

Im Unterschied zu Fortis, der als „Stipendiat“ der englischen Antiquitätensammler Gründe genug hatte, bisweilen auch die Rolle eines dalmatinischen „Indiana Jones“ zu übernehmen, zeigt Hacquet kaum Interesse an archäologisch-numismatischen Schätzen und Betätigungen. Einen „mächtigen Gang von Pechkohlen“, den der Straßenbau zum Zeitpunkt seiner Ankunft im Zrmanja-Tal offen legt, zieht Hacquet als Fund eindeutig den bei demselben Anlass ausgegrabenen Überresten des Altertums vor.[220] Aus Pechkohlen konnte man Steinöl brennen, aus antiken Münzen eben nicht: Aus der Sicht des französisch-krainerischen Naturökonomen bleibt das Kulturhistorische hinter der Ressource zurück, sei es auch so merkwürdig wie ein steinerner Kopf mit Hörnern, den Hacquet ohne viel Zögern keinem anderen als dem ägyptischen Gott Ammon zuordnet.[221]

[217] Pratt, Imperial Eyes, 60.
[218] Hacquet, Oryctographia, Bd. 1, XIV.
[219] Hacquet, Oryctographia, Bd. 4, 43.
[220] Hacquet, Physikalisch-politische Reise, 34.
[221] Ebd., 33f.

An kaum einer anderen Textstelle offenbart sich Hacquets geringes Interesse für kulturelle Denkmäler so, wie in seiner „Naturalisierung" des Amphitheaters in Pula: Zu diesem kolossalen Monument der antiken Vergangenheit heißt es bei Hacquet:

> „Die Steine, so sich darinn befinden, sind feste Kalksteine, ohne Versteinerungen und von ungeheurer Größe. Ich will von allen übrigen Herrlichkeiten der Römer, so übrig geblieben sind, und sich in dieser öden Stadt befinden, für diesmahl keine Meldung thun, weil es jetzt wieder meinen Endzweck wäre; erwähntes Gebäude muß mir auch mit als ein Beweis wegen des Auffsteigens der See dienen."[222]

Bereits in der „Oryctographia Carniolica" wird der auf hunderten von Seiten menschenleer beschriebene Naturraum stellenweise zum Habitat besonderer Einwohner, Völker oder Nationen erklärt, die Hacquet in ethnographischer Manier nach ihrem Ursprung und Siedlungsraum, ihrer Sprache, Lebensart und ihren dominanten Charaktereigenschaften zu bestimmen versucht. In der zweiten Monographie mit Kroatien-Bezügen unter dem Titel „Physikalisch-politische Reise aus den Dinarischen in die Julischen, Carnischen, Rhätischen in die Norischen Alpen" legt Hacquet – der Leser versteinerter geognostischen Kodes und Spezialist für gewinnbringende Steine – sein zweites großes Interesse, das dem Wesen, Leben und Treiben der Einheimischen oder Eingeborenen gilt, ganz deutlich dar. Was den Bretonen schließlich von allen anderen mit Notizheften, Messgeräten und Sammelgut-Behältern ausgerüsteten Naturerkundern des kroatischen Raumes deutlich abhebt, ist sein Versuch der umfangreichen ethnographischen Erfassung der habsburgischen Südslawen durch eine nachträgliche systematische Aufbereitung der auf Reisen gesammelten und angelesenen Informationen über diese Völker. Bildlich und sprachlich repräsentiert, mit entsprechenden Stammesnamen belegt und nach regionalen Varietäten systematisiert, kommen Hacquets Slawen heftweise zwischen 1802 und 1805 in einer selbständigen Publikation mit dem Titel „Abbildung und Beschreibung der südwestlichen und östlichen Wenden, Illyrier und Slaven" auf den Markt.[223]

4.2.3 Hacquets Systema Slavorum

Mit seiner „Abbildung und Beschreibung" griff Balthasar Hacquet den völkerkundlichen Diskurs auf, der im deutschsprachigen Raum seit Mitte des 18. Jahrhunderts im Zusammenhang mit der Sibirienforschung und Russlandkunde kontinuierlich entwickelt worden war. Nachdem der Historiker und Teilnehmer der großen Kamtschatka-Expedition Gerhard Friedrich Müller bereits in den 1740er Jahren das Konzept der Völkerbeschreibung erfolgreich auf Sibirien angewandt hatte, machte sich der Göttinger Professor, Historiker, Statistiker und Slawenforscher August Ludwig Schlözer zusammen mit seinen Kollegen Johann Christoph Gatterer um die Einführung der Begriffe und die Konzeptualisierung

222 Hacquet, Oryctographia, Bd. 1, 57.

223 Über dieses Werk, Hacquet als Ethnographen und seine Wahrnehmungen des Volkslebens im Gebiet des Adria-Raumes wie auch zu seinem Slawen-Bild allgemein, siehe u. a. Fikfak, O Hacquetovih upodobitvah; Pederin, Jadranska Hrvatska; ders., Balthasar Hacquet; ders., Die Morlaken.

der Ethnographie und Völkerkunde als Disziplinen der Geschichtsforschung und Staatenkunde verdient.[224] Ganz im Sinne dieser Ansätze bemühte sich Balthasar Hacquet um die Systematisierung, um das taxonomische In-Ordnung-Bringen und die penible ethnographische Porträtierung der südöstlichen und -westlichen Ausläufer der „grossen, mächtigen und mehr als jemals die Araber ausgebreiteten Nation der Venden, Winden, Sklavenen oder heutigen Slaven".[225] Wie in Russland und Göttingen, so lag auch der Völkerkunde im Habsburgerreich eine politische Intention zugrunde. Auch Hacquet stellte sich seine ethnographische Arbeit als Projekt im Dienste der gouvernementalen Strukturen vor, das den Zugriff des Staates auf seine Bevölkerung ermöglichen sollte. Die intendierte Rolle seiner Ethnographie als Informationsbereitstellung zur Machtausübung bestätigte Hacquet durch die Widmung an Kaiser Franz II. und die darin formulierte Erinnerung, dass seine Majestät das ethnographische Vorhaben des Naturforschers zum Besten des Staates höchstpersönlich gebilligt hatte.

Mit den Sibirienexpeditionen, der Staatskunde, den aufblühenden Geschichtswissenschaften und Ethnos-Disziplinen trat das *longue durée*-Projekt der diskursiven Suche nach den Ursprüngen, Gemeinsamkeiten und Differenzen der slawischen Völker in eine neue, vorwissenschaftliche Phase. Seit der zweiten Hälfte des 18. Jahrhunderts wurde diese alte Suche im deutschsprachigen Raum in verschiedenen „universalhistorischen" Projekten in enger Verbindung mit der Linguistik fortgesetzt.[226] Die südslawisch-illyrische Verbin-

[224] Zur Entwicklung der Ethnographie siehe Han F. Vermeulen, Early History of Ethnography and Ethnology in the German Enlightenment: Anthropological Discourse in Europe and Asia, 1710–1808. Leiden 2008; ders., The German Invention of Völkerkunde. Ethnological Discourse in Europe and Asia, 1740–1798, in: Sara Eigen / Mark Larrimore (Hgg.), The German Invention of Race. Albany, NY 2004, 123–144. Siehe auch Justin Stagl, Eine Geschichte der Neugier. Die Kunst des Reisens 1550–1800. Wien, Köln, Weimar 2002. Zu Schlözer vgl. Martin Peters, Altes Reich und Europa. Der Historiker, Statistiker und Publizist August Ludwig (v.) Schlözer (1735–1809). Münster u. a. ^{2}2005 (Marburger Schriftenreihe zur Frühen Neuzeit, 6).

[225] Hacquet, Abbildung und Beschreibung, 1.

[226] Die Beschäftigung mit der Geschichte und in diesem Rahmen auch mit den Sprachen der slawischen Völker war zur Zeit der Aufklärung ein Anliegen vieler deutscher und auch slawischer Gelehrter. Einen Anfang der neueren Forschungen markiert das Werk des Gelehrten Johann Siegmund Valentin Popowitsch (Janez Žiga Popovič) „Untersuchungen vom Meere" aus dem Jahre 1750, das mit seinem Versuch der Slawenklassifikation auf die deutsche gelehrte Öffentlichkeit wirkte. Um die Begründung neuer Methoden in der slawischen Historiographie und den Sprachwissenschaften machte sich August Ludwig Schlözer (1735–1809) verdient, der eine eigene Slawenklassifikation entwarf. Zu erwähnen sind auch die linguistischen Forschungen von Karl Gottlob Anton (1751–1806) und Johann Christoph Adelung (1732–1806), weiterhin die intensiven Bemühungen Dobrovskýs und Kopitars um die Entfaltung einer wissenschaftlichen Slawistik, die zum großen Teil in deutscher Sprache ausgetragen und der deutschen Wissenschaft zugänglich gemacht wurde. Den universalgeschichtlich-linguistischen Forschungen folgte in der „romantischen" bzw. „Wiedergeburt"-Phase – wiederum in Form einer engen slawisch-deutschen Zusammenarbeit – eine zunehmende Fokusverschiebung auf die „austroslawischen" Zusammenhänge und speziell auf die Sprachen und Literaturen der Südslawen.

dung blieb in der Terminologie der slawenkundlichen Forschungen nach wie vor erhalten. Sei es als Raumbezeichnung für den ganzen Balkanraum oder wie bei Grellmann für den „südslawischen Bereich der Länder der ungarischen Krone", sei es als Linguonym für die štokavische Sprache, die später zum Serbokroatischen und heutigen Kroatisch und Serbisch wurde, oder als Ethnikon für die Südslawen im Allgemeinen und ihren westlichen „Zweig" im Besonderen – der „illyrische" Name fungierte in der zweiten Hälfte des 18. und Anfang des 19. Jahrhunderts in den wissenschaftlichen Auseinandersetzungen mit den Südslawen als unverzichtbarer Terminus technicus.[227]

In seiner Programmschrift „Probe Russischer Annalen" aus dem Jahre 1768 schlägt der berühmte Slawenkundler der Aufklärung August Ludwig Schlözer ein methodologisches Vorgehen zur Bestandesaufnahme der slawischen Völker vor:

> „Man erlaube mir, daß ich die Sprache des Grössesten der Naturforscher in die Völkergeschichte einführe. Ich sehe kein besseres Mittel, den Verwirrungen der ältesten und mittleren Geschichte auszuweichen, und ihre Dunkelheiten abzuklären, als ein nach Linnäischer Methode verfertigtes Systema Populorum, in Classes und Ordines, Genera und Species, redactorum. Die Möglichkeit ist da. So wie Linnäus die Thiere nach den Zähnen und die Pflanzen nach den Staubfäden einteilet: so würde der Geschichtsforscher die Völker nach den Sprachen ordnen. Das war es, worauf Leibnitz so nachdrücklich und offen drang; aber niemand hörte ihn [...]."[228]

Mit der naturgeschichtlichen Methodik nimmt es der Geologe und Arzt Balthasar Hacquet viel genauer als der Historiker Schlözer. Auch Hacquet entwirft nämlich ein eigenes Systema Populorum und macht es zum organisatorischen Gerüst seiner „Abbildung und Beschreibung". Im Unterschied zum Göttinger Professor löst Hacquet seine Völkerbeschreibung weitgehend aus dem Schoß der Historiographie heraus und rückt sie – indem er geographisch-biologischen Kriterien eindeutigen Vorzug vor den linguistischen gibt – in die Nähe der (naturhistorisch-)anthropogeographischen Konstruktionen der Aufklärung. Hacquets Ordnungsversuch der slawischen Mannigfaltigkeiten gestaltet sich zum einen unter Rückgriff auf das universale klimatheoretische Deutungsmodell Montesquieus, das den äußeren Faktoren wie dem Klima, der geographischen Lage, der Bodenbeschaffenheit und anderen umweltbedingten Besonderheiten einen entscheidenden Einfluss auf die gesellschaftlichen Ordnungen und Charaktere der einzelnen Völker einräumte.[229] Andererseits stehen

Vgl. dazu u.a. PEUKERT, Deutsche Südslawen-Klassifikationen; SUNDHAUSSEN, Der Einfluß, 14–18.

[227] Ausführlich dazu vgl. das Kapitel „Völker und Namen" in KESSLER, Politik, 192–219.

[228] August Ludwig SCHLÖZER, Probe Russischer Annalen. Göttingen 1768. Zitiert nach Gudrun BUCHER, „Von Beschreibung der Sitten und Gebräuche der Völker." Die Instruktionen Gerhard Friedrich Müllers und ihre Bedeutung für die Geschichte der Ethnologie und der Geschichtswissenschaft. Stuttgart 2000, 212. Vgl. dazu auch Reinhard LAUER, Schlözer und die Grundlegung slavistischer Methodologie, *Zeitschrift für Slawistik* 30 (1985), H. 5, 634–644; PETERS, Altes Reich, 166–167.

[229] Vgl. Charles Louis de Secondat de MONTESQUIEU, Vom Geist der Gesetze. Stuttgart 1974. Zur Klimatheorie im 18. Jh. siehe LANG, Der Orientreisende, 53–58; Silke MEYER, Die Ikono-

dem Hacquet'schen Systema Slavorum anscheinend auch die aufklärerischen biologisch-anthropologischen Theorien über Prototyp und Varietäten der menschlichen Gattungen, wie sie unter anderem der französische Naturhistoriker Georges-Louis Leclerc de Buffon (1707–1788) formuliert hatte, in mancherlei Hinsicht Pate. Buffon gliedert die menschliche Gattung nach Merkmalen wie Haut-, Haar- und Augenfarbe, körperliche Konstitution, Schädelform und Gesichtszüge in verschiedene Rassen, Arten und Varietäten.[230] Eine gleichgewichtige Rolle wie den äußerlichen Merkmalen räumt Buffon allerdings einem weiteren Bestimmungskriterium ein, das er „Naturell der verschiedenen Völker"[231] nennt: den Sitten und Neigungen, dem Aberglauben, den Formen der Sexualität, der Ernährungs- und Wohnweise. Das dritte Kriterium – das ein dynamisches Moment in das System einbringt – ist bei Buffon der Grad der Poliziertheit, den das jeweilige Volk erreicht hat.[232] „Im Rahmen seiner allgemeinen Naturgeschichte", so Karl-Heinz Kohl, „hat Buffon eines der differenziertesten anthropologischen Systeme seiner Zeit entworfen, ein System, das dem Einfluss klimatischer Bedingungen auf die Entstehung der Unterschiede im physischen und kulturellen Erscheinungsbild der einzelnen Völker ebenso Rechnung zu tragen versucht wie den Wechselbeziehungen zwischen Umwelt, Lebensweise und Gesellschaftsentwicklung."[233] Neben Buffons Gedankengut dürften auch die rassentypologischen Varietätstheorien des Göttinger Medizinprofessors Johann Friedrich Blumenbach, auf dessen Arbeiten Hacquet mehrfach Bezug nimmt, Einfluss auf die in der „Abbildung und Beschreibung" vorgeschlagene Ordnung der slawischen Mannigfaltigkeiten ausgeübt haben.[234]

Das physisch-anthropologische Gedankengut fällt bereits beim Aufschlagen des Hacquet'schen Werkes ins Auge, man findet es nämlich in einen Kupferstich eingezeichnet, der auf der Titelseite prangt (vgl. Abb. F2). Auf dem kolorierten Titelkupfer erkennt man drei männliche Gesichter in Profilansicht. Darunter finden sich die Volksbezeichnungen „Slavus – Venedus – Illyricus" ausgeschrieben.

Laut Abbildungsverzeichnis soll das Ganze „die ächte Gesichtsbildung der Hauptrace des Slawischen Volks als Art und Abart"[235] repräsentieren. Im Laufe des Textes wird jedoch

graphie der Nation. Nationalstereotype in der englischen Druckgraphik des 18. Jahrhunderts. Münster u. a. 2003, 334–344.

[230] Siehe dazu Karl-Heinz Kohl, Entzauberter Blick. Das Bild vom Guten Wilden und die Erfahrung der Zivilisation. Frankfurt/M., Paris 1983, 71–80. Als e-Paper unter <http://www.scribd.com/doc/42158/Kohl-KarlHeinz-Entzauberter-Blick>, 15.07.2011.

[231] Zitiert nach Kohl, Entzauberter Blick, 74.

[232] Vgl. ebd.

[233] Ebd., 80.

[234] Zum Professor der Medizin und Naturgeschichte und Begründer der physischen Anthropologie Johann Friedrich Blumenbach (1752–1840) siehe u. a. Sara Eigen, Self, Race and Species: J. F. Blumenbach's Atlas Experiment, German Quarterly 78 (2005), Nr. 3, 277–298.

[235] Hacquet, Abbildung und Beschreibung, Abbildungsverzeichnis, unpaginiert. Möglicherweise lässt sich Hacquet für diese bildliche Darstellung der innerslawischen physiognomischen Varietäten durch „charakteristisch[e] Musterköpfe[e] von Männern aus den 5 Hauptrassen im Menschengeschlechte" inspirieren, die Blumenbach in seinem Atlas „Abbildungen Natur-

deutlich, dass sich Hacquet die slawische „Nation" als eine im immensen territorialen Umfang von den Küsten der Adria bis nach Nordamerika ausgebreitete „Art" vorstellt. Seine Aufgabe sieht er offenbar primär in der Beschreibung ihrer Varietäten oder der „Abarten" im geographischen Nebeneinander unterschiedlicher „Völker" oder „Stämme". Dabei richtet er allerdings seine Aufmerksamkeit auch auf die Unterschiede, die das Slawische vom Nichtslawischen trennen.

Allem Anschein nach war Hacquets ethnographisches Projekt ursprünglich in einem breiteren, alle slawischen Völker der Monarchie umfassenden Umfang gedacht, am Ende jedoch bleibt seine Darstellung weitgehend auf den südslawischen Bereich der Habsburgermonarchie beschränkt. Das entscheidende Kriterium der Einteilung und Bestimmung der Völker ist bei Hacquet der Lebensraum bzw. das Geographische. Die einzelnen, in ihrem sittlichen, charakterologischen, physiognomischen und ökonomischen Dasein in ihrem jeweiligen Landstrich einer nach dem anderen ausführlich beschriebenen slawischen „Stämme" werden den zwei größeren, nach verschwommenen Kriterien zusammengefügten Einheiten der „Wenden/Winden" und „Illyrier" zugeordnet, die zusammen mit einer weiteren angedeuteten taxonomischen Einheit, der der „Slaven" oder „Sarmaten", die Varietätstriade der slawischen Existenz à la Hacquet ausmachen.[236] Die Bindemittel, die die „Stämme" der „Liburnier", „Morlacken", „Chrobaten oder Kroaten", „Likaner oder Gebirgs-Chrabaten", „Dalmatiner", „Slavonier oder Slavinier", „Clementiner" und „Rascier" in Hacquets Augen zu den „Illyriern" verschmelzen lassen, und die Kriterien, nach denen diese illyrische „Abart" der Slawen von den „Winden" abgehoben wird, bleiben abstrus. Rein linguistisch geht der Ethnograph bei der Unterscheidung zwischen „Venedus", „Slavus" und „Illyricus" nicht vor, vielmehr lässt er sich dabei wahrscheinlich auch von politischen Grenzen und morphologisch-biologistischen Wahrnehmungsmustern leiten. Erläutert werden die Unterschiede zwischen den drei „Abarten" im Text nicht, das bereits besprochene Titelkupfer suggeriert jedoch, dass Hacquet offenbar auch anhand der Nasen-, Kinn- oder Stirnform einen „Illyrier" von einem „Winden" zu unterscheiden vermag.

historischer Gegenstände" hatte drucken lassen. Ausführlicher zu Blumenbachs Porträts siehe Eigen, Self, Race and Species.

236 Unter „Wenden" „Winden" oder „Slavenzi" versteht Hacquet insgesamt sieben Völker oder Stämme: die „Geithaler oder Silauzi", die „Krainer oder Krainze", die „Istrianer oder Istrier (Istriane)", die „Japoder oder Japidier" (diese unterteilt er noch in „Zhitze", „Karster" und „Poyker"), weiterhin die „Unterländer oder Dolenzer", die „Wipacher oder Vipauze" und die „Gotscheer oder Hotschevarie". Zu den „Illyriern" rechnet er dagegen die „Liburnier oder Liburnzi", die „Morlaken oder Morlachen (More-Vlassi)", die „Chrobaten oder Kroaten (Horvati)", die „Uskoken oder Skoko (Serbli)", die „Likaner oder Gebirgs-Chrobaten (Likani)", die „Dalmatiner (Dalmati oder Duvni)", die „Slavonier oder Slavinier (Slovenecz)", die „Clementiner (Clementini)" und die „Rascier oder Raitzen (Зерплини)". Wie bereits aus diesen Namen ersichtlich, konstruiert Hacquet die südslawischen Identitäten vorwiegend als regionale Gemeinschaften, bisweilen lässt er dabei angelesene antike Identitäten auferstehen, unter vereinzelten Bezugnahmen auf ethnisch kodierte Namen und Bezeichnungen.

4.2.4 Reziprozität und Diversifizierung

„Die Fähigkeit eines Reisenden, die Menschen in den besuchten Ländern im Gespräche zu verstehen und möglichst auch ihre Texte lesen zu können", schreibt Jürgen Osterhammel, „ist die Voraussetzung für eine würdige Begegnung über kulturelle Grenzen hinweg."[237] Bei Balthasar Hacquet war diese Voraussetzung vorhanden. Seinen „Feldforschungen" im kroatischen Raum lag in hohem Maß die Reziprozität zwischen dem Beobachter und dem Beobachteten zugrunde. Mit anderen Worten: Der Bretone nahm die „Illyrier", über die er schrieb, nicht nur wahr, sondern er kommunizierte auch mit ihnen, weilte in ihren Häusern, ließ sich von einheimischen Reiseführern begleiten und betätigte sich als Arzt auf seinen Kroatien-Reisen regelmäßig auch medizinisch. In seinen Texten ließ er die „Illyrier", darunter auch manch einen Räuber, häufig durch seine Feder sprechen, bisweilen auch als Individuen mit Vor- und Nachnamen. Zum anderen kann man schließen, dass Hacquet ein profunder Kenner des historiographischen Schrifttums über die Slawen war, inklusive der einschlägigen Werke südslawischer Gelehrter und der zeitgenössischen westeuropäischen Reiseliteratur über die slawischen Länder. Das Urwissen der Antike und das historiographische Erbe des humanistischen Illyrismus rezipierte dieser Gelehrte genauso eifrig wie die damals aktuelle Reiseliteratur und Texte von Sibirienforschern, Staatenkundlern und Klassifikatoren slawischer Sprachen und Sitten.[238] Alle diese Prätexte vermachen seiner „Abbildung" viele ihrer Erkenntnisse und Widersprüche. Dem Denkhorizont eines bürgerlich-gebildeten Spätaufklärers und Josephiners bleibt Hacquet weitgehend verpflichtet und lässt keine Zweifel daran, dass er Fortschritt, Bildung und Zivilisation nicht mit der slawischen Domäne verbindet. Nichtsdestoweniger kann sein ethnographisches Werk unzweifelhaft als eine der differenziertesten Darstellungen des Volkslebens im Süden der Habsburgermonarchie zu der damaligen Zeit bezeichnet werden. Hacquet ist gut informiert, detailverliebt und gründlich. Geradezu besessen von den Schattierungen innerhalb der slawischen „Art", schreibt er seine Völkerbeschreibung als Studie der innerslawischen Differenzen. Akribisch hält er die Diversitäten in der Lebensweise der Bewohner historischer Territorien Kroatiens in der mikrogeographischen Progression, häufig auch von Dorf zu Dorf differenzie-

[237] Osterhammel, Die Entzauberung, 136.

[238] Unter den zahlreichen Vortexten und Vorgängern, die Hacquet in seinen Werken zitiert, finden sich die antiken Autoritäten wie Procopius, Plinius, Herodot und Constantinus VII. Porphyrogenitus, die slawischen Vorgänger und Zeitgenossen wie Mauro (Mavro) Orbini, Balthasar Adam Kercselich (Baltazar Adam Krčelić), Maximilian Simek (Šimek), Gaspar Vignalich (Gašpar Vinjalić) und Anton Tomaž Linhart. Häufig sind Bezugnahmen auf die Werke August Ludwig von Schlözers, Karl Gottlob von Antons, Ludwig Albrecht Gebhardis, Honoratus Novotnys, auf die ethnographischen Vorarbeiten Valvasors, Fortis', Taubes, Cassas' und die völkerkundlichen Ergebnisse der deutschen Sibirien- bzw. Kaukasuserkundungen aus den Federn von Johan Gottlieb Georgi, Peter Simon Pallas Pallas und Jacob Reineggs. Auf Hacquets Leseliste standen neben den Philosophen Montesquieu und Rousseau natürlich die Größen der Naturforschung Linné und Buffon ganz oben, nebst zahlreichen Forschungsreisenden und naturwissenschaftlichen Erkundern der habsburgischen Länder (darunter Johannes Antonius Scopoli, Benedikt Franz Hermann, Ignatz von Born, Heinrich Johann Krantz usw.).

rend, fest. Das markante Phänomen der Transkulturalität der Kontaktzone zwischen den Imperien schreibt sich in seinen Text durchgängig in Begrifflichkeiten der „Mischungen" und „Vermischungen" ein, sei es der Charaktere, der Sprachen, der Kleidertrachten, der Sitten, des Geblüts. So registriert er durchgehend Halb-Halb-Völker, bisweilen „Bastard-Race[n]"[239], und kapituliert schließlich in seinem Versuch der Charakterisierung des „Slavoniers" vor der charakterologisch kaum uniformierbaren ethnischen Hybridität: „Was [...] den individuellen Charakter betrifft", so Hacquet in seinem Slavonier-Kapitel,

> „darüber ist sehr schwer etwas zu sagen, da [...] so viele verschiedene Nationen sich hier auf diesem nicht sehr grossen Landesstrich vereinigt haben, so dass durch Vermischung der Familien auch das Thun und Lassen, so wie die Leidenschaften in einander geschmolzen sind, was man an einem individuellen Charakterzug des Servier mit jenem des Chrowaten an der See oder des Dalmatier ganz deutlich ausnimmt."[240]

Wie aus diesem Beispiel ersichtlich, kommen in Hacquets Kommentaren, die durchgängig regionale Gemeinschaften konstruieren, bisweilen auch ethnische Markierungen zum Vorschein.

4.2.5 Plädoyer für die Berüchtigten

Als profunder Kenner der Länder und Kulturen der ungarischen Reichshälfte und deren Imaginarien vermag Hacquet die Verschiebungen auf den „Landkarten der Bedeutung"[241] unter wechselnden kommunikativen Bedingungen und Perspektiven, die problematischen Polysemien[242] und die metonymischen Mechanismen der Stereotypenbildung in Bezug auf die „Haiduken" und „Kroaten" zu identifizieren:

[239] Hacquet, Abbildung und Beschreibung, 113.

[240] Ebd., 203f.

[241] John Clarke u.a., Subkulturen, Kulturen und Klasse, in: John Clarke u.a. (Hgg.), Jugendkultur als Widerstand. Milieus, Rituale, Provokation. Frankfurt 1981, 39–132, 41.

[242] Dazu schreibt Hacquet: „Dass die slavischen Völker vorzüglich vor vielen andern in den östlichen und mittägigen Provinzen gern ihren Nachbarn einen auf Lage, Hanthierung u.s.w. Bezug habenden Spitznahmen ertheilen, ist einem jeden bekannt, der unter ihnen gebohren, oder genug mit ihnen umgegangen ist [...]. Niemals habe ich dies so viel erfahren, als bey der ersten Seelenbeschreibung dieser Länder, wo mancher Mensch mit drey verschiedenen Namen vorkam. Erstens war sein bekannter Name z.B. Kmutz, welcher aber nur vor dem vorigen Hausbesitzer herstammte; zweytens Bartsch war ein Spitzname, den man ihm wegen des Stottern gab; drittens hiess er nach seinem rechten Namen, so wie er im Taufbuch eingetragen war, Zhéretizhitsch. Aus diesem ist also leicht zu ersehen, dass es einem jeden leichter war, ein oder zwey, als vielsylbige Namen beyzubehalten, der, ob zwar unächt, doch zur Gewohnheit wurde, so dass derjenige, den es anging, selbst beym Befragen den falschen Namen angab; so sagt ja auch oft der Italiener, wenn er auf teutsch gefragt wird, was für ein Landmann sey, ein Wellischer. Von diesem wenigen kann man auf das Allgemeine schliessen, dass das Morevlah ebenfalls von den übrigen Serbliern (denn so nennen sich noch viele von den Morlachen an der chrobatischen Seeküste) benamset wurde (da diese ursprüngliche Slaven sich mit Römern oder Italienern mischten, und nicht mehr von den Ultra montani für ächte Slaven oder Illyrier gehalten werden), wie die ausgewanderte Caste der Suders aus Hindostan ebenfalls einen andern Namen erhielt, davon das weitere bey den Slaven." Hacquet, Abbildung und Beschreibung,

> „Wo so etwas [Mord und Raub bei den „Morlaken"; M. Z.] ausgeübt wird, werden diese Menschen mit dem unschicklichen Namen Haiduken belegt, da man hingegen in Ungarn unter solchen Namen Menschen versteht, die einem auf Reisen u.s.w. als Beschützer dienen. Welchen guten Ruf haben sie nicht in den sogenannten Haiduken-Städten in Nieder-Ungarn! ja man versteht sogar in manchen Örtern dieses Landes unter Haiduken einen Familienvorsteher; so hat man ja auch den Krovat vor Zeiten allgemein mit dem Namen Pandur belegt, ohne zu wissen, was das Wort bedeutet, aber dennoch verstand man einen Räuber und Mörder darunter, und da einige verworfene Freyparteygänger als ein Trenk und Menzel in den bayerischen Successions-Kriege die Menschen anführten, und ihnen alle Gewaltthätigkeiten erlaubten, um das Geraubte mit ihnen teilen zu können, so mussten sie freylich in die grösste Verachtung gerathen."[243]

Michael Denis, der selbst nie im Krieg gedient hat, verherrlicht die Einsätze bewaffneter Männer aus Kroatien im fernen Berlin, der preußische Dichtersoldat Kleist, der sie selbst auf der anderen Seite der Front erlebt, macht die „Kroaten" in seinen Reimen zur Zielscheibe der Feindseligkeit. Balthasar Hacquet hat nach eigenen Angaben höchstpersönlich im Siebenjährigen Krieg „mit Bannalisten und Lykanern" das „Ungemach der Feldzüge"[244] geteilt, was seine Reisen in vielerlei Hinsicht erleichtert: „[B]ekannt mit der Nation als Soldat", findet er „bey jedem Offizier Unterstützung"[245], zum anderen punktet er als Veteran auch bei den gemeinen „Grenzern". Es ist nicht verwunderlich, dass er auch das martialische Imagothema und seine Stereotype wohl kennt und dazu auch in seinen Texten Stellung nimmt. Auf die Fama über die Raubsucht und Grausamkeit antwortet er mit einem seiner beliebtesten Narrative, jenem über zivilisatorische Differenzen:

> „Der Kroat im Allgemeinen, ist unter seines gleichen ein guter Mensch, getreu und behülflich, aber alles was nicht mit ihm eine Caste ausmacht, behandelt er als fremd, und ausser Landes auch wohl als Feind. Er ist gegen seinen forgesetzten geschmeidig und kriechend wie jeder Sklave, aber sobald er nicht mehr zu behorchen hat, sieht er ihn mit Verachtung, aber doch ohne öffentliche Beleidigung an. Dass der Chrobat arm ist, darf ich nicht erst sagen, da ein Theil seines Landes, als das Kettengebirg unfruchtbar ist. Bricht ein Krieg aus, so denkt er, was man in der Politik erhaben heisst, zu erobern, wo es ihm glückt, Beute zu machen und zu seiner Familie zurück zu kommen. Als ein halb roher Mensch, der wenig gesehen hat, und noch weniger besitzt, gefällt ihm alles Neue, und er hat den Trieb, den alle Menschn haben, es auch zu besitzen. Findet sich nun eine gute Gelegenheit dazu, so wird es auch sein. Fragt sein Kamerad, woher hast du dies erbeutet? So ist meistens die scherzhafte Antwort, der Wirth von Standquartier habe es ihm geschenkt, und ein wenig dazu geweint. Obgleich man dem Kroaten dieses Verfahren der Entwendung wie billig zu Last legt, so liegt doch dieses in der Natur seiner Armuth und Erziehung, wie bey allen rohen Völkern der Erde. Macht es der Sarmat, der Neuseeländer u.s.w. anders? Und würde es oft der wohl civilisirte Mensch,

112f. Der Ethnograph hatte es jedenfalls bei der Benennung dieser Slawen nicht viel leichter als der bürokratische Apparat bei der Seelenbeschreibung.

[243] Ebd., 115.

[244] Ebd., 246.

[245] Ebd., 162.

dessen Charakter manchmal Habsucht ist, besser machen, wenn er wüsste unbestraft und unerkannt zu bleiben."[246]

Hacquets Plädoyer für die „Kroaten", die „durch die Bank Krieger"[247] seien, lautet: Einem armen unzivilisierten Menschen solle man die Raubsucht nicht so hoch anrechnen wie einem gebildeten und wohlhabenden, und dies habe auch für Völker zu gelten. An einer anderen Textstelle heißt es zu diesem Thema:

> „Wenn man den Einwurf macht, das der russische oder slavisch-österreichische Soldat dem Raube mehr als andere kriegerische Völker ergeben sey, so muss ich zur Steuer der Wahrheit bekennen, das ich Feldzüge mit Engländern, Franzosen, Teutschen, Russen und Oesterreichern gemacht habe, und befunden, dass das Beutemachen bey allen wohl ziemlich das Gleichgewicht hält. Freylich Noth bricht Eisen! Wenn der Mann einen zu schmalen Gehalt, oder solchen nicht ordentlich erhält, so tritt das Nothrecht ein, und bey dem Militair wird der besondere Karakter einer jeden Nation durch die Disziplin unterdrückt und geändert. Was für ein Abstand zwischen einem Slaven, und einem englischen Soldaten in der Kultur! Und wie weit übertrift nicht letzterer den ersten im Beutemachen?"[248]

Der neue Spieler, der dem diskursiven Für-und-Gegen-Schachspiel um das martialisch-kroatische Andere beitritt, legt durch diesen „Zug" sein ideologisches Für und seine Bereitschaft dar, um versuchsweise, mit Jürgen Osterhammel gesprochen, „eine Wertbalance und Urteilssymmetrie" durch das Aufwiegen des angeblich Negativen bei dem slawischen Other mit Vergleichbarem auf der nichtslawischen Seite herzustellen.[249] Hacquet offenbart hier auch die Taktik, mit der er auch in anderweitigen Kontexten seine Definitionsmacht über die Slawen-Figuren ausübt: Es ist die Strategie des sympathisierenden Nach-Unten-Sprechens von der distanzierten Warte eines bürgerlich-gelehrten Bevollmächtigten für Soll-Haben-Rechnungen der Kultur, Zivilisiertheit und Modernität der Völker und Völkergemeinschaften.

4.2.6 Mental Maps

Die „illyrische" Völkergarnitur genauso wie der „Slave" überhaupt wird bei Hacquet durchgehend in den Kategorien „Rohheit" oder „Halb-Wildheit" gedacht und in Bildlichkeiten der Abweichung von der „Civilität"[250] der Nationen beschrieben, die der „Wahlösterreicher" in seiner „Abbildung und Beschreibung" nicht ausdrücklich dem Westen zuordnet, aber dennoch zu erkennen gibt, dass auf seiner Mental Map Fortschritt, Bildung und Zivilisation dieser Himmelsrichtung folgten. Die Vorstellung vom „ersten westlichen Teil von Europa" fixiert Hacquet terminologisch bereits in seiner „Oryctographia".[251] Das ältere

246 Ebd., 130f. Die Frage von Hacquets Kameraden: „Woher hast du dies erbeutet?" erinnert sehr an jene des Scharfschützen aus Schillers „Wallensteins Lager": „Kroat, wo hast du das Halsband gestohlen?" Kam sie Hacquet tatsächlich im Felde zu Ohren? Vgl. Schiller, Wallenstein, 21.

247 Hacquet, Abbildung und Beschreibung, 132.

248 Ebd., 7.

249 Osterhammel, Die Entzauberung, 76.

250 Hacquet, Abbildung und Beschreibung, 8.

251 Hacquet, Oryctographia, Bd. 3, XV.

Nord-Süd-Schema bestimmt allerdings immer noch vieles im Hacquet'schen Slawen-Kollektiv. Den traditionellen Mental Maps und der Schlözer'schen „Allgemeinen Nordischen Geschichte" entsprechend schreibt Hacquet über die Slawen als „nordische Völker"[252], den „illyrischen" Ethnoraum kartographiert er traditionellerweise an der attributiven Schnittstelle südlich-orientalisch (das Letztere im semantischen Umfang der traditionellen Formel „Orient von Europa" und in der althergebrachten kirchlichen Bedeutungsvariante als Ausstrahlungsbereich der ecclesia orientalis), im Morlaken-Kapitel spricht er davon, dass die slawischen Völker „von allen andern in den östlichen und mittägigen Provinzen gern ihren Nachbarn einen [....] Spitznahmen ertheilen".[253] Den Terminus „östliches Europa" oder „Osteuropa" verwendet Hacquet als geographische Bezeichnung für slawische Ländergruppen noch nicht, dennoch lässt sich in diesem Werk aus den Jahren 1801–1804 die ideengeschichtliche „Drehung der Windrose" im Hinblick auf die Lage der Slawen im „Osten" Europas bereits erkennen.[254] Die festen traditionellen Schemata geraten durch die Trennlinie Slawisch/Nichtslawisch ins Wanken. Die „Asiatisierung", die man in Hacquets Slawonien-Bericht antrifft, vollzieht sich hier im Rahmen einer allslawischen Kommentierungsweise, die Parallelen werden nun ursprungstheoretisch, physiognomisch, linguistisch, sittlich und charakterologisch gezogen. Dadurch wird durchgehend die „asiatische" Wesensfremdheit der Slawen gegenüber Europa suggeriert.[255] Außer in Richtung Asien zeigt der komplexe diachronisch-diatopisch funktionierende Hacquet'sche mentale Kompass auch andere assoziative Richtungen an, je nachdem, ob gerade Physis, Origo, Sitte, Kleidung, Sprache oder ein anderer Aspekt der jeweiligen „illyrischen" Existenz abgefragt wird. Beim Anblick einer gebärenden „Slavonienierin", der blonden Haare und blauen Augen einer „alpinen Morlakin" oder eines seine maritime Geschicklichkeit offenbarenden „Liburniers" zeigt dieser „assoziative Kompass" in Richtung historisches Damals – auf die Römer und ihre kühnen ostadriatischen Widersacher, die Illyrier – aber auch in Richtung Norden ins taciteische Germanien.[256] Die Vorstellung vom antiken Illyrien schreibt sich immer wieder in Hacquets Darstellung des kroatischen Raumes ein. So findet dieser Ethnograph

[252] Zu Schlözer und dem Nordenbegriff siehe u. a. Hendriette Kliemann, Aspekte des Nordenbegriffes in Deutschland um 1800, in: Henningsen (Hg.), Das Projekt Norden, 37–58. Siehe auch Peters, Altes Reich, 162–168.

[253] Hacquet, Abbildung und Beschreibung, 112.

[254] Zu dieser Verschiebung siehe Hans Lemberg, Zur Entstehung des Osteuropabegriffs im 19. Jahrhundert. Vom „Norden" zum „Osten" Europas, *Jahrbücher für Geschichte Osteuropas* 33 (1985), 48–91, unter <http://mdz10.bib-bvb.de/~db/bsb00003833/images/index.html?seite=56>, 15.07.2011.

[255] So erklärt Hacquet in seiner „Abbildung und Beschreibung", 6 die „allgemeine Ureinlichkeit" für einen „asiatischen Charakterzug" der Slawen und stellt fest: „Man sollte glauben, diese Menschen wären aus Hindostan zu Hause, denn der Hindus sagt: es ist besser zu sitzen als zu stehen, besser zu schlafen als zu wachen, aber der Tod ist das beste von allem, da er die ewige Ruhe mit sich bringt."

[256] So heißt es zum „Morlaken": „Seine raue Lebensart macht, dass sein Fell, oder seine Gesichtsfarbe etwas bräunlich wird, in den Alpen aber ist sie, besonders beym weiblichen Geschlechte weisser, mit blonden Haaren und blauen Augen, ein sicher physisches Zeichen, dass sie aus dem

um 1800 im kroatischen Küstenland immer noch die angelesenen „Japidier" und „Liburnier" vor. Diese scheinen in Hacquets Augen die Nachfahren derjenigen „Illyrier" zu sein, die noch zu Cäsars „beherztesten Völkern"[257] zählen. So heißt es in der „Oryctographia" zu den „Liburniern": „Die Einwohner sind wahrhafte Illyrier, und sehen sich noch immer ähnlich, wie sie die Alten beschrieben haben: sie sind wohlgebildete Leute, arbeitsam."[258] Mit der traditionsreichen slawisch-illyrischen Identitätsgleichung wird hier – anders als in ihren selbstaffirmativen südslawischen Varianten – der zivilisationshistorischen Stagnation das Wort geredet. Die Übersee-„Wilden" der Kolonialliteratur kommen bei Hacquet als Vergleichspaar meist in Gender-Diskursen vor. Die Geschlechterbeziehung unter den „Illyriern" ist in Hacquet'schen Werken ein großes Thema, und der „österreichische" Beobachter legitimiert sich hierbei durchgehend als Vertreter einer in der zweiten Hälfte des 18. Jahrhunderts aufkommenden Denkrichtung, die an der Stellung der Frau gesellschaftliche Evolutionserfolge und Zivilisationsstufen einzelner Völker und Kulturen ablas.[259] Die fleißigen, starken, ausdauernden Südslawinnen, die von ihren Männern verachtet werden und bisweilen, „wie Lastthiere" oder „Negersklavinnen" beladen, „vergnügt viele Meilen über das Gebirge singend dahin steigen",[260] ein anderes Mal ganz allein im Felde gebären und kurz hinterher ihre Feldarbeiten aufnehmen, haben eine prominente Stellung im „illyrischen" Figurenrepertoire Hacquets, Fortis' und anderer Reisender aus dieser Zeit. Unter diesem Aspekt erscheinen Hacquet die Südslawen ganz den „Wilden" gleich, jenen aus Übersee sowie jenen aus der Dämmerung der Menschheitsgeschichte.[261]

Norden stammen, also viel mit den alten Germaniern übereinstimmendes haben, nach dem Berichte des Tacitus." Hacquet, Abbildung und Beschreibung, 113.

257 Hacquet, Oryctographia, Bd. 1, 55.

258 Ebd., Bd. 1, 54.

259 Zum Galanteriekriterium als Maßstab des Fortschritts und der Zivilisation in Fremdheitsdiskursen der Aufklärung siehe Osterhammel, Die Entzauberung, 370–374.

260 Hacquet, Abbildung und Beschreibung, 112.

261 Galanterie und Höflichkeit herrschten in den Hütten der Bauern und Soldaten in Kroatien, Dalmatien und Slawonien gewiss nicht. In einer Gesellschaft, in der der Mann in den ständigen Militärdienst gezwungen wurde – oder wie im Küstenland auf See oder im Transport und Handel auf der Karoliner Straße beschäftigt war – und für längere Zeiten fern von zu Hause blieb, gab es keine traditionelle Arbeitsteilung, was vor allem zu Lasten der Frau ging. Bei Hacquet fügt sich das Thema Weiblichkeit unter weniger Beachtung dieser Umstände konsequent in den Argumentationszusammenhang von Zivilisation und Wildheit. So heißt es zum Beispiel in seiner Beschreibung der Bewohner der „Julischen Alpen": „Bey den Feld- und anderen Arbeiten habe ich hundertmal mit Erbarmen angesehen, wie sehr der Mann das Weib hier mit der Arbeit erschweret, und so sind dann letztere Geschöpfe viel arbeitsamer, so wie in der ganzen Welt (doch den großen Haufen der Müßiggängerinnen in den Städten ausgenommen), als das erstere sich nur mit Jagen, Fischen, und wenigem Handel beschäftigen; denn was den Feldbau betrifft, verrichten solches meistens die Weiber. […] So sind die armen Weiber, als der schwächste Theil, unter den wenig civilisirten Völkern in allen Welttheilen unterdrückt. Wie begegnet nicht der Indianer in Amerika diesem Geschlecht, ja so hart, daß viele Mütter vor Verzweiflung ihre Frucht, wenn sie von eben dem Geschlechte ist, umbringen. Man sehe bey Robertson und andern, was sie davon sagen. […] Der Wilde brüstet sich mit seiner großen

4.2.7 Stammweise Naturmenschen

Edel wird der südslawische „Wilde" vor allem dort, wo ihn auch Hacquets guter Freund und Wahrnehmungsdirigent Fortis in diesem Lichte sieht – in der „Morlakei". Das exotistische Wahrnehmungsparadigma, das dieser in seinem Morlaken-Kapitel vorgeschlagen hatte, tritt bei Hacquet in einem übergreifenden (Süd-)Slawen-Diskurs auf den Plan. Die viel weitläufigere Peripherie der Monarchie, wie sie Hacquet erlebt und Anfang des 19. Jahrhunderts ethnographisch beschreibt, hat stammweise Naturmenschen vorzuweisen. Die Zuschreibungen der Gastfreundschaft, Naturverbundenheit, der Unverdorbenheit, Gutmütigkeit und körperlichen Härte multiplizieren sich in Hacquets regional differenzierenden Ethnocharakterologien von einem Volk zum anderen und erhalten somit ihre Geltung für die gesamte illyrisch-slawische Stammesgarnitur. Der auf dem Naturzustand der „Morlaken" und „Likaner" ebenso wie der „Slavonier" und aller anderen „Illyrier" insistierende Hacquet begeistert sich als Arzt besonders für ihren einwandfreien Gesundheitszustand. So heißt es in einem seiner Werke über die „Morlaken":

> „Winter und Sommer hat das eine, wie das andere Geschlecht die Brust und den Hals bloß, so daß bey starkem Frost auch wohl dem männlichen Geschlechte Eiszapfen nicht allein am Bart, sondern auch an den Brusthaaren hängen, ohne daß es dem innerlichen edlen Theil der Brust einen Schaden zufügte."[262]

Während andere zeitgenössische Quellen über die verschiedensten Seuchen am Triplex Confinium berichten und auf eine sehr niedrige Lebenserwartung der Militärgrenzbevölkerung hinweisen, stellt Hacquet fest, es sei auf dem ganzen Erdboden kaum eine Nation zu finden, deren Angehörige so langlebig wären wie die „Walachen" bzw. die „Morlaken". Der in österreichischen Diensten reisende Arzt behauptet nicht nur, mehrere 170- bis 180-jährige Bergbewohner auf seinen Reisen getroffen zu haben, sondern auch Verwundete, die von mehreren Kugeln in der Lunge getroffen worden waren und ohne jegliche ärztliche Hilfe genasen.[263]

Die zivilisationskritische Philosophie Rousseaus ist in Hacquets Slawenbild regelmäßig dann zu erkennen, wenn es um körperliche Evidenz der Differenzen von Stadt–Land und Kultur–Natur geht. Hacquet verherrlicht den Südslawen für seine baumstarke Physis und Ausdauer, Langlebigkeit und seine naturnahe Lebensweise und hebt in der zeittypischen Manier und gemäß seiner ärztlichen Berufung kontrastreich die medizinischen und somatischen Nachteile der Urbanität als negativen Preis der zivilisierten Gesellschaft hervor.

An Aufzeichnungen einzelner Lieder der Südslawen fehlt es auch in „Abbildung und Beschreibung" nicht, und auch Hacquet kann nicht umhin, manchen „Illyriern" ihre zeitty-

Stärke und Herzhaftigkeit, den Hauptvorzügen unter rohen Völkern und begegnet dem weiblichen als dem schwächern Geschlechte mit Verachtung. Bey den Bosniaken und Likanern wird dieses in den ersten Jahren denen Knaben eingeflößt." Hacquet, Physikalisch-politische Reise, 98f.

262 Hacquet, Physikalisch-politische Reise, 92.

263 Vgl. Hacquet, Physikalisch-politische Reise, 93–95.

pische Rolle der allgelegentlich Singenden zuzuweisen. Kulturträger im Herder'schen Sinne sind sie jedoch nicht. Dem vorromantischen Paradigmenwechsel in Richtung der Wertschätzung der schöpferischen Kraft der untersten Gesellschaftsschichten und ihrer Offenbarung in Volksliedern bleibt Hacquet verschlossen. Der gemeine „Illyrier" erscheint bei dem Systematiker der slawischen Diversitäten zwar auch als *homo cantans*, im Unterschied zu den vorromantischen Volksliedenthusiasten spricht Hacquet diesem weitgehend die Kultur ab. Dies kommt in der Aussage „kein gemeines Volk ohne alle Kultur ist so viel Dichter, als der Illyrer"[264] deutlich zum Ausdruck. Weit entfernt von der divinatorischen Haltung gegenüber den Gesängen des Landmannes, erblickt der Spätaufklärer auch in den epischen Darbietungen der Südslawen eher den „fossilisierten" Link zur frühesten Dämmerung der Menschheitsgeschichte. So heißt es – ganz in der anthropologisch-spekulativen Manier der spätaufklärerischen Geschichtsphilosophie – zum „Kraljević Marko-Wechselgesang" oder besser gesagt „-Wechselgeheul" der „Kroaten" bei Hacquet:

> „Wer zum erstenmal dieses Geheul in einem Walde hört, kann sich unmöglich was anders vorstellen, als dass er unter Wilden sich befinde, da der lamentable ziehende Ton wie eine Zurufung ausgestossen wird; findet sich ein anderer von erstem im Walde entfernt, so wiederholt er das nämliche Geheul. Aus diesem sieht man, dass dieses Volk, so wie es ganz wild war, die Töne der Thiere nachahmte, und selbige bis zu dieser Stunde beybehalten hat."[265]

4.2.8 Bauer im Slawenkostüm

Das ganze monumentale Alteritätskonstrukt aus der Feder dieses gebildeten „Wahlösterreichers" fußt auf seinen Erfahrungen mit und Beobachtungen zu den ländlichen Gesellschaften und Lebensweisen. Dementsprechend ist das Objekt der Beschreibung fast ausschließlich der südslawische *homo rusticus*, „gemessen" und „gewogen", geprüft, beurteilt, abwechselnd verherrlicht und verurteilt an und wegen seiner Abweichungen von der bürgerlich-aufgeklärten, gebildeten, städtischen Gesellschaft. Hacquets „Abbildung und Beschreibung" liest sich daher zum einen als sympathisierende Darstellung des slawischen *homo rusticus* und *homo militaris* als Naturmenschen, zum anderen aber auch als der kritische Diskurs über die Land-Stadt-Differenzen vor dem Hintergrund der staatlichen und bürgerlichen Interventionen in Richtung der Rationalisierung und Kontrolle der landwirtschaftlichen Produktion. Die Zuschreibungen im Sinne der Rückständigkeit, Rohheit oder Halbwildheit der „Nation" verweisen auf den Soll-Zustand der bäuerlichen Gesellschaft aus der Sicht eines gebildeten Bürgers und treuen Dieners des Staates. Das Wunschbild ist dabei eine vernünftig denkende, rational wirtschaftende, disziplinierte bäuerliche Gesellschaft, befreit vom kollektiv-mythischen Denken, von der Autorität ihrer Geistlichkeit und den Traditionen, die den Regeln der kapitalistischen Produktion und dem Wohlstand des Staates zuwiderlaufen.[266]

[264] Hacquet, Abbildung und Beschreibung, 5.
[265] Ebd., 141f.
[266] Siehe dazu auch Fikfak, O Hacquetovih upodobitvah.

Das Problematische dabei ist allerdings, dass das, was aus der Sicht des gebildeten Bourgeois als das Rückständige, Rohe, Ungebildete und Wilde an der Lebensweise einer schreibunkundigen bäuerlichen Gesellschaft erscheint, durchgehend für den Charakter und das Wesen des Slawentums reklamiert wird. Durch sukzessive Typologisierung und Generalisierung wird aus einem individuell beobachteten Fallbeispiel für bestimmtes Verhalten ein sittliches *sui generis* eines regional auftretenden slawischen „Stammes", zu seiner kollektiven „Natur" oder zum „Charakter". Als Querschnitt dieser je nach Klima, Siedlungsraum, politischer Verfassung usw. variierenden „Stammesnaturen" wird auf einer noch höheren Generalisierungsebene das Charakterbild des bevölkerungsmächtigen allslawischen Other verhandelt.

In Hacquets Ethnographie werden wirtschaftliche Rationalität, Bildung und Aufklärung der bürgerlichen Gesellschaft gegen die Unvernunft und den Aberglauben des Bäuerlichen ins Feld geführt. Durch ethnographische Methode wird der Bauer zum metonymischen Stellvertreter der Slawen. Dieser Slawe wird zum rückständigen Vergleichspaar einer westlich konnotierten Wissenskultur, zur Kontrastfolie für die Hervorhebung der medizinisch-somatischen Nachteile der Urbanität, zum Anschauungsbeispiel dessen, was der erste westliche Teil Europas längst hinter sich ließ oder verlor, kurz: zum „Nachzügler" im Zivilisierungsprozess der Menschheit. Hacquet liefert eine detaillierte und in hohem Maße differenzierende Darstellung des Volkslebens in den historischen Territorien Kroatiens, die durchgehend von einer sympathisierenden und nichtsdestoweniger paternalisierenden Haltung geprägt ist. Er argumentiert aus der Perspektive eines Immer-noch-Josephiners und aus der Warte eines anationalen, bürgerlich-gelehrten Anhängers der Kultur des Wissens und der Rationalität.

Durch „Abbildung und Beschreibung" werden die Südslawen des Habsburgerreiches zum ersten Mal konsequent und in ihrer Gesamtheit in die vergleichend-völkerkundlichen, zivilisationsgeschichtlichen, geschichtsphilosophischen und anthropogeographischen Argumentationszusammenhänge eingebettet. Imagologisch bringt der Text nicht viel Neues. In seiner Naturmenschdarstellung bleibt Hacquet in der alten Fortis'schen Bahn. In der Praxis der physiognomischen Fixierung geht er allerdings einen Schritt weiter als sein italienischer Vorgänger. Durch zahlreiche naiv anmutende, bisweilen anekdotenhafte und häufig überhöhende sprachliche Darstellungen der „baumstarken", „unempfindlichen", „kugelfesten" illyrischen Somata erteilt er den uralten Vorstellungen von den physischen Besonderheiten der „Illyrier" sein ärztliches Attest. Durch seine bildlich dargestellte physiognomische Typologie der slawischen „Race" bescheinigte er seine eigenen Inspirationen durch biologisch-anthropologische und rassentypologische Theorien des aufgeklärten Zeitalters.

4.2.9 Hacquets Slawenwerk aus der Sicht eines Slawen

Polemische Auseinandersetzungen, wie man sie aus dem Kontext der dalmatinisch-italienischen Morlakendebatte kennt, löste Hacquets Darstellung der Slawen nicht aus. In dem Zeitraum, in dem das Werk erschien, war man im Habsburgerreich mit wichtigeren Dingen beschäftigt. Namentlich mit Napoleon. Doch im Jahre 1811 war es soweit. In einer Rezension – und somit in einem viel kleineren Rahmen als dies bei Lovrich der Fall war – forderte der namhafte Philologe und bekennende Slawe Bartholomäus Kopitar (1780–1844) Hacquets „Kontrolle" über den ethnographischen Slawendiskurs kritisch heraus.[267] Was dem Autor der „Grammatik der slawischen Sprache in Krain, Kärnten und Steiermark" an Hacquets Werk grundsätzlich missfiel, waren nicht die charakterologischen Zuschreibungen, die der Bretone dem Slawen generell zuordnete. Sein Hauptvorwurf galt vielmehr dem entscheidenden Wonach der Hacquet'schen Klassifikation. Der Philologe und Spracherneuerer hatte ganz klare Vorstellungen davon, nach welchem Kriterium sich die Slawen in Völkergemeinschaften einordnen mögen und sollen, und dieses war die Sprache. Darüber hinaus missfiel ihm, dass sich gerade ein Fremder mit „unverschuldete[m] Mangel an philosophischer und ästhetischer Bildung"[268] das leisten konnte, was für den slawischen Philologen und Historiker aus der Mitte des 18. Jahrhunderts Siegmund Valentin Popowitsch nur ein schöner Wunsch geblieben war, nämlich ausgedehnte Forschungsreisen durch slawische Länder zu unternehmen.[269] Für Kopitar ging es um die Frage der Macht über den Slawendiskurs, und diese sah er am liebsten in der Feder eines „zweyten Popowitsch"[270], also eines Sprachkundlers und eines Slawen. Die selbst behauptete, auf angeblich lebenslanger Slawen-Erfahrung beruhende Expertise des durchgehend anationalen Josephiners Hacquet samt seines im Grunde genommen sozialen und zivilisationsgeschichtlichen Lieblingstopos der Halb-Rohheit im slawischen Gewand stellt Kopitar durch die Behauptung auf den Kopf, Hacquet habe „doch mehr unter den deutschen und germanisierten Städtern"[271] gelebt als unter dem wahren Slawen, der „nur noch auf dem Lande ist".[272] Mit Hacquets Diskurs über mikroterritoriale Identitäten und regionale Übergänge und Differenzen konnte der austroslawisch gesinnte Gelehrte, der – getrieben von der Vision der sprachlich vereinigten Südslawen – gerade an seinem Erfindungsprojekt sprachnationaler Gemeinschaften arbeite-

267 Vgl. [Bartholomäus (Jernej) Kopitar,] Slavische Völkerkunde, *Annalen der Literatur und Kunst in dem österreichischen Kaiserthum*, August 1811, 187–214. Siehe auch Bartholomäus (Jernej) Kopitar, Kleinere Schriften sprachwissenschaftlichen, geschichtlichen, ethnographischen und rechtshistorischen Inhalts. Hg. Franz Miklosich. Wien 1857, 120–135. Kopitar war Philologe, Zensor für slawische und neugriechische Literatur, dann Skriptor, Kustos und schließlich Hofrat in der k. k. Hofbibliothek in Wien. Er gilt als einer der Begründer der modernen slawischen Philologie sowie der Slawistik und Balkanistik in Wien. Kopitar bemühte sich um „die europäische Rezeption der südslawischen Volksdichtung", wirkte am „sprachlich-kulturelle[n] Reformwerk von Vuk Karadžić" entscheidend mit und „trug schließlich maßgeblich zur Entwicklung der slowenischen Schriftsprache bei". Joachim Hösler, Von Krain zu Slowenien. Die Anfänge der nationalen Differenzierungsprozesse in Krain und der Untersteiermark von der Aufklärung bis zur Revolution 1768 bis 1848. München 2006 (Südosteuropäische Arbeiten, 126), 109.

268 [Kopitar,] Slavische Völkerkunde, 191.

269 Zu Popowitsch siehe Anm. 226.

270 [Kopitar,] Slavische Völkerkunde, 191.

271 Ebd., 193.

272 Ebd.

te, nichts anfangen.[273] Wenn Hacquet in seiner Ethnographie durchgehend auf die Herausstellung deutsch-slawischer kultureller Dichotomien verzichtet und keine dezidiert nationale Position einnimmt, so lässt sich in Kopitars Gegendiskurs das Umschwenken in Richtung des sprachnationalen Denkens deutlich beobachten. Dreht sich Hacquets Argumentation um die Vergleichsgrößen „Slave" und „policiertes Europa", so kommen in Kopitars Rezension Asymmetrien und Spannungen im deutsch-slawischen Verhältnis zur Sprache:

> „Uebrigens mag es wahr seyn, daß der Deutsche auf die oft glänzende Carriere guter Köpfe aus Krain mit Eifersucht hinblickt; aber ist es Schande, geschickter zu seyn als Michel oder Hans? Rec. Fühlt sich versucht, aus eigener Ansicht, und aus Geständnissen deutscher Reisenden, selbst Hacquets, eine Parallele zwischen dem deutschen und dem slavischen Bauer zu ziehen, die schwerlich zum Vortheil des erstern laufen würde; doch! Er erinnert sich noch zu rechter Zeit der Fabel vom Kampfe des Menschen mit dem Löwen, es wäre unartig, im Reiche der Löwen den Menschen als Sieger zu malen."[274]

Kopitars abschließendes Urteil lautet: „Hr. Hacquet habe von allen Ausländern uns Slaven am erträglichsten gekannt."[275] Diskursive Definitionsmacht über den „Popowitschitschen Erdstrich"[276] soll aber in der Zukunft denjenigen vorbehalten sein, die als einzige das „Thun und Lassen"[277] der Kopitar'schen Wir-Gruppe recht begreifen können – den Slawen selbst.

5 *Kaiserreisen*

5.1 Unterwegs in der Überlieferung

Noch Ende der 60er Jahre des 20. Jahrhunderts wussten die Menschen aus verschiedenen Teilen Kroatiens den Oral History-Forschern Geschichten über ein plötzliches Erscheinen Josephs II. in heimischen Wirtshäusern und Klostern zu erzählen.[278] Die narrative Matrize vieler kroatischer Volkssagen über Joseph II. variiert das Motiv der kaiserlichen Identitätsverbergung und läuft darauf hinaus, dass der bäuerlich oder bürgerlich gekleidete, manchmal sogar in Frauen- und Bettlerkostüme hineingeschlüpfte Monarch durch die Preisgabe der wahren Identität seinen Gesprächspartner in Staunen versetzt und/oder durch sein Auftauchen dem Untertanen Gerechtigkeit widerfahren lässt. Neben den anekdotenhaften Erzählungen, die den Mythos des Volks- und Bauernkaisers perpetuieren, wurden auch Sagen übermittelt, die auf toponomastische Spuren seiner Kroatien-Aufenthalte verweisen.[279] Es muss nicht betont werden, dass das Image eines gütigen, gerechten Herrschers mit

[273] Zu Kopitars sloweno-kroatischer These siehe Kessler, Politik, 137f.
[274] [Kopitar,] Slavische Völkerkunde, 207.
[275] Ebd., 214.
[276] Ebd., 191.
[277] Ebd., 214.
[278] Vgl. Maja Katušić, Usmene predaje o caru Josipu II., *Povijesni prilozi* 29 (2005), 151–165.
[279] Vgl. Katušić, Usmene predaje, 159.

einfachen Bedürfnissen, einer Vorliebe für Verkleidungen und einem offenen Ohr für die Klagen und Sorgen der Untertanen, die die mündliche Überlieferung diesem Habsburger zuschreibt, die Pinselführung der märchenhaften Idealisierung, Überhöhung und Hyperbolisierung erkennen lässt. Der historische Joseph war kein Harun al-Raschid, die Parallelen zum Kalifen aus „Tausendundeine Nacht", die die Sagenfigur des Kaisers aufweist, kamen aber nicht von ungefähr.

5.2 Kroatien-Reisen Josephs II.

5.2.1 Regieren und Kutschieren

Das Leben und die Herrscherkarriere Josephs II. wurde durch eine Reiseaktivität geprägt, die – was ihre Quantität und Ausdehnung betrifft – unter den gekrönten Häuptern der Zeit ihresgleichen sucht.[280] Als Koregent und Alleinherrscher hielt er sich mehrmals in Italien, Frankreich und Russland auf, er bereiste intensiv die eigenen Herrschaftsgebiete und versagte keinem der Erbländer und Provinzen seinen hoheitlichen Besuch (vgl. Abb. F18).[281] Die Reisewut dieses Habsburgers lässt sich in ihrer räumlichen Dimension mit Derek Beales auf über 30.000 Meilen „errechnen",[282] zeitliche Koordinaten verdanken wir Wolfgang May, der ergründet hat, dass Joseph II. während seiner Mitregentschaft und Alleinherrschaft nahezu jeden dritten Tag nicht in Wien zu finden war.[283] Wie lange er in den Gebieten weilte, die das heutige Kroatien ausmachen, ist bisher nicht errechnet worden,[284] die Angaben, die

[280] Vgl. Wolfgang May, Reisen „al incognito". Zur Reisetätigkeit Kaiser Josephs II., *Mitteilungen des Instituts für österreichische Geschichtsforschung* 98 (1985), 59–91; ders., „Die Reisen Josephs II., in: Karl Gutkas (Bearb.), Österreich zur Zeit Kaiser Josephs II. Mitregent Maria Theresias, Kaiser und Landesfürst. Stift Melk, 29. März–2. November 1980. Wien ^{2}1980, 82–84; Georg Schreiber, Habsburger auf Reisen. Wien 1994; Derek Beales, Joseph II. In the Shadow of Maria Theresia 1741–1780. Bd. 1. Cambridge 1987; Saul K. Padover, Joseph II. Ein Revolutionär auf dem Kaiserthron. Übersetzt von Rosemarie Heyd. Düsseldorf, Köln 1969; Paul von Radics, Die Reisen Kaiser Joseph II. und die Volkswirtschaft in Oesterreich-Ungarn. Wien 1890; Sieglinde Neidenbach, Die Reisen Kaiser Josephs II. ins Banat. Univ. Diss. Wien 1967; Herbert Rumpel, Die Reisen Kaiser Joseph II. nach Galizien. Univ. Diss. Erlangen 1946; Krisztina Kulcsár, II. József utazásai Magyarországon, Erdélyben, Szlavóniában és a Temesi Bánságban 1768–1773. Budapest 2004.

[281] Vgl. Wolfgang May, Tafel 2. Die Reisen Kaiser Josephs II. in Europa, in: Gutkas (Bearb.), Österreich zur Zeit Kaiser Josephs II., 713; sowie ebd., S. 714, ders., Tafel 3. Die Reisen Kaiser Josephs II. in der österreichischen Monarchie. Siehe auch weitere Beiträge in derselben Publikation.

[282] Beales, Joseph II, 242.

[283] May, Reisen „al incognito", 60 schreibt: „Von den 7 102 Tagen seiner Regierungstätigkeit (12. September 1765 bis 20. Februar 1790) hielt sich der Kaiser 2 260 Tage nicht in Wien, Laxenburg bzw. dem nahegelegenen Truppenübungslager Münchendorf auf. Freilich muß darauf hingewiesen werden, daß in dieser Rechnung auch Josephs Aufenthalte an Kriegsschauplätzen 1778 (Bayerischer Erbfolgekrieg) und 1788 (Türkenkrieg) als Reisetage mitzählen."

[284] Eine Publikation, die sich mit den Reiseunternehmen Josephs II. in die kroatischen Gebiete in ihrer Gesamtheit befassen würde, bleibt nach meinen Erkenntnissen bisher aus. Näheres über

man zerstreut in Einzeldarstellungen findet, verraten, dass die Kaiserliche Majestät Kroatien und Slawonien nicht weniger als sieben Mal – in den Jahren 1768, 1770, 1774, 1775, 1783, 1786 und 1788 – mit Ihrer Anwesenheit beglückte (vgl. Abb. F19).[285]

Der historische Kern der kroatischen Joseph-Sagen ist also in den realen Reisen des Kaisers zu suchen. Neben den tatsächlichen Aufenthalten war es aber auch die Einstellung dieses Herrschers zum Reisen bzw. seine Reiseart selbst, die die Maskeraden-Motive im volkstümlichen Imaginieren seiner Persona inspirierte.

die Reise des Kaisers aus dem Jahre 1775 und einige Zeitangaben zu seinen weiteren Kroatien-Aufenthalten liefert Erceg, Dnevnik. Zu der Slawonien-Reise Josephs II. im Jahre 1768 liegt ein Artikel von Ferdo Šišić vor: Putovanje cara Josipa II. po Slavoniji godine 1768, *Vienac* 46 (1901), 929–931. Zu dieser Reise aus dem Aspekt ihrer administrativen Vorbereitung vgl. Kulcsár, II. József utazásai Magyarországon. Siehe auch die Dissertation von Neidenbach, die im Ganzen auf den Banat-Aufenthalt Josephs II. fokussiert. Vgl. Neidenbach, Die Reisen Kaiser Josephs II. ins Banat. Die kroatischen lokalgeschichtlichen Beiträge geben sich meist mit der zeitlichen und örtlichen Angabe des jeweiligen Aufenthalts zufrieden. Vgl. beispielsweise: Stjepan Antoljak, Doček Franje I. i njegove supruge u Karlovcu i Zagrebu 1818. godine, *Nastavni vjestnik* 51 (1942–43), H. 1–2, 171–178; Dragutin Franić, Plitvička jezera i njihova okolica. Zagreb 1910, 385; Lopašić, Karlovac, 61–62; Tade Smičiklas, Poviest Hrvatska. Bd. 2. Zagreb 1879, 355 und 364.

285 Anhand der Darstellung der Reiserouten Josephs II., die man im Werk von Paul von Radics vorfindet und des Kartenmaterials, das Wolfgang May entworfen hat, lassen sich insgesamt sieben Aufenthalte des Kaisers in kroatischen Gebieten konstatieren. Im Jahre 1768 besuchte der Kaiser im Rahmen seiner Inspektionsreise in den südlichen Grenzraum der Monarchie Slawonien (Reiseroute: Wien – Szegedin – Arad – Temersvár – Peterwardein – Semlin – Brod – Gradiska – Esseg – Pest – Wien), 1770 führte ihn seine zweite Tour durch Ungarn wiederum durch Esseg (Wien – Ödenburg – Steinamanger – Keszthely – Sziget – Esseg – Peterwardein – Temesvár – Arad – Großwardein – Debreczin – Erlau – Pest – Munkács – Ungvár – Kaschau – Leutschau – Leopoldstadt – Wien). Im Jahre 1774 reiste Joseph II. zum Zweck der Lagerbesuche von Wien über Leibnitz und Pettau nach Warasdin und Esseg und über Pest zurück nach Wien. 1775 besuchte er Kroatien und das Litorale (Wien – Agram – Sissek – Dvor – Karlstadt – Gospic – Zengg – Fiume – Triest – Alt Gradiska – nach Italien – nach Wien). In den Jahren 1783 und 1786 war er wiederum in Kroatien und Slawonien unterwegs (Reiseroute 1783: Wien – Ofen – Esseg – Agram – Karlstadt – Fiume – Zengg – Karlstadt – Alt Gradiska – Brod – Peterwardein – Semlin – Pancsova – Weißkirchen – Banat – Siebenbürgen – Bukowina – Galizien und Lodomerien – Ungarn – Wien; Reiseroute 1786: Wien – Graz – Pettau – Warasdin – Agram – Karlstadt – Zengg – Karlstadt – Alt Gradiska – Brod – Semlin – Peterwardein – Ungarn – Siebenbürgen – Bukowina – Galizien und Lodomerien – Ungarn – Wien – Mähren – Böhmen – Wien). Seinen letzten Besuch stattete der Kaiser Kroatien und Slawonien im Jahre 1788 ab. Hierbei handelte es sich um eine Kriegsreise zu den Feldlagern des Türkenkriegs 1788–1791. Der Weg führte den Kaiser über Graz und Laibach nach Triest und Fiume, wo er die Verteidigungsmaßnahmen für das Litorale anordnete. Er setzte seinen Weg über Buccari und Zengg nach Karlstadt fort und bereiste die Cordonslinie an der kroatischen und slawonischen Grenze, bevor er im Lager seiner Hauptarmee in Futak eintraf. Der Weg zurück nach Wien – zugleich die letzte Reise des bereits kranken Kaisers – führte ihn noch einmal durch Esseg. Zu den genauen Reiserouten vgl. May, Tafel 3, 714 und Radics, Die Reisen.

Für Joseph II. stellte das Reisen einen wesentlichen Bestandteil der Regierungsaktivität, einen unverzichtbaren Hilfszweig des richtigen Herrschens dar. Für seinen Regierungsstil, der auf Informationen aus erster Hand, auf direkten Kontakt mit den Untertanen, auf anschauliches Lernen und autoptische Prüfung, auf persönliche Kriegsführung und außenpolitisches Networking setzte, war das ausgedehnte Mobilsein eine Selbstverständlichkeit. Die traditionellen Formen der Hofreisen mit ihrem repräsentativen Charakter, ihrem barocken Pomp und ihrer zeremoniellen Starrheit wurden den Zielen des Reformkaisers nicht gerecht. Ähnlich wie manche andere Herrscher seiner Generation setzte sich Joseph II. über die Tradition der einschränkenden repräsentativen Hofreisen hinweg und brach mit dem pompösen Reisezeremoniell seiner dynastischen Vorgänger, indem er auf die einfache Reiseart und die Praxis des Inkognito zurückgriff.[286] Bekanntlich pflegte er unter dem Namen Graf von Falkenstein zu reisen. Der primäre Zweck des Reisens „al incognito"[287] war aber nicht die Verbergung der eigenen Identität, sondern die „Einschränkung des höfischen Zeremoniells" und die „Hintanhaltung aller ungewollten öffentlichen Verpflichtungen und Ehrungen".[288] Der Kaiser wollte nicht „auf dem roten Teppich" aufgehalten und durch gekünstelte „Shows" und Vorzeigeprojekte getäuscht werden. Von der Absicht, nicht erkannt zu werden, kann indessen in Bezug auf seine Touren durch Kroatien und Slawonien nicht die Rede sein. Denn gerade auf seinen Reisen durch die eigenen Herrschaftsgebiete legte Joseph II. großen Wert auf die Kontaktaufnahme als Monarch mit der Bevölkerung, und daher war er in der Monarchie nie als Graf von Falkenstein unterwegs.[289] Eines der Ziele, die er bei diesen Reisen verfolgte, war es ja, auf die Wünsche und Anliegen des Volkes einzugehen, was bei einer Geheimhaltung seiner Identität nicht möglich gewesen wäre. In der fiktionalen Welt der Überlieferung mögen die kroatischen Gesprächspartner des Kaisers durch kaiserliche Maskeraden getäuscht worden sein, in Wirklichkeit aber war sich die Bevölkerung Kroatiens und Slawoniens zweifellos allerorts im Klaren darüber, mit welchem hohen Gast sie es zu tun hatte. Davon zeugen unter anderem auch zahlreiche Bittschriften, die dem Kaiser vorgelegt wurden, sowie die Gelegenheitsdichtung – wie das Begrüßungs-

[286] Vgl. May, Reisen „al incognito".

[287] Ebd.

[288] Ebd., 74. Siehe auch Kulcsár, Vor der Entdeckung der Landschaft. Objektive Bedingungen des Reisens anhand des Beispiels der Reisetätigkeit Kaiser Josephs II., in: Franc Rozman (Bearb.), Neuzeitliche Reisekultur im pannonischen Raum bis zur Mitte des 19. Jahrhunderts. Internationales Kulturhistorisches Symposium Mogersdorf 2003. International Historico-Cultural Symposium Mogersdorf 2003 in Murska Sobota, 1. bis 4. Juli 2003. Hg. Univerza v Mariboru. Maribor 2004, 92–109, 93. Joseph II. ordnete vor der Reise den Behörden der Gastgeberländer an, auf feierliche Empfänge zu verzichten, Kanonenschüsse, Triumphpforten und Ähnliches wurden untersagt. Untersagt wurden ebenfalls wahre Zustände verschleiernde Vorkehrungen wie Straßenreparaturen. Die Landesstellen fanden aber immer wieder Wege, diese Verordnungen zu umgehen.

[289] May, Reisen „al incognito", 75; Kulcsár, II. József utazásai Magyarországon, 570–571.

gedicht des kroatischen Latinisten Franjo Sebastijanović anlässlich der Ankunft des Kaisers in Zagreb 1775.[290]

Im Unterschied zu den gekrönten Vertretern des barocken Reisestils, die mit einem umfangreichen Gefolge und einem ganzen Konvoi von Kutschen ihre Repräsentationsfahrten unternahmen und keinen noch so großen Kostenaufwand für die Vermittlung von Prestige und Macht sowie zur eigenen Bequemlichkeit scheuten, setzte Joseph II. auf eine einfachere, reisetechnisch weniger aufwendige und finanziell günstigere Art des Mobilseins.[291] In der Regel bestand seine Entourage aus dem Dienstpersonal und wenigen Experten, die den Motiven und dem Reiseziel entsprechend ausgewählt wurden.[292]

Der „Reisekaiser" bediente sich unterschiedlicher Verkehrsmittel, darunter vorzugsweise der leichten vier- oder einer etwas schwereren sechsspännigen Kalesche, seine Begleitung verteilte sich gewöhnlich auf vier bis acht Wagen, unter denen sich „normalerweise eine eigene Garderobekalesche, eine Kanzleikalesche sowie eine Küchenkalesche"[293] befanden. Viele Strecken bewältigte er auf dem Pferderücken.

5.2.2 Sich-Unterrichten und Berichten

Bevor er seinen Wagen bestieg, ließ sich Joseph II. über das Land, dem sein Besuch galt, eingehend informieren. Die Lektüre der verfügbaren offiziellen Berichte und Relationen zu dem jeweiligen Land und seinen Bewohnern, seiner Verfassung und Geschichte stand obligatorisch auf der Vorbereitungsagenda. Wenn keine Informationsquellen verfügbar waren, forderte er die Behörden auf, diese zusammenzustellen.[294]

Durch die zu Lebzeiten seiner Mutter und Mitregentin Maria Theresia gepflogene Gewohnheit Josephs II., Reisejournale zu führen, blieben viele Informationen über seine Reiseaktivitäten erhalten. Während und unmittelbar nach der Reise verfasste er zudem umfangreiche Reiserelationen, die er mit kartographischem und statistischem Material sowie anderen Beilagen ergänzte und anschließend Maria Theresia und den Staatsministern

[290] Vgl. Branimir Špoljarić, Petrinjska ulica dobila ime iz inata prema caru Josipu II, *Vjesnik*, 29. prosinca 1989, unter <http://www.vjesnik.hr/html/1998/12/29/Zagreb.htm>, 03.05.2009 [Seite am 15.07.2011 nicht mehr zugänglich]. Der Titel des Liedes lautet „Invictissimo, ac gloriosissimo Romanorum imperatori Josepho Secundo semper Augusto. Dum anno MDCCLXXV. die XXIV. Aprilis primum Zagrabiam veniret".

[291] Die relativ schlichte Reiseart Josephs II. erforderte trotzdem umfangreiche administrative Vorbereitungen. Siehe dazu Kulcsár, II. József utazásai Magyarországon; und dies., Vor der Entdeckung der Landschaft.

[292] Obwohl das Gefolge Josephs II. weit kleiner war als die der traditionellen Hofreisenden, kam auch bei seinen Reisen ein 30- bis 50-köpfiges Gefolge zusammen, zu dem neben den Fachmännern auch verschiedene „Sekretäre, Kammerdiener, Lakaien, Hof- und Mundköche, und Küchenknechte" gehörten. Vgl. dazu Kulcsár, Vor der Entdeckung der Landschaft, 97. Siehe auch May, Reisen „al incognito".

[293] May, Reisen „al incognito", 86. Vgl. auch Rumpel, Die Reisen, 6. Kulcsár, Vor der Entdeckung der Landschaft, 97 schreibt: „1767 werden noch 13 Wagen auf der Liste aufgeführt, bei den späteren Reisen fuhr man nur mit neun meistens viersitzigen Wagen los."

[294] Vgl. Faber, Litorale Austriaco, 199.

als Vorlage zur Diskussion unterbreitete.[295] Zum Bestand der erhaltenen Reiseunterlagen, die im Haus-, Hof- und Staatsarchiv in Wien aufbewahrt werden, zählt auch das Reisetagebuch, das sich auf den Besuch Josephs II. in Kroatien und im Litorale im Jahre 1775 bezieht.[296] Das kaiserliche Journal über diese Reise, die wichtige verwaltungspolitische Änderungen mit sich brachte und die Absage an das Wirtschaftsprojekt „Litorale austriaco" einleitete, wurde im 20. Jahrhundert gedruckt,[297] so dass es in dieser Studie, die sich nur mit publizierten Quellen beschäftigt, ausnahmsweise ohne großen Bruch mit der Systematik herangezogen werden kann. In Anbetracht der Wichtigkeit der Reise und der Rolle des Reisenden ist diese Ausnahme gerechtfertigt.

5.2.3 Kroatien-Reisende über den Reisekaiser

Um Näheres über Joseph II. auf Reisen zu erfahren, ist man nicht allein auf seine eigenen Aufzeichnungen angewiesen, denn es gibt genug Zeitgenossen, die über seine Reisetätigkeit berichteten. Wissen auch die „gewöhnlichen" deutschsprachigen Kroatien-Reisenden von der mobilen Majestät zu erzählen? Sind in ihren Texten Bezüge auf die Kroatien-Aufenthalte des Kaisers vorhanden? Ist jemand von den Autoren vielleicht Joseph II. selbst begegnet?

Als sich Friedrich Wilhelm von Taube „auf höchsten Befehl"[298] im September 1776[299] auf die Reise an die türkische Grenze machte, hielt sich der Mitregent Maria Theresias gerade in Böhmen und Mähren auf[300], wodurch die Möglichkeit, dass sich ihre Wege irgendwo in Slawonien kreuzen würden, nicht bestand. Die Möglichkeit aber, in seiner „Historischen und geographischen Beschreibung des Königreiches Slavonien und des Herzogthums Syrmien" darauf hinzuweisen, dass selbst ein entlegenes und in der deutschsprachigen Öffentlichkeit so wenig bekanntes Land wie Slawonien mehrmals die Ehre hatte, vom Kaiser besucht zu werden, ließ sich von Taube nicht entgehen. Bezug auf den Reisekaiser nimmt dieser Autor im Rahmen seiner Ausführungen zum Zustand der slawonischen Verkehrswege, indem er auf jene Folgen der höchsten Besuche aufmerksam macht, die allen Reisenden

[295] Mit dem Tod Maria Theresias und dem Antritt der Alleinherrschaft verschwand der Grund für die schriftliche Fixierung der Reiseeindrücke, über die späteren Reisen liegen daher keine Tagebücher und Relationen des Kaisers mehr vor. Vgl. Kulcsár, II. József utazásai Magyarországon, 570.

[296] [Joseph II.,] Reyse durch Kroatien und das Littorale.

[297] Bei Erceg, Dnevnik. Zu dieser Reise siehe auch Faber, Litorale Austriaco, 199, 204, 209, 220, 232; Franić, Plitvička jezera, 385; Beales, Joseph II, 366–367; Johann Josef Khevenhüller-Metsch, Aus der Zeit Maria Theresias. Tagebuch des Fürsten Johann Josef und Nachträge von anderer Hand 1774–170. Hrgg. Maria Breunlich-Pawlik / Hans Wagner. Wien 1972, 124–126 und 258–266; Konrad Schünemann, Die Wirtschaftspolitik Josephs II. in der Zeit seiner Mitregentschaft, *Mitteilungen des österreichischen Instituts für Geschichtsforschung* 47 (1933), 13–56, 53–55; Alfred Ritter von Arneth, Geschichte Maria Theresias. Bd. 9. Wien 1879, 464–468 sowie Bd. 10, 129–130; Radics, Reisen, 41–43; Lopašić, Karlovac, 61–62.

[298] Taube, Historische und geographische Beschreibung, Bd. 1, Vorrede, unpag.

[299] Vgl. Anton Friedrich Büsching, Beyträge zu der Lebesgeschichte denkwürdiger Personen, insonderheit gelehrter Männer. Bd. 4. Halle 1786, 257.

[300] Vgl. Radics, Die Reisen, 13.

zugute kamen. „Erst seit der Zeit her, daß der glorreiche Joseph II. dieses Land dreymal mit seiner Gegenwart beglücket hat", schreibt von Taube, „ist man auf Verbesserung der Landstraßen, Dämme und kleinen Brücke bedacht gewesen."[301] Als von Taube die verkehrstechnischen Auswirkungen der Kaiserreisen bekannt machte, schrieb man das Jahr 1777, später sollten noch drei weitere Besuche des Kaisers in Slawonien erfolgen. Aus welchem Grund machte sich Joseph II. so oft auf den Weg nach Südosten? Womit erklärt sich die häufige Frequentierung Slawoniens von Seiten dieses Herrschers?

Im Allgemeinen lässt sich diese Frage anhand der eigenen Formulierungen des Kaisers aus seiner „Denkschrift über den Zustand der österreichischen Monarchie" aus dem Jahre 1765 beantworten. In dieser Schrift erklärt Joseph II. das Mobilsein eines Herrschers für „absolute Nothwendigkeit"[302] und die Inlandreisen für ein wichtiges Mittel zur Kenntniserlangung über die Lage und zur Einsichtnahme in die Mängelzustände in einzelnen Ländern. Von der eigenen Erfahrung „in loco"[303] und der persönlichen Prüfung der praktischen Auswirkungen der verabschiedeten Resolutionen hielt der Reformator viel mehr als von den Berichten aus zweiter Hand, und er war sich darüber im Klaren, dass eine tiefgreifende Einsicht in die Verhältnisse in den entfernten Provinzen erst „bei öfterer Wiederkehr"[304] erlangt werden kann. Bei der Umsetzung einer Vielzahl seiner Inlandsreisen nahm sich Joseph II. den preußischen Rivalen Friedrich II. zum Vorbild und machte sich dessen Praxis der regelmäßigen, auf gleichen Routen erfolgenden, primär der Besichtigung militärischer Einrichtungen dienenden Inspektions- oder Revuereisen zu eigen.[305] Als Mitregent Maria Theresias, dem die Verantwortung für die Außenpolitik und das Militärwesen oblag, legte Joseph II. großen Wert auf regelmäßige Fahrten an die äußersten Grenzen der Monarchie, die primär der persönlichen Besichtigung der militärischen Einrichtungen, Festungen und Truppenlager dienten. Kroatien und Slawonien mit ihren Militärgrenzen wurden dementsprechend häufig im Rahmen der Inspektionsreisen aufgesucht. Die dortigen kaiserlichen Aufenthalte sind aber nicht allein auf die militärischen Zielsetzungen zurückzuführen. Die bevölkerungs-, wirtschafts-, verwaltungs- und bildungspolitischen Fragen, die Einsichtnahme in die Entwicklung der Kommerzien und die damit zusammenhängenden verkehrstechnischen Maßnahmen sind nur einige der weiteren Aspekte, die es bei den Inspektionsreisen zu berücksichtigen galt. Es darf außerdem nicht übersehen werden, dass es sich bei den Auf-

301 Taube, Historische und geographische Beschreibung, 7. Obwohl der Kaiser außerordentliche Straßenreparaturen untersagte, trafen die Lokalstellen trotzdem Vorkehrungen, um dem hohen Gast ein schöneres Bild von dem Zustand der Verkehrswege zu vermitteln, oftmals mit der Entschuldigung „daß die reparierten Wege nicht nur zur besseren Bequemlichkeit ‚Seiner Kaiserlichen Majestät', sondern auch den Interessen der Landesbewohner und der Kaufleute, somit auch der Zukunft dienten." Kulcsár, Vor der Entdeckung der Landschaft, 105.

302 Zitiert nach Rumpel, Die Reisen, 5.

303 Rumpel, Die Reisen, 5.

304 Zitiert nach von Radics, Die Reisen, 4.

305 Vgl. dazu May, Reisen „al incognito", 64–65. Zur Vorbereitung und Durchführung der Inspektionsreisen siehe die ausführliche deutsche Zusammenfassung ihrer Arbeit in Kulcsár, II. József utazásai, hier 569–570.

enthalten des Kaisers in diesen Gegenden ausschließlich um Durchreisen handelte. So war das endgültige Ziel seiner Kroatien-Reise 1775 Italien, der Weiterverlauf seiner Slawonien-Touren erfolgte oftmals zu den weiter nordöstlich gelegenen habsburgischen Besitzungen.

Die Reiseaktivitäten Josephs II. wurden zum Thema und Anlass zahlreicher literarischer Erzeugnisse.[306] Auch die zeitgenössischen kroatischen Schriftsteller thematisierten die Reiseunternehmungen des Monarchen in umfangreichen epischen Dichtungen.[307] So verfasste der slawonische Schriftsteller Adam Tadija Blagojević anlässlich der Slawonien-Aufenthalte des Koregenten ein umfangreiches Lobgedicht auf die theresianisch-josephinischen Reformen unter dem Titel „Pjesnik-putnik, nikoji događaji prvo i posli puta Josipa II. Cesara rimsko-nimačkoga po Slavoniji" [Der reisende Dichter, einige Ereignisse vor und nach der Reise Josephs II., des römisch-deutschen Kaisers durch Slawonien]. Im Epos feiert Blagojević den Reisekaiser mit folgenden Versen:

> „Weil reisend will er Ordnung schaffen / dem Handel weite Wege bahnen / Schule und Handwerk lässt er heben / breit machen der Weisheit Samen."[308]

An lobenden Bezugnahmen auf Joseph II. mangelt es auch im Œuvre des erfahrenen Kroatien-Reisenden und „Illyrier"-Kenners Balthasar Hacquet nicht. Über die Person und die Taten des „Reformators auf dem Thron" berichtet Hacquet häufig und ausführlich in seinen Reiseberichten und verschweigt es natürlich nicht, wenn sich seine eigene mit der ehemaligen Route des Kaisers kreuzte. Auf einer seiner Fußwanderungen unweit des Triplex Confinium besichtigt Hacquet das Haus, das Joseph II. einige Jahre zuvor bei seiner Tour an die dreifache Grenze als Nachtquartier gedient hatte, und entdeckt bei diesem Anlass an der Person des Kaisers gerade die Eigenschaften, die er an sich selbst als Reisendem schätzt

[306] Interessante dichterische Erzeugnisse findet man auszugsweise bei Radics, Die Reisen; sowie im Beitrag von Kulcsár, Die Reisejournale Kaiser Josefs II. über seine Reisen durch Ungarn, Siebenbürgen, Slawonien und das Temeswarer Banat (1768–1773), in: Eva Frimmová / Elisabeth Klecker (Hgg.), Itineraria Posoniensia. Zborník z medzinárodnej konferencie Cestopisy v novoveku, ktorá sa konala v dňoch 3.–5. novembra 2003 v Bratislave. Akten der Tagung Reisebeschreibungen in der Neuzeit, Bratislava, 3.–5. November 2003. Bratislava 2005, 159–166. An dieser Stelle sei das Gelegenheitsgedicht von Johann Nepomuk Denis „Auf die Reise Josephs des Zweyten" aus dem Jahre 1769 erwähnt, das die Zusammenkunft des reisenden „Barden" Joseph mit Friedrich II. feiert. Vgl. Johann Nepomuk Denis, Auf die Reise Josephs des Zweyten. Gesungen im Herbste 1769. Wien 1769.

[307] Die zweite Russlandreise Josephs II. beispielsweise fand ihre literarische Verarbeitung im umfangreichen Epos des Priesters und Schriftstellers Joso Krmpotić, das unter dem Titel „Katarine II. i Jose II. put u Krim" [Die Reise Katharinas II. und Josephs II. auf die Krim] 1788 in Wien erschien. Vgl. Davor Dukić, Sultanova djeca. Predodžbe Turaka u hrvatskoj književnosti ranog novovjekovlja. Zadar 2004, 186–187.

[308] Übersetzung M. Z. Im Original: „Jer pohodeć želi urediti/raširiti trgovine dalko/skule i zanate čini podignuti/učiniti mudre hoteć tako." Zitiert nach Rafo Bogišić (Hg.), Zbornik stihova i proze XVIII stoljeća. Zagreb 1973 (Pet stoljeća hrvatske književnosti, 19), 349. Zu Blagojević siehe u. a. Krešimir Georgijević, Hrvatska književnost od XVI do XVIII stoljeća u sjevernoj Hrvatskoj i Bosni. Zagreb 1969, 252–256.

und immer wieder betont, nämlich die Anspruchslosigkeit bezüglich der eigenen Bequemlichkeit und die Einfachheit in der Lebensführung:

> „Hier im Thal steht ein Hauptmann mit einer Kompagnie, der ein kleines Wohnhaus hat. In dem Zimmer, wo ich mich aufhielt, las ich in einem Stein ausgehauen, daß Se. Majestät der Kaiser Joseph vor sechs Jahren hier übernachtet hatte, um die Gränzen sowohl hier als aller seiner Länder zu besichtigen. Gewis, es hat noch wenig Landesfürsten gegeben, die in so unwegsamen Gegenden herumgereiset sind, als dieser Fürst thut, der sich mit Wasser und Brod zur Nahrung und Stroh zum Liegen begnügen lässt. Wenn das einem Kaiser genug ist, warum dann nicht auch einem Hofrath, wo es der Dienst des Landesfürsten erfordert?“[309]

Die Ehre, Joseph II. in persona kennenzulernen, wurde Hacquet im Jahre 1784 zuteil, als ihn der Kaiser auf dem Rückweg aus Italien in seiner Laibacher Wohnung besuchte und bei dieser Gelegenheit sein Naturalienkabinett und das anatomische Theater besichtigte.[310] Die Motivation dieses Besuchs wie auch einer beträchtlichen Anzahl anderer vornehmer Besuche, die Hacquet während seines Lebens erhielt, sind in der Forschung nicht geklärt,[311] die Hacquet'schen Ego-Dokumente verraten nur so viel, dass sich sein anderthalbstündiges Gespräch mit dem Kaiser um das Idrianer Quecksilber drehte.[312]

Die Mühen und Strapazen der langen Fahrten, der schlechten Straßen und erschöpfenden Feldzüge scheute Joseph II. bekanntlich nicht. Zeitgenössische Biographien, Legenden und moderne (populär)wissenschaftliche Darstellungen verzeichnen zudem mehrere kaiserliche Reit- und Wasserunfälle.[313] Bei einer Fahrt auf der Donau ereilte das kaiserliche

[309] Hacquet, Physikalisch-politische Reise, 35.

[310] Vgl. dazu Radics, Die Reisen, 64.

[311] Hacquet hat neben Joseph II. auch dessen Schwester Erzherzogin Marianne und den Großfürsten und späteren Zaren Paul I. persönlich kennengelernt. In Krakau besuchte ihn der König von Sachsen in Begleitung seiner Minister und des Prinzen Poniatowski. Vgl. dazu „Hacquets Autobiographie und Testament“, in: Hacquet, Physikalisch-politische Reise, 409–427 sowie ebd. Jakob, Belsazar Hacquet, 433–471, 441. Unweit von Chotyn in Bessarabien hat Hacquet zur Zeit des Österreichisch-Russischen Türkenkrieges 1788 den späteren Kaiser Franz II. im Feld gesprochen. Vgl. dazu die Vorrede zur „Abbildung und Beschreibung“. Georg Jakob hat die Mutmaßung geäußert, dass die hohen Besuche möglicherweise mit dem Geheimnis um Hacquets Herkunft in Zusammenhang stehen.

[312] Diesbezüglich schreibt Hacquet in seiner Autobiographie: „Am 21. März [1784] hatte ich die Ehre, den Besuch Kaiser Josephs II. zu empfangen, den Reformator eines großen Teils der Menschheit. Ich sah diesen Fürsten zum ersten mal: er unterhielt sich mit mir anderthalb Stunden lang in meinem Arbeitszimmer, wo ich ihm erörterte, daß die Gruben von Idrien ihm jährlich eine Revenüe von einer Million Gulden tragen könnten, wenn er den Preis des Quecksilbers herabsetzte. Mein Plan wurde ausgeführt und die Sache bewahrheitete sich. Joseph ist der einzig große Mann, den das Haus Österreich gehabt hat und es ist ein Wunder, daß er diese Größe erreichen konnte trotz seiner schlechten Erziehung, die er von seinen unwissenden Lehrern und von der verwünschten Priesterschaft erhalten hat.“ Zitiert nach Hacquets Autobiographie und Testament, 419. Auf diesen Besuch rekurriert Hacquet auch in seiner Oryctographia, Bd. 4, 64.

[313] So besagt eine kroatische Legende, Joseph II. sei unweit von Modruš vom Pferd gestürzt, ohne sich dabei zu verletzen, und zum Kapela-Pass geritten, wo er – von der Aussicht begeistert –

Schiff dasselbe Schicksal wie das Kleemann'sche auf der Kupa: es stieß nämlich mit einem im Wasser schwimmenden Baum zusammen, wobei es fast unterging.[314]

Dass Joseph II. in seiner „Autopsiewut" sich wenig um die eigene Gesundheit kümmerte und manchmal sogar die von ihm selbst erlassenen seuchenhygienischen Maßnahmen vergaß, davon weiß der Istrien-Reisende Johann Georg Widemann zu erzählen, der im Rahmen seiner Ausführungen zu den strengen Quarantänevorschriften an der Adria-Küste folgende Anekdote über den Reisekaiser festhielt:

> „Auf die Beobachtung dieser Gesundheitsmassregeln wird so genau geachtet, dass, als Joseph II. das innere des Lazarethes zu Triest, aller Vorstellungen ungeachtet, besehen wollte, der Priester des Lazareths ihn unterm Eingange mit den Worten in die Arme nahm: ‚Ich kann es unmöglich geschehen lassen, Sire, dass Sie Quarantaine halten sollten!' Joseph, auf die Nothwendigkeit der Selbstverfolgung seiner Gesetze aufmerksam gemacht, kehrte schweigend um."[315]

Unzweifelhaft hat das rastlose beschwerliche Reisen der Gesundheit des Kaisers einen erheblichen Tribut abverlangt und indirekt zu seinem frühen Tod beigetragen. Zu der Zeit, als Widemann diese Anekdote zu den Ohren kam, lebte Joseph II. schon längst nur noch in Erzählungen.

5.2.4 Reisejournal über Kroatien und das Litorale

Die Inspektionsreise des Koregenten Maria Theresias durch Kroatien und das Küstenland im Jahre 1775 führte zu Entscheidungen, die schwerwiegende Neuerungen – vor allem in handelspolitischer Hinsicht – mit sich brachten. Sie machte nämlich die Aufhebung der Kommerzialverwaltung im Litoralbezirk unabwendbar und führte zur Auflösung des Länderkomplexes des „Litorale Austriaco", das jahrzehntelang aus wirtschaftlichen Gründen als administrative Einheit regiert worden war. Seit den Reformen, die der kaiserlichen Tour gefolgt waren, verblieben nur noch der Hafen Triest und sein Territorium im Rahmen des Österreichischen Küstenlandes. Die übrigen Städte und Gebiete des ehemaligen „Litorale Austriaco" wurden dem Königreich Kroatien bzw. Ungarn oder der Militärgrenze angeschlossen. Die kroatisch-ungarischen Länder erhielten durch die „Reinkorporation" der Ausfuhrhäfen wichtige Voraussetzungen für die Entwicklung ihres Handels und wurden somit in einem wichtigen Punkt den österreichischen Erbländern gleichgesetzt.[316]

seine Entscheidung verkündete, die neue Straße – später Jesephiner Straße genannt – bauen zu lassen. Vgl. Josip Vuković, Tunelom kroz veliku kapelu do mora, *Hrvatske šume* 64 (2002), 39–40, 40, unter <http://casopis.hrsume.hr/pdf/064.pdf#page=41>, 15.07.2011. Der Zeitgenosse Pezzl berichtet in seiner romanhaften Biographie von Stürzen in „aufgeschwollene reißende Ströme". Vgl. Rumpel, Die Reisen, 7. Über unfreiwilliges Baden im Fluß an der Front vgl. Padover, Joseph II., 257.

314 Vgl. Kulcsár, Vor der Entdeckung der Landschaft, 103.

315 Widemann, Streifzüge an Istriens Küsten, 83.

316 Zur Auflösung des Litoralbezirks vgl. Faber, Litorale Austriaco, 211–236; Schünemann, Die Wirtschaftspolitik. Zur Reinkorporation siehe auch Ivan Erceg, Konfiskacija Zrinsko-Fran-

Die umrissenen ökonomischen, verwaltungs- und rechtspolitischen Konsequenzen der kaiserlichen Reise aus dem Jahre 1775 sind der Grund für ihre relativ häufige Thematisierung in der Sekundärliteratur. Im Unterschied zu ihren Auswirkungen wurde anderen Aspekten der Tour weniger Aufmerksamkeit geschenkt. Die persönlichen Reiseeindrücke des Kaisers, wie sie in seinem diktierten Reisejournal festgehalten wurden, werden in der Forschung meist in Form von ergänzenden Exzerpten herangezogen und stießen vor allem in Bezug auf ihre Sachlichkeit auf wissenschaftliches Interesse.[317]

Ercegs Edition des handschriftlichen Tagebuchs macht den Text zugänglich für weitere Analysen, auch für solche, die Joseph II. als narrativen Arrangeur, seine Tour als erzählte Reise in den Vordergrund stellen und seine Aufzeichnungen auf identitätsbezogene Perspektivierungen und kollektive Zuschreibungen prüfen wollen.

Das mit „Reyse durch Croatien und das Littorale Anno 1775" betitelte Journal besteht aus einer Reihe explizit datierter und mit Ortsangaben versehener Textabschnitte, die in chronologischer Ordnung und abwechselnd in Ich- und Wir-Form den Tagesablauf des Kaisers rekapitulieren und seine Eindrücke über das Gesehene vermitteln. Die Zeit- und Ortsangaben, die im Text des Tagebuchs und in der beigefügten Marschroute verzeichnet sind, geben Aufschluss über die besuchten Orte und die Dauer der Reise.[318] Der Entstehungsprozess des Journals wird im Text repetitiv mitthematisiert, da es der Kaiser für nötig hielt, seinem Sekretär tagtäglich in die Feder zu diktieren, dass er an dem Tag eben auch sein Journal diktiert hatte.

Prominenz- und Anekdoteninteressierte würden sich mit dieser Quelle unzweifelhaft nicht zufrieden geben. Von bemerkenswerten Begebenheiten aus dem Reiseleben Josephs II. und Äußerungen, die eine charakteristische Eigenart des Kaisers als Privatperson offenbaren würden, gibt es in den Aufzeichnungen nämlich keine Spur. Die Glaubwürdigkeit der Lazarettepisode aus Widemanns Reisebeschreibung und der Aussagen über das Likaner Quartier Josephs II. aus Hacquets „Physikalisch-politischer Reise" können anhand des kaiserlichen Journals weder bestätigt noch widerlegt werden. Der Kaiser trägt zwar regelmäßig in sein Journal ein, dass er in dem jeweiligen Ort schlafen „gienge", wo genau aber er seine Quartie-

kopanskih imanja. Postanak i ukinuće Severinske županije u Hrvatskom primorju i Gorskom kotaru, *Jadranski zbornik* 5 (1961–1962), 36–81, 50–56.

317 Die einzigen mir bekannten Studien, die sich der Reisejournale auch erzähl-, form- bzw. gattungskritisch annehmen, stammen von Krisztina Kulcsár. Besonders aufschlussreich ist in dieser Hinsicht Kulcsár, Die Reisejournale.

318 Die „Marschroute" hält die Nachtquartiere wie folgt fest: (18.4.) Von Wien über Oedenburg, Steinamanger, Canisha – (19.4.) Bellovar (20.4. Rasttag) – (21.4.) Ivanitz – (22.4.) Agram – (23.4.) Sissek – (24.4.) Dubiza – (25.4.) Dwor – (26.4.) Glina – (27.4.) Carlstadt (28. u. 29.4. Rast) – (30.4.) Klokoch – (1.5.) Szluin – (2.5.) Modrusch – (3.5.) über die große Capella nach Ottochaz – (4.5.) Koreniza – (5.5.) Udbina – (6.5.) Velika Popina – (7.5.) Zermania – (8.5.) Grachaz – (9.5.) Gospich – (10.5.) Carlobago – (11.5.) Zengg – (12.5.) Novi – (13.5.) Fiume (14.5.) Rast – (15.5.) Triest (16., 17. u. 18.5.) Rast – (17.5.) Lippiza – weiter nach Italien – (30. 5.) zu Laxembourg angekommen. HHStA, 9; Erceg, Dnevnik, 258.

re nimmt, bleibt – bis auf zwei Ausnahmefälle[319] – im Text unerwähnt. Die Informationen zu den weiteren Umständen der Reise sind äußerst spärlich. So erwähnt der Kaiser an einer Stelle, mit zwei Reisegefährten[320] unterwegs zu sein, und aus dem Text geht hervor, dass er auf drei Fortbewegungsmöglichkeiten zurückgreifft: er fährt nämlich, reitet und schifft. Über den Zustand der Wege ist man ausführlicher informiert, über die Wetterbedingungen berichtet der Kaiser auch in diesem Journal insbesondere dann, wenn sie – um mit Krisztina Kulcsár zu reden – „von dem ‚Normalen' abwichen".[321]

Egal ob im Reisewagen, auf dem Pferderücken oder an Bord eines Schiffes, der Kaiser prüft allerorts sorgsam die technischen Voraussetzungen des Fortkommens – den Zustand der Straßenzüge, Wege, Treppelpfade bzw. Treidelwege, Brücken und Wasserstraßen – und zeigt sich dabei mit dem Gesehenen meist unzufrieden. In seinen Bemerkungen, die Bezug auf die Verkehrsinfrastruktur nehmen, findet man die Attribute „schlecht" und „sehr schlecht", bezüglich der Wege in den Likaner Gebirgen auch „abscheulich, ja gefährlich zu reiten"[322]. Es wurde schon erwähnt, dass eine kroatische Überlieferung besagt, der Kaiser wäre bei einem Ritt über den Kapela-Pass vom Pferd gestürzt, was ihn dazu veranlasst hätte, den Bau einer richtigen Straße – die später den Namen Josephiner Straße erhalten sollte – anzuordnen.[323] Auch wenn von einem Reitunfall im Tagebuch nicht die Rede ist und das neue Bauwerk schon vor der Reise genehmigt worden war,[324] so geht aus dem kaiserlichen Eintrag über die Überquerung des Kapela-Gebirges doch hervor, dass die Sage nicht von ungefähr kam. Als „ohnaussprechlich schlecht, und beschwersam" bezeichnet Joseph II. den Weg über „lauter steile Berge, sehr felsigte Gegenden", der sich „hin und her so eng verwendet, dass die Pferde nicht wissen, wo sie die Füsse hinsetzen sollen".[325] In demselben Abschnitt vermerkt der Kaiser, die „wandelbarere Herstellung" der „Zeggner Straßen" könne seines Erachtens keinem Zweifel mehr unterliegen.[326]

Das Wort „schlecht" spricht Joseph II. abends in den kroatischen Quartieren sehr häufig seinem Sekretär vor. Dazu kommt eine Fülle weiterer negativer Attribuierungen wie „unnüz", „nicht angemessen", „übel", „liederlich", „nachlässig", „negligiert", „im elendesten

[319] Der Kaiser erwähnt nur, dass er in Agram in einem Wirtshaus vor der Stadt abstieg und in Novi bei dem Bischof wohnte. Erceg, Dnevnik, 232 u. 249.

[320] Erceg, Dnevnik, 228. Diese Reisebegleiter waren den primären Zielsetzungen der Reise entsprechend Militärs: Friedrich Moritz Graf Nostitz und Johan Graf Colloredo. Vgl. Lopašić, Karlovac, 61. Der erstere war Feldmarschallleutnant und diente – wie May informiert – „dem Kaiser auf Reisen mit vorwiegend militärischer Zielsetzung als eine Art persönlicher Adjutant und war als solcher auch mit der Führung der Reisejournale beauftragt." May, Reisen „al incognito", 76f.

[321] Kulcsár, Die Reisejournale, 163 stellt dies für seine früheren Reisetagebücher fest.

[322] Erceg, Dnevnik, 247.

[323] Vgl. Anm. 313.

[324] Helmedach, Verkehrssystem, 124.

[325] Erceg, Dnevnik, 242.

[326] Ebd., 243.

Umstände", „ohne gesunder Vernunft", „sehr ruiniert".[327] Ob es sich nun um Ackerbau, Viehzucht oder Holzbestände, um Industrie, Verkehrswege, Handel, Population, Grenzangelegenheiten oder Militär handelt – der Kaiser entdeckt in Kroatien und im Litorale Fehler über Fehler. Mit einem Raster der Unzufriedenheit wird im kaiserlichen Journal die Topographie unordentlich gebauter und schlecht aussehender Dörfer[328], „elende[r] Holzwerk[e]",[329] „schlecht", sogar „abgeschmackt" gebauter Orte[330] und herabgesunkener und verarmter Häfen – der „Porti morti"[331] – entworfen. Mit positiv konnotierten Bemerkungen geht der Kaiser sparsam um, häufig kommen sie mit einem einschränkenden Aber vor. Ganz zufrieden zeigt sich Joseph II. mit dem Aussehen der von seiner Mutter gegründeten Stadt Bellowar (Bjelovar), die er als „so ganz hübsch und regelmässig en quarré gebaut"[332] beschreibt. Über das Aussehen der Stadt Agram (Zagreb) vermittelt er merkwürdigerweise keinerlei Eindrücke. Die Wasserfälle des Flusses Sluiniza (Slunjčica) – die einzige Natursehenswürdigkeit, der Joseph II. in seinem Tagebuch Aufmerksamkeit schenkt – ehrt er mit der Bezeichnung „wahrhaftig besonders und einzig zu sehen".[333] Des höchsten Lobs des hohen Gastes erfreut sich – wenn auch nicht der wirtschaftlichen Prosperität nach – der von seinem Großvater so hoch geschätzte und geförderte Hafen von Porto-Ré (Kraljevica). Seinen mürrischen Gestus für einen Augenblick ganz ablegend, zollt der kaiserliche Erzähler mit den Worten „ein wahrhaft schöner, und man kann mehr als schön sagen, ein magnifiquer Hafen"[334] sein Lob dem Aussehen und der Naturlage dieses Meerhafens.

Dass Joseph II. durch Kroatien und das Litorale reist, wird nur im Titel des Tagebuchs erwähnt. Im Text des Journals kommen die beiden Bezeichnungen nicht ein einziges Mal vor, dasselbe gilt für das Adjektiv „kroatisch" oder das Ethnonym „Kroate". Bei allgemeineren territorialen Bezugnahmen wird auf die politisch-administrative Unterscheidung „Militare"/„Provinciale"[335] zurückgegriffen, bei spezifischen kommen die engeren administrativen Bezeichnungen wie beispielsweise „Agramer Comitat", „Karlstädter Generalat", „Varasdiner Generalat" oder die „Bannalische Gränze" zum Einsatz. Auf einen einheitlichen Begriff für die Adria-Häfen verzichtet der Kaiser. Das Zugehörigkeitsadjektiv „hungarisch"

[327] Ebd., 228, 230, 232, 233, 237.

[328] So der Kaiser beispielsweise über die Dörfer des Warasdiner Generalats. Erceg, Dnevnik, 228.

[329] Die Festung Ivanic wird als „halb zusammen gefallenes elendes Erdwerk en Quarré" beschrieben, „den Ort oder die Varos ausser der Vestung" bezeichnet der Kaiser als „elendes Holzwerk, welches, wie Brody, auch sogar die Gassen mit Holz ausgetäget hat wegen dem Morast [...]", Erceg, Dnevnik, 231.

[330] „Petrinia ist ein schlecht pur von Holz gebautes [sic!] Ort", so der Kaiser, Erceg, Dnevnik, 232. Sisak wird ebenfalls als „ein ziemlich schlechter Ort" bezeichnet, zu Kostajnica heißt es im Tagebuch: „Costainiza ist ganz besonders gebauet, es stehen die Häuser auf vielen Pfeilern, wegen der vielen Wassergüssen, es ist überhaupt ganz abgeschmakt gebauet, obwolen da viele Kaufleüte sind, und etwas noch zu bekommen ist." Erceg, Dnevnik, 233, 235.

[331] Faber, Litorale Austriaco, 218.

[332] Erceg, Dnevnik, 229.

[333] Ebd., 241.

[334] Ebd. 250.

[335] Ebd., 227.

kommt im Text einmalig vor, und zwar in der Bemerkung, die Dörfer des Varasdiner Generalats „sehen eben so unordentlich gebaut und schlecht aus als die übrigen Hungarischen Dörfer".[336]

In seinen bevölkerungsbezogenen Ausführungen verzichtet der Kaiser auf jegliche ethno- und linguonymische Identifizierungen. Wenn er über seine Untertanen spricht, so bedient er sich meist der Bezeichnung „Leüte". Auf die Militärgrenzbevölkerung rekurriert er an manchen Stellen mit dem Sammelnamen „Gränitzer" oder „Gränzmann", durchgehend kommen die spezifizierenden Hyponyme – einzelne Regiments- und Mannschaftsbezeichnungen – zum Einsatz. Die Textstellen zu den Kaisers „Leüten" liefern ein niederschmetterndes Bild von Armut, Elend und Hungersnot. Tagebucheintrag für Tagebucheintrag häufen sich die Bemerkungen, die auf katastrophale ökonomische Verhältnisse in den bereisten Gebieten hindeuten. „Die Leüte sind gar nicht wohlhabend"[337], bemerkt Joseph II. in seinen Ausführungen zum Varasdiner Generalat. „Die Leüte sehen ziemlich arm aus"[338], so und ähnlich äußert sich der Kaiser über Agram, Sissek und Dubiza. Als besonders prekär erweist sich die Lage im Karlstädter Generalat, wo dem Mitregenten mehrmals klar wird, dass „die Noth denen Leüten bey den Augen heraussieht"[339] und wo er nach eigenen Angaben Schritte unternimmt, um dem herrschenden Hunger abzuhelfen. „Diese ganze Gegend hier ist die Armut und Noth auf den höchsten Grad anzutreffen", so der Kaiser aus Gospich, „da ganze Dörfer betteln, und zerissen, ja vor schlechter Nahrung aussehend sich darstellen."[340] Armut, wo das kaiserliche Auge reicht, auch im Küstenland: in Carlobago, wo „jederman schier bettelt, und Kinder nakend und elend zerissen herumlaufen"[341], in Zengg und Fiume, wo sich überall „Armut, Beschwerden, und Betlerey fand"[342] und im Triester Karst, wo „die Leüte Grass und Brenessl esseten".[343]

Zu den Informationen über die Verhältnisse in Kroatien und im Litorale gelangt der Kaiser nicht nur durch Gespräche mit Repräsentanten des zivilen und militärischen Verwaltungsapparats, sondern auch durch Beschwerden und Bittschriften des Volkes, die ihm während der Reise persönlich vorgetragen oder vorgelegt werden. Über diese Anliegen und Klagen ist auch im Journal die Rede. So beschweren sich die gemeinen „Gränitzer" über das Elend, den Hunger und den Robot, über körperliche Strafen von Seiten der Offiziere und andere Bedrückungen. Die „Hussaren"[344] treten an den Kaiser mit Klagen über die teure Montur heran, die „Serezaner"[345] wünschen Repressalien gegen türkische Raubüberfälle

[336] Ebd., 228.
[337] Ebd. 228.
[338] Ebd., 232.
[339] Ebd., 238, 243.
[340] Ebd., 247.
[341] Ebd., 249.
[342] Ebd., 250.
[343] Ebd., 251.
[344] Truppengattung der leichten Reiterei.
[345] Die „Serezaner" oder „Seresssaner" waren Mannschaften aus auserlesenen Grenzsoldaten, die den permanenten Cordondienst im kaiserlichen Grenzland leisteten. Ihre Aufgabe bestand u. a.

zu ergreifen. Die Karlobager Stadtdeputierte führen Klagen über den gesperrten Handel und formulieren ihren Wunsch nach der Vereinigung mit der Militärgrenze. Zu den Gemeinplätzen des Vorgetragenen gehören eindeutig Beschwerden über schwierige Lebensumstände. Aus dem Journal ist ersichtlich, dass es dem reisenden Kaiser in Kroatien und im Litorale an klagenden Gesprächspartnern nicht fehlt, einen zusätzlichen Aufwand verlangt die Einsichtnahme in die Papierflut der schriftlichen Beschwerden. Immerhin werden Joseph II. während dieser einmonatigen Reise 1200 Bittschriften vorgelegt.[346]

Die primären Ziele der Reise im Jahre 1775 lassen sich an den thematischen Schwerpunktsetzungen der Tagebucheinträge ablesen. Die militärischen Themenkomplexe herrschen im Journal eindeutig vor, gefolgt von wirtschaftspolitisch relevanten Aussagen.

In den Militärgrenzgebieten besichtigt Joseph II. militärische Anlagen, befolgt und prüft Grenzverläufe zum Nachbarstaat, macht das Funktionieren des Cordon sanitaire[347] mit seinen „Tschertaken"[348] und „Rastelen"[349] zum Prüfstein persönlicher Beobachtungen, führt Gespräche mit Generälen, Offizieren und gemeinen „Gränitzern", inspiziert die Truppen und nimmt an ihren Übungen teil.

Die Militärgrenze – entblößt von anthropologischen Mythen, ideologischen Überhöhungen und sensationalistischen Inhalten – erscheint im kaiserlichen Journal als das, was sie tatsächlich auch war – eine große Kaserne. Das Bild der kuriosen „Wilden" löst sich auf in peniblen Darstellungen exerzierender Infanteristen, Hussare und Artilleristen. Die singenden „Illyrier" treten woanders auf, der kaiserliche Blick erfasst Regimenter, Divisionen und Compagnien und beobachtet die „Kreützer", „Bannalisten" und „Liccaner" bei höchst prosaischen Angelegenheiten: beim Marschieren, Defilieren, Chargieren. Das Image der „lebendigen Gränz-Mauer"[350] mit all ihren ästhetischen, anthropologischen, philosophischen und ideologischen Implikationen mag dem einen oder anderen Reiseschriftsteller und Statistiker im Kampf um die Leserschaft auf dem von Reise- und Geographie-Werken überfluteten Büchermarkt der Aufklärung zum Erfolg verholfen haben. In einem anderen Kampf – jenem gegen den osmanischen Nachbarn, auf dessen Territorium nach kaiserli-

darin, das schwierige Terrain, das der normale Cordondienst nicht zu kontrollieren vermochte, zu durchstreifen, Räuber, Diebe und unerwünschte Grenzüberquerer aufzugreifen. Berittene „Serezaner" dienten außerdem als Schutzescorte der Reisenden und wurden zur Überbringung von Befehlen und Nachrichten verwendet.

346 Faber, Litorale Austriaco, 205.

347 Das Territorium der Militärgrenze war nicht nur ein militärisch und zwischenstaatlich bedeutsam, im 18. Jahrhundert wurde es zu einer seuchenhygienischen Pufferzone ausgebaut, die das Habsburgerreich vor der Pest und anderen Epidemien aus dem Osmanischen Reich schützen sollte.

348 Zu „Tschertaken" bzw. „Čardaken" siehe Anm. 189.

349 Rastelen waren umzäunte und streng kontrollierte Stellen an der Grenze zum Osmanischen Reich, an denen die Untertanen beider Reiche unter strenger Aufsicht Tauschhandel trieben. Krajasich definiert ein Rastel so: „ein Marktplatz, ein türkischer Wochenmarkt, in einem bestimmten Grenzort auf Militärboden, welcher mit strengster Handhabung der Vorschriften abgehalten wurde." Siehe Krajasich, Die Militärgrenze, 215; Erceg, Dnevnik, 235.

350 Martin Schwartner, Statistik des Königreichs Ungern. Ein Versuch. Pest 1798, 471.

chen Plänen die „lebendige Mauer“ bald vorrücken sollte – zählten freilich nicht Images und ideologische Konstruktionen, sondern die Anzahl, die Ausrüstung und das Können der Soldaten. Und diese nimmt Joseph II. im Detail in Augenschein. Vom Gesehenen liefert das Journal kein einheitliches Bild, die Eindrücke des Kaisers über nicht weniger als 34 Truppenschauen variieren je nach gesehener Einheit stark voneinander. In der Regel wird dabei das Äußere der Mannschaft, ihre Stärke, die Anzahl der kriegserfahrenen Soldaten und die Ausführung der Exerzierübungen beurteilt. Häufig zufrieden zeigt sich der Kaiser mit dem „Schlag von Leüten“[351] unter Waffen, was er mit Ausdrücken „schön“ oder „recht schön in der Mannschafft“[352], „ziemlich hübsch in Leüten“[353] oder „die Leute sind ziemlich ansehnlich“[354] zum Ausdruck bringt. Die Urteile über das Exerzieren variieren von „sehr attent“[355] und „ziemlich unterrichtet“[356] über „nicht so gut“[357] und „nicht besonders abgericht“[358] bis hin zu „sehr schlecht geübt“[359]. Das Niveau des gezeigten Könnens sinkt verständlicherweise in Gegenden, wo Hunger herrscht. Von den Likaner Exerzierplätzen kehrt Joseph II. oftmals mit negativen Eindrücken in seine Quartiere zurück und lässt Bemerkungen über Hungersnot, Emigrationen, Disziplinlosigkeit und Misshandlungen in seinem Tagebuch verzeichnen.

Der andere Schwerpunkt des kaiserlichen Interesses gilt den wirtschaftlichen Zuständen in den bereisten Gebieten – insbesondere der Lage der „Commerzien“. Seinen Aufenthalt in Karlovac nutzt der Koregent unter anderem zur Prüfung der Transitwege – darunter des Kupaflusses und der Karolinerstraße –, zur Besichtigung der Güterschiffe sowie zu Diskussionen über Navigationsfragen. Bei dieser Gelegenheit unterhält er sich mit dem Auftraggeber der Kleemann'schen Krim-Reise, dem Grafen Starhemberg, und führt Gespräche mit dem Ingenieur Gruber, der einige Monate später zusammen mit Hacquet die bereits erwähnte Probefahrt auf der Save – vielleicht sogar auf einem der Schiffe, die Joseph II. höchstpersönlich besichtigt hat[360] – unternehmen wird.

351 Erceg, Dnevnik, 230.
352 Ebd., 234.
353 Ebd., 242.
354 Ebd., 233.
355 Ebd., 234.
356 Ebd., 228.
357 Ebd., 241.
358 Ebd., 242.
359 Ebd., 244.
360 Der Kaiser besichtigt bei dieser Gelegenheit drei Schiffe, die gerade gebaut wurden, darunter auch das Hepp'sche Schiff, das er als „sehr lang und ziemlich breit“ charakterisiert mit der Anmerkung, es soll „4000 Metzen auf einmal“ führen können. Erceg, Dnevnik, 239. Von einer Probefahrt ist aber im Zusammenhang mit einem anderen – von Gianelli gebauten – Schiff die Rede, welches „in Reschitza auf den Stappeln“ liegt und zu dem der Kaiser bemerkt, es sei „einer Meer-Fregate in der Grösse ganz ähnlich“ und „völlig unbrauchbar in diesen Wässern“. Im Tagebuch findet man auch die Bemerkung: „Ich habe ihren gerathen, es calfatern, und ohne weitere Spesen darauf zu wenden probiren zu lassen, wohl sicher, dass die Probe fehlen

Fast fünfzig Jahre nach dem Besuch des Kaisers Karl VI., der im Rahmen seiner mit aller Pracht und allem Pomp durchgeführten Erbhuldigungstour in Triest und Fiume geweilt hatte,[361] wurde dem Küstenland die Ehre erwiesen, wiederum einen Habsburger Herrscher zu empfangen. Den Landstrich, der jahrzehntelang in Handelssachen gefördert worden war, kannte Joseph II. nur aus offiziellen Berichten, nun bot sich die Gelegenheit, die Resultate der jahrzehntelangen wirtschaftspolitischen Maßnahmen „in loco"[362] zu prüfen und den offiziellen Informanten auf die Finger zu schauen. Die Realität, deren der hohe Gast im Litorale gewahr wurde, war viel schlimmer als das Bild, das seine Informationsquellen vermittelten.[363] In seinem Journal und in seiner Relation zeichnet Joseph II. die Verhältnisse im Litorale bekanntlich in einem äußerst negativen Licht und disqualifiziert somit das bestehende Modell der Kommerzialverwaltung.[364] In Bezug auf diese Bemerkungen spricht die Sekundärliteratur vom überspitzten Kritizismus – ein Vorwurf, den Seine Majestät bereits von den Zeitgenossen einstecken musste.[365]

Die beschriebenen Aktivitäten stellen nur einen Teil des gewaltigen Arbeitspensums dar, das Joseph II. auf dieser Inspektionsreise bewältigt. Doch was tut der Kaiser in den wenigen Stunden, in denen er nicht arbeitet? Die seltenen über das Sachliche hinausgehenden Äußerungen halten so viel fest, dass er regelmäßig schläft und isst und in Zermania vor dem Schlafen etwas spazierengeht, dass er in Zengg das von der Bora aufgewühlte „Meer betrachten"[366] geht und in Fiume den Abend in der Opera buffa verbringt. Bekanntlich hielt der „Workaholic auf dem Thron" nicht viel von Freizeit-Zerstreuungen und opferte seine Abende auf Reisen meist der Arbeit. Das Angebot an Abendprogrammen in den notleidenden militärischen Gegenden war sicherlich nicht das reichste – von Gusla-Sängern und Kolo-Tänzen hielt Joseph II. nichts, vom Aufspüren der ossianischen Barden in südslawischen Kostümen ebenso wenig. Überhaupt lässt sich anhand des Journals keinerlei

wird." Erceg, Dnevnik, 237. Ist dies vielleicht der „höchste Befehl", von dem Hacquet in der Beschreibung seiner Flussreise spricht?

[361] Zum Besuch Karls VI. im Litorale siehe u. a. Schreiber, Habsburger auf Reisen, 77–82; Lopašić, Karlovac, 46.

[362] Rumpel, Die Reisen, 5.

[363] In seiner Reiserelation, die er in Triest zur Vorlage Maria Theresias verfasste, wirft der Kaiser den offiziellen Berichten vor, die ungünstigen Sachverhalte zu verschleiern. Er schreibt: „Dieses ist die wahre Lage von E.M. Littorale, und deren Zugänge von selben; wer es nicht glaubet, der möge nicht die Protocolla und die Haupt Berichte eines hochlöblichen Commercien-Rathes mit Augen einsehen, aber an Ort, und Stelle sich verfügen, und mit denen Leuten reden, wie ich." Zitiert nach Khevenhüller-Metsch, Aus der Zeit Maria Theresias, 263. Vgl. dazu Faber, Litorale austriaco, 208.

[364] Vgl. dazu Schünemann, Die Wirtschaftspolitik.

[365] Siehe dazu Faber, Litorale austriaco, 209–210. Vgl. auch Erceg, Konfiskacija, 51.

[366] Der in der Reiseliteratur so häufig beschriebene Bora-Wind lässt auch den Kaiser nicht unbeeindruckt: „[...] nach dem Essen gienge Ich das Meer betrachten, so durch den Bora-Wind sehr ungestüm gemacht worden, dergestalten, dass man nicht allein zu Wasser unmöglich fahren, sondern auch zu Land noch zu Fuss, noch zu Pferd sich hinweg bewegen konnte." Erceg, Dnevnik, 249.

Interesse des Kaisers an der Kultur der bereisten Gebiete konstatieren. Bezüge auf die kulturellen Merkmale des Landes und seiner Bewohner – seien es kulturhistorische Denkmäler, Sprache, Sitten oder Kunst – sind nicht vorhanden. Historische Reminiszenzen kommen in einem Einzelfall vor und betreffen – nicht überraschend – einen der Österreichisch-Türkischen Kriege.

Zusammenfassend lässt sich feststellen, dass mit dem Reisejournal Josephs II. ein Text vorliegt, der – da die kulturellen Identitäten generell verschweigend – von kulturellen Stereotypen ganz frei ist. Die dichte Sachlichkeit des Journals erlaubt keine Rückschlüsse auf die subjektive Erfahrung des reisenden Kaisers. Auch von der Erfahrung des Fremden kann daher nicht die Rede sein, denn die Fremdheit als kulturelle Kategorie existiert für den Diktierenden in seiner Rolle als Kaiser nicht. Dem Land, das Joseph II. an Ort und Stelle als Beweismaterial für seine Mutter unmittelbar beschreibt, werden jegliche kulturelle Fremdheitskonnotationen verwehrt. Die Bevölkerung dieses Landes rekrutiert sich aus „Leüten", die – zumindest in dieser kaiserlichen Schrift – ethnisch und sprachlich im Namenlosen und Unbestimmten uniformiert werden.

5.3 Exkurs: Joseph II. und die Kroaten

Der Verzicht auf die Bezeichnung „Kroatien" im Text des Tagebuchs erklärt sich aus der Funktion des Reisejournals, und es wäre falsch, ihn durch das Prisma der späteren Maßnahmen, die Joseph II. auf symbolischer genauso wie auf praktischer Ebene zur Bekämpfung der politischen und sprachlichen Partikularismen der Länder der Stephanskrone austrug, als eine ideologisch motivierte Verschweigung interpretieren zu wollen. Der Mitregent verfasste seine Reiseschriften unzweifelhaft in dem Bewusstsein, dass der Rezipientenkreis, dem sie galten, mit den rechtspolitischen Koordinaten seiner Standorte genau vertraut war. Andererseits ist das perzeptive Gerichtetsein des Erzählers im entstehungstopographisch autoreferenten Journal durchgehend auf territorale Mikroabschnitte konzentriert – eine Perspektive, die auch ohne explizite Benennung der implizierten größeren politischen Einheiten auskommt. Ein Vergleich zwischen dem Bericht, den Joseph II. von Triest aus über die Reise an Maria Theresia schrieb[367], und dem Journal als seiner Vor-Schrift macht die perspektivische Verschiebung von den unmittelbaren Eindrücken über das Mikroterritoriale hin zu den Reformvorschlägen, die vom Lokalen abstrahieren, deutlich. Kam der Kaiser in seinen Bemerkungen zum Lokal-spezifischen auch ohne die Erwähnung der Landesbezeichnung Kroatiens zurecht, so greift er im verallgemeinernden Reformdiskurs der Relation auf diese zurück.

Die ethnisch-sprachliche Unbestimmtheit der bevölkerungsidentifizierenden Bezeichnungen bleibt dagegen auch in der Relation erhalten, die identifikatorisch leeren Bezeichnungen „Leüte" und „Gränitzer" werden höchstens mit regionalen Bestimmungen wie der

[367] Nachträglich abgedruckt bei Khevenhüller-Metsch, Aus der Zeit Maria Theresias, 258–266.

„Liccaner" oder „Sclavonier" ergänzt, der Begriff „Kroate" kommt in den beiden Reiseschriften nicht vor.

Eine umfangreiche Suche nach den Bezugnahmen auf die Kroaten in anderen Schriften des Kaisers konnte im Rahmen dieser Studie nicht durchgeführt werden. An dieser Stelle sei nur auf zwei Verwendungsbeispiele dieser Bezeichnung hingewiesen, von denen das erste von Joseph II. stammt und das andere ihm zugeschrieben wird. Das erste Beispiel findet man in einem nachträglich gedruckten Brief Josephs II. an seinen Bruder Leopold aus dem Jahre 1771. In diesem formuliert der Kaiser seine Eindrücke über das besichtigte Truppenlager bei Pest und bringt dabei seine Zufriedenheit mit den „Kroaten" mit folgenden Worten zum Ausdruck: „ J'ai été assez content des troupes, et surtout des Croates."[368] Hiermit liegt eine traditionsreiche und für den damaligen Militärdiskurs typische Identifizierung der multiethnischen, -kulturellen und -konfessionellen militärischen Verbände aus Kroatien mit der vereinheitlichenden regional- und militärverwaltungsbezogenen Bezeichnung „Kroaten" vor.

Das zweite Beispiel stammt aus einer Quelle, über deren Authentizität an dieser Stelle nichts Definitives ausgesagt werden kann. Sie wurde unter merkwürdigen Umständen unter dem Titel „Verbesserungsanstalten für das Königreich Ungarn, welche S. Kais. Königl. Majestät in einem an die X. Königl. Hungarische Kommissäre eigenhändig erlassenen Befehlschreiben den 30. März 1785 ertheilet hat" im Jahre 1785 veröffentlicht.[369] Nach Angaben Mitrofanovs handelt es sich hierbei um eine Weisung, die „dem Ministerium gestohlen und von dem berühmten Pamphletisten Grossing abgedruckt"[370] wurde. Die Brüder Grossing waren Abenteurer und berühmt-berüchtigte politische Publizisten der josephinischen Ära, die – nach Angaben von Bodi – „[a]uf dem Hintergrund der erstarkenden ständischen Opposition in Ungarn" eifrig an „politischen Machenschaften und Skandalen der Zeit" teilnahmen.[371] Zu ihrem Tätigkeitsbereich gehörte auch die Beteiligung an heiklen und geheimen Verhandlungen zwischen dem ungarischen Adel und Preußen über den geplanten Dynastiewechsel in Ungarn zugunsten von Karl August von Sachsen-Weimar. Einem der beiden „journalistischen Desperados"[372] – denn selbst den eingearbeiteten Historikern fällt es schwer, zwischen Joseph Grossing und Franz Matthäus Grossinger, der sich Franz Rudolf

[368] Alfred Ritter von ARNETH, Maria Theresia und Joseph II. Ihre Correspondenz. Sammt Briefen Joseph's an seinen Bruder Leopold. Bd. 1: 1761–1772. Wien 1867, 343.

[369] [JOSEPH II.?, Franz Matthäus GROSSINGER?], Verbesserungsanstalten für das Königreich Ungarn, welche S. Kais. Königl. Majestät in einem an die X. Königl. Hungarische Kommissäre eigenhändig erlassenen Befehlschreiben den 30. März 1785 ertheilet hat. In Deutschland [d. i. Salzburg] 1785.

[370] Paul von MITROFANOV, Joseph II. Seine politische und kulturelle Tätigkeit. Aus dem Russischen ins Deutsche übersetzt von V. von Demelič. Bd. 1. Wien, Leipzig 1910, 256.

[371] Leslie BODI, Tauwetter in Wien. Zur Prosa der österreichischen Aufklärung 1781–1795. Frankfurt/M. 1977, 266.

[372] Werner M. BAUER, Journalistische Briefform und politisches Engagement der österreichischen Aufklärung. Zu Franz Kratters „Briefen über den itzigen Zustand von Galizien" (1786), in: KRASNOBAEV / ROBEL / ZEMAN (Hgg.), Reisen und Reisebeschreibungen, 255–279, 256.

von Grossing nannte, zu unterscheiden – wird die Autorschaft der fingierten Briefsammlung Josephs II. zugeschrieben, die bis in das späte 20. Jahrhundert in unterschiedlichen Texten – auch in den Werken anerkannter Historiker – immer wieder als authentische Quelle zitiert worden ist.[373] In Ermangelung der Informationen zu den publikationsgeschichtlichen Hintergründen und unter Berücksichtigung der Fälscher-, Betrüger- und Intrigantenkarriere, die auf das Konto der/des angenommenen Herausgeber(s) der „Verbesserungsanstalten für das Königreich Ungarn“ gehen, sind auch die Ausführungen zu den „Kroaten“ unter dem Vorbehalt der ungeklärten Authentizität der Quelle zu lesen.

Im Unterschied zu den bisher analysierten Schriften stammt diese aus der Periode der Alleinherrschaft Josephs II., aus der Zeit seiner radikalen zentralistischen Reformen in Ungarn und Kroatien, die in diesen Ländern auf heftige Widerstände stießen.[374] Bei den führenden Kräften dieser Länder machte sich der Habsburger bereits dadurch unbeliebt, dass er sich in Ungarn nicht krönen und die Stephanskrone aus Pressburg nach Wien abtransportieren ließ. Die diesem symbolischen Akt folgenden Reformen, insbesondere aber das verhängnisvolle Sprachedikt und die Aufhebung der Gespanschaften, sorgten für Wellen der Empörung in ungarischen und kroatischen Kreisen.[375] Die Einschränkung der ständischen Rechte und Privilegien, die Missachtung der historischen Zusammenhänge bei der Festlegung der neuen Verwaltungseinheiten,[376] die Einführung des Deutschen als Amtssprache, die durchgehend als „Germanisierung“ empfunden wurde, kosteten Joseph II. auch seinen guten Ruf in der kroatischen Geschichtsschreibung. Mit Recht nannte Robert A. Kann Joseph II. den „am meisten umstrittenen aller habsburgischen Herrscher“.[377] Dem entspricht auch die Pluralität der Joseph-Bilder in historiographischen, politischen und ästhetischen

[373] Vgl. dazu Adam WANDRUSZKA, Die Historiographie der theresianisch-josephinischen Reformzeit, in: Anna M. DRABEK / Richard G. PLASCHKA / Adam WANDRUSZKA (Hgg.), Ungarn und Österreich unter Maria Theresia und Joseph II. Neue Aspekte im Verhältnis der beiden Länder. Texte des 2. österreichisch-ungarischen Historikertreffens, Wien 1980. Wien 1982, 13–27, 14f. Ausführliche Informationen zu den Brüdern Grossing liefert Derek BEALES, The False Joseph II., in: DERS., Enlightenment and Reform in Eighteenth-Century Europe. London, New York 2005, 117–154. Zu Grossing vgl. auch Robert GRAGGER, Preußen, Weimar und die ungarische Königskrone. Berlin, Leipzig 1923, 25–37.

[374] Zu den Reformen vgl. beispielsweise Neven BUDAK / Mario STRECHA / Željko KRUŠELJ, Habsburzi i Hrvati. Zagreb 2003, 106–111. Siehe auch Robert A. KANN, Geschichte des Habsburgerreiches 1526 bis 1918. Wien, Köln, Weimar ³1993 (Forschungen zur Geschichte des Donauraumes, 4); Karl GUTKAS, Joseph II. und Ungarn, in: DERS. (Bearb.), Österreich zur Zeit Kaiser Josephs II., 105–108.

[375] Zur Aufhebung der Gespanschaften vgl. Horst HASELSTEINER, Joseph II. und die Komitate Ungarns. Herrscherrecht und ständischer Konstitutionalismus. Wien, Köln, Graz 1983 (Veröffentlichungen des Österreichischen Ost- und Südosteuropa-Instituts, 11); sowie DERS., O držanju hrvatsko-slavonskih županija prema Josipu II 1787–1790, *Historijski zbornik* 39 (1986), 131–146.

[376] Durch die Einteilung des Landes in zehn Distrikte im Jahre 1785 zerriss Joseph II. die Einheit des Königreichs Kroatien-Slavonien.

[377] KANN, Geschichte, 151.

Diskursen der Vergangenheit und Gegenwart. „Der gerechte Herrscher", „der Volkskaiser", der „Philosoph auf dem Thron" und „Joseph der Menschenfreund" erscheint besonders häufig – abhängig vom jeweiligen nationalen und ideologischen Standpunkt in diesen Diskursen als affirmativ oder negativ gedachter „Joseph der Deutsche".[378] Das Denken über Joseph II. in nationalen Kategorien kommt insbesondere in der Bewertung seines Sprachdekrets aus dem Jahre 1784 zum Ausdruck. So betont Robert A. Kann beispielsweise, dass die kaiserliche Entscheidung, das Deutsche anstatt des Lateinischen in den Ländern der ungarischen Krone zur Amtssprache zu erheben, nicht nur in der Zweckmäßigkeit, sondern auch im gemäßigten Nationalismus des Kaisers begründet war.[379] Andere Historiker dagegen betonen, der Kaiser habe mit seinen Erlassen keine nationalen und schon gar keine nationalistischen, sondern rein politische Zwecke verfolgt.[380] Auf die nämliche Weise wird die

[378] Zu Joseph-Bildern vgl. Wandruszka, Die Historiographie; Wolfgang Häusler, Das Nachleben Josephs II. und des Josephinismus bis zur Revolution von 1848, in: Gutkas (Bearb.), Österreich zur Zeit Kaiser Josephs II., 282–288; Karl Vocelka, Das Nachleben Josephs II. im Zeitalter des Liberalismus, in: Gutkas (Bearb.), Österreich zur Zeit Kaiser Josephs II., 293–298. Siehe auch Karl Michael Kisler, Joseph II. in der Literatur, in: Gutkas (Bearb.), Österreich zur Zeit Kaiser Josephs II., 298–305.

[379] Kann schreibt dazu: „Der Kaiser war der festen Überzeugung, daß die deutsche Sprache in Verwaltung und Unterricht den Interessen all seiner Untertanen unabhängig von ihrer Nationalität am besten diente. Doch diese Ansicht gründete sich nicht nur darauf, daß die Kenntnis der deutschen Sprache vielleicht mit Ausnahme der lateinischen unter den gebildeten Kreisen verbreiteter war als die irgendeiner anderen, sondern der Kaiser war auch überzeugt, daß die deutsche Kultur jeder anderen überlegen war. So sehr sich Joseph bemühte, mehr über sie zu lernen und diese Kultur in der Geschichte, der sozial- und angewandten Naturwissenschaften, dem Unterricht und auf der Bühne forderte, so wenig wußte er über die beginnende slawische Renaissance und die magyarische Literatur der Aufklärung. In diesem Sinne war Joseph zumindest ein gemäßigter Nationalist und bereitete den Weg nicht nur für die deutsch geleitete, zentralistische Verwaltung der Ära Franz Josephs (1848–1916), sondern auch für die deutschen Ansprüche auf kulturelle Vorherrschaft." Kann, Geschichte, 176.

[380] Siehe beispielsweise Wandruszka, Die Historiographie, 18; und Józef Buszko, Wien und die Länder Mittel- und Osteuropas (1789–1848), in: Reinhard Urbach (Bearb.), Wien und Europa zwischen den Revolutionen (1789–1848). Wien, München 1978 (Wiener Schriften, 39), 301–315: 304; Vlado Obad, Regionalität und Universalität am Beispiel der deutschsprachigen Literatur in Slavonien, in: Anton Schwob (Hg.), Methodologische und literaturhistorische Studien zur deutschen Literatur Ostmittel- und Südosteuropas. München 1994, 107–122. Moritz Csáky schreibt dazu: „Freilich entsprang die allgemeine Förderung des Deutschen weniger einer nationalen Gesinnung im Sinne des 19. Jahrhunderts als vielmehr der Überlegung, einerseits ebenfalls Wissen an möglichst breite Bevölkerungsschichten heranzutragen, andererseits die Verwaltung des Reiches und somit seine Einheit zu fördern." Moritz Csáky, Von der Aufklärung zum Liberalismus. Studien zum Frühliberalismus in Ungarn. Wien 1981 (Veröffentlichungen der Kommission für die Geschichte Österreichs, 10), 186. Mit der Frage beschäftigt sich auch Mitrofanov, Joseph II., Bd. 1, 252–268.

Sprachpolitik Josephs II. auch durch Balthasar Hacquet und seinen slawischen Rezensenten Bartholomäus Kopitar bewertet.[381]

Mögen Freund und Feind, affirmative und ablehnende Stimmen zum Thema „Joseph der Deutsche" Unterschiedliches zu sagen haben, sicher ist, dass dieses Dekret – wie Kann trefflich betont – auf lange Sicht „die Büchse der Pandora nationaler Unzufriedenheiten" in den Ländern der Stephanskrone öffnete.[382]

Die „nationale" Unzufriedenheit, im rechtlich-ständischen Sinne, flammte in Kroatien auch infolge der josephinischen verwaltungspolitischen Änderungen – der Aufhebung der Gespanschaften als Voraussetzung der adeligen Selbstverwaltung – zugunsten eines zentralistisch gelenkten Bezirksmodells auf. Die 1785 publizierte, angeblich gestohlene Weisung Josephs II. ist dem Kontext dieser Reformen zuzuordnen. Sie enthält nämlich eine Reihe von Befehlen und Ratschlägen, die die Kommissäre als Regierungsbeauftragte der Zentralmacht in einzelnen, territorial neu definierten Verwaltungseinheiten zu befolgen und zu

381 In „Abbildung und Beschreibung", 2, schreibt Hacquet: „Auch der unsterbliche Joseph II. soll bey Anfang seiner Regierung die Frage an seine Minister gemacht haben; was für eine Sprache in seinem Reiche allgemein eingeführt werden sollte, slavisch oder teutsch? Allein es blieb auf der letztern. Ob dies zum Vortheil des Staats gereiche, ist eine andere Frage: für das Negative sind viele Gründe vorhanden." Der Rezensent der „Abbildung" in den *Wiener Annalen*, Bartholomäus Kopitar, schreibt dazu: „Wenn indeß diese Anekdote auch wahr wäre, so kann es nur ein fliegender Einfall gewesen seyn; denn bey der ersten ernstlichen Ansicht der Sache, wären die Herren wohl, außer der Opposition aller Deutschen Beamten, auch auf innerliche Hindernisse von Seite der Sprache selbst gestoßen. Was Hofrath Jacobs in München an der altgriechischen Sprache so einzig und in der neuen Welt beyspiellos findet, nämlich das Nebeneinanderblühen mehrerer Dialekte in Schrift, wie in der Rede, – ist der Fall bey der, nur wenige Meilen von München aufwärts anfangenden Slavischen Sprache. Mit Uebergehung der quantitativ unbedeutenderen Dialekte [...] wollen wir hier nur des Böhmischen (mit 6. Mill. Seelen), des Pohlnischen (10–12 Mill.) und des Russischen (mit 24–30 Mill.), die bereits alle drey eine starke Literatur, und des serbischen, der einen äußerst versprechenden Anfang derselben aufzuweisen hat, erwähnen. [...] Oesterreichs Scepter gehorchen Slaven von allen Mundarten. Welche Mundart sollte also Reichssprache seyn, daß sich niemand zu beklagen hätte? Hätten die Slaven, da bey ihnen, wie einst bey den Griechen, mehrere Dialekte neben einender blühen, doch auch wie für alle nur Ein Alphabet und Eine Orthographie! Wahr bleibt es übrigens immer, daß Frankreich und – Rußland dadurch doppelt mächtig sind, weil sich dort bey weitem die Majorität zu einer Sprache bekennt, die auch Geschäfts- und Commandosprache ist, und – daß Oestreich im Grunde so gut wie eine slavische Macht ist, wie Rußland, und daß es daher ein eben so großes Interesse habe, die Cultur seiner Slaven zu fördern!" [Kopitar,] Slavische Völkerkunde, 196–199.

382 Kann, Geschichte, 191. Zu den Kausalzusammenhängen zwischen dem Josephinismus und den Nationalismen siehe Robert J. W. Evans, Joseph II. and Nationality in the Habsburg Lands, in: ders., Austria, Hungary, and the Habsburgs. Essays on Central Europe, c. 1638–1867. Oxford, New York 2006, 134–146. Zum Sprachpatent und Nationalismus vgl. auch Leslie Bodi, Widersprüche der Aufklärung. Das Sprachpatent von 1784 und die Folgen [2001], in: ders., Literatur, Politik, Identität – Literature, Politics, Cultural Identity. St. Ingbert 2002 (Österreichische und internationale Literaturprozesse, 18), 328–338. Zur Problematik der Sprache und des Nationalismus in Ungarn siehe Csáky, Von der Aufklärung zum Liberalismus, 186–188.

beachten haben. Beachtenswert erscheinen dem Verfasser dieser Schrift unter anderem auch die „Charaktere“ der Einwohner in einzelnen Bezirken, so auch im Agramer, zu dem es heißt:

> „Dieser Distrikt besteht aus einigen Hungarn im Saláder Komitat, und übrigens aus lauter Kroaten, so theils der katholischen, theils der nicht unirten griechischen Religion zugethan sinde. Der Karakter der Kroaten ist besonders die Faulheit, und Geldbegierde, die sie aber nichts weniger als arbeitsam macht. Der katholische Klerus von Bischofen angefangen ist noch sehr weit in der Aufklärung zurück; und bey diesem gebricht es am mehresten. Der größte Theil des Klerus besteht aus Franziskanern, die fast die ganze Seelsorge verstehen. Diese wird nothwendig die Aufsicht des Königlichen Kommissärs, so wie die Nation Aneiferung und Beschützungen wider die allda noch sehr im Schwung gehenden Bedrückungen der Grundobrigkeiten erfordern.“[383]

An einer anderen Textstelle werden die „Kroaten“ nach juristisch-ständischen Kriterien identifiziert und im zentralistischen Geiste wegen ihres separatistischen „Patriotismus“ verspottet:

> „In dem Agramer Komitat, und besonders unter den Kroaten hat es immer die gröste Schwierigkeiten und unanständige Auftritte gegeben; so wie der letzte gewesen ist; weil eine Art von übelverstandener Freyheit eine Zügellosigkeit hervorbrachte, und Leute in Ungestüm und in Vermessenheit einen Patriotismus zu beweisen suchten.“[384]

An der hier angesprochenen Opposition nicht nur der „Kroaten“ scheiterte schließlich das Ungarn-Projekt des Reformkaisers. Kurz vor seinem Tod nahm Joseph II. seine Verordnungen für Ungarn zurück. Die Patriotismen lebten weiter, trotz und gerade auch wegen der bekämpfenden Maßnahmen des Josephinismus, zu dessen Vermächtnis auch die katalysatorische Wirkung auf die aufsteigenden Sprachnationalismen gehört.[385]

383 [Joseph II.?, Franz Matthäus Grossinger ?,] Verbesserungsanstalten, 26.

384 Ebd., 23.

385 Zu den Auswirkungen des Sprachdekrets auf die aufsteigenden Nationalismen vgl. Kann, Geschichte, 191–192, wo es unter anderem heißt: „So blieb die wesentliche Auswirkung des Sprachdekrets nicht eine Opposition von kurzer Dauer gegen eine vorübergehende Maßnahme, sondern eine dauernde Wirkung auf den Aufstieg des Nationalismus, vor allem unter den Kroaten und Rumänen. Die Sprachenfrage trat als zweifache Bewegung hervor, die in den gleichen Strom des Widerstandes gegen die Regierung mündete. Die Unterstützung des Lateinischen durch die kroatischen Stände richtete sich weniger gegen den deutschen als gegen den magyarischen Nationalismus. In klarer Voraussicht erwarteten sie, daß eine Magyarisierung der Germanisierung Josefs folgen würde. [...] Die allgemeinen Ziele des Nationalismus ließen sich zu dieser Zeit schon recht deutlich erkennen, obwohl besondere Probleme sich noch nicht mit ebensolcher Klarheit herauskristallisiert haben.“ Zum ungarisch-kroatischen Sprachenstreit vgl. Hrvoje Jurčić, Das ungarisch-kroatische Verhältnis im Spiegel des Sprachenstreites 1790–1848, *Ungarn-Jahrbuch* 3 (1971), 69–87. Siehe dazu auch Bodi, Widersprüche der Aufklärung; und Csáky, Von der Aufklärung zum Liberalismus.

6 Kroatien und das Litorale aus der Sicht zweier „Hungari"

6.1 Der undifferenzierte Blick

Die Stichwörter „Sprachpatent", „nationale Unzufriedenheit", „ständischer Patriotismus" stehen in direktem Zusammenhang mit der komplizierten Frage der Anfänge nationaler Differenzierungen in der Habsburgermonarchie, einem nach wie vor brisanten und problematischen historischen Thema, das traditionell zum beliebten Gegenstand unterschiedlicher ideologieträchtiger Mystifikationen zählte.

Zu Nationen und Nationalismen, auch in Südost- und Mittelosteuropa, sind ganze Bibliotheken geschrieben worden. Über die Frage nach dem definitorischen „Wenn" und dem historischen „Wann" der „Nation" herrscht in der Forschung keine Einigkeit.[386]

Eine Vielzahl der Vertreter modernistischer Nationalismustheorien verortet die Anfänge des Nationalbewusstseins im Habsburgerreich im ausgehenden 18. und beginnenden 19. Jahrhundert. Im ungarischen und südslawischen Fall werden meist unterschiedliche kulturelle, politische und ökonomische Faktoren – darunter die Rückbesinnung auf die Volkssprachen im Zusammenhang mit aufklärerischen Bildungstendenzen und dem vorromantischen Enthusiasmus für das Volkstümliche, weiterhin die politische Revolte gegen den zentralistischen Staat und die josephinischen Reformen sowie die wirtschaftliche Konkurrenz und die Bestrebungen nach der Etablierung nationaler Märkte – für eine verstärkte sprachlich-kulturelle Solidarisierung und Identifizierung der elitären Schichten verantwortlich gemacht.[387] In Bezug auf Ungarn und Provinzialkroatien wird oft auf den engen Zusammenhang zwischen der Sprachenfrage und den aufkommenden Nationalismen

386 Zu unterschiedlichen Nationalismustheorien siehe u.a. Anthony D. Smith, Nationalism and Modernism. A Critical Survey of Recent Theories of Nations and Nationalism. London, New York 1998. Vgl. auch Reinhard Stauber, Nationalismus vor dem Nationalismus? Eine Bestandsaufnahme der Forschung zu „Nation" und „Nationalismus" in der Frühen Neuzeit, *Geschichte in Wissenschaft und Unterricht* 47 (1996), H. 3, 135–165. Einen Überblick liefert auch Zrinka Blažević, Vitezovićeva Hrvatska između stvarnosti i utopije. Ideološka koncepcija u djelima postkarlovačkog ciklusa Pavla Rittera Vitezovića (1652.–1713.). Zagreb 2002, 135–138. Von den zahlreichen Arbeiten zum Nationalismus mit Bezug auf Kroatien sei hier nur eine Auswahl aus den deutschsprachigen erwähnt: Sundhaussen, Der Einfluß; ders., Nationsbildung und Nationalismus im Donau-Balkan-Raum, in: Hans-Joachim Torke (Hg.), Forschungen zur Osteuropäischen Geschichte. Bd. 48. Wiesbaden 1993, 233–259; Kessler, Politik; Richard Georg Plaschka, Zum Begriff des Nationalismus und zu seinen Strukturen in Südosteuropa im 19. und zu Beginn des 20. Jahrhunderts, in: ders., Nationalismus, Staatsgewalt, Widerstand. Aspekte nationaler u. sozialer Entwicklung in Ostmittel- u. Südosteuropa. München 1985 (Schriftenreihe des Österreichischen Ost- und Südosteuropa-Instituts, 11), 119–153. Vgl. auch Clewing, Staatlichkeit und die weiterführenden Literaturhinweise.

387 Vgl. Robert J. W. Evans, Nationality in East-Central Europe: Perception and Definition before 1848, in: ders., Austria, Hungary, and the Habsburgs, 101–113, 102f.

und auf das Jahr 1790 als Zäsur in dieser Entwicklung verwiesen.[388] Die Reformlandtage 1790/1791 sehen die Historiker als Beginn einer langen Periode der kroatisch-magyarischen politischen Konflikte mit nationaler Attitüde, die das nächste Jahrhundert so sehr prägen werden.[389] Die Streitfragen politischer, staatsrechtlicher, ökonomischer und konfessioneller Natur zwischen den politischen Eliten beider Länder wurden seit dieser Zeit auch auf dem Gebiet des Kulturellen – vor allem auf der Folie der Sprachenfrage ausgetragen.[390] Diese wurde zunehmend – auf ungarischer wie auch auf kroatischer Seite – zum nationalen Problem erhoben. Durch das Aufkommen der sprachlich-exklusivistischen national-integrativen Ideologien wurden die traditionell mehr oder weniger guten kroatisch-magyarischen Beziehungen stark in Mitleidenschaft gezogen – eine Entwicklung, die verständlicherweise auch imagologische Spuren hinterließ.[391]

Es ist hier nicht der Ort, auf komplizierte Nationsbildungsprozesse in kroatischen Geschichtsregionen einzugehen, zu dem Thema – insbesondere zu der als „nationale Wiedergeburt" stilisierten illyrischen Bewegung der 1830er und 1840er Jahre – haben sich bereits zahlreiche fachkundige Autoren geäußert.

Die erstaunliche Pluralität kleinräumig (regional), konfessionell, ständisch, sprachlich, ethnisch und supraethnisch konnotierter Fremdbezeichnungen, die man in Reisetexten des 18. und früherer Jahrhunderte antrifft, wirft hingegen die Frage nach Integrationskonzepten und Erscheinungsformen kollektiver Identitäten in kroatischen Geschichtsregionen der vornationalen//vorillyristischen Zeit auf. Ein Thema, dessen systematische Erforschung bis heute ein Desiderat bleibt.[392]

388 Zum Jahr 1790 in Ungarn siehe Béla K. Király, Hungary in the Late Eighteenth Century. The Decline of Enlightened Despotism. New York, London 1969; siehe auch Csáky, Von der Aufklärung zum Liberalismus; vgl. auch Kálmán Benda, Nationalgefühl und Nationalitätenkämpfe in Ungarn am Ende des 18. Jahrhunderts, *Anzeiger der Österreichischen Akademie der Wissenschaften (Philosophisch-historische Klasse)* 108 (1971), H. 6, 43–56.

389 Zu kroatisch-ungarischen Beziehungen siehe den Sammelband Milan Kruhek u. a. (Hgg.), Hrvatsko-mađarski odnosi 1102.–1918. Zbornik radova. Zagreb 2004.

390 Vgl. dazu Kessler, Politik, 169. Zum Sprachenstreit siehe Jurčić, Das ungarisch-kroatische Verhältnis.

391 Vgl. dazu Dinko Šokčević, Slika drugoga. Promjene u predodžbi koju su Hrvati stvarali o Mađarima u 19. stoljeću, in: Kruhek u. a. (Hgg.), Hrvatsko-mađarski odnosi, 223–234. Von den älteren Arbeiten zu den kroatisch-ungarischen Beziehungen vgl. beispielsweise die Studie von Ladislaus Hadrovics, Ungarn und die Kroaten, *Ungarische Jahrbücher* 21 (1941), 136–172. Bezogen auf die Zeit nach 1790 spricht Hadrovics von einer „seelische[n] Entfremdung" zwischen den Ungarn und den Kroaten.

392 Auf diese Forschungslücke verweist auch Budak, Hrvatska i Slavonija, 218. Vgl. dort die summarische Darstellung der einzelnen Arbeiten in kroatischer Sprache, die diese Problematik berühren. Mit der Frage der protonationalen Identitäten in einem überregionalen Rahmen und in einem großen Zeitraum beschäftigt sich das Buch von Fine, When Ethnicity Did Not Matter. In dieser Studie analysiert Fine Identätszuschreibungen aus unterschiedlichen Quellen zu Kroatien, Dalmatien und Slawonien vom Mittelalter bis zum Jahre 1800. Dabei wendet er sich ausdrücklich gegen die unreflektierte und höchst problematische Verwendung der gegenwartsbezogenen Nationsbezeichnungen auf die historische Realität der früheren Jahrhunderte,

Die Behauptung Ferdinand Seibts, verwirrend und unsicher sei der Weg von der Selbst- oder auch Fremdbezeichnung zum modernen Nationsbegriff,[393] dürfte einem mit all den „Illyriern", „Morlaken", „Liburniern", „Kroaten", „Slavoniern" und „Grenzern" konfrontierten Leser und Interpreten der historischen Reiseberichte einleuchten. Inwieweit spiegeln die Identitätslabel, die Reisende in ihren Texten verwenden, tatsächliche Gemeinschaften und Zusammengehörigkeitsgefühle wider? Fühlten sich die Bauern und Fischer des Litorale, die Hacquet beschreibt, in der zweiten Hälfte des 18. Jahrhunderts tatsächlich als „Liburnier"? Was verstehen Reisende unter dem Begriff „Kroaten"? Auch wenn es bisweilen schwer fällt zu entscheiden, nach welchen Kriterien ein Reisender Gemeinschaften identifiziert, eines ist sicher: Nationen im heutigen Sinne waren die von Hacquet, Fortis, von Taube und anderen beschriebenen Kollektive noch nicht.

Bei den Interpretationen dieser Texte geraten manche Wissenschaftler dennoch in die Falle, zu deren Opfer in dieser Arbeit oft genug die Reiseschriftsteller vergangener Epochen erklärt wurden – nämlich dem undifferenzierten Blick. Dieser manifestiert sich in interpretatorischen Verzerrungen zugunsten der eigenen „imagined community"[394]. Diese methodisch fragwürdige Perspektivierung kommt beispielsweise im unreflektierten Umgang mit der Kategorie des Nationalen und folglich in der allzu selbstverständlichen Inanspruchnahme vormoderner kollektiver Identitäten für die gegenwärtigen Nationen zum Ausdruck. So trifft man in manchen, sonst sehr aufschlussreichen Studien zu deutschsprachigen Reisetexten über Dalmatien auf Ideologeme, die eindeutig ins Politische zu verweisen sind, auf anachronistische Generalisierungen, Rückprojizierungen, nationale Vereinnahmungen und damit zusammenhängende unzulässige interpretatorische Korrekturen des identifikatorischen Wortlauts ihrer Quellen. Die Frage, ob und wie weit die Traditionslinien der modernen Nationen in die Geschichte reichen, steht immer noch zur Debatte. Die Diskutabilität mancher Fragestellungen in Bezug auf den „Nationalismus vor dem Nationalismus"[395] rechtfertigt aber längst noch nicht den willkürlichen Einsatz quellenferner Begriffe. Die

bleibt aber in seiner Interpretation der Quellen einer ideologischen Position verpflichtet, die unverkennbar mit synthetischen Integrationsformen und supranationalen/supraethnischen Identitätsangeboten der Vergangenheit (Illyrismus, Jugoslawismus) sympathisiert. Daher ist dem Werk im Allgemeinen eine kritische Haltung gegenüber den nationalen/ethnischen Integrationsformen und dementsprechend die Tendenz zur Marginalisierung des ethnischen Bewusstseins bei den Kroaten in der Zeit vor 1800 immanent.

393 Ferdinand Seibt, Nationalismustheorie und Mediaevistik, in: Schmidt-Hartmann (Hg.), Formen des nationalen Bewusstseins, 77–86, 83.

394 Der Begriff geht auf Benedict Anderson zurück. Siehe seine einflussreiche Studie Die Erfindung der Nation. Zur Karriere eines erfolgreichen Konzepts. Frankfurt/M., New York 1988. Die „imagined community", mit der sich diese „Vereinnahmer" solidarisieren, ist nicht immer eine sprachnationale, auch die Anhänger unterschiedlicher supraethnischer und -sprachlicher Gemeinschaften (Jugoslawien, Habsburgerreich, das Königreich Ungarn) unterliegen dieser imagologischen Falle.

395 Stauber, Nationalismus vor dem Nationalismus. Zum „Sprachnationalismus vor Sprachnationalismus" vgl. Anja Stukenbrock, Sprachnationalismus. Sprachreflexion als Medium kollektiver Identitätsstiftung in Deutschland (1617–1945). Berlin, New York 2005. Zu dieser Proble-

Umbenennungen der wortwörtlichen Hacquet'schen „Istrier" in „Kroaten" (Hrvati) und „Slowenen" (Slovenci), die manche Autoren bisweilen als interpretatorische Selbstverständlichkeit vornehmen, sind und bleiben problematisch.[396] Beispiele für solche und ähnliche Eingriffe trifft man häufig in der historischen Reiseliteratur- und Imageforschung – sei es bei der „serbischen" und „kroatischen" Vereinnahmung der dalmatinischen „Morlaken" oder bei „nationalen" und „rassischen" Deutungen der „kroatischen" Plünderungen in Fiume 1797.

Ein bei Balthasar Hacquet mit dem Namen „Istrier" identifiziertes Kollektiv tatsächlich als „Istrier" gelten zu lassen, ist die Voraussetzung für eine differenzierte Beurteilung der vormodernen Identitäten und Integrationsprozesse. Im Vergleich zu dieser Herangehensweise ist die nationale Inanspruchnahme methodisch viel bequemer: Es erübrigen sich die mühsame terminologische Klärungsarbeit, der explikatorische Gang durch das Dickicht der zeitgenössischen Zuschreibungen und die Auseinandersetzung mit den komplizierten begriffsgeschichtlichen Fragestellungen.

Wolfgang Kessler wies mit Recht darauf hin, der Begriff der „Nation" könne „jeweils nur individuell im jeweiligen historisch-gesellschaftlichen Umfeld bestimmt werden".[397] Während zum Begriff „ungarische Nation" und zum Namen „Österreich" im 18. Jahrhundert aufschlussreiche Arbeiten vorliegen, steht aber eine systematische Auseinandersetzung mit den Begriffen „Kroaten" und „kroatische Nation" im 18. Jahrhundert immer noch aus.[398]

Das Beharren auf dem Kriterium des Modern-Nationalen bei der Interpretation der deutschsprachigen Reiseberichte über Kroatien aus dem späten 18. und frühen 19. Jahrhundert ist also in vielerlei Hinsicht problematisch. Einerseits wirken solche analytischen Anachronismen in Bezug auf das Beschriebene perspektivverengend, weil sie die durch Reisende heteroidentifizierte Vielfalt der vormodernen Identitäten, Solidaritätsgemeinschaften, Bindungen und Zugehörigkeiten in verschiedenen Geschichtsregionen Kroatiens ig-

matik vgl. auch Rudolf Jarowski, Zur Frage vormoderner Nationalismen in Ostmitteleuropa, *Geschichte und Gesellschaft* 5 (1979), 398–417.

396 Siehe dazu Fine, When Ethnicity Did Not Matter; Kessler, Politik; Hösler, Von Krain zu Slowenien.

397 Kessler, Politik, 81.

398 Wichtige Forschungsergebnisse zur Begriffsgeschichte des Terminus „hungarische Nation" im Untersuchungszeitraum liegen dank der Arbeiten von Moritz Csáky vor. Vgl. Moritz Csáky, Die Hungarus-Konzeption. Eine „realpolitische" Alternative zur Magyarischen Nationalstaatsidee, in: Drabek/Plaschka/Wandruszka (Hgg.), Ungarn und Österreich, 71–89; nicht nur in Bezug auf Ungarn vgl. ders., Populus, patria, natio. Zur Entwicklung des neuzeitlichen Nationsbegriffs, in: Bericht über den dreizehnten österreichischen Historikertag in Klagenfurt. Wien 1977 (Veröffentlichung des Verbandes Österreichischer Geschichtsvereine, 21), 57–64. Für den Österreichbegriff im 18. Jahrhundert leistet dasselbe der Beitrag von Klingenstein, Was bedeuten „Österreich" und „österreichisch"? Zur Problematik österreichischer Identität siehe Lutz/Rumpler (Hgg.), Österreich und die deutsche Frage. Zum Bedeutungsumfang des Kroatennamens im Mittelalter und in der frühen Neuzeit siehe Zett, Zur Geschichte des Kroatennamens. Wichtige Vorarbeiten im Kapitel „Völker und Namen" bei Kessler, Politik, 192–219.

norieren. Andererseits sind bei manchen deutschsprachigen Reisenden und Beschreibenden selbst Identifikationsmodelle erkennbar, die aus heutiger Sicht als „gescheiterte Ansätze"[399] auf dem Weg moderner Integrationen zu bezeichnen sind. Für die Beschreibung dieser alternativen Vorstellungen von Gemeinschaften bzw. der Integrationskonzepte, die im „Jahrhundert der Nationen" in der Sackgasse der Geschichte endeten, greift die Palette der modernen nationalen Etiketten, die nur die Erfolgsgeschichte *eines* der vielen möglichen Prinzipien festhält, einfach zu kurz. Dies ist gerade bei den Autoren der Fall, die, den unterschiedlichen ungarländischen Gebieten entstammend, das multikulturelle und sprachlich polyphone Königreich Ungarn mit seinen Nebenländern und Völkern als Vaterland betrachteten. Im Zeitalter der Sprachenstreitigkeiten, der Sprachenfragen und der aufkommenden Sprachnationalismen schrieben diese „Hungari" über Ungarn auf Deutsch.

6.2 Stephan von Köröskényi: Über die Kroaten und das ungarische Vaterland

Im Jahr 1802 bekamen die Rezipienten der von Ludwig Schedius[400] herausgegebenen *Zeitschrift von und für Ungern*[401] einen Artikel zu lesen, der über die nordkroatischen Zustände berichtet und ausführlich vom Charakter der „Kroaten" handelt. Diesen als „Rhapsodi-

399 Clewing, Staatlichkeit, 12.

400 Ludwig Schedius (1768–1847), Ästhetikprofessor an der Pester Universität, war Redakteur und Herausgeber des *Literarischen Anzeiger für Ungern* (1797–1799) und der *Zeitschrift von und für Ungern* (1802–1804). Er bemühte sich um 1800 um die Erweiterung der Kenntnisse über Ungarn – somit auch indirekt über die dazugehörigen kroatischen Länder – in den deutschsprachigen Leserkreisen. Zu Schedius siehe u. a. Gabriel Adriányi, Der deutsche Beitrag zur Kultur Ungarns im 19. Jahrhundert, in: Friedhelm Berthold Kaiser/Bernhard Stasiewski (Hgg.), Deutsche im europäischen Osten. Verständnis und Missverständnis. Köln 1976, 93–109, 95.

401 Diese Zeitschrift, die zwischen 1802 und 1804 erschien, war laut István Fried zu dieser Zeit das „anspruchsvollste Periodikum in Ungarn und vielleicht in der ganzen Habsburger Monarchie". Das Ziel der Zeitschrift war es, die Kenntnisse über Ungarn – samt seinen Nebenländern – zu vermitteln, die ausländischen Leser über die ungarländische Literatur, den Stand der Wissenschaften und der Kultur im Königreich Ungarn zu informieren und gleichzeitig ein heimisches Diskussionsforum zu schaffen. In ihrem Schaffen reflektiert sich die „‚hungarus"-gesinnte Schulung in Staatskenntnissen und die Göttinger neuhumanistische Aufklärung". Vgl. István Fried, Funktion und Möglichkeit einer deutschsprachigen Zeitschrift in Ungarn, in: ders., Ostmitteleuropäische Studien (Ungarisch-slawisch-österreichische literarische Beziehungen). Szeged 1994, 86–106, 106. Zur Zeitschrift siehe auch Andrea Seidler/Wolfram Seidler, Das Zeitschriftenwesen im Donauraum zwischen 1740 und 1809. Kommentierte Bibliographie der deutsch- und ungarischsprachigen Zeitschriften in Wien, Pressburg und Pest-Buda. Wien 1988, 285–286; sowie Heinrich Réz, Deutsche Zeitungen und Zeitschriften in Ungarn von Beginn bis 1918. München 1935, 23–25. Immer wieder werden in dieser Zeitschrift auch kroatische Themen besprochen. Die einschlägigen Artikel behandeln meist landeskundliche und wirtschaftlich relevante Themen – beispielsweise zur „Goldwäscherey an der Drau in Croatien", zur Schiffbarmachung der Kupa usw. Man findet auch kleinere Reiseskizzen statistischen Inhalts.

sche Bemerkungen über Kroatien"[402] betitelten Text unterzeichnet ein Autor, der sich mit deutschem Vornamen und ungarischem Nachnamen Stephan von Köröskényi nennt. Der Erzähler gibt zu erkennen, dass Köröskényi kein „klassischer" Kroatien-Reisender war, kein Fremder, vielmehr ein Zurückgekehrter, ein Einheimischer mit Auslandserfahrung. Wer war dieser Köröskényi und – um mit Gertraud Marinelli-König[403] zu fragen – wem „gehört" er?

In deutsch- und kroatischsprachigen biographischen Lexika und Nachschlagewerken konnten keinerlei Angaben zu Stephan von Köröskényi gefunden werden. Dank der Informationen, die Dávid Kereskényi aus Debrecen durch umfangreiche genealogische Recherchen über seine Familie gesammelt hat und den ergänzenden Angaben des Historikers Béla Pálmány kann jedoch an dieser Stelle ein vages Bild über die Person des Autors entworfen werden.[404] Als sicher gilt, dass der Autor des Artikels „Rhapsodische Bemerkungen" ein Adeliger war. Die Adelsfamilie Köröskényi, die aus dem historischen Oberungarn (heutige Slowakei) stammt,[405] hatte im 18. Jahrhundert ihre Zweige in Kroatien. Familienmitglieder dieses Namens findet man zu dieser Zeit in der Warasdiner Gespanschaft, im Orte Vinica, wo sie ihre Besitzungen hatten.[406] In Vinica lebte – wahrscheinlich zwischen 1776 und 1861 – auch ein begüterter und gebildeter Stephan von Köröskényi, Sohn des Vizegespans

[402] Köröskényi, Rhapsodische Bemerkungen.

[403] Gertraud Marinelli-König, Autoren aus Oberungarn in Wiener Zeitschriften zu Beginn des 19. Jahrhunderts. Wem „gehören" sie?, *Studia Caroliensia* 1 (2004), 38–50, unter <http://www.kre.hu/rektori/files/studiacikkek/2004.1.szam/05Marinelli_Ny.pdf>, 10.05.2009 [Seite am 17.05.2011 nicht mehr zugänglich].

[404] An dieser Stelle möchte ich mich bei Dávid Kereskényi und Béla Pálmány herzlich für die freundliche Bereitstellung ihrer Forschungsergebnisse zu Stephan Köröskényi bedanken.

[405] Präziser aus dem Komitat Neutra, heutige Westslowakei. Siehe Johann Siebmacher, Die Wappen des Adels in Ungarn. Neustadt an der Aisch 1982 (J. Siebmacher's großes Wappenbuch, 33), 302.

[406] In den publizierten Quellen konnten zum kroatischen Zweig dieser Familie nur spärliche Informationen gefunden werden. So erwähnt Gjuro Szabo in seiner Beschreibung der kulturhistorischen Denkmäler von Vinica das Grabdenkmal von Lj. Köröskenji aus dem Jahre 1841. Dieser Lj. Köröskenji hatte nach Szabos Angaben einen Besitz und eine „kurija" (architektonisch bescheideneres Wohngebäude des niedrigen Adels) in Vinica und war mit zwei Schwestern aus der Familie Matachich vermählt. Vgl. Gjuro Szabo, Kroz Hrvatsko Zagorje. Zagreb [1939], 120. Stjepan Belošević führt in seinem Werk Županija varaždinska i slobodni kraljevski grad Varaždin. Zagreb 1926, 112 Vinica Donja als den ehemaligen Gutsbesitz dieser Adelsfamilie. In Siebmachers „Der Adel von Kroatien und Slavonien" sind sowohl die Familie als auch ihr Wappen belegt. Im Eintrag „Köröskényi de Felsö Köröskényi" liest man dort: „Diese aus Felső-Köröskényi im Neutraer Comitat stammende alte Familie lebt jetzt im Agramer Comitate. Diese Familie bietet ein interessantes Beispiel dafür, wie früher die königl. Kanzleien oft leichtsinnig vorgegangen sind und unter königlicher Autorität falsche Daten verbreitet haben. Die Familie besitzt nämlich eine von der Königin Maria Theresia bestätigte Genealogie, die von Anfang bis zum Ende vollständig falsch ist. Es werden hier z. B. die berühmten Mitglieder der Familie Kerecsényi de Kányafölde unter den Köröskényis aufgeführt etc. Alle Wappen dieser Genealogie sind falsch." Johann Siebmacher, Der Adel von Kroatien und Slavonien. Neustadt an der Aisch 1986 (J. Siebmacher's großes Wappenbuch, 35), 96.

zu Warasdin, den man mit großer Wahrscheinlichkeit für den Autor von „Rhapsodischen Bemerkungen" halten kann.[407] Die Position des Zurückgekehrten, die der Erzähler mit den Worten „ich war schon mehrere Jahre aus Kroatien abwesend"[408] einnimmt, deuten darauf hin, dass vielleicht auch dieser liberale Gentleman der Aufklärungszeit – wie viele andere ungarische und kroatische wohlhabende Aristokraten – ganz in der Tradition der adeligen Kavalierstour eine längere Bildungsreise absolvierte. Die Vergleiche der kroatischen Zustände mit jenen in der Trentschiner Gespanschaft (heutige Westslowakei) lassen auf einen längeren Aufenthalt dort schließen.

Die Kenner des Lebens und Werkes der weltberühmten ungarischen Pädagogin Therese von Brunszvik wissen über einen Istvan Köröskényi zu berichten, der sich in den 30er Jahren des 19. Jahrhunderts ihrer Gesellschaft erfreute und in der Zeitschrift *Társalkodó*[409] über ihre Bemühungen um die Gründung der Kindergärten in München-Au, einem der ärmsten Vororte Münchens, berichtete.[410] Es ist auch bekannt, dass ein Stjepan Köröskényi in den 40er Jahren des 19. Jahrhunderts aktives Mitglied der Kroatisch-slawonischen Landwirtschaftsgesellschaft war.[411] Darüber, ob es sich bei diesen Köröskényis um ein und dieselbe Person handelt, kann an dieser Stelle nichts Definitives ausgesagt werden; die end-

407 Diese Informationen teilte mir Dávid Kereskényi per E-Mail mit. Freundlicherweise stellte er mir auch folgende biographische Daten zur Verfügung: „I am nearly sure, that the Stephan who you are interested in was born in Vinica in 1778.11.05. and died in Vinica in 1861.04.12. Father: Lajos Kereskényi (1743–1811) royal counsellor and subprefect (vicecomes) at Varazdin county. Mother: baroness Borbala Eleonora Patachich (1753-?). He was roman catholic. He spend his life mostly in Vinica (not to far from Varazdin). He was judge of the county court in many Croatian counties."

408 Köröskényi, Rhapsodische Bemerkungen, 186–187.

409 Zur Zeitschrift siehe Gábor Kerekes, Die deutsche Literatur in den Zeitschriften Jelenkor und Társalkodó, in: László Tarnói (Hg.), Rezeption der deutschen Literatur in Ungarn 1800–1850. Teil 2: Zeitschriften und Tendenzen. Budapest 1987, 51–64.

410 Siehe dazu Mária Hornyák, Brunszvik Teréz óvodái és a sajtó, Magyar könyvszemle 120 (2004), H. 4, 353–373, unter <http://epa.niif.hu/00000/00021/00043/Ksz2004-4-03.htm>, 15.07.2011; dies., Az európai óvodaügy hőskora Brunszvik teréz levelezésének tükrében (3. rész: 1831–1836), *Neveléstörténet* 2 (2005), H. 3-4, 5–24, unter <http://www.kjf.hu/nevelestortenet/index.php?act=menu_tart&rovat_mod=archiv&eid=32&rid=1&id=174>, 15.07.2011. Für die notwendige Übersetzungshilfe bei der Lektüre der ungarischsprachigen Texte bedanke ich mich herzlich bei Zdenka Roša.

411 Den Namen Stjepan Köröskenyi findet man im Verzeichnis der Gründer der im Jahre 1841 ins Leben gerufenen „Kroatisch-slawonischen Landwirtschaftsgesellschaft" (Horvatsko-slavonsko gospodarsko družtvo). Vgl. Goran Arčabić, Formiranje i rad Hrvatsko-slavonskoga gospodarskog društva u vrijeme preporoda (1841–1848), *Povijesni prilozi* 25 (2003), 309–328; siehe auch Bogdan Stojsavljević, Povijest sela. Hrvatska – Slavonija – Dalmacija. 1848–1918. Zagreb 1973, 60; Horvat, Kultura Hrvata, 221. Béla Pálmány fand Informationen zu diesem Betätigungsfeld Köröskenyis in Calendarium Zagrabiense pro Anno 1843. Diese Quelle stand mir nicht zur Verfügung.

gültige Identifizierung wird selbst für fachkundige Forscher durch den Umstand erschwert, dass zur selben Zeit vier Personen mit diesem Namen gelebt haben.[412]

Zur Rekonstruktion der Ich-Identität des Autors im biographischen Kontinuum genügen die in den „Rhapsodischen Bemerkungen" fixierten Informationen nicht, zur Ergründung seiner Wir-Identität aber liefern die Aussagen des Erzählers genügend Anhaltspunkte.

Diese geben zu erkennen, dass sich Stephan von Köröskényi unterschiedlichen Gruppen zugehörig fühlte – unter anderem seiner Familie, seinem Stand, der intellektuellen Elite des Landes, der europäischen Gelehrtenrepublik. In der Skala seiner Bindungen und Loyalitäten stand aber eine andere Bezugsgröße ganz oben. Diese wird – wie Köröskényi meinte – durch ein „Zauberwort" versprachlicht, „das wie ein electrischer Funke durch alle Gemüther fährt, die Liebenden ihrer Liebe, das reitzende Geschlecht seiner Ansprüche vergessen macht, das jedes Auge mit Glanz, jede männliche Brust mit Feuer, und jede Seele mit Glut erfüllt [...]."[413] Diese gemeinschaftsstiftende „Zauberruthe"[414] heißt für Köröskényi Vaterland.

Das Land, das der Adelige mit dem ungarischen Nachnamen als Vaterland ansah, war in erster Linie das historische Ungarn mit allen seinen Nebenländern, dann Kroatien als Land der Stephanskrone, Kroatien-in-Ungarn und somit sowohl Kroatien als auch das Königreich Ungarn mit allen seinen Teilen. Seine Heimatsempfindungen für Kroatien hegte er also im Rahmen eines überwölbenden ungarischen Staatspatriotismus.

Der Deutsch schreibende, in Kroatien geborene und sich zum ungarischen Staatspatriotismus bekennende Autor lässt sich offensichtlich in keine modern-nationale Schublade einordnen. Um seine kollektive Selbstdefinition begrifflich fassen zu können, muss man sich nach „verschütt gegangenen"[415] Integrationskonzepten umschauen, die im Angesicht des Siegeszugs der Sprachnationalismen auf dem „Friedhof der Geschichte" gelandet sind. Im Diskurs verschiedener, nach modernen bibliographischen Kriterien als Territorial-, Autoren- oder Themenhungarika[416] bezeichneten Texte und Drucke aus der Zeit um 1800 wird man fündig, denn hier tritt die für die Grenzgänger zwischen den Kulturen – wie Köröskényi es war – charakteristische Gesinnung, die in der Forschung unter dem Namen „Hungarus-Konzeption" bekannt ist, besonders deutlich in Erscheinung. Das „Hungarus"-Bewusstsein wird von András F. Balogh als eine Identitätsform definiert, die „vom Mittelalter an das bewusste und loyale Bekenntnis zur Stephanskrone und gleichzeitig zu einer loka-

[412] Definitive Aussagen erhofft man sich von Dávid Kereskényi, der an einem Buch über den kroatischen Zweig dieser Familie arbeitet. In diesem wird voraussichtlich auch über Stephan Köröskényi mehr zu lesen sein.

[413] Köröskényi, Rhapsodische Bemerkungen, 319.

[414] Ebd., 318.

[415] Clewing, Staatlichkeit, 10.

[416] Vgl. László Tarnói, „Nachwort", in: András F. Balogh / László Tarnói (Hgg.), Literatur und Kultur im Königreich Ungarn um 1800 im Spiegel deutschsprachiger Prosatexte. Budapest 2000 (Deutschsprachige Texte aus Ungarn, 3), 655–672, 663–664.

len bzw. regionalen Identität"[417] bedeutete. An der Schwelle vom 18. zum 19. Jahrhundert gewinnt diese Auffassung im öffentlichen Leben des Königreichs an Bedeutung und findet ihr Forum insbesondere in der deutschsprachigen Literatur des Landes.[418] Angesichts der zu dieser Zeit in Ungarn aufkommenden Ideologie, die die magyarische Sprache zum Dreh- und Angelpunkt nationaler Identitätsbildung erhob, setzten sich die „Hungari" – zu denen neben den nichtungarischsprachigen Ungarn auch viele ungarisch sprechende gehörten – für die Toleranz in sprachlicher Hinsicht ein, indem sie auf die jahrhundertealte sprachliche Polyphonie des Landes verwiesen.[419] Im Unterschied zu den magyarischen Sprachnationalisten stellte für die „Hungari" nicht die Sprache, sondern der Staat bzw. das Königreich Ungarn den wichtigsten überpersonalen Bezugsrahmen dar. „Im Konkreten beriefen sie sich einerseits auf die rationalen und allgemein humanitären Überzeugungen der Aufklärung", schreibt Moritz Csáky, „andererseits auf einen Staats- (und nicht National-)Patriotismus, der der historischen Realität des Landes, also dem historischen Bewusstsein und der historischen Einheit aufgrund der gemeinsamen Rechtspflege, Verwaltung, Verfassung und Kultur entsprach."[420] Von den Sprachideologen hoben sich die „Hungari" auch dadurch

[417] András F. Balogh, Deutschsprachige Literatur in Ungarn – deutsche oder ungarische Literatur?, in: Frank Almai / Ulrich Fröschle (Hgg.), Deutsche in Ungarn. Ungarn und Deutsche. Interdisziplinäre Zugänge. Dresden 2004 (Mitteleuropastudien, 6), 157–179. Die Traditionslinien des „Hugarus"-Bewusstseins legt István Fried folgendermaßen dar: „Es lebt in der Epoche von der mittelalterlichen Universalität bis zu den umgangssprachlichen Literaturen der Spätrenaissance und des Barocks, von da an bis zum von sprachlichen Merkmalen freien Staatsbegriff. Es behauptet im späteren seine Positionen in bestimmten Bereichen der Kultur, z. B. in der Programmpolitik der deutschsprachigen Presse Ungarns bzw. in manchen Äußerungen serbischer und slowakischer Publikationen." István Fried, Zur Frage der ostmitteleuropäischen Region (1985), in: ders., Ostmitteleuropäische Studien, 1–60, 49. Ausführlich zu dieser Identitäsform siehe Csáky, Die Hungarus-Konzeption; ders., „Hungarus" oder „Magyar". Zwei Varianten des ungarischen Nationalbewusstseins zu Beginn des 19. Jahrhunderts, *Annales. Sectio Historica* 22 (1982), 71–84; ders., Von der Aufklärung zum Liberalismus; Gerhard Seewann, Zur Identität der Ungarndeutschen in Geschichte und Gegenwart, in: Almai / Fröschle (Hgg.), Deutsche in Ungarn, 1–9; Endre Arató, Karakteristične crte nacionalnih ideologija slavenskih naroda u prvoj polovini 19. stoljeća, *Radovi instituta za hrvatsku povijest* 3 (1973), 259–284, 269f.

[418] Zur deutschsprachigen Literatur in Ungarn siehe die drei Bände umfassende Neuausgabe der historischen Texte von András F. Balogh / László Tarnói. Zum bibliographischen Nachweis vgl. das Literaturverzeichnis. Siehe auch Andor Tarnai, Bemerkungen zur Geschichte der österreichisch-ungarischen literarischen Beziehungen im 18. Jahrhundert, in: Herbert Zeman (Hg.), Die Österreichische Literatur. Ihr Profil an der Wende vom 18. zum 19. Jahrhundert, Teil 1. Graz 1979, 463–475. Vgl. auch ebd., S. 475–489 den Beitrag von Moritz Csáky, Die Präsenz der ungarischen Literatur in Wien um 1800.

[419] Neben den unterschiedlichen slawischen Sprachen, dem Ungarischen und anderen Muttersprachen, wurde im Königreich Ungarn das Deutsche über seine Funktion bei den Erstsprachlern hinaus als Geschäftssprache und lingua franca der höheren Schichten verwendet, die Sprache der Politik war Latein.

[420] Csáky, „Hungarus" oder „Magyar", 78.

ab, dass sie den sozialen und wirtschaftlichen Neuerungen Vorrang vor den Bildungs- und Sprachreformen einräumten.[421]

Um alle diese Fragen geht es auch Stephan von Köröskényi. Das Hauptanliegen seines Schreibens jedoch ist die Korrektur der gängigen Vorstellungsmuster über sein „kleines" und „großes" Vaterland, eine Reform mit imagologischen Implikationen. Empört über die irrtümliche Zuordnung der magyarischen Sprache zur slawischen Sprachengruppe in der französischen Enzyklopädie und verärgert durch „die gröbsten Irrthümer über Ungern"[422], die er bei den „nächsten Nachbarn"[423] in Wien und Graz beobachtet hatte, nimmt er sich vor, die öffentliche Meinung über sein Vaterland zu berichtigen und zu verbessern. Zu diesem Zweck nimmt er den Rezipienten seines in Briefform verfassten Artikels mit auf eine Führung, „die Kreutz und die Queere vom Land in die Stadt, und wieder auf das Land"[424] führt, auf eine Führung, die die Einsicht in Beschäftigungen und Vergnügungen verschiedener Geschlechter, Altersgruppen und Stände im damaligen Zivilkroatien verspricht. Seine erzählerische Tour beginnt Köröskényi beim kroatischen Bauern. Den breiteren ungarischen Rahmen ständig berücksichtigend, prüft er diesen auf seine materielle Lage, auf seine Grußformen und Beschäftigungen, seine kulturellen Offenbarungen, auf seine Vorlieben und seinen Ruf. Durchgehend herrschen dabei die lobenden Töne vor. Dem so oft getadelten gemeinen „Kroaten" hat der adelige Landsmann fast nichts vorzuwerfen, und die Laster, die man ihm sonst zuzuschreiben pflegt, entpuppen sich allesamt als nicht ernstzunehmen oder als üble Nachrede. Der kroatische Bauer – gesehen durch Köröskényis Augen – hat all die geschätzten Eigenschaften eines guten Untertanen, er sei nämlich „höflich, selbst demüthig, aber nicht kriechend".[425] In Bezug auf das Bauerntum hält Köröskényi auch fest: „Es ist überhaupt ein biegsames, gutmüthiges und fröhliches Volk."[426] In der Beweisführung dieser Fröhlichkeit kommt der alte Topos des singenden Südslawen zum Einsatz, hier tönen der Gesang und das Gelächter eines „Kroaten" bei jeder Arbeit und jeder Reise laut durch die Luft. „Der Zustand eines Volkes, das gerne und viel singt", räsoniert der Erzähler dabei, „muß, denke ich, immer ein erträglicher Zustand sein."[427] Hatte Köröskeyni sich hier noch um die Affirmation eines positiven Stereotyps bemüht, so macht er sich im weiteren Verlauf des Textes daran, den negativen Imagemen des altbekannten martialischen Imagothemas über die „Kroaten" entgegenzuschreiben. Den angeblichen Hang des „Kroaten" zu Diebstahl und Raub will er ebenso wenig als wahrheitsgemäß gelten lassen wie dessen Ruf von der Faulheit und Trinksucht. Den Ursprung des ersteren Images verortet Köröskényi richtigerweise in der Miltärgrenze, denn bekanntlich waren es die in den habsburgischen Kriegen in Europa dienenden Soldaten, die dem Kroatennamen das Odium des Kriminellen

[421] Ebd.
[422] Köröskényi, Rhapsodische Bemerkungen, 330.
[423] Ebd.
[424] Ebd., 194.
[425] Ebd., 183.
[426] Ebd.
[427] Ebd., 184.

verschafften. Das Image-korrigierende Plädoyer – ein diskursives Verfahren, mit dem Fortis und Hacquet die Rede über das südslawische Andere auf eine sympathisierend-exotisierende Ebene brachten – wird hier als erster Schritt der publizistischen Agenda um die Konstituierung und Popularisierung eines ethnisch und sprachlich inklusiven, synthetischen Identitätsangebots eingesetzt. Dabei nimmt Köröskényi auch das uralte historische Gegenpaar der „dislozierten Krabaten" – die „Schweden" – mit in Schutz. Höchstens die Neigung zu kleineren Eigentumsdelikten – keinesfalls aber zum gewaltsamen Raub und Diebstahl – will er auf das Konto des Kroaten und Schweden gehen lassen. Denn, „nirgends ist vielleicht größere Sicherheit [...]; nirgends ist dem Reisenden eine Pistole unnützer"[428] als in diesen beiden Ländern. Von der Sicherheit des Reisens in Schweden ist Köröskényi fest überzeugt, von der moralischen Tugend der Dienstboten, vor denen die herrschaftlichen Schränke und das Silber in Kroatien „nur leicht oder gar nicht"[429] zu sichern seien, ebenfalls. Ob er Schweden aus eigener Erfahrung kennt, muss allerdings dahingestellt bleiben.

Als erfahrungsbasiert können dagegen mit Sicherheit seine Ausführungen rund um das Thema Weinbau gelten, die Warasdiner Gegend und Vinica zählen zu den traditionsreichen Weinanbaugebieten Kroatiens.[430] Wo Wein reichlich gedeiht, sind auch die Betrunkenen unterwegs, namentlich die „Kroaten", die nach Angaben des Autors dem geistigen Getränk mehr ergeben sind als der „Wende" in der benachbarten Steiermark oder der „deutsche nüchterne OberSteyermärker"[431]. Für diese Erscheinung hat Köröskényi eine ökonomische Erklärung: Der Überfluss an Wein und der Mangel an Absatzmöglichkeiten führen zum Volksalkoholismus. Seitdem sich aber der Weinexport über die von ungarischer Seite so oft getadelte Zollgrenze zu Österreich einiger Erleichterungen erfreue, sei der „Kroate" schon auffallend nüchterner geworden. Ein Beweis dafür, wie eine politische Anordnung oft „besser als alles Uebrige von dem Charakter einer Nazion den Flecken eines Lasters verwischen"[432] kann. Mit wirtschaftspolitischen Argumenten schreibt Köröskényi auch dem Stereotyp von der Faulheit des kroatischen Bauers entgegen. Als Gutsherr verlange auch er, dass der Bauer viel arbeite, und das tue er auch „vom frühesten Morgen bis in die Nacht".[433] Das, was man bei ihm Faulheit nenne, sei eigentlich „nur Mangel an Industrie, eine Folge der Unwissenheit, so wie der Unmöglichkeit, seine Producte gehörig zu verkaufen".[434] Die Lösung ist laut Köröskényi folgende: „Gebt ihm nur Steyermarks Handelsverkehr, und jene Klage wird aufhören."[435] Geht es hier dem Adeligen tatsächlich nur um die reale und diskursive „Verwischung" eines Lasterflecks im „Charakter" des kroa-

428 Ebd., 185.

429 Ebd.

430 Zur Weinwirtschaft in Varaždin und Umgebung im 18. Jahrhundert vgl. Mirko Androić, Prilozi poznavanju društvenih i gospodarskih prilika grada Varaždina u 18. stoljeću, in: ders. u. a. (Hgg.), Varaždin u XVIII stoljeću i političko-kameralni studij. Zagreb, Varaždin 1972, 13–88.

431 Köröskényi, Rhapsodische Bemerkungen, 186.

432 Ebd., 186.

433 Ebd., 191.

434 Ebd.

435 Ebd.

tischen Bauern oder ist diese imago-reformatorische Rhetorik als Folie zu verstehen, auf der gleichzeitig die wirtschaftlichen Interessen der Oberschicht ausgetragen werden?

Ob Herr oder Bauer, der Wein wurde nicht gemieden, und auch Köröskényi fühlte sich von diesem Getränk und der Kordialität, die in der Gesellschaft seiner Konsumenten so oft herrscht, angezogen. Schließlich hatte auch er „unter den herzlichen Seelenergießungen, die der Wein, genossen im Sokratischen Becher, hervorbringt, [...] schon manche ihm verwandte Seele erkannt, und an sich gefesselt, die ihm sonst ewig fremd geblieben wäre".[436] Ähnlich wie sein – ebenfalls „Hungarus"-gesinnter – Zeitgenosse, der Slawonien-Reisende Johann von Csaplovics, der während seines Aufenthaltes in Pakracz (Pakrac) offenbar viele Stunden mit der Verinnerlichung der slawonischen Ess- und Trinkgewohnheiten verbrachte und sich nicht scheute, mit seinen „Slavoniern" dutzende Rakija-Gesundheiten zu „Instomachieren",[437] setzte sich auch Köröskényi gerne zum „Kroaten" in den Weinkeller. Nicht überraschend ist der Umstand, dass die beiden ausgesprochen positiv über die jeweiligen „Volkscharaktere" schrieben. In den Verkostungen und „Seelenergießungen"[438] am Ess- und Trinktisch lösen sich die kulturellen und ständischen Unterschiede folglich anscheinend leichter auf, und die „Sokratischen Becher"[439] vermögen offenbar manchmal die Verlagerung des *Othering* in positive Bereiche zu begünstigen.

Köröskényis erzählerische Führung bringt den Leser aus dem Weinkeller zum Sprachlichen und Volkskulturellen:

> „Der Kroate hat und liebt Energie in der Sprache; er macht in seiner Rede so häufig als möglich von Gleichnissen Gebrauch, hat eine Menge von Sprichwörtern u. Denksprüchen, und setzt beynahe zu jeder Versicherung einen Schwur hinzu."[440]

Auch über den Hang des Volkes zum Wunderbaren, über seine Vorliebe zu Erzählungen und seinen gesunden Mutterwitz wird der Leser durch entsprechende Beispiele informiert.

Hatte sich Köröskényis Ethnocharakterologie bisher ausschließlich auf die unteren Stände bezogen, so wird im argumentativen Weiterverlauf der „Rhapsodischen Bemerkungen" der Umfang des Kroatenbegriffs erweitert und völkercharakterologisch mit dem Begriff „Unger" in eine Korrelation gebracht: „In der Liebe, wie im Hasse", schreibt Köröskényi, „ist der Kroate heftig; doch, dünkt mir, kann er seinen Haß besser verbergen, und den Ausbruch seines Zorns leichter zurückhalten, als der eigentliche Unger. Unter der gemeinen Volksklasse konnte ich kaum eine Äußerung der Eifersucht gegen den Ungarn

[436] Ebd., 186.

[437] Zum Anstoßen auf die Gesundheit mit Rakija siehe Johann von Csaplovics, Slavonien und zum Theil Croatien. Ein Beitrag zur Völker- und Länderkunde. Theils aus eigener Ansicht und Erfahrung (1809–1812), theils auch aus späteren zuverlässigen Mittheilungen der Insassen. Pesth 1819, 188. Siehe dazu Mirna Zeman, „Illyrische" Mahlzeiten. Gastronomische Diskurse Kroatien-Reisender, in: Claudia Lillge / Anne-Rose Meyer (Hgg.), Interkulturelle Mahlzeiten: Kulinarische Begegnungen und Kommunikation in der Literatur. Bielefeld 2008, 185–203.

[438] Köröskényi, Rhapsodische Bemerkungen, 186.

[439] Ebd.

[440] Ebd., 187.

bemerken, wohl aber eher unter den Vornehmern der Nation."[441] Neben der gemeinsamen landwirtschaftlichen Prägung ihrer Gesellschaften,[442] haben die beiden Nationen laut Köröskényi eine innige Ergebenheit dem Vaterland gegenüber gemein, weswegen man sie im Unterschied zu dem reiselustigsten Volk Europas – den „Deutschen" – nur selten in der weiten Welt antrifft.

Der schreibende Edelmann teilt mit dem „Ungarn" und dem „Kroaten" diese patriotische Hinwendung und gibt dies durch wiederholtes verklärendes Beschwören des historisch definierten Vaterlandes sowie durch verherrlichende Aussagen zur Vaterlandsliebe voller romantischem Pathos deutlich zu erkennen. Viel unkonkreter wird der vaterlandsliebende Autor, wenn es um seine Identifikation mit einer der beiden „Völkerschaften" – den „Kroaten" und „Ungarn" – geht. Köröskényis ethnocharakterologische Ausführungen sind durchgehend als Wahrnehmungen eines Außenstehenden verfasst, die vorherrschenden „Er"- oder „Sie"-Bezugnahmen deuten auf eine Beobachterinstanz, die im Text nur selten durch einen identifikatorischen „Wir"-Rekurs durchbrochen wird. Auf diesen trifft man erst dann, wenn der Erzähler endgültig das Volk verlässt und sich in die Salons, zu den Gastmahlen, Versammlungen und Bibliotheken begibt. Hier agiert nämlich die einzige in Köröskényis Artikel ausdrücklich mit „uns" etikettierte Großgruppe – eine als „Genius des Vaterlandes"[443] gerühmte Gemeinschaft der ungarländischen Intelligenz. Seine korrigierende Absicht in Bezug auf die ausländische Imago Hungariae weiterhin verfolgend, geht es Köröskényi vor allem darum, den Ausländern zu zeigen, dass es auch in seinem Vaterland Gelehrte und Gebildete gibt, dass auch in den Ländern der Stephanskrone Diskussionen über Wissenschaften und Künste an der Tagesordnung sind und dass Ungarn im Allgemeinen und sein Nebenland Kroatien im Besonderen zum „kultivierten Teile von Europa"[444] gehören. Dabei wird ausführlich auf die Schwierigkeiten eingegangen, die sich der „Bildung der Nation"[445] in Kroatien und Ungarn in den Weg stellen. So beklagt Köröskényi unter anderem den Mangel an öffentlichen Bibliotheken, weiterhin die wenige Achtung, die den einheimischen Gelehrten gezollt wird, sowie die mangelnden Bemühungen des Herrschers um die Belohnung und Förderung der ungarländischen Talente. Unter den zeitgenössischen

[441] Ebd., 188 (Hervorhebungen im Original).

[442] Die landwirtschaftliche gesellschaftliche Prägung des Königreichs Ungarn beschreibt er – wie immer in seinem Text auch hier diastratisch differenzierend – folgendermaßen: „So leidenschaftlich, wie der Unger, liebt auch der Kroate das Landleben. Für den Edelmann haben Aemter, die ihn ganz an die Stadt fesseln, keinen Reitz. Der Bauer erlernet wohl auch Handwerke, aber nur um sie neben seinen Feldarbeiten auszuüben. Die Bewohner der Städte leben größtentheils, so wie in den ungrischen Städten überhaupt, vom Landbaue; und die meisten Handwerker, so wie vorzüglich der Kaufmannsstand, bestehen hier, so wie in Ungern, meistens aus Deutschen. Von diesen besitzt wohl auch mancher liegende Gründe, Weingärten und dgl., jedoch dürften unter ihnen kaum einige seyn, die sich ausschließlich mit der Landwirtschaft beschäftigen." Köröskényi, Rhapsodische Bemerkungen, 188 (Hervorhebungen im Original).

[443] Ebd., 198.

[444] Ebd., 199.

[445] Ebd., 196.

Größen des Vaterlandes, denen der belesene „Hungarus" seine Achtung erweist, seien nur Nikola Skerletz, Graf Georg Festetics, Sámuel Teleki und Maximilian Vrhovac erwähnt.

Die Selbstdefinition als Zugehöriger einer sprachnational/ethnisch unbehafteten Bildungsschicht geht mit der Identifizierung mit einer diachronisch imaginierten Gemeinschaft einher, die Köröskényi schlicht als „Heldenvolk"[446] bezeichnet. Indem er auf die Bildlichkeit der jahrhunderte andauernden Aufopferungs- und Beschützerrolle „seines" Volkes für Europa und „in ihm der Menschheit reifende Wiedergeburt" vor den „Barbaren des Orients" zurückgreift,[447] erhebt er den Antemurale-Mythos zum Definiens dieser Gemeinschaft. Die historische „Bollwerk"-Rolle, die von der ungarischen wie von der kroatischen Historiographie gleichermaßen gern für die jeweilige Nation beansprucht wird, wird hier als Konstante der gemeinsamen Geschichte zum identitätsstiftenden Merkmal einer ethnisch und sprachlich vielfältigen und daher mit keinem Ethnikon näher zu bestimmenden Staatsnation, einer „historischen Schicksalsgemeinschaft"[448], die stolz auf ihre „kriegerische Laufbahn" zurückblickt und durchaus fähig ist, ähnlich große Leistungen „in den Künsten des Friedens"[449] hervorzubringen. Eigentlich sei sie schon dabei, und der Geist der Reformen, der überall in Ungarn um sich greift, beweise dies am deutlichsten:

> „Wie augenscheinlich strebt nicht unsere Nation empor! Welches Treiben, welcher Umtausch, welches Aneinanderreiben der Begriffe und Meinungen ist nicht hier sichtbar! Durchreiset Ungern von einem Ende zum andern, überall hört ihr von innerem und äußerem Handel, von Canälen, von der Verbesserung der Civil- und Criminalgesetze, der Landwirtschaft, und des Zustandes unserer Bauern mit pathetischem Eifer sprechen u. streiten. [...] Ueber die Nothwendigkeit und Nützlichkeit solcher Verbesserungen ist unter allen Ständen und Altern nur e i n e Stimme; bey dem w i e, trennt sich die Meinung."[450]

Köröskényis Loyalität bleibt somit eine auf den Staat bezogene, die Bekenntnisse zu einer ethnischen Gemeinschaft sucht man in den „Rhapsodischen Bemerkungen" vergeblich. In Bezug auf seinen Diskurs zu den „Kroaten" und „eigentlichen Ungarn" (Magyaren) kann man höchstens über ein identifikatorisches „Weder-Noch" und „Sowohl-als-Auch" spekulieren, ein „Entweder-oder"-Geständnis lässt sich von diesem „Hungarus" definitiv nicht erzwingen. Diese Position wird vor allem dann deutlich, wenn Köröskényi die Logik der ethnocharakterologischen Fremd- und Eigendiskurse mit folgenden Sätzen darlegt:

> „Was verlangest du von mir? Ich maße mir nicht an, dir ein vollständiges Gemälde einer dieser Völkerschaften, von denen ich bisher gesprochen habe, entwerfen zu können, nur einige leichte Linien wagte ich zu zeichnen, und du fragst mich, was den Charakter des Ungern von jenem des Kroaten, und Slawen überhaupt, unterscheide? Ich sollte dir die oft so feinen Nuanzen angeben, die den Unterschied zweyer Völkerschaften ausmachen, welche in Ungern sich an Anzahl gleich, schon so viele Jahrhunderte unter und nebeneinander wohnen, und deren Charaktere schon stark in einander verschmolzen seyn müssen. Das forschende Auge

446 Ebd., 197.
447 Ebd.
448 Zum Begriff siehe Fried, Zur Frage.
449 Köröskényi, Rhapsodische Bemerkungen, 198.
450 Ebdenda, 320f.

des Ausländers dürfte hier vielleicht mehr entdecken. Gewisse wesentliche Charakterzüge sind unter jedem Volke nur dem Fremden in die Augen fallen. Welcher Franzose, fragt man mit Recht, hat jemals zum Charakterzuge seiner Nation jene Gleichgültigkeit gegen alles Fremde, jene Unwissenheit ausländischer Sachen gerechnet? – Dem Beobachter der Völker geht es vielleicht, wie dem Beobachter der großen Welt: wer zu nahe steht, sieht zu wenig, eben, weil er zu viel sieht, auch verwöhnt sich unser Auge; wer zu entfernt steht; sieht alles zu abgerissen, zu wenig im Zusammenhange."[451]

Und wo steht Köröskényi? Beiden Völkern zu nahe, um sich einem zugehörig zu fühlen? Und zugleich von den beiden zu sehr auf Distanz, um der Ideologie des Zusammenhangs und Zusammen*halts* abzuschwören? Das Identitätskonzept eines „Hungarus" ist ein versöhnliches, und so fällt auch Köröskényis kroatisch-ungarisches ethnocharakterologisches Kräftemessen aus. Es beharrt auf dem Ideologem der gegenseitigen Ergänzung, auf der Bildlichkeit zweier harmonierender (natürlich männlicher) Kampfgenossen, die sich auch in einem dualismusfeindlichen Bereich – in dem man exklusivistische Ansprüche sonst so schwer fallen lässt – hervorragend ergänzen:

„Das Eigenthümliche in den Sprachen beyder Völkerschaften drückt vielleicht zugleich das Eigenthümliche ihres Charakters aus. Diese Sprache, hörst du, wie kühn, scharf, hochtönend, wie stolz – dieß ist der Unger; jene, wie friedlich, wie einfach, sanft und ruhig – dieß ist vielleicht der Grundzug im Charakter des Kroaten und Slaven. Er bedarf eines stärkeren Eindrucks, so wie z. B. die Gefahr seiner Lieben wäre, um zum Heftigen und Ungestümen zu übergehen. Der Ungar ist entzündbarer, in jeder Leidenschaft heftiger und schneller; jener langsamer und ausdauernder. Nach dieser Meinung wäre der Unger als Liebhaber, und jener als Ehemann, wünschenswerther; nach dieser Meinung wäre der Unger im AngriffsKriege unwiderstehlicher, jener in der Vertheidigung ein festeres Bollwerk, u.s.w. Durch einerley Verfassung und Schicksale verbunden, sind sie sich in Sitten und Charakter näher gerückt, und vielleicht haben beyde Theile viel gewonnen."[452]

6.3 Fleiß für Ungarn. Vincenz Batthyány im Ungarischen Küstenland

Mit Stephan von Köröskényi hatte der Reiseschriftsteller Vincenz Batthyány einiges gemeinsam. Beide waren adeliger Herkunft, dem katholischen Glauben zugetan, beide gebildet, mehrsprachig, viel gereist und dem ungarischen Vaterland innig ergeben. Im Unterschied zu Köröskényi, der zum Komitatsadel (wahrscheinlich zum mittleren Adel der bene possessionati) gehörte und als adeliger Stuhlsrichter sein Amt in der regionalen Verwaltung ausübte, war Batthyány ein Magnat[453] und als Statthaltereirat in Ofen ein hochrangiger Amts- und Würdenträger des Königreichs.[454] Wie Köröskényi publizierte auch Batthyány in Schedius'

[451] Ebd., 326.
[452] Ebd., 327f.
[453] Angehöriger des ungarischen Hochadels oder Hofadels.
[454] Vgl. Andreas Helmedach, Die Reiseberichte des Grafen Vincenz Batthyány, *Südost-Forschungen* 49 (1990), 129–192, 138.

Zeitschrift, sein Beitrag zur „Erweiterung und Berichtigung der Vaterlandskunde“[455] fiel im Vergleich zu Köröskényis wesentlich umfangreicher aus. In mehreren Zeitschriftenartikeln und selbständigen Werken wandte sich Batthyány Anfang des 19. Jahrhunderts häufiger an die Öffentlichkeit, vorzugsweise im Medium des Reiseberichts.[456] Das eigene Land reisend oder lesend kennenzulernen, war Anfang des 19. Jahrhunderts auch bei der ungarischen Adelsnation äußerst populär. Andreas Helmedach, dem man eine treffliche Analyse des Reiseverhaltens der ungarischen Führungsschicht zu dieser Zeit verdankt, spricht über die „intellektuelle Mode“ des Inlandsreisens, die zu der Entwicklung „einer neuen ‚wissenschaftlichen‘ Landeskunde Ungarns“ beitrug.[457]

Genauso wie Köröskényi schrieb auch Batthyány auf Deutsch, so auch über das „Ungarische Küstenland“, wie sich damals der aus Fiume, Buccari und Vinodol bestehende Küstenbezirk an der Adria in der Bezeichnung durch manche nannte. Die Erfahrungen, die er während eines mehrjährigen Aufenthalts in Fiume und seiner Umgebung sammelte, hielt Batthyány in seinem 1805 veröffentlichten Reisebericht „Über das Ungrische Küstenland. In Briefen“ fest.[458] Über dieses Buch wie auch über das Leben, die Reisen und die weiteren Werke dieses Schriftstellers ist man mittlerweile – dank der vorbildlichen Arbeiten von Andreas Helmedach – ausführlich informiert.[459] Ergänzend zu Helmedachs Forschungs-

455 Ludwig Schedius, Vorbericht des Herausgebers, in: Batthyány, Über das ungrische Küstenland, XVI.

456 Das von Andreas Helmedach zusammengestellte Verzeichnis der Batthyány'schen Werke hält sieben selbständige Veröffentlichungen und mehrere publizistische Beiträge, darunter einige Gelegenheitsschriften und vier Reiseberichte fest. Letztere wurden selbständig und/oder in der *Zeitschrift von und für Ungern* zwischen 1802 und 1811 unter den Titeln „Reise von Krakau nach Bartfeld in Briefen“, „Reise nach Constantinopel. In Briefen“, „Das ungrische Küstenland. In Briefen“ und „Reise durch einen Theil Ungarns, Siebenbürgens, der Moldau und Buccowina im Jahre 1805“ publiziert. Siehe dazu Helmedach, Die Reiseberichte, 140–143.

457 Helmdach, Das Verkehrssystem, 347.

458 Der Text des Resieberichts stammt – wie u. a. aus den Textstellen zu dem damals noch venezianischen Dalmatien ersichtlich – aus der Zeit vor 1797. Einige Teile des Reiseberichts erschienen zunächst 1804 in der *Zeitschrift von und für Ungarn* (Bd. 5, H. 1, 7–13, H. 2, 67–77, H. 3, 131–141, H. 4, 195–207 und H. 5, 259–267). Das in Form von 14 Briefen konzipierte Werk wurde im Jahr danach als selbständige Publikation mit der Vorrede des Herausgebers Ludwig Schedius bei Hartleben gedruckt.

459 Vincenz Alois Graf Batthyány wurde 1772 in Graz geboren. Zu den ersten beiden Jahrzehnten seines Lebens, zu den Orten und Wegen seiner Ausbildung konnte Andreas Helmedach keine festen Anhaltspunkte ermitteln. Seine erste Arbeitsstelle trat Vincenz Batthyány Mitte der 1790er Jahre beim Gubernium in Fiume an – „dem Hauptbetätigungsfeld ungarischer Reformpolitiker“ (Helmedach, Die Reiseberichte, 134) –, wo er im damaligen Gouverneur Alexander von Pászthory einen Lehrer fand. Seine Karriere setzte Batthyány ab 1798 als Statthaltereirat in Ofen fort. Anfang des 19. Jahrhunderts fasste er – damals Hofmann, hoher Beamter und Mitarbeiter Schedius' – seine extensiven Reiseerfahrungen im In- und Ausland in einem beträchtlichen Opus zusammen, das ihm auch außerhalb der Habsburgermonarchie einen Ruf verschaffte. Materiell abgesichert – seit seinem Erbantritt 1806 „Herr über ungarische, slowakische und walachiche, katholische, reformierte und griechisch nicht unierte Untertanen sowie Produzent hauptsächlich von Muraköscher Wein und Getreide“ (Helmedach, Die Reiseberichte, 146) –

ergebnissen sei an dieser Stelle dem imagologischen Aspekt des Reiseberichts „Über das Ungarische Küstenland" einige Aufmerksamkeit geschenkt.

Zwischen dem Besuch Josephs II. in Rijeka und Batthyánys Ankunft in dieser Stadt waren ungefähr neunzehn Jahre vergangen, für das nordadriatische Küstengebiet eine turbulente Zeit der rechts- und verwaltungspolitischen Veränderungen, aus denen schließlich eine neue, von der Regierung in Agram weitgehend unabhängige und direkt der ungarischen Krone unterstellte politische Einheit hervorging – das „Litorale Hungarico".[460] Der zeitgenössische ungarische Historiker Johann Christian von Engel begrüßte diese Entwicklung mit folgenden Worten:

> „Eine der schönen Früchte, welche Josephs II. viele Reisen getragen haben, war auch der Gedanke, dem Absatze der Ungrischen Naturalien von der Seite des Adriatischen Meers einen Weg zu bahnen, und dadurch unmittelbar die Ungrische Industrie, mittelbar aber die Königl. Einkünfte und Gefälle zu heben. Nach vielen Einwendungen und Schreibereyen gab Maria Theresia, auf des Kaisers, ihres Sohnes, Einrathen, dem Königreich Ungern die Stadt Fiume über, und wollte den Fiumaner-, so wie den Triester Hafen, gut eingerichtet wissen [...]"[461]

Auf kroatischer Seite war man mit dieser Lösung alles andere als zufrieden, und die Rechtsstellung der Stadt Fiume erwies sich in der Zukunft immer wieder als Stein des Anstoßes zwischen Ungarn und Kroatien. Die in der kroatischen Sekundärliteratur zu findende Frage „Wem gehört Rijeka?"[462] war für Vincenz Batthyány und eine Reihe weiterer deutschsprachiger/ungarländischer Autoren, die diese Stadt im späten 18. und frühen 19. Jahrhundert beschrieben,[463] dagegen überhaupt keine Frage.

Batthyány war in Fiume im politischen und administrativen Zuhause unterwegs. Obwohl ein Inländer, war er kein Einheimischer wie Köröskenyi. Was diesen „Hungarus" an die

führte Batthyány das Leben des hohen Amtsträgers, literarisch interessierten und vor allem mobilen Gentlemans und Schriftstellers. Seine Reisen führten ihn unter anderem nach Italien, kreuz und quer durch Ungarn, nach Konstantinopel, Galizien, Moldau, Siebenbürgen, in die Bukowina und nach Weimar, wo er Goethe besuchte. 1818 wurde Batthyány Referendar an der Ungarischen Hofkanzlei in Wien, etwas später übte er bei diesem Verwaltungsorgan die Tätigkeit des Geheimen und Hofrats aus. Die letzte Stelle, die der Adelige innehatte, war die des Vizepräsidenten der Wiener Hofkammer und des Obergespans des Honther Komitats. Vincenz Batthyány starb im Jahre 1728 in Wien. Ausführlicher zum Lebenslauf siehe Helmedach, Die Reiseberichte, 130–150. Zum Reisebericht über das Küstenland siehe auch Despot, Strani pisci, 38. Siehe auch Johann Baptist von Winklern, Biographische und litterärische Nachrichten von den Schriftstellern und Künstlern welche in dem Hertogthume Steyermark geboren sind, und in, oder außer demselben gelebt haben und noch leben. Graz 1810, 12.

460 Siehe dazu u. a. Danilo Klen (Hg.), Povijest Rijeke. Rijeka 1988.

461 Engel, Geschichte des Ungrischen Reichs, Bd. 2, 345.

462 Klen (Hg.), Povijest Rijeke, 149.

463 Das nordadriatische Küstenland, die Städte Triest und Fiume wurden derzeit in den wirtschaftspolitischen Schriften und Zeitungsbeiträgen verständlicherweise vielfach thematisiert. Bisweilen findet man in Texten der Ökonomen auch volkskundliche und ethnocharakterologische Exkurse. Eine imagologische Untersuchung dieser Texte wäre ein dankbares Thema für zukünftige Untersuchungen.

adriatische Küste führte, war die Karriere: Ein Posten am wirtschaftlich wichtigen Standort „Litorale Hugarico“ galt damals als prestigeträchtig, für den angehenden „Staatsmann“ bzw. höheren Beamtennachwuchs – wie Batthyány es in den 90er Jahren des 18. Jahrhunderts war – ein solides Sprungbrett in den beruflichen Aufstieg.[464]

Gemäß den Interessen eines Auszubildenden zum hohen Beamten am Wirtschaftsstandort Litorale ruht „Über das Ungrische Küstenland“ auf dem thematischen Gerüst der weitläufigen ökonomischen Ausführungen. Wie auch anderen „hungarisch“ gesinnten Schriftstellern ging es Vincenz Batthyány vorrangig um die wirtschaftlichen Fragen: um die Entwicklung des ungarischen Seehandels, die Abschaffung der Ausfuhreinschränkungen und die Absatzfreigabe der ungarischen Agrarerzeugnisse in die Erbländer. Die narrative Struktur des Textes ist daher nicht gerade ereignisreich: Abgesehen von einzelnen dynamischen Sequenzen, in denen von einzelnen Ausflügen in Fiumes Umgebung, nach Karlstadt und nach Dalmatien erzählt wird, überwiegen im Text deskriptive Passagen, die auf das wirtschaftliche Erscheinungsbild der einzelnen Ortschaften fokussieren, die von Fabrikaten und Ausfuhrprodukten, Manufakturen und Transport, von Geschäften und Preisen, von Ausfuhrwegen, Handelsinteressen, wirtschaftlichen Gegensätzen und Kompromissen handeln.

Im Unterschied zu Köröskényi, der erzählerisch an zwei Größen, Kroatien und Ungarn, interessiert ist und sich identifikatorisch an sie herantastet, kreist Batthyánys Diskurs um die Pole Ungarn – Österreich bzw. Ungarn und „die deutschen Brüder“. Wenn dieser Schriftsteller über Ungarn, Litorale Hungarico, seine Bewohner und seinen Handel spricht, so über „unser Vaterland“[465], „unsere Seeküste“[466], „unsere Seeplätze“[467] „unsere Küstenbewohner“[468], „unser Handel“[469]. Batthyánys „Vaterland“ samt seinem adriatischen

[464] Über den Stellenwert, den die „ungarische Seeküste“ als Reiseziel bei den ungarischen Adeligen um 1800 genoss, schreibt Helmedach: „Vielen ungarischen adeligen Reisenden dieser Zeit ging es nicht nur um die persönliche Karriere, die bei mehreren wichtigen Verantwortlichen der ungarischen Politik besonders aus der Reformergeneration von 1790 und späterer Jahrzehnte über einen Posten in Fiume geführt hat. Sondern in zunehmendem Maße auch um die Chancen und Möglichkeiten, die der Natio Hungarica, der Adelsnation, durch den von ihr selbst verwalteten Hafen besonders in wirtschaftlicher Hinsicht offenstanden. Die Kenntnis dieser Chancen und deren Behandlung in den Diskussionen und Willensbildungsprozessen des ungarischen Ständestaates, auch deren Vermittlung in die Kreise, die sich große Bildungsreisen normalerweise nicht leisten konnten, z. B. den Komitatsadel, galt als patriotisch. Natürlich konnte auf diese Weise gewonnenes Ansehen der eigenen Karriere wiederum nützlich sein.“ Helmedach, Das Verkehrssystem, 375.

[465] Batthyány, Über das ungrische Küstenland, 10.

[466] Ebd., 11.

[467] Ebd., 226.

[468] Ebd., 41.

[469] Ebd., 197.

Anhängsel siedelt aber immer in einem Relations- und Zusammengehörigkeitsverhältnis zu „österreichisch" oder „deutsch" etikettierten Provinzen und Häfen.[470]

Zu der Zeit, in der die Stimmen gegen die benachteiligenden Maßnahmen Wiens der ungarischen Wirtschaft gegenüber immer lauter wurden – Gregor von Berzeviczy schrieb in Bezug darauf vom „Colonial-Zustand", in den Ungarn herabgesetzt worden sei[471] – trat Vincenz Batthyány für die Vereinbarkeit des österreichischen Handelsinteresses mit dem ungarischen ein.[472] War der Mantel von Köröskényis Patriotismus von ungarischem Faden und kroatischer Polsterung, so ist Batthyánys von deutschösterreichisch-ungarischem, monarchiefarbenem Geflecht. Seine Treue zur herrschenden Dynastie gibt der ungarische Magnat unter anderem durch lobende Worte über „zwei grosse Regenten Österreichs"[473] zu erkennen. Den „unvergesslichen Kaiser"[474] Karl VI. preist er für den „Durchbruch unzugänglicher Wälder Kroatiens" – den Bau der Karolinerstraße – der ihm „einem Menschenfreunde preiswürdiger, als das Eindringen jener unerschrokenen Legionen in Alemanniens finsteren Harz" scheint.[475] Dem „unermüdet strebende[n]" Joseph II., dem „einsichtsvollen Beförderer" des ungarischen Kommerzes, zollt er mehrmals Respekt.[476] „Unter den patriotischen Ungarn", fasst Andreas Helmedach zusammen, „war Vincenz Batthyány fast ein Josephiner".[477]

Wie fügen sich die „Bewohner dieser Küste"[478] – die städtische und ländliche Bevölkerung des „ungarischen Seebezirks" – in das Bild der glücklichen ungarisch-deutschen wirtschaftlichen Symbiose? Welche Aufgabe im Wohlfahrtsschaffen für die „unter dem Scepter Österreichs vereinten Nationen"[479] sieht der Ungarn liebende Patriot des Habsburgerreiches[480] für sie vor? Wie und vor allem wer sind sie in Batthyánys Augen überhaupt?

470 Gemäß der damaligen verwaltungspolitischen Einteilung der habsburgischen Küstenbesitzungen an der Adria wird im Batthyány'schen Text zwischen der „ungrischen Seeküste", die „von den Grenzen Krains bis zu den Karlstädter Cofinien längst des Meeres fortläuft", den „deutschen Seeplätzen" (das Triester Gebiet) und den „Häfen der militärischen Küste" (Zeng und Carlobago) unterschieden.

471 „Mit einem Wort", heißt es in Gregor von Berzeviczys Ungarns Industrie und Commerz. Weimar 1802, 51, „durch dieß Dreißigst System ist Ungarn in einen wahren Colonial-Zustand herabgesetzt, ein Zustand, durch welchen die See-Mächte von einigen barbarischen Völkern Indiens ihren Reichthum erpressen." Siehe auch Helmedach, Die Reiseberichte, 184f.

472 Ausführlicher dazu Helmedach, Die Reiseberichte, 184f.

473 Batthyány, Über das ungrische Küstenland, 19.

474 Ebd., 84.

475 Ebd., 150.

476 Ebd., 91.

477 Helmedach, Die Reiseberichte, 177.

478 Batthyány, Über das ungrische Küstenland, 72.

479 Ebd., 84f.

480 Zum österreichischen Staatspatriotismus siehe Peter Hanák, Österreichischer Staatspatriotismus im Zeitalter des aufsteigenden Nationalismus, in: Urbach (Bearb.), Wien und Europa zwischen den Revolutionen, 315–330.

Sein „Anderes" begegnet dem ungarischen Adeligen zunächst in den „beinahe in allem nach italienischer Art eingerichtet[en]"[481] Kaffeehäusern Fiumes, und zwar in Gestalt der nichts als Italienisch sprechenden Bedienungen und Gäste. Seinen geschäftsmännischen Kosmopolitismus statuierend stellt er sich in Opposition zur Erzählfigur eines Gefährten, der an der vorherrschenden italienischen Sprache in einem Seehafen Ungarns und an der fremden Herkunft seiner Geschäftsleute keinen Gefallen finde. Nach Batthyánys Ansicht sind es die Geschäfte, die das Italienische in Fiume verbreitet haben, und von Geschäften „der Fremden" profitiert auch das Vaterland:

> „Die Negozianten unserer Seeküsten, seyen sie Ausländer oder unsere Mitbürger, werden immer unsere Produkte versenden, ihren hindurch erhaltenen Gewinn abermals diesem Geschäfte widmen; und da unser Kapital nicht einmal zur Bestreitung aller bei uns nöthigen produktiven Arbeit zureichet; so darf der Umlauf eines fremden unsere Eifersucht keineswegs erregen."[482]

Das kulturell Andere wird dem „Hungarus" auch im Theater gewahr, wo er den Publikumsbeifall akustisch als „nach italienischer Art"[483] ziemlich lärmend empfand. An einer anderen Textstelle heißt es, der „italienisch[e] Zuschnitt der meisten Einwohner" und die kaufmännische Eifersucht geben dem herrschenden Ton der Stadt eine eigene Beschaffenheit, „deren Einfluss auf gesellschaftliche Unterhaltungen eben nicht vorteilhaft ist".[484]

Batthyánys Interesse an der italienischen Prägung des Litorale erschöpft sich in diesen wenigen Sätzen. Einer Identifizierung des nichtitalienischen Elementes unter den „Bewohnern dieser Küsten" geht er durchgehend aus dem Weg. Ein Ethnikon bekommen in seinem Text nur die „Zichen" – die Batthyány als „ein slavisch redendes Volk"[485] beschreibt – und die von der Karolinerstraße vertriebenen „Walachen" zugewiesen. In seinem Litorale Hungarico siedeln sonst sprachlich und kulturell nicht identifizierte „Landleute", namenlose „Bewohner des Uferlandes" und die höchstens mit dem Possessivum „unser" dem ungarischen Königreich zugeordneten „Küstenbewohner".[486] Diese als „Illyrier", „Kroaten", „Liburnier" oder ähnlich zu differenzieren, liegt nicht in Batthyánys Absicht. Seine kollektiven Heteroidentifizierungen beschränken sich auf ortsbezogene Identitätszuweisungen – wie die „Fiumaner"[487] oder „Buccaraner"[488] einerseits und das „Landvolk des Littorals"[489] andererseits –, eine landschaftsbezogene Zuweisung kommt einmalig in der Bezeichnung „Winodoler[490] vor. Auf Angaben und Differenzierungen ethnischer, sprachlicher und kon-

[481] Batthyány, Über das ungrische Küstenland, 9.
[482] Ebd., 11.
[483] Ebd., 14.
[484] Ebd., 136.
[485] Ebd., 61.
[486] Ebd., u.a. 21, 22, 29, 39, 41.
[487] Ebd., 80.
[488] Ebd., 71.
[489] Ebd., 213.
[490] Ebd., 213.

fessioneller Gemeinschaften des Küstenlandes wird verzichtet. Vincenz Batthyány weiß die Ortsbezeichnung „Buccari" etymologisch von dem „illyrischen" Bakar abzuleiten,[491] findet es aber unnötig zu erwähnen, dass der von ihm beschriebene Bauer im Küstenbezirk eine „illyrische" oder wie auch immer bezeichnete slawische Sprache spricht.

Fürs Sprechen ist der Bauer sowieso nicht vorgesehen, seinen Beitrag zum Wohl Ungarns und der k. k. Staaten hat er arbeitend zu erfüllen. Und das tut er – wie der Reisende bemerkt – mit besonderem Fleiß. In seinen Ausführungen zum bäuerlichen Leben beharrt Batthyány auf dem Image eines der undankbaren Karstlandschaft durch arbeitsame Wesensart trotzenden Volkes. Die mageren Ernteerträge des steinigen Bodens zwingen die Männer, im Transportwesen, in der Schifffahrt und in handwerklichen Beschäftigungen in den entlegenen Gebieten ihre Einnahmequellen zu suchen. Die zu Hause verbleibenden Arbeiten übernehmen die Frauen, für deren Fleiß Batthyány – wie bereits Hacquet vor ihm – kaum genügend lobende Worte findet. Es sei nichts Seltenes, dass „Weiber 100, 150, sogar 200 Pfund Heu, oder andere Lasten, auf diesen rauen und steinigten Wegen, durch mehrere Stunden fortschleppen, auch holen sie alles ihnen nöthige Brennholz aus so entlegenen Gebirgen, dass sie oft kaum in 24 Stunden hin und her kommen".[492] Vom Ordnungsmuster Wildheit–Zivilisation, das Hacquets und Fortis' Gender-Diskurs prägt, findet man beim ungarischen Wirtschaftsliberalen keine Spur. Um die Leichtigkeit, mit der sie diese schwere Arbeit hinnehmen, zu unterstreichen, zeichnet auch Batthyány die Küstenbewohnerinnen mit ihren Lasten auf dem Rücken und der Spindel in der Hand. In der Spindel sieht der nationalökonomisch interessierte Beobachter im Unterschied zu Hacquet viel mehr als ein ethnographisch interessantes Utensil. In der weiblichen Vorliebe fürs Spinnen entdeckt er das neue wirtschaftliche Potenzial und gibt der Regierung einen Wink, dieses durch Errichtung von Leinwand- und Segeltuchfabriken zu nutzen.

Dem auf den „forthwärende[n] Zug"[493] des ungarischen Getreides nach dem adriatischen Meer so sehr bedachten Adeligen präsentiert sich nicht gerade ein erfreuliches Bild des Transportwesens im Litorale. Wenn auch die beladenen Menschen, Salz und Getreide transportierenden Saumrosse sowie „kleine hölzerne Karren mit Tabackblättern beladen und von schwachen Ochsen gezogen"[494], die Batthyány auf der schlecht beschaffenen Karolinerstraße antrifft, in Bezug auf die großen Handelspläne in seinen Augen alles andere

[491] Ebd., 81.

[492] Ebd., 24. Die Indien-Vergleiche, die Hacquet affirmiert, werden vom „Hungarus" relativiert, für die „asiatisch" anmutende Asymmetrie im Gender-Bereich hat Batthyány eine geoökonomische Begründung: „[K]äme ein Fremder in diese Gegenden, und sähe die Weiber unter so schweren Bürden seufzen:", so Batthyány, „er müsste vermuthen, ihre Lage gleiche der der Weiber bei den Barbaren Indiens, wo die Männer ihre Zeit in träger Ruhe zubringen, während die Weiber des Tages Last und Hitze tragen. Und in der That gehet es ihnen hier nicht viel besser, aber freilich aus einer minder empörenden Ursache; denn ihre Männer vernachlässigen keine Art des Erwerbes; sondern die örtlichen Umstände legen den Weibern hier ein so schweres Schicksal auf." Batthyány, Über das ungrische Küstenland, 25.

[493] Batthyány, Über das ungrische Küstenland, 163.

[494] Ebd., 63.

als ermutigend wirken, so ist er bei diesem Anblick von der „Fröhlichkeit dieser armen, mit sauerem Schweisse ihre Nahrung gewinnenden Leute“[495] tief beeindruckt. Wenn auch hier „auf beinahe unwegsamen Pfaden schwer belastete Weiber“, ihre „munteren Lieder“[496] singen, so zur Unterstreichung ihrer trotzenden *idolae industriosa,* und somit auch der glänzenden Potenziale des Wirtschaftstandorts „Ungarisches Küstenland“.

Genauso wie bei Köröskényi kommen auch in Batthyánys Beschreibung des Landmannes ausschließlich positive Stereotype zum Einsatz. Seine Darstellung der Küstenbewohner stellt wohl die größte Apologie des bäuerlichen Fleißes in der deutschsprachigen Reiseliteratur über den kroatischen Raum im untersuchten Zeitraum dar.

Auffallend war für den „Hungarus“ auch das Äußere des Landvolkes. Der physiognomische Blick hält wieder einmal ihren „nervigten Wuchs“[497] fest, der klimadeterministisch auf die „stärkenden Einflüsse der Luft zwischen Gebirgen“[498], auf die physische Betätigung und die einfache Kost zurückgeführt wird. Volkskundliche Informationen des Reiseberichts beschränken sich auf die Beschreibung der Trachten, die Vincenz Batthyány bei den Bewohnern von Draga beobachtete, weiterhin des Interieurs der bäuerlichen Hütten, das ihn in manchen Gegenden von der bitteren Armut des Landmannes überzeugte,[499] und einer Tanzdarbietung, der der Ausflügler in Czirquenicza (Crikvenica) beiwohnte. Auch Batthyány lässt den slawischen Bauern – hier auf der Tanzfläche – gegen den Ungarn antreten, das symbolische Kräftemessen fällt zugunsten des Letzteren, hier eindeutig dem Schriftsteller Eigenen, aus:

> „In Czirquenicza hatten wir Gelegenheit den Tanz des hiesigen Landmanns zu sehen. Um einen Pfeifer, dessen einförmige Töne nichts angenehmes haben, schliesset sich ein Kreis, innerhalb welchem ein oder mehrere Paare – zuweilen auch ohne Weiber – nicht sehr rasch umherhüpfen. Munterkeit und aufwallende Gefühle, diese Lehrmeister beinahe aller Tänze, sind auch hier sichtbar: aber ohne das Feuer, ohne die vernehmliche Pantomime und jene gleichsam stolze Haltung, die selbst den gemeinsten ungrischen Tänzer charakterisieren.“[500]

[495] Ebd.
[496] Ebd., 216.
[497] Ebd., 64.
[498] Ebd.
[499] Bei der Besichtigung der Wohnungen achtet der ökonomisch sensibilisierte Beobachter auf die Herkunft, somit auch auf die Handelswege der Produkte, die im häuslichen Interieur ihre Anwendung finden. Zur bäuerlichen Wohnkultur heißt es im Reisebericht „Hier [Bribir] sowohl als in Novi und zum Theil in Czirquenicza, Sceleze und Grixane findet man einiges Hausgeräthe. Nämlich Holzwaaren aus Grobnig, Fässer und kupferne Kessel aus unseren Seestädten, Topfgeschirre aus Dalmatien oder dem päbstlichen Gebiete; Messer, kleine Spiegel, Leinwand und Kämme aus Krain. In den übrigen Ortschaften machen eine Kiste, einige elende Stühle und ein eisernes Gefäss zum Kochen den ganzen Hausrath der Einwohner aus; deren Zimmer oft auch der Stall, und überhaupt das Bild der grössten Armuth ist, die sie mit einer Ruhe, mit einer Hingebung dulden, die nicht als Stumpfheit gebrandmarket zu werden verdient.“ Batthyány, Über das ungrische Küstenland, 215f.
[500] Ebd., 226.

Viel mehr als an den kulturellen ist der Beamte beim Fiumaner Gubernium an wirtschaftlich nützlichen Anlagen und Beschäftigungen der Küstenbewohner interessiert. Auch dieser Autor richtet seine Darstellung am Verwaltungsinteresse und der Regierungspraxis aus und partizipiert somit an dem imperialen Diskurs. Dieser bleibt in Fremddarstellungen jener Zeit konstant wie der ständige Wechsel der politischen Obrigkeiten. Nur die angesprochene Regierung und die politische Gemeinschaft, um deren Wohl es geht, sind andere; die Zielsetzung, die man in Batthyánys Schreiben bisweilen erkennt, ist die gleiche wie bei Fortis, Racith, Hacquet und einer Reihe weiterer „Illyrierbeobachter" – nämlich eine utilitaristische.

Die armen und herabgesunkenen Hafenstädte, wie sie Joseph II. in seiner Darstellung noch 1775 entwirft, müssten sich seit ihrer Rückkehr in den ungarischen Schoß prächtig entwickelt haben, oder ist es nur die mit der Änderung zufriedene, optimistisch gestimmte und große Wirtschaftspläne schmiedende Beobachterinstanz, die in Fiume und Umgebung keine Bettler mehr sieht? Ein Armutsschilderer ist Batthyány nicht, Faulenzer, Müßiggänger und Bettler gibt es in seinem Küstenland nicht, dafür aber Beispiele für vielversprechende wirtschaftliche Leistungsfähigkeit. Wie diese zu gebrauchen ist, weiß Batthyány wohl: Der Fleiß der Küstenbewohner ist für ihn zugleich der Fleiß für Ungarn. Einigen Knaben in Porto Re (Kraljevica) beim Wasserspringen zusehend und ihre in die Tiefe hinabstürzenden Körper bewundernd, trifft er beispielsweise folgende Aussage:

> „O könntet ihr muthige Schwimmer, könnte die empor wachsende Generation eines unwirthbaren Ländchens eben diese Talente ihrem eigentlichem Zwecke widmen! Möchten einst ihre Arme die Segel spannen, welche die Geschenke unseres Bodens entfernten Nationen zuführen werden […]."[501]

Dem Handel Ungarns und des Habsburger Imperiums würden nach Vincenz Batthyánys Meinung neben den fleißigen, Segel spannenden Armen auch territoriale Zuwächse gut tun. Die expansionistischen Pläne des habsburgischen Staatspatrioten zielen auf Dalmatien und Bosnien: „Da die gebildete Menschheit sich ohnehin der Vertreibung der Osmanen aus Europa freuen würde", schreibt Batthyány, „so darf ich wohl jetzt an die Vortheile denken, welche der Besitz Bosniens und der dalmatinischen Häfen – die ohnehin ersteren nicht selten wichtig und alsdann leicht zu erhalten wären – der Monarchie gewähren könnte, besonders durch Vergrösserung unseres Handels gegen das adriatische Meer, den viele Rücksichten so schätzbar machen."[502]

Dalmatien kennt Vincenz Batthyány aus eigener Reiseerfahrung, denn einer der Ausflüge, die er von Fiume aus unternimmt, führt ihn nach Zara (Zadar), wo er die Herrschaft Venedigs, deren letzte Stunde bald schlagen würde, noch miterlebt. Da Batthyánys Reise nur einige Tage dauert und sein neugieriger Blick auf einen „dichten Schleier"[503] stößt, in den die absterbende Serenissima die öffentlichen Angelegenheiten in ihrer ostadriatischen

[501] Ebd., 96.
[502] Ebd., 196.
[503] Ebd., 205

Provinz hüllt, fällt die Darstellung der Stadt entsprechend knapp aus. Die üppige Mahlzeit, die der höhere Beamte aus dem Litorale beim Provveditore Generale genießt, ändert nichts an seiner negativen Grundeinstellung gegenüber der venezianischen Regierung. Mit unverdecktem Frohlocken äußert sich der ungarische Graf und habsburgische Staatspatriot, der im Rahmen seiner expansionistischen Fantasien österreichische Besitznahme zu Lasten zweier Nachbarn erwägt, über die verderbenden politischen Verhältnisse in Zara. Die Krise der untergehenden Habsburg-Rivalin schreibt sich in Batthyánys Bild ihres ostadriatischen Machtzentrums folgendermaßen ein:

> „Auf den Strassen findet man eine Menge zerlumpter Soldaten; ihre Officiere sehen entweder Stutzern oder vielmehr wilden Abentheurern ähnlich, die nicht zu dem nämlichen Corps gehören, und feinden sich wechselseitig an, so wie die verschiedenen Klassen der Einwohner schlecht harmoniren. Bettler und Galeerensklaven belästigen mit Ungestüm die Vorübergehenden; kein Dalmatiner darf bewaffnet in die Stadt, und jeder Adeliche hat seinen Patrone, wie seinen Schutzgott, in Venedig, ohne den er sich nicht sicher glauben würde."[504]

Zadar schildert Vincenz Batthyány bloß als den „Mittelpunkt so verderblicher Verhältnisse"[505], für andere Aspekte – beispielsweise das antike Stadtbild – interessiert sich der ungarische Graf so gut wie nicht. Von den Sehenswürdigkeiten wird die Mauer, „deren ein Theil noch unter Bela IV. errichtet wurde"[506], erwähnt. „Viele ihre[r] Gassen sind enge", so Vincenz Batthyánys knapper Gesamteindruck von der Stadt, „doch fast immer regelmässig, und der grosse Platz macht einen guten Eindruck; auch hat sie einige sehenswürdige Kirchen."[507]

Viel umfangreicher als über Dalmatien informiert der Reisebericht über das ungarische und kroatische Küstenland. Neben den Städten Fiume, Buccari (Bakar), Porto Re (Kraljevica), Czirquenicza (Crikvenica), Novi, Bribir, Zeng (Senj) und Carlobago (Karlobag) werden im Text die Dörfer entlang der Karolinerstraße und die Stadt Karlstadt beschrieben. Über die Wichtigkeit dieser Darstellungen schlussfolgert Helmedach:

> „Zusammen mit dem lesenswerten Reisebericht des fast gleichaltrigen Dominik Graf Teleki v. Szék (1773–1798), der 1796 auf ungarisch und 1805, also zusammen mit dem Vincenz Batthyánys, auf deutsch erschien, liegt hier wohl die bedeutendste nichtamtliche Quelle für die Geschichte der kroatischen Hafenstädte um 1800 vor."[508]

Im Rahmen der Recherchen für diese Arbeit konnte ein weiterer, der bisherigen Forschung anscheinend völlig unbekannter Reisebericht ermittelt werden, der Telekis und Batthyánys Itinerarien folgt und ihren Werken an Bedeutung nicht nachsteht. Es handelt sich um einen

504 Ebd., 206 (Hervorhebung im Original).
505 Ebd., 205.
506 Ebd., 206.
507 Ebd., 206f.
508 Helmedach, Die Reiseberichte, 150f.

Reisetext aus der Zeit der napoleonischen Kriege eines gewissen Johann Christian Bornagius.[509]

7 *Kriegsreise eines Hessen. „Vermietet" nach Kroatien*

7.1 Der Mythos vom Soldatenhandel

> „Es gibt gewisse historische Vorstellungen, die unausrottbar sind. Sieht der deutsche Durchschnittsphilister eine alte Ruine, so weiß er, daß ‚Raubritter' darin gehaust haben, die ihre unglücklichen Opfer im ‚Burgverließ' umkommen ließen. Folterkammern ohne ‚eiserne Jungfrau' sind kaum zu denken, und alle Hessen sind Enkel der ‚nach Amerika verkauften Landeskinder.'"[510]

So ärgerte sich im Jahre 1933 der Historiker Philipp Losch über das klischeehafte Geschichtsbild der Deutschen und machte sich daran, letzterer dieser „unausrottbaren Vorstellungen" – der Legende von den „verkauften Hessen" – wissenschaftlich entgegenzuwirken. In seinem Buch, das sich als Plädoyer gegen das ausschließlich den Hessen anhaftende Odium des „Soldatenhandels" liest, greift Losch ein kontroverses Thema aus der deutschen Geschichte auf – die fürstlichen Subsidiengeschäfte. Gemeint ist die Soldtruppenvermietung „gegen Zahlung von ‚Subsidien' oder Hilfsgeldern für den Kriegseinsatz im Dienst auswärtiger Mächte"[511], ein lukratives Geschäft, an dem sich seit dem späten 17. Jahrhundert unterschiedliche deutsche Fürsten beteiligten, darunter auch das Herrschaftshaus von Hessen-Kassel, das mit mehr als 35 abgeschlossenen Verträgen im Zeitraum zwischen 1677 und 1815 am Subsidienwesen besonders eifrig partizipierte.[512] Der bei Weitem berüchtigtste dieser Subsidienverträge war und blieb jener aus dem Jahr 1776, aufgrund dessen Friedrich II. von Hessen-Kassel der britischen Krone gut drei Viertel seiner Armee zur Bekämpfung des Aufstandes in Nordamerika zur Verfügung stellte.

Die fürstlichen Truppenvermietungen, insbesondere aber der Einsatz der vorwiegend aus der Landgrafschaft Hessen-Kassel rekrutierten Soldaten im amerikanischen Unabhängigkeitskrieg, stießen bereits bei der zeitgenössischen Öffentlichkeit auf heftige Kritik.

[509] Zum Reisebericht von Bornagius siehe Mirna ZEMAN, Reisende und Nachahmer. Ostadria-Repräsentationen in deutschsprachigen Texten des späten 18. und frühen 19. Jahrhunderts. Eine imagologische Studie, in: Wilfried POTTHOFF u. a. (Hgg.), Dalmatien als europäischer Kulturraum. Beiträge zu den Internationalen wissenschaftlichen Symposien „Dalmatien als Raum europäischer Kultursynthese" (Bonn, 6.–10. Oktober 2003) und „Städtische Kultur in Dalmatien. Die Genese eines europäischen Kulturraums" (Bonn, 9.–13. Oktober 2006). Split 2010, 621–644, 635–637; vgl. auch DIES., „Illyrische" Mahlzeiten, 195f.

[510] Philipp LOSCH, Soldatenhandel. Mit einem Verzeichnis der Hessen-Kasselischen Subsidienverträge und einer Bibliographie. Kassel 1933 [Nachdr. 1974], 5.

[511] Eckhart G. FRANZ (Hg.), Die Chronik Hessens. Dortmund 1991, 186.

[512] Vgl. LOSCH, Soldatenhandel, 7–15.

Unterschiedliche Autoren – Publizisten und Verfasser von Propagandaschriften, Militärkritiker und Revolutionsanhänger, Aufklärer, Stürmer und Dränger, Dichter, Schriftsteller und Chronisten – erhoben im 18. Jahrhundert ihre Stimmen gegen die von ihnen als „Menschenschacher" und „Seelenverkauf" empfundenen Subsidiengeschäfte der deutschen Fürsten.[513] Die zeitgenössische amerikanische Publizistik prangerte die deutschen Söldner, die unabhängig von ihrem Herkunftsland als „Hessians" bezeichnet wurden, als „verkaufte Sklaven" an und ihre Fürsten als „Despoten, Bauerschinder, Händler von Schlachtvieh, die sich von dem Blut und Schweiß ihrer Untertanen nährten".[514] Die Verurteilung der Subsidiengeschäfte wurde auch diesseits des Atlantiks scharf artikuliert. „Wohl Dir, liebes Afrika / Nun behältst Du Deine Kinder, / Schon verkauft Germania / Seine Helden wie die Rinder [...]"[515], schrieb der Colmarer Dichter Gottlieb Conrad Pfeffel im Jahre 1779. „Gestern sind siebentausend Landeskinder nach Amerika fort – Die zahlen alles"[516], heißt es in der Kammerdienerszene aus „Kabale und Liebe", eines der berühmtesten und prägnantesten Beispiele der literarischen Verurteilung der fürstlichen Willkür und Geldgier. Gnadenlos verurteilt wird das Amerika-Geschäft Friedrichs II. von Hessen-Kassel nicht nur in der zeitgenössischen Literatur, sondern auch in der Geschichtsschreibung des 19. Jahrhunderts, die den abwertenden Begriff „Soldatenhandel" übernahm und die Legende von den „verkauften Hessen" perpetuierte. Losch, der dieses „Gerede" als Diffamierung der mit „Wir" apostrophierten „Kurhessen" empfindet, will mit seinem Buch, das vorwiegend einen imagologischen Ansatz verfolgt, seinen „hessischen Landesleuten ein paar Waffen in die Hand drücken, die sie vielleicht im Redekampf um dieses Thema gebrauchen können".[517] Eines der Argumente, die der Historiker empfiehlt, lautet: Soldtruppenvermietungen waren im 18. Jahrhundert gang und gäbe, und Hessen-Kassel war keinesfalls das einzige deutsche Land, das Subsidienverträge geschlossen und Soldaten in weit entfernte Weltgegenden verschickt hat. Um dies zu beweisen, zählt Losch folgende deutsche Soldtruppen und ihre exotischen Reiseziele auf:

> „So außer den braunschweigischen, waldeckischen, anhaltinischen und brandenburgischen Leidens- und Kampfgenossen der Hessen in Amerika die Hannoveraner, die nach Gibraltar und Ostindien, die Waldecker und Württemberger, die nach dem Cap, nach Ceylon und Java, die Darmstädter, die nach Indien zogen, allerdings nur bis nach Dalmatien gelangten."[518]

[513] Ebd., 25–59. Siehe auch Frank Westenfelder, Der Soldatenhandel. Die Legende von den „verkauften Hessen", unter <http://www.kriegsreisende.de/absolutismus/hessen.htm>, 15.07. 2011; Heinrich Boehncke, Lieber tot als lebendig. Die Soldatenverkäufe von Friedrich II., in: Martin Maria Schwarz / Ulrich Sonnenschein (Hgg.), Hessen gefälscht. Orte eigener Wahrheit in Hessen. Marburg 2002, 86–90.

[514] Losch, Soldatenhandel, 29.

[515] Zitiert nach Losch, Soldatenhandel, 46.

[516] Friedrich Schiller, Kabale und Liebe. Ein bürgerliches Trauerspiel in fünf Aufzügen. Mit Materialien. Ausgewählt und eingeleitet von Annegrit Brunkhorst-Hasenclever. Stuttgart 1979, 31 [1784].

[517] Losch, Soldatenhandel, 3.

[518] Ebd., 15.

Der Subsidienvertrag, der die erwähnten Darmstädter in Marsch setzte, war jener, den der Landgraf Ludwig X. von Hessen-Darmstadt mit der britischen Krone im Kriegssommer 1796 kurz vor seiner Flucht vor den anrückenden Franzosen schloss. Es handelt sich um ein fürstliches Geldgeschäft, das in der älteren Historiographie als „Menschenverkauf schlimmster Art"[519], in der neueren als „beispiellose politische Provokation"[520] bezeichnet wurde. Dass das endgültige Reiseziel der vermieteten Brigade Indien war, steht nicht fest, denn andere Quellen führen auch Gibraltar[521], Westindien (Karibik)[522], Amerika[523] oder auch „‚any point' in the British possessions"[524] als ihren Bestimmungsort an. Bis Dalmatien – wie Losch behauptet – gelangten die Darmstädter Söldner zwar nicht, die ostadriatische Küste erreichten sie jedoch tatsächlich. Über die Adria kamen sie nie hinaus, da die Royal Navy es aufgrund einer für Großbritannien ungünstigen Verschiebung des militärischen Gleichgewichts im Mittelmeerraum unterlassen musste, die hessischen Kriegsmänner in Triest abzuholen.[525] Mit der hessen-darmstädtischen Brigade im fremden Sold, die die Kriegsgeschicke der Jahre 1796/1797 anstatt nach Übersee in die kroatischen Gebiete führten, reiste auch Johann Christian Bornagius, ein Pfarrer aus Kaichen. Dieser Augenzeuge des militärischen Lebens aus der Zeit des Ersten Koalitionskrieges hielt seine Reiseerinnerungen in einem anonym veröffentlichten Reisebericht fest, der unter dem Titel „Ruhepunkte auf meinen Reisen durch das Salzburgische, Kärnten, Krain, das Littorale und Kroatien" im Jahre 1806 erschien.[526]

519 Wilhelm HAAG, Die Subsidienpolitik des Landgrafen Ludwig X. von Hessen-Darmstadt 1790–1799. Univ. Diss. Frankfurt 1924, 71.

520 Christian VOGEL, Hessen-Darmstadt in der Staatskrise von 1796, *Archiv für hessische Geschichte und Altertumskunde* 63 (2005), 73–125.

521 Vgl. VOGEL, Hessen-Darmstadt, 91.

522 Vgl. Otto von PIVKA / Bryan FOSTEN, Napoleon's German Allies (5): Hessen-Darmstadt & Hessen-Kassel. London 1982, 14.

523 [BORNAGIUS,] Ruhepunkte, 113.

524 Vgl. PIVKA/FOSTEN, Napoleon's German Allies, 14.

525 Siehe ebd., 14; [BORNAGIUS,] Ruhepunkte, 113.

526 Über Bornagius konnten nur wenige Informationen ermittelt werden. Im alten alphabetischen Katalog der Universitätsbibliothek Leipzig war das Werk nur unter dem Sachtitel als anonym verzeichnet. Laut Michael HOLZMANN / Hanns BOHATTA, Deutsches Anonymen-Lexikon 1501–1850. Bd. 3: L-R. Weimar 1905 (Nachdr. Hildesheim 1961), 398 ist der Verfasser J. C. Bornagius und der Erscheinungsort in Wirklichkeit Frankfurt. In dem Reisebericht „Ruhepunkte" selbst ist die Vorrede des Verfassers allerdings mit B. P. z. K. unterzeichnet. Über den Deutschen biographischen Index. Bd. 1. Hg. Willi GORZNY. München 1986, 228, ist als einzige Quelle zu Bornagius das von Heinrich Eduard SCRIBA herausgegebene Nachschlagewerk Biographisch-literärisches Lexikon der Schriftsteller des Großherzogthums Hessen. 2. Abt. Darmstadt 1843 zu ermitteln. Die dortige Eintragung, S. 81, umfasst nur wenige Zeilen: „Bornagius, Johann Christian, anfänglich Pfarrer zu Kaichen, dann seit 1821 solcher zu Rendel, woselbst er am 25. April 1825 starb. Schr: Zwei Predigten. Darmstadt 1824, 8." Im Gesamtverzeichnis des deutschsprachigen Schrifttums (GV) 1700–1910. Redd. Hilmar SCHMUCK / Willi GORZNY. Bd. 120: Rot-Rum. München 1984, 315 sind außer „Ruhepunkte" keine weiteren Werke verzeichnet. Eine weitere Fundstelle ist The British Library. General Catalogue of Printed Books

7.2 Die Vorgeschichte: Ein Subsidienvertrag und seine Folgen

Im Jahre 1796 ging es in Europa kriegerisch zu. Der Erste Koalitionskrieg war in eine neue Phase eingetreten. In Oberitalien – dem „Hauptschauplatz der Kriegsführung"[527] – rollte der junge General Bonaparte die österreichische Front auf. Auch auf den Kriegsschauplätzen in Deutschland gerieten die kaiserlichen Truppen zunehmend in die Defensive. Vor dem siegreichen Vormarsch der Franzosen musste im Sommer 1796 auch Hessen-Darmstadt bangen, dessen Landgraf Ludwig X. dem kaiserlichen Kriegskurs treu geblieben war. Mitten im Anmarsch der revolutionären Truppen ging der Landgraf ein neues, finanziell ergiebiges Geschäft mit England ein, das ihn „noch weiter in die Front gegen Frankreich ein[brachte]".[528] Er ließ nämlich am 10. Juni den Direktor seines Kriegskollegs einen neuen Truppenlieferungsvertrag über eine 2300 Mann starke Brigade abschließen und kassierte für diese Anleihe 15000 englische Pfund.[529] Die Zusammenstellung der englischen Subsidienbrigade aus dem bestehenden Truppenkontingent bereitete dem deutschen Fürsten erhebliche Probleme:

> „Soweit es sich um *angeworbene Fremde* handelte, machte ihre Inanspruchnahme weiter keine Schwierigkeiten. Wenn der Landgraf aber [...] auch seine Landeskinder nur dann von der neuen Verwendung ausnehmen wollte, wenn diese besondere Gründe geltend machen konnten, stieß er auf Widerstand. Er sah sich daher genötigt, seinen Landeskindern generell freie Wahl zuzusagen und um sie zu werben. Dieses Werben um die eigenen Landeskinder stieß offensichtlich auf wenig Gegenliebe. Wie am 2 Juli Landgraf Wilhelm aus Frankfurt berichtet wurde, habe man zunächst auf zahlreiche Beteiligung gehofft, weil als Bestimmungsort der Brigade statt Westindien (*eine der Gesundheit sehr nachteilige Gegend*) dann Gibraltar (*wo sie sich viel besser stünden als ihre am Rhein stehenden Brüder*) vorgesehen war. *Allein wider alles Erwarten traten kaum einige hervor, als sie sich erklären sollten.* Als deswegen ein Bataillonschef *einige, die er für Anstifter mochte gehalten haben*, misshandelte, seien die anderen ins Schloss gelaufen und hätten vergeblich versucht, beim Landgrafen vorgelassen zu werden."[530]

Trotz der Schwierigkeiten konnten die „*Gewalt und Härte*"[531] anscheinend nicht scheuenden Werber schließlich die vereinbarte Anzahl der Männer zusammenbringen.

to 1975. Bd. 169 JOURN-K., V. S. London u. a. 1983, 448. Hier ist das Werk unter K., B. P. z. verzeichnet. Dieser Eintrag ist in der Druckvorlage mit einer handschriftlichen Eintragung „i. e. J. C. Bornagius" ergänzt worden. Außerdem geht aus dem Eintrag hervor, daß eine geplante Fortsetzung „[No more appears to have been published.]" nicht mehr gedruckt wurde. Der Online-Katalog des Hessischen Staatsarchivs in Darmstadt verzeichnet mehrere Einträge zu Johann Christian Bornagius, dem Pfarrer aus Kaichen. Vielleicht werden durch zukünftige Recherchen im Hessischen Staatsarchiv irgendwann mehr Informationen über ihn zur Verfügung stehen. Mein Dank für ausführliche bibliographische Informationen zum Reisebericht gilt Herrn Karl-Frieder Netsch von der Universitätsbibliothek Leipzig.

[527] Steindorff, Kroatien, 94.

[528] Vogel, Hessen-Darmstadt, 78.

[529] Ebd.

[530] Ebd., 91 (Hervorhebungen im Original).

[531] Ebd., 92. Siehe auch Haag, Die Subsidienpolitik, 73.

Als die französische Rheinarmee die Landgrafschaft besetzte, war Ludwig X. bereits im deutschen Ausland, wohin er sich samt Familie, Gefolge und Schatztruhen geflüchtet hatte.[532] „Ehe er seine Residenz verließ", schreibt Christian Vogel, „zog Landgraf Ludwig noch den Abmarsch der an England vermieteten *Englischen Brigade* durch – und damit eine beispiellose Provokation der siegreichen Franzosen."[533] Dieser irrational anmutende Schritt des Fürsten bescherte der bald danach von den revolutionären Truppen besetzten Landgrafschaft ernsthafte politische Schwierigkeiten. In Verhandlungen um Krieg oder Frieden, im diplomatischen Hin und Her um ein mögliches Friedensabkommen mit den Besatzern wurde das heikle Thema der Subsidienbrigade besonders brisant. In den anderthalb Monaten der französischen Besetzung schien das Schicksal der ganzen Landgrafschaft von der Frage der Rückberufung der darmstädtischen Söldner im englischen Dienst abzuhängen.[534] Bereits Ende August änderte aber eine militärische Wende, die den Siegeszug der Franzosen beendete, den Gang der Ereignisse. An den Rückruf der Brigade, die zu diesem Zeitpunkt gerade erst in der Gegend von Triest angekommen war, dachte der wieder auf Kriegskurs umgeschwenkte Landgraf nun erst recht nicht.

7.3 Ruhepunkte und Rückzüge. Kroatien aus der Feder Johann Christian Bornagius'

7.3.1 Marsch nach Triest und Kroatien

Über die Gründe für seine Reise durch das Salzburgische, Kärnten, Krain, das Litorale und Kroatien lässt Johann Christian Bornagius seinen Leser lange im Ungewissen. Aus der Vorrede, die einen metatextuellen Kommentar zu der folgenden Reisebeschreibung liefert, ist lediglich zu erfahren, dass es sich hierbei um eine „Berufs-Reise"[535] gehandelt hat. Das Werk selbst wird als eine Zusammenstellung des authentischen Materials aus dem eigenen Reisetagebuch präsentiert. Das Titelwort „Ruhepunkte" steht laut Bornagius' Eigenkommentar für Orte der unmittelbaren Niederschrift bzw. für Orte, wo dem reisenden und aufzeichnenden Subjekt die „übrigen Geschäfte die Fortführung eines regelmässigen Tagebuchs erlaubten".[536] Der Zurückgekehrte, den nach dem Austritt „aus dem Getümmel der militärischen Verhältnisse"[537] die Langeweile plagte, entschied sich für eine Überarbeitung und Bekanntmachung seiner Aufzeichnungen und zielte dabei in erster Linie auf einen Rezipientenkreis, der seine Freunde, Bekannten und Reisegefährten umfasste. Aus dem der Vorrede vorangestellten „Subscribenten-Verzeichnis" gehen über 120 Namen hervor, bei

532 Vgl. VOGEL, Hessen-Darmstadt, 88.
533 Ebd., 90. Die Brigade zog laut Vogel gleichzeitig mit dem Landgrafen am Morgen des 13. Juli 1796 ab.
534 Vgl. VOGEL, Hessen-Darmstadt, 93–125.
535 [BORNAGIUS,] Ruhepunkte, Vorrede, unpaginiert.
536 Ebd.
537 Ebd.

denen es sich um unterschiedliche Militärs, Regierungsmitglieder und Geistliche aus Hessen handelt.

„Ich kan nicht leugnen, daß ich das Salzburgische mit unangenehmen Empfindungen betreten habe“[538], erinnert sich Bornagius am Anfang seiner Reiseerzählung. Woher er gekommen ist und warum er das Salzburgische betreten hat, gibt er zunächst nicht preis und nur der periodische Wechsel in die kollektive Wir-Form des Erzählens deutet an, dass sich das reisende Subjekt während seines Aufenthaltes in Salzburg in Gesellschaft befand. Dass seine Reisegefährten hessische Söldner waren, erfährt man erst, wenn der Reisende in der Erzählung den zweiten „Ruhepunkt“ auf seiner Reise, Klagenfurt, erreicht. „[I]ch wollte doch gerne mit der in englischem Solde gestandenen Heßischen Brigade den Loibl passiren“, schreibt Bornagius, „weil ich sehr viele Freunde unter derselben und deßwegen manche Annehmlichkeiten auf diesen rauen Wegen zu hoffen hatte.“[539] Die im Text der „Ruhepunkte“ beschriebene Reise setzt sich von Klagenfurt aus über Kirschentheuer und Neumarktl fort (vgl. Abb. F23). Ausführlich berichtet Bornagius vom mühsamen Truppentransport über den „furchtbaren“ Loiblpass, der sich als großer logistischer Aufwand gestaltet. Die Marschroute über Laibach bis nach Planina wird in der Erzählung ausgeklammert.[540] Stattdessen wird von einem Ausflug zum Zirknitzer See berichtet. Der Darstellung der letzten Reiseetappe vor Triest folgen mehrere Textabschnitte, die die Stadt und ihre Umgebung thematisieren. Über den Grund für Bornagius' Aufenthalt in der Hafenstadt an der Adria wird der Leser in diesen Kapiteln noch nicht informiert, eine Aufklärung darüber liefert der Erzähler viel später im Text, indem er schreibt:

> „Das Unglück der österreichischen Waffen in dem Jahre 1797., welches den französischen Armeen den Zugang zu dem Herzen der Erbstaaten öffnete, änderte auch die Bestimmung unserer Brigade, welche anfangs diejenige war, im Dienste Grosbrittaniens nach Gibraltar und von da nach Amerika übergeschift zu werden. Triest sollte der Ort der Einschiffung sein, und Admiral St. Vincent hatte Befehl, uns mit einem Theile seiner Flotte dahin zu bringen. Weil aber gerade damals die Touloner französische Flotte Mine machte, auszulaufen, so konnte der englische Admiral die seinige nicht trennen und mußte uns unserm Schiksale überlassen, das freilich – das englische Geld ausgenommen – keines der angenehmsten war.“[541]

[538] Ebd., 1.

[539] [Bornagius,] Ruhepunkte, 14. Nach Angaben des Militärhistorikers Alexander Keim, Geschichte des 4. Großherzoglich Hessischen Infanterie-Regiments (Prinz Karl) Nr. 118 und seiner Stämme 1699–1878. Berlin 1879, 70, kann man schließen, dass der Marsch bis nach Klagenfurt ungefähr anderthalb Monate gedauert hat. Vogel, Hessen-Darmstadt, 90 schreibt: „Die Marschroute war angesichts des französischen Vormarsches in Oberdeutschland und Oberitalien geändert worden und führte entlang der Grenze des fränkischen Kreises (durch lauter geistliche und gräfliche Territorien) und anschließend durch Pfalzbayern, Salzburg und Österreich. Die ursprünglich vorgesehene kürzere Route durch den Schwäbischen Kreis und Tirol, für die bereits die Durchmarschgesuche herausgegangen waren, war aufgegeben worden. Neue Durchmarschgesuche waren daher erforderlich, und in Wien war man dabei stets darum besorgt, dass die Brigade möglichst im eigenen Machtbereich blieb.“

[540] Zur Marschroute der Brigade von Regensburg bis Planina vgl. Keim, Geschichte, 70.

[541] [Bornagius,] Ruhepunkte, 113.

Unangenehm mag es wohl für jene Darmstädter gewesen sein, die auf Standquartiere „in der Umgegend von Adelsberg"[542] angewiesen waren und unerwartet mit einem neuen Feind, der Langeweile, kämpfen mussten. Der Militärhistoriker Keim äußert sich diesbezüglich folgendermaßen:

> „Diese im Sommer hochinteressante Gebirgsgegend war während des Winters ein trostloser, öder Aufenthalt. Hoher Schnee und große Kälte erschwerten bald die an und für sich schon schwierige Verbindung zwischen den einzelnen Kantonnements in höchstem Grade und führten schließlich zu einem ‚Stillleben' wenig erfreulicher Art, während welches ein Theil der Offiziere einige Abwechslung in einem zu Hause unbekannten Sport fand – nämlich der Jagd auf die in jener Gegend damals noch häufigen Bären und Wölfe."[543]

Das „Stillleben" und die Bärenjagd beendete schließlich ein Befehl des Landgrafen, der die Unterstellung der Darmstädter unter das kaiserliche Kommando verordnete.[544] Die Brigade wurde infolge ihrer schlechten Ausrüstung als österreichische Garnisonstruppe eingesetzt, zwei Bataillone in Triest und das dritte in Fiume.[545] Ob Johann Christian Bornagius erst mit der Mannschaft aus Adelsberg nach Triest zog oder sich – wie sein Reisebericht vermuten lässt – zum Zeitpunkt der Verlegung der hessischen Bataillone bereits seit längerer Zeit in der Stadt aufhielt, muss an dieser Stelle offen bleiben. Die Adelsberger Quartiere erwähnt der Erzähler nicht, und die Angabe über seinen „sechsmonatigen Aufenthalt[s] in Triest"[546] lässt vermuten, dass er das Schicksal seiner in den Bergen des heutigen Slowenien stationierten Reisegefährten nicht teilt. Die Brigade, die den Kampfhandlungen entgegenmarschiert war und ihren „Anschluss Richtung Krieg" verpasst hat, wird Ende März 1797 schließlich vom Krieg eingeholt. Napoleon steht vor den Toren Triests, und für die Söldner aus Darmstadt heißt es nun, die Stadt zu räumen und sich in die Defensive zu begeben:

542 Keim, Geschichte, 71.

543 Ebd.

544 Vgl. ebd. sowie Pivka/Fosten, Napoleon's German Allies, 14. „Die Ausführung dieses Befehls", schreibt Keim, „war mit großen Schwierigkeiten verknüpft. Die englische Regierung hatte nämlich schon seit Oktober keine Rationen mehr gutgethan und waren deshalb die meisten Offiziere gezwungen, ihre Pferde zu verkaufen, das Gleiche galt von den Pack- bzw. Wagenpferden. Die Bataillone mußten also – ohne wirklich mobil sein – ins Feld rücken." Keim, Geschichte, 71.

545 Vgl. Pivka/Fosten, Napoleon's German Allies, 14. Keim, Geschichte, 71, schreibt dazu: „Am 28. Januar trafen die Leib-Grenadiere und das 1. Bataillon Landgraf nach einem beschwerlichen Marsche in Triest ein, das leichte Infanterie-Bataillon marschierte noch 10 Meilen weiter bis nach Fiume." Vgl. dazu auch Alfredo Fest, Fiume all'epoca della Prima guerra napoleonica (1797). Fiume 192 (*Bullettino della Deputazione Fiumana di Storia Patria. Supplemento al Volume* II.), 43. Im Beitrag von Roberto A. Scattolin, Istria Military – the Town of Rijeka and the Contingencies of Napoleonic Warfare in the Years 1796–1797, unter <http://www.napoleon-series.org/research/miscellaneous/c_Istria.html>, zuletzt aufgerufen am 15.07.2011, liest man: „On 4th March 1797, some well equipped and martial looking troops from nearby Slovenia came to Rijeka, the Infanterie Regiment Hessen-Darmstadt."

546 [Bornagius,] Ruhepunkte, 57.

> „Sehr kriegerisch sah es um diese Zeit in jener Gegend aus, denn die österreichische Armee war noch immer in vollem Rückzuge begriffen. Erzherzog Karl, der Name, auf welchen jeder Deutsche stolz sein soll, stund mit seiner Armee bei Villach und Klagenfurt. Am 19. März 1797. mußte aber der Held Deutschlands mit seiner zerütteten Armee weiter retiriren, und die Folgen davon erstrekten sich bis nach Triest. Denn am 20ten morgens um drey Uhr, kam der Befehl des Erzherzogs an, daß die beiden bisher in Triest gelegenen Heßischen Bataillons auf der Straße nach Fiume retiriren sollten."[547]

Der Rückzug der Hessen erfolgt über Matteria (Materija) und Lippa (Lipa) nach Fiume. Für die Erkundung der Stadt hat der Geistliche nicht viel Zeit, denn bald erhält die Brigade den Befehl, auch Fiume zu verlassen. „Unsere Anzahl war nun zu klein", berichtet Bornagius zusammenfassend über den Einsatz der Hessen im Küstenland,

> „um als ein abgesondertes Corps der kaiserlichen Armee nüzlich sein zu können. Überdies war die Zahl der anrükkenden französischen Armee, acht Mal stärker, und mußte folglich jeden Gedanken eines Widerstandes beim Aufkeimen erstikken. Alle Kriegskunst des tapfern Befehlshabers dieser Brigade schränkte sich mithin allein auf – Retiraden ein."[548]

Die sich zurückziehenden Deutschen werden nach Karlstadt kommandiert, „um diese Festung, im Fall der Feind weiter vorrükken sollte"[549], zu verteidigen. „Alles brannte nun von Begierde", schreibt Bornagius, „hinter Schanzen und Mauern und Wällen einen Ort zu finden, wo man endlich einmal dem überlegenen Feinde trozzen könnte."[550] Der Marsch nach Karlstadt, den Bornagius als eine Reise durch „Gegenden, wo alles R o h h e i t verkündet"[551], empfindet, erfolgt auf der Karolinerstraße (vgl. Abb. F23) durch „elende Ortschaften"[552] – Fuccina (Fužine), Ravnagora (Ravna Gora), Verbovsko (Vrbovsko) und Bassileva (Bosiljevo).

Die Hoffnung der Soldaten, dem Feind in der an vier Flüssen gelegenen Stadt trotzen zu können, blieb unerfüllt. Der Präliminarfrieden von Leoben, dessen Beschlüsse sich auf das Schicksal Venedigs und seiner ostadriatischen Provinzen auswirken sollten, machte den Feindseligkeiten ein Ende. Wieder wurden die Hessen der Chance beraubt, sich im Kampf zu bewähren, und abermals hieß es warten und sich die Zeit vertreiben.

Der Aufenthalt in Kroatien hatte für Kriegsreisende aus Deutschland auch tragische Konsequenzen. Infolge eines epidemischen Fiebers, an dem im Laufe des Sommers 1797 über zwei Drittel der Mannschaften erkrankten und dem viele erlagen, erlitten die hessi-

[547] Ebd., 83. Zu den militärischen Operationen in dieser Gegend ausführlich Fest, Fiume.
[548] [Bornagius,] Ruhepunkte, 113–114.
[549] Ebd., 114.
[550] Ebd.
[551] Ebd., 94 (Hervorhebungen im Original).
[552] Ebd., 97.

schen Bataillone nachhaltige Verluste.[553] Von der „Carlstädter Modekrankheit"[554] – wie sie in „Ruhepunkte" genannt wird – wird auch Bornagius angesteckt. Nach einer Gesundheitsreise nach Jaßtrowitz (Jastrebarsko), wo er innerhalb eines Monats genest, kehrt Bornagius nach Karlstadt zurück. Die „Erlösungsstunde"[555] schlägt für den Pfarrer und die Militärs Mitte Oktober, als sie nach dem Frieden von Campo Formio, der den Zweiten Koalitionskrieg beendet, die Erlaubnis zur Rückreise erhalten. „Ungeachtet wir ein halbes Jahr in diesem Lande zubrachten", schreibt Bornagius in seinem Lebewohl an Kroatien, „so war doch der Abschied sehr heiter und trocken."[556] Einige Tage nachdem Österreich die Herrschaft über Venedig, Istrien und Dalmatien gegen Abtretung der habsburgischen Niederlande und des Herzogtums Mailand vertraglich eingehandelt hat, verlassen die Hessen für immer „die kroatischen Gefilde".[557] In seiner Erzählung wird sie Bornagius über Krain und Kärnten bis nach Salzburg – dem Anfangs- und Endpunkt im topographischen Rahmen seines Reiseberichts – begleiten.[558] „Durch Baiern, Franken und Schwaben, und einen Theil des Oberrheins werde ich nun meine Rückreise ins Vaterland fortsezzen"[559], so kündigt der Erzähler am Ende der „Ruhepunkte" an und stellt den Lesern, die ihn „gütig durch die rauhern Gegenden, auf steile Gebirge und in unterirdische Höhlen"[560] begleitet haben, eine Fortsetzung der Reisserzählung durch die „anmuthigern Gefilde Deutschlands"[561] in Aussicht. Seine Ankündigung hat Johann Christian Bornagius nie eingehalten.

553 Vgl. Keim, Geschichte, 72f. „Vom Leib-Grenadier Bataillon starben innerhalb der Monate Juni bis September 67 Unteroffiziere und Soldaten." Keim, Geschichte, 73. Diese Epidemie in Karlstadt und ihre hessischen Opfer erwähnt auch Lopašić, Karlovac, 65. Banger als die Gefahr dieser Krankheit macht Bornagius die Nachricht, dass zwei von der bosnischen Grenze in der Stadt angekommene Handwerksburschen an der Pest erkrankt sind. „Ungeachtet aller treflichen Anstalten auf der Grenze, wo beständig ein Kordon gezogen ist", so Bornagius, „wäre also doch das übrige Europa nicht ganz sicher von diesem muhamedanischen Uebel angestekt zu werden. Hoffentlich verschwindet diese schrökliche Krankheit unter den Trümmern der ottomanischen Pforte!" [Bornagius,] Ruhepunkte, 126.

554 [Bornagius,] Ruhepunkte, 139.

555 Ebd., 143.

556 Ebd., 180.

557 Ebd., 148. Die Abreise aus Karlstadt ist im Reisebericht auf den 20. Oktober 1797 datiert. Keim, Geschichte, 73, schreibt dagegen: „Am 13. September 1797 war der Subsidientraktat mit England gelöst worden. Am 23. Oktober desselben Jahres trat die Brigade den Rückmarsch in die Heimath an. Am 29. Oktober war über Neustädel die Hauptstadt von Krain – Laibach – erreicht und hat von hier aus das Leib-Grenadier Bataillon mit geringen Abweichungen die gleiche Marschroute eingehalten, wie bei dem Ausmarsche im Jahre 1796. In 45 Marschtagen legte das Bataillon 175 Meilen zurück und rückte am 20. Dezember in Darmstadt ein […]."

558 Laut dem Reisebericht führt die Rückreise über Novigrad, Mettling, Rudolphsweth und Ober-Laibach. Nach einem Abstecher nach Idria und dem Aufenthalt in Laibach setzt sie sich über Krainburg, Villach, Spittal, Gemünd, Rennweg, Radstadt und Golling nach Salzburg fort.

559 [Bornagius,] Ruhepunkte, 215.

560 Ebd.

561 Ebd., S. 215.

7.3.2 Ruhm der Hessen

Von der Anprangerung des „Soldatenhandels", wie man sie unter anderem in Schriften des unfreiwilligen „Exportsoldaten"[562] und Zeitgenossen Bornagius' Johann Gottfried Seume vorfindet[563], gibt es im Reisebericht „Ruhepunkte" keine Spur. Als „verkauft" oder „verschachert" fühlt sich Bornagius nicht, auf seine militärischen Abenteuer, die der Kasse des Landgrafen zugute kamen, blickt er im Jahre 1805 mit keinerlei negativen Empfindungen zurück, ganz im Gegenteil: In der Vorrede zum Reisebericht bezeichnet er seine Kriegsreise im englischen Sold als die „angenehmste Periode"[564] seines Lebens. Auf den Subsidienvertrag an sich kommt der Erzähler nicht zu sprechen, Informationen über die Umstände und den Verlauf der Rekrutierung sucht man hier vergeblich, und der Name Ludwigs X. kommt nicht einmal vor. Eine einzige dem Landgrafen geltende Äußerung bestätigt, dass Bornagius 1805 noch loyal zur Politik des Herrscherhauses steht. „Jeden biedern Deutschen muß es freuen", so Bornagius, „wenn sein Blick auf einem Fürsten weilt, der sich, so viel in seinen Kräften steht, bestrebt, die sinkende Würde des deutschen Reiches aufrecht zu erhalten und eine rühmliche Selbständigkeit zu behaupten – und solcher Fürsten sind schon mehrere aus dem Kur- und Landgräflichen Hause Hessen hervorgegangen."[565] Wie der antirevolutionär gesinnte Schriftsteller über die Einschwenkung Ludwigs X. ins Lager der Revolutionäre und dem Rheinbund-Beitritt Hessen-Darmstadts im Juli 1806 urteilte, ist nicht bekannt. Die Wertung der hessischen Kriegseinsätze überlässt Bornagius seinen „Fiumanern", das angebliche Fremdimage dürfte Bornagius' Selbstbild indessen vollkommen entsprechen:

> „Als der Morgen graute, sah man bei dem Abmarsche der lezten Truppen eine Inschrift zum Lobe der Hessen an der Bude eines Kaufmannes zu Fiume prangen, denn der verdiente Ruhm dieser Truppen, den sie sich in den Niederlanden erworben, die Tapferkeit anderer hessischen Kriegsvölker, welche sie in Amerika und vor Frankfurt bewiesen hatten, ging auch dieser Brigade überall als eine rühmende Fama voraus, ob sie gleich in diesem Feldzuge keine Gelegenheit hatte, Proben ihres Muthes abzulegen."[566]

7.3.3 Prototouristischer Blick

Die wechselnden Umstände des Krieges bzw. eines Kriegsgeschäftes brachten nach längerer Zeit wieder und gleich tausende „Deutsche" in die kroatischen Länder. Neben hessischen Kriegsvölkern kam auch einer der ersten Vertreter der bürgerlich-empfindsam gestimmten „Garde" der Reiseschriftsteller an die Ostadria. Gäbe es im Text keine periodischen Bezugnahmen auf den Krieg und militärische Aktionen, so könnte man meinen, Bornagius sei mit seinen Freunden als Tourist unterwegs. Die hessischen Militärs und der in ihrer Begleitung reisende Pfarrer haben in Triest und Kroatien vor allem eines im Überfluss: Zeit. Da

[562] Boehncke, Lieber tot als lebendig, 88.
[563] Siehe Johann Gottfried Seume, Mein Leben. Mit Nachträgen von Georg Joachim Göschen und Christian August Heinrich Clodius. Hg. Rolf Max Kully. Basel 1972.
[564] [Bornagius,] Ruhepunkte, Vorrede, unpaginiert.
[565] Ebd., 93.
[566] Ebd.

es mit dem „Trozzen" den überlegenen Franzosen gegenüber nicht so richtig klappt, sahen sich die weitgehend unbeschäftigten hessischen Offiziere und ihr geistlicher Begleiter mit der mal leichten, mal schwierigen Aufgabe des Zeitvertreibs konfrontiert und werden so zu „touristischen" Erkundern der gastronomischen, naturhistorischen und kulturellen Angebote der städtischen Aufenthaltsorte und ihrer Umgebung. Langweilig ist es Bornagius in Triest offenbar nicht. Der Reisebericht „Ruhepunkte" vermittelt eindeutig den Eindruck, dass sich der von den Engländern im Stich gelassene Pfarrer in Gesellschaft der hessischen Offiziere in der Hafenstadt an der Adria ziemlich gut amüsiert. Der touristisch interessierte Erzähler nimmt den Leser mit auf eine Tour durch Triests Kaffeehäuser und „Kasini", zu Theater- und Ballveranstaltungen, entführt ihn auf Lustfahrten und Spaziergänge und macht ihn bekannt mit unterschiedlichen Vergnügungsorten, darunter auch mit jenen, wo sich „die Hefe der feilen Dirnen auf[hält], bei welchen jeder Matrose und Schiffsknecht einen freien Zutritt – aber gewiß keinen freien Austritt hat".[567] An Ausflügen zu Wasser und Land fehlt es dem Reisenden aus Hessen-Darmstadt zumindest in dieser Phase seiner Kriegsreise nicht. So unternimmt er zusammen mit „einer grosen Anzahl hessischer Offiziere", die „ein Corps Hauptbiosten mit zu Schiffe" nehmen, eine „Lustfahrt zur See" zu dem „venetianischen Städtchen Moglia".[568] Für Abwechslung sorgen auch die Ausfahrten zu den naturhistorischen Sehenswürdigkeiten in Triests Umgebung. So schafft es Bornagius, gleich drei umliegende Höhlen zu besuchen: die Adelsberger Grotte, die Grotte bei Corgnale und jene von San Servolo. Zu den im Reisebericht beschriebenen „Excursionen" zählt auch jene nach Servola, die der naive protestantische Geistliche in Begleitung zweier unglücklicher Geschwister zu unternehmen glaubt. Später soll er nach eigenen Angaben erfahren, dass es sich bei seinen Gefährten um eine Triester Prostituierte und ihren Kuppler handelt. Die Tour zwischen naturhistorischen und kulturellen Sehenswürdigkeiten und den Stätten des leiblichen Genusses wird durch das Sich-Bewegen in der eigenen Traum- und Empfindungswelt begleitet. Die Stunde des empfindsam-frühromantischen Subjektivismus hat nun auch in der deutschsprachigen Kroatien-Reiseliteratur geschlagen.

Für die Erkundung der Fiumaner Vergnügungsorte hat Bornagius nicht viel Zeit. Der Zutritt zu den „angesehendesten Häusern"[569] der Stadt wird ihm offenbar nicht verweigert, den gesellschaftlichen Umgang mit der einheimischen Kaufmannsschicht hält er für angenehm. Die Stadt selbst mit ihren „mittelmäsige[n] Häuser[n]", „engen", „zum Theil noch sehr steil[en] und schmuzzig[en]" Straßen und „nicht sehr einladen[den]" Kaffeehäusern schneidet in seinem Reisebericht dennoch wesentlich unvorteilhafter ab als Triest.[570] „Ich hofte hier ein zweites Triest zu erblikken, aber alles blieb hinter meiner Erwartung"[571], formuliert Bornagius seine Eindrücke über Fiume. In der „gesunken[en]"[572] Handelsstadt,

567 Ebd., 59.
568 Ebd., 57.
569 Ebd., 86.
570 Ebd., 85f.
571 Ebd., 84.
572 Ebd., 85.

auf deren Straßen er Öde, Einsamkeit und viele krüppelhafte Bettler antrifft, vermisst Bornagius Triests Lebendigkeit und die Vielfalt seiner öffentlichen Unterhaltungsangebote.

Der Aufenthalt „im düstern Carlstadt"[573] fällt dem unfreiwilligen hessischen Besucher mit viel Freizeit umso schwerer. Das „ewige Einerlei" – „Essen und Trinken und Lektüre, Schlaf und Langeweile"[574] – wird durch manche unterhaltsame Stunde in einem für die Deutschen provisorisch eingerichteten „Lustwäldchen" – einer Art Weinschenke im Freien – unterbrochen. Ein Glas Wein, ein gebratenes Hähnchen und der Anblick des schönen Geschlechts lassen die Zeit auch an einem anderen „Vergnügungsort" – dem Brünnchen – schneller vergehen. Für Abwechslung sorgen auch die ausführlichen „Erkundungsfahrten" in Karlstadts Umgebung. Mit dem gastronomischen Angebot der Stadt ist der Hesse nur bezüglich der wohlfeilen Preise der Speisen zufrieden. Die in Vorstädten in „großer Menge" vorhandenen Weinhäuser, in denen sich die Kroaten „unter tobendem Gelärme" betrinken, sprechen ihn nicht an, die zwei Karlstädter Gasthäuser lobt er zwar wegen der Preise, bemängelt aber die Bedienung und die Hygiene.[575] Mit den Einwohnern knüpft er im Laufe der Zeit Kontakte, seine Bekanntschaft mit dem Direktor einer Tuchfabrik aus der Nähe von Karlstadt geht bald in eine Freundschaft über.

7.3.4 Verständnisse und Missverständnisse

Im kosmopolitisch-merkantil geprägten Triest findet Bornagius noch keinerlei Ursachen, über einen schlechten Empfang seitens der einheimischen Bevölkerung zu klagen. In der „Menge der Fremden aus aller Nationen"[576], in einer Stadt, in deren Hafen sich „Dänemarks und Spaniens, Mahomeds und Roms Flaggen"[577] friedlich begrüßen, fällt die Anwesenheit der Darmstädter offenbar nicht besonders auf. Mit den zahlungskräftigen Hessen kommen die Triester anscheinend gut zurecht und vice versa. Aus diesem problemlosen Miteinander leitet sich – neben der zufriedenstellenden Anzahl der „Vergnügungsorte" – die hohe Notierung des „Ruhepunkts" Triest als einen der „angenehmsten" in Bornagius' Reisebericht ab. Bereits mit dem Verlassen von Triest kündigt sich eine Änderung des Stimmungsvorzeichens an, die an der Landschafts- und fremdcharakterologischen Wahrnehmung des erzählenden Subjekts ablesbar ist. „Sobald man das lebhafte, angenehme Triest verlassen hat", notiert Bornagius, „so wird alles schon rauher und einsamer. Selbst die Menschen nähern sich allmälig dem kroatischen Karakter."[578] Fokussiert man auf weitere Äußerungen in Bornagius' Reisebericht, die Auskunft über die Stimmung der Einheimischen den deutschen Militärs gegenüber geben, so ist ein Crescendo an Missmut erkennbar, der mit dem Verlassen der städtischen Umgebung an der Adria einsetzt. Wenn es – wie in Fiume – um den Ruhm geht, so korrespondiert das Image der Hessen in den Augen der einhei-

[573] Ebd., 122.
[574] Ebd., 131.
[575] Ebd., 118.
[576] Ebd., 48.
[577] Ebd., 30.
[578] Ebd., 83.

mischen Bevölkerung noch mit dem Selbstbild des Verfassers. Ganz anders gestaltet sich das gegenseitige Imaginieren bei den hessisch-kroatischen Begegnungen im ruralen Milieu entlang der Karolinerstraße, bei dem die Religion als Kriterium der Eigen- und Fremdidentifizierung ins Spiel kommt. Bornagius' Darstellung avanciert hierbei zu einem Textbeispiel für wechselseitig bedingte Perspektivierungen durch Prismen religiöser Vorurteile bzw. für den hermeneutischen Zirkel des interkonfessionellen Fremdmissverstehens. So lässt der Verfasser das protestantische Eigene in den Augen der ländlichen Bevölkerung um die Karolinerstraße durch ihre konfessionelle Voreingenommenheit zum häretischen Fremden verzerren und bleibt dabei – selbst alles andere als ökumenisch gesinnt – den katholischen kroatischen „Pfaffen" nichts schuldig:

> „Ueberall waren wir dem Anstaunen der Einwohner ausgesezt, welches sich wahrscheinlich auf die Wahrnehmung gründete, daß diese Kezzer doch nicht so abscheulich aussehen, als sie ihnen von ihren Pfaffen geschildert waren. Daß diese Nachtvögel das wirklich vor unserer Ankunft gethan hatten, ist unwidersprechlich; sie fürchteten, es möchte durch den längern Aufenthalt und vertrautern Umgang dieser Exkatholiken mit ihren Schäfchen ein Stral des Lichts in ihre Gemächter der Unwissenheit und Höhlen der Dummheit dringen."[579]

Der Unterschied zwischen dem Eigenen und Fremden bemisst sich in Bornagius' Reisebericht regelmäßig nach der Differenz zwischen dem Protestantismus und dem Katholizismus. Auf die wahrnehmungsprägende Rolle des konfessionellen Identitätsmusters verweist bereits der erste Satz im Reisebericht, der das „Salzburgische" nicht topographisch, sondern als Erinnerungsort an das Schicksal der durch Firmians Emigrationserlass vertriebenen Salzburger Protestanten erfasst.[580] Abqualifizierende Termini, Ausdrücke und Metaphern wie „Obskurantismus", „Aberglauben", „Dunkelheit" oder „finstere Wolken" scheut Bornagius bei der Auseinandersetzung mit dem katholischen Christentum nicht. Spöttisch werden die Äußerungen des Protestanten besonders dann, wenn es um die Ausdrucksformen volkstümlicher Frömmigkeit, um Votivgaben und Volkssagen geht. Auch die Vorwürfe der Promiskuität und Doppelmoral, die auf das Konto der Würdenträger der katholischen Kirche gehen, prägen als häufige Topoi Bornagius' „konfessionskulturelle Unterscheidungsdiskurse"[581], die in stets negativer Abgrenzung vom katholischen Anderen zur Behauptung der Vorrangstellung und symbolischen Stiftung des protestantischen Selbst dienen. Wenn also – um

[579] Ebd., 97f. (Hervorhebungen im Original).

[580] „Ich kann nicht leugnen, daß ich das Salzburgische mit unangenehmen Empfindungen betreten habe; denn mir schwebten auf Ein Mahl die schröklichen Bilder jener tirannischen Regenten des 15ten und 16ten und leider! noch des 18ten Jahrhunderts vor Augen, die wähnten, der Wahrheit und Aufklärung durch Mordschwerdter, Scheiterhaufen und Verbannungs-Urtheile einen Damm entgegen stellen zu können. Ich sah im Geiste, die 30 000 Unglükliche, die der Erzbischof Leopold Anton aus falschem Religionseifer in den Jahren 1732 und 1733 verbannte, mit blasser Mine ihrem Vaterlande das letzte schmerzliche Lebewohl sagen." [Bornagius,] Ruhepunkte, 1 (unpaginiert). Zu Protestantenausweisungen siehe u. a. Reiter, Ausgewiesen, abgeschoben.

[581] Friedrich Wilhelm Graf, Protestantismus II, in: Gerhard Müller (Hg.), Theologische Realenzyklopädie. Bd. 27. Berlin 1997, 551–580, 552.

auf das Image der hessischen „Kezzer" in den Augen der „Kroaten" zurückzukommen – der Erzähler die kroatisch-hessischen Missverständnisse zu einer konfessionellen Angelegenheit avancieren lässt, so ist nebst der unzweifelhaften antiprotestantischen Haltung der Einheimischen[582] auch die eigene Tendenz des Interpreten zu Dichotomisierungen entlang der konfessionellen Linien zu berücksichtigen. „Uebrigens leuchtete die Abneigung der Kroaten gegen uns arme Sünder sehr oft unverkennbar hervor"[583], schreibt Bornagius, ohne auf mögliche nichtkonfessionelle Gründe für diese Abneigung einzugehen. „Nur mit der grössesten Mühe konnte man für baares Geld die ersten Bedürfnisse des Lebens von ihnen erhalten, und allein der Anblik der gewaffneten Macht konnte sie zu einer Bereitwilligkeit bewegen."[584] So wurden die Hessen in Verbovsko (Vrbovsko) – wie Bornagius berichtet – durch diese Abneigung der Einwohnerschaft zur Requisition von Lebensmitteln gezwungen. Der Umstand, dass für den Vorrat angeblich „über die Preise" bezahlt wurde, konnte den Unmut der unfreiwilligen kroatischen Truppenversorger nicht stillen. „Selbst das schöne Geschlecht, welches aber in dieser Strekke Landes sehr häßlich ist", schreibt Bornagius, „mischte sich unter die erboßte Menge, und ein altes Weib, an der Spizze, machte die dringendsten Reclamationen wegen eines widerrechtlich ermordeten jungen – Hahnes, den sie noch blutend in der Hand hielt."[585]

Auch bei den „Carlstädtern" löste die Nachricht von der Ankunft der zahlreichen Gäste aus Hessen Ablehnung aus. So berichtet Bornagius von den Remonstrationen der Stadt an das Generalkommando, die sich gegen die verordnete Gastgeberrolle unter Berufung auf ihre Privilegien richteten. Diese Einwände blieben jedoch erfolglos. „Mismuthig wurden wir von den Einwohnern empfangen, aber eben so mismuthig waren wir, denn nichts entsprach unsern Erwartungen [...]"[586], so der Erzähler über den ersten Kontakt mit den Bewohnern Carlstadts. Das Stadtbild machte auf den Hessen einen äußerst schlechten Eindruck. Seine Analyse des Zustands der Verteidigungsanlagen bringt ihn zu dem Schluss, dass Carlstadt „den Namen einer Vestung" nur „in Rücksicht eines Angriffs einer heranstürmenden türkischen Horde, welche durch ein Paar wohl angebrachte Kartätschenschüsse zerstiebt werden könnte" verdiene, durch einen ernsthaften Gegner wäre sie dagegen leicht „in einen Schutthaufen zu verwandeln".[587] In der ganzen Stadt sah er nicht ein Haus, „welches Anspruch an Schönheit machen dürfte".[588] Das Kapuzinerkloster, eines der wenigen aus Stein gebauten

[582] Bis zum Jahr 1859 bestand für Protestanten ein grundsätzliches Ansiedlungsverbot in Kroatien und Slawonien. Siehe Kessler, Politik, 129. Die Gesinnung der katholischen und orthodoxen Geistlichen und – soweit man aus den Aussagen der schriftkundigen Beobachter schließen kann – auch des Volkes in Kroatien gegenüber den Protestanten war im Allgemeinen alles andere als tolerant. Zu diesbezüglichen Abgrenzungen, Stereotypen und Feindbildern siehe Velagić, Idenititet Hrvata.

[583] [Bornagius,] Ruhepunkte, 98.

[584] Ebd.

[585] Ebd., 99.

[586] Ebd., 115.

[587] Ebd.

[588] Ebd.

Gebäude, in dem der Hesse von einigen „Herrn Patres" mit „emporgereckten Nasen" empfangen wurde,[589] gefällt ihm ebenso wenig wie die „ganz abscheulich mit Gemälden, Flittergold u.s.w. verziert[e]"[590] Hauptkirche. Wie der Empfang, so bleibt auch der Abschied von Carlstadt Bornagius in schlechter Erinnerung. Wiederum ist im Reisebericht von einer hessisch-kroatischen Zwietracht die Rede, diesmal ist sie aber finanzieller Art:

> „Dieser unser halbjähriger Aufenthalt war unstreitig dem geldarmen Lande sehr vortheilhaft, weil eine grose Summe in Umlauf gesezt wurde, die auch größtentheils darinn blieb. Damit aber waren die Kroaten, besonders die Carlstädter, nicht zufrieden, sondern sie wollten auch noch für die kommenden Tage sorgen. Ungefähr vierzehn Tage vor unserer Abreise erschien ein fünf bis sechs Bogen starkes Verzeichnis von dem ganzen, durch die heßische Brigade in und um Carlstadt gestiftet sein sollenden Schaden, dessen Betrag leicht unsere Kriegs-Kasse hätte sprengen können, und allenfalls hinlänglich gewesen wäre, die Bewohner der ganzen Stadt mit neuen Mobilien zu versehen. Bewunderungswürdig war die Genauigkeit, mit welcher alles aufgezeichnet war. Dem einen z. B. war ein Stublein abgestosen worden, dem anderen fehlte ein Löffel, dem dritten wurde eine irrdene Schüssel zerbrochen u.s.w. Die Entschädigung für die muthmaßlichen geheimen Beeinträchtigungen der Männerrechte waren zwar nicht namentlich angeführt, sie scheinen aber wegen der enormen Taxation auf das Ganze reparirt zu seyn. Um jedoch in Frieden zu scheiden, wurde der zehente Theil der Summe als ein dongratuit bewilligt, und dankbar angenommen."[591]

Nach allen diesen Streitigkeiten und gegenseitigen Missverständnissen würde man – belehrt durch Kleemanns Beispiel – auch von Bornagius eine Abqualifizierung des kroatischen „Nationalcharakters" erwarten. Bornagius' Urteile über die „Kroaten" fallen jedoch wesentlich günstiger aus als die seines verärgerten „österreichischen" Vorgängers Kleemann.

7.3.5 Nationalcharakter der Kroaten

Aus dem Reisebericht „Ruhepunkte" geht deutlich hervor, dass der Kaichener Debütautor die diskursiven Strategien des Werbens für das eigene Werk gut beherrscht. So unterstreicht er in der Vorrede ein entscheidendes Merkmal, das seinem Bericht den Vorrang vor den Konkurrenzerscheinungen auf dem Reise-(geographischen)Buchmarkt sichert: Die Verankerung in der eigenen Anschauung und die daraus resultierende Authentizität. „Daß ich die Gegenden, die hier beschrieben werden, wirklich bereißt und beobachtet habe", so Bornagius, „darin wird niemand zweifeln, der Wahrheit und Täuschung, wirkliche Reisebeschreibung von Auszügen aus Erd- und Länder-Beschreibungen zu unterscheiden weis."[592] Die erfahrungsbedingte Expertise, die seinen Erstling von den kompilatorischen Werken der Armchair-Reisenden abhebe, versucht Bornagius unter anderem durch Korrekturen der damals bereits über 200 Jahre alten „Wahrheiten" aus Valvasors „Ehre" zu beglaubigen, dem Werk, das er „im Knabenalter" in geographischen Lehrstunden mit großem Interesse rezipierte. Von anderen tatsächlich beobachtenden Reisenden versucht er sich durch die

[589] Ebd., 116.
[590] Ebd., 117 (Hervorhebung im Original).
[591] Ebd., 180f. (Hervorhebungen im Original).
[592] Ebd., Vorrede, unpaginiert (Hervorhebung im Original).

Betonung der eigenen Unwilligkeit, „nach einem etliche Stunden langen Aufenthalte, ein absprechendes Urtheil über ganze Städte, die Sitten und Lebensart ihrer Bewohner“[593] zu fällen, rhetorisch abzugrenzen. Denn besonders für die „Ergründung eines Volkscharakters“ sei ein langes Verweilen unter den Einheimischen erforderlich. Zeit und Gelegenheit für Beobachtungen der „Physiognomien“ und Erscheinungsformen der „Geistesanlagen“ des Fremden hatte der Pfarrer mehr als genug, diesen Umstand weiß er im Text als Werbung für die eigenen völkercharakterologischen Ausführungen einzusetzen. So beansprucht er für sich die maßgebende Pionierleistung einer befriedigenden Repräsentation des schweigenden und – wie es scheint für sich selbst zu sprechen nicht fähigen – Objektes seiner Forschung: der „Kroaten“:

> „Eine volles halbes Jahr dauerte mein Aufenthalt in Kroatien, und während dieser Zeit hatte ich Gelegenheit genug, mit dem Karakter seiner Bewohner vertraut zu werden, welcher noch nicht in das gehörige Licht gesezt worden ist. Unter den Eingebohrnen selbst ist kein Schriftsteller aufgetreten, der uns über den Karakter, die Sitten und Gebräuche dieses unglücklichen Volkes Nachrichten mitgetheilt hätte, und gesetzt, es wäre geschehen, so würden diese Urtheile nicht ganz unpartheiisch seyn. Für den forschenden Reisenden hingegen hat der Aufenthalt in Kroatien zu wenig Annehmlichkeiten, als daß er eine so lange Zeit, welche zur Ergründung eines Volkskarakters nothwendig ist, unter diesem Volke verweilen mag. Ich schäzze mich also glücklich, nach einem halbjährigen Aufenthalte in den Stand gesezt worden zu seyn, etwas Befriedigendes, wie ich hoffe, über den National-Karakter der K r o a t e n sagen zu können.“[594]

Der Begriff „Kroaten“ wird in „Ruhepunkten“ für die Bevölkerung Zivilkroatiens sowie der kroatischen Militärgrenze verwendet. Wenn Bornagius über den „National-Karakter“ der „Kroaten“ spricht, so meint er damit vor allem gemeines Volk, das er zunächst als kollektives Verbildungsobjekt präsentiert. „Entfernt von der übrigen Menschheit erblickt der Kroate in der einsamen elenden Hütte das Licht der Welt, die Mutter stillt den Neuangekommenen bis zum zweyten, dritten, auch bis zu mehreren Jahren“, schreibt Bornagius, den ersten Faktor der kollektiven Verbildung der „Kroaten“ – die elterliche Erziehung – analysierend.[595] „Dann nehmen ihn die Eltern schon mit auf ihre Reisen; er wächst heran, gewöhnt sich an die nämliche Trägheit, die nämliche Nahrung, wie seine Aeltern, zecht und besäuft sich mit ihnen.“[596] Aus einer solchen in der Bildungsstätte Elternhaus erlangten Erziehung müsse „eine überwiegende Sinnlichkeit“[597] bzw. Zuneigung zu leiblichen Genüssen als „Hauptzug“ des Charakters des gemeinen „Kroaten“ resultieren. Denn von Kindheit an lerne dieser „keine andere, als körperliche Bedürfnisse kennen, er sieht, wie seine Aeltern selbst zufrieden und glücklich sind, wenn sie ihre körperliche Nahrung haben und sich beim Weine belustigen können, wann sie entweder mit einem Transporte Getraide oder Geflügel [...]

[593] Ebd., 13.
[594] Ebd., 101 (Hervorhebung im Original).
[595] Ebd.
[596] Ebd.
[597] Ebd., 104.

zur Stadt kommen".[598] Über die nächste Bildungsinstanz der „Kroaten", die Kirche, hat der Hesse, wie bereits erwähnt, eine noch schlechtere Meinung. Die „geistigen Herren", selbst unwissend und von aller Kultur entfernt, seien unfähig, die Pflichten der Volkslehrer zu erfüllen. „An Lesen und Schreiben wird nicht gedacht", konstatiert Bornagius, „denn das ist ohnedies zum g l a u b e n unnöthig, und sehr oft ist der Herr Pastor in diesen Fächern nicht bewandert."[599] So bleibe der Geist des „Kroaten" infolge des fehlenden Vorbilds höherer Bildung „eingesponnen", er ruhe, suche und finde „keine Bahn, auf welcher er fortschreiten und sich erheben könnte".[600] Der Aberglaube und „die falschen und schädlichen Begriffe von Religion", die Bornagius bei dem kroatischen Volk beobachtet, seien auf seine tiefe Ehrfurcht „vor jeder schwarzen, braunen oder weissen Kutte" zurückzuführen, die ihm von Jugend an „eingepflanzt" werde und es zum blinden Glauben an die Worte des „Pfaffen" verleite.[601] Die dritte und letzte Hauptursache für die Verbildung des gemeinen „Kroaten" erkennt Bornagius in der „Staatsverfassung" des Landes. So stellt er fest, die Militärverfassung in den „Gränzbezirken" verhindere die „grössere Kultur" ihrer Bewohner, denn der Kroate

> „ist und soll weiter nichts seyn, als ein guter Soldat, und sein militärisches Forum findet sich nicht berufen, bessere Erziehungs-Anstalten zu etabliren, der Kultur des Landes und der Industrie aufzuhelfen […]."[602]

Andererseits verurteilt er die Leibeigenschaft und Frondienste in den zivilkroatischen Gebieten. So berichtet er über den „sklavischen Zustand", in dem der kroatische Bauer unter seinem Herren lebt, und verweist auf körperliche Strafen, denen er ausgesetzt wird. Diese schweren Lebensumstände „ersticken in seiner Seele die milderen Gefühle, die humanen Gesinnungen"[603]. Der „Kroate" dürfe es nicht wagen, an „Befreiung von diesem Joche zu denken, nicht einmal zu klagen", woraus sein „zurückhaltendes Wesen" und „eine heimliche Traurigkeit", die Bornagius von seiner „Stirne" abliest, entstehe.[604]

In seinem Nationalcharakter-Kapitel strickt auch Bornagius am martialischen Imagothema über die „Kroaten" und am Image der Soldaten aus der kroatischen Militärgrenze weiter. Dazu hatte der Reisende aus Hessen einen konkreten Anlass. Die militärischen Operationen im Jahr 1797 wurden nämlich durch unterschiedliche Ausschreitungen der Soldaten aus den Reihen der antirevolutionären Truppen begleitet. Dabei erwarben sich insbesondere die unter dem Obristen Kazimir stehenden kroatischen Formationen, die nach der Rückkehr in die von den Franzosen verlassene Stadt Fiume Exzesse an der zivilen Bevölkerung verübten, einen schlechten Ruf. Das Ausmaß, die Tragweite und die Gründe für

598 Ebd.
599 Ebd., 102 (Hervorhebung im Original).
600 Ebd., 105.
601 Ebd.
602 Ebd., 153.
603 Ebd., 105.
604 Ebd., 105f.

diese Ausschreitungen werden in der Sekundärliteratur abhängig von den politischen und nationalen Tendenzen des jeweiligen Verfassers unterschiedlich behandelt.
So äußert sich Roberto A. Scattolin folgendermaßen:

> „After the French retreat (10 April 1797), Croatian *Grenzer* units entered in town committing pillaging and rape; their behaviour seemed like a punishment toward the benevolence of the Fiume population in that difficult warfare emergency. Once more, the inhabitants of Fiume-Rijeka underwent a string of impositions. Motivation can not be discerned in these events, except to have originated in the secular antagonism existing between themselves and the surrounding hegemonic pushings of the Slavic world."[605]

Im Artikel von Alfredo Fest werden die kroatischen Soldaten zum eigentlichen Feind der Fiumaner (Italiener) erklärt. Die Plünderungen avancieren hierbei zu einer politischen, nationalen und „rassischen" Angelegenheit:

> „D'altra parte le violenze de' soldati croati, i loro ripetuti sacchegi e rapine [...] avevano irritato al sommo grado la cittadinanza contro di essi. In fondo erano essi che si comportavano in modo di apparire I veri nemici di Fiume; e non dovevano essere estraneiri a ciò *gli antagonisimi nazionali e l'odio di razza.* I militi Croati i quali a causa della diffidenza di lingua e della loro cultura primitiva non erano in grado di assorbire le idee repubblicane, sin da principio guardavano con diffidenza gl'Italiani di Fiume, sapendo che molte città italiane [...] professavano apertamente i loro sentimenti repubblicani e volontieri avvevano assunto le istituzioni della reppublica e la nuova forma di governo, considerando Francesi loro maestri."[606]

Nevio Šetić dagegen verzichtet in seinem Beitrag[607] völlig darauf, über die Motive für diese Exzesse, die er als „Plünderung von ein paar Häusern und Läden"[608] darstellt, zu spekulieren. „Der Schaden, den sie verursacht haben", so Šetić über die kroatischen Formationen, „war nicht so groß, er betrug lediglich 903 Forint, einen Schadenersatz forderte die Stadt nicht, dennoch wurde später in Rijeka über diese Armee aus Kroatien nur das Schlimmste geschrieben und erzählt."[609] Denselben Betrag führt übrigens auch Fest an, im Gegensatz zu Šetić bezeichnet er die Summe als „abbastanza rilevante"[610].

Als die „Kroaten" am 10. April in Fiume plünderten, dürften ihre hessischen Verbündeten nicht weit gewesen sein. Die folgende Aussage Bornagius dürfte sich sehr wohl auf die aktuellen unrühmlichen Fiumaner Ereignisse beziehen:

> „Wer mit Kriegsvölkern reißt, hat sehr oft Gelegenheit zu unterhaltenden, oft aber auch zu sehr traurigen Bemerkungen. Traurig ist es z. B. wenn man sehen muß, wie rechtliche, besonders furchtsame Menschen von rohen Soldaten mishandelt oder brüskirt werden, wie die ersten Lebensbedürfnisse, hofnungsvolle Saaten u. dgl. manchmal ohne Noth zu Grunde

605 Scattolin, Istria Military, Ohne Seitenangaben (Hervorhebungen im Original).
606 Fest, Fiume, 71 (Hervorhebungen im Original).
607 Nevio Šetić, Prilog poznavanju prošlosti Rijeke i njena zaleđa za francuske uprave, *Grobnički zbornik* 2 (1992), 78–99.
608 Šetić, Prilog, 80. (Übersetzung M. Z.).
609 Ebd. (Übersetzung M. Z.).
610 Fest, Fiume, 83.

gerichtet werden, wie gemeine Soldaten, der Aufsicht des Offiziers sich entziehend, einen Ton der Superiorität annehmen, der sich auf nichts, als auf das bunte Röckchen stützt."[611]

Für das unbarmherzige Verhalten der als Kriegsvölker dienenden „Kroaten" „gegen wehrlose Landleute", das „ihren Namen so furchtbar macht", sei laut Bornagius der beständige „lästige Zwang" verantwortlich, der ihnen von den Obrigkeiten auferlegt wurde. Bornagius, nach eigener Bezeugung weit davon entfernt „den Kroaten als einen boshaften, niederträchtigen Menschen schildern zu wollen", beteuert, mehrere Beispiele für „eine gute, ädle Denkart" dieses Volkes geben zu können.[612] So führt er „zur Ehre des Kroaten" die Geschichte eines Reisenden an, dem die verlorene Börse „mit ganzer Summe" von einem ehrlichen Kroaten zurückgegeben wurde.

Die negativen Eigenschaften des kroatischen Charakters erscheinen in Bornagius' Reisebericht als Folgeerscheinung der bildungspolitischen Missverhältnisse:

> „Das Resultat meiner Beobachtungen über den Karakter dieses Volkes ist also dieß, daß der Kroate von Natur gutmüthig und ehrlich ist, daß er aber leicht durch den Mangel an aller sittlichen Bildung, und durch seine – bald möchte ich sagen – Sklaverei, und die daraus herfliesende Armuth zu schlechten Gesinnungen und Handlungen verleitet, dass er mißtraurisch, rachgierig und manchmal grausam wird, und das Eigenthum anderer nicht schont."[613]

Dieser kollektive charakterologische Makel wäre durch eine größere Aufmerksamkeit des „weisen Regenten" für das Land zu reparieren. „Etwas ist schon dadurch geschehen", wiederholt Bornagius das alte Versittlichungsrezept, „daß man viele deutsche Offiziere den kroatischen Regimentern einverleibt hat, um mehr Bildung unter ihnen zu verbreiten, und eine gütigere Behandlung zu sichern."[614] Neben dem Regenten wird auch der Banus, vor dem der Kroate aus jedem Stand „ängstliche Ehrfurcht" zeige, zur Rechenschaft gezogen:

> „Ueberhaupt habe ich in keinem Lande mehr Hochachtung, oder vielmehr blinde Unterwürfigkeit gegen Vorgesetzte beobachtet, als eben in diesem. Wie vortreflich ist diese Hochachtung, wenn Aufklärung des Volks und Verdienst der Vorgesetzten sich vermählen und d i e s e Tochter erzeugen! Wenn aber Stolz der Obern und Stumpfheit der Niedern sie hervorbringt, so ist sie gewis ein leeres Phantom."[615]

„Was ihr häusliches Leben, besonders in den einzelnen abgelegenen Hütten betrift", so der Erzähler in „Ruhepunkte", „so kann ich darüber nicht viel sagen, weil ich keine Gelegenheit hatte, sie in ihren Familien-Zirkeln zu beobachten, und ich auch ihrer Sprache nicht mächtig war, um mich in weitläufigere Unterhaltungen mit ihnen einlassen zu können."[616] Doch auch der Kroatenbeobachter aus Hessen kommt nicht umhin, das Charakteristische an der Volksphysiognomie zu schildern:

611 Bornagius, Ruhepunkte, 90.
612 Ebd., 107.
613 Ebd., 109.
614 Ebd., 107.
615 Ebd., 150.
616 Ebd., 111f.

> „Im Aeusern haben die Kroaten ein furchtbares Ansehen. Es ist ein groser Schlag Leute, besonders die Mannspersonen. Kleine blizzende Augen, eine grose gebogene Nase, unter welcher ein dichter Schnurbart auf beiden Seiten des Mundes herunterhängt, und eine braune Gesichtsfarbe ist das karakteristische ihrer Phisiognomie.“[617]

Die rote Mütze, ein langer Haarzopf, ein „ekelhaft“ aussehendes Hemd aus gröbstem Leinen, das lange getragen und „sogar mit Fettigkeiten geschmiert“ wird, um seinen Besitzer vor unangenehmen Gästen zu schützen, der rote Mantel, „ein paar weite leinene Beinkleider, ein paar kurze Sokken, und ein paar sonderbare Schuhe“[618] machen den Anzug des Kroaten aus. Für ihre Gewohnheit, Messer und Pistolen im Gürtel zu tragen, werden die Kroaten von Bornagius folgendermaßen entschuldigt:

> „Diese Bewaffnung, die sie immer mit sich führen, möchte manchem ein Beweis von Unsicherheit in diesem Lande selbst seyn; sie ist aber wohl weiter nichts, als eine Gewohnheit, welche sich aus jenen Zeiten herschreibt, wo die Türken, als furchtbare Nachbarn, in ihr Vaterland einfielen. Diese Vorsicht ist ihnen also wohl weniger zu verargen, als wenn man heut zu Tage noch in manchen christlichen Kirchen betet: Vor der Türken grausamen Morden und Tirannei behüt uns lieber Herr Gott!“[619]

Das weibliche Geschlecht im Gebiet des Gorski Kotar empfindet der Geistliche als „sehr hässlich“, viel besser gefallen ihm die Karlstädterinnen höherer Stände, denen er eine „anständige Freimüthigkeit“ und Liebeswürdigkeit“ nicht abzusprechen vermag. Die Damen in Karlstadt seien gebildeter „als man es in Kroatien erwarten sollte“, diese Eigenschaft verdanken sie den fremden oder den im Ausland gebildeten Militärs und Kaufleuten.[620] Den gesellschaftlichen Ton in der Stadt findet Bornagius etwas steif, räumt aber ein, dass die Zurückhaltung gegen die Fremden daran schuld sein könnte. Die Belustigungen der Kroaten – sowohl der niederen als auch der höheren Stände – muten den fremden Beobachter eigenartig an. So fühlt er sich bei einem Weinberg-Treffen der Karlstädter Kaufleute wegen der Bekleidung der übrigen Gäste, „die ihre Schnurbärte und ungarische Husarenpelze trugen“, auf einen Kavallerie-Vorposten versetzt, an der „Lustpartie“ selbst, die aus Trinken im Freien besteht, bemängelt er die fehlende Eleganz, lobt aber dennoch den freundschaftlichen Ton und die Kordialität, die in dieser Gesellschaft herrsche.[621]

Über den volkstümlichen Kolo-Tanz, den er in einem Dorf in der Nähe von Karlstadt beobachtet, äußert er sich despektierlich. „Auch diese schöne Kunst steht auf der untersten Stufe“, so Bornagius, „und ein Fr[ankfurte]r oder D[armstädte]r Stubenmädchen, das an der Hand eines leichtfüsigen Pudergottes einen Walzer oder wol gar einen Schottischen tanzte, würde hier ein Wundermädchen sein.“[622] In demselben Tone äußert er sich über den „kroatischen disharmonischen Gesang“, der Terpsichore, die Muse des Tanzes, verscheu-

[617] Ebd., 109.
[618] Ebd., 109f.
[619] Ebd., 110f.
[620] Ebd., 124.
[621] Ebd., 129f.
[622] Ebd., 128 (Hervorhebung im Original).

che.[623] Seine anthropologischen Betrachtungen zu den Kroaten schließt Bornagius unter Verwendung der biblischen und aufklärerischen Licht-Dunkelheit-Metaphorik:

> „Alles, alles verkündet die grösseste Rohheit dieses Volkes. Möchte doch bald auch in diesen Winkel Europens das Licht wahrer Aufklärung dringen, und den Grund zu einem grösseren Wohlstande dieser Unglücklichen legen! Es muß aber ein sehr kräftiges Licht seyn, denn die Wolken sind sehr dichte, die zu durchbrechen sind."[624]

Abschließend lässt sich behaupten, dass Bornagius trotz aller Auseinandersetzungen mit sympathisierender Nachsicht über die „rohen Unglücklichen" aus Kroatien schreibt. Diese erscheinen in seinem Text als fremdverschuldet Verbildete – durch militärische Verfassung und Leibeigenschaft, durch falsche Religion und Erziehung. In Bornagius' Text vollzieht sich ein merklicher Wandel gegenüber den bisher besprochenen Reiseberichten. Den pragmatisch-imperialen Blick „österreichischer" Reisender vermisst man hier ganz, das wissenschaftliche und statistische Prisma der aufgeklärten Vorgänger entfällt ebenso. Mit den philosophischen und anthropologischen Konzepten der Menschheitsgeschichte, der Zivilisation und der Wildheit, kann Bornagius offenbar ebenso wenig anfangen wie mit dem Namen und der Idee eines wie auch immer definierten „Illyriens". Von der volkstümlichen Exotik bemerkt Bornagius in Kroatien nichts, dafür aber einiges zum Thema der Exzesse kroatischer Kriegstruppen. Bornagius war in einem fremden Land und in einem fremden Staat unterwegs und bemühte sich um eine „touristische" Rekapitulation des Gesehenen sowie um die Vermittlung eines unterhaltsamen, durch Reime und Ausschnitte aus der eigenen Traum- und Empfindungswelt angereicherten Stoffes. Bornagius' Alteritätsdiskurs liegen die Abgrenzungen von seinem hessischen und deutsch-protestantischen Selbst zugrunde, die Stereotype im „kroatischen" Gewand erweisen sich meist als soziale und konfessionelle.

Der Reisebericht „Ruhepunkte auf meinen Reisen durch das Salzburgische, Kärnten, Krain, das Littorale und Kroatien" stellt – zumindest nach den Ergebnissen der Recherchen, die dieser Arbeit zugrunde liegen – eine in der bisherigen Forschung völlig vernachlässigte Quelle dar. Dies ist umso bedauerlicher, als es sich um einen Text handelt, der authentische Informationen über eine Reise liefert, deren Rahmenhandlung den Gang der großen historischen Ereignisse mitbestimmt hat und deren Tragweite weit über das Schicksal der erzählenden Privatperson hinausgeht. Das Werk erweist sich als eine wichtige historische, militärhistorische und imagologische Quelle, die neue Erkenntnisse über ein breites Themenspektrum verschafft. Für Wissenschaftler, die sich für Themen aus der hessischen und deutschen Geschichte wie den „Soldatenhandel" oder die Subsidienpolitik Ludwigs X. interessieren, dürfte sie ebenso ergiebig sein wie für jene, die zur Geschichte Kroatiens und des Litorale zur Zeit des Ersten Revolutionskrieges forschen.

[623] Ebd., 123.
[624] Ebd., 112.

8 Ein erster Tourist?

8.1 Von der Sachlichkeit zur Populärliteratur

Beim Großteil deutschsprachiger Reiseberichte über den kroatischen Raum aus dem 18. und frühen 19. Jahrhundert handelt es sich um Darstellungen, die spezifische Rezipientenkreise ansprachen, sachbetonte und überwiegend informative Funktionen erfüllten. Ihnen lagen unterschiedliche Formen der zweckbestimmten – amtlichen, wissenschaftlichen, kaufmännischen, militärischen, jedenfalls beruflichen – Mobilität zugrunde. Schon die bloßen Titelformulierungen wie „Physikalisch-politische Reise aus den Dinarischen durch die Julischen, Carnischen, Rhätischen in die Norischen Alpen" von Balthasar Hacquet, „Briefe über die Schiffahrt und Handlung in Ungarn, Sklavonien und Kroatien" von Nikolaus Ernst Kleemann oder auch „Skizzen des physisch-moralischen Zustandes von Dalmatien und Bocche di Cattaro" von Hieronymus Rödlich fungieren als Kennerkreise ansprechende Legitimationsakte der Verfasser, die reisend und beschreibend ganz konkrete gelehrte, wirtschafts- und verkehrspolitische, imperiale und statistische Interessen bedienten.

Der Reisetext des Kaichener Pfarrers Johann Christian Bornagius fällt durch seine Abkehr von der objektiv-kommunikativen Sachlichkeit deutlich aus dieser Reihe heraus. Das prototouristische Arrangement des Beobachteten, die subjektiven, periodisch dichterisch-ästhetischen Register, weiterhin die stilistische und thematische Feuilletonisierung des Diskurses ebenso wie eine allgemein bürgerliche „Ansprache" dieses Textes – sie alle signalisieren den einsetzenden populärliterarischen Überformungsprozess der Gattung. In „Ruhepunkte" wurden die historischen Territorien Kroatiens zum ersten Mal von einem deutschsprachigen Freizeitler und „Manager der Muße" auf Tätigkeiten und Angebote der Alltagsgestaltung, aber auch auf die ästhetische Qualität ihrer Landschaften hin geprüft. Dieser erste Träger der als empfindsam oder frühromantisch zu bezeichnenden Tendenzen in der Reiseliteratur kam von außerhalb der Monarchie, war nur partiell Dienstreisender und eigentlich ein zufälliger Kroatien-Besucher.

Als erstes Beispiel für eine gänzlich ungebundene Form des Reisens an die ostadriatische Küste galt in der bisherigen Literatur die in den 1830er Jahren unternommene Reise des „hellenophilen bayerischen Arztes"[625] Karl Michahelles. Seinen Reisebericht unter dem signifikanten Titel „Ausflüge nach Illyrien und Dalmatien, Seefahrt nach Cattaro" erklärte Ivan Pederin zur ersten „literarischen Reisebeschreibung"[626] über das mediterrane Kroatien:

> „Da K. Michahelles ohne eine bestimmte Aufgabe nach Dalmatien reiste, war diese Segelschiffreise für ihn ein Erlebnis. Die maritime und insulare Landschaft Dalmatiens stellte für ihn ein Medium dar, durch das seine Persönlichkeit, sein vom Geist durchströmtes Ich in Verbindung mit dem bürgerlichen Leser treten wird. Und dieser Leser wird zufällig sein, ebenso wie Michahelles' Reise entlang des adriatischen Kroatien zufällig war. Die kurze

[625] Pederin, Jadranska Hrvatska, 113. (Übersetzung M. Z.)
[626] Ebd. (Übersetzung M. Z.)

Reisebeschreibung Michahelles' stellt einen ersten literarischen Reisebericht über Dalmatien dar, weil die Natur für seinen Verfasser Einheit und Ausdruck eines Geistes ist, so dass das Erscheinungsbild unserer Landschaft, wie das in Werken der Romantik üblich ist, eine symbolische Kraft annimmt. Wenn man von der *Hasanaginica* und der Rolle, die sie mit ihrem Mythos über die Morlaken im deutschen Sturm und Drang gespielt hatte, absieht, so erscheint damit eine kroatische Landschaft als ein literarischer Held und als ein literarischer Wert am Horizont der deutschen Romantik."[627]

Am Horizont der österreichischen Empfindsamkeit bzw. Frühromantik[628] erschien die kroatische – genauer gesagt: istrische – Landschaft aber schon 27 Jahre vor Michahelles' „Ausflüge", und zwar in einem Werk, das bezeichnenderweise ebenfalls bereits im Titel auf eine nicht zweckgebundene Form des Reisens verweist. Es handelt sich um die 1805 erstmals veröffentlichten „Streifzüge an Istriens Küsten. Vom Verfasser der Streifzüge nach Triest und Venedig".[629] Bereits dieser Text vermittelt ein von jeglicher Art beruflicher oder amtlicher Verpflichtung unabhängiges Reiseerlebnis. Auch für den Prozess der Ästhetisierung der Gattung, von dem bereits im Zusammenhang mit Bornagius' Text die Rede war, markiert diese Reisebeschreibung einen bedeutenden Schritt.

8.2 Imperialismus und Innerlichkeit: Joseph Georg Widemanns istrische Abenteuer

Die Autorschaft der „Streifzüge an Istriens Küsten" konnte in der bisherigen Forschung[630] nicht eindeutig geklärt werden. Miroslava Despot schrieb dieses Werk dem österreichischen

[627] Ebd., 113f. (Übersetzung M. Z.; Hervorhebung im Original).

[628] Zu den romantischen Tendenzen in der von der josephischen Aufklärung dominierten literarischen Szene Wiens um 1800 siehe Wynfrid Kriegleder, Die Romantik in Österreich, in: Herbert Zeman (Hg.), Literaturgeschichte Österreichs. Von den Anfängen im Mittelalter bis zur Gegenwart. Graz 1996, 361–377. Den literarischen, gesellschaftlichen und politischen Ambivalenzen und Spannungen der Wiener Romantik auf der Spur ist der Sammelband Christian Aspalter u. a. (Hgg.), Paradoxien der Romantik. Gesellschaft, Kultur und Wissenschaft in Wien im frühen 19. Jh. Wien 2006.

[629] Das Werk wurde zunächst anonym bei Anton Doll veröffentlicht. Auf der Titelseite der ersten Auflage wird Leipzig als Erscheinungsort angegeben. In Wirklichkeit aber erschien das Werk in Wien. Helmedach bemerkt dazu: „Doll versprach sich von der Fingierung eines außerhalb Österreichs gelegenen Erscheinungsortes wie Leipzig (das in vielen der von Doll verlegten Bücher herhalten musste,) größeren Absatz. Dies spricht nicht für das Vertrauen seiner Kunden, deren Mehrheit zweifellos in Österreich ansässig war, in die zeitgenössische österreichische Literatur. Jedoch dürften schon viele Zeitgenossen Dolls Manipulation durchschaut haben, der für solche verlegerischen Kunstgriffe geradezu berüchtigt war." Helmedach, Das Verkehrssystem, 408.

[630] Mit diesem Werk haben sich bisher Miroslava Despot und Andreas Helmedach beschäftigt. Vgl. Miroslava Despot, Maximilian Fischl o Istri 1800. godine, *Jadranski zbornik* 11 (1979–1981), 309–317; Helmedach, Das Verkehrssystem, 408–437.

Dichter und Staatsbeamten Maximilian Fischel (1779–1812)[631] zu, sie wies aber, in Anlehnung an die Angaben von Wurzbach, auf die literarische und publizistische Zusammenarbeit zwischen Fischel und seinem Freund Joseph Georg Widemann hin.[632] Auch in der von Johann Strutz herausgegebenen literarischen Anthologie „Istrien" erscheinen Auszüge aus dieser Schrift unter Fischels Namen.[633] Andeas Helmedach dagegen erklärt den Wiener Joseph Georg Widemann zum Autor.[634] Diese Ansicht ist überzeugend, zumal die zweite im Jahre 1810 erfolgte Auflage des Reiseberichts ohnehin Widemanns Namen auf der Titelseite führt.[635] Das Geburts- und Sterbejahr, der familiäre Hintergrund und andere grundlegende Fakten zur Vita dieses Mannes sind unbekannt. Andreas Helmedachs gründliche Recherchen brachten jedoch einiges Licht in die Dunkelheit.[636] Relativ sicher kann man Widemann als einen um 1800 aktiven Akteur der publizistischen und populärliterarischen Branche Wiens identifizieren. Er bereicherte mit seiner Feder die um 1800 marktgängige reiseliterarische Produktion Wiens mit drei Titeln: Neben dem Istrien-Reisebericht und dem mit ihm in Zusammenhang stehenden Reisetext „Streifzüge nach Innerösterreich, Venedig und einen Theil der Terra ferma im Herbste 1800" gab Widemann in Zusammenarbeit mit Fischel noch das mehrbändige Werk „Taschenbuch für Freunde schöner vaterländischer Gegenden. Vom Verfasser der Streifzüge nach Venedig und Istrien" heraus.[637] Sicher ist auch, dass er sich zur Zeit der französischen Besatzung im Jahre 1809 als Redakteur an

[631] Fischel, seit 1799 beim Hofkriegsrat angestellt, diente in den Kriegsjahren 1805 und 1809, später als „Hofkriegsconcipist" beim Departementschef für Niederösterreich. Er schrieb lyrische Gedichte und betätigte sich schriftstellerisch im reisegeographischen Fach. Siehe Czikann / Gräffer (Hgg.), Oesterreichische National-Encyklopädie, Bd. 2, 143.

[632] Vgl. Despot, Maximilian Fischl, 311. Despot identifiziert Fischel als den Verfasser, schreibt aber dennoch: „Zusammen mit seinem Freund Joseph Widemann verfasst er [Fischel – M. Z.] Reiseskizzen, in denen sie neben der österreichischen Landschaft auch einige unserer Gegenden, die sie bereist haben, beschreiben." Bei Wurzbach, Biographisches Lexikon, Bd. 55, 242 steht, Widemann habe „theils allein, theils in Gemeinschaft mit M. Fischel" einige „touristische Werke" herausgegeben, darunter auch „Streifzüge an Istriens Küsten". In seinem Beitrag zu Fischel erwähnt Wurzbach dieses Werk nicht. Vgl. Wurzbach, Biographisches Lexikon. Bd. 4, 238.

[633] Vgl. Johann Strutz (Hg.), Istrien. Klagenfurt/Celovec 1997 (Europa erlesen), 190–191.

[634] Vgl. Helmedach, Das Verkehrssystem, 408–437.

[635] Widemann, Streifzüge an Istriens Küsten.

[636] Zu zeitgenössischen Bezugnahmen und Einträgen zu Widemann in unterschiedlichen biographischen Quellen akribisch bei Helmedach, Verkehrssystem, 422–424.

[637] Siehe u. a. die Rezension [Sartori, Franz?], Reisebeschreibungen. Streifzüge an Istriens Küsten. Vom Verfasser der Streifzüge nach Triest und Venedig (Hrn. Widemann). Wien 1805 [...], *Neue Annalen der Literatur des österreichischen Kaiserthumes*, Jg. 1, Bd. 1, Januar 1807, 37–39. Siehe auch: [Johann Schwaldopler,] Historisches Taschenbuch. Mit besonderer Hinsicht auf die Oesterreichischen Staaten. Erster Jahrgang. Geschichte des Jahres 1801. Wien ²1808 (Geschichte des neunzehnten Jahrhunderts. Mit besonderer Hinsicht auf die Oesterreichischen Staaten. Bd. 1: Geschichte des Jahres 1801), 245–246. Hamberger / Meusel (Hgg.), Das gelehrte Teutschland, Bd. 16, 219.

Zeitschriftenprojekten gegen die österreichische Regierungspolitik beteiligte und kurz danach nach Paris emigrierte.[638]

Viel maßgeblicher als die Frage, wer Widemann war und welchem der beiden Schriftsteller „die auktoriale Textherrschaft“[639] über „Streifzüge an Istriens Küsten“ zukommt, ist aber die Frage nach der Legitimationsweise des erzählenden Subjektes, die diesem Text innewohnt. Bereits Helmedach stellte fest, Widemann sei „zwar vielleicht nicht wirklich als Tourist ohne Auftrag“ gereist, seine Reisebeschreibung habe er aber „als den Bericht eines vielseitig interessierten Touristen“[640] geschrieben. Widemanns Text unterscheidet sich von allen bisher analysierten Reisetexten unter anderem dadurch, dass er eine durch viele situative (Pseudo-)Verwicklungen verdichtete Ereignisstruktur aufweist. Daher scheint es günstig, sich dem Text zunächst aus der Kategorie seiner „Geschichte“ zu nähern, wobei ich unter „Geschichte“ mit Dean Duda[641] das Handlungsschema und die aktantielle Struktur des Reiseberichts sowie die möglichen intertextuellen Beziehungen zu anderen fiktionalen und nichtfiktionalen Texten desselben Verfassers oder anderer Autoren verstehe.[642]

8.2.1 Eine zufällige Reise

„Eine offene Barke wiegt mich über die silbernen Fluthen von Triest nach Istriens Küste“[643], so das erlebende und aufzeichnende Ich am Anfang des ersten von insgesamt zwölf optisch klar voneinander abgesetzten Textabschnitten der „Streifzüge“. Die diesen Textabschnitten vorangestellte Bezeichnung „Brief“, der zunächst eine Zeit- und Orts-, im Weiteren dann nur die Ortsangabe folgt, suggeriert zwar eine epistolare Kommunikationsweise. Sie sagt aber nichts über den tatsächlichen Briefcharakter dieser Textteile aus. Die Angabe „Capodistria. October 1800“ verleiht der Ausgangssituation im Text – der Bootsfahrt – einen konkreten Zeitrahmen.

[638] Widemann war nur einer aus der nicht unbeachtlichen Zahl von Intellektuellen, die um diese Zeit der Wiener Politik abschworen und ins Ausland flüchteten. Vgl. dazu Christian Aspalter / Anton Tantner, Ironieverlust und verleugnete Rezeption: Kontroversen um Romantik in Wiener Zeitschriften, in: Aspalter u. a. (Hgg.), Paradoxien der Romantik, 47–120, unter <http://tantner.net/publikationen/AspalterTantner_Ironieverlust_ParadoxienRomantik.pdf>, 15.07.2011.

[639] Uwe Jochum, Textgestalt und Buchgestalt. Überlegungen zu einer Literaturgeschichte des gedruckten Buches, *Zeitschrift für Literaturwissenschaft und Linguistik* 26 (1996), H. 103, 20–34, unter <kops.ub.uni-konstanz.de/bitstream/handle/urn:nbn:de:bsz:352-opus-12765/textgestalt.pdf?sequence=1>, 15.07.2011.

[640] Helmedach, Verkehrssystem, 425.

[641] In seinem Buch „Priča i putovanje“ (Reise und Erzählung) entwirft der kroatische Literaturwissenschaftler Duda ein „System der literaturgeschichtlichen Rhetorik des Reiseberichts“, das sieben komplementäre Kategorien – Rahmen (Erläuterung), Itinerarium, Subjekt des Diskurses, Lexikon, Zusatzthematisierung, Erzählung und Adressat – umfasst. Die Kategorien stellen für die Auseinandersetzung mit der Gattung Reisebericht geeignete analytische „Filter“ dar. Siehe Duda, Priča i putovanje.

[642] Ebd., 140.

[643] Widemann, Streifzüge an Istriens Küsten, 5.

Über seinen Weg bis zu den „silbernen Fluthen" der Adria berichtet Widemanns Erzähler im Text der „Streifzüge an Istriens Küsten" nicht, durch seinen Rückgriff auf die eigene Erzählrolle und eine Figur im Reisebericht „Streifzüge durch Innerösterreich" wird aber deutlich, dass auf der Ereignisebene ein Zusammenhang zwischen den beiden Texten besteht. Auf den handlungschronologischen Zusammenhang deuten auch die den „Briefen" in beiden Texten vorangestellten Zeitangaben hin. Dadurch lässt sich feststellen, dass die kontinuierlich ablaufenden Ereignisse einer einzigen realen Reise erzählchronologisch umgestellt bzw. selektiv durch einen identischen Erzähler in zwei unterschiedlichen Texten vermittelt werden. So wird auf etwa 140 Seiten der „Streifzüge durch Innerösterreich" neben der langen Hinfahrt von Wien nach Venedig auch die Rückfahrt bis Graz, die im Anschluss an einen Ausflug von Venedig aus nach Padua erfolgt, beschrieben.[644] Die Reise nach Istrien, die auf der Ebene der Geschichte als ein Ausflug oder ein kurzer freiwilliger Abstecher abseits der Route zum eigentlichen Reiseziel Venedig fungiert und in der textexternen Wirklichkeit wahrscheinlich vor der Adriaüberquerung zwischen Triest und Venedig erfolgte, bleibt im ersten Reisebericht komplett ausgeblendet. Zum Gegenstand einer Erzählung – und zwar zu einer einzigen – avanciert dieses im Vergleich zur erzählten Zeit der gesamten Reise wesentlich kürzere Reiseunternehmen erst vier Jahre später, im Text eben des 130 Seiten starken Reiseberichts „Streifzüge an Istriens Küsten".

Dessen Handlung beginnt mit einer Bootsfahrt an der Adria. Die Absichten und das Ziel der Reise werden am Anfang nur knapp formuliert: „Polas Althertümer zu sehen, hatte ich mich mit drei Deutschen und einem Engländer eingeschifft."[645] Demzufolge fungiert die Besichtigung/das Anschauen/das Wahrnehmen/das Erleben der Denkmäler aus dem Altertum nach Greimas' Aktantenmodell[646] als das Objekt der Reise und die Neugierde bzw. das Bildungsinteresse als der Auftraggeber, der den Ausflug des Subjektaktanten – des Reisenden – in Gang bringt. Über den Akt des Abreisens informiert der Erzähler erst später im Text, in einem analeptischen Nachtrag[647] zur Porträtierung seines englischen Reisegefährten – eines gewissen Lord W. Dieser Lord fungiert auf der handlungschronologischen Ebene als der erste Widersacher, der sich dem Reisenden in den Weg stellt:

> „Um fünf Uhr früh war verabredet worden, sich auf der Barke einzufinden. Wir pünktlichen Deutschen hielten Wort, der Engländer erschien, trotz allen höflichen und unhöflichen Bothschaften, die wir ihm sandten, erst um elf Uhr. Obschon die Matrosen ein *maledetto Eretico* nach dem anderen hören liessen, so konnten wir sie doch nicht bewegen, ohne ihn abzusegeln. So mächtig ist der Reiz des Goldes, dass seinetwegen Katholiken einem Ketzer bei

[644] Vgl. [Widemann,] Streifzüge durch Innerösterreich.

[645] Widemann, Streifzüge an Istriens Küsten, 6.

[646] Vgl. Greimas, Algiridas J.: Refleksije o aktantskim modelima. Übersetzt von I. Katić, *Republika* 45 (1989), H. 5–6, 32–49; ders.: Aktanti, akteri, figure. Übersetzt von C. Milanja, *Revija* 19 (1979), H. 2, 61–75.

[647] Zu Analepsen siehe Gerard Genette, Die Erzählung. Aus dem Französischen von Andreas Knop. München ²1998, 32–45.

> Italienern nachstehen müssen. Indessen war der günstige Wind verstrichen, und wir mussten uns der langsamen Ruder bedienen."[648]

Die katholischen pünktlichen „Deutschen" und der steinreiche „englische Ketzer" werden bald „auf den silbernen Fluthen" gemeinsam ein Hindernis bewältigen müssen, das in der Gestalt eines für die vorgenommene Reise ungeeigneten Verkehrsmittels, der offenen Barke – und ihrer Steuermänner, den einheimischen Marinari – auftritt. Die sechzehn Stunden „kurze" Fahrt von Triest nach Pola glaubte die Reisegesellschaft um den Erzähler mit dem offenen Boot zurücklegen zu können. Die einheimischen Seeleute lassen ihre Reisegäste auf dem „Weg der Empirie" die Einsicht in die Unmöglichkeit eines solchen Unterfangens gewinnen und versprechen sich von dieser „Lehre" einen finanziellen Gewinn: den Teil des vereinbarten Lohns für die Überfahrt zu dem nahe gelegenen Ort Pirano. Das ungeeignete Verkehrsmittel und die italienischen Seeleute fungieren zunächst als Widersacher, von denen das Subjekt behindert wird, sie verschmelzen aber bald zu einem einzigen Akteur, der in der aktantiellen Struktur des Reiseberichts die Rolle des Helfers annimmt. Das erzählende Subjekt nennt diesen Akteur Zufall:

> „Ich war im Grunde mit dieser Betrügerei der Matrosen ganz wohl zufrieden, denn sie war Ursache, dass ich mich länger in Istrien aufhalten musste. So ist das Ungefähr, die Mutter so mancher grossen Thaten und so vieler kleinen Ereignisse, auch die Veranlassung dieser Streifzüge gewesen."[649]

Somit wird der Zufall mehr als dreißig Jahre vor Michahelles' Reisebericht zum ersten Mal in der deutschsprachigen Reiseliteratur über Kroatien zum Auslöser und zur steuernden Instanz des gesamten Reiseunternehmens erhoben.

Der Streit mit den Seeleuten gibt dem erzählenden Subjekt den Anlass zu einem ersten völkerpsychologischen Exkurs, auf den etwas später näher eingegangen wird. An dieser Stelle ist es wichtig zu erwähnen, dass das Feilschen um den Preis für die Fahrt im Text des Reiseberichts zu einer imagologischen Angelegenheit avanciert, wenn die „deutschen" Reisegäste den Diskurs über die Selbst- und Fremdwahrnehmung als Verhandlungsinstrument einsetzen:

> „Wirklich konnten wir uns nach langem Streite nur mit dem Drittheile der Summe von ihnen befreien. Doch selbst das würde kaum gelungen haben, wenn wir nicht zwei derselben, einen Venezianer und den Genueser, von dem ich schon in Streifzügen durch Innerösterreich sprach, bei ihrer empfindlichsten Seite, der Nationalehre angegriffen, und ihnen vorgestellt hätten, in welch' schlechten Ruf sie ihre Landsleute durch so unredliche Forderungen bei uns Deutschen brächten."[650]

Über die Figur des Genuesers wird nicht nur die intertextuelle Beziehung zum anderen Werk desselben Autors, sondern auch zum Umfeld der zeitgenössischen Populärliteratur-

[648] Widemann, Streifzüge an Istriens Küsten, 28f.
[649] Ebd., 8.
[650] Ebd., 6.

produktion bzw. zu einer der literarischen Moden um 1800, nämlich der Mode der Abenteuerromane, hergestellt:

> „Uiberhaupt sind Charakter und Begebenheiten dieses Menschen so sonderbar, dass ich meine Leser zuversichtlich mit einem Genueser Robinson oder seltsame Abenteuer und Schicksale zu Wasser und zu Land, beschenkt haben würde (auf ihre Kosten versteht sich), wenn nicht unglücklicher Weise der Geschmack an dieser Art oder Abart von Geistesprodukten im Sinken wäre.'"[651]

Die Reise mit dem offenen Boot wird nach einem Aufenthalt in der Stadt Capodistria (Koper) bis nach Pirano (Piran) fortgesetzt, wo die Umschiffung in eine größere Barke „mit zwei Kajüten und drei Segeln"[652] erfolgt. In der ersten Piraneser Episode wird die Rolle des Gegners mit neuen Akteuren „besetzt", nämlich mit den Reisegefährten, die sich dem Wunsch des Reisenden nach einem längeren Aufenthalt in Pirano widersetzen. Aus dieser Aktantenkonstellation ergibt sich ein wichtiger Legitimationsakt des erzählenden Subjektes, das – sich selbst charakterisierend – eines seiner schriftstellerischen Vorbilder preisgibt. „Nur mit Widerwillen ergab ich Neugierigreisender mich den übereinstimmenden Willen der Eilfertigreisenden", so der Erzähler, auf Laurence Sternes bzw. Yoricks Typologie der Reisenden zurückgreifend, „und stieg in den betheerten Montgolfier."[653]

Den Wünschen des „Neugierigreisenden" kommt aber „zum zweiten Mahl" ein „Genius" zuvor, der „auf den Flügeln" des Schirokkos „einherstürmend" und „Wogen auf Wogen thürmend" die Weiterfahrt in Frage stellt.[654] In einer weiteren Sequenz wechselt die Figur des Engländers seine Aktantenposition und wird zum Helfer:

„Demungeachtet", so der Erzähler in Bezug auf das stürmische Wetter, „hätte die Mehrheit der Gesellschaft das Weiterfahren durchgesetzt, wenn nicht diess Mahl die Opposizionsparthei, in Person des seekranken Engländers, das gewöhnliche Siegesmittel, Bestechung angewendet, und so die Rückkehr nach Pirano erschlichen hätte."[655] Nach Pirano zurückgekehrt, muss sich die Reisegesellschaft von Lord W. verabschieden, der die Weiterreise aus gesundheitlichen Gründen absagt. „Neue Verwickelung!"[656], kündigt der Erzähler in Sterne'scher Manier das nächste Hindernis an, das sich dieses Mal als ein bürokratisches erweist: „In unserem Passe waren fünf Reisende verzeichnet, und nun fehlte einer. Mit dieser Lücke in unserer Gesellschaft durften wir keinen Hafen anlaufen, ohne Quarantaine halten zu müssen, denn wie leicht könnte nicht der Fehlende an der Pest weggestorben seyn!"[657] Nach einem lange andauernden „Brüten" über die Lösung dieses „gordischen Knotens"[658], das in einem achttägigen Aufenthalt in Pirano resultiert, findet die Reisegesellschaft um den

[651] Ebd., 7 (Hervorhebungen im Original).
[652] Ebd., 26.
[653] Ebd.
[654] Ebd.
[655] Ebd. (Hervorhebungen im Original).
[656] Ebd., 31f.
[657] Ebd.
[658] Ebd., 32.

Erzähler endlich einen Ersatz-Reisegefährten in Person eines italienischen Handelsmannes und sticht aufs Neue in See. Die nächste Station machen die Reisenden im Hafen von Cittanuova (Novigrad). Die Stadt selbst dürfen sie wegen der strengen Quarantänevorschriften nicht betreten. Nach einem dreitägigen Aufenthalt wird die Reise über Parenzo (Poreč), Fontane (Funtana) und Orsera (Vrsar) nach Rovigno (Rovinj) fortgesetzt. „Von Rovigno fing die Fahrt an langweiliger und einförmiger zu werden"[659], so fasst der Erzähler die letzte ereignisarme Reiseetappe vor der Ankunft in Pola zusammen.

Endlich an ihrem Reiseziel angelangt, eilen die „Deutschen" dem Wahrzeichen Polas, dem Amphitheater, zu.[660] Der Aufenthalt in der Stadt und seiner Umgebung gestaltet sich als ein langer Spaziergang durch das historische Pola mit seinen „kollosalischen Monumenten"[661], als das Verweilen in einer „mahlerischen" Landschaft, die „eine zauberische Perspektive in das unbegränzte Meer gewährt"[662] und schließlich als der Weg eines durch die Sensibilität eines „sentimental voyager" gekennzeichneten Ichs zu den „zitternden Saiten der Empfindungen"[663] seines Selbst. Auf der Rückfahrt nach Triest, die über Brioni (Brijuni), Umago (Umago) und Isola (Izola) erfolgt, muss die Besatzung der „Bracera" zwei Mal mit dem stürmischen Meer kämpfen. Für den „Neugierigreisenden" und Schriftsteller, den die „Neuheit der Lage" zu sehr anzieht, um die Furcht der Steuermänner zu teilen, stellt der Sturm, selbst wenn er sein Schiff mitten in der Nacht vom Ufer abreißt, ein willkommenes Ereignis dar:

> „Donner verjagten Donner, und die Blitze verschmolzen Himmel und Meer in eine Feuermasse. Ich hatte mir gewünscht ein Gewitter auf dem Meere zu sehen; nun bedauerte ich nicht, wie Vernet, mit lebendigern Zeichen als Worte sind, es schildern zu können."[664]

Die ereignisvolle Geschichte dieser Reise nach Istrien (vgl. Abb. F22) endet in der Erzählung mit der Ankunft in Triest. In der Erzählung der „Streifzüge durch Innerösterreich" hingegen wird die Halbinsel nur am Rande, ein Ausflug an ihre Küsten überhaupt nicht erwähnt. Die Figur des Genuesers, die in der Istrianer Episode eine Rolle spielt, findet man in „Streifzügen durch Innerösterreich" auf einer Barke, die das erzählende Subjekt von Triest nach Venedig bringt.[665] Über die Überfahrt selbst teilt der Erzähler im Text dieses Reiseberichts nur Folgendes mit:

[659] Ebd., 94.

[660] Einige Jahre später wird Pola zum Hauptbestimmungsort der istrischen Reise des preussischen Architekten, Malers und Stadtplaners Karl Friedrich Schinkel (1781–1841). Schinkel besuchte Istrien im Rahmen seiner Italienreise 1803–1805 und hielt seine Reiseeindrücke, u. a. vom Amphiteater und „bewaffneten Eingeborenen" in einem Reisetagebuch und mehreren Zeichnungen fest (vgl. Abb. F16). Vgl. Karl Friedrich Schinkel, Reisen nach Italien: Tagebücher, Briefe, Zeichnungen, Aquarelle. Hg. Gottfried Riemann. Berlin 1979, S. 38f.

[661] Widemann, Streifzüge an Istriens Küsten, 117.

[662] Ebd., 116.

[663] Ebd., 117.

[664] Ebd., 126f.

[665] Vgl. Widemann, Streifzüge durch Innerösterreich, 71.

> „Widrige Winde hatten mich auf der Reise von Triest nach Venedig lange auf dem Meere herum getrieben, doch gab das Warten meiner Freude, endlich zum Ziele zu gelangen, nur höheren Schwung.“[666]

Stand der Genueser Seemann in der textexternen Wirklichkeit tatsächlich zwei Mal in Diensten ein und desselben Reisenden? Oder soll man den einzigen über die Fahrt von Triest nach Venedig informierenden Satz als eine Zusammenfassung der kompletten Istrianer Episode verstehen und davon ausgehen, dass die offene Barke mit dem Genueser an Bord ursprünglich für eine Reise nach Triest bestellt und der Ausflug nach Istrien überhaupt nicht geplant war? Beruht Widemanns Istrien-Episode auf der tatsächlichen Reiseerfahrung oder wird die letztere möglicherweise erzählerisch fingiert?[667]

8.2.2 Eine literarische Reise

Widemanns Reisebericht stellt nicht nur in Bezug auf die beschriebene Reiseform eine wichtige Neuerung dar. Das Innovative spiegelt sich auch in seiner außerordentlich reichen „Zusatzthematisierung“ wider, worunter Dean Duda die dem gedanklichen Aufbau der grundlegenden Ausführungen eines Reiseberichts dienenden „Typen des Wissens oder der Informationen“ und die Verfahren ihrer sprachlichen Gestaltung versteht.[668] Aufgrund der Textabschnitte, die motivische und thematische Autonomie beanspruchen und vom reichlichen Gebrauch unterschiedlicher Stilmittel zeugen, kann man in Bezug auf „Streifzüge an Istriens Küsten“ von Ansätzen der Literarizität oder der Ästhetisierung der Gattung sprechen. Auf die Annäherung dieses Reiseberichts an fiktionale Erzähltexte weisen außerdem einige in der Reiseliteratur über Kroatien einmalige erzähltechnische Merkmale hin, die auf Laurence Sterne zurückzuführen sind. Mit seinem Reiseroman „A Sentimental Journey Through France and Italy“ hatte Sterne 1768 ein Werk vorgelegt, das durch seine episodische Struktur und Digressionstechnik, seinen extremen Subjektivismus und seinen humoristischen Gestus ironisch mit den Genrekonventionen der Grand Tour und der bürgerlichen Bildungs- und Gelehrtenreise bricht.[669] Sternes Roman war im späten 18. Jahrhundert außerordentlich populär: Er löste europaweit mehrere Nachahmungswellen aus, darunter die Mode der „empfindsamen Reisen“, die um 1800 auch den aufkeimenden literarischen Markt in Deutschland fest im Griff hielt.[670] Gerade Sterne – dieser „extreme Revolutionär der Form“[671] – und die literarische Mode, die seine Romane auslösten, revolutio-

[666] Ebd., 76.

[667] Diese Fragen, die nach einer umfangreichen Recherche in den Istrianer, Triester oder Venezianischen Archiven vielleicht beantwortet werden könnten, müssen an dieser Stelle offen bleiben.

[668] Duda, Priča i putovanje, 134.

[669] Siehe Laurence Sterne, Yoricks empfindsame Reise. Frankfurt 2008 [1768].

[670] Zur Mode der „empfindsamen Reisen“ vgl. Gerhard Sauder, Sternes Sentimental Journey und die empfindsamen Reisen in Deutschland, in: Griep / Jäger (Hgg.), Reise und soziale Realität, 302–319; Peter Michelsen, Laurence Sterne und der deutsche Roman des achtzehnten Jahrhunderts. Göttingen 1962.

[671] Viktor Šklovskij, Der parodistische Roman. Sternes „Tristam Shandy“, in: Jurij Striedter (Hg.), Russischer Formalismus. Texte zur allgemeinen Literaturtheorie und zur Theorie der

nierten indirekt, über den Reisebericht des Wiener Epigonen Joseph Georg Widemann, die traditionelle Erzähl- und Darstellungsweise der deutschsprachigen Kroatien-Reiseberichte.

Das erzähltechnisch Innovative am Reisebericht „Streifzüge an Istriens Küsten" liegt in seiner partikularen Metatextualität. Der „Neugierigreisende", der sich als Schriftsteller legitimiert, bemüht sich an einigen Stellen, das „Gemachtsein" seines Textes und das Willkürliche seiner Erzähltätigkeit ins Bewusstsein des zufälligen Adressaten seiner zur Veröffentlichung bestimmten „Briefe" zu bringen. Ihm gelingt es, seinem englischen Vorbild folgend, nicht nur an sich selbst und an einigen seiner Figuren die Anwendbarkeit der Yorick'schen Klassifizierung der Reisenden zu überprüfen, sondern auch den eigenen Erzählakt als eine artifizielle Angelegenheit transparent zu machen. Von der literarischen Selbstbezüglichkeit à la Sterne zeugt die Textstelle, in der Widemanns Erzähler die kurz davor vorgenommene Beschreibung der istrischen Trachten folgendermaßen kommentiert:

> „Sieh da ein ganzes Kapitel über Kleider, und wenn ich mich richtig besinne, so erzählte ich, dass ich in die Domkirche trat. Sonst hab ich es, mit andern ordentlichen Männern, den Frauen verübelt, dass sie beim Eintritt in die Kirche den ersten Blick auf die Kleider ihrer Nachbarinnen, und auf den Altar den zweiten würfen, und nun bin ich selbst in diesem Falle! Um mich geschwind aus dieser verdrüsslichen Schlinge zu ziehen, weiss ich nichts besseres zu thun, als durch die heiligste Versicherung, mich nie mehr über so etwas mockieren zu wollen, allen weitern Vorwürfen vorzubeugen, und mittels eines schnellen Fortfahrens meine Leserinnen auf andere Gedanken zu bringen."[672]

Die Offenlegung der Erzählentscheidungen, oder – um mit Viktor Šklovskij zu sprechen – die „Bloßlegung des Verfahrens"[673], ist ein eindeutiges Fiktionalitätssignal, das dem Text, der einen Anspruch auf Verwurzelung in einem empirisch-wirklichen Geschehen erhebt, einen ästhetischen Überschuss verleiht.

Die sporadische Literarizität der beiden „Streifzüge" spiegelt sich auch in denjenigen Textstellen wider, in denen das erzählende Subjekt in poetisch-bildhafter Sprache die gängigen Topoi der Empfindsamkeit und Populärromantik durchexerziert. Das Adjektiv „romantisch" verwendet der Erzähler sehr oft – außer in der beliebten Variante „wildromantisch" setzt er es auch im Komparativ und Superlativ als „eines der romantischsten" ein.[674]

Die expressive Bildhaftigkeit der Sprache kommt besonders in „deskriptiven Pausen"[675], die Momente der Einsamkeit in einer „paradiesischen Landschaft"[676] festhalten, zum Ausdruck. Das in „sanftmelancholische Stimmung"[677] versetzte dichterisch veranlagte Subjekt

Prosa. München ^{2}1971, 246.

672 Widemann, Streifzüge an Istriens Küsten, 39.

673 Šklovskij, Der parodistische Roman, 246.

674 Als „romantisch" oder „wildromantisch" werden Märkte, Pässe, Berge und „Bergthäler", Aussichten, Wege, Gefilde und Gebäude bezeichnet. Als romantisch erweisen sich Unterkrain und Triests Umgebung. Einen Weg empfindet der Erzähler als „romantischer" als einen anderen, und unweit von Graz findet er ein Tal, das „eines der romantischsten, die es geben kann", ist.

675 Genette, Die Erzählung.

676 Widemann, Streifzüge an Istriens Küsten, 46.

677 Ebd., 50.

vermeint in solchen Momenten allzu oft, den „Geist" einer zeitgenössischen dichterischen Größe „über die Fluthen schweben zu sehen"[678], und zögert nicht, die von ihm stammenden „Töne", die er „in den Wehen des Aethers"[679] wahrgenommen zu haben glaubt, in einer leicht modifizierten Form in den Text seines eigenen Werkes einzuflechten:

> „In das stille Wehen des Zephirs klangen die Melodien befiederter Sänger; tausend wohlriechende Kräuter verbreiteten ihre Würze umher, und die Wipfel der Oliven, Pinjen und Pappeln säuselten Entzücken und Vergessen in die Brust des Wallers. Die ganze Natur schien belebt, und mit leisem Odem dem Fremdling zuzulispeln:
>
> Dies sey das Land, wo die Zitronen blühn,
> Im dunkeln Laub die Goldorangen glühn;
> Ein sanfter Wind vom blauen Himmel weht,
> Die Myrthe still, und hoch der Lorbeer steht."[680]

Wenn dem empfindsamen Subjekt die Natur die Fragmente aus Goethes „Mignon" und „Venezianischen Epigrammen" gerade nicht „zulispelt", so „libiert" er den „Göttern der Erde und des Meeres", indem er „am Rande der Meereswellen" Schillers Gedicht „Die Götter Griechenlandes" rezitiert.[681]

Dass sich der Erzähler in poetische Darstellungen auch ohne das Zitieren fremder literarischer Texte hineintraut, zeigt folgende Textstelle:

> „Eine offene Barke wiegt mich über die silbernen Fluthen von Triest nach Istriens Küste. Berge und Thäler fliegen vorüber, immer neue Ansichten steigen aus dem Schooss des Meeres, und das ahnungsvolle Blau der Ferne durchzittern weisse Segeln, gleich Geistern künftiger Genüsse. Einzelne Barken rudern an den Küsten hin und wieder; auf den Wellen wälzt Gesang und Harmonie von ihnen sich zu meinem Ohr herüber, und ein ungewohnter Lichtglanz verklärt die Erde und das Meer. Einziges Entzücken der ersten Seefahrt!"[682]

In Widemanns Beschreibung der Reise von Wien nach Venedig und zurück werden unterschiedliche Klischees der damals populären Literatur integriert. Dunkle Grotten, „ungeheuere weisse Felsenmassen im Schimmer des Mondes"[683], Ruinen und alte Schlösser – die eine „wildromantische, schrecklich-erhabene"[684] Aussicht über die „schroffen Bergthäler"[685] und den „brausenden Ocean"[686] bieten – prägen gelegentlich das in „Streifzügen durch Innerösterreich" entworfene Landschaftsbild. In „Streifzügen an Istriens Küsten" wird das „Wildromantische" durch die ruhige „paradiesische" Naturszenerie einer mediterranen Landschaft ersetzt.

[678] Ebd., 76.
[679] Ebd.
[680] Ebd., 47f.
[681] Ebd., 48f.
[682] Ebd., 5.
[683] Ebd., 131.
[684] Ebd., 64.
[685] Ebd.
[686] Widemann, Streifzüge durch Innerösterreich, 62.

Während im ersten Reisebericht die zeitraffende Darlegung einer langen Reise dem Erzähler kaum Muße zum Abschweifen in die künstlich anmutenden Gemütsoffenbarungen zu lassen scheint, bietet ihm die zweite, zeitgedehnte Erzählung genug Platz zum – wie von Helmedach trefflich ausgedrückt – „Philosophieren im Zeitgeschmack“[687] und zur Offenbarung der angelesenen „Empfindungen“ nach der herrschenden Literaturmode der „sentimental voyages“:

> „Die Stille der elysischen Gegend, durch das monotonische Anschlagen einer nahen Glocke erhoben, der freie, große Anblick der ruhigen See, die Erinnerung an die Lebensart der Bewohner des nahen Gebäudes, die uns Zauberin Phantasie als erhaben über all das kleinliche Sorgen und Streben der Menschen, über Kummer und Schmerzen vormahlt, alles brachte mich in eine sanftmelancholische Stimmung. Ich warf mich am Saume des Meeres im Schatten nieder; das menschliche Leben, Hoffen und Wirken, Erfüllung und Vergeltung zog in mancherlei Ansichten vor meiner Seele vorüber, während die steigende Fluth Perlen in den Rauch des Virginia warf, der in magischen Zeichen die Sonnenstrahlen durchschnitt. Ein Bild meines Lebens! dacht' ich. Bescheint nicht die Glückssonne den Rauch unseres Daseyns, wirft nicht der Zufall manche Freude ins Leben, erhöht die Phantasie es nicht zur Dichtung, wie öde, wie einförmig schleicht es nicht zur Grube hinab!“[688]

Mag man auch die ausladende Rhetorik subjektiven Fühlens bzw. die „Empfindelei“ in Sternes Spuren, die für Widemanns Werk charakteristisch ist, als eine Modeerscheinung abqualifizieren, in der Geschichte der deutschsprachigen Reiseliteratur über Kroatien stellt diese Form von Selbstreflexivität jedenfalls ein Novum dar.

Was der reisende Literat in Istrien unter anderem sucht und findet, ist ein angelesenes Italien, das Land der blühenden Zitronen und antiken Stätten, in dem das empfindsame Ich zu seinem Selbst gelangt. Sobald dieses Ich die „elysische“ Naturlandschaft verlässt, und dem zeitgenössischen Istrien begegnet, wird es zu einem ausgeprägt politischen Ich, das zwar wiederum Italien, genauer gesagt Venedig, in Istrien findet, dem aber diese Präsenz in einem erstmalig der Habsburgermonarchie zugeschlagenen Territorium viel weniger gefällt.

8.2.3 Eine politische Reise

Der Zeitpunkt einer Reise, die Auswahl eines bestimmten Reiseziels, die Entscheidung für eine bestimmte Reiseroute und ein bestimmtes Verkehrsmittel fungieren, wie Dean Duda feststellt, als Zeichen, die die Bedeutungsstruktur eines Textes bestimmen.[689] Fokussiert man auf die Informationen, die Widemanns Erzähler über das Wohin, Wann und Wie der Reise liefert – in Dudas Terminologie auf das „Itinerarium“[690] – so tritt eine ausgeprägt politische Dimension der beiden „Streifzüge“ in den Vordergrund. Denn der „Neugierigreisende“, angeblich keinerlei amtlichen und beruflichen Verpflichtungen folgend, wählt im

[687] Helmedach, Das Verkehrssystem, 425.

[688] Widemann, Streifzüge an Istriens Küsten, 50.

[689] Vgl. Duda, Priča i putovanje, 101.

[690] Als „Itinerarium“ bezeichnet Duda „Informationen über die Auswahl und Aufeinanderfolge der Stationen auf einer Reise sowie über den Zeitpunkt und die Art des Reisens.“ Duda, Priča i putovanje, 101.

Jahre 1800 ausgerechnet die wenige Jahre zuvor von den Habsburgern in Besitz genommenen Gebiete an der Adria als sein Reiseziel. War der Wunsch, „Polas Alterthümer zu sehen“, wirklich der Grund, warum sich Widemann mit zwei anderen „Deutschen“ nach Istrien – einem keinesfalls populären, immer noch beinahe unerschlossenen Reiseziel – einschiffte? War es zur Zeit der Revolutionskriege, als die französischen und englischen Korsaren in der Adria kreuzten und die strengen Quarantänevorschriften in den Häfen herrschten, tatsächlich möglich, durch den Zufall getrieben in den Gewässern des kürzlich habsburgisch gewordenen westlichen Istrien mit rein „touristenähnlichen“ Absichten zu schiffen? Oder stand hinter Widemanns Reise – wie Miroslava Despot vermutet – ein Auftrag der Regierung, den der Verfasser aus irgendeinem Grund verschweigt?[691] Die Ergebnisse der Studie, die Helmedach zur technisch-pragmatischen Dimension der in „Streifzügen durch Innerösterreich“ beschriebenen Reise vorgelegt hat, scheinen diese Vermutung zu bekräftigen:

> „Am 2. September 1800, einem ‚schöne(n) Sommermorgen‘, verließ Widemann laut eigener Auskunft die Kaiserstadt am Donaukanal. Dieser Tag war ein Dienstag und damit weder Posttag der Klagenfurter noch der Triester Diligencen [...]. Die extrem schnellen Reiseetappen, die er auf großen Teilen seiner ‚Streifzüge‘ zurückgelegt haben will, wobei seine Stationen immer auch Poststationen waren, sprechen eindeutig gegen eine Lohnkutsche und für die Nutzung von Postpferden, womit nur noch das Fahren per Extrapost in Frage käme und damit die teuerste Art zu reisen überhaupt. Widemann berichtete zwar von Auseinandersetzungen mit Postknechten in Friaul, für den Rest seiner Reise aber ließ er den Leser im ungewissen über den von ihm gewählten Verkehrsträger. [...] So zeichnete er sich mit wenigen Strichen als einen Alleinreisenden mit Extrapost, keinen wie auch immer gearteten Zwängen unterworfen – eine nicht geringe Anmaßung! Zumindest in der Phantasie usurpierte hier ein Bürger, ein Schriftsteller eine Adel und Regierung vorbehaltene Reiseform. [...] Mag man auch bezweifeln, dass Widemann tatsächlich so gereist ist, wie er behauptete, dass ihm die beachtlichen Mittel für den vornehmen ‚Flug‘ mit der Extrapost zur Verfügung gestanden haben – seine Geschichte ist zum mindesten gut ausgedacht.“[692]

Wenn auch an dieser Stelle darüber, ob Widemann tatsächlich überhaupt und wenn, dann möglicherweise im Auftrag der Regierung mit der Extrapost reiste, nur spekuliert werden kann, so lässt sich eindeutig sagen: Der „Neugierigreisende“ legt sein politisches Engagement offen. Sein Unterwegssein durch Innerösterreich erscheint oftmals als eine Reise zu den Schauplätzen des jüngstvergangenen Koalitionskrieges, der kurz davor die Hessen und Bornagius nach Kroatien geführt hatte. Maiers Beschreibung von Venedig als Vorlage nut-

[691] Despot, Maximilian Fischl, 311, schreibt: „Auf seine Reise durch Istrien brach Fischl im Herbste 1800 auf, anscheinend mit der Aufgabe der Erkundung der dortigen Verhältnisse hinsichtlich der weiteren Möglichkeiten, die Österreich in Bezug auf die wirtschaftliche Exploitierung dieser [...] Halbinsel haben könnte. Auf diesen Gedanken kommen wir deswegen, weil sich Fischl an einigen Stellen sehr ausführlich mit dem Stand der Schifffahrt, den wirtschaftlichen Verhältnissen und dem kulturellen Leben im gesamten Küstengebiet Istriens auseinandersetzt, weil er die schlechten wirtschaftlichen Verhältnisse sowie die landwirtschaftliche Rückständigkeit dieses Gebietes hervorhebt und einige nützliche Verbesserungsvorschläge formuliert.“ (Übersetzung M. Z.).

[692] Helmedach, Das Verkehrssystem, 426.

zend, beschreibt er die Reise in den Süden, um den politischen Untergang der Seerepublik drei Jahre post festum zu dokumentieren. Das beschriebene Reiseziel ist nicht die glanzvolle Serenissima mit ihren „Marmorpalästen und griechischen Tempeln"[693], ihren „Merckwürdigkeiten und Kunstschätzen"[694], sondern das eroberte Venedig, unmittelbar nach dem habsburgischen Einmarsch:

> „Dem ersten Anblicke nach ist das eroberte Venedig noch ganz das, was es in seiner Unabhängigkeit war. Uiberall noch die Wappen, Gesetze, Einrichtungen der Republik, deren Absterben man nicht vermissen würde, wenn nicht die Tracht der Nobili verschwunden, und im Broglio, wo sie einst stolz auf und niedergingen, und kein Plebejer sich ihnen nahen durfte, die österreichische Hauptwache wäre."[695]

In seiner Beschreibung der besetzten Lagunenstadt lässt der Wiener die „zitternden Saiten" seiner Empfindungen verstummen, um dem Leser unter anderem die venezianischen Verschanzungen mit penibler Genauigkeit vor Augen zu führen. Der „empfindsame Reisende" scheint irgendwo in den „mahlerischen" Bergen Österreichs, in der „elysischen" Gegend Istriens geblieben zu sein. In Venedig ist ein arroganter Wiener eingetroffen, der den venezianischen Nationalcharakter in seine „Hauptbestandtheile" zu zerlegen weiß und der mit dem Hochmut des Besatzers auf die Stadt der Cicisbeos und Bettler, in der „unsymetrische", düstere Gebäude und „scheinbare Kultur" herrschen, herabsieht.

Der alte Topos der Venedig-Reiseliteratur – die Vermählung des Dogen mit dem Meer – wird in „Streifzügen durch Innerösterreich" zu einem neuen, österreichisch-hegemonialen Narrativ umgeschrieben, das der Versinnbildlichung der neuen Machtkonstellation an der Adria dienen soll. Die Herrschaft über die Adria wird der untergegangenen Serenissima nun auch symbolisch entrissen, und zwar – wie es Jürgen Link an einer Stelle formuliert – durch „Übersetzung" heraldischer Zeichen „ins System der Symbole im Sinne wirklicher Sinn-Bilder"[696]:

> „[...] wir [...] warfen um 9 Uhr morgens zwischen den Inseln Muran und Lido St. Nikolo Anker; unfern von dem Platze, wo sich der Doge mit dem Meere vermählte. Aber seine Braut ist ihm treulos geworden, und buhlt mit dem kaiserlichen Adler; vielleicht, weil sie den Brautring nie behalten durfte, sondern sich ihn von habsüchtigen Fischern durch aufgespannte Netze entreissen lassen musste."[697]

Dem neuen „Bräutigam" der Adria fielen mit dem Frieden in Campo Formio auch die Provinzen der Seerepublik an der Ostküste zu, darunter auch das venezianische Istrien, in dem Widemann die Vorliebe für und die Trauer um den untergegangenen Nebenbuhler des Adlers vorfindet:

[693] Ebd., 78.
[694] Ebd.
[695] Ebd., 77.
[696] Link / Wülfing, Einleitung, 11.
[697] Widemann, Streifzüge durch Innerösterreich, 76.

> „Den beflügelten Löwen sieht man bald ganz, bald halb erhoben in Stein gehauen, überall bis zur Verschwendung angebracht. Wo ihn die Franken herabwarfen, haben ihn die Oesterreicher wieder aufgestellt. Die Vorliebe für dieses Palladium des zertrümmerten Staates ist gränzenlos. Ich sah Kinder sich auf seinen Rücken lehnen, ihn die Mähnen streicheln und mitleidsvoll ausrufen: *o povero san Marco!*"[698]

Die Stimmung, die gegenüber den alten und neuen Herren auf der nun gänzlich dem Habsburgerreich unterworfenen Halbinsel herrscht, scheint den Reisenden mindestens genauso viel, wenn nicht mehr als ihre Altertümer zu interessieren. Im Machtwechsel im westlichen Istrien sieht der Wiener dessen Befreiung vom habsüchtigen „Mutterland" Venedig. Nicht ohne Unmut und Enttäuschung muss er aber feststellen, dass sich die „Provinzialisten"[699] ungeachtet Venedigs Politik, die darauf hinzielte, sie „faul und arm zu erhalten, um in der Hauptstadt Macht und Reichtum anzuhäufen"[700], doch nach der alten Herrschaft sehnen. Neben der „Macht der Gewohnheit"[701] und dem „Stolz auf den weiland überall noch angesehenen San Marco"[702] scheinen dem politischen Schriftsteller auch der „Hass gegen jede fremde, vorzüglich gegen deutsche Herrschaft, und noch mehr vielleicht die Furcht vor der Einschreibung zum Soldatenstande"[703] die Ursache dafür zu sein. Seine Recherchen zur politischen Stimmungslage in Istrien unternimmt Widemanns Erzähler im Umgang mit den vermögenden Städtern italienischen Ursprungs. Rückschlüsse auf einen Kontakt mit den „illyrisch" sprechenden Bevölkerungsschichten aus dem Landesinneren und den unteren Gesellschaftsschichten in der Küstenregion lässt die Erzählung nicht zu. Dass die vornehmen „Istrier" den geflügelten Löwen dem kaiserlichen Adler vorziehen, davon überzeugt sich Widemanns Erzähler definitiv bei einer gemütlichen Runde in dem Landhaus einer seiner wohlhabenden italienisch sprechenden Gastgeber. Der „Neugierigreisende" scheint dabei nicht nur von den politischen Einstellungen zur Serenissima, sondern auch von den kulturellen – durchaus als national aufgefassten – Leistungen der „Italiener" irritiert zu sein:

> „Wenn Fremde auf solche Landhäuser kommen, so werden sie sehr gastfreundlich aufgenommen und gut bewirthet, aber der Gang der Unterhaltung dreht sich meistens um die Vorzüge der Italiener vor allen Nazionen herum. Gewöhnlich werden ihre Meister in der Mahlerei und Baukunst angerühmt, und Gemählde oder Kupferstiche vorgezeigt; denn vor ihren Fortschritten in andern Wissenschaften, die Dichtkunst ausgenommen, hat man hier wenig, von den Fortschritten fremder Nazionen aber gar keine Kenntnis. Ist nun der Fremde, von dem man gewöhnlich vermuthet, dass er das Alles zum ersten Mahle sieht und hört, so gefällig, Teilnahme zu bezeigen, so ist er bald ein werther Gast, und bemerkt leicht an dem immer wärmer werdenden Gespräche das Erwachen des alten venezianischen Stolzes und der Anhänglichkeit an diesen Staat, den sich seine meisten Bürger noch immer in demselben Verhältnisse von Macht und Grösse zu dem übrigen Europa zu denken pflegen, in dem er im 14. und 15. Jahrhunderte sich befand. Daher ist auch über politische Angelegenheiten nicht

[698] Widemann, Streifzüge an Istriens Küsten, 16 (Hervorhebung im Original).
[699] Ebd., 22.
[700] Ebd., 22f.
[701] Ebd., 23.
[702] Ebd.
[703] Ebd.

> mit ihnen zu sprechen, denn es herrscht eine Verwirrung in den Begriffen, und ein Mangel an allen geographischen und statistischen Kenntnissen, wovon wir keine Vorstellung haben."[704]

Im Unterschied zu den istrischen „Italienern" blickt der „Deutsche" lieber auf die vorvenezianischen Zeiten, auf das antike Istrien zurück. Nachdem er das Elend, die Rückständigkeit, die „Verwilderung" des zeitgenössischen Istrien zum venezianischen Vermächtnis erklärt hat, entführt er den Leser an die historischen Stätten, die von den Goldenen Zeiten der istrischen Geschichte zeugen, um ihm schließlich die Prophezeiung einer glanzvollen Zukunft der Halbinsel unter dem neuen Herren bekannt zu geben. Die Beschreibung des Amphitheaters und anderer Altertümer Polas entpuppt sich als eine politische Angelegenheit, wenn der Verfasser, auf den kolonialen Status Istriens in der Antike verweisend, die Habsburger Monarchie herausfordert, das römische Niveau zu erreichen:

> „Wo die Gegenwart so wenig beut, geht man um Genuss die Zukunft oder Vergangenheit an. Ich überblicke Istriens alte Geschichte und den Flor seiner Städte, als sie noch römische Kolonien waren. Ihr grosser Umfang und die Menge Schutt und Ruinen zeugen noch itzt davon. Wenn Istrien sich wieder erheben soll, so ist jetzt, oder nie mehr der Zeitpunkt da. Keinem Lande kann es in Rücksicht des Seehandels so nützlich werden, als Oesterreich; keines durch seinen Flor für den der übrigen Provinzen weniger besorgt machen, wenn diess überhaupt je der Fall seyn kann, als eben dieses Land."[705]

Wieder einmal geht es um den Nützlichkeitsstandpunkt, um die Ressourcen der neu erworbenen Provinz und deren Exploitierungsmöglichkeiten zum Wohl des Imperiums. Dies wird aber viel schriller, plakativer formuliert. Für Istrien hat Widemann große wirtschaftliche Pläne: „Ich habe nicht bald einen Ort gesehen", schreibt er über Pirano, „der zur Anlegung einer Kolonie von Natur so geeignet wäre, wie dieser."[706] Der Handel mit Bauholz, Steinen und Kalk, der Anbau von sizilianischem Weizen auf dem mit Seeschlamm und den faulenden Meergräsern gedüngten Boden wären nach Widemanns Rezept nur ein Teil der profitablen Tätigkeiten der zukünftigen Siedler. „Der grosse Uiberfluss an Obst, Honig, Wildpret und Seefischen, so wie der Weinstock und Oelbaum", schreibt er, „würden das Fortkommen der Kolonie in jeder Hinsicht erleichtern, und sie anreitzen, den grössten Theil ihrer Aernde gegen Geld ins Ausland umzusetzen, oder im Falle einer unergiebigen Aerndte in dem, ohnehin immer fremde Zufuhr bedürfenden Innerösterreich, diese Provinz damit zu versehen."[707] Das „Dichterland", das Land, „wo die Zitronen blühen", ist für Widemann zugleich eine wirtschaftlich exploitierbare auswärtige Besitzung Österreichs:

> „Was die levantischen Inseln für Venedig in Rücksicht des Zwischenhandels mit der Türkei und Levante waren, könnte Istrien für Oesterreich, und insbesondere für Triest werden. Die Schiffsbedürfnisse jeder Art, die man theils, wie die grössten Mastbäume, in den ungeheueren Wäldern von Istrien selbst, theils, wie Eisen, Hanf und Theer, im Littorale findet, und welche die Engländer von Fiume zu holen pflegen, würden, im Lande behalten, den Seehan-

[704] Ebd., 59–62.
[705] Ebd., 52.
[706] Ebd., 69.
[707] Ebd., 70.

> del zu einer beträchtlichen Höhe bringen, und den levantischen Handel nach Triest, als den Stapelplatz für das ganze südliche Deutschland leiten. Oesterreich könnte dann alle bisher aus Hamburg mit so großen Kosten bezogenen ostindischen Produkte unmittelbar selbst in der Levante hohlen; es könnte mit der Zeit und bei grösserem Vorrath an Kauffahrteischiffen befehlen, dass jene Produkte nur auf inländischen Schiffen eingeführt würden, eine Massregel der Navigationsakte, wodurch England zu seinem Reichthume kam. Bei einem Kriege der herrschenden Seemächte würde Österreich durch Neutralität, wie Nordamerika, ansehnliche Summen gewinnen […].“[708]

Das einzige Hindernis, das sich einer erfolgreichen Umsetzung dieses Projektes in den Weg stellt, scheinen die „Istrier“ zu sein, die für den Ackerbau, „die Grundfeste dieses aufblühenden Handels“[709], einfach zu faul seien. Für die Lösung dieses Problems hat der Pragmatiker aus Wien folgende Lösung parat:

> „Einige tausend deutsche Kolonisten unter sie gemengt, könnten diess Land und seine Bewohner verbessern, da jenem zu seinem höchstmöglichen Flore nichts fehlt, als mehr und fleissigere, kurz – deutsche Hände.“[710]

Mit istrischen Ressourcen und „deutschen Händen“ könnte der kaiserliche Adler schon bald für eine Handelsmacht stehen, die als Nachfolgerin der untergegangenen Serenissima mit den Seemächten wie England und Frankreich konkurrieren könnte. Denn selbst die istrischen Weine dürften – wie Widemann es formuliert – die „edelsten französischen dieser Art erreichen“, wenn sie „mit deutschem Fleisse“ bearbeitet würden.[711]

Durch dieses Autostereotyp, das an ein eindeutig nationales Wir-Gefühl appelliert, tritt Widemanns Vorstellung von der Sonderstellung der Deutschen – der herrschenden Nation im Habsburgerreich – gegenüber den Beherrschten, den „verworfenen“ Italienern und Slawen Istriens deutlich zutage.

8.2.4 Nationalcharaktere

Die ersten Bemerkungen zu den kollektiven Eigenschaften einer „Menschengattung“[712] stellt der Wiener Bürger bereits hinter dem rund 30 Kilometer von der Kaiserstadt entfernten Traiskirchen an, wo er bei den in elenden Hütten lebenden Einwohnern eine Abweichung von dem „offene[n], zutrauliche[n] und von Zufriedenheit zeigende[n] Aussere[n] des österreichischen Bauers“[713] feststellt. Wenn auch das Missfallen an der Physiognomie des sozial Ungleichen bei der Beschreibung des Gleichsprachigen, das in Widemanns Text bereits als das Gleichnationale fungiert, euphemistisch ausgedrückt wird, eines geht klar hervor: Die Armut der unteren Gesellschaftsschichten spricht den reisenden Großstädter nicht an. Österreichische Gebirgsbauern – „ein edler Schlag Menschen, etwas rau und stolz,

[708] Ebd., 70–72.
[709] Ebd., 72.
[710] Ebd., 88.
[711] Ebd., 93.
[712] Widemann, Streifzüge durch Innerösterreich, 23.
[713] Ebd., 5.

aber redlich und dienstfertig"[714] – gefallen dem Reisenden viel besser, insbesondere wenn sie wohlhabend sind. „Die Wohlhabenheit veredelt den Menschen", stellt Widemann fest, „und Fluch den elenden Klügern, die behaupten können, man müsse den Bauer arm und elend erhalten, um ihm ruhig befehlen, und bey Anwerbung zum Soldaten, gleichsam eine Wohltat erweisen zu können."[715] Denn nur der wohlhabende, „veredelte" Bauer sei zugleich ein vom „lobenswerthen" Patriotismus „beseelter" Bauer, der dem Staat „viele freiwillige Gaben" bringt.[716] Widemanns positive Einstellung den österreichischen Gebirgsbewohnern gegenüber geht auch aus seiner Darstellung der „Obersteirer" hervor, die er als „schlicht und ehrlich im Umgange, gutgesinnt gegen Fremde" bezeichnet und bei denen er neben der „fleissige[n] Kultur des Bodens" eine „vorzügliche Stärke" beobachtet.[717] Bei der ersten Begegnung mit dem slawischsprachigen Anderen in Gestalt „einige[r] wendische[r] unfreundliche[r] Bauern"[718], die das Schloss Loretto am Wörthersee in Kärnten bewohnen, setzen die positiven Attribuierungen aus. Andreas Helmedach bemerkt, Widemanns „Verständnis der sozialen Problematik bäuerlichen Lebens" habe dort aufgehört, „wo die (spätere?) nationale Grenze überschritten wurde".[719] Mit der Überschreitung der Grenze zur Krain beginnt das supponiert Charakteristische des Widemann'schen „Wir", das sich ausdrücklich auf „Deutsche" bezieht, den Status einer Norm anzunehmen, wobei das Fremdartige anderer Völker als störende Abweichung von dieser Norm verstanden wird. Von nun an gilt es, die Leistungen des als „deutsch" oder autoidentifizierend als „wir Deutsche" bezeichneten Eigenen durch die Inszenierung der Inferiorität anderer Völker zu rechtfertigen. „Hier ist nun alles schon wendisch", schreibt Widemann über Krainburg, „Sprache, Gemüthsart, Kleidung und Kultur des Bodens unterscheiden sich sehr von der deutschen. In Rücksicht des Körpers sind Männer und Weiber stark gebaut, aber sehr hässlich, und gewöhnlich arm, woran theils der wenig fruchtbare Boden, theils ihre Trägheit Schuld haben mag."[720]

Bornagius, der einige Jahre zuvor auf derselben Strecke reiste, hatte die „Wenden" mit einer noch viel gehässigeren Aburteilung bedacht. Aus seiner psychophysiognomischen Darstellung geht eine andere Erklärung für die Armut der „Wenden" hervor:

> „Jenseits Kirschentheuer sieht man sich schon unter Wenden versetzt, die ihr Ansehen und besonders ihre Tracht verräth. Männer und Weiber sind sehr robuste aber auch beide sehr häßliche Menschen. Ich habe unter ihnen selten nur ein mittelmäßig schönes Gesicht gesehen. Es wäre wirklich auch Schade, wenn ihre Seelen eine schönere Wohnung hätten, denn so gros ihre körperliche Kräfte sein mögen – so schwach sind ihre Geisteskräfte. Sie hängen noch an dem absurdesten Aberglauben, und jede Art von Kultur und Industrie ist ihnen fremd. Daher rührt auch die grose Armuth, in welcher sie leben."[721]

714 Ebd., 14.
715 Ebd.
716 Ebd.
717 Ebd., 22.
718 Ebd., 36.
719 Helmedach, Das Verkehrsystem, 433.
720 Widemann, Streifzüge durch Innerösterreich, 39.
721 Bornagius, Ruhepunkte, 15.

Seine auto- und heterostereotypen Vorstellungen vom deutschen und italienischen „Nationalcharakter" gibt Widemann in seiner Beschreibung von Triest bekannt, indem er feststellt:

> „Eifersucht, Rachgierde und das Cicisbeat sind aus dem italischen, so wie eine gewisse Gastfreyheit aus dem deutschen Klima hierhergewandert. An den Wirthstafeln fallen die National-Eigenheiten vorzüglich auf, alles ist lebhaft und redselig, wenn der grösste Theil der Gäste Deutsche – stille und mistraurisch hingegen, wenn es Italiener sind."[722]

Die Analyse der „National-Eigenheiten" entlarvt sich als eine herrschaftliche Angelegenheit, denn auch Widemann prätendiert darauf, dass die Ergebnisse seiner moralisch-psychologischen Bemerkungen als Leitfaden verstanden werden, der Aufschluss darüber gibt, wie man die neuen habsburgischen Untertanen behandeln, leiten und regieren soll. Dies verdeutlicht die Textstelle aus „Streifzügen durch Innerösterreich", in der Widemann die regionalen Variationen der „Nationalcharaktere" anhand seiner Abenteuer mit den „Marinari" entwirft:

> „Man findet auch hier die Sbirri und auf einer kleinen Barke oft Matrosen aus allen italienischen Staaten, die zu leiten und zu behandeln Kentniss aller ihrer Nationalkaraktere erfordert. Der Venezianer ist gutmüthig, aber stolz auf seinen San Marco; der Genueser Ehr- und Rachesüchtig, und vorzüglich geschickt sich zu verstellen. Die Istrianer sind demüthig ins Angesicht, und die kaiserlichen Unterthanen kühn und stolz darauf, dass sie Imperiali sich nennen können. So fand ich beyläufig diese Gattungen auf einer Barke, die mich nach Venedig brachte."[723]

In „Streifzügen an Istriens Küsten" heißt es dann bezüglich der italienischen Matrosen:

> „So sehr diese Menschenklasse durch die niedrigste Gewinnsucht und Rachbegierde sich entstellt, so gewinnt sie doch wieder durch diesen Nationalstolz, der zugleich das sicherste Leitband für ihre Regierung ist, und so manchen unter uns Deutschen anzuempfehlen wäre."[724]

Seine Untersuchungen zu den Eigenschaften der neuen Untertanen der Monarchie setzt Widemann in seinem Text über Istrien fort, in dessen Bevölkerung er eine Mischung aus Einwohnern „kroatischen und illyrischen Ursprungs" und den „vom festen Lande eingewanderten" Italienern feststellt.[725] Als ihre Sprache nennt er das „verdorbene" Italienisch und Illyrisch, das tiefer im Land gesprochen wird. Diese am Anfang der „Streifzüge an Istriens Küsten" vorgenommene Differenzierung zwischen dem slawischen und italienischen Element wird im weiteren Verlauf des Textes durch die Verwendung der ethnisch/national unbesetzten, zusammenfassenden, regionalen Bezeichnung „Istrier" oder „Istrianer" aufgehoben. Mit den Termini „Dalmatiner" und „Slavonier" – wobei der Letztere als das deutsche Äquivalent für das italienische „Schiavoni" zu verstehen ist – werden in „Streifzügen an Istriens Küsten" ausschließlich die aus den ostadriatischen Provinzen stammenden Soldaten der Serenissima bezeichnet. In seinem zuerst publizierten Reisebericht jedoch verwendet Widemann den Begriff „Dalmatiner" auch als zusammenfassende Bezeichnung für die Ein-

[722] Widemann, Streifzüge durch Innerösterreich, 71f.
[723] Ebd., 71.
[724] Widemann, Streifzüge an Istriens Küsten, 7.
[725] Ebd., 11.

wanderer aus dem venezianischen Dalmatien. So stellt er beim Volk im Gebiet von Triest ein „Gemisch von Istrianern, Dalmatinern, Zitschen u.s.w.“[726] fest, wobei das „u.s.w.“ eine gewisse Ratlosigkeit bezüglich des terminologischen Wirrwarrs in der zeitgenössischen Anthropologie des Westbalkans signalisiert.

Der „Neugierigreisende“, der allzu gerne Urteile über die Schönheit und Hässlichkeit einzelner Bevölkerungsgruppen fällt, fasst seine Eindrücke über das Äußere der „Istrier“ mit folgendem Satz zusammen: „Die Männer sehen im Durchschnitte gross und schöner aus, als ihre schwarzbraunen Weiber.“[727] Was Widemann am weiblichen Erscheinungsbild stört, sind die Trachten, die „fatalen Verhüllungen“[728], die er in Pirano beobachtet haben will:

> „Die Kleidung der hiesigen Weiber muss die Eifersucht selbst erfunden haben. Von der ältesten bis zur jüngsten trägt jede nach illyrischer Sitte einen schwarzen tüchenen Rock ohne Vortuch bis auf die Zehen, und um den langen, langen Leib ein breites ebenfalls schwarzes wollenes Zeug, das einem Shawl etwas gleichet, um die Mitte herum etwas befestiget ist, und über den unbedeckten Kopf dergestalt gehüllet wird, das kaum die Augen heraussehen können. Dieser schwarze Anzug, der bei den Reicheren aus Taft besteht, ist der allgemeine Festagsstaat der Damen, vor dem ich aber meine schönen Landsmänninen angelegentlichst warne […] Die reitzendste Gestalt, der schönste Busen, der niedlichste Fuss ist vergebens so reitzend, vergebens so niedlich und schön, und je schlanker eine gewachsen ist, umso abscheulicher nimmt sie sich aus.“[729]

Neben den „deutschen Fleiß“, der „deutschen Pünktlichkeit“, Gastfreundschaft und Redlichkeit steht auch die „deutsche Mode“ als ideeller Wert auf der Skala, nach der Widemann das Fremde beurteilt. „Die Tracht ist geschmacklos“, schreibt er über die Triester, „bey den gebildeten Klassen ausgenommen, die sich nach deutscher Mode richten.“[730] Die Defizite der istrischen Kleidungsart will der modebewusste Bürger als viel größer erscheinen lassen, als dies die knappe Abqualifizierung mit dem Wort „geschmacklos“ vermag und bedient sich zu diesem Zweck der Hyperbolisierung. Als er in Pirano in eine Kirche voller „schwarz verhüllte[r] Weiber“[731] eintritt, glaubt er nach eigenen Angaben „in eine Versammlung von Nonnen, Herrenhutherinnen oder Trauernden“[732] getreten zu sein. „Doch trauern mögen sie wohl“, stellt er dabei fest, „über den tiefen Grad von Verwilderung dieses herrlichen Landes!“[733] Die „Verwilderung“ steht hier für die kulturelle Inferiorität, die der selbstgefällige Wiener auch im Vorübereilen dank eines spezifischen „Messgeräts“ feststellen konnte:

> „Der Grad der Moden ist ein Barometer der Kultur eines Volkes für den vorübereilenden Beobachter; wenigstens bestätigt es die Erfahrung unwiderleglich, dass, so viele Jahre ein Volk

726 Widemann, Streifzüge durch Innerösterreich, 73.
727 Widemann, Streifzüge an Istriens Küsten, 11.
728 Ebd., 44.
729 Ebd., 36f.
730 Widemann, Streifzüge durch Innerösterreich, 72f.
731 Widemann, Streifzüge an Istriens Küsten, 36.
732 Ebd., 36.
733 Ebd.

hinter dem anderen in Moden zurücksieht, so viele Jahrzehnte es demselben in der Kultur nachstehe."[734]

Nach dieser Formel und aufgrund von Schätzungen über „den Grad der Moden", die der Reisende über Pola anstellt, lässt sich ein imaginärer kultureller Rückstand von 120 Jahren vom Widemann'schen Barometer ablesen. Denn, über die „ganze schöne Welt"[735] von Pola heißt es in „Streifzüge":

> „[...] theils ihres blassen Aussehens, theils der Moden wegen, hätte man sie gemächlicher für ein Geisterchor von vor zwölf Jahren Abgeschiedenen halten können; so lebhaft riefen die grossen Bouffanten, die ungeheurn Trompeusen und die fürchterlich langen Leiber der Frauen jene Zeiten ins Gedächtnis zurück, waren aber zugleich auch ein hinreichender Beweis für die Abgeschiedenheit, in welcher diese Menschen von der übrigen Welt leben."[736]

Die kulturellen und moralisch-psychologischen Defizite, die Widemann bei den neuen habsburgischen Untertanen feststellt, gehen auf das Konto ihrer vorigen Herren. So werden Rachsucht und Faulheit – zu Stereotypen erstarrte Zuschreibungen aus dem Repertoire der administrativen Diskurse der Aufklärung – diesmal als Folge der Fremdeinwirkung von der westlichen Seite der Adria her betrachtet. „Sie haben ganz das Rachsüchtige des italienischen Charakters", stellt Widemann über die Bewohner von Pirano fest, „das leicht durch ihre gänzliche Abgeschiedenheit von der Welt, und durch die Ausgeschlossenheit von jedem grösseren Verkehre, worin sie Venedig zu erhalten suchte, erhöhet worden seyn kann."[737] Die mangelnde öffentliche Sicherheit an der Ostadria, der Dorn im Auge der ehemaligen venezianischen Regierung, ist in Widemanns Interpretation ebenfalls auf diese – wie es scheint von Italien her eingewanderte – kollektive Eigenschaft zurückzuführen. Auch an der „gränzenlosen Faulheit" – dem „andere[n] Hauptzug der Istrier" – habe die Serenissima die größte Schuld, da sie sie zu den mühsameren Tätigkeiten wie Ackerbau nicht „erzogen" hätte.[738] Eine der wenigen Eigenschaften der „Provinzialisten", die Widemann nicht in Verbindung mit der venezianischen Herrschaft bringt, ist ihre Anhänglichkeit an die „häuslichen Verhältnisse".[739] Wie viele Autoren vor ihm, die sich bei den Südslawen aufhielten, wird auch Widemann beim Anblick eines Familienzusammentreffens in die „patriarchalischen Zeiten" entführt und an „Szenen des Orients" erinnert. Im Unterschied zu seinen Vorgängern stellt Widemann seine orientalischen Vergleiche nicht in den Gebirgsregionen Dalmatiens oder der Militärgrenze an, sondern im äußersten Westen Südosteuropas, in der Stadt Pirano an der Adriaküste des heutigen Slowenien:

> „Wenn die Jahrszeit günstig ist, so sitzen die geringeren Familien des Abends vor ihren Häusern, wo sie grosse Zirkel bilden, und der rückkehrenden Hausväter warten; ein Anblick, der an patriarchalische Zeiten und an Szenen des Orients erinnert. Auch schon unter Tags wer-

[734] Ebd., 112.
[735] Ebd., 111.
[736] Ebd.
[737] Ebd., 55.
[738] Ebd., 55f.
[739] Vgl. Ebd., 56.

> den die meisten Hausarbeiten vor dem Hause verrichtet; selbst die Schneider und Schuster arbeiten im Freien auf Stellagen, und an grossen gemeinschaftlichen Feuern mitten in den Strassen braten mehrere Familien ihre Fische mit Oel. Man kann sich denken, wie lebhaft und volkreich die Gässen dadurch werden, und wie sehr diese offene Häuslichkeit und Vertraulichkeit die Einwohner gleichsam zu einer Familie zusammen zu schmelzen scheint."[740]

Widemann, der vorgibt, im September durch Istrien gereist zu sein, verzichtet nicht darauf, seinen Lesern die häuslichen Verhältnisse in winterlicher Atmosphäre vor Augen zu führen. Seine Imagination versetzt die familiäre Runde in die Intimität eines Kücheninterieurs, setzt sie um den Kamin oder Herd herum, lässt die Männer die Gefahren ihrer letzten Seereisen erzählen und die Frauen das Abendessen vorbereiten. Inspiriert von der flämischen Genremalerei, lässt er die Gesichter der „Istrier" durch das „magisch rötliche"[741] Licht des Feuers beleuchten und mit den dunklen Schattierungen des Raumes kontrastieren. Dem bürgerlichen Leser suggeriert er dabei, sich die familiäre Szene aus dem istrischen Alltag als „belebtes Gemählde Teniers oder Ostades"[742] vorzustellen. Was dieser Darstellung fehlt, um die Vollständigkeit eines klassischen „Illyrische Familienrunde um die Feuerstätte"-Images zu erreichen, ist die Gusla und das Lied. Widemanns Istrier singen aber nicht, mitunter lesen sie ihre Sonette vor und werden bei dieser Tätigkeit ausdrücklich als „Italiener" identifiziert. Vom positiv konnotierten Image der singenden Südslawen wendet sich der Wiener radikal ab, indem er behauptet, „das kamtschadalische Geplärre trunkener Dalmatiner Soldaten, das sie Gesang nennen [...] vertrieb uns Deutsche aus der Stadt".[743] Von den vielgepriesenen kriegerischen Qualitäten der „Schiavoni" ist er ebenfalls nicht besonders beeindruckt. „Die stehenden Truppen Venedigs bestanden bloss aus Slavoniern und Dalmaziern", schreibt er, „die zwar mit dem Säbel gut umzugehen wissen, aber gegen das Feuergewehr nicht Stand halten. Künftig hingegen wird Istrien allein, wie es heisst, 3 000 Mann Soldaten stellen."[744]

Wer erzählt eigentlich hier? Derselbe Reisende, der „in den Wehen des Aethers" Goethes „Mignon" wahrnimmt? Das dichterisch veranlagte Subjekt, das durch ausladende Rhetorik subjektiven Fühlens sein empfindsam-romantisch Ich zum Ausdruck bringt? Der empfindsame „Tourist", der im Meer badet und „am Rande der Meereswellen" Schiller rezitiert?

Für die „Streifzüge an Istriens Küsten" jedenfalls ist eine Amalgamierung von Innerlichkeit und Imperialismus, von Subjektivität und politischem Engagement, von der literarischen Selbstbezüglichkeit und dem trockenen Stil der politischen Publizistik charakteristisch.

Als Fazit: Obwohl man mit Grund daran zweifeln kann, dass Widemann überhaupt tatsächlich und wenn, ohne jeden Auftrag und so wie beschrieben nach Istrien gereist ist, stellt sein Reisebericht doch das erste Werk in der deutschsprachigen Reiseliteratur über Kroatien dar, das die Geschichte eines ungebundenen, durch Zufall gesteuerten, von be-

740 Ebd.
741 Ebd., 58.
742 Ebd.
743 Ebd., 32f.
744 Ebd., 23.

ruflich-dienstlichen Verpflichtungen freien Reiseunternehmens vermittelt. Dieser Reisebericht unterscheidet sich von allen bisher analysierten Reisetexten auch durch seine dichte Ereignisstruktur. Nicht nur in Bezug auf die beschriebene Reiseform, sondern auch in Hinsicht auf die Ästhetisierung der Gattung stellt der Text des empfindsamen Reisenden auf den Spuren Sternes eine Neuerung dar. Die essayistischen Exkurse, der feuilletonistische Stil, die Anleihen literarischer Erzählverfahren und die ausladende Rhetorik subjektiven Fühlens rücken den Text in die Nähe der Populärliteraturprodukte der Empfindsamkeit. Aufgrund seiner periodischen Metatextualität und Bildhaftigkeit der Sprache kann man in Bezug auf diesen Reisebericht von Ansätzen der Ästhetisierung sprechen. Zugleich sind bei Widemann eine Politisierung der Inhalte und eine Akzentverschiebung in Richtung einer national aufgeladenen Geographie der Identität und Alterität feststellbar, wie man sie in den deutschsprachigen Reisebeschreibungen zum historischen Kroatien bis dahin nicht vorgefunden hatte.

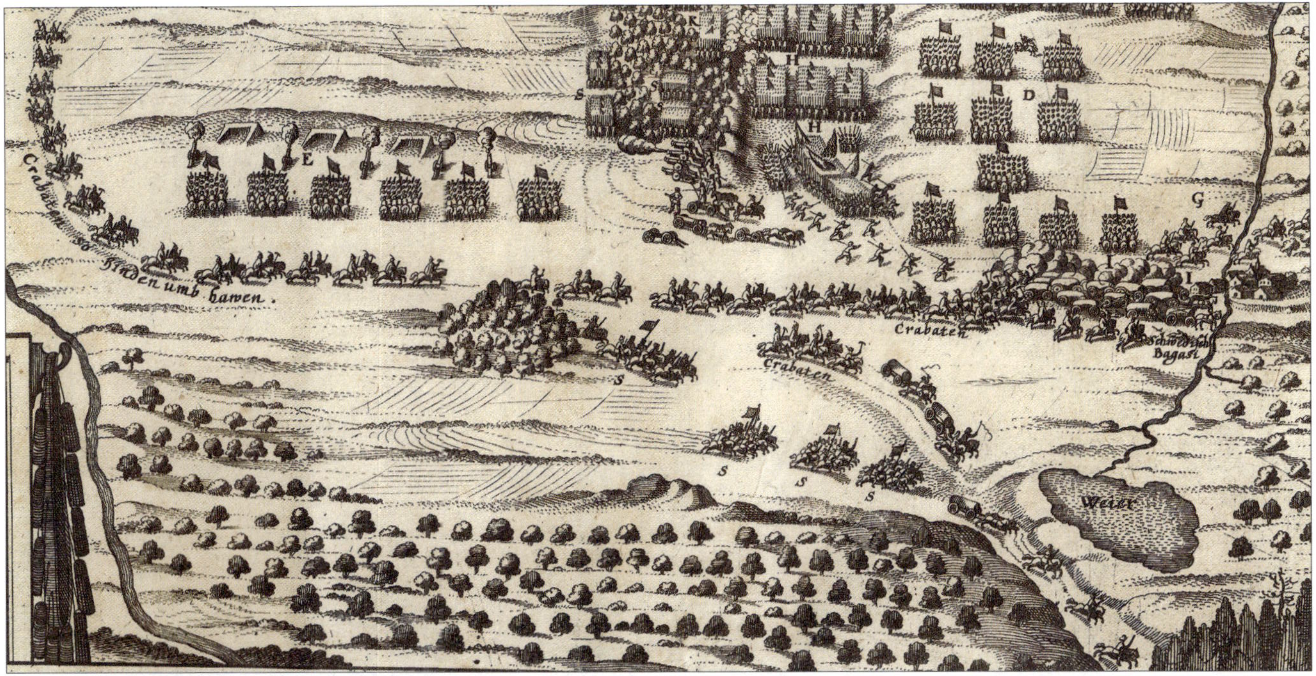

Abb. F1. Crabaten so hinden umb hauen, Ausschnitt aus [Jacob van der Heyden]: „Eigendtlicher abriß Des haupt treffens So Zwischen der Keyserischen und Schwedischen Armeen bey Nörlingen, geschehen den 6. Septemb. alda die Keyserischen das selt erhalten geschütz und Bagaschi erobert. A°. 1634". © Axel Stolch. Frankfurt a.M. (Latomus Erben) 1634.

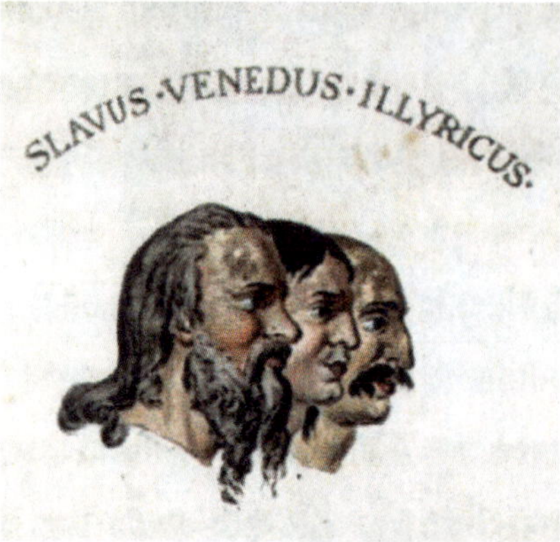

Abb. F2. Slavus – Venedus – Illyricus, in: HACQUET, Abbildung und Beschreibung, Titelkupfer.

Abb. F3. Morlakisches Mädchen, in: FORTIS, Reise in Dalmatien, 1776, S. 103.

Abb. F4. Bildniß des Sotschiwizka, Titelblatt von: LOVRICH, Leben des berüchtigten Haiducken Sotschiwitzka, 1778.

Abb. F5. (Junge Frau) Morlakin (Dalmatien) / (Frau aus dem Volke) Neapolitanerin, in: JUSSEN (Hg.), Liebig's Sammelbilder (Atlas des Historischen Bildwissens, 1), 2 CD-ROM, 2002.

Abb. F6. Chinese/Dalmatier, in: JUSSEN (Hg.), Liebig's Sammelbilder (Atlas des Historischen Bildwissens, 1), 2 CD-ROM, 2002.

Abb. F7. Ausschnitt aus Mappa litho-hydrographica nationis Slavicae ad occidentem solem sitae / gezeichnet von Leber zu Laibach a. o. 1782, Ursprungswerk: Hacquet, Oryctographia, 1778–1789.

Abb. F8. Morlak, Morevlah.

Abb. F9. Morlakin Morevlaha.

Abb. F10. Liburnierin, Liburniza.

Abb. F11. Likaner, Likan; alle in: HACQUET.

Abb. F12. Kroatentafel. Grabentour in Sachsen.

Abb. F13. Kroatenstein. Grabentour in Sachsen.

Abb. F14. Kroatenstein von Winterstein, Autor: Frank Störzner, in: Geschichte(n) in Stein. Volkstümliche Kleindenkmale an Thüringer Wanderwegen, 2001, S. 37. © Verlag grünes herz.

Abb. F15. Pfarrkirche Wittichenau, Gedenktafel für Krabat.

Abb. F16. Karl Friedrich Schinkel, Ansicht von Pula (Kroatien), Bildarchiv Preußischer Kulturbesitz, Nr. 00043215, bpk/Kupferstichkabinett, SMB/Jörg P. Anders.

Abb. F17. Installation „Krawatte um die Arena". Pula 2003. Autor: Marijan Bušić.

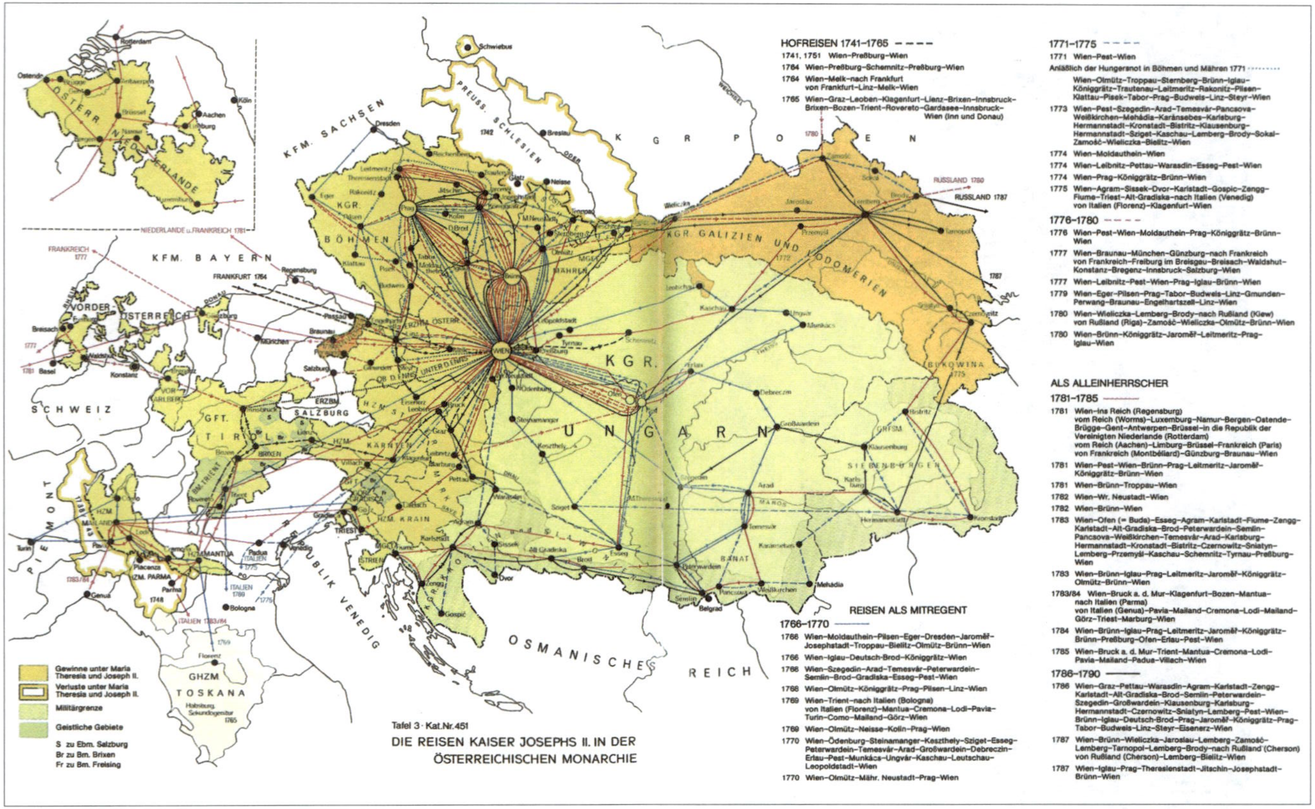

Abb. F18. Die Reisen Kaiser Josephs II. in der österreichischen Monarchie. Entwurf: Wolfgang May, Graphische Gestaltung: Irmgard Grillmayer, in: Karl Gutkas (Bearb.): Österreich zur Zeit Kaiser Josephs II., 1980, S. 714.

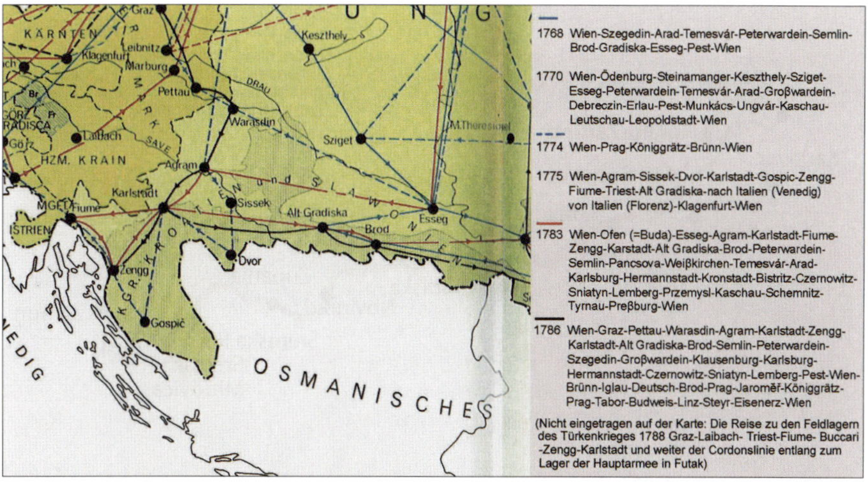

Abb. F19. Kroatische Reiserouten Josephs II., Aus: May / Grillmayer, bearb. von Maja Zeman.

Abb. F20. Neue Charte der Cisalpinischen Republik und von See-Oesterreich, in: Geographisch-statistische Beschreibung von See-Osterreich, 1798.

Abb. F21. Kleemanns und Hacquets Reise, Entwurf: Marko Maraković.

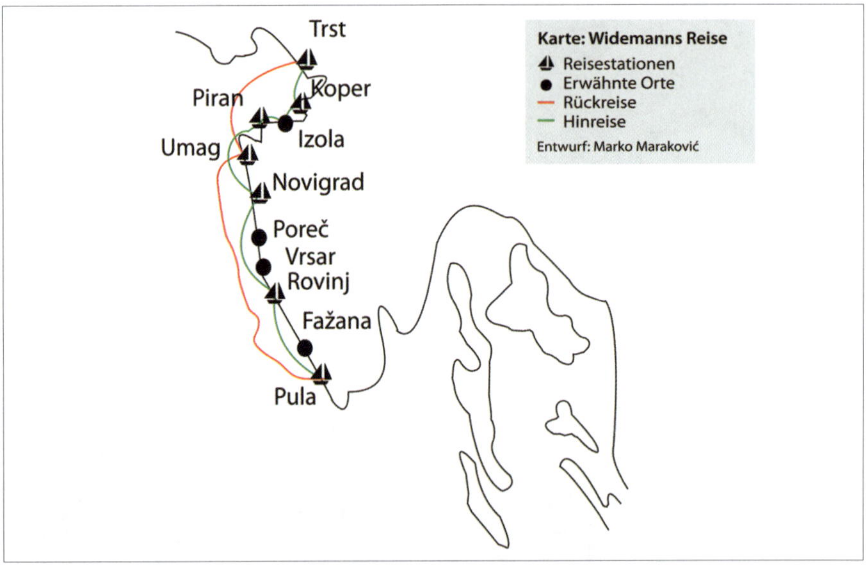

Abb. F22. Karte Widemanns Reise, Entwurf: Marko Maraković.

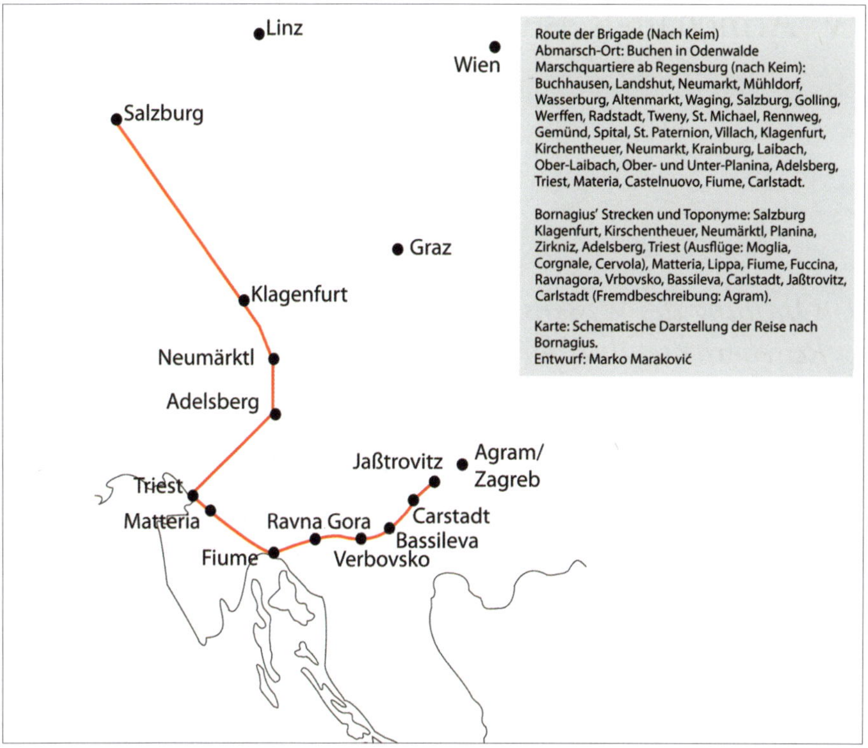

Abb. F23. Karte Bornagius' Reise, Entwurf: Marko Maraković.

IV Armchair-Reisen durch Reiseberichte

1 Ordnung des Wissens. Reiseberichte als Informationsfundgrube

Augenzeugenwissen, Autopsie, Authentizität: Dies sind die drei Schlagwörter, die im aufgeklärten Zeitalter auch Kroatien-Reisende häufig auf ihre Fahnen schrieben, für ihre Darstellungen beanspruchten und als Werbeslogans für die eigenen Werke nutzten. Rein erfahrungsgestützt waren ihre Expertisen trotz dieser Programmatik jedoch nicht und auch ein Reisender, der „stets allein"[1] auf dem Rücken seiner „Rosinante"[2] die unwegsamen, für terrae incognitae ausgegebenen Gebiete bereiste, hatte immer seine „Reiseführer" im Gepäck und war auch am Schreibtisch nie richtig allein. Genauso wie das Wissen der Vorgängerquellen unterschiedlichster Art in die Reiseliteratur einfloss, so ergoss sich der von ihr transportierte Informationsfluss in die Texte der schreibenden Nachfolger. In den Reiseberichten von Fortis, Hacquet und von Taube gab es – um mit András Vári und Manfred Pfister zu sprechen – keine *tabula rasa*[3] und die Wirkungsgeschichte dieser Texte erschöpfte sich längst nicht nur in morlakistischen Fiktionen, sondern machte sich auch in den „faktischen" Diskursen bemerkbar.

Forschung ist so alt wie die Menschheit, und die Reise gehört – wie Justin Stagls Studie zur Geschichte der Sozialforschung vortrefflich gezeigt hat – seit eh und je zu einer ihrer Basismethoden.[4] Die heute zum gängigen Werbeklischee der Tourismusbranche erstarrte Maxime „Reisen bildet" hatte in der Neuzeit durchaus ihre Berechtigung. Zu der Zeit, als es noch keine Reiseführer in ihrer heutigen Form gab, keine Satellitenbilder und Fernsehreportagen, keine Kriegsjournalisten und „Balkanexperten", waren Reisen und ihre Beschreibungen Quellen des aktuellen und vor allem nützlichen Wissens über fremde Län-

1 Hacquet, Oryctographia, Bd. 4, S. VIII.
2 Ebd.
3 Vári, Die Palette, 178. Manfred Pfister, Autopsie und intertextuelle Spurensuche. Der Reisebericht und seine Vor-Schriften, in: Ecker/Röhl (Hgg.), In Spuren reisen, 11–31, 12.
4 Siehe dazu Stagl, Eine Geschichte der Neugier.

der.[5] Kurz: Im 18. Jahrhundert waren die Reisenden „Informationsträger ersten Ranges".[6] Ihre Schriften bildeten tatsächlich, und zwar nicht nur die bürgerliche Öffentlichkeit und zukünftige Reisende, sondern auch Schüler und Studenten, Beamte, Politiker und Regenten. Dies taten sie häufig indirekt, durch Vermittlung eines als wissenschaftlich geltenden Metiers, das sich im 18. Jahrhundert „statistisch" oder „staatenkundlich" nannte und um das Ordnen, die Thesaurierung und die Katalogisierung des Wissens über einzelne Staaten und Länder bemüht war.

In der zweiten Hälfte des 18. und Anfang des 19. Jahrhunderts wurden auch die historischen Territorien Kroatiens mit all ihren Grenzen, Flüssen, Bergwerken und Einwohnern unzählige Male durch exzerpierfreudige Systematiker an Schreibtischen in Wien, Pest und in den deutschen Ländern landes- und völkerkundlich bzw. „statistisch" vermessen. In vielen dieser Werke, die ihre „Fakten" weitgehend aus der Reiseliteratur schöpfen, trifft man eine blühende Stereotypenlandschaft an: die Landschaft der alten Images mit neuen Funktionen und der altbekannten ins Bedeutungslose überzitierten Zuschreibungen über „illyrische" Völkerschaften.

1.1 Kroatien exzerpiert. Über Quellenkorpus, Typen und Gattungen

Die „Systematisierungs- und Exzerpierungswut" des 18. und des frühen 19. Jahrhunderts brachte eine kaum vollständig erfassbare Materialfülle zu historischen Territorien in Kroatien hervor. Bei der Mehrheit der eingesehenen Werke handelt es sich um Kompendien eingebrachten Wissens bzw. um Sammlungen aller einschlägigen Informationen zu Land und Leuten. Die gegenständliche Hybridität dieser Werke spiegelt durchaus die Situation in den damaligen Wissenschaften wider. Die wissenschaftlichen Disziplinen, die man heute als Geographie, Geschichte, Anthropologie, Ethnographie, Anthropogeographie, Soziographie usw. kennt, waren damals nämlich weder gegenständlich noch begrifflich ausdifferenziert, ihre Traditionslinien reichen in einen gemeinsamen „statistischen" Kessel zurück.

Eine Auswahl aus diesem typologisch nur schwer differenzierbaren „faktischen" Quellenmaterial aus dem 18. und frühen 19. Jahrhundert offenbart deutschsprachige Schilderungen zu kroatischen Ländern und ihren Bewohnern in:

a) „statistischer" Literatur deutscher, österreichischer und ungarischer Autoren;
b) Erdbeschreibungen bzw. „politischen Geographien";
c) der Medizinalstatistik;
d) didaktischen Werken;

[5] Reisende aller Art waren zu der Zeit auch wichtige Informanten der Zeitungsschreiber und Zeitungsherausgeber. Zum Verhältnis zwischen Reisen, Presse und Staatskunde im 17. und 18. Jahrhundert siehe Elger Blühm, Von der Zeitungen Notwendig- und Nutzbarkeit auf der Reise, in: Griep / Jäger (Hgg.), Reisen im 18. Jahrhundert, 1–9.

[6] Hans Erich Bödeker, Reisen. Bedeutung und Funktion für die deutsche Aufklärungsgesellschaft, in: Griep / Jäger (Hgg.), Reisen im 18. Jahrhundert, 91–110, 105.

e) (Proto-)Ethnographien;
f) Apodemiken bzw. vormodernen Reiseführern sowie Sammlungen und Kompilationen aus Reisebeschreibungen.

a) „Statistische" Literatur

Die Bezeichnung „Statistik"[7] stand im 18. Jahrhundert für die Wissenschaft vom Zustand des Staates mit der Aufgabe der Wissensbereitstellung für die praktische Politik.[8] Der zeitgenössische ungarische „Statistiker" Martin Schwartner definiert diese Wissenschaftsdisziplin auch als „allerneuste stehende Geschichte eines Staates, oder systematische Erzählung aller Staats-Merkwürdigkeiten".[9] Sammeln im Diskurs, d. h. die Arbeit an der Zusammenstellung und Aufbereitung unterschiedlichster Informationen zu einer politischen Einheit, galt also damals als eine Wissenschaft, und zwar eine pragmatische.

Die empirische Staatenkunde, deren Traditionslinien in die Antike und in das Mittelalter zurückreichen, bildete sich im Laufe der frühen Neuzeit heraus[10] und wurde im 17. Jahrhundert, besonders in Deutschland, ein Universitätsfach.[11] Den Vertretern dieser älteren deutschen Schule mit Professor Hermann Conring[12] als ihrem Begründer ging es

[7] Etymologisch aller Wahrscheinlichkeit nach aus dem italienischen *statista* (der Staatsmann). Vgl. Daniel SCHMIDT, Statistik und Staatlichkeit. Wiesbaden 2005, 16.

[8] Zur vormodernen Statistik siehe Mohammed RASSEM / Justin STAGL (Hgg.), Statistik und Staatsbeschreibung in der Neuzeit (vornehmlich im 16.–18. Jahrhundert). Bericht über ein interdisziplinäres Symposion in Wolfenbüttel, 25.–27. September 1978. Paderborn u. a. 1980 (Quellen und Abhandlungen zur Geschichte der Staatsbeschreibung und Statistik, 1). Vgl. auch SCHMIDT, Statistik und Staatlichkeit sowie Gabriella VALERA, Statistik, Staatengeschichte, Geschichte im 18. Jahrhundert, in: Hans Erich BÖDEKER u. a. (Hgg.), Aufklärung und Geschichte. Studien zur deutschen Geschichtswissenschaft im 18. Jahrhundert. Göttingen 1986 (Veröffentlichungen des Max-Planck-Instituts für Geschichte, 81), 119–144. Siehe auch Carl Gustav Adolph KNIES, Die Statistik als selbständige Wissenschaft. Zur Lösung des Wirrsals in der Theorie und Praxis dieser Wissenschaft. Kassel 1850 [Neudr. Frankfurt/M. 1969]. Näheres zum Thema liefert auch Lars BEHRISCH (Hg.), Vermessen, Zählen, Berechnen. Die politische Ordnung des Raums im 18. Jahrhundert. Frankfurt/M., New York 2006 (Historische Politikforschung, 6).

[9] SCHWARTNER, Statistik des Königreichs Ungern, 2.

[10] Einen wichtigen Beitrag in dieser Entwicklung leistete die Republik Venedig mit sogenannten Relazionen. In Venedig erschien 1561 auch das „Epochen machende" Werk von Francesco Sansovino Del Governo de i regni et delle republiche cosi antiche come moderne, nach Angaben Stagls „das erste [Werk] in einer Flut von deskriptiver Literatur, in deren Rahmen bis zum Ende des 18. Jahrhunderts politisches, soziales und kulturelles Erfahrungswissen dargeboten wurde". STAGL, Eine Geschichte der Neugier, 83.

[11] Siehe dazu Mohammed RASSEM / Justin STAGL, Exposé, in: DIESS. (Hgg.), Statistik, 11–16.

[12] Hermann Conring (1606–1681), Universalgelehrter, Professor der Naturphilosophie, Medizin und Politik an der Universität Helmstedt, gilt als Vater der deutschen Rechtswissenschaften und Begründer der Universitätsstatistik.

um die Beschreibung der „vornehmsten europäischen Staaten"[13] mit ihren geographischen Eigenschaften, Bevölkerungs- und Wirtschaftsverhältnissen, ihrer Staatsverfassung und Verwaltung, somit um das Inventarisieren des Wissens, das von den Politikern und Staatsmännern genutzt werden konnte. Verschiedenartiges Material wurde zu handbuchartigen, knappen und synoptischen Darstellungen zusammengefasst, als Anordnungsprinzip dienten die hergebrachten aristotelischen Schemata (vier *causae*). Im 17. Jahrhundert wurden solche Darstellungen „Notitiae rerum publicarum" genannt.[14] Mit der Tätigkeit Gottfried Achenwalls[15] trat diese Entwicklung in eine neue Phase. Dieser ebenfalls an der Göttinger Universität lehrende Wissenschaftler machte sich um die Einführung einer neuen Methode in der Staatsbeschreibung verdient und wurde somit zum „Vater" einer neuen, komplexeren deskriptiven Disziplin, die er Statistik nannte. Die einflussreiche historisch-politische Göttinger Schule der Statistik fand ihre Entwicklung in den weiterführenden Arbeiten von August Ludwig Schlözer.

Parallel zur beschreibenden Staatenkunde entwickelte sich in der frühen Neuzeit eine ausschließlich auf quantitative Analysen ausgerichtete Disziplin, die sich politische Arithmetik nannte. Ihre Vertreter versuchten, mit mathematischen Methoden und anhand der Zahlen aus Kirchen- und Verwaltungsarchiven bestimmte soziale, ökonomische, medizinische und andere Regelmäßigkeiten auszumachen. Mit der Verfügbarkeit der quantitativen Daten aus Verwaltungsarchiven vollzog sich auch im Rahmen der deskriptiven „Staatenkunde" eine zunehmende Mathematisierung. Die als Staatsgeheimnisse gehüteten numerischen Daten über Länder und ihre Bewohner fanden durch unterschiedliche amtliche und private statistische Publikationen ihren Weg in die Öffentlichkeit. Häufig konzentrierte man sich in diesen auf die Wiedergabe der numerischen Fakten – auf Zahlen und Tabellen, Geburts- und Sterberaten, Angaben aus „Seelenbeschreibungen", Erntestatistiken, Preis-, Steuer- und Kirchenlisten – und blieb zugleich der narrativen Richtung, der Schilderung von „Merkwürdigkeiten" bzw. des Charakteristischen eines Staates, auch in Bezug auf die „Sitten und Gebräuche" seiner Bevölkerung treu.

Als Produkt der pragmatischen Sammeltätigkeit im Diskurs entstanden umfangreiche Werke, die topographische, geographische, mineralogisch-geologische, ethnisch-volkskundliche, wirtschaftliche und bevölkerungsstatistisch-siedlungskundliche Daten über einen Staat oder ein politisches Gebilde aus unterschiedlichsten amtlichen und nichtamtlichen

13 Robert Horváth, Statistische Deskription und Nominalismus, in: Rassem / Stagl (Hgg.), Statistik, 37–51, 40.

14 Vgl. Stagl, Eine Geschichte der Neugier, 83.

15 Gottfried Achenwall (1717–1792), Professor des Naturrechts und der Politik, lehrte Statistik an der Göttinger Universität und machte sich mit seinem Werk „Abriss der neuesten Staatswissenschaft der vornehmsten Europäischen Reiche und Republiken aus dem Jahre 1749" als Reformator der Staatenkunde verdient. Zu Achenwall siehe u. a. Arthur Kühn, Die Neugestaltung der deutschen Geographie im 18. Jahrhundert. Leipzig 1939, 84–95 (Quellen und Forschungen zur Geschichte der Geographie und Völkerkunde, 6); Pasquale Pasquino, Politisches und historisches Interesse. „Statistik" und historische Staatslehre bei Gottfried Achenwall (1719–1722), in: Bödeker u. a. (Hgg.), Aufklärung und Geschichte, 144–169.

Quellen kombinierten. Diese Werke nannte man ebenfalls „Statistiken" oder auch „Landesbeschreibungen".

Auch in der Habsburgermonarchie, insbesondere zur Zeit der theresianisch-josephinischen Reformen, bildete sich das Postulat besserer Kenntnisse über Land und Leute als wichtige Voraussetzung für die praktische Verwaltung und wirtschaftliche/militärische Nutzung der ländlichen und menschlichen Ressourcen. Im Interesse des Merkantilismus, Kameralismus und des aufgeklärten Absolutismus wurden umfassende demographische Aufnahmen der gesamten Monarchie und ihrer einzelnen Länder erstellt. Das vielfältige Erhebungswissen wurde durch Landesbeschreibungen zunehmend auch öffentlich verfügbar.[16]

Die meisten Autoren der hier herangezogenen „Statistiken" stammen aus dem Habsburgerreich und thematisieren den historischen kroatischen Raum im Rahmen ihrer groß angelegten Darstellungen der Habsburger Monarchie, des Königreichs Ungarn oder der Illyrischen Provinzen.[17]

[16] Die Geschichte der demographischen Erfassungen in Österreich reicht weit in die frühe Neuzeit zurück. In seiner Dissertation berichtet Anton Tantner von unterschiedlichen Erfassungsaktionen, die in das 16. und 17. Jahrhundert fallen: Bereits Anfang des 17. Jahrhunderts wurden zu fiskalischen Zwecken die Juden konskribiert, im Zuge gegenreformatorischer Maßnahmen bemühte man sich um die Erfassung der Protestanten, aus „polizeylichen Gründen" wurden auch städtische Konskriptionen betrieben. Grundlegend für die Entwicklung moderner Verwaltungsstatistik in Österreich war das Volkszählungswerk der theresianisch-josephinischen Epoche, das unter anderem fiskalische, militärische, „polizeyliche", wirtschafts- und biopolitische Interessen bediente und das umfangreiche staatliche Reformwerk unterstützte. Vgl. Anton TANTNER, Ordnung der Häuser, Beschreibung der Seelen. Hausnummerierung und Seelenkonskription in der Habsburgermonarchie. Innsbruck, Wien, Bozen 2007 (Wiener Schriften zur Geschichte der Neuzeit, 4). Auch online unter <http://othes.univie.ac.at/28/1/tantner_diss.pdf>, 15.07.2011. Zum Thema vgl. u. a. Christel DURDIK, Bevölkerungs- und Sozialstatistik in Österreich im 18. und 19. Jahrhundert, in: Heimold HELCZMANOVSKI (Hg.), Beiträge zur Bevölkerungs- und Sozialgeschichte Österreichs. Nebst einem Überblick über die Entwicklung der Bevölkerungs- und Sozialstatistik. München 1973, 225–266; Henryk GROSSMANN, Die Anfänge und geschichtliche Entwicklung der amtlichen Statistik in Österreich, *Statistische Monatsschrift* N. F. 21 (1916), 331–423. Zur Entwicklung der Universitätsstatistik in Kroatien im Kontext des Absolutismus und Kameralismus siehe Slobodan ZARKOVICH, The Beginning of Statistics in Yugoslavia, *International Statistical Review* 58 (1990), H. 1, 19–28.

[17] Eingesehen wurden die Werke von Karl Gottlieb von WINDISCH, Geographie des Königreichs Ungarn, 2 Teile. Pressburg 1780; DERS., Politisch-geographisch- und historische Beschreibung des Königreichs Hungarn. Preßburg 1772; DE LUCA, Geographisches Handbuch; Benedikt Franz HERMANN, Abriß der physikalischen Beschaffenheit der Oesterreichischen Staaten, und des gegenwärtigen Zustandes der Landwirtschaft, Gewerbe, Manufakturen, Fabriken und der Handlung in denselben. St. Petersburg, Leipzig 1782; Heinrich Georg HOFF, Historisch-statistisch-topographisches Gemälde vom Herzogthume Krain, und demselben einverleibten Istrien, Erster Theil. Laibach [Ljubljana] 1808; SCHWARTNER, Statistik des Königreichs Ungern; Johann Andreas DEMIAN, Statistische Darstellung des Königreichs Ungern und der dazu gehörigen Länder, 2 Teile. Wien 1805–1806; DERS., Statistische Beschreibung der Militär-Gränze. Bd. 1: welcher die Militär-Grenze in Kroatien enthält. Wien 1806; DERS., Statistische Darstel-

b) Zeitgenössische Erdbeschreibungen bzw. „politische Geographien"

Von den Spezialstatistiken zu einzelnen Staaten wie dem Habsburgerreich zu unterscheiden sind Handbücher, die sich – an die Tradition der alten Kosmographien anknüpfend – zum Ziel setzten, detaillierte Beschreibungen eines jeden Landes der Erde zu liefern. Das prominenteste Beispiel ist Anton Friedrich Büschings „Neue Erdbeschreibung" – ein monumentales mehrbändiges Werk, das geographische Angaben mit staatenkundlichem Stoff kombiniert und systematisch und relativ übersichtlich unter anderem über Größe und Grenzen, über politische Gliederung, Klima, Pflanzen- und Tierwelt, über Flüsse/Gewässer/Kanäle, wirtschaftliche Gegebenheiten, Verkehrswege, Bevölkerung, Universitäten und Schulen, Geschichte und Regierungsform unterschiedlicher Länder der Welt Auskunft gibt.[18] Neben Büschings „Erdbeschreibung", die vielen Kroatien-Reisenden als Führer diente, liefert auch das „Reisehandbuch" seines Konkurrenten Carl Gottlob Dietmann unter dem Titel „Neue Europäische Staats- und Reisegeographie" ähnlich ambitionierte Beschreibungen der Staaten, zu denen auch historische Territorien Kroatiens gehörten.[19]

c) Medizinalstatistik

Hierbei handelt es sich um Werke, die das „Krankheitsbild" eines bestimmten Gebietes festhielten bzw. die Gesamtheit der pathologischen Zustände, die in einem bestimmten Zeitraum in einer bestimmten Population herrschten – in der Terminologie von Mirko Grmek die „Patozentose"[20] – zu erfassen suchten. So befasst sich beispielsweise das ursprünglich italienisch verfasste und ins Deutsche übersetzte Werk „Beschreibung der Krank-

lung der Illyrischen Provinzen. Teil 1: Die illyrische Militär-Provinz. Tübingen 1810; Johann Constantin Bissinger, General-Statistik des österreichischen Kaiserthumes. Ein Versuch, 1. Theil. Wien, Triest 1807. Joseph Marx Freiherr von Liechtenstern, Skizze einer statistischen Schilderung des östreichischen Staats. Wien 1800; [Ernst Gabriel Woltersdorf,] Die Illyrischen Provinzen und ihre Einwohner. Wien 1812. Johann Friedrich Le Bret, Vorlesungen über die Statistik. Erster Theil: Italiänische Staaten. Venedig. Stutgart 1789.

18 Herangezogen wurden die Darstellungen kroatischer Länder in Anton Friedrich Büsching, Neue Erdbeschreibung. Erster Theil: welcher Dänemark, Norwegen, Schweden, das ganze russische Kaiserthum, Preussen, Polen, Hungarn und die europäische Türkey, mit denen dazu gehörigen und einverleibten Ländern, enthält. Hamburg [4]1760, 1064–1273; ders., Neue Erdbeschreibung. Zweyter Theil: welcher Portugal, Spanien, Frankreich, Italien und Großbritannien enthält. Bd. 2. Hamburg [6]1769, 974–985; ders., Erdbeschreibung. Zweyter Theil: welcher Ost- und West-Preußen, Polen und Litauen, Galizien und Lodomerien, Ungarn, die denselben einverleibten Reiche und Siebenbürgen, die Republik Ragusa und das osmanische Reich, enthält. Hamburg [8]1788, 408–555 und 600–604; ders., Erdbeschreibung. Vierter Theil: welcher Italien und Großbritannien enthält. Hamburg [8]1789, 214–230.

19 Zu den kroatischen Ländern unter der Stephanskrone vgl. Carl Gottlob Dietmann, Neue Europäische Staats- und Reisegeographie. Bd. 16: worinnen Das Königreich und die Republik Polen sammt dem Herzogthum Curland; Das Königreich Ungarn mit den dahin gehörigen Landschaften; Der Staat und die Republik Ragusa; Der Staat des Türkischen Reichs in Europa, ausführlich beschrieben werden. Dresden, Leipzig 1770, 479–498.

20 Zitiert nach Dubravka Mlinarić, Glad i bolesti u demografiji od 15. do 19. stoljeća, in: Kusin / Belamarić / Grčić (Hgg.), Dalmatinska zagora, 245–255, 249.

heiten welche im Jahre 1786 in Istrien geherrscht haben"[21] mit klimatischen Ursachen, typischen Ausprägungen und Verläufen unterschiedlicher morbus istrianae im gegebenen Beobachtungszeitraum.

d) Didaktische Werke

Hierzu zählen unterschiedliche geographische Lehrbücher, die das Wissen über Kroatien an den studierenden Nachwuchs vermittelten[22] sowie Lesebücher, die der lehrreichen Unterhaltung eines breiteren Publikums dienten, das an landes- und völkerkundlichen Inhalten interessiert war.[23]

e) Ethnographische Werke

Im ersten Jahrzehnt des 19. Jahrhunderts kamen im Habsburgerreich auch die ersten Werke heraus, die ausschließlich auf Sitten und Gebräuche fokussierten und unter einem protoethnographischen Aspekt unterschiedliche ethnische/regionale Kollektive des Vielvölkerstaates beschrieben und/oder miteinander verglichen. Die bereits erwähnte slawenkundliche Arbeit von Balthasar Hacquet hatte eine lange Wirkungsgeschichte. Übersetzt und überarbeitet von Jean Baptiste Joseph Breton de la Martinière wirkte sie in der französischen Fassung weiter. Später wieder ins Deutsche zurückübersetzt und durch das Wissen von Cassas und Fortis bereichert, stillten Hacquets Beobachtungen bis in die 30er Jahre des 19. Jahrhunderts hinein das Interesse des Publikums an Sitten, Gebräuchen und Trachten

[21] Joseph Panzani, Beschreibung der Krankheiten welche im Jahre 1786 in Istrien geherrscht haben. Aus dem Italienischen von D. Fechner. Lübben 1801.

[22] Darstellungen kroatischer Länder findet man u.a. in: Johann Christoph Pfennig, Anleitung zur gründlichen und nützlichen Kenntniß der neuesten Erdbeschreibung, nach den brauchbarsten Landkarten, vornehmlich zum Unterricht der Jugend. Berlin, Stettin ³1783; Johann Salomo Semler/Christan Gottfried Schütz, Neues Elementarwerk für die niedern Klassen lateinischer Schulen und Gymnasien [...] Zweyter Theil, Geographisches Lehrbuch für die ersten Anfänger, oder die unterste Klasse. Halle ²1786. Über Kroatien lehrt auch das möglicherweise von Johann Ignaz von Felbiger verfasste fünfbändige Werk „Erdbeschreibung zum Gebrauche der studirenden Jugend in den kaiserlich königlichen Staaten" aus dem Jahre 1781. Zu Felbiger als möglichem Autor siehe Tantner, Ordnung der Häuser, 197.

[23] So liefert beispielsweise Johann Ernst Fabri in seinem Geographischen Lesebuch zum Nutzen und Vergnügen, Bd.4, 16–28 aus dem Jahre 1784 eine Fortis-treue Darstellung der morlakischen Hochzeitsgebräuche. Franz Sartoris heimatkundliches Lesebuch Länder- und Völkermerkwürdigkeiten des Österreichischen Kaiserthums. 3 Teile. Wien 1809 arrangiert die Aussagen Hacquets, von Taubes und anderer Reisender neu und bietet einen unterhaltsamen Lesestoff, der unter anderem über den „Merkürdigen Entenfang in Slavonien" (1. Teil, S.121–124), über „Die Likaner in Kroatien" (2. Teil, S.41–46), „Die Hochzeitsgebräuche der Istrianer in Istrien" (2. Teil, S.84–85) sowie „Die Uskoken oder Skoko in Bosnien, Servien, Kroatien und in Krain" (3. Teil, S.182–202) informiert. Dies sind nur wenige Beispiele für „die schnelle Folge der Bücher mit den voneinander abgeschriebenen „Enten"": Eine Erscheinung, die Andreas Helmedach in Bezug auf den (Reise-)literarischen Markt in der Habsburgermonarchie um die Jahrhundertwende treffend beschrieben hat. Siehe Helmedach, Das Verkehrssystem, 409–418, 418.

der Illyrier und Dalmatier.[24] Anfang des 19. Jahrhunderts meldete sich neben Hacquet ein weiterer Völkerkundler zu Wort: Joseph Rohrer, der eine vergleichende, politisch motivierte Ethnographie der im Habsburgerreich lebenden Slawen vorlegte.[25]

f) Apodemiken bzw. vormoderne Reiseführer, Sammlungen und Kompilationen von Reisebeschreibungen

Zu den Kompendien, die das durch Reisen erbrachte Wissen zu Dalmatien aufbereiteten, zählen auch Werke, die in der Sekundärliteratur bisweilen als „vormoderne Reiseführer" bezeichnet werden wie beispielsweise Johann Christoph Maiers „Beschreibung von Venedig".[26] Eine Wirkung auf die öffentliche Meinung hatten auch Auszüge aus Reiseberichten in groß angelegten „Sammlungen von Reisebeschreibungen"[27], weiterhin Übersetzungen und unterschiedliche selbständig oder in Form von Zeitungsbeiträgen publizierte Kompilationen, die kollageartige Synthesen des Wissens unterschiedlicher Reisetexte bieten.[28]

24 Die französische Überarbeitung der „Abbildung und Beschreibung" erschien 1815 in Paris unter dem Titel „L'Illyrie et la Dalmatie, ou moeurs, usages et costumes de leurs habitans […] Traduit de l'allemand de M. le docteur Hacquet par M. Breton. Augmenté d'un mémoire sur la Croatie militaire […]". Prompt nach dem Wiener Kongress und der Wiederherstellung der österreichischen Herrschaft in Napoleons Illyrischen Provinzen vollzog sich in einem neuen, in deutscher Sprache verfassten kompilatorischen Werk die „Rückeroberung" bzw. die Zurückübersetzung des romanisierten ethnographischen Wissens über die „Illyrier". Das neue Buch erschien unter dem Titel „Illyrien und Dalmatien, oder Sitten, Gebräuche und Trachten der Illyrier und Dalmatier, und ihrer Nachbarn. Aus dem französischen nach Hacquet, Fortis und Cassas verfassten Werke des Herrn Breton, übersetzt von Jannus Panonius […]." 2 Bde. Pesth 1816 in der von August Ehrenstein herausgegebenen Reihe „Miniaturgemälde aus der Länder und Völkerkunde […]." Eine weitere Ausgabe dieses Werkes erschien in Leipzig 1830.

25 Rohrer, Versuch über die slawischen Bewohner, 2 Teile.

26 Vgl. [Johann Christoph Maier,] Beschreibung von Venedig, Dritten und letzten Theils zweite Abtheilung. Mit Landkarten und Kupfern. Frankfurt, Leipzig 1791.

27 Ein „Auszug aus Abbate Fortis Reise in Dalmatien" fand beispielsweise seinen Weg in die riesige, insgesamt 53 Bände starke „Sammlung der besten und neuesten Reisebeschreibungen", die zwischen 1763 und 1802 in Berlin erschien. Vgl. [Johann Friedrich Zückert,] Sammlung der besten und neuesten Reisebeschreibungen in einem ausführlichen Auszuge, worinnen eine genaue Nachricht von der Religion, Regierungsverfassung, Handlung, Sitten, natürlichen Geschichte und andern merkwürdigen Dingen verschiedner Länder und Völker gegeben wird. Aus verschiedenen Sprachen zusammengetragen, Bd. 20. Berlin 1780. Lovrichs „Anmerkungen über einige Stellen in Fortis Reisen nach Dalmatien" werden auszugsweise in Johann Ernst Fabris Samlung von Stadt-, Land- und Reisebeschreibungen. Halle 1783 rekapituliert.

28 So erschien in Wien bei Degen im Jahre 1803 eine mit vielen Kupferstichen ausgestattete Überarbeitung der französischen Reisebeschreibung von Francois Louis Cassas und Joseph Lavallée unter dem Titel „Historisch-malerische Reise durch Istrien und Dalmatien". Eine zeitgenössische Besprechung (in Annalen der österreichischen Literatur, 1, Jänner 1803, S. 6–8) preist dieses Taschenbuch als „das prächtigste und eleganteste, das in Wien jemahls erschienen ist" und lobt seinen Verleger, durch die Schönheiten Dalmatiens und Istriens den Österreicher auf die großen Vorzüge seines Vaterlandes aufmerksam gemacht zu haben. Auch in der „Historisch-malerischen Reise" macht sich der Einfluss Fortis' bemerkbar, da der Autor des

1.2 Zurückblickende Momentaufnahmen des Vorauseilenden

„Nächst dem Wetter ist nichts unbeständiger als die Erdbeschreibung und dieses ist für den Erdbeschreiber ein höchst beschwerliches Übel“[29], so schrieb einmal Anton Friedrich Büsching[30], der Autor des „meist benutzten geographischen Handbuch[s]“ der zweiten Hälfte des 18. Jahrhunderts.[31] Der fleißige Universalgelehrte mit der ungeheuer aufwendigen Lebensaufgabe, den bekannten Erdboden zu beschreiben, beklagte hiermit ein akutes Problem der geographisch-statistischen Branche: Den ständigen Wechsel jener realen Strukturen, denen man sich textintern zur Greifbarmachung und Erfassung des Erdbodens bediente und die man als Objekt des „statistischen“ Beschreibens betrachtete. Diese Strukturen waren politische: Staaten, Länder, Königreiche, Verwaltungseinheiten. Die damaligen Geographen ebenso wie die „Statistiker“ hielten sich in der Regel an politische Gliederungen und schrieben zu den Zeiten der wechselnden politischen Verhältnisse ständig einem vergänglichen Gegenstand hinterher, denn sie schilderten Schöpfungen, die in der damaligen Zeit ein äußerst „kurzes Verfallsdatum“ hatten. Ein höchst undankbares Unternehmen, wenn nicht gar „eine rechte Sisyphusarbeit“[32], denn mit jeder Neuziehung der politischen Grenzen wurden ihre „Momentanaufnahmen“ der Staaten von der Wirklichkeit überholt. Diesem „Übel“ versuchte man durch ständiges *Upgrading* – durch Neubearbeitungen und Aktualisierungen bereits vorliegender und die Produktion immer neuer Texte entgegenzutreten.[33]

französischen Originals, Lavallée, der eine in Tagebuchform und Zeichnungen festgehaltene Reise des Malers Cassas publikationsfähig versprachlichte, reichlich auf den Fortis'schen Morlaken-Fundus zurückgriff und bisweilen mit den Sätzen des Italieners seine und Cassas' „Voyage pittoresque“ schrieb. Vgl. [Francois Louis Cassas / Joseph Lavallée,] Historisch-malerische Reise durch Istrien und Dalmatien. Wien 1803. Siehe auch Joseph Lavallée, Travels in Istria and Dalmatia, Drawn Up from the Itinerary of L. F. Cassass [...] Translated from the French. London 1805 [Paris 1802].

29 Anton Friedrich Büsching, Wöchentliche Nachrichten, 1778, zitiert nach Peter Hoffmann, Anton Friedrich Büsching (1724–1793). Ein Leben im Zeitalter der Aufklärung. Berlin 2000, 154.

30 Anton Friedrich Büsching (1724–1793), Professor in Göttingen, Pastor und Schulreformer in Petersburg, Schuldirektor und Oberkonsistorialrat in Berlin, machte sich als Polyhistor und Autor zahlreicher theologischer Abhandlungen, pädagogischer, historischer, statistischer und anderer Schriften in mehreren Wissenschaftsbereichen verdient. Berühmt wurde er durch zahlreiche geographische Publikationen, insbesondere aber durch seine bändereiche „Erdbeschreibung“, mit der er einen wesentlichen Beitrag zur Neugestaltung der deutschen Geographie im 18. Jahrhundert leistete. Zu Büschings Leben und Werk siehe u. a. Hofmann, Anton Friedrich Büsching; Kühn, Die Neugestaltung, 61–84.

31 Hoffmann, Anton Friedrich Büsching, 160.

32 Kühn, Die Neugestaltung, 69.

33 Die Editionsgeschichte der „Erdbeschreibung“ erzählt vom ungeheuren Arbeitsaufwand Büschings um die Modernisierung seiner Texte. Das monumentale, zunächst in 5, dann in 13 Teilen erscheinende Werk erlebte bis zum Jahre 1809 zahlreiche Neuauflagen, in die jeweils aktuelle Informationen eingearbeitet wurden. Der unglaublich schreibproduktive Büsching, der mit weit über hundert veröffentlichten Büchern zu einem der tätigsten Gelehrten seiner

Hinzu kam noch ein anderes Moment: So sehr man sich damals auch darum bemühte, die Staatenkunde als eine „Wissenschaft vom Status quo“[34] theoretisch zu begründen und von der Geschichtsschreibung abzugrenzen, in der Praxis kamen die Staatenbeschreiber ohne geschichtliches Wissen nicht aus und ihre „Momentanaufnahmen“ waren immer ein Rückblick.

Das kaleidoskopische Gemenge aus Länderbezeichnungen, geographisch-politischen Gliederungen, die man in staatskundlich-geographischen Diskursen zum kroatischen Raum antrifft, spiegelt diese beiden Umstände deutlich wider. Die damaligen Geographen und „Statistiker“ waren sich bewusst, dass der bestehende Zustand der Staaten seinen Grund in der Geschichte hat, und ließen sich in dieser Hinsicht von den älteren Historiographen und Kosmographen belehren. Man las vom antiken Illyrien und den mittelalterlichen kroatischen politischen Schöpfungen, rüstete sich mit der Nomenklatur der diachronischen Historie aus und versuchte, diese mit den zeitgenössischen politischen Gliederungen zu vereinbaren. So findet man im ältesten Text des untersuchten Korpus – in Büschings „Neuer Erdbeschreibung“ aus dem Jahre 1760 – „die Reiche Slavonien, Croatien und Dalmatien“ dem „hungarischen Illyrien“ zugeordnet, mit dem Verweis, dass es noch ein anderes, „türkisches Illyrien“ gäbe und neben dem „hungarischen Dalmatien“ noch ein venezianisches, türkisches und ragusanisches.[35] Auch bei Büschings Konkurrent Carl Gottlob Dietmann lebt die Vorstellung vom antiken Illyrien weiter, dieser sieht Kroatien, Slawonien und Dalmatien[36] jedoch in einem „Oesterreichischen Illyrien“ statt im „hungarischen“.[37]

Die „Statistiker“ und Geographen griffen oftmals auf althergebrachte, an bestimmten geographischen Festpunkten orientierte Einteilungen zurück, kombinierten diese mit komplizierten politischen Gliederungen und „zeichneten“ somit mit sprachlichen Mitteln höchst verworrene Landkarten, die die damaligen administrativen und politischen Heterogenitäten, aber auch das Ringen um das Mapping, die nomenklatorischen und terminologischen Irrungen und Wirrungen der Systematiker, festhielten. Alte und neue, geographische und politische Einteilungen kombinierend, mappierte man diskursiv das „obere und untere“, „nördliche und südliche“, „trans- und cissavannaische“, „bürgerliche und militärische“, „illyrische“, „ungarische“, „österreichische“ Kroatien bis 1797 in der Regel zusammen mit Slawonien und getrennt von Dalmatien unter der venezianischen Obrigkeit. Letzterem schenkte man im Rahmen der kosmographischen Italien-Darstellungen, gewöhnlich in einem getrennten Band, Aufmerksamkeit.

Die territorialen Zuwächse und Einbußen, Eroberungen und Verluste, wie jene, die das Habsburgerreich 1797 erlebte, machten die Erfassung des neuen Staatszustandes notwendig

Zeit zählte, hat nach Angaben Hoffmanns bis zu seinem Tod in jedem Jahr ein bis zwei Teile seiner „Erdbeschreibung“ überarbeitet. Vgl. Hoffmann, Anton Friedrich Büsching, 117.

34 Arno Seifert, Staatenkunde. Eine neue Disziplin und ihr wissenschaftstheoretischer Ort, in: Rassem / Stagl (Hgg.), Statistik, 217–248, 231.

35 Siehe dazu Büsching, Neue Erdbeschreibung, Erster Theil, 1210–1211, 1225.

36 Mit „Dalmatien“ meinen diese Autoren den habsburgischen Teil der kroatischen Adriaküste.

37 Dietmann, Neue Europäische Staats- und Reisegeographie, 479.

und boten den statistisch tätigen Namensgebern die Möglichkeit, die Palette der verfügbaren Landesbezeichnungen um einige Neologismen zu erweitern. So vollzog sich in einem statistischen Werk, das bald nach der Einverleibung Dalmatiens in den österreichischen Staatskörper publiziert wurde, prompt die Umbenennung der neuakquirierten Adria-Gebiete zu „See-Osterreich" oder „Süd-Oesterreich".[38]

Mit der Vereinigung etlicher kroatischer Gebiete unter Napoleon wurde der illyrische Name schließlich zur offiziellen Bezeichnung einer real existierenden politischen Schöpfung. Für kurze Zeit gab es tatsächlich ein Illyrien, und es fehlte auch nicht an einer entsprechenden deutschsprachigen Statistik, die sich als jüngste und letzte in der untersuchten Werkreihe der Beschreibung ihrer „Staatsmerkwürdigkeiten" widmete.[39]

1.3 Die Kunst des Herausschreibens

Intertextelle Leihgaben zwischen den Reiseberichten und den im Schoß der institutionalisierten Wissenschaften gepflegten Gattungen der topographisch-landeskundlichen Literatur waren im 18. und frühen 19. Jahrhundert gang und gäbe, und der Austausch war nicht einseitig. So hatte Alberto Fortis während seiner Reise Büschings „Erdbeschreibung" im Gepäck, im Gegenzug bediente Büsching sich beim Verfassen einer späteren Ausgabe seines Werkes reichlich bei der Fortis'schen Reisebeschreibung. Neben der Korrespondenz war die Reiseliteratur eine der wichtigsten Quellen der deskriptiven Statistik. Im Zusammenhang mit den Bemühungen der Staatenbeschreibung standen unterschiedliche Anleitungen zum richtigen Reisen, apodemische Schriften, die das Reisen im Sinne der Generierung des nützlichen, statistisch verwertbaren Wissens steuerten.[40] Im Kontext der wechselseitigen Bedingtheit im Dreieck Reisen-Wissenschaft-Politik ist auch Schlözers „Reise-Colleg" zu

[38] Vgl. Geographisch-Statistische Beschreibung von See-Osterreich.

[39] Dabei handelt es sich um das Werk [Woltersdorf,] Illyrische Provinzen.

[40] Das Problem des „hermeneutischen Zirkels" tritt hier deutlich in Erscheinung. In Bezug auf die Kurzbeschreibungen von Völkern, Ländern und Herrschaftssystemen, die frühneuzeitliche methodologische Traktate über das Reisen enthielten, schreibt Stagl: „Dazu bestimmt, die Erfahrungen Reisender vorzustrukturieren, gingen derartige Vorstellungsbilder (Imagines) des Fremden über die von heimgekehrten Reisenden gelieferten Berichte in die Kosmographien und Notitiae rerumpublicarum ein, auf welche Theorien der historisch-politischen Wirklichkeit wie etwa Jean Bodins Klimalehre aufbauten, die dann wiederum in Gestalt der Völkercharakterologie der ars apodemica die Wahrnehmungsmuster der Reisenden beeinflussten." Stagl, Eine Geschichte der Neugier, 101–102. Zur apodemischen Steuerung der Wahrnehmungen auf Reisen siehe auch ders., Die Apodemik oder „Reisekunst" als Methodik der Sozialforschung vom Humanismus bis zur Aufklärung, in: Rassem / Stagl (Hgg.), Statistik, 131–205, sowie Hans Erich Bödeker, Reisebeschreibungen im historischen Diskurs der Aufklärung, in: ders. u. a. (Hgg.), Aufklärung und Geschichte, 276–298.

erwähnen, der die Studenten das richtige Auswerten der Reiseberichte lehrte und sie im richtigen Beobachten auf Reisen schulte.[41]

Der Kreis der Nachahmer, die sich zu wissenschaftlichen, verwaltungspolitischen, didaktischen oder informativen Zwecken an der Herausschreibung und Neuanordnung der Textauszüge aus Reiseberichten beteiligten, war groß. Neben den Erdbeschreibern und Statistikern kamen die Autoren von volkskundlichen Schriften, Schulbüchern und quasiwissenschaftlichen Abhandlungen hinzu, ganz zu schweigen von den Publikationen der um die Jahrhundertwende boomenden literarisch-publizistischen „Reisebranche".[42]

Folglich gibt es auch unter den in dieser Arbeit besprochenen Reisebeschreibungen nur wenige, die nicht auszugsweise dem einen oder anderen „faktischen" Werk ihre „Wahrheiten" liehen. Vor gnadenloser Abschreibarbeit scheute man zu dieser Zeit nicht zurück, Plagiate waren trotz scharfer Kritik mancher zeitgenössischer Autoren und Rezensenten nahezu eine Massenerscheinung. Anton Friedrich Büsching kämpfte vergeblich gegen die Raubdrucke seiner Werke, selbst das kaiserliche Verbot des Nachdrucks verhinderte die illegale Verbreitung seiner Texte nicht.[43] Die Technik des unmarkierten Zitierens fremder Aussagen beherrschte etwa der Wiener Statistiker Johann Andreas Demian[44] meisterhaft.

[41] Vgl. Gerhard LUTZ, Geographie und Statistik im 18. Jahrhundert. Zu Neugliederung und Inhalten von „Fächern" im Bereich der historischen Wissenschaften, in: RASSEM / STAGL (Hgg.), Statistik, 249–269, 261. Siehe dazu auch STAGL, Eine Geschichte der Neugier, 114.

[42] HELMEDACH, Das Verkehrssystem, 409.

[43] Dem Geographen Büsching selbst blieben die Vorwürfe der Epigonalität nicht erspart. Unter den zeitgenössischen Rezensionen seiner Schriften findet man auch diese: „Ohne Interesse, ohne gefühltes Lob und Tadel wird alles und jedes gleichförmig vorgetragen, und das, was von allen Zeiten und Kompilatoren gesagt und nachgesagt wurde, wieder ohne Absicht und Geist einmal mehr nachgesagt." Zitiert nach HOFFMANN, Anton Friedrich Büsching, 173.

[44] Johann Andreas Demian (1770–1845) zunächst Infanterie-Fähnrich, war seit 1804 mit der offiziellen Sammlung statistischer Materialien der k. k. Militärgrenze beschäftigt. Im Jahre 1808 wurde er als Unterleutnant beim Hofkriegsrat angestellt, gab diese Stelle jedoch nach wenigen Monaten „ohne Beybehaltung des militärischen Charakters" auf und wanderte – gleich wie Widemann – ins Ausland aus. Bereits in Wien, wie auch später in der Emigration in Berlin ging Demian seiner Schreib- und Publikationstätigkeit als „Statistiker" und Militärschriftsteller nach und veröffentlichte zahlreiche statistische Arbeiten zur Habsburgermonarchie und zu anderen Ländern. Zu Demian vgl. WURZBACH, Biographisches Lexikon, Bd. 3, 235–237 sowie CZIKANN / GRÄFFER (Hgg.), Oesterreichische National-Encyklopädie, Bd. 1, 694–695. In seinen statistischen Darstellungen der österreichischen Monarchie lieferte Demian ausführliche numerische Datensammlungen zur Bevölkerungskunde Kroatiens, Slawoniens und der Militärgrenze, die eine wichtige Quelle für die historische Forschung sind. Die Länder, über die er schrieb, hat Demian größtenteils nie gesehen. In Kroatien ist er einmal gewesen, und zwar im Winter 1803, als er mit einer „Grenzbereisungs-Commission" eine Reise von Petrina (Petrinja) nach Kostainicza (Kostajnica) unternahm, wo er aber, wie der zeitgenössische Rezensent Joseph H. Benigni von Mildenberg berichtet, „seines Betragens wegen, wieder entfernt" werden musste. Siehe Joseph Heinrich Benigni Edler von MILDENBERG, Statistik. Tübingen, bey Cotta: Statistische Darstellung der Illyrischen Provinzen. Von J. A. Demian […], *Annalen der Literatur und Kunst in dem Oesterreichischen Kaiserthume*, July 1811, Bd. 3, 25–43, 29. Seinen Aufenthalt in Kroatien schildert Demian in einem wirtschaftsstatistisch ausgerichteten Artikel, der in

Dieser Autor zeigte bisweilen die Tendenz, sogar sich selbst, fremdes Wissen nachsagend, wieder zu zitieren und wurde für seine „arge[n] Plünderungen" in der zeitgenössischen Presse mehrmals mit hämischen Beurteilungen entlohnt.[45]

Dieses nachahmerische Klima begünstigte das Gedeihen einer blühenden völkerbezogenen Stereotypenlandschaft. Die von ihrem eigentlichen Kontext losgelösten Fremdzuschreibungen geisterten nun auch durch Texte, die als Sammlungen von Daten und Fakten den Anspruch erhoben, deskriptiv und numerisch die Realität eines geographischen und politischen Raumes zu erfassen.

1.4 Die statistische Stereotypenlandschaft und ihre Zäsuren

In dem Artikel „The Functions of Ethnic Stereotypes in Austria and Hungary in the Early Nineteenth Century" stellt András Vári mit Recht fest, dass in den 1790er Jahren und im ersten Jahrzehnt des 19. Jahrhunderts eine völlig neue Palette ethnischer Stereotypen über die Kroaten, Serben und Rumänen ihren Durchbruch in der statistischen Literatur des Habsburgerreiches schaffte. Er schreibt diesbezüglich:

> „At this time, Lebrecht, Schwartner, Demián, and Joseph Rohrer represented Romanians, Croats, and Serbs as *Naturmenschen*. Geographers and statisticians writing before the 1780s [...] offered nothing similar. The lack of ethnic stereotypes or depictions of Christian peoples as *Naturmenschen* in the best-known statistical-geographical works of a decade or two earlier shows that around the turn of the century a new point of orientation had been needed. The *Naturmensch* was created as a negative image, in contrast to the ‚civilized' people."[46]

Liechtensterns *Archiv* 1804 erscheint. In diesem liefert er nebst Tabellen zur Handelsstatistik auch eine Beschreibung der Stadt Kostainicza, feiert die wirtschaftlichen und zivilisatorischen Fortschritte, die der österreichische Adler in diesen „sonst so finstern Winkel" gebracht hat und inszeniert die Unna-Grenze als eine zivilisatorische Scheidelinie: Diesseits eine werdende „Kultur und Industrie unter dem milden Scepter Oesterreichs", jenseits verwüstete Felder, die vernachlässigte Wirtschaft und der wilde bewaffnete, grausame „Bosniak". Vgl. DEMIAN, Nachrichten, 465–476.

45 Die Vorwürfe über das plagiatorische „Machwerk" dieses Schriftstellers findet man bereits vor seiner Auswanderung. Die Verrisse in der Wiener Presse wurden nach seiner Emigration umso vernichtender. Das Politische schwingt dabei immer mit, denn Demian zählte gleich Widemann zu einer zahlenmäßig nicht unbeachtlichen Gruppe von Intellektuellen, Schriftstellern und Wissenschaftlern, die – wenn nicht als profranzösisch, dann als antihabsburgisch denkende Dissidenten – im ersten Jahrzehnt des 19. Jahrhunderts aus Österreich flüchteten. Die politische Umorientierung Demians schreibt sich auch in seine späteren Schriften zur kroatischen Militärgrenze ein: Hatte er 1806 in seiner „Statistik" die Reformen des Erzherzogs Karl noch gelobt, so wird 1810 der Tonfall in Bezug auf die Verwaltung der Militärgrenze kritisch und Vorwürfe laut, Wien habe zu dem 1809 bewiesenen „Erlischen" des kriegerischen Geistes der Grenzer beigetragen. Zu den Verrissen siehe VON MILDENBERG, Statistik; vgl. auch Statistik. Darstellung der österreichischen Monarchie nach den neuesten statistischen Beziehungen von J. A. Demian [...], *Annalen der Literatur und Kunst in dem österreichischen Kaiserthume,* April 1809, 156–164.

46 VÁRI, The Functions of Ethnic Stereotypes, 45.

Tatsächlich spricht auch das hier herangezogene Textkorpus für diese um die Jahrhundertwende anzusetzende Zäsur. Diese Änderung der Darstellungsweise in Richtung „Naturmensch" ist aber zum großen Teil rezeptionsgeschichtlich bedingt, ein Umstand, den Vári in seiner sonst sehr aufschlussreichen Analyse nicht berücksichtigt. Denn es waren nicht Statistiker und Geographen, die den „Naturmenschen" aus Kroatien schufen, sondern ihre reisenden Vorgänger, die die neue Stereotypenpalette erst in den 1770er und 80er Jahren dem großen „Abschreibbmarkt" hinzufügten. Wer vor dem Auftritt der „Triade" Fortis–Hacquet–Taube schriftstellerisch-staatskundlich tätig war, der musste mit älteren Quellen zu den historischen Territorien Kroatiens auskommen, und diese kannten die „südslawischen Naturmenschen" noch nicht. Doch welches Image der „Kroaten"/„Morlaken"/„Illyrier" vermittelten die Geographen und Statistiker, die zu den Zeiten schrieben, als sich der Einfluss Fortis', Hacquets und von Taubes noch nicht geltend gemacht hatte?

Büsching beispielsweise kann in seiner „Neuen Erdbeschreibung" aus dem Jahre 1760 verschiedene Völker mit ihren Sprachen und Religionen aufzählen. Sein „hungarisches Illyrien" besiedelt er mit den „Hauptnationen" der „Slavonier", „Croaten" und „Dalmatier", unter Letzteren findet er noch die „Uscochen" und „Morlachen". Um dieses Gliederungsgerüst herum lässt er ein verworrenes Geflecht aus geographischen Abstammungserklärungen und ethnischen Vermischungskonstatationen entstehen, und es fiel schon dem damaligen Leser sicherlich schwer, in all dem Wirrwarr aus ethnischen und geographischen, antiken und zeitgenössischen Bezügen und Bezeichnungen nachzuvollziehen, wer sich wann und mit wem eigentlich „vereiniget" und „vermischet" hatte. Büsching wusste es selbst nicht genau, denn seine Quellen sprachen keine eindeutige Sprache, auch in Bezug auf die Sprachen dieser „Völkerschaften" nicht. Ein Versuch, sich aus Büschings linguistischen Ausführungen Klarheit zu verschaffen, müsste aufgrund der teilweise recht widersprüchlichen Aussagen scheitern. So heißt es in der „Neuen Erdbeschreibung" aus dem Jahre 1760 beispielsweise:

> „Die illyrischen Nationen bedienen sich der slavonischen Sprache, welche in die dalmatische, croatische und raitzische Mundart eingetheilet wird. Heutiges Tages aber sprechen die Croaten und Raitzen hungarisch und deutsch; die Dalmatier italienisch und turkisch; und die Walachen, welche sich auf dem Lande in Illyrien niedergelassen haben, walachisch."[47]

Die Entscheidung über die eindeutige linguistische Zuordnung wird also den Lesern überlassen. Einer dieser Leser, der das verfügbare geographische Wissen für den Schulunterricht aufbereitete, entschied sich für die letztere Variante und lehrte die Jugend irrtümlicherweise nach Büsching: „Die Sprache der Sklavonier ist eine Mutter vieler andern; die Kroaten reden hungarisch und deutsch, und die Dalmatier italiänisch und türkisch."[48]

Auch vor den Reisen der Naturmensch-Entdecker verfügte man über einiges Wissen zur „Charakteristik der Einwohner" im Süden bzw. Südosten der Habsburger Monarchie. Dieses Wissen war aber meist alles andere als gegenwartsbezogen, und diesbezügliche Ausfüh-

47 Büsching, Neue Erdbeschreibung, Erster Theil, 1212.

48 Pfennig, Anleitung zur gründlichen und nützlichen Kenntniß der neuesten Erdbeschreibung, 224.

rungen des „älteren" Büsching sowie von Dietmann und de Luca entlarven sich zum großen Teil als ethnocharakterologische Querschnitte durch die ältere Geschichtsschreibung. Es sind nicht Zeitgenossen aus Kroatien, Slawonien und Dalmatien, die da geschildert werden, sondern ihre berühmt-berüchtigten kriegerischen Vorfahren, die noch der barocke „Ethnograph" Valvasor ausführlich zu charakterisieren wusste. Die unübertroffene „Star-Rolle" in den volkskundlichen Appendices topographischer Werke der 1760er und 70er Jahre spielten die „Uskoken", gefolgt von den „Morlachen", die allesamt aus den Darstellungen Valavasors und seines Kompilators Reusch entlehnt wurden. So machen die „Uskoken" auf insgesamt zehn Seiten der Dietmann'schen „Reisegeographie" aus dem Jahre 1770 die Adria des 16. Jahrhunderts unsicher und gehen ihren Sitten, Gebräuchen und martialischen Grausamkeiten exakt nach Valvasor nach.[49] Als „groß", „stark", „dauerhaft" und „auf den rauhen Gebirgen abgehärtet" wurde der „uskokische" und „morlachische" *homo militaris* immer wieder geschildert, auch die altbekannten Beispiele seiner gymnastischen Fertigkeiten wurden gedankenlos abgeschrieben.[50] Kaum über die martialischen Imageme hinaus kamen die in den Geographien der 60er und 70er Jahre enthaltenen Charakterologien der „Kroaten" und „Slawonier". So findet man bei Büsching außer den Angaben, dass „ein jeder Croat" ein „gebohrner Soldat" ist und diese „[s]owohl im Lande selbst, als außer demselben im Kriege" „wie Brüder zusammen[leben]", keine weiteren ethnocharakterologischen Informationen.[51] Als „Merkwürdigkeit" werden allerdings noch die Kriegsdienste der „Panduren" mit entsprechender Aufmerksamkeit gewürdigt. Äußerst knapp sind auch die Angaben zu den „Dalmatiern" unter der venezianischen Obrigkeit. Von diesen berichtet Büsching 1769 nur so viel, dass sie den Kern der venezianischen „Kriegsvölker zu Fuß" ausmachen und als solche „besser mit dem Degen, als mit dem Schießgewehr" umzugehen wissen.[52] In den 1760er und 70er Jahren besiedelten die Geographen und Statistiker den kroatischen

49 Vgl. Dietmann, Neue Europäische Staats- und Reisegeographie, 484–494.

50 Viele der bereits 1718 durch Reuschs kompilatorisches Werk „Alter und neuer Staat des Königreichs Dalmatien" popularisierten Beispiele der außergewöhnlichen körperlichen Fertigkeiten der „Uskoken" und „Morlachen", die ursprünglich aus den ethnographischen Darstellungen des 17. Jahrhunderts stammen, geisterten bis ins späte 18. Jahrhundert in der geographisch-statistischen Literatur umher. Die Aussage Valvasors, die Uskoken liefen so schnell, dass es ihnen „kein Teutsches Pferd nachthut", siedelt in der Variante „Wegen ihres schnellen Lauffs / darinnen es ihnen kein Teutsches Pferd nachthut / ereilet man selten einen" in Reuschs Kompilation um, aus der wiederum Dietmann sie 1770 wortgetreu übernimmt. Der österreichische Statistiker Ignaz de Luca zeigt kaum mehr Einfallsreichtum, wenn er 1791 bezüglich der Uskoken schreibt: „eine vorzügliche Leichtigkeit besitzen sie im Laufen, in welchem sie nicht leicht ein teutsches Pferd einholt". Vgl. Valvasor, Die Ehre, Bd. 2, Buch VI, 293; [Reusch,] Alter und neuer Staat, 84; Dietmann, Neue Europäische Staats- und Reisegeographie, 487; de Luca, Geographisches Handbuch, 457. Im geographisch-statistischen Kolportierungssystem des 18. Jahrhunderts bleibt auch die bereits 1679 im Reisebericht Jacob Spons nachgewiesene Fama erhalten, die „Morlachen" seien so stark, dass sie bisweilen ihre Pferde auf gefährlichen Gebirgswegen tragend transportierten.

51 Büsching, Neue Erdbeschreibung, Erster Theil, 1219, 1220.

52 Büsching, Neue Erdbeschreibung, Zweiter Theil, 941.

Raum also größtenteils mit einstigen und stets tapferen, körperlich starken und teilweise grausamen Kriegsvölkerschaften aus der *geschriebenen* Vergangenheit.

1.5 Abschreiben nach der „Triade". Morlakomanie und Urbanitätsverlust

Spätestens seit den 1790ern Jahren begann die Triade Fortis – Hacquet – Taube auch die ethnocharakterisierenden Federn jener Autoren zu lenken, die zu wissenschaftlichen, verwaltungspolitischen, didaktischen oder informativen Zwecken über Dalmatien, Kroatien und Slawonien in deutscher Sprache berichteten. Das historisierende Imago Illyriorum wich vor den neuen Autoritäten zurück: Eine ganze Generation exzerpierfreudiger Systematiker begann, mittels der alten und bewährten Technik des Herausschreibens das neue Naturmensch-Imaginarium aus der Reiseliteratur in die faktische Literatur umzusiedeln. Ob Zeitungsartikel oder vormoderner Reiseführer, ob historiographisches Werk, Schul- oder Kinderbuch, Landesbeschreibung oder Sammlung von Reiseberichten – in deutschsprachigen Texten aus der Zeit um die Jahrhundertwende wird man ständig mit Rudimenten des Fortis'schen Dalmatien, der Hacquet'schen Militärgrenze und des Taube'schen Slawonien konfrontiert.[53]

Wortgetreu herausgeschrieben erscheinen in faktischen Diskursen beispielsweise Fortis' Morlaken, jene von Kotar mit eingedrückten Nasen und jene von Vrgorac mit ihren langen Gesichtern mitsamt Morlakinnen in all ihrem glänzenden Putz und ihrer unerträglichen Unsauberkeit. Unzählige Male wird von der körperlichen Stärke und Gesundheit, Gastfreundschaft, Gutmütigkeit und Kühnheit, von Geburten auf den Feldern und dem Knoblauchgeruch, von Rache und „Pobratimstvo", „Guslaren" und Kolotänzen erzählt. Mit der regelrechten Nacherzählwut des Fortis'schen Morlakenkapitels ging – wie es scheint – eine „Verbäuerlichung" oder „Verländlichung" Dalmatiens im Imaginarium des deutschsprachigen Publikums einher. Der „Dalmatiner", der die Zeitgenossen interessierte und den man im deutschsprachigen Raum kannte, war vorwiegend der „Morlake" und somit ein *homo rusticus.* Die Vorstellung vom städtischen Dalmatien und der Urbanität als seinem „Kulturkapital"[54] löst sich in der Überbetonung seiner ländlichen, morlakischen Seite auf. Von dieser „Morlakisierung" des Dalmatien-Images zeugen unterschiedliche deutschsprachige Texte der „Fortis-Nachahmer", darunter auch das apodemische Werk von Johann Christoph Maier „Beschreibung von Venedig".[55] In seiner Darstellung des dalmatinischen Festlandes kombiniert Maier[56] das Wissen des Reiseberichts „Viaggio in Dalmazia" mit

[53] Zur Nachsagepraxis mit Bezug auf Fortis siehe ZEMAN, Reisende und Nachahmer, 623–627.

[54] Pierre BOURDIEU, Die feinen Unterschiede. Kritik der gesellschaftlichen Urteilskraft. Frankfurt/M. 1982.

[55] Vgl. ZEMAN, Reisende und Nachahmer, 624.

[56] Johann Christoph Maier (1757-?), Magister der Philosophie und Pfarrer zu Neuweiler, studierte „die Vorbereitungswissenschaften" im Kloster Maulbronn und Theologie in Tübingen.

dem Wissen anderer Quellen und macht zukünftige Reisende auf die größeren Städte wie Zara (Zadra), Sebenico (Šibenik) und Spalatro (Split), aber auch auf die Dörfer Slosella (Pirovac) und Seghetto (Seget) aufmerksam. Die Gattung des staatskundlich-apodemischen Schreibens unterlegt Maier beim Herausschreiben aus seinen Vorlagen bestimmten Zwängen. Daraus erklärt sich die besondere Aufmerksamkeit für das Geographische, Materielle, Infrastrukturelle und Sehenswürdige in seiner Städtebeschreibung. Die Entscheidung darüber, mit welchen Inhalten der gattungsspezifische Rahmen ergänzt wird, bleibt beliebig. Maier entscheidet, dass Fortis' Aussagen über die „Politesse" der Zaratiner Gesellschaft ebenso irrelevant sind, wie jenes städtische Kulturkapital, das in „Viaggio in Dalmazia" in Verbindung mit den Namen so vieler dalmatinischer Gelehrter und Schriftsteller dargelegt wird.[57] Andererseits hält er es im Rahmen seiner Beschreibung des Vrana-Sees (Vransko jezero) offenbar für erforderlich, den Leser und zukünftigen Dalmatienreisenden mit Fortis in aller Länge über den „tödlichen Abscheu"[58] der „Morlaken" vor den Fröschen zu informieren.[59] Die Urbanität Dalmatiens – im anthropologischen Sinne – wird in Maiers Werk beispielsweise mit folgendem Fortis'schen Satz beschrieben, der sich auf Bürger von Sebenico bezieht: „Die Einwohner entfernen sich von den barbarischen Sitten ihrer Vorfahren der Uskoken eben so weit, als ihre Häuser von den armseligen Hütten derselben."[60]

Durch Nicolais „Beschreibung der königlichen Residenzstädte Berlin und Potsdam" inspiriert, kam er auf die Idee, nach Venedig zu reisen, um dort Recherchen zu einem „Reiseführer" über diese Stadt durchzuführen. Das Produkt seines zweijährigen Aufenthaltes in Italien – die dreibändige „Beschreibung von Venedig" – erschien in zwei Auflagen, 1797–1791 und 1795–1796. Nach der Rückkehr aus Italien lebte Maier in Frankfurt und in Karlsruhe, wo er bis 1795 „privatisirte." Außerdem leistete er an verschiedenen Orten „Vicariats Dienste" und wurde 1795 zum Pfarrer. Zur Vita dieses Schriftstellers vgl. Johann Jacob Gradmann (Hg.), Das gelehrte Schwaben: oder Lexicon der jetzt lebenden schwäbischen Schriftsteller. Ravensburg 1802, 351–352; sowie Michael Talbot, The Pietà as Viewed by Johann Christoph Maier (1795), *Studi vivaldiani* 4 (2004), 75–117.

57 Ausführlicher dazu vgl. Cvijeta Pavlović, Alberto Fortis i hrvatska književnost, *Umjetnost riječi* 48 (2004), Nr. 1, 25–41.

58 Maier, Beschreibung von Venedig, 388.

59 Über die Morlaken und ihr vermeintliches Essenstabu wurden auch die vornehmen württembergischen Zuhörer der statistischen Vorlesungen des Historikers und Kanzlers der hohen Karlsschule in Stuttgart Johann Friedrich Le Bret (1732–1807) ausführlich mit Fortis informiert. Vgl. Le Bret, Vorlesungen über die Statistik, 138–139, wo es unter anderem heißt: „Von Fröschen essen die Morlachen nichts, wenn sie auch Hungers sterben müssten. Auch die gröste Hungersnoth, welche in diesen Gegenden nur allzu häufig ist, weil es an Getreide fehlt, theils auch die Verfassung felehrhaft ist, kann sie nicht dazu bewegen, und sie halten einen, der Frösche zu Markte bringt, für den Abschaum der Nation." Mit der historischen Wahrheit hat dieses aus der Fortis'schen Küche stammende Stereotyp wohl nichts zu tun, denn gerade im dalmatinischen Hinterland blickt man auf eine lange Tradition des Froschfangs und ihre esskulturellen Spuren zurück. Vgl. dazu Ivana Radovani, Tradicijski lov na žabe, rakove, ribe i ptice, in: Kusin / Belamarić / Grčić (Hgg.), Dalmatinska zagora, 499–503. Zu anderen esskulturellen Stereotypen in den deutschsprachigen Reiseberichten über das historische Kroatien siehe Zeman, „Illyrische" Mahlzeiten.

60 Maier, Beschreibung von Venedig, 393.

Andererseits bietet Maier seinem Leser eine 17-seitige Variante des Kapitels „De costumi de Morlacchi".

Maiers „Beschreibung von Venedig" stellt keine Ausnahmeerscheinung dar. Auch andere Texte weisen darauf hin, dass Dalmatien im späten 18. Jahrhundert im deutschsprachigen Raum vorwiegend als „Morlakenland" rezipiert wurde. Eine solche Vorstellung vermittelten beispielsweise unterschiedliche didaktische Werke der Aufklärung, darunter sogenannte „Geographische Lesebücher", sowie unterschiedliche Schul- bzw. Kinderbücher.[61] So ist beispielsweise dem „Geographischen Lehrbuch des Halleschen Neuen Elementarwerks für niedern Klassen lateinischer Schulen und Gymnasien" aus dem Jahre 1786 Folgendes über Dalmatien zu entnehmen:

> „Lage: Dalmatien heißt der lange Strich am adriatischen Meere, der von Croatien und Bosnien begränzt wird. Flüsse: Der vornehmste Fluß ist der Cettina, welcher hier entspringt. Berge: Unter andern Gebürgen wollen wir hier nur die Bergkette Pogliza merken. Produkte: An Wildpret fehlts hier eben so wenig als an Fischen. Manna wird häufig von Eschenbaume gesammelt. Oliven sind häufig, Wein aber seltner. Maulbeerbäume und andere Obstbäume fehlen auch nicht. Einwohner: Einen grossen Theil dieses Landes bewohnen die Morlaken. Diese sind meistentheils gute ehrliche Leute, und gastfrey gegen jeden Fremden."[62]

Dieser Einführung folgt schließlich eine dreiseitige Paraphrase des Kapitels „De costumi de Morlacchi".

Es war also der morlakische Exote, der im deutschsprachigen Raum um 1800 als Dalmatiens Hauptattraktion galt, der zur lehrreichen Unterhaltung angeboten und im Schulunterricht präsentiert wurde. Das städtische Dalmatien und seine symbolische Infrastruktur – die Urbanität – blieben im Schatten ihrer berühmten und viel klischierten, als morlakisch, exotisch, kriegerisch oder homerisch beschworenen Ländlichkeit.

1.6 Die Abschreibepraxis und der Macht-Wissen-Komplex

Die „Herausschreibung" Dalmatiens, Kroatiens und Slawoniens war im untersuchten Zeitraum zum großen Teil verwaltungspolitisch begründet und die „Exzerpierungswut" einer Vielzahl deutschsprachiger Autoren ist – um mit Foucault zu sprechen – im Funktionszusammenhang mit damaligen „Regierungsrationalitäten" und dazugehörigen „Machttechnologien" zu sehen.[63] Für die Beschäftigung mit dem Beziehungsgeflecht zwischen Macht und

[61] Siehe zum Beispiel das Morlaken-Kapitel in Johann Ernst Fabri, Geographisches Lesebuch zum Nutzen und Vergnügen. Bd. 4. Halle 1784, 16–28. Dass die Morlaken sogar den Kindern in Deutschland nicht unbekannt gewesen waren, bezeugt das Bilderbuch von Karl August Gottlieb Seidel, Gallerie der Menschen nach alphabetischer Ordnung. Ein Bilderbuch für die Jugend zur Erweiterung ihrer Kenntnisse und Befriedigung ihrer Wissbegierde. Leipzig 1801.

[62] Semler / Schütz, Neues Elementarwerk, 239.

[63] Vgl. Foucault, Sicherheit, Territorium, Bevölkerung; ders., Die Geburt der Biopolitik; ders., In Verteidigung der Gesellschaft. Vorlesungen am Collège de France 1975–1976. Frankfurt/M. 2001; ders., Der Wille zum Wissen. Sexualität und Wahrheit 1. Frankfurt/M. 1977. Vgl. auch

Wissen liegt mit dem Konzept der „Gouvernementalität“[64] von Michel Foucault ein wichtiger theoretischer und analytischer Bezugsrahmen vor, der sich auch für die Untersuchung der Abschreibepraxis als eine der Techniken der österreichischen Statistik als weiterführend erweist.

Im Jahre 1798 verzichtete Kaiser Franz II. per Vertrag auf die Österreichischen Niederlande zugunsten Frankreichs und erhielt im Gegenzug von seinem Gegner Napoleon das Territorium der Republik Venedig nebst ihren Besitzungen an der Ostadria. Dass er nun dadurch der Herr von Dalmatien wurde, bedeutete jedoch längst nicht, dass er es regierte. Denn um regieren zu können, brauchte er ein Objekt dieser Regierung, und dieses konnte erst durch den Einsatz bestimmter Wissenstechniken sichtbar und greifbar gemacht werden. Zu diesen zählte die deskriptive Statistik, und es wundert daher nicht, dass prompt nach dem Friedensvertrag von Campo Formio ein Anonymus oder auch mehrere – wahrscheinlich (ein) Militär(s) – den Auftrag erhielt(en), die Realität der neu erworbenen Gebiete staatskundlich zu erfassen. Auch die Öffentlichkeit verlangte Auskunft über den umstrittenen territorialen Tausch, und man kam deren Informationsbedarf 1798 durch Veröffentlichung gleich dreier statistischer Texte eines oder mehrerer Verfasser nach.[65]

In einer dieser Publikationen bemüht sich der Autor, durch penible Vergleiche der an Frankreich abgetretenen und der neu gewonnenen Gebiete zu beweisen, dass die Österreichische Monarchie durch den Tausch von 1798 an Kraft und Stärke nur gewonnen hat. In zwei anderen Werken geht es unter anderem darum, den dalmatinischen Beitrag zu dieser neuen Stärke des habsburgischen Staates zu ergründen. So werden beispielsweise in der „Geographisch-Statistischen Beschreibung von See-Osterreich und der cisalpinischen Republik“ in erster Linie die traditionellen Machtelemente des Herrschers erfasst: das neu gewonnene Territorium, seine Einkünfte und seine Untertanen. Von Rezepten, wie Dalma-

Thomas Lemke, Biopolitik im Empire – Die Immanenz des Kapitalismus bei Michael Hardt und Antonio Negri, *Prokla. Zeitschrift für kritische Sozialwissenschaft* 32 (2002), Nr. 4, 619–629; sowie ders., Gouvernementalität und Biopolitik. Wiesbaden 2007.

64 Die „Gouvernementalität“ definiert Foucault folgendermaßen: „Ich verstehe unter ‚Gouvernementalität‘ die aus Institutionen, den Vorgängen, Analysen und Reflexionen, den Berechnungen und den Taktiken gebildete Gesamtheit, welche es erlauben, diese recht spezifische, wenn auch sehr komplexe Form der Macht auszuüben, die als Hauptzielscheibe die Bevölkerung, als wichtigste Wissensform die politische Ökonomie und als wesentliches Instrument die Sicherheitsdispositive hat. Zweitens verstehe ich unter ‚Gouvernementalität‘ die Tendenz oder die Kraftlinie, die im gesamten Abendland unablässig und seit sehr langer Zeit zur Vorrangstellung dieses Machttypus geführt hat, den man über alle anderen hinaus die ‚Regierung‘ nennen kann: Souveränität, Disziplin, und die einerseits die Entwicklung einer ganzen Serie spezifischer Regierungsapparate [und andererseits] die Entwicklung einer ganzen Serie von Wissensarten nach sich gezogen hat. Schließlich denke ich, dass man unter ‚Gouvernementalität‘ den Vorgang oder vielmehr das Ergebnis des Vorgangs verstehen sollte, durch den der mittelalterliche Staat der Gerichtsbarkeit, der im 15. und 16. Jahrhundert zum Verwaltungsstaat wurde, sich nach und nach „gouvernementalisiert“ hat.“ Foucault, Sicherheit, Territorium, Bevölkerung, 162f.

65 Vgl. Nähere Auskunft; Geographisch-Statistische Beschreibung von See-Osterreich; Kurzgefaßte geographisch-statistische Beschreibung.

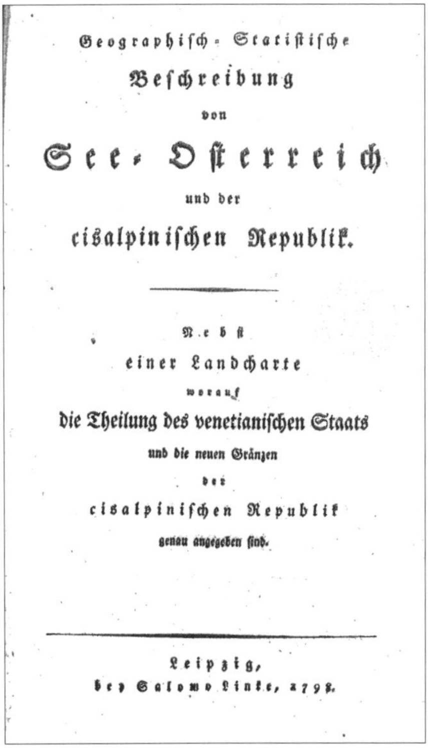
Geographisch-Statistische
Beschreibung
von
See-Oesterreich
und der
cisalpinischen Republik.

Nebst
einer Landcharte
worauf
die Theilung des venetianischen Staats
und die neuen Gränzen
der
cisalpinischen Republik
genau angegeben sind.

Leipzig,
bey Salomo Linke, 1798.

Abb. 13. Titelseite von: Geographisch-Statistische Beschreibung, 1798.

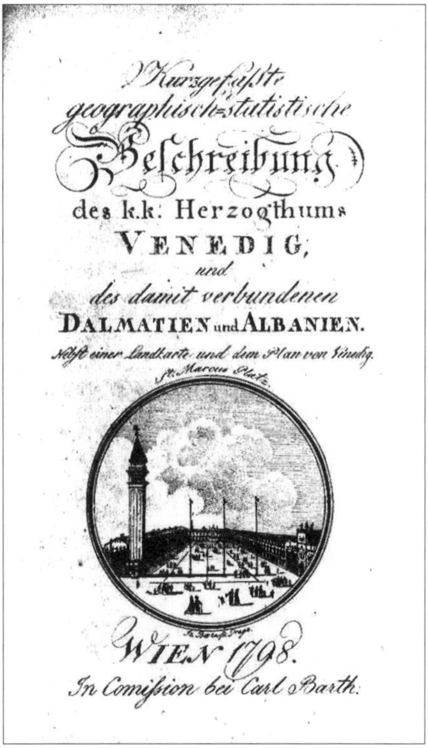
Kurzgefaßte
geographisch-statistische
Beschreibung
des k.k. Herzogthums
VENEDIG,
und
des damit verbundenen
DALMATIEN und ALBANIEN.
Nebst einer Landkarte und dem Plan von Venedig.
St. Marcus Platz.
WIEN 1798.
In Comission bei Carl Barth.

Abb. 14. Titelseite von: Kurzgefasste geographisch-statistische Beschreibung, 1798.

tien regiert werden sollte oder was dort zu tun wäre, sieht der Autor dieses Textes ab und konzentriert sich ganz im Sinne der traditionellen Staatsbeschreibung auf die Darstellung dessen, was im Land existiert, auf die Schätzung der Reichtümer bzw. auf die Vermittlung geographischer, geologisch-mineralogischer und wirtschaftlich relevanter Informationen über Gebiete, die, in der Terminologie des Erzählers den „aristokratischen Despoten"[66] entrissen, nun „den goldenen Schaum zur österreichischen Monarchie"[67] bilden. Zu den Dingen, die der Herrscher über Dalmatien wissen muss, zählen auch Elemente, die in den turbulenten Zeiten der Napoleonischen Kriege für die Aufrechterhaltung der Herrschaft über dieses Gebiet entscheidend sind. Eines dieser Elemente ist die Menge der kriegsfähigen Untertanen. Den diesbezüglichen „Reichtum" berechnet der Verfasser großzügig und setzt Wien in Kenntnis von nicht weniger als „250 000 sehr von kriegerischen Muthe beseelten

66 Geographisch-Statistische Beschreibung von See-Osterreich, 98.
67 Ebd., 4.

Einwohner".[68] Diese sprächen einen slavischen Dialekt und seien „jeder Regierung treu ergeben, die sie mit Gelindigkeit regiert, ihren Adel ehrt, und für ihre nothwendigsten Lebensbedürfnisse sorgt".[69] Von allen diesen „Einwohnern" kennt der Verfasser namentlich nur die „Morlakken oder Morlachen, auch Uhlanen genannt"[70], und die „Haiducken"[71], und diese interessieren ihn unter dem Aspekt ihrer ökonomischen Produktivität, militärischen Nützlichkeit und politischen Gehorsamkeit.

Die Landeseinteilung des neuen „See-Osterreich" bereitet dem Verfasser offenbar erhebliche Schwierigkeiten. So zwängt er in die geläufige geographisch-politische Gliederung des östlichen Adriaraumes ein „Gebiet der Murlakken"[72] und ein „Gebiet der Montenegriner" als selbständige Einheiten ein, bittet aber den Leser in der Vorrede, diese auszustreichen.[73] Der Versuch der Mappierung dieser Gebiete, der sich im Rahmen des Werkes auf drei Ebenen – der tabellarischen, kartographischen und topographischen – vollzieht, offenbart eine Reihe von Unstimmigkeiten und eine Ratlosigkeit des Verfassers bezüglich der politischen Partikularitäten und des terminologischen Wirrwarrs in der zeitgenössischen Geographie und Anthropologie der Ostadria (vgl. Abb. F20).

Angesichts vieler Unstimmigkeiten sowie der Tatsache, dass sich der Verfasser in seiner Beschreibung im Wesentlichen auf Maiers kompilatorische „Beschreibung von Venedig" stützt, die ihrerseits Fortis folgt, liegt die Vermutung nahe, dass der „Statistiker", der die Wiener Regierung mit Kenntnissen ausstattete, Dalmatien nicht mit eigenen Augen sah. Wahrscheinlicher greift er auf die vielmals erprobte Strategie des Abschreibens zurück, um das Wissen zu produzieren, das Grundlagen einer zukünftigen Regierungspraxis schaffen sollte.

Zu der Zeit, als man sich bezüglich Dalmatien in Wien noch um Wissensgrundlagen der Herrschaft bemühte, wurde im Militärkroatien und -slawonien schon seit Langem regiert. Die Militärgrenze der zweiten Hälfte des 18. Jahrhunderts stellt geradezu ein Paradebeispiel für den Einsatz unterschiedlicher Regierungstechniken dar, die Foucault ausführlich thematisiert hat: für die Erschaffung eines „ständigen", „bedeutenden", „sachkundigen, militärischen Dispositivs"[74], für die zentralistisch gelenkte Disziplinierung, für hygienische Aussperrung und Einsperrung durch Ausbau des „Cordon sanitaire" usw.[75] Zu der Zeit,

68 Ebd., 197. Der Autor gibt hier die Anzahl der Gesamtbevölkerung Dalmatiens an und schreibt somit allen Einwohnern den „kriegerischen Muth" zu.

69 Ebd.

70 Ebd.

71 Ebd.

72 Ebd., 23.

73 Die neuen ostadriatischen Provinzen teilt der Verfasser zunächst in „Istrien", „Das Gebiet in Dalmatien", „Die 4 Inseln des Quarnaro", „Die 3 dalmatischen Inseln", „Das Gebiet der Murlakken", „Das Gebiet in Albanien oder Niederdalmatien" und „Das Gebiet der Montenegriner". Vgl. Geographisch-Statistische Beschreibung von See-Osterreich, 23.

74 Foucault, Sicherheit, Territorium, Bevölkerung, 441.

75 Ausführlicher dazu vgl. Christian Promitzer, Grenzen und Ethnische Identitäten. Eine theoretische Annäherung am Beispiel der Habsburgischen Militärgrenze (18. und 19. Jh.), in: Rok-

als die vormals venezianischen „Dalmatiner“ und „Morlaken“ für die Regierung in Wien durch erste Landesbeschreibungen bloß als neue Rechtsuntertanen und Einwohner sichtbar gemacht wurden, arbeitete man im habsburgischen Kroatien und Slawonien schon seit Längerem daran, die dort lebenden Völker in eine – um sich der Formulierung Anton Tantners zu bedienen – „kalkulierbare, anwendbare Bevölkerung zu transformieren“.[76] Um dieses zu erreichen, setzte man zu den Zeiten des Reformabsolutismus einen ganzen Wissensapparat in Gang, der unter Einsatz der Techniken wie Volkszählungen, Katastererstellungen, Landesaufnahmen, Enqueten und Landesbeschreibungen die „Illyrier“ als gesellschaftlichen Körper zu erfassen und in der Tiefe verwaltbar zu machen suchte.

Der gewaltigen Maschinerie der „Seelenkonskriptionen“[77], Häuserzählungen, Grundvermessungen und Landesaufnahmen der theresianisch-josephinischen und franziszeischen Epoche entgingen auch die entlegensten Winkel des ausgedehnten Reiches nicht.[78] „Conscriptiones animae“ – zunächst waffentüchtige Männer der Militärgrenze erfassend – machten allmählich auch die Gesamtbevölkerung der unter Habsburg stehenden historischen Territorien Kroatiens regierbar, durch die umkämpfte „Josephinische Volkszählung“ 1785/1787 kamen die Mechanismen der „Bio-Macht“ im Sinne Foucaults auch in Zivilgebieten Kroatiens und Slawoniens zum Einsatz.[79] Die Resultate dieser Erhebungen gelangten zunehmend in die Öffentlichkeit. Häufig waren es Privatleute, die als Beamte und Militärs

SANDIĆ (Hg.), Microhistory, 111–124.

76 TANTNER, Ordnung der Häuser, 199.

77 Zum Begriff siehe ebd., 1.

78 Im Rahmen der sogenannten „Josephinischen Landesaufnahme“ wurden innerhalb von 22 Jahren zwischen 1763 und 1785 sämtliche habsburgischen Königreiche und Länder kartographisch erfasst. Parallel zu den militärischen Aufnahmearbeiten liefen auch die auf ökonomische Zwecke ausgerichteten Katasteraufzeichnungen und -vermessungen. Zu Organisation, Durchführung und Resultaten der „Josephinischen Landesaufnahme“ in Bezug auf Kroatien vgl. Josef PALDUS, Die militärischen Aufnahmen im Bereiche der Habsburgischen Länder aus der Zeit Kaiser Josephs II. Ausgeführt durch den k. k. Generalquartiermeisterstab in den Jahren 1763–1785. Ein Beitrag zur historischen Landeskunde. Wien 1919 (Denkschriften der Akademie der Wissenschaften in Wien, philosophisch-historische Klasse, 63/2); Mirko MARKOVIĆ, Hrvatska na starim zemljovidima. Zagreb 2002, 51–61; Josef ZEGER, Die historische Entwicklung der staatlichen Vermessungsarbeiten (Grundlagenvermessungen) in Österreich. Bd. 1. Wien 1992, 136–158; Oskar REGELE, Beiträge zur Geschichte der staatlichen Landesaufnahme und Kartographie in Österreich bis zum Jahre 1918. Wien 1955.

79 Seit dem frühen 18. Jahrhundert wurden die demographischen Erhebungen in der Militärgrenze durchgeführt, wo man den militärischen Zwecksetzungen entsprechend an der Anzahl der verfügbaren Soldaten interessiert war. Zu den Volkszählungen in der Militärgrenze siehe u. a. Karl KASER / Hannes GRANDITS / Siegfried GRUBER, Popis Like i Krbave 1712. godine. Obitelj, zemljišni posjed i etničnost u jugozapadnoj Hrvatskoj. Zagreb 2003. Im Jahre 1776 wurde – wie Horvat berichtet – die Erhebung auf die Gesamtbevölkerung der Militärgrenze ausgedehnt. In Zivilkroatien und -slawonien wurden die ersten Volkszählungen in der Regierungszeit Joseph II. in den Jahren 1785 und 1787 durchgeführt. Vgl. dazu HORVAT, Kultura Hrvata, 9. Siehe auch Ivan ERCEG, Jozefinski popis stanovništva civilne Hrvatske i Slavonije (1785/87), *Rad Hrvatske Akademije Znanosti i Umjetnosti. Razred za društvene znanosti* 31 (1992), 1–24.

an den Konskriptionen teilnahmen oder/und Zugang zu ihren Resultaten hatten, die durch ihre statistischen Publikationen die in der Regel geheim gehaltenen Informationen publik machten.[80] Um die Jahrhundertwende erreichte die private statistische Literatur ihre wahre Blüte – zu den „Landesbeschreibungen", die der gesamten Monarchie galten, kam eine Vielzahl von Darstellungen einzelner Länder des Vielvölkerstaats, auch die ersten ausschließlich der Militärgrenze gewidmeten Darstellungen kamen auf den Markt.

Der Inhalt dieser Literatur ist äußerst vielfältig und enthält neben numerischen Daten zur Bevölkerungsstatistik unterschiedliche Fakten zu Geographie, Klima und Staatsverfassung sowie entsprechende Sittenbilder und volkskundliche Informationen, die meist den Reiseberichten entlehnt wurden. So werden beispielsweise in dem Kroatien gewidmeten Teil der „Statistischen Beschreibung der Militär-Gränze" von Johann Andreas Demian, der sich wie erwähnt vorwiegend mit der Auswertung verschiedener durch amtlich-statistische Erhebungen ermittelter Daten beschäftigt, die Kuriosa aus der Welt der slawischen „Wilden" im Kapitel „Charakteristik der Einwohner" zusammengefasst. Dieses Kapitel, das fast ausschließlich auf Hacquets „Abbildung und Beschreibung" fußt, wird in eine umfangreiche verwaltungspolitisch motivierte Darstellung der Zahlen und Fakten über die Militärgrenze eingefügt, die Demian den offiziellen Konskriptionslisten und anderen statistischen Materialien der k. k. Militärgrenze entnimmt. Hacquets Äußerungen, die auf den subjektiven, durch die zeitgenössischen Vor-Schriften geistesgeschichtlicher und politischer Provenienz vorgeprägten Wahrnehmungen basieren, werden von Demian als glaubwürdige Daten interpretiert, die wortgetreu übernommen werden, um die Tatsächlichkeit der Militärgrenze ebenso zu dokumentieren, wie die Zahlen aus einer Geburts- und Sterbeliste. Hacquets Konstrukt des „illyrischen" Naturmenschen wird im Kontext der postulierten Faktizität der statistischen Darstellung der Militärgrenze als Spiegelbild einer nachprüfbaren Wirklichkeit präsentiert. So kann der Leser aus Demians Buch unter anderem erfahren, dass die Gebirge Velebit, Kapela und Plissivicza das Relief des Karlstädter Generalats prägen, dass in diesem Gebiet Anfang des 19. Jahrhunderts „182 733 Seelen"[81] und „188 756 Schafe"[82] gezählt wurden, dass die katholische Seelsorge in der Karlstädter Grenze den Staat jährlich „35 929

[80] Unter Maria Theresia und Joseph II. wurden – wie Grossmann, Die Anfänge, 332, berichtet – alle „die inneren Kräfte des Staates" betreffenden Nachrichten als Staatsgeheimnis betrachtet. Trotzdem sickerten – sei es durch private Initiativen der beteiligten Militärs und Bürokraten, durch Zugeständnisse der Behörden oder durch die Tatsache, dass die habsburgische Verwaltung kaum Einfluss auf die Veröffentlichung im Ausland hatte – auch quantitative Daten in die Öffentlichkeit. „Die erste offiziöse Veröffentlichung statistischer Angaben zur Bevölkerung der österreichischen Monarchie" erfolgte im Jahre 1781 in Felbigers „Erdbeschreibung zum Gebrauche der studirenden Jugend". So Tantner, Ordnung der Häuser, 196, der auch weitere umfangreiche Informationen zu Zirkulation, Veröffentlichung und Verwendung der „Conscriptionstabellen" liefert.

[81] Demian, Statistische Beschreibung der Militär-Gränze, 40.

[82] Ebd., 120.

Gulden“[83] kostete, aber auch, dass das „Gesicht und Gehör“ eines „Liccaners“ im „hohen Grade scharf ist, desto stumpfer aber sein Geruch und Geschmack“.[84] Mit Äußerungen von Hacquet geht Demian auf dieselbe Weise um, wie mit den numerischen Daten aus einer Umfrage – er schreibt sie einfach unkritisch und in aller Vollständigkeit ab. Demian ist in dieser Hinsicht kein Einzelfall, eine ganze Reihe von Autoren schmückte ihre staatskundlichen Sammelsurien von Daten und Fakten gerne mit solchen bildhaften volkskundlichen Anhängen und kolportierte selbst die sinnlosesten Zuschreibungen. Aber warum taten sie das? Wozu brauchte man diese stereotypenhaften Ethnocharakterologien?

1.7 „Alienisierung“ als Werbestrategie. Die Militärgrenze als „innere Kolonie“

Einer der Gründe für das hartnäckige Beharren der Statistiker auf volkskundlichen Exkursen aus der Reiseliteratur war wahrscheinlich, dass diese einfach den Lesern gefielen.[85] Es kann wohl sein, dass man sich durch das deskriptive Othering mit Hilfe von bildhaften und bisweilen auch lustig anmutenden Beispielen die Aufmerksamkeit eines breiteren Publikums zu verschaffen hoffte, als dies mit einer bloßen Wiedergabe der Zahlen, Fakten und Tabellen möglich gewesen wäre. Durch Nacherzählung der Sittenbilder betrieben diese Schriftsteller einerseits Werbung in eigener Sache, andererseits leisteten sie dadurch auch einen Beitrag zur Beförderung und Stabilisierung der Staats- und Landespatriotismen. Indem die Staatskundler durch ihre Naturmensch-Exzerpte der Habsburgermonarchie eine Art „innere Kolonie“[86] mit eigenen „Wilden“ verschafften, machten sie einerseits die einheimische Landeskunde interessanter, andererseits setzten sie dadurch den eigenen Staat auf der diskursiven Ebene mit den europäischen Kolonialstaaten gleich. Durch Inszenierungen der Exoten-Schauplätze innerhalb des eigenen Landes behob man somit zumindest diskursiv die Defizite, die durch das Fernbleiben der habsburgischen Länder bei der Kolonisierung der Neuen Welt entstanden waren, und schaffte Inhalte, die dem Erwartungshorizont einer Öffentlichkeit entgegenkamen, die ihre Bedürfnisse nach exotischen Reizen sonst nur in der Lektüre der Beschreibungen fremder Länder und ferner Staaten finden konnte. Ein

83 Ebd., 169.

84 Ebd., 50.

85 Darauf verweist Vári, The Functions of Ethnic Stereotypes, 47.

86 Zum Konzept der „inneren Kolonisierung“ in Bezug auf die Habsburgermonarchie siehe Ruthner, Kulturelle Imagines. Ruthner spricht auch vom „nahe[n] innere[n] Exotismus“ als einem Stereoytp in der Reiseliteratur „Kakaniens“ und führt in diesem Zusammenhang für „die kulturelle Strategie d[er] Konstruktion von Identität und Differenz […], wo geographisch und historisch ‚nahe‘ Kulturen in Bildlichkeiten des Fremden präsentiert werden“ den Begriff „Alienisierung“ ein. „Der/die Andere, der/die genauso Staatsbürger/in – oder besser gesagt: Untertan/in – der Habsburger Monarchie ist/war“, schreibt Ruthner dazu „wird hier als etwas deutlich Anderes gezeigt, das womöglich anderer Formen der – sozialen und politischen – Behandlung bedarf als man selbst.“ Ruthner, Kulturelle Imagines, 33.

gutes Beispiel für das Spiel mit dem Erwartungshorizont des Publikums unter Einsatz assoziativer Vergleiche von „Exotismus der Ferne“ mit „Kuriositäten vor der Haustür“ liefern die Darstellungen der Militärgrenze aus den Federn des ungarischen „Statistikers“ Martin Schwartner und seines bereits erwähnten Kollegen Demian.

In seiner „Statistik des Königreichs Ungern“ stellt Martin Schwartner mit Bedauern fest, dass Gelehrte im westeuropäischen Ausland viel mehr über Essequibo und Masalquivir wissen als über Ungarn und Slawonien. Selbst unter den einheimischen Intellektuellen gebe es viele, die „von Neu-Holland und den spanischen Bergwerken in Südamerika pragmatischer unterrichtet“[87] seien als über das eigene Vaterland.

Warum benutzt der Pester Diplomatik-Professor gerade den guayanischen Fluss, den algerischen Hafen, den australischen Kontinent und die südamerikanischen Bergwerke, um das mangelnde Interesse an Ungarn zu beklagen?

Das rhetorische Heranziehen der geographischen Begriffe, die die Dominanz maritimer europäischer Mächte assoziieren, impliziert die Vorstellung von der Nichtkonkurrenzfähigkeit des Landes im Seehandel und in der Kolonisierung der Neuen Welt. In Schwartners umfangreicher landeskundlicher Darstellung wird dieses maritime und koloniale Defizit durch die kontinentale Mission des kaiserlich-königlichen Staatsgebildes angesichts der latenten osmanischen Gefahr diskursiv kompensiert. Diese Mission wird in Bildlichkeiten der alten Antemurale-Rhetorik und ganz im Sinne der Aufklärung als ein ausgesprochen zivilisatorischer Auftrag formuliert. So wird Ungarn als Bollwerk des Christentums und als kultureller Zwischen-Raum „in der Mitte zwischen dem kultivierten Deutschland und der wilden Türkey, in der Mitte zwischen dem Reiche des Lichts und der Finsterniß“[88] präsentiert. Der Kulturraum Ungarn gründet auf der Existenz einer kulturlosen Pufferzone, die Schwartner „Konfinien“ nennt. Die Rolle dieses Grenzkordons ist Schwartner zufolge ganz pragmatisch: „Er hält die Türken und die Pest zugleich von unserm Lande ab.“[89] Die Wahl des Possessivpronomens „unser“ weist darauf hin, dass Schwartner den geographischen Raum, den er normalerweise als „Ungarische Konfinien“ bezeichnet, nicht zum symbolischen Raum zählt, den er als seinen eigenen empfindet.

Das rhetorische Beharren auf der Wichtigkeit der habsburgischen Militärgrenze einerseits und auf ihrem exotischen Potenzial andererseits zählt zu den beliebtesten diskursiven Strategien der österreichischen Statistiker der Spätaufklärung. So erkennt man Schwartners Klage in der Vorrede zu Demians Statistik in unwesentlich modifizierter Form wieder. In Bezug auf die Militärgrenze schreibt er:

> „Und diese große, mächtige Anstalt, die für Ungarn, das benachbarte Deutschland, und für das übrige Europa, schon seit Jahrhunderten von der größten Wichtigkeit ist, hat bis jetzt, selbst derjenige unter uns, der auf eine höhere Bildung Ansprüche macht, oft noch weniger gekannt, als die Inseln der Wilden in Südamerika.“[90]

87 Schwartner, Statistik des Königreichs Ungern, 34.
88 Ebd., 38.
89 Ebd., 480.
90 Demian, Statistische Beschreibung der Militär-Gränze, 3.

Dieser Autor geht einen Schritt weiter, indem er dem Leser die Inhalte zu vermitteln verspricht, die seine vorausgesetzten exotistischen Erwartungen tatsächlich erfüllen können. „Gewiß werden hier viele", so Demian, „die Beschreibung einer neu entdeckten Amerikanischen Insel zu lesen glauben, und nicht von einer Provinz, die schon über ein Jahrhundert der Gegenstand einer nicht mehr als väterlichen Sorgfalt des österreichischen Erzhauses war."[91] Sein Versprechen erfüllend, führt er dann wieder einmal die Hacquet'schen körperlich abgehärteten „Lykaner" in ihrer Rolle der gastfreundlichen Naturmenschen vor, präsentiert die Frauen, die nach der Entbindung „gleich allen übrigen Säugethieren"[92] den Nabelstrang abreißen und ihn mit ihrem Rotz beschmieren, und unterlässt es nicht, mit Hacquet zu betonen, dass sich bei den Männern „jeder kränkliche Zufall eben so leicht heilt, wie bey den wilden Thieren".[93]

1.8 Altes Wissen mit neuem Vorzeichen

Auch wenn die Statistiker oftmals ganze Passagen wortwörtlich den Reiseberichten entnehmen, transportieren ihre fremd-eigenen völkercharakterologischen Kollagen dennoch meist andere Botschaften als ihre Vor-Schriften. Der Wortlaut der Zuschreibungen mag mancherorts derselbe bleiben, das Wertesystem und die Zielsetzungen, unter deren Prämisse man die „Illyrier" beobachtet, sind aber andere, und die Einbettung des alten Wissens in neue Zusammenhänge geschieht nicht ohne semantische Verschiebungen. Man hat es nicht mehr mit zivilisationskritisch gestimmten „Entdeckern" und Bewunderern der Ursprünglichkeitsoffenbarungen der unverdorbenen Völker zu tun, sondern mit Autoren, die sich utilitär vis-à-vis der Regierung begreifen, positionieren und durch ihr Schreiben auch deren Gunst zu erwerben hoffen.[94] Sie betrachten die „Illyrier" ausschließlich in ihrem Bezug zum Staat, versuchen sie als Bevölkerung transparent werden zu lassen, möglichst durch Erfassung aller einschlägigen Variablen, sowohl jener, die mathematisch ergründbar sind, als auch solcher, die nur mit sprachlichen Mitteln transparent gemacht werden können, wie Gewohnheiten, Werte, Arbeitsmoral usw. Der geschichtsphilosophische Rahmen, der bei der Schilderung des „Grenzers" als „Naturmenschen" in Texten der Reisenden eine wesentliche Rolle spielte, entfällt hier ganz, der „edle Wilde" aus Hacquets und Fortis' Darstellungen wird durch Tauglichkeits- und Nützlichkeitsprüfungen für den Staat, durch die Fokussierung auf seine ökonomische Produktivität, militärische Nützlichkeit und politische Gehorsamkeit jeglicher Vorstellung seines Edelseins entledigt. Der „Naturmensch", so gutmütig, unverdorben und singfertig er auch sein mag, backt da, wo Kornknappheit herrscht, jeden Tag sein Brot, verbraucht Unmengen von Zwiebeln, ohne sie selbst anzupflanzen, gibt seine ganzen Vorräte dem Gast her, feiert verschwenderisch, legt zerstreute Siedlungen an, ist rachsüchtig

[91] Ebd., 2.
[92] Ebd., 49.
[93] Ebd., 52.
[94] Vgl. Vári, The Functions of Ethnic Stereotypes; ders., Die Palette.

und zum Raub geneigt, und daher für jede Regierung, so auch für Staatskundler, die sich in ihre Dienste stellen, ein Stein des Anstoßes.[95] Die Überhöhung des Naturzustandes, wie man sie bei Hacquet und Fortis noch fand, schlägt bei den „Statistikern", die in der Regel Zivilisation, Fleiß, Gehorsamkeit, Wirtschaftlichkeit zum Maßstab setzen, in ihr Gegenteil um. Unter Einsatz alter Stereotype mit neuem Tonfall erfahren die vorrätigen Images erneut eine Vorzeichenänderung.

2 Rangordnungen. Joseph Rohrers Ethnographie der Slawen

2.1 Volkskunde und Polizei in Personalunion

Die angesprochene Wendung ins Negative erfährt das Morlaken-Image zum Beispiel im ethnographischen Werk des „Polizei-Comissärs" und Volkskundlers Joseph Rohrer „Versuch über die slawischen Bewohner der österreichischen Monarchie" aus dem Jahre 1804.[96] Aus der heutigen Perspektive mag die Vereinigung der ethnographischen und „polizeylichen"[97] Tätigkeit, wie man sie der Vita dieses Schriftstellers entnehmen kann, verwunderlich erscheinen. Zu der Zeit aber, als Joseph Rohrer lebte und schrieb, oblag der „Polizey" ein weit umfangreicherer Zuständigkeitsbereich, als dies heute der Fall ist. Darunter fanden sich auch Aufgaben, die manch einem Beamten in der Tat zum Selbstverständnis eines Menschen-, Völker- oder auch Slawenbeobachters verhelfen konnten.

95 Siehe dazu Vári, Die Palette.

96 Joseph Rohrer (1769–1828) trat nach beendeten Studien in Wien in den Staatsdienst ein und bekleidete zunächst die Stelle des Buchhaltungsbeamten in Bregenz, dann die des Kommissärs in der Polizeiverwaltung in Lemberg. Später wechselte er zum Lehramt über und wurde Professor der Statistik in Lemberg und Olmütz. Seine schriftstellerischen Interessen galten neben der Statistik, der Kameralistik und der Reiseliteratur vornehmlich der Volkskunde. Auf diesem Gebiet machte er sich insbesondere durch sein großangelegtes Projekt der ethnographischen Erfassung aller in der Habsburger Monarchie lebenden Völker einen Namen. Neben dem Slawen-Werk verfasste er volkskundliche Schriften: „Ueber die Tiroler" (1798), „Versuch über die deutschen Bewohner der österreichischen Monarchie" (1804) und „Versuch über die jüdischen Bewohner der österreichischen Monarchie" (1804). Zum vollständigen Publikationsverzeichnis und zu weiteren Lebensdaten vgl. Wurzbach, Biographisches Lexikon, Bd. 26, 284; Ritchie Robertson, Joseph Rohrer and the Bureaucratic Enlightenment, in: Ritchie Robertson / Edward Timms (Hgg.), The Austrian Enlightenment and its Aftermath. Edinburgh 1991, 22–43. Über Rohrer berichtet auch Wolfgang Häusler, Das galizische Judentum in der Habsburgermonarchie. Im Lichte der zeitgenössischen Publizistik und Reiseliteratur 1772–1848. München 1979, 53–60. Zu Rohrers Judenbild siehe auch Adolf Gaisbauer, Das antijüdische „Potential" der Aufklärung und des Josephinismus. Bemerkungen zum Werk Joseph Rohrers, *Aschkenas. Zeitschrift für Geschichte und Kultur der Juden* 6 (1996), H. 1, 163–182.

97 Um die Verwechselung mit dem modernen Polizeibegriff zu vermeiden, wird hier die zeitgenössische Schreibweise beibehalten.

Laut Definitionen des 18. Jahrhunderts bestand die Hauptaufgabe der Polizey im Schaffen einer Verbindung zwischen Regierung und Bevölkerung zum Zwecke der Kräftesteigerung des Staates und der Glückseligkeit seiner Untertanen.[98] Dies bedeutet, dass die Polizey Sorge zu tragen hatte für *alles*, was mit der Stärke des Staates und der Wohlfahrt seiner Bevölkerung zu tun hatte: Sie hatte sich um die Zahl der Menschen im Verhältnis zum Klima, der Größe und den verfügbaren Ressourcen eines Territoriums, weiterhin um Bedürfnisse des Lebens und die Gesundheit der Menschen zu kümmern, sie hatte die Aufsicht über den sittlichen Zustand der Untertanen zu führen, auf Erziehung, Wissenschaft, Künste, Verschwendung, Müßiggang, Betteln zu achten, für Erhaltung der inneren Sicherheit Sorge zu tragen, über die menschlichen Tätigkeiten, den Verkehr der Waren und Produkte zu wachen und vieles mehr.[99] Die Polizey diente damals – um sich einer Formulierung von Matthias Bohlender zu bedienen – „der reibungslosen Regierung des Staates in all den detailreichen und molekularen menschlichen und sachlichen Beziehungen".[100] Aus diesem riesigen Aufgabenfeld ergab sich auch ein weit reichender Wissenshorizont. Aufgrund der zahlreichen bevölkerungsbezogenen Gegenstände, die sie anvisierte, und der Aufgabenfelder, die sie zu bewältigen hatte, war die Polizey oftmals diejenige Instanz, die im Besitz anthropologischer Kenntnisse über die Peripherie des Habsburgerreiches war und die Informationsflüsse zum Zentrum herstellte. Die Polizey- und Militärbeamten, von Zentralstellen zum Reisen beauftragt, durchkreuzten das weit ausgedehnte Reich, prüften seine Bevölkerung mit gleichsam ethnologischem Blick und generierten dabei ein oftmals nach vorgegebenen „Fragepunkten" des Herrschers strukturiertes Machtwissen.[101]

[98] Vgl. Matthias Bohlender, Metamorphosen des Gemeinwohls. Von der Herrschaft guter polizey zur Regierung durch Freiheit und Sicherheit, in: Herfried Münkler / Harald Blühm (Hgg.), Gemeinwohl und Gemeinsinn – Historische Semantiken politischer Leitbegriffe. Berlin 2001 (Forschungsberichte der interdisziplinären Arbeitsgruppe „Gemeinwohl und Gemeinsinn" der Berlin-Brandenburgischen Akademie der Wissenschaften, 1), 247–275, unter <http://edoc.bbaw.de/volltexte/2007/269/pdf/21ZuR5edXEQnc_269.pdf>, 15.07.2011.

[99] Siehe dazu Foucault, Sicherheit, Territorium, Bevölkerung, u. a. 460–472; ausführlich auch bei Bohlender, Metamorphosen.

[100] Bohlender, Metamorphosen, 257.

[101] Mit einer Variante dieser „Frühform sozialwissenschaftlicher Erhebungen" im Habsburgerreich, der sogenannten „Politischen Anmerkungen", hat sich ausführlich Anton Tantner beschäftigt. In seiner Dissertation schreibt er diesbezüglich: „Bei diesen Politischen Anmerkungen handelt es sich um Berichte über die soziale Lage der Bevölkerung in den konskribierten Ländern; zu verfassen sind sie von den Offizieren. Diese haben nach einem vorgegebenen Frageschema vorzugehen und müssen in dem von ihnen durchreisten Gebiet Erkundigungen einziehen über dort vorkommende Krankheiten, das Erbrecht, den Zustand des Gewerbes und des Handels und des Zugviehs [...]. Es handelt sich dabei um eine Art qualitativer „Zugabe" zu den quantitativen Ergebnissen der Konskription. Die Antworten auf die Fragen werden in der Form von länderweisen Berichten zusammengefasst und schließlich Maria Theresia oder Joseph vorgetragen; sie liefern der Kaiserin und ihrem Mitregenten ein umfassendes, militärisch perspektiviertes Szenario von den Zuständen der Monarchie, das in Einzelfällen zum Ausgangspunkt politischer Maßnahmen wird." Tantner, Ordnung der Häuser, 176.

2.2 Versuch über die slawischen Bewohner

Auf die Praxis dieser Erhebungsform sozialer und anthropologischer Informationen im Dienst des absolutistischen Staates greift auch Joseph Rohrer in der Vorrede zu seiner Ethnographie der Slawen zurück, indem er auf „188 Frage-Puncte [...]" Josephs II. verweist, die von den Kreiskommissären bei der Bereisung ihrer Bezirke zu beachten waren und die Auskunft über unterschiedliche Gegenstände, darunter „äußerliches Ansehen", Arbeitsmoral, ökonomische Verhältnisse, Beschäftigungsanlagen, Denkart, Vorurteile, Leidenschaften, Tugenden und Laster des Volkes verlangten.[102]

Seinen Dienst als Polizeykommissär und „Menschenbeobachter" leistete Joseph Rohrer unter Kaiser Franz II., und zwar vornehmlich in dem durch die Teilungen Polens an Österreich gefallenen Galizien, wohin ihn, wie viele andere österreichische Beamte, die Karriere in der Landesadministration führte. Rohrers Interesse an den Slawen und Juden, wie es seine zwei „Versuche" dokumentieren, gründete sich unzweifelhaft auf seinen langen Aufenthalt im Osten der Monarchie. Spätestens in Galizien müsste sich der in Wien geborene und in Tirol aufgewachsene hohe Beamte endgültig davon überzeugt haben, wie sehr das Vielvölkerreich, das er als Vaterland ansah, slawisch geprägt war. In seinem Werk verzeichnet er dazu:

> „Obgleich nun [...] vor dem Menschenforscher jedes Volk gleiche Rechte hat, beobachtet zu werden [...] so hat doch unstreitig vor dem österreichischen Staatsbürger das slavische Volk einen vorzüglichen Anspruch, genauer gekannt zu werden, weil es an Menschenzahl mehr, denn noch ein Mahl so stark, als das deutsche ist; weil es ferner die Summe der echten Ungarn, Wälschen und Walachen zusammen [...] ohne Vergleich übertrifft."[103]

Die Entscheidung des deutschsprachigen „Menschenforschers", diese „Rechte" der Slawen durch eigene schriftstellerische Tätigkeit geltend zu machen, ist mehrfach motiviert. Zum einen verwaltungspolitisch, da der „Anspruch", den Rohrer sich hier zu befriedigen bemüht, zugleich der „Anspruch" der Regierungskreise und bürokratischen Strukturen auf zuverlässige Informationen ist. Das Motto „La gloria d'un scrittore è, di preparare li materiali utili per quelli, che governano"[104], ein Satz von Filangieri, den Rohrer seinem Werk voranstellt, macht die pragmatische Funktion seiner volkskundlichen Tätigkeit transparent und signalisiert zugleich den Wunsch nach ihrer Beachtung und Anerkennung durch die herrschende Elite. Andererseits wird die Ethnographie bei Rohrer zu einer vaterländischen Angelegenheit. Denn auch dem Wiener geht es – wie vielen anderen statistisch und volkskundlich tätigen Zeitgenossen auch – um Identitätsstiftung durch schriftstellerische Erfassung der ethnischen, sprachlichen und kulturellen Vielfalt des eigenen Landes, um das Schaffen des Identitätswissens durch Erschließung der vaterländischen Ressourcen, Reichtümer, Merk-

[102] Siehe dazu Rohrer, Versuch über die slawischen Bewohner, Teil 1, V.
[103] Ebd., Teil 1, VI-VII.
[104] Ebd., Teil 1, I.

würdigkeiten.[105] Um sein Vaterland lieben zu können, muss man es laut Schlözer und Rohrer zunächst kennen. Der Weg zur Vaterlandsliebe führt auch über die Aneignung von Faktenwissen über die „Stammvölker" des Landes, darunter auch des slawischen mit seinen zahlreichen „Volksästern".

Kenntnisse über die Slawen werden den interessierten Patrioten durch ein umfangreiches Werk vermittelt, das insgesamt neun Kapitel umfasst. Im Einführungskapitel setzt sich der Autor mit der Terminologie und Etymologie unterschiedlicher Namen für die slawischen Völker auseinander, berichtet über ihre Anzahl und ihre Ausdehnung. In den folgenden acht Textabschnitten wird das einschlägige Wissen über unterschiedliche „Volkszweige" nach einem für alle drei „Versuche" charakteristischen analytischen Raster gegliedert: Der Beobachtungsgegenstand „habsburgischer Slawe" wird auf seine „körperliche Beschaffenheit", „Nahrungs-", „Kleidungs-" und „Beschäftigungsart", auf seinen „Kunstsinn", seine „Denkart" und „Religion" sowie schließlich auf seinen „sittlichen Charakter" hin geprüft. Das Themenspektrum ist dementsprechend breit und reicht von der Alkoholismusproblematik über Bienenzucht bis hin zur Folklore, von der Körper- und Geistesbildung über Epidemien und Sterberaten bis hin zu religiösen Auffassungen.

2.2.1 Der Unfug mit den Namen

Gleich am Anfang seiner anthropologischen Gesamtdarstellung der habsburgischen Slawen[106] spricht Joseph Rohrer in klagendem Ton ein Problem an, das im Rahmen dieser Arbeit bereits mehrfach thematisiert worden ist und das auch sonst den Wissenschaftlern, die sich jemals mit dem historischen kroatischen Raum und seinen kollektiven Identitäten beschäftigt haben, sehr bekannt sein wird. Rohrers – durchaus nachvollziehbare – Unzufriedenheit richtet sich gegen die verwirrende Nomenklatur und das schwer durchschaubare Durcheinander aus kollektiven Auto- und Heterobezeichnungen über die habsburgischen Südslawen, derer sich deutschsprachige Quellen des 18. Jahrhunderts und früherer Jahrhunderte bedienen. Joseph Rohrer nimmt diesen terminologischen Knoten, dessen wissenschaftliche Auflösung immer noch bevorsteht, systematisch in Angriff.

Dem eifrigen Leser der älteren und neueren Literatur über die Südslawen fällt unter anderem „der Unfug" auf, der bei den „deutschen" Schriftstellern mit den Namen „Ratzen" oder „Raitzen", „Griechen", „Illyrier", „Walachen" und „Morlaken" getrieben wird.[107] „Ich glaube", schreibt Rohrer diesbezüglich, „es ist bereits die Zeit gekommen, wo man einige

[105] Zur identitätsstiftenden Funktion der Statistik siehe Schmidt, Statistik und Staatlichkeit, 27–29.

[106] Mit dem Inhalt dieses Werkes beschäftigte sich eingehender nur Stanislaus Hafner, Josef Rohrers Versuch über die slawischen Bewohner der österreichischen Monarchie, 1804. Zur Frage einer josephinistischen Ethnographie, in: Gernot Hebenstreit (Hg.), Grenzen erfahren – sichtbar machen – überschreiten. Festschrift für Erich Prunč zum 60. Geburtstag. Frankfurt/M. u. a. 2001, 51–67. Die einzige mir bekannte kroatischsprachige Studie, die punktuell auf Joseph Rohrer Bezug nimmt, ist Drago Roksandićs Vojna Hrvatska.

[107] Rohrer, Versuch über die slawischen Bewohner, Teil 1, 11–15.

Sprecharten weglegen sollte."[108] Beispielsweise die durchaus gängige Etiquettierung der orthodoxen Slawen als „Griechen": „So wenig man [...] die Oesterreicher deswegen Römer nennen kann, weil sie römisch-katholisch sind", schreibt Rohrer, „eben so wenig kann man die Rahzen und Rußniaken Griechen nennen, weil sie griechisch-katholisch sind oder zum griechischen nicht unirten Ritus sich bekennen."[109] In Bezug auf die Bezeichnung „Illyrier" erkennt Rohrer zwei gängige Verwendungsarten mit unterschiedlichen Bedeutungen. Eine erste Gruppe der Schriftsteller tendiere dazu, den Bedeutungsumfang dieses Begriffes auf alle Slawen auszuweiten. Diese Verwendungsweise lehnt Rohrer ausdrücklich ab.

Auf ein anderes Signifikat dagegen verweise, laut Rohrer, der Ausdruck „Illyrier", wenn er im Amtsgebrauch verwendet wird: „Der Hof selbst endlich und die Privilegien-Sprache", so der Ethnograph, „nennet alle so genannten Altgläubigen, wovon hingegen die Walachen auszunehmen sind, sie mögen nun Serwier, Slawonier, Dalmatier, Istrier, oder Bannater seyn – Illyrier. Um verstanden zu werden, muß man daher wohl auch das Wort Illyrier, wenn man es anders in Schriften gebraucht, in eben dem Sinne nehmen."[110]

Wen genau Rohrer meint, wenn er selbst im Laufe des Textes über die „Illyrier" spricht, ist schwer zu erraten, denn auch dieser Autor ist in dieser Hinsicht alles andere als konsequent. Seine Einführung des Terminus „Serwier", der an einigen Stellen als Synonym, an anderen dagegen als Hyponym des Wortes „Illyrier" auftaucht, sorgt für zusätzliche Verwirrung in der ohnehin verwickelten Geschichte um Namen und Identitäten. So heißt es beispielsweise gleich am Anfang des Textes:

> „Ich werde [...] vorerst meine Aufmerksamkeit den Serwiern oder Illyriern, oder wie man sie immer heißen will, weihen. Hierher gehöret ein Theil der Bewohner des Königreichs Ungarn, und des an Oesterreich gefallenen venezianischen Gebiethes. Man nennt die hierher gehörigen Völker Kroatier, Slawonier, Rahzen, Dalmatier, Morlaken, Istrier u.s.w."[111]

Meint Rohrer hier mit „Serwiern" oder „Illyriern" alle im historischen Kroatien lebenden Südslawen oder nur einen Teil dieser Bewohner? Sind mit „einem Teil" etwa nur die griechisch-orthodoxen Bewohner gemeint?

Aus den Widersprüchlichkeiten, in die Rohrer sich verwickelt, lässt sich bestenfalls ein „Sowohl als auch" ableiten: Wenn auch die meisten Bezugnahmen den „illyrischen Gränzvölkern" gelten, also größtenteils der griechisch-orthodoxen Bevölkerung der kroatischen und slawonischen Militärgrenze, so ist aus zahlreichen Verwendungsbeispielen Rohrers doch ersichtlich, dass er in „weiterer Bedeutung"[112] auch die katholischen Slawen Kroatiens zu den „Illyriern" (oder „Serwiern"?) rechnet.

Im Übrigen ist die Melange aus kollektiven Identitätsetiketten, mit denen der Ethnograph in seinen Ausführungen zu den Bewohnern der kroatischen Länder operiert,

108 Ebd., Teil 1, 11.
109 Ebd., Teil 1, 12.
110 Ebd., Teil 1, 13.
111 Ebd., Teil 1, 6.
112 Ebd., Teil 1, 104.

nicht minder breit und bunt als bei seinen Vorgängern: Wo die Palette ethnischer/regionaler Bezeichnungen wie „Kroatier“[113], „Morlaken“[114], „Rahzen“[115] usw. nicht ausreicht, greift Rohrer auf Differenzierungen nach staatlichen/politischen Zugehörigkeiten[116] zurück, benennt das Objekt seiner Beschreibung nach verwaltungs- und militärpolitischen Einteilungen,[117] behilft sich mit der Militärterminologie[118] und allgemeinen, ethnisch unbesetzten Namen.[119]

2.2.2 Messen und Wiegen von „illyrischen“ Ressourcen. Reisewissen im imperialen Korsett

Viel wichtiger als die Fragen, wer genau diese „Illyrier“ sind, von wem sie abstammen, woher sie kamen und wer alles in der Geschichte sie zur Staatskasse bat und mit Waffen ausstattete, ist für Rohrer der Aspekt, wie sie sich gegenwärtig, als habsburgische Staatsbürger darstellen, ob und inwieweit ihre Tätigkeiten zum Wohl des Staates beitragen. Rohrers Unternehmen zielt im Grunde darauf ab, unterschiedliche slawische Völker diskursiv bestimmten „Tauglichkeitstests“ zu unterziehen, ihre Potenziale zu diagnostizieren, ihre Nützlichkeit für den Staat zu prüfen und Maßnahmen für die erfolgreiche Behebung aller Formen eines für den Staat auf irgendeine Weise bedrohlichen kollektiven Fehlverhaltens zu formulieren. Die Reihenfolge, in der die einzelnen Völker dargestellt werden, wird dabei durch ihren

113 Die „Kroatier“ (auch in der Variante „Kroaten“ und „Chrabaten“) zählt Rohrer zusammen mit den „Morlaken“, den „Rahzen“ oder „Serwiern“, den „Rußniaken“ und den „Slowaken“ dem „ungarisch-slawischen Volkszweige“ zu. Die „Kroatier“ siedeln laut Rohrer in den sogenannten sechs kroatisch-slawonischen Komitaten, aber auch in den Gespanschaften jenseits der Donau.

114 Die „Morlaken“ identifiziert Rohrer als Flüchtlinge aus dem osmanischen Reich und ethnisch als Serben. Bisweilen scheint es, dass Rohrer alle „Dalmatier“ für die Slawen „serwischen Ursprungs“ (die Morlaken ?) hält.

115 Die „Rahzen“ seien Slawen in Ungarn, die sich untereinander „Srbli“ nennen. Ihr eigentliches Mutterland heiße Srbska. Rohrer, Versuch über die slawischen Bewohner, Teil 1, 16.

116 Der Herrschaftswechsel an der Adria schreibt sich in Rohrers Identitatsbezeichnungen ein. Davon zeugen Wendungen wie „der ehemahls venezianische Dalmatier“, „die Bewohner jenes Theils von Dalmatien, welcher ehedem unter der venezianischen Signoria stand“ oder „der Dalmatier des vorherigen kleineren osterreichischen Antheiles“. Rohrer, Versuch über die slawischen Bewohner, Teil 1, 76; ebd., Teil 1, 91; ebd., Teil 2, 32.

117 Zum Beispiel „die illyrischen Bewohner des in Kroatien befindlichen sogenannten ungarischen Seebezirkes“. Ebd., Teil 1, 96.

118 So kommen einzelne Truppenbezeichnungen wie „Serezhaner“ zum Einsatz, es ist von „serwischen Freykorps“ die Rede, von den „Panduren“ und „Rothmäntlern“, wie die Militärverbände aus der Militärgrenze im Volksmund genannt wurden. Eine Kuriosität stellen allerdings die weiblichen Formen der Militärnomenklatur dar: Aus den Regimentbezeichnungen „Serezhaner“ und „Ottokaner“ werden die weiblichen Formen „Serezhanerinn“ und „Ottokannerin“ abgeleitet. Ebd., Teil 1, 77.

119 Einen bequemen Ausweg aus dem Dickicht der spezifizierenden Namen bieten die Bezeichnungen „Slawe“ oder „slawischer Bewohner“. Das gilt auch für das identifikatorisch unbesetzte Wort „Küstenvolk“. Operiert wird auch mit dem antiken Namen „Liburnerinn“. Ebd., Teil 2, 107.

Stand auf Rohrers imaginärer Stufenleiter der zivilisatorischen und kulturellen Entwicklung bestimmt; wobei die „Morlaken" in Dalmatien und die „Illyrier" überhaupt als der roheste und die böhmischen Slawen als der gesittetste slawische „Volksast" eingestuft werden.

Trotz der bisweilen auch begründeten Berufung des „Slawenkenners" auf das eigene Erfahrungswissen kommen im Text vielfach die Stimmen anderer Beobachter zum Einsatz. Bei der Schilderung der „Illyrier" ist dies gar fast ausnahmslos der Fall. So groß Rohrers Erfahrungswissen über die Westslawen, so umfangreich seine Reisen im Vielvölkerreich auch gewesen sein mögen, bis in das Land der „Illyrier" im Süden der Monarchie führten ihn seine Wege nicht.[120] Einige Aussagen Rohres verweisen zwar darauf, dass er irgendwo im Ausland einem „Corps von Rothmäntlern"[121] begegnete, im Übrigen schöpft er seine Kenntnisse aus dem Hörensagen und aus einer Reihe von Prätexten. Die Unterstellung der unrühmlichen Rolle der Rohesten, in allen Beziehungen am weitesten Zurückgebliebenen, die der westliche Zweig der Südslawen hier erfährt, vollzieht sich folglich vorwiegend aufgrund des angelesenen Wissens. Die Aussagen der „Triade" über den „illyrischen" *homo rusticus* erkennt man auch hier wieder, rezykliert und eingebettet in einen ethnisch-rangierenden und schrill imperialen Diskurs.

Diastratische Differenzierungen und Bezüge auf das Urbane, die bei Rohrer in den Schilderungen galizischer Zustände vorkommen, vermisst man in seiner Darstellung der Bewohner der kroatischen Länder ganz, auch die Hinweise auf die Existenz einer einheimischen Intelligenz sind bei ihm äußerst selten. Dalmatien erscheint auch hier vorwiegend als „Morlakenland", aus der Gesamtheit der kroatisch-slawonischen Gesellschaft wird vorzugsweise der Grenzsoldat gewählt, um körperlich, geistig, moralisch, kulturell und sozial beleuchtet, nach aufklärerisch-josephinischen Normen des Fortschritts, der Vernunft und der staatlichen Nützlichkeit gemessen und gewogen zu werden. Der erklärte Josephiner lässt die ausgewählten Passagen aus der Fortis'schen Morlakengeschichte mit all ihren Stereotypen Revue passieren und versieht sie meist mit negativen, kritischen, geringschätzigen Urteilen. Er taxiert den angelesenen Südslawen zum großen Teil als menschliches Material und staatliche Ressource und denunziert das Unvernünftige und das Unökonomische an seiner Lebensweise. Rohrers Anleitung zur Nutzbarmachung der „Morlaken", „deren Denkart", wie es heißt, „noch eine sehr niedrige Stufe auf der Verstandesleiter einnimmt"[122], lautet:

> „Es ist bekannt, daß die venetianische Regierung ehedem die Morlaken zu Matrosen nützte. Wahrscheinlich wird die Oesterreichische dieses in noch höherem Grade thun, und den ru-

[120] Über Reiseaktivitäten des Ethnographen berichtet Robertson: „Throughout his life Rohrer travelled extensively within the Habsburg domains. By 1804, when he published his major ethnographic works, he had travelled widely in the German-speaking lands, Bohemia, Moravia, Carniola, Silesia, and of course Galicia. From his last book it appears that by 1827 he had also become familiar with Hungary, which is seldom mentioned in the earlier books. However, he seems scarcely ever to have been outside Habsburg territory." ROBERTSON, Joseph Rohrer, 23–24.

[121] ROHRER, Versuch über die slawischen Bewohner, Teil 1, 33.

[122] Ebd., Teil 2, 30.

> ßischen Hof nachahmen, welcher schon im Jahre 1755 eine eigene Täucher-Compagnie zu errichten versucht hat. Einiges geschach bereits in der Monarchie; nur bedarf es der Fortsetzung. [...] Möge man doch die körperlichen Geschicklichkeiten der Illyrier immer mehr vervollkommen! Es bedarf der Kenntniß und schnellen Uebung im Ponton-Werfen bey unsern Kriegen in dem, von Flüßen so sehr durchschnittenen, Europa ungemein!“[123]

Die Fortis'sche Ausbeutungsrezeptur bezüglich der dalmatinischen Ressourcen wird bisweilen einfach in das habsburgisch-imperiale Narrativ umgeschrieben. Das Nutzbarmachungs-Programm ist hier viel schärfer konturiert, der Schreibgestus enerviert-überheblich. Die Befunde der Reisenden werden vergröbert und verzerrt wiedergegeben und die Prätext-Andeutungen in einem scharfen imperial-ideologischen Klartext neu oder fortgeschrieben. „Wie lange wird noch der Dalmatier seine Moorgegenden und die benachbarte See mit starrem Blicke ansehen“, so Rohrer, „ohne auf den Gedanken neuer Anpflanzungen und Handels-Speculationen zu gerathen!“[124] In die Fußstapfen der Seemächte wie Holland und England will der Ethnograph sein Vaterland durch Anstrengungen des dalmatinischen und istrischen Schiffszimmer- und Steuermannes treten sehen. Sein Wink an die Regierung bezüglich der Zukunft der neuen slawischen Untertanen lautet: Seemann und Soldat.

Im Unterschied zu dem „Morlaken“, der unter der venezianischen Signoria am untersten Ende der Stufenleiter der kulturellen, ökonomischen, zivilisatorischen und geistigen Entwicklung zurückgeblieben sei, hätte sein Nachbar, Sprach- und Sittenverwandter in der kroatischen Militärgrenze das Glück gehabt, für eine längere Zeit unter der „einsichtsvollen und milden“[125] österreichischen Regierung als Soldat erzogen, sittlich und zivilisatorisch „veredelt“ und zur Vernunft gebracht worden zu sein:

> „Was würde wohl aus den illyrischen Gränzvölkern Kroatiens und Slawoniens und des ehemaligen kleinern österreichischen Antheiles von Dalmatien geworden seyn, wenn nicht unter ihnen durch österreichische Disciplin ein echt militärischer Charakter hervorgebracht, und ein in jeder Hinsicht schätzbarer Subordinations-Geist, welcher allerdings Bravour nicht ausschließt, herrschend gemacht worden wäre? Alle diese Bergvölker würden weiter nichts, als ein Raub blutiger Partheywuth und am Ende die Beute auswärtiger Feinde geworden seyn. Nun findet man in der ganzen Militär-Gränze gar nicht selten Menschen voll schöner Charakter-Züge. Diese Beyspiele steigender Humanität und sittlicher Veredlung sind unstreitig das Werk der Staatsklugheit und Charakter-Güte österreichischer Regenten.“[126]

Der „Illyrier“, der noch ein Jahrhundert zuvor unter „türkischem Joche“ geseufzt hätte, und „keine andere Regel seines Verhaltens, als die augenblickliche Laune, und paar ausgestossene Worte eines listigen Griechen oder grausamen Mohamedaners kannte“, habe sich durch „die Vatergüte“ Josephs II. zum ersten Mal in bürgerlicher Hinsicht „auf gleichem Fuße mit gesitteten Deutschen behandelt“ gesehen und habe angefangen „neu aufzuleben und selbst seine geistigen Kräfte zu fühlen“.[127] Zu seiner Bildung und Annäherung an die „höher[e]

[123] Ebd., Teil 1, 35f.
[124] Ebd., Teil 1, 70.
[125] Ebd., Teil 2, 119.
[126] Ebd., Teil 2, 116.
[127] Ebd., Teil 2, 37.

Humanität“[128] scheinen insbesondere die Auslandseinsätze unter österreichischen Waffen beigetragen zu haben. Über die bildungsfördernde Wirkung dieser Kriegsreisen schreibt Rohrer:

> „Der dalmatische, kroatische und slawonische Gränzer kam in das cultivierte Deutschland und Italien, und stund mehrere Jahre hindurch bald als Sieger, bald als Gefangener auf niederländischem und französischem Boden. Unzähliche Gegenstände des menschlichen Erkenntnißkreises wurden dadurch näher an sein Auge gerückt und an sein Gemüth gelegt.“[129]

Dem habsburgischen Imperialprojekt, das die Umgestaltung der Militärgrenze in ein Militärlager für ständig ausmarschbereites Menschenmaterial zum Ziel hatte, werden in diesem Text – wie bereits in demjenigen Raciths – pädagogische und zivilisatorische Förderleistungen zugesprochen. Die europäischen Kriegsschauplätze scheinen auch aus Rohrers Perspektive die besten Bildungs- und Zivilisierungsanstalten für die rohen, aber nützlichen südslawischen Grenzvölker zu sein:

> „[...] sollte die Menschen- Völker- und Länderkenntniß, welche sich der illyrische Soldat durch den letzten langen Krieg erwarb, wirklich ein unbedeutendes Gut sein? Meines Erachtens war der auswärtige Krieg, in welchem das illyrische Gränzvolk verwickelt wurde, im Ganzen ein unschätzbarer Gewinn für das letztere. Es scheint, daß die Völker überhaupt nach vorüber gehenden Unmenschlichkeiten sich nun für eine um so dauerhaftere Epoche der Menschlichkeit empfänglich machten. Es läßt sich mit vielen Grunde von den illyrischen Gränzern erwarten, daß der letzte Krieg ihnen nun den holden Genuß des Friedens um so schätzbarer, und eine so milde Regierung als die österreichische ist, um so verehrenswerther machen wird.“[130]

Dieses Grenzvolk, „welchem die Trommel und das Klirren der Gewehre die angenehmste musikalische Harmonie sind“[131], kenne die schönen Künste sehr wenig. Dass diese Unkenntnisse zum Wohl des Staates beitragen, dessen ist sich der Slawen- und Antikekenner sicher:

> „Ich spreche keiner Kunst ihren Preis ab. Aber wenn man zu hoch ihren Werth ansetzt, so leiden durch einen erkünstelten Geschmack nicht selten die Moralität und der Staat zugleich. Als Constantin bey Einführung seiner neuen Kriegsverfassung die römischen Legionen in das Innere seiner Provinzen verlegte, und die Gestade der grossen Gränzflusse von diesen beherzten Männern entblößte; so fing der in schönere Städte verlegte Soldat an, zum Weichlinge auszuarten, und in den erdichteten Darstellungen des Circus Thränen zu weinen, indeß er ehedem den feindlichen wider ihn gezückten Schwertern mit kaltem Blute entgegen ging. Der römische Staat hatte sich dadurch eine unheilbare Wunde geschlagen. Diese Erinnerung aus der Vorzeit sey uns weiter nichts, als ein stiller Wink, der Cultur eines Volkes nicht durch zu rasche Maßregeln vorzugreifen, die Gränz-Regimenter nicht zu sehr zu städtischen Garnisonen zu verwenden, und mit dem Geiste unserer faselnden Romane und kindisch

[128] Ebd.
[129] Ebd., Teil 2, 34.
[130] Ebd., Teil 2, 35.
[131] Ebd., Teil 2, 112.

tändelnden öffentlichen Schauspiele vertraut zu machen, damit sie nicht von diesem vor der Zeit angesteckt in weibische Männer ausarten!"[132]

Wie aus diesem Zitat ersichtlich, erfährt bei Rohrer auch der altbekannte, in Morlakendiskursen der Zeit allgegenwärtige Topos der Stadt als Sündenbabel seine imperiale Umprägung. Wenn der kriegerische Geist als ein Zeichen der zivilisatorischen Unschuld und der natürlichen Ursprünglichkeit eines Volkes aufgefasst wird, lässt sich auch die Zivilisationskritik für die diskursive Rechtfertigung einer „auf militärische Aspekte ausgerichteten Einseitigkeit der zentralistisch gelenkten Disziplinierung"[133] instrumentalisieren, die für die Militärgrenze charakteristisch war.

Eine konsequent negative, schroffe und gehässige Haltung, wie sie Adolf Gaisbauer in Rohrers Darstellungen der Juden feststellt, nimmt der Völkerkundler in seinem Slawen-Text jedoch nicht ein.[134] Rohrer brandmarkt zwar auch die Slawen im Namen der „Zivilisation", der „Vernunft", der „Bürgertugenden", des „Gesetzes", der „Volkswohlfahrt" und „des Staatsinteresses" und befindet sie in mehreren Anklagepunkten für schuldig, anders als bei den Juden balanciert er hier das Negative durch eine Reihe positiver oder zumindest neutraler Zuschreibungen jedoch aus. Die Tradition der Überhöhung der vermeintlich kollektiven körperlichen Stärke und des Kriegsgeistes bleibt erhalten und wird zum staatstragenden Element erklärt, der kritisierende Blick weicht in anekdotenhaften Durchexerzierungen der gängigen „Gusla"-, Barden- und Gastfreundschaftsklischees einem sympathisierenden Erzählmodus. Den Fortis'schen *homo cantans* erkennt man auch bei Rohrer wieder, paraphrasiert in der phantasievollen Art eines bürokratischen Literaten:

> „Wenn nämlich der Morlake Nachts über einsame Bergpfade gehet, so singt er den ganzen Weg hindurch. [...] Er besingt Helden der Vorzeit, die fürs Vaterland fielen. [...] Wenn daher ein Morlake die erste Strophe eines solchen Liedes singet, so geschieht es oft, daß ein anderer Morlake, den das Ungefähr zum Fußgänger auf einem entgegen gesetzten Bergpfade macht, die zweyte Strophe nach eben derselben Melodie zu singen anfängt. Beyde Morlaken freyen sich über diesen Wechselgesang, wie zwey zur nähmlichen Art gehörige Vögelchen, deren eines das andere durch den zwitschernden Morgenruf in der stillen Dämmerung erkennt."[135]

Es ist also nicht das „Illyrier"-Image an sich, das bei diesem Spätaufklärer und Josephiner grundlegend anders als bei seinen Vorgängern wäre: In Rohrers Ethnocharakterologie der „illyrischen Völkerschaften" bündeln sich zum großen Teil die konventionellen Zuschreibungen der früheren Autoren-Generationen. Neu ist die streng zweckrationale Interpretation dieses Images und das klare Bekenntnis zum politischen Interventionismus in Richtung der Normierung, Ameliorierung, Verbesserung, „Veredelung" des slawischen Volkscharakters zum „Wohl des Staates", auch durch Zwangsmaßnahmen. Mit Rohrers Reduzierung des „Illyriers" auf seinen Funktionszusammenhang erreicht der imperiale Kroatien-Diskurs des Josephinismus – wie er im untersuchten Textkorpus immer wieder zum Ausdruck ge-

132 Ebd., Teil 2, 7.
133 Promitzer, Grenzen und Ethnische Identitäten, 115.
134 Zum Judenbild Rohrers vgl. Gaisbauer, Das antijüdische „Potenzial".
135 Rohrer, Versuch über die slawischen Bewohner, Teil 2, 9–10.

kommen ist – seinen Höhepunkt. Zum ersten Mal erscheint hier der „Morlake", „Kroatier" „Illyrier" in einer systematischen Rangordnung der Ethnien nach dem Maßstab des Fortschritts.

Ist es alleine eine aufklärerisch-josephinische Norm des Fortschritts, nach der Rohrer seine ethnischen Hierarchisierungen vornimmt, oder spielt hier möglicherweise bereits auch eine nationale Ideologie eine Rolle? Für die Beantwortung dieser Frage ist eine eingehende Beschäftigung mit dem Œuvre Joseph Rohrers die Voraussetzung. Unzweifelhaft ist, dass sich Rohrers Selbstbild staatspatriotisch definiert. Man bekommt allerdings einen klaren Eindruck davon, wem Rohrer – um mit András Vári zu sprechen – die Rolle des „Musterknaben"[136] des Fortschritts und der Zivilisation zuweist, denn auch hier werden immer wieder diesbezügliche Leistungen der „Deutschen" stark hervorgehoben. Spätestens dann, wenn Rohrer die Rachsucht als einen allgemeinslawischen „Zug" diagnostiziert, der „wahrscheinlich nur durch ihre Verdeutschung schwinden" werde[137], fühlt man sich dazu veranlasst, András Vári paraphrasierend zu fragen: Wie weit reichen die Grenzen eines „annationalen" Josephinismus und wo beginnt der deutsche Kulturnationalismus?[138] Schlägt hier die wohlmeinende „Zivilisierungsmission" unterschwellig in ein Assimilierungsprogramm um?

Durch den Fingerzeig auf die „Verdeutschung" der Slawen im Namen der Vernunft deuten sich auch hier jene befremdlichen Gedankengänge an, die viel konsequenter und deutlicher in Rohrers Darstellungen der Juden zum Ausdruck kommen.[139] In der vernichtend urteilenden, die „Veredelung" durch Zwangsmaßnahmen propagierenden Haltung Rohrers gegenüber dieser Volksgruppe sieht Adolf Gaisbauer die These von Max Horkheimer und Theodor W. Adorno über die „Dialektik der Aufklärung" bestätigt und spricht in Hinsicht des antijüdischen Potenzials der Rohrer'schen Werke von „radikalen, vereinfachenden, [...] sich gegen die deklarierten und angestrebten urspünglichen Ideale wendenden Ausprägungen" des aufklärerischen Gedankengutes im Rahmen des Josephinismus.[140] Gaisbauer schreibt diesbezüglich:

[136] Vári, The Functions of Ethnic Stereotypes, 45

[137] Rohrer, Versuch über die slawischen Bewohner, Teil 2, 106f.

[138] Siehe Vári, Die Palette, 185. Hinter den Imagotypien der österreichischen „Statistiker" der Jahrhundertwende stand – wie Vári überzeugend zeigte – ein ganzes gesellschaftspolitisches Programm. Obwohl die ethnocharakterologischen Fremd- und Eigendarstellungen dieser Autorengruppe noch nicht die Funktion des ideologischen Bindemittels und Katalysators der Koalitionsbildung im Sinne des Nationalismus hatte, lädt sich bei einigen Schriftstellern, darunter auch Rohrer, das zivilisatorische Überlegenheitsbewusstsein bereits national auf.

[139] Nicht ohne Überraschung und gewisses Unverständnis las ich daher Hafners Feststellung, es gäbe „in der österreichischen Kulturgeschichte wenige Beispiele solch slawophiler josephinisch geprägter ethnographischer Bestandesaufnahmen der slawischen Völker der österreichischen Monarchie, wie sie der so wenig bekannte Josef Rohrer in Lemberg schrieb". Hafner, Josef Rohrers Versuch, 65.

[140] Siehe Gaisbauer, Das antijüdische „Potenzial", 163–167.

„Die europäische Aufklärung zeigt – wie viele der bedeutendsten, geschichtlich wirksamsten geistigen und kulturellen Bewegungen – ein hell-dunkles Doppelantlitz, in dem unbestreitbaren Lichtseiten [...] abgewandte Dunkel-Zonen korrespondierten, und das von gefährlichen Spannungen und Widersprüchen gezeichnet ist, insbesondere von einer fatalen, nicht nur aus äußeren Hemmnissen, sondern aus Herkommen und Denkstruktur stammenden Unfähigkeit, den eigenen höchsten und humansten Ansprüchen praktisch gerecht zu werden, ja einer inhärenten Neigung, in Verachtung (Menschenverachtung!), Selbstüberhebung, Zwang, Zerstörung und Selbstzerstörung umzuschlagen oder zumindest abzusinken."[141]

Die hier angesprochene „Dunkel-Zone" der Aufklärung, die durch den Slawen-Diskurs des josephinischen Ethnographen noch andeutungsweise hervorschimmert, kommt in gefährlich widervernünftigen Thesen des Göttinger Professors, Slawen- und Morlakeninteressenten Christoph Meiners unverblümt zum Ausdruck.

3 *Einordnung in die Rassentheorie*

3.1 Somatische Neuvermessungen mit Reiseautoren. Der Fall Christoph Meiners

Ähnlich wie Rohrer, so beginnt auch Hacquet seine Auseinandersetzung mit den Slawen, die er zusammen mit Fortis und Herder aufgrund sprachlicher und kultureller Gemeinsamkeiten zu einer Nation erklärt, mit dem Neu-Ersinnen des Herder'schen „ungeheuersten Erdstrich[es]"[142], den diese „Nation" bewohne. Wenn auch Hacquets Imaginieren der slawischen Domäne in Richtung Süden, Westen und Norden den Herder'schen Grenzen folgt, so dehnt es sie im Osten weit über den Don aus und lässt den „ungeheuersten Erdstrich" weiter nach Asien und Nordamerika expandieren:

141 Ebd., 164.

142 Siehe Johann Gottfried HERDER, Ideen zur Philosophie der Geschichte der Menschheit. Berlin o. J. (Herder's Werke. Neunter bis zwölfter Teil. Nach den besten Quellen revidirte Ausgabe. Hg. und mit Anmerkungen begleitet von Heinrich DÜNTZER), Bd. 4, Buch 16, 21. Zu dem „Slawenkapitel" aus der „Geschichte der Menschheit", dem Slawenbild Herders und der Herder-Rezeption bei den Slawen liegen zahlreiche Beiträge vor. Vgl. u. a. Tadeusz NAMOVICZ, Herder und die slawisch-osteuropäische Kultur, in: Martin BOLLACHER (Hg.), Johann Gottfried Herder. Geschichte und Kultur. Würzburg 1994, 341–355; Hans-Bernd Harder, Johann Gottfried Herder und die slawische Welt, in: DERS., Johann Gottfried Herder. Ein Zeuge der deutschen Klassik aus dem Lande Preußen. Hg. Hans ROTHE. Frankfurt/M. u. a. 2000 (Preußen unter Nachbarn, Studien und Quellen, 1), 39–55; Wolfgang KESSLER, Die Südslawen und Herder. Einige Anmerkungen, in: Hans-Bernd HARDER / Gert HUMMEL / Helmut SCHALLER (Hgg.), Festschrift für Wolfgang Gesemann. Bd. 3: Beiträge zur slawischen Sprachwissenschaft und Kulturgeschichte. Neuried 1986 (Typoskript-Edition Hieronymus: Slavische Sprachen und Literaturen, 8), 157–171; WOLFF, Inventing Eastern Europe, u. a. 306–314.

> „Jetzo erstreckt sich dieses Volk von den oben erwähnten Ländern an dem linken östlichen Ufer des adriatischen Meers abwärts neben Albanien und rückwärts nach Norden an das Eismeer fort; von da mehr oder weniger ausgebreitet, aber doch herrschend über Kamtschatka [...] zu den aleutischen Inseln und nach Nord-America."[143]

Nachdem er festgestellt hat, dass diese „grosse, mächtige und mehr als jemals die Araber ausgebreitete Nation"[144] in geographischer Hinsicht selbst die „ausgeschrieenen"[145] Römer weitaus überschatte, fragt Hacquet rhetorisch:

> „Und wo bleibt nun erst der österreichische, türkische und zum Theil der preussische Staat in Nord-Osten? Besteht erster nicht beynahe blos aus Slaven?"[146]

Die Antwort auf diese Frage wird in den bisher behandelten Werken deutschsprachiger Autoren nur selten als Bedrohung für die nichtslawischen Bevölkerungsgruppen interpretiert. Doch paranoide Urteile findet man beispielsweise bei Schwartner, der zwar in seiner Lobeshymne auf die „Ungarischen Konfinien" den Wert der slawischen und walachischen Grenzer unter anderem aus ihrer „Fortpflanzungskraft"[147] ableitet, die Ausbreitung der Slawen außerhalb der „lebendigen Gränz-Mauer"[148] dagegen als eine Bedrohung für die „Deutschen" und „Ungarn" empfindet. So schreibt er an einer Stelle bezüglich der „Slowaken":

> „Die ersten [die Slowaken M. Z.] haben unter allen Bewohnern Ungern's die größte Fortpflanzungskraft, und wo sie unter Ungern und Deutschen einmal Wurzel fassen, hört der Unger und der Deutsche auf zu gedeihen, und in einer Zeit von wenigen Generationen stirbt er ganz ab."[149]

Warum insistiert gerade der ehemalige Göttinger Student Martin Schwartner[150] auf der permanenten von der slawischen Nachbarschaft ausgehenden Bedrohung für die Deutschen und die Ungarn? Worin gründet seine Vorstellung vom gefährlichen „Fortpflanzungs- und Verdrängungsvermögen"[151] der Slawen?

Die Äußerungen Schwartners legen die Vermutung nahe, dass er sich in seinen Göttinger Jahren nicht nur Kenntnisse im Bereich der Statistik, Diplomatik und Geschichte angeeignet hat, sondern auch eine xenophobe Weltanschauung, wie sie in wissenschaftlich

[143] Hacquet, Abbildung und Beschreibung, 1f.
[144] Ebd.
[145] Ebd., 2.
[146] Ebd.
[147] Schwartner, Statistik des Königreichs Ungern, 92.
[148] Ebd., 471.
[149] Ebd., 92.
[150] Martin Schwartner (1759–1823), gebürtig aus dem ungarischen Komitat Zips (nordöstliche Slowakei), studierte Geschichte, Statistik und Diplomatik an der Universität Göttingen. Nach der Rückkehr in die Heimat war er zunächst als Erzieher, dann als Lehrer in Ödenburg tätig. Unter Joseph II. wurde er – obwohl Protestant – zum Professor der Diplomatik an der katholischen Universität Pest und zum Kustos der Universitätsbibliothek ernannt. Seine schriftstellerischen Interessen galten der Statistik, Diplomatik und Geschichte. Zu Schwartner siehe Wurzbach, Biographisches Lexikon, Bd. 32, 284–286.
[151] Schwartner, Statistik des Königreichs Ungern, 94.

verbrämten Ungleichheitsdiskursen mancher Göttinger Professoren aus den 80er Jahren des 18. Jahrhunderts gepflegt wurde.[152] Einer dieser Professoren, der die „Hohe Schule der Ausgrenzung“[153] vollkommen beherrschte, war der Philosoph, Historiker und Völkerkundler Christoph Meiners, der 1785 die erste wissenschaftliche und wertende Rassentheorie in deutscher Sprache veröffentlichte.[154]

Im Zusammenhang mit den bislang dargestellten Identitäts- und Alteritätskonstruktionen in deutschsprachigen Texten über Kroatien ist die Beschäftigung mit Christoph Meiners aus folgenden Gründen naheliegend. Dieser außerordentlich schreibproduktive Vertreter der polygenetischen Rassen-Theorie, der zwischen den „schönen“ „kaukasischen Nationen“ und den „hässlichen“ „mongolischen Völkern“ differenziert,[155] liefert in seinem „Grundriß der Geschichte der Menschheit“, in den zahlreichen Beiträgen zum *Göttingischen Historischen Magazin* und in anderen Werken eine ausführliche Beschreibung „der essenziellen Merkmale“ der slawischen Völker, dabei richtet er sein Augenmerk auch auf die „Illyrier“, die „Morlaken“ und die „Sclavonier“.[156] Um seine These von der biologischen Ungleichheit und der kulturellen Minderwertigkeit der „Slawischen Race“ gegenüber der „Celtischen“, der „Slawischen Völker“ gegenüber den „Germanischen“ zu beweisen, bedient sich Meiners unter anderem der Reiseberichte von Fortis, Hacquet und von Taube.

3.1.1 Die morlakischen Brüste

Seinen im Jahre 1790 veröffentlichten Artikel „Ueber die Natur der Slawischen Völker in Europa“ beschließt Meiners mit folgender Äußerung: „Geschichte und Erfahrung zwingen uns, zu bekennen, daß die Slawischen, und Nicht-Slawischen Völker Europens einander

[152] Vgl. dazu Sabine Vetter, Wissenschaftlicher Reduktionismus und die Rassentheorie von Christoph Meiners. Ein Beitrag zur Geschichte der verlorenen Metaphysik in der Anthropologie. Aachen 1997. Vgl. dort Ausführungen zu Tychsen, Hissmann, Michaelis, Feder, Blumenbach und Meiners.

[153] Wulf D. Hund, Rassismus im Kontext. Geschlecht, Klasse, Nation, Kultur und Rasse, in: Irmtrud Woyak / Susanne Meinl (Hgg.), Grenzenlose Vorurteile. Antisemitismus, Nationalismus und ethnische Konflikte in verschiedenen Kulturen. Frankfurt/M., New York 2002 (Jahrbuch 2002 zur Geschichte und Wirkung des Holocaust), 17–40, 19, unter <http://www.wiso.uni-hamburg.de/fileadmin/wiso_dwp_soz/Hund/Rasse.pdf>, 15.07.2011.

[154] Zu Meiners siehe Vetter, Wissenschaftlicher Reduktionismus; Alexander Ihle, Christoph Meiners und die Völkerkunde. Göttingen 1931; Susanne Zantop, Ansichten und Angesicht. Foster und Meiners als physiognomische Grenz-Gänger, in: Schlesier / Zellmann (Hgg.), Reisen über Grenzen, 165–177. Zu Rassentheorien im Zeitalter der Aufklärung vgl. Gudrun Hentges, Schattenseiten der Aufklärung. Die Darstellung von Juden und „Wilden“ in philosophischen Schriften des 18. und 19. Jahrhunderts. Schwalbach/Ts 1999.

[155] Christoph Meiners, Grundriß der Geschichte der Menschheit. Lemgo 1785, 43.

[156] Siehe Zeman, Reisende und Nachahmer, 628. Auf Meiners' rassentheoretischen Slawendiskurs geht in knappen Zügen der Artikel von Carmichael, Ethnic Stereotypes, 203–204, ein. Zur Rassenkunde in und in Bezug auf Südosteuropa liegt ein Beitrag von Christian Promitzer vor: Vermessene Körper. „Rassenkundliche“ Grenzziehungen im südöstlichen Europa, in: Kaser u. a. (Hgg.), Europa und die Grenzen, 365–393.

von Natur nicht gleich seyen."[157] Um diese apodiktische Behauptung als eine aus dem 50 Seiten starken Beweismaterial abgeleitete Schlussfolgerung zu präsentieren, bemüht sich Meiners, die „Bekenntnisse", die er benötigt, durch geschicktes Exzerpieren einer Vielzahl von Reiseberichten zu erzwingen. Die Untersuchung der „physischen und sittlichen Natur der slawischen Race"[158] beginnt er mit der Aufzählung der vermeintlich essentiellen physiognomischen Merkmale des slawischen Kollektivs, die er den „empirischen" Beobachtungen unterschiedlicher Reisenden entnommen haben will. Dabei geht es dem Göttinger Professor darum, die postulierte Zwischenposition der Slawen in der „kaukasischen" Triade „Celten-Slawen-Morgenländer" an ihrem äußerlichen Erscheinungsbild festzumachen.[159] So stellt er fest, dass die slawischen Männer im Vergleich zu den „Morgenländern" von „einem höheren Wuchse" und „gleich starkbärtig", im Vergleich zu den „Teutschen" aber „kleiner", „fetter", „zusammengedrückter" und „gröber von Knochen" sind.[160] Weiterhin will er „Haupthaar" und Haut der Slawen am liebsten in brauner Ausführung, ihre Augen schwarz oder dunkelbraun und „voll von schlauer List, oder von furchtbarer Wildheit"[161] sehen. In den Ausführungen zum weiblichen Geschlecht konzentriert sich Meiners unter anderem auf den vermeintlichen in der Taille und in den Brüsten der Slawinnen verkörperten Unterschied zu den übrigen Europäerinnen:

> „Ein sicheres Zeichen der Verschiedenheit des Cörperbaus der Slawinnen von der Taille der übrigen Europäerinnen ist die ausserordentliche Leichtigkeit, mit welcher sie gebähren, und die scheußliche Verlängerung der Brüste, indem Slawische Weiber wenigstens in einigen Gegenden gleich den Negerinnen den Kindern, die sie auf dem Rücken tragen, die Brust reichen können."[162]

Diese Textstelle ist mit einer Fußnote versehen, die auf Fortis' „Viaggio in Dalmazia" verweist. Tatsächlich war der „venezianische Kolumbus" der erste, der die merkwürdige Entbindungs- und Laktationspraxis der morlakischen Slawinnen der europäischen Öffentlichkeit präsentierte. Fortis selbst hat höchstwahrscheinlich keiner „morlakischen" Niederkunft beigewohnt. Bei seinen Ausführungen zum Thema Schwangerschaft und Geburt stützt er

157 Christoph Meiners, Ueber die Natur der Slawischen Völker in Europa, *Göttingisches Historisches Magazin.* Bd. 7, 1790, 600–651, unter <http://www.ub.uni-bielefeld.de/cgi-bin/neubutton.cgi?pfad=/diglib/aufkl/goettihistorimaga/015902&seite=00000610.TIF>, 15.07.2011.

158 Meiners, Ueber die Natur, 600. Zu den Slawen rechnet Meiners die „Russen, Cosacken und Pohlen, die Krainer und Dalmatier, die Croaten, Servier, Bulgaren und Illyrier, die Tschechen in Böhmen und Mähren, und was sonst in Teutschland noch von unvermischter Wendischer Abkunft ist". Zu den „unvermischten Slawen" zählt Meiners auch die Wallachen und die Ungarn. Meiners, Ueber die Natur, 600.

159 Meiners' Theorie basiert auf der Vorstellung von zwei verschiedenen Menschenstämmen – dem kaukasischen und dem mongolischen. „Die Kaukasier" teilt er in drei Rassen und unterscheidet dabei zwischen den Celten, den Sarmaten oder Slawen und den Morgenländern. Siehe dazu Meiners, Grundriß, sowie Vetter, Wissenschaftlicher Reduktionismus, 199.

160 Meiners, Ueber die Natur, 602f.

161 Ebd., 605.

162 Ebd., 606.

sich vermutlich auf die Aussagen seiner dalmatinischen Informanten. Ganz im Gegensatz zu Meiners interessierte sich der Reisende dabei überhaupt nicht für die anatomische Gestalt des weiblichen Körpers, ihm ging es vor allem darum, eine weitere Illustration der natürlichen Lebensart der westbalkanischen „edlen Wilden“ in den zivilisationskritischen Diskurs des Reiseberichts einzubetten:

> „Die Schwangerschaften und Geburten dieser Weibspersonen wären Wunderdinge bei uns, wo die Frauen, ehe sie entbunden werden, so viel Schwäche und Ohnmachten auszustehen, und nach der grossen Operation noch so viel Cautelen zu beobachten haben. Eine Morlackin denkt nicht daran, ihre Diät zu verändern, unterläßt, um schwanger zu werden weder irgend eine Arbeit noch Reise. Oft geschieht es, daß sie auf dem Feld oder mitten auf dem Weg für sich ganz allein niederkömmt, ihr Kind auffaßt, in dem nächsten Wasser, das sie antrift, baadet, mit sich nach Haus trägt, und den andern Tag zu ihren gewöhnlichen Arbeiten oder auf ihre Viehweide wieder zurückkehrt.“[163]

Die Darstellung der Morlakin oder einer anderen „illyrischen“ Frau, die alleine auf dem Feld oder im Stall ihr Kind gebärt und es im nächsten Flusse badet, avanciert in den letzten drei Jahrzehnten des 18. Jahrhunderts zum Gemeinplatz des zivilisationskritisch-exotistischen Kroatien-Diskurses. Eines nicht geringeren Interesses erfreute sich das Gerücht von der ungewöhnlichen Brustgröße der morlakischen Frauen, das Fortis 1774 in die Öffentlichkeit setzte:

> „Die Kinder saugen die Muttermilch, bis sie wegen einer neuen Schwangerschaft sich davon entwöhnen müssen; und wenn diese vier oder sechs Jahr anstehen sollte, so werden sie die ganze Zeit über von den Brüsten ihrer Mütter genährt. Man darf also die Erzählung von der ungeheueren Länge der morlackischen Brüste, die den Kindern (welche auf dem Rücken getragen werden) nicht allein durch die Arme, sondern auch über die Achseln Milch geben können, für keine Fabel halten.“[164]

Fortis weist darauf hin, dass es sich um eine „Erzählung“ handelt. Obwohl er die Prinzipien der Autopsie und Empirie in seinem Reisebericht postuliert und mehrmals behauptet, er könne nur das wissen, was er mit eigenen Augen gesehen habe, entscheidet sich der Italiener dafür, eine unüberprüfte Geschichte in den Text einzufügen und dem Leser zu suggerieren, sie als nichtfiktional zu interpretieren. Auf diese Desinformation reagierte bald Fortis' weiter oben behandelter dalmatinischer Opponent Lovrich. Dieser aus der „Morlachey“ stammende Medizinstudent erklärt die Äußerung des Italieners, die Morlakinnen stillten ihre Kinder bis in das vierte oder sechste Lebensjahr, für unzutreffend. Die morlakischen Brüste avancieren somit zwei Jahre nach der Veröffentlichung von „Viaggio in Dalmazia“ zum Gegenstand des öffentlichen Disputs:

[163] Fortis, Reise in Dalmatien, 122f.

[164] Ebd., 124. Mit diesem Stereotyp hat sich ausführlich Božidar Jezernik beschäftigt. Jezernik zufolge ließ sich Fortis wahrscheinlich von westeuropäischen Hottentotten-Darstellungen inspirieren. Jezernik konnte in mehreren Reiseberichten zu diesen Südafrikanern, die aus europäischer Sicht damals als „ultimate savages“ galten, denselben Topos der Stillakrobatik nachweisen. Vgl. Jezernik, Wild Europe, 67–76.

„Die Brüste der morlakischen Weiber, die Fortis ganz unrecht Zinne nennt, werden auch niemalen so lang, daß die Kinder bis hinter dem Rücken und unter den Armen daran saugen könnten. Indessen will ich zugeben, daß die Brüste Fremden ser groß vorkommen können; wenn sie auch einem, der in eben demselben Lande erzogen ist, nur mittelmäßig, und vielleicht nicht gröser als bei vielen Frauen unter andern europäischen Nationen scheinen. Die Ursache von diesem Unterschiede darf man gewis nicht, wie man leicht ersehen kann, dem Clima zuschreiben; noch weniger dem mer oder wenigern Saugen der Kinder. Denn in diesem Falle müste mann die nemliche Wirkung ebenfalls bei einigen italiänischen Säugammen antreffen, welches doch wirklich nicht so ist. Uebrigens bin ich nicht gesonnen, jemalen eine Abhandlung hierüber zu schreiben.“[165]

Durch diese Feststellungen wurde das Gerücht nicht aus der Welt geschafft. Ganz im Gegenteil. Lovrichs öffentliches Dementi, das ebenso wie der „Viaggio“ in mehrere Sprachen übersetzt wurde, trug zur weiteren Verbreitung jener Fama bei. Im Lauf des späten 18. und des frühen 19. Jahrhunderts findet die Fabel über die langbrüstigen Morlakinnen ihren Eingang in verschiedene Reiseberichte, ethnographische Werke, Statistiken und Landesbeschreibungen.[166]

Durch diese scheinbar harmlos-kuriose Information, die als ein Mosaikstein im Konstrukt des dalmatinischen Exotismus fungiert, wird die körperliche Ungleichartigkeit des slawischen Anderen schon im „Viaggio in Dalmazia“ fixiert. Indem Fortis die Differenz zwischen einer implizierten Kultur-Frau und der morlakischen Natur-Frau mit Hilfe eines angeblich glaubwürdigen Beispiels an ihren körperlichen Merkmalen festmacht, bereitet er den Weg für die Meiners'schen rassistischen Instrumentalisierungen und Umkehrschlüsse. Der Eklektiker aus Göttingen achtet weder auf Fortis' positive Einstellung zur morlakischen Natürlichkeit, noch stellt er Kriterien auf, nach denen er die Glaubwürdigkeit und Seriosität des Italieners überprüft. Er sucht sich nur diejenigen Informationen aus „Viaggio in Dalmazia“ zusammen, die, aus dem Kontext herausgerissen, seine rassentheoretischen Vorstellungen bestätigen können. Wie man aus der im Artikel „Über die Natur der slawischen Völker in Europa“ vorgestellten Sammlung der Exzerpte schließen kann, zählen besonders die in Reiseberichten festgehaltenen Kuriosa, wie man sie bei Fortis, Hacquet und von Taube findet, zu den beliebtesten Instrumenten der Meiners'schen Argumentation.

3.1.2 Die natürliche Härte

Im Artikel „Ueber die große Verschiedenheit der Biegsamkeit und Unbiegsamkeit, der Härte und Weichheit der verschiedenen Stämme, und Racen der Menschen“ will Meiners die folgende These in vielen Details belegen:

„Die Geschichte der Menschheit lehrt, daß es unter den verschiedenen Stämmen und Racen der Menschen in Rücksicht auf die verschiedenen Grade von Biegsamkeit und Unbiegsam-

165 [Giovanni Lovrich / Ivan Lovrić], Auszug aus Lovrichs Anmerkungen über einige Stellen in Fortis Reisen nach Dalmazien, in: Fabri (Hg.), Samlung von Stadt-, Land- und Reisebeschreibungen, 79–204, 110.

166 Man findet sie unter anderem in Hacquets „Abbildung und Beschreibung“, Demians „Statistischer Beschreibung der Militär-Gränze“ und Rohrers „Versuch über die slawischen Bewohner“.

keit, von Weichheit und Härte eben so grosse ursprüngliche Unterschiede, als unter gewissen Völkern, und gewissen Thieren gebe. Je geistreicher, und edler Nationen von Natur sind, desto biegsamer, und zugleich desto empfindlicher, zärter und weicher ist ihr Körper; je weniger sie hingegen Fähigkeiten und Anlagen zur Tugend besitzen, desto unbiegsamer nicht bloß, sondern auch desto gefühlloser werden ihre Leiber, desto mehr können sie Schmerzen, und die höchsten Grade, oder die schnellsten Abwechslungen der Hitze und Kälte aushalten, desto leichter erhohlen sie von Wunden, die unter emfindlicheren Völkern durchaus tödlich sind, und desto eher können sie die schlechtesten und unverdaulichsten Speisen, und den unmässigsten Genuss von hitzigen Getränken ohne merklichen Schaden ertragen."[167]

Nach einer mehrseitigen Lobeshymne auf die körperliche „Zartheit" und „Empfindlichkeit" der erhabenen „Völker Celtischen Ursprungs" setzt Meiners sein ideologisches Seziermesser an und schneidet die angeblichen „Beweise" für das „angeborene Gebrechen"[168], das sich in körperlicher Härte aller anderen Völker und Rassen in unterschiedlichen Graden manifestiere, aus verschiedenen Reiseberichten heraus. Zu den Werken, in denen der Göttinger Armchair Traveller nach den Zeichen der Unempfindlichkeit der „in Ansehung der herrlichsten Gaben und Anlagen der menschlichen Natur um einige Grade hinter ihren celtischen Halbbrüder zurückgebliebenen"[169] Slawen sucht, zählen unter anderem Hacquets „Physikalisch-politische Reise" und von Taubes „Historische und geographische Beschreibung des Königreichs Slavonien und des Herzogthums Syrmien".

In seinem Slawonien-Werk aus dem Jahre 1819 wirft Johann von Csaplovics Hacquet und Taube vor, allerhand „abenteuerliche", „unwahre" und „zum Theil abgeschmackte" Nachrichten über Slawonien und dessen Bewohner in Umlauf gesetzt zu haben.[170] In dieser Hinsicht stellt er fest: „Ein Reisender schreibt gewöhnlich allerhand Sonderbarkeiten, eben darum, weil er nun einmal etwas S o n d e r b a r e s erzählen will, dem anderen nach."[171] Und eben die Vielzahl der Sonderbarkeiten, die Hacquet und Taube aus dem oben genannten Anlass wie auch aus bestimmten ideologischen Gründen narrativ produzieren, macht diese Texte zu den gefährlichen Fundgruben rassentheoretisch instrumentalisierbarer Beispiele.

„Die Illyrier sind nicht weniger hart als die Russen"[172], stellt Meiners fest. „Ihrer schlechten Wohnung, Nahrung, und Kleidung ungeachtet wissen sie wenig oder nichts von Krankheiten, und erreichen eine Stärke, womit sie den wildesten Ochsen bändigen können."[173] Die Geschichte über die Fähigkeit eines „Illyriers", den Ochsen, den er mit der Hand beim Horn leitet, mit Gewalt zum Gehorsam zu zwingen, ist Taubes Variation des alten My-

[167] Christoph Meiners, Ueber die große Verschiedenheit der Biegsamkeit und Unbiegsamkeit, der Härte und Weichheit der verschiedenen Stämme, und Racen der Menschen, *Göttingisches Historisches Magazin*, Bd. 1, 1787, 210–246, 211f., unter <http://www.ub.uni-bielefeld.de/cgi-bin/neubutton.cgi?pfad=/diglib/aufkl/goettihistorimaga/015871&seite=00000218.TIF>, 15.07.2011.

[168] Meiners, Ueber die große Verschiedenheit, 216.

[169] Ebd., 217.

[170] Csaplovics, Slavonien, III.

[171] Ebd., IV (Hervorhebung im Original).

[172] Meiners, Ueber die große Verschiedenheit, 223.

[173] Ebd.

thos von der körperlichen Stärke der Militärgrenzbevölkerung. Dieser Mythos wurde in den propagandistischen Türken-Abwehr-Schriften der frühen Neuzeit ebenso zweckmäßig verwendet wie in den imperialen Diskursen und verklärenden Darstellungen des „Naturzustands" im Zeitalter der Aufklärung. Die Aufwertung der zu einer kollektiven Eigenschaft erklärten körperlichen Stärke der Militärgrenzbevölkerung, die man bei Taube und seinen Vorgängern findet, trägt zur Festigung der stereotypen Vorstellung von der physischen Ungleichartigkeit zwischen den „Illyriern" und den Westeuropäern bei, auf der Meiners sein Ungleichwertigkeitskonstrukt baut.

Auf dieser Ungleichartigkeit beharrt auch Balthasar Hacquet, dessen kurioser Geschichten sich der Göttinger reichlich bedient. So wird in Meiners' Text die Äußerung Hacquets, er sei als Bergsteiger mit walachischen Führern unterwegs gewesen, die 172 und 185 Jahre alt waren, zum Beweis für die „natürliche" bzw. „tierische" Härte des slawischen Körpers. „So wenig man unter den aufgeklärten Völkern Europens Beyspiele von einem so hohen Alter finden wird", schreibt der Göttinger Professor, „eben so wenig wird man Beispiele von einer solchen Dauerhaftigkeit antreffen, als diejenigen sind, die Herr Hacquet von wenigen Wallachen anführt."[174]

> „Als dieser Gelehrte sich einstens in der Hyka zu Gospich befand, wurde ein junger Räuber eingebracht, der von drey Kugeln getroffen worden war. Die eine hatte ihm nicht nur den Knochen des Rechten Arms zerschmettert, sondern auch den Brust-Knochen, und die Lunge so durchbohrt, daß man an der Mündung der Wunde ein Licht konnte auslöschen lassen. Eine zweyte Kugel hatte den linken Arm zerschlagen, und eine dritte war wiederum so tief in die Lunge eingedrungen, daß an der Wunde gleichfalls ein schwaches Licht konnte ausgelöscht werden. Diesen jungen Menschen fand Herr Hacquet fünfzehn Tagen nach Verwundung, während welcher Zeit er weiter nichts als Haber-Brod und saure Milch genossen hatte in einem heftigen Eiterungs-Fieber, und sah die Knochen-Enden ganz bloß in den Wunden liegen. So unmöglich die Genesung des Kranken schien, so wurde er doch in sieben Wochen mit einer geringen medizinischen Beyhülfe wieder hergestellt, und trug ohne Beschwerden die beyden Kugeln in seiner Brust herum."[175]

Es wurde schon gezeigt, dass Hacquet die biologischen und medizinischen Kuriositäten, die er in den historischen Territorien Kroatiens beobachtet haben will, in der „Physikalisch-politischen Reise" als Mittel der Zivilisationskritik einsetzt. „Wo ist eine Stadt, wo die Menschen so lang lebten?"[176], fragt Hacquet rhetorisch mit Rousseau. „Wo sind civilisirte Menschen in den Städten, welche ein solches Blut in ihren Adern laufen haben, welches besser ist, als der Balsam von Mecha?"[177] Hacquets Aufwertung des illyrischen Naturmenschen wird durch dessen Eingliederung in Meiners' rassentheoretische „Scala Naturae"[178] in ihr Gegenteil verkehrt:

[174] Ebd., 224.
[175] Ebd., 224f.
[176] Hacquet, Physikalisch-politische Reise, 94.
[177] Ebd., 95.
[178] Zur Lehre von der „Scala Naturae" oder der „Großen Kette der Wesen" im Zeitalter der Aufklärung vgl. Hentges, Schattenseiten, 166–168.

„Mann kann allerdings mit Herrn Hacquet fragen, wo man wohl in grossen Städten Menschen finde, in deren Adern ein so balsamisches Blut rinne, als in den Adern dieser Wallachischen Räuber? Allein man kann zugleich aus diesen, und ähnlichen Erfahrungen den sichern Schluss ziehen, daß die Wallachen zwar mehr thierische Lebenskraft besitzen, als die ausgebildeten Nationen Europens, daß die Natur in ihnen alle Schäden und Verwundungen leichter heile, und ergänze, daß sie aber dieses nur deswegen thue, weil die Wallachen härter, gefühlloser und den Thieren ähnlicher sind, deren Säfte um desto heilender und ergänzender werden, je mehr sie sich in Ansehung der Empfindlichkeit, und anderer Vollkommenheiten von den Menschen entfernen."[179]

3.1.3 Körperliche Strafen

Ob es sich um Darstellungen des Privaten oder des Öffentlichen, des Gesetzmäßigen oder des Gesetzwidrigen, des Militärischen oder des Zivilen handelt – die Vorstellung von Gewalt ist omnipräsent in der westeuropäischen Reiseliteratur über Kroatien. Selbst wenn man von den Darstellungen der in großen und kleinen Kriegen entlang der bosnisch-kroatischen Grenze ausgeübten Gewaltsamkeiten absieht und die zahlreichen Ausführungen zum Thema „Haiducken" ausklammert, bleibt eine Fülle von Beispielen in den Reiseberichten übrig, die auf unterschiedliche Arten und in verschiedenen Kontexten auf die Praxis des körperlichen Strafens im Alltag der Illyrier verweisen. So lässt Fortis den morlakischen Mann seine Braut, Ehefrau oder Liebhaberin schlagen und stellt dabei fest, dass den morlakischen „Weibespersonen" eine derartige kleine Züchtigung „eher angenehm als zuwider" sein müsse.[180] So informiert Hacquet auch darüber, dass die „Illyrier" von ihren Priestern regelmäßig verprügelt werden, und beschreibt die körperlichen Misshandlungen, die im Rahmen des offiziellen habsburgischen Projektes der Disziplinierung der „lebendigen Grenzmauer" im militärischen Kontext vollzogen werden. In seinem Kapitel über die Slawen nimmt Hacquet eine ablehnende Haltung zu den unvernünftigen Misshandlungen ein, die die slawischen Rekruten von ihren „deutschen" Offizieren hinnehmen müssen. So schreibt er:

„Ich könnte hundert Beyspiele anführen, wie oft Teutsche in meiner Gegenwart, wider alle Vernunft, mit Worten und Schlägen diese unterjochten Menschen misshandelten, blos weil sie ihre Sprache nicht verstanden."[181]

Andererseits vermittelt er im Kapitel über die „Likaner" die Vorstellung, dass körperliche Bestrafungen das einzige effektive Mittel zur Disziplinierung der „Grenzer" darstellen:

„Da der Kroat nie vor Josephs Regierung mit Schandstrafen, wovon er keine Idee hatte, belegt wurde, kam ihm dieses kindisch vor, dass er stets bey der Ausübung lachte. Der Monarch wollte diese Menschen bilden, ihnen die Körperstrafen mit Ehrgefühl beseitigen, so dass er eines Tages, als er im Hauptort Gospich in der Lika, dieses tapfere Volk musterte, zu dem Obrist Beharing sagte: man lässt die Menschen zu barbarisch prügeln, was ich nicht haben will, allein der Obrist erwiderte: es sind Likaner, die achten 25 Prügel nicht, denn er hält sie um ein Glas Branntwein aus, welches der Monarch nicht glauben wollte, aber man gab ihm

179 Meiners, Ueber die große Verschiedenheit, 225f.
180 Fortis, Reise in Dalmatien, 121.
181 Hacquet, Abbildung und Beschreibung, 8f.

> Beweis davon, wo ein Kerl, ohne sein Beysein, wegen eines Verbrechens 100 Stockschläge habe sollte, die aber Kaiser auf die Hälfte herunter setzte, wo er zu seinem grössten Missvergnügen vernehmen musste, dass der Kerl über die geringe Strafe lachte."[182]

Wenn es um die Bestrafung illyrischer Räuber geht, verzeichnen die deutschsprachigen Reisenden eine Reihe drakonischer Strafmaßnahmen, die von den in habsburgischen Diensten stehenden Henkern vollstreckt werden. So lässt Friedrich Wilhelm von Taube den Körper eines illyrischen Räubers mit millimetergenauer Präzision und Vorliebe für Details durchspießen:

> „Das Spießen ist sowohl in der ganzen Türkey, als auch in den hungarischen Ländern eine gewöhnliche Strafe. Nachdem der Übelthäter auf den Bauch gelegt und auf der Erde festgebunden worden: so hauet ihm der Scharfrichter mit einem Beil den Hintern auf und stecket den hölzernen Spieß hinein, welcher vor mit Eisen beschlagen ist und hinten von den Henkersknechten mit hölzernen Keulen in den Leib des Missethäters hineingetrieben [...] wird. Wenn der Missethäter hart gestraft werden soll: so muß der Scharfrichter, nach Inhalt des Urtheils, den Spieß so lenken, dass solcher inwendig im Leibe neben dem Rückgrade hergehe und im Nacken oder auf den Schultern wieder herauskomme. In diesem Falle lebet der Räuber oft 24 Stunden, rauchet am Spieße Tabak und trinkt Raky."[183]

Dieser Autor, der das Spießen als ein „dienliches Mittel"[184] zur Räuberbekämpfung bezeichnet, drückt seine Befürchtung aus, dass nach der Abschaffung der Folter die mühsam hergestellte Sicherheit in Slawonien wieder gestört werden könnte. Denn die Raubsucht betrachtet von Taube nicht nur als „ein Ueberbleibsel der türkischen Barbarey", sondern erkennt in ihr „die Wirkung einer den Illyrieren angebohrnen Neigung zum Rauben und Plündern; einer Neigung, welche bereits die Römer vor mehr als anderthalb tausend Jahren bey diesem Volke auszurotten suchten".[185]

Die Auffassung von den angeborenen Eigenschaften des „illyrischen" Kollektivs, die sich als historische Konstanten manifestieren, das Identifizieren der antiken „Barbaren" mit den zeitgenössischen Slawen, die genaue Beschreibung der kuriosen Strafmaßnahmen und die Rechtfertigung der grausamen Körperstrafen machten Taubes Werk zu einer ergiebigen Vorlage für die gehässige und diskriminierende Schrift „Ueber die Gelindigkeit, und Schärfe der Strafen unter verschiedenen Völkern", die Christoph Meiners 1788 veröffentlicht.

„Aus dem Munde der teuersten Lehrerin – der Geschichte" will der Göttinger Rassentheoretiker gehört haben, dass eine „ursprüngliche Verschiedenheit des Werths und Unwerths von Völkern eine nicht minder grosse Verschiedenheit des peinlichen Rechts, oder der Strafen notwendig mache".[186] Die Gefühllosigkeit eines Volkes gegen Schmerzen, die

182 Ebd., 166f.

183 Taube, Historische und geographische Beschreibung, Bd. 1, 70f. Die Vorstellung vom Rauchen am Spieß leitet sich wahrscheinlich aus der Erzählung über Socivizca von Lovrich ab. Lovrichs Räuber trinkt im Unterschied zu Taubes allerdings keinen Branntwein.

184 Ebd., 70.

185 Ebd., 68.

186 Christoph Meiners, Ueber die Gelindigkeit, und Schärfe der Strafen unter verschiedenen Völkern, *Göttingisches Historisches Magazin*, Bd. 2, 1788, 126–142, 127, unter <http://www.

zugleich die Schwäche seines Geistes offenbare, will Meiners als eine Größe sehen, die allgemein und allgegenwärtig im proportionalen Verhältnis zur Härte der körperlichen Strafen steht, die unter diesem Volk ausgeübt werden. Der Populäranthropologe schreibt:

> „Die Härte und Rohheit der Slawischen Völker scheint Strafen und Marter, die unter uns unerhört sind, so unumgänglich nothwendig zu machen, dass selbst die mildesten Teutschen Fürsten sie unter ihren unteutschen Unterthanen bisher nicht haben aufheben dürfen."[187]

Wenn Meiners als Beweis für diese Aussage das oben angeführte Zitat von Taube reproduziert, so geht es ihm nicht um die Darstellung des Spießens eines Räubers, sondern um die Darstellung der Strafe, die das „illyrische" Kollektiv allein wegen seiner „scheußlichen Brüste", seiner „Ochsen-Stärke", seiner Langlebigkeit und seiner leicht heilenden Wunden verdiene. Die Argumentationskette aus den drei ausgewerteten Artikeln von Christoph Meiners führt über eine psychophysiognomische Stigmatisierung der habsburgischen Slawen zur Rechtfertigung der Gewalt, die Meiners zum legitimen Instrument der Herrschaft der „edlen Teutschen" über ihre „unwerthen" slawischen Untertanen erklärt.

„Almost nothing is [...] innocent in the discursive representation of non-Western spaces"[188], stellt Carmen Andras in ihrem Artikel „Romania in British Travel Literature" fest. Diese Behauptung ist auch in Bezug auf Hacquets, Fortis' und Taubes Darstellungsweise der Slawen Kroatiens, Dalmatiens und Slawoniens zutreffend. Die physiognomischen Zuschreibungen, die Unglaubwürdigkeiten und Generalisierungen sowie das Insistieren auf der exotischen Andersartigkeit der Südslawen, die für diese Reiseberichte charakteristisch sind, erweisen sich im Kontext der zeitgenössischen Exzerpierwut im Allgemeinen und im Fall Meiners im Besonderen als alles andere als harmlos.

Meiners' Extrembeispiel macht deutlich, dass die Wirkungsgeschichte des Reiseberichts „Viaggio in Dalmazia" neben allen produktiven und positiv einzustufenden Adaptionen seiner Inhalte auf der Ebene des Literarischen auch ihre Schattenseiten hatte. Denn neben den südslawischen Volksliedern brachte Fortis in seinem Bemühen um die Umsetzung der Naturmensch-Agenda der Rousseau'schen Utopie auch ein Repertoire an Stereotypen an die Öffentlichkeit, die – wie alle verallgemeinernden kollektiven Merkmalzuweisungen – ein gefährliches Umkehrpotenzial in sich bergen.

ub.uni-bielefeld.de/cgi-bin/neubutton.cgi?pfad=/diglib/aufkl/goettihistorimaga/015881&seite=00000136.TIF&werk=Zeitschriften+der+Aufklaerung>, 15.07.2011.

[187] Meiners, Ueber die Gelindigkeit, 130.

[188] Carmen Andras, Romania in British Travel Literature. Discursive Geography and Strategies for Liminal Space, unter <http://lett.ubbcluj.ro/~echinox/caiete5/10.html>, 15.07.2011.

V Schlussbetrachtungen

Völkerbezogene Stereotype besitzen das Potenzial, die spezifischen historischen Kontexte ihrer Entstehung um Jahrhunderte zu überdauern und sich außerdem aufgrund ihrer Interdiskursivität und Polyfunktionalität über die Grenzen der einzelnen Genres, Diskurse und Nationalliteraturen hinweg zu behaupten. Aus diesem Grunde wurde die analytische Reise auf der Spur dieser hartnäckigen semantischen Gebilde als ein Gang durch Texte gestaltet, die in deutscher Sprache – in den verschiedenen Modi des Reisens und Nichtreisens, des literarischen gleichwie des sachlichen Schreibens, mit oder ohne Anspruch auf Faktizität – die kroatische/illyrische/slawische Alterität verhandeln. In der Bemühung, einige Traditionslinien sowie das international prävalente Paradigma der Südslawen-Wahrnehmungen der zweiten Hälfte des 18. Jahrhunderts nachzuzeichnen, hatte die Untersuchung ihren Anfang bei denjenigen Autoren genommen, die sich in der frühen Neuzeit und später in der Nachfolge des Ossianismus und der Morlakomanie zumeist in literarischen und historiographischen Texten im Modus der bewegungslosen, geistigen Konfrontation mit dem kroatischen/illyrischen Other beschäftigten.

Im nächsten Schritt wurde der Leser eingeladen, sich durch mein kontextuelles Close bzw. Wide Reading mit zehn authentischen deutschsprachigen Kroatien-Besuchern mit auf die Reise ins Kroatien der Josephinischen Epoche und zu Zeiten der Revolutionskriege zu begeben und mich auf meiner Suche nach dem Wer, Warum und Wie des Reisens, nach den Arten, Gründen und Zusammenhängen der jeweiligen Otherings sowie nach den Namen und Bedeutungsumfängen der dabei freiwillig und unfreiwillig preisgegebenen Wir- und Sie-Bezugnahmen zu begleiten.

Nach den absolvierten Flussreisen, Fußmärschen durch karge Gebirgslandschaften, nach kaiserlichen Ritten, militärischen Retiraden und Bootsfahrten an der Adria, nach überstandenen Bora-, Räuber- und Türkengefahren und nach viel umgesetzter Beobachtungs- und Beurteilungslust der Sitten, Gebräuche und Charaktere der Einheimischen mit vielerlei Namen ging es schließlich zurück zu den Schreibtischen und Lehnstuhlsesseln der exzerpierfreudigen spätaufklärerischen Reiseberichtsrezipienten. In den Studierstuben der nicht immer harmlosen Staatenbeschreiber und Anthropologen angelangt, möchte ich nun meine Reise auf den textuellen Spuren des Kroatien-Interesses im deutschsprachigen Raum abschließen und die Vielzahl recht heterogener Ergebnisse, die die Detailarbeit mit Texten hervorgebracht hat, zu einem Gesamtbild zusammenzufassen versuchen. Zurückkehrend zu den Fragekomplexen, die der Ausgangspunkt dieser Untersuchung waren, lassen sich die gewonnenen Erkenntnisse nach dem Schema Reisen – Images des Fremden – Problematik kollektiver Identifizierungen folgendermaßen darstellen.

1 Reisen

Die Mehrzahl der deutschsprachigen Passagiere, die sich im Zeitraum zwischen dem Regierungsantritt Maria Theresias und der Gründung der Illyrischen Provinzen auf den Weg in die kroatischen Länder machten, gehörte den bürokratischen und militärischen Strukturen bzw. dem Staats- und Regierungsapparat des Habsburgerreiches oder des Königreichs Ungarn an und rekrutierte sich zum Teil aus bürgerlichen, teils aus adeligen Schichten und aus den unterschiedlichen Rängen des Beamtenstaates. Solche Reisen standen im direkten Zusammenhang mit den Praktiken, den Interessen und den Bedürfnissen des Wiener Zentrums nach Informationen über die kroatisch-dalmatinisch-slawonische Peripherie. Hierbei handelt es sich um eine Form der imperialen Reisen in der Funktion der Wissensgenerierung und/zur Machtausübung. Die hohe Frequenz amtlicher Besuche lässt sich im untersuchten Zeitraum insbesondere für die Reiseräume österreichisches Litorale und das daran anschließende Transitgebiet im nordwestlichen Kroatien sowie für die Gebiete an der Militärgrenze festmachen – ein Umstand, der sich leicht aus dem Kontext der merkantilistischen Wirtschafts- und militärischen Reformprojekte der theresianisch-josephinischen Epoche erklären lässt. Neben den Amtsträgern aus unterschiedlichen Behörden, den Kommissions- sowie den Kommerzialreisenden sind auch Ingenieure, Gesandte in kirchenpolitischen Angelegenheiten sowie unzählige weitere – beispielsweise die mit demographischen Erhebungen, Katastererstellungen und Kartographierungen beauftragten – Militärs und Beamte zu den Kroatien-Reisenden des „gouvernementalen" Typus zu rechnen. Der Radius der kaiserlichen Vertrauten der theresianisch-josephinischen Epoche reichte offenbar bis in die Herrschaftsgebiete der benachbarten Imperien: Reisende und berichtende Spione operierten in habsburgischer Sache sowohl im venezianischen Dalmatien als auch in Bosnien und anderen osmanischen Ländern. Die Eingliederungen neuer Territorien in den habsburgischen Staatskörper im Revolutionszeitalter bot in nachvollziehbarer Weise einen zusätzlichen Anlass zum „statistischen Reisen" – in Dalmatien und Istrien übernahmen diese Aufgaben nach 1797 einige auch öffentlich publizierende Militärs.

Das damalige dichte Ineinandergreifen der Praktiken des Reisens und Regierens wird auch auf der Folie des repetitiven Erscheinens des „ersten Beamten" des Habsburgerreiches, des Kaisers Joseph II. in Kroatien evident. In der hier zusammengestellten und untersuchten Reisegesellschaft besetzt Joseph II. nicht nur die soziale Spitze und die Stelle des Ranghöchsten, sondern – mit seinen offenbar sieben Aufenthalten im Lande – auch die Position eines der fleißigsten Kroatienreisenden.

Die Geschichte der Reisebeziehungen zwischen dem deutschsprachigen und dem kroatischen Raum im 18. Jahrhundert lässt sich ohne die Geschichte der Herrschaftsbeziehungen nicht schreiben. Ebenso wenig kommt sie ohne das wirtschaftliche Dispositiv aus, einer weiteren „Zwiebelschicht", die den Praxisbereich Reisen damals umschloss.

Mit der Aufnahme und der Weiterführung des merkantilistischen Wirtschaftskonzeptes im 18. Jahrhunderts gewann das an der „Getreidemagistrale" Banat-Adria gelegene Kroatien als Transitland an Bedeutung. Die Schiffbarmachung der Flüsse und der Ausbau der Straßen als Voraussetzung für die reibungslose Entwicklung dieses Durchzugshandels war ein Thema, das durch das ganze 18. Jahrhundert hindurch ganz oben auf der wirtschaftspolitischen Agenda in der Habsburgermonarchie stand. Die Bezugnahmen auf kroatische Reisen und Durchreisen der Handelsreisenden aus den Erblanden, die man in der Sekundärliteratur und den zeitgenössischen Quellen findet, weisen darauf hin, dass der hier durch seine Publikationstätigkeit ermittelte Kaufmann Nikolaus Ernst Kleemann sicherlich nicht der einzige deutschsprachige Berufsreisende war, der in Sachen Warentransport und -vertrieb in Kroatien, Slawonien und an der Adria per Schiff unterwegs gewesen ist.

Das Projekt Naturgeschichte – ein weiteres gesamteuropäisches Großunternehmen, das in der Habsburgermonarchie des 18. Jahrhunderts nicht minder eifrig verfolgt wurde – zeichnet für die Ankunft der ersten beobachtenden, bestimmenden, systematisierenden, zählenden, taxonomierenden und sammelnden Naturwissenschaftler in den kroatischen Gebieten verantwortlich. Es kamen Forscher, die infolge von Linnaeus' „Systema Naturae" den Exemplaren, Spezies und Erscheinungsformen der lebendigen und der materiellen Natur, ihren Namen und ihrer Ordnung durch Sprache auf der Spur waren und sich selbst in die entlegensten, vom ewigen kleinen Krieg heimgesuchten Gegenden an der Grenze zu Bosnien trauten. Nebenbei waren viele dieser Männer auch den exploitierbaren Bodenschätzen und anderen dem Imperium nützlichen Gaben der Natur auf der Spur. Hatte die Serenissima in Alberto Fortis ihren imperialen Forschungsreisenden, so leistete Balthasar Hacquet dies auf der anderen Seite der Grenze für die Habsburger. Hier wie dort ging das Reisen mit der Sammeltätigkeit und dem verstärkten ethnographischen Interesse einher und diente wissenschaftlichen Zwecken ebenso wie der gelehrten, imperialen und landeskundlichen Informationsvermittlung.

Die rechtspolitische Metamorphose des „Litorale Austriaco" und die Etablierung seiner Tochterschöpfung „Litorale Hungarico" setzte neue Akzente im Profil der hier untersuchten deutschsprachigen Reisegesellschaft. In Andreas Helmedachs Worten: „Eine neue Gruppe von Reisenden erschien auf der Bildfläche, nämlich der höhere, Staatsdienste anstrebende ungarische Adel, der nun Fiume in das ‚Pflichtprogramm' seiner Reisen zum Kennenlernen der Länder der Stephanskrone aufgenommen hat."[1]

Aus dieser Gesellschaft rekrutierte sich auch der Schriftsteller Vincenz Batthyány, der um 1800 einen längeren Bildungs- und Arbeitsaufenthalt im ungarischen adriatischen „Außenposten" Fiume absolvierte und über diesen und die anschließenden Reisen durch Kroatien und nach Dalmatien in einem Reisebericht informierte.

1 Helmedach, Das Verkehrssystem, 370.

Über die immerhin etwa 2000 Mann starke Truppe „vermieteter" Kriegsreisender aus Hessen-Darmstadt, die durch eine Reihe skurriler Umstände mitten im Ersten Revolutionskrieg nach Kroatien gelangten, wusste man bisher nur wenig. Dank des Reiseberichts des hessischen Feldpredigers Johann Christian Bornagius, der glücklicherweise seine und seiner Landesgenossen Erfahrungen festhielt und an die Öffentlichkeit brachte, ist man zumindest über eines der vielen Beispiele des Reisens nach Kroatien im Zuge militärischer Operationen aus erster Hand informiert. Mit dem hessischen Kriegsreisenden wurde die hier untersuchte Gruppe der Reiseakteure und Reiseschriftsteller um einen ersten und einzigen aus dem Heiligen Römischen Reich stammenden Passagier und einen ersten – auch beruflich praktizierenden – Protestanten ergänzt.

Eine neue, zukunftsweisende Form des bürgerlich-(proto)touristischen Reisens deutete sich an der ostadriatischen Küste bereits um 1800 an, und zwar in den Reiseberichten des Wiener Publizisten Johann Georg Widemann. Mit der istrischen Reisebeschreibung dieses Autors liegt ein Text vor, der meinen Erkenntnissen nach zum ersten Mal in der Geschichte der deutschsprachigen Reiseliteratur über historische Territorien Kroatiens ein von jeglicher Art beruflicher oder amtlicher Verpflichtungen unabhängiges Reiseerlebnis vermittelt. Die Zweifel, dass der Wiener ohne jeden Auftrag und tatsächlich wie beschrieben nach Istrien gereist ist, sind gerechtfertigt, ändern dennoch nichts an der beschriebenen Unverbundenheit des Unterwegsseins.

Beim Großteil der deutschsprachigen Kroatien-Berichte handelt es sich um sachbetonte und überwiegend die Funktion eines Informationsorgans erfüllende Texte, denen unterschiedliche Formen der zweckmäßigen Mobilität zugrunde liegen. Im Mittelpunkt stehen meist die Zustandsschilderungen bzw. ausführliche Bestandsaufnahmen und Katalogisierungen der beobachteten gegenständlichen Welt. Die neuen populärliterarischen Tendenzen lassen sich um 1800 auch im hier untersuchten Textkorpus beobachten. Die Texte von Johann Christian Bornagius und Johann Georg Widemann signalisieren durch ihre prototouristischen Beschreibungsmodi, durch die subjektiven, periodisch dichterisch-ästhetischen Register, durch ihre ereignisvollen Handlungsstrukturen, durch stilistische und thematische Diskurs-Feuilletonisierungen und das Ansprechen breiterer bürgerlicher Rezipientenkreise die einsetzenden Überformungsprozesse der Reiseliteratur des älteren wissenschaftlich-informativen Typs.

2 *Images des Fremden*

Die Untersuchung des kulturellen Wissens über die Bevölkerung der historischen Territorien Kroatiens im heterogenen deutschsprachigen Textkorpus brachte perspektivische Ambivalenzen an den Tag, die die Vorstellung von „deutschsprachigen Autoren" als einem monolithischen Subjekt der Imageproduktion in Abrede stellen. Aus divergenten politischen, ideologischen, sozialen und konfessionellen Positionen, Motiven, Medien und Zielen des

Schreibens und vielen weiteren Unterschieden innerhalb der hier als deutschsprachig bezeichneten Autorengruppe ergeben sich auch heterogene Inhalte und wertende Aufladungen ihrer Alteritätskonstrukte. Diese Ambivalenzen unterstreichen den relationalen Charakter der Kategorien der Fremdheit und der Alterität. Die interdisziplinäre Perspektive bestätigte zudem, dass kollektivtypologische Mappings wie alle anderen Arten des mentalen Kartographierens – in der Formulierung von Peter Bugge – „ein immer kontestierbares Produkt eines andauernden diskursiven Kampfes zahlreicher Akteure“[2] sind.

2.1 Homo militaris

Zum Gegenstand eines solchen – in epochenübergreifender Dynamik ausgetragenen – „diskursiven Kampfes“ deutschsprachiger Akteure avancierte der „Kroate“ vielfach in seiner Rolle als *homo militaris*. Die Verbindung von „crabatisch“ und „martialisch“, die sich im symbolischen Haushalt der deutschsprachigen Kultur in die Zeit der Türkengefahr zurückverfolgen lässt, verhärtete sich infolge der kontinuierlichen Verwicklungen der Militärgrenztruppen aus Kroatien in europäische Kriege des 17. und 18. Jahrhunderts zu einer festen identifikatorischen Gleichung.

Dies bestätigen unterschiedliche Beispiele aus der Literatur, der Publizistik, der Onomastik, dem dialektalen Sprachgut und dem kosmographischen Schrifttum. Hinsichtlich der Kontinuität der Wahrnehmung des/der Anderen aus Kroatien, Dalmatien und Slawonien in Bildlichkeiten der „Kriegsvölker“ habe ich vorgeschlagen, von einem martialischen Imagothema in deutschsprachigen Texten zu sprechen. Darunter verstehe ich einen sich interdiskursiv und epochenübergreifend realisierenden semantischen Komplex oder auch eine semantische Makrostruktur, die auf dem weitgehenden Konsens über das Kernsymbol Kriegsvölker aufbaut und – mit unterschiedlichen, je nach ideologischer Position positiven, negativen oder neutralen Wertungen, Attribuierungen und Stereotypen – den Anderen aus Kroatien als Martialischen verhandelt.

Die frühneuzeitlichen, auf der Opposition christlich-europäisches Wir vs. osmanischer „Erbfeind“ basierende Türkengefahr- und Frontier-Narrative hatten für den crabatischen/südslawischen „Bundesgenossen“ in der gemeinsamen militärischen Mission sowohl in Deutschland als auch in den österreichischen Erbländern weitgehend positive Toposreihen übrig. Mit den Ereignissen und Gegensätzen des Dreißigjährigen Krieges brach diese „deutsch-österreichische“ Kohärenz in Bezug auf die Wertungen des „kroatischen“ *homo militaris* zusammen. Durch das gewaltsame Handwerk im Heiligen Römischen Reich deutscher Nation zogen die Söldner aus Kroatien neben Plündergut und Kriegsbeute auch den Ruf soldatesker Brutalität, Rohheit und Hemmungslosigkeit an sich und erkämpften sich als Schreckensgestalten einen festen Platz im symbolischen Haushalt der deutschen Kultur. Die gewaltsam ausgetragenen preußisch-habsburgischen Gegensätze des 18. Jahrhunderts,

2 Peter Bugge, „Land und Volk“ – oder: Wo liegt Böhmen, in: Conrad (Hg.), Mental Maps, 404–434, 405.

die wiederum repetitiv unheilvolle Deutschland-Besuche der Soldaten aus historischen Territorien Kroatiens mit sich brachten, sorgten in ihrem symbolischen Überbau durch publizistische und dichterische Pro- und Kontrastimmen aus dem habsburgischen und preußischen Lager für das Durchhaltevermögen des martialischen Imagothemas und seiner – je nach konfessionell-ideologischer Position – zweigeteilten Stereotypenlandschaft. Gegen das mit positiven Zuschreibungen – Tapferkeit, Heldentum, Treue, Ausdauer, Stärke, Unempfindlichkeit – ausstaffierte soldatische Image der „Kroaten" in den Literaturen des Habsburgerreiches schrieben die preußischen und protestantischen Dichter mit Attributionen bestialischer Grausamkeit, der Raubsucht, der Feigheit usw. an. Auch eine meiner Ansicht nach erste umfangreichere deutsche Kompilation mit ausschließlich völkerbeschreibenden Intentionen und umfangreichen Inhalten zur Völkermelange aus dem kroatischen Raum entstand aus Anlass des Österreichischen Erbfolgekrieges und gilt den „Völkern, die ihre Personen auf dem Kriegs-Schau-Platz vorstellen"[3], darunter den „Croaten", „Panduren", „Lycanern". Die Protagonisten des Interesses in diesem Buch – ausschließlich militärische Verbände und Kriegsvölker aus der nahen und fernen Vergangenheit – werden auch im kosmographischen Schrifttum lange die metonymischen Hauptdarsteller südslawischer anthropologischer Zustände bleiben.

Einen wesentlichen Beitrag zur Änderung dieses Wahrnehmungsparadigmas haben die Reisebeschreibungen geliefert, die seit den 1770er Jahren anhand ihrer konkreten ethnographischen Schilderungen anschaulich machten, dass nicht alle Bewohner Kroatiens, Dalmatiens und Slawoniens den kriegerischen Diensten nachgingen und dass auch jene Gesellschaften, die „durch die Bank Krieger" waren, besser seien als ihr ausländischer Ruf. Die Texte des Italieners Alberto Fortis und des „Wahlösterreichers" Balthasar Hacquet liefern in ihren sympathisierend-exotisierenden Darstellungen südslawischer ethnographischer Zustände auch Image-korrigierende Plädoyers für den verrufenen *homo militaris*. Sich jeglicher Verherrlichung enthaltend schreibt Hacquet, selbst Kriegsveteran, gegen die Dämonisierung der kroatischen Grenzer an, indem er das ihnen anhaftende Odium der Raubsucht gegen die vergleichbaren Leistungen im Beutemachen bei den Soldaten aus anderen Ländern abwiegt. Hacquet sucht die Ausschweifungen der Männer aus den kroatischen „Krajinas" im europäischen Ausland mit dem Begleitumstand ihrer Armut und mit der geschichtsphilosophischen Logik des anthropologischen Rohzustandes bzw. der zivilisatorischen Infantilität des Grenzers gleichwie der „Kroaten" überhaupt zu erklären. Der Reisende Johann Christian Bornagius, der als Feldprediger mit dem soldatischen Milieu ebenfalls bestens vertraut war, hatte auch einen konkreten Anlass, um am martialischen Imagothema weiterzustricken: Er hatte Gelegenheit, die Exzesse der Grenzer im aktuellen Krieg von 1797 höchstwahrscheinlich aus nächster Nähe zu beobachten. Den „konfessionskulturellen Unterscheidungsmuster[n]"[4] folgend, legt der protestantische Pfarrer seine Analyse des kroatischen Nationalcharakters vor, die sich vor allem gegen die Institution der katholischen

3 Merckwürdige historische Nachrichten, Vorrede, ohne Paginierung.
4 Graf, Protestantismus II, 553.

Kirche, die Militärverfassung und die Leibeigenschaft richtet. Aus dem auch als „sklavischer Zustand“ semantisierten institutionellen Zwang, der die geistige Entwicklung und individuelle Freiheit der „Kroaten“ behindere und bei ihnen humane Gesinnungen ersticke, sucht Bornagius auch die Exzesse zu erklären, die sich die kroatischen Regimenter bisweilen erlaubten.

Der „Hungarus“-gesinnte adelige Stephan von Köröskényi operiert mit martialischen Imagemen aus anderen Gründen. Die Raubsucht will er im Unterschied zu Bornagius überhaupt nicht auf das Konto des kroatischen *homo militaris* gehen lassen, dagegen aber seine und seiner ungarischen Kampfgenossen heldenhafte Rolle als Beschützer Europas vor den Osmanen – den „Barbaren des Orient“ – geltend machen. Den alten Antemurale-Mythos, der sich später mitteleuropaweit in der Stiftung nationaler Identitäten bewähren sollte, nutzt dieser „Hungarus“ zur publizistischen Umsetzung der Agenda um die Popularisierung eines synthetischen ungarisch-staatspatriotischen Identitätsangebots.

Der Text des Handelsreisenden Nikolaus Ernst Kleemann spricht diesbezüglich eine ganz andere Sprache. Die Bollwerk-Vorstellung und das Image der unerschrockenen Grenzverteidiger brechen unter der Feder des genervten Handelsreisenden zusammen. Helden treten hier keine auf, stattdessen vor dem bloßen Namen „Türk“ zitternde Soldaten. Das konventionell als „Erbfeindschaft“ semantisierte habsburgisch-osmanische Verhältnis wird bei Kleemann in Begrifflichkeiten der nachbarschaftlichen Liebe und Freundschaft geschrieben.

Die Feder des Kaisers Joseph II. schließlich kleidet das Bild des *homo militaris* aus der kroatischen Militärgrenze in das prosaisch-nüchterne Gewand des militärischen Fachvokabulars. Die Konfinien, entblößt von kulturellen Stereotypen, Mythen, ideologischen Überhöhungen und sensationalistischen Inhalten, erscheinen im kaiserlichen Journal als das, was sie im Grunde auch waren – eine große Kaserne.

Fragt man schließlich nach der Funktion der Stereotypen des martialischen Anderen in den hier untersuchten Texten, so erweisen sich die ideologisch-politische Propaganda und Mobilisierung und die symbolische Stiftung der Gemeinschaften bzw. Konstruktion der Identitäten als das jeweils evidente Ergebnis ihrer Anwendung. Es ging zunächst um die Mobilisierung und Stabilisierung eines christlich-europäischen „Wir“ vis-à-vis dem muslimisch-osmanischen „Erbfeind“, dann eines protestantisch-unionistischen „Wir“ in der Opposition zum katholisch-ligistischen „Sie“ und umgekehrt; und schließlich auch um die Affirmation des Selbst und die Diskreditierung des Gegners im Kampf mit Bildern und Wörtern, der den preußisch-kaiserlichen Schusswechsel begleitete. Zur Palette der Identitätsangebote mit der geschilderten Vorliebe für Ansprachen mit positiven martialischen Zuschreibungsketten zählten im späten 18. Jahrhundert unter anderem auch die synthetischen Modelle des habsburgischen und ungarischen Staatspatriotismus, im darauffolgenden „Jahrhundert der Nationen“ und in der späteren Zukunft werden noch viele weitere dazukommen.

2.2 (Edle) Wilde, Naturmenschen

Das Begriffspaar Zivilisation/Wildheit blieb das prägende Signum der militärischen, administrativen, statistischen, konfessionell-politischen, völkerkundlichen und medizinischen Diskurse über die „illyrischen" Völker in den Texten der josephinischen Aufklärung. Mit derselben Regelmäßigkeit schrieb sich diese symbolische Opposition international in die literarischen Darstellungen des Landes ein. Sie kann somit zu einer der tragenden Achsen der Südslawen-Fremdcharakterologien der Zeit erklärt werden.

Auch um die Kernzuschreibung des südslawischen „Wilden" oder „Naturmenschen" entfaltete sich ein reges Spiel unterschiedlicher Bewertungen. Am offenkundigsten ist der Dissens zwischen den geschichtsphilosophisch gestimmten Literaten und Kulturrelativisten einerseits und den imperialen Diagnostikern andererseits, die mit ihren Federn dem staatlichen Führungsanspruch – in damaliger Diktion dem „allgemeinen Wohl" – nachzukommen suchten.

Bei der ersten Gruppe wurde der slawische „Wilde" – meist jener aus dem dalmatinischen Hinterland – vorzugsweise als „edler" verhandelt. Im internationalen Rahmen und in einem regen intertextuellen Austausch mit konventionellen Topoi arbeitete bekanntlich eine Reihe von Autoren unermüdlich am Anschluss der Südslawen-Anthropologie an die zeitgenössischen exotistischen Narrative und Utopien um die Figur des „Edlen Wilden". Die deutschsprachige Populärliteratur beteiligte sich durch prompte Übersetzungen rezeptiv an der „morlakistischen" literarischen Szene; ihrem „Avantgardisten" Alberto Fortis folgte von den deutschsprachigen Reisenden der Zeit vornehmlich Balthasar Hacquet, der durch seine „illyrische" Kommentierungsweise dem exotistischen Paradigma diskursive Geltung für die ganze südslawische Völkergarnitur der Monarchie „erkämpfte". In den 90er Jahren des 18. Jahrhunderts setzte mit der regelrechten Nacherzähl-, Abschreib- und Nachdruckwut der Reisetexte von Fortis, Hacquet und Taube das ermüdende Wiederkäuen ihrer exotistischen Inhalte ein. Ob Zeitungsartikel oder vormoderner Reiseführer, ob historiographisches Werk, Schul- oder Kinderbuch, Landesbeschreibung oder Sammlung aus Reiseberichten – in deutschsprachigen Texten um die Jahrhundertwende wird man ständig mit dem bis ins Bedeutungslose überstrapazierten morlakischen *homo naturel* konfrontiert.

Auch „imperiale Diagnostiker" – Reisende und Statistiker, die sich utilitär vis-à-vis der Regierung positionierten – tendierten dazu, die Bewohner der peripheren, aber europäischen Regionen Kroatiens unter Rückgriff auf typische Situationen und Topoi der Kolonialliteratur und -Diskurse assoziativ in die geographische, zeitliche und menschheitsgeschichtliche Ferne der vorkolumbianischen amerikanischen „Wilden" zu „verpflanzen". Der Staat, seine bürokratischen Strukturen und administrativen Praktiken, mit denen sich der Reisende im politischen Auftrag in der Regel identifizierte, repräsentierten dabei ausnahmslos den Pol der Zivilisation. Diesem standen meist nach regional-geographischen Kriterien reglementierte, ländliche- und Grenzergesellschaften der kroatischen/dalmatinischen/slawonischen Peripherie entgegen, die in der Regel zu den „Wilden" oder „Zivilisationsbedürftigen" gerechnet und dafür verurteilt werden, weil sie sich unterschiedlichen in

Bildlichkeiten des zivilisatorischen Auftrags dargestellten Praktiken und Maßnahmen der Regierung widersetzten. Die „Wildheit“ steht in solchen Argumentationszusammenhängen meist für Disziplinlosigkeit, Ungehorsam, Misswirtschaft und Ähnliches, das „Gesittetsein“ für ein Handeln, das dem Staatsinteresse nachkommt und entspricht.

In den imperialen Diskursen wird regelmäßig die illyrische Körperlichkeit verherrlicht, unter ständigem Recycling der uralten klimatheoretischen Gleichnisse (Gebirge = Stärke), oftmals im Anschluss an die neue Naturmensch-Imagerie. Eine grundlegende und immer wieder formulierte Überlegung in diesen Texten gilt der Frage, wie man den illyrischen Grenzer „gesittet“ machen kann, ohne dabei seinen „kriegerischen Geist“ zu ersticken. Das reformabsolutistische Projekt der Militarisierung wird in der Regel für die „Zivilisierung“, die Auslandseinsätze der Grenzer für „Bildungsreisen“ ausgegeben.

Dem Reisenden und Völkerkundler Balthasar Hacquet verdankt man die Aufnahme „illyrischer Wilder“ in einen weiteren Argumentationszusammenhang, in dem es nicht um Bewertung, Verherrlichung und Nützlichkeitsprüfung ging, sondern um eine spekulative Annäherung an die Gattungsgeschichte der Menschheit. Durch assoziatives Brückenschlagen zwischen den Gesellschaften der Vorgeschichte und den zeitgenössischen „wilden Gesellschaften“ im Grenzraum des Habsburgerreiches wird der „Illyrier“ zum Anschauungsbeispiel protoevolutionistischer Konstruktionen: ein typisches diskursives Schicksal, das in der Epoche der Aufklärung unzähligen anderen nahen und fernen „Wilden“ und „Edlen Wilden“ der Reiseliteratur zustieß.

Das Naturmensch-Stereotyp wird in den untersuchten Texten in erster Linie zur Abgrenzung vom sozial Anderen, aber auch vom Anderssprachigen und Anderskulturellen – „slawischen“, „illyrischen“, „morlakischen“ – verwendet. Manchmal überlagern sich diese beiden Referenzbereiche, und in manchen Fällen ist es schwer zu entscheiden, wo der „Wilde“ gegen die unteren Gesellschaftsschichten ins Feld geführt wird und wo er zum Unterlegenheitsargument im symbolischen Kräftemessen kulturell-, sprachlich- oder ethnisch definierter Gemeinschaften wird. Explizit für die kulturelle Inferiorität der Slawen gegenüber den Deutschen wird der Topos der „Verwilderung“ nur bei Widemann benutzt, das Umschwenken in Richtung rangierender Hierarchisierung der Ethnien nach den Maßstäben der Zivilisation lässt sich deutlich auch bei Joseph Rohrer beobachten. Evident ist, dass das Wildheits-Stereotyp in unterschiedlichen Diskursen unterschiedliche Funktionen erfüllt. Der „Edle Wilde“ aus den historischen Territorien Kroatiens verhilft beispielsweise Balthasar Hacquet zu seiner medizinischen Kritik an der Urbanität und der Affirmation der europäisch-bürgerlichen Wissenskultur. Reisende Offiziere in Dalmatien und Friedrich Wilhelm Taube in Slawonien nutzen den „verwilderten“ Einheimischen zur Diskreditierung der Regierungsleistungen konkurrierender Imperien. Die „wilden“ Grenzergesellschaften stützen in mehreren Texten die militärische Verfassung und die aktuellen Militärgrenzreformen ideologisch. Dasselbe Stereotyp konnte als Argument für den Soll-Zustand einer rational wirtschaftenden bäuerlichen bzw. einer disziplinierten militärischen Gesellschaft eingesetzt werden. Der Slawe aus dem Umkreis der orthodoxen Kirche namens Racith setzt die „Wildheit“ der Bevölkerung der Lika und der Krbava in seinem rhetorischen Kampf um die größere gesellschaftliche Rolle der Kirche ein. Die südslawischen Exoten „arbeiten" auch für österreichische Statistiker, indem sie die Sprödigkeit der deskriptiv-numerischen Inhalte ihrer Texte interessanter machen und ihnen vielleicht zu einer breiteren Leserschaft verhelfen. Andererseits machen die diskursiven „inneren Exotisierungen" zumindest auf symbolischer Ebene fehlende Kolonien der Monarchie wett und setzen den Vielvölkerstaat, den die Statistik dem Leser als Vaterland nahe zu bringen sucht, mit den europäischen Seemächten gleich.

2.3 Barden, Naturdichter, Singendes Volk

An den Schnittstellen der europäischen Ossian-, Morlaken- und Volkslieddiskurse profilierte sich in der zweiten Hälfte des 18. Jahrhunderts ein neues, poetisches Imagothema, das – unter Bezugnahme auf die traditionelle südslawische Epik, die fiktiven und authentischen Guslaren-Figuren, die Omnipräsenz der Volksdichtung im Alltag, die homerische und ossianische Ästhetik, die Ethik und das Mobiliar der südslawischen Dichtung – die „illyrischen" ländlichen Gesellschaften zu den Barden und Naturdichtern promovierte. Durch die Bemühungen Goethes und Herders fand damals die als morlakisch und volkstümlich codierte Dichtung der Südslawen ihre Aufnahme in die Weltliteratur, außerdem hielten in der Folge des Fortis'schen Morlakenkapitels seine *homo-cantans*-Imageme Einzug in die intertextuellen Zirkulationsprozesse und gelangten durch Nachsage-Automatismen auch in die Kuriositäten-Appendices ästhetisch kaum interessierter und pragmatisch orientierter Staaten- und Völkerbeschreiber. Das neue Paradigma schärfte auch bei den deutschsprachigen Reisenden den Blick und das Ohr für die dichterischen Offenbarungen des Landmannes. Auch jene Bildungsbürger wie Friedrich Wilhelm Taube oder Balthasar Hacquet, die nicht bereit waren, mit Herder die Unterschichten für kulturfähig zu halten, verzichteten dennoch nicht auf die illyrische Bardensemantik. Mit seinen Aufzeichnungen der südslawischen Volkslieder geht Hacquet dem vorromantischen Trend nach, in seinen Bewertungen entbehrt er ganz des Enthusiasmus für die schöpferische Kraft der unteren Gesellschaftsschichten und bewertet „illyrische" epische Darbietungen in Manier der aufklärerischen spekulativen Anthropologie als „fossilisierte" Links zu den Kommunikationsformen aus der frühesten Dämmerung der Menschheitsgeschichte. Singend, aber nicht mehr im Kostüm der Barden- und Naturpoetensymbolik, präsentierte sich der Slawe auch in den Texten ungarischer Aristokraten um 1800: Bei Stephan von Köröskényi tönen Gesang und Gelächter eines „Kroaten" bei jeder Arbeit und jeder Reise laut durch die Lüfte. Hier singt der Bauer allerdings für seinen adligen Herrn, durch Fröhlichkeit die Zufriedenheit mit seiner sozialen Stellung den Lesern vor Augen führend. Bäuerliche Fröhlichkeit propagiert auch der ungarische Adelige Batthyány. In seinem Text singen schwer beladene Bäuerinnen auf unwegsamen Pfaden ihre munteren Lieder zur Unterstreichung ihrer fleißigen Wesensart und somit des glänzenden Potentials des Wirtschaftsstandorts „Ungarisches Küstenland". Während sich durch Abschreibungen und Adaptationen der Inhalte aus Reiseberichten die

Werbung für die „illyrischen"/„morlakischen" Homeriden mit Gusla in den deutschsprachigen Landesbeschreibungen, Schulbüchern, Kosmographien und populärliterarischen Werken Anfang des 19. Jahrhunderts fortsetzte, schrieben zwei Vertreter der neueren Generation prototouristisch interessierter Reisender – Joseph Georg Widemann und Johann Christian Bornagius – gegen den guten Ruf des südslawischen *homo cantans* an. Die konfessionellen bzw. nationalen Unterscheidungs- und Überlegenheitssemantiken, die Bekenntnisse zur Urbanität und bürgerlichen Kultur lassen in diesen Texten keinen Platz mehr für Aufwertungen dichterischer Leistungen des Fremden. Das Barden-Stereotyp löst sich hier im „kamtschadalischen Geplärre trunkener Dalmatiner Soldaten" und dem „kroatischen disharmonischen Gesang" – der Terpsichoren verscheuche – auf.

2.4 Homo laborans

Die Bewohner Kroatiens, Dalmatiens und Slawoniens interessierten einige der Reisenden nicht als sprachlich-kulturelle Gemeinschaften, sondern vornehmlich in ihren ökonomischen Rollen als Untertanen, Akteure im Verkehrssystem, landwirtschaftliche Produzenten, Handwerker, Seeleute – kurz als ökonomische Subjekte. Die zugeschriebenen Eigenschaften, die dabei als kollektive verhandelt und dementsprechend unter die Kategorie des „nationalen Charakters" subsumiert wurden, bewegen sich – wiederum abhängig vom jeweiligen Beobachteten sowie der Perspektive und den rhetorischen Zielsetzungen des Beobachters – zwischen den Polen Faulheit und Misswirtschaft einerseits, Fleiß, Enthaltsamkeit und gewerbliche Tüchtigkeit andererseits. Diese Stereotype bleiben in ihrem Bezug immer auf die unteren gesellschaftlichen Schichten beschränkt, ihrem Bezug nach also soziale. Der Bildungsbürger Hacquet und der Vertreter des österreichischen Handelsstandes Kleemann hantierten mit dieser Art von Zuschreibungen nicht minder geschickt als die Vertreter der staatlichen Bürokratie Rohrer und Demian und die Adeligen Köröskényi und Batthyány. Die Figur eines faulen, misswirtschaftenden, unvernünftigen Bauern konnte und wurde damals als Argument für das bürgerliche und staatliche Eingreifen in Richtung der Rationalisierung und Kontrolle der Landwirtschaft und der Disziplinierung ländlicher Gesellschaften zur kapitalistischen Produktionsweise eingesetzt. Andererseits konnten – wie das Beispiel Köröskényis zeigt – mithilfe von Diagnosen der Fleißdefizite des bäuerlichen *homo laborans* und entsprechender rhetorischer Therapievorschläge auch die wirtschaftlichen Interessen der adeligen Oberschicht verfolgt werden.

2.5 Illyrische Körperlichkeit

Schließlich verdient noch die in vielerlei Diskursen und in repetitiver Konstanz zu beobachtende Kopplung der Rede über die Südslawen Kroatiens an die positive Körpersymbolik hervorgehoben zu werden. Der Mythos von den physischen Besonderheiten „illyrischer Völkerschaften" lässt sich bis in die frühneuzeitlichen Türkenabwehrschriften zurückverfolgen. Um seine Verbreitung machte sich im besonderen Maße die barocke Topographie Johann Weikhard Valvasors verdient, die in grenzorientalistischer Manier unempfindliche, ausdauernde illyrische Kraftmenschen an der Grenze zum Osmanischen Reich schildert. Die Elemente positiver militärischer Körpersymbolik gepaart mit den klima- bzw. umweltdeterministischen Stereotypen von den physischen Besonderheiten der Bergbewohner wurden zum festen Bestandteil imperialer Kriegs- und Militärgrenzdiskurse des 18. Jahrhunderts. Dasselbe Stereotyp wurde erfolgreich in das zivilisationskritische Wahrnehmungsparadigma integriert: In ihren Bemühungen um die Umsetzung der „anti-urbanen Agenda“[5] der Rousseau'schen Philosophie beschrieben Reisende und Literaten die Slawen Kroatiens, Dalmatiens und Slawoniens in Bildern von einer physischen Vorzüglichkeit, bisweilen mit unglaubwürdigen Beispielen, als das kuriose somatische Andere. Sprachlich und bildlich stereotypisierte illyrische Körperlichkeit hielt im untersuchten Zeitraum Einzug in die physische Anthropologie und – ins Negative gewendet – in den rassentheoretischen Ungleichheitsdiskurs.

In seinem drastischen Aburteilen der „Illyrier“ ist der Rassentheoretiker Christoph Meiners ein Einzelfall. Dennoch macht sein Beispiel deutlich, wo sich in der Regel das Urteilen über die Südslawen radikalisiert: an den Schreibtischen und in den Texten bewegungslos Reisender. Diese sind es, die sowohl die günstigen als auch die negativen Urteile der tatsächlich Reisenden bis zum Äußersten überspitzen.

3 *Identitätsangebote*

Ein näherer Blick auf die aufgerufenen Wir- und Sie-Gruppen im Korpus der deutschsprachigen Kroatien-Texte veranschaulicht deutlich die Prozessualität und Dynamik, die Relationalität und den konstruktiven Charakter der Kategorie „kollektive Identitäten“.

Die Gemeinschaften, mit denen Reisende durch ihre Heterodiskurse historische Territorien Kroatiens besiedeln, wechseln kaleidoskopisch in bunter Folge von Namen und zugeschriebenen Identitäten. Das referenzierte Other aus Kroatien, Dalmatien und Slawonien schwebt in diesen Texten zwischen seinen kleinräumigen, regionalen, sozialen, politischen, sprachlichen, ethnischen und supraethnischen Definitionen und Kommentierungsweisen. Am häufigsten verhandeln die Autoren ihr Gegenüber aus Dalmatien, Kroatien und Slawonien in Kategorien regionaler und subregionaler Identitäten und benennen es nach seiner Herkunft aus dem jeweiligen Land, der jeweiligen Gegend oder dem Landstrich. In diesem semantischen Umfang wird am häufigsten auch der Name „Kroate“ verwendet, seltener ist er eindeutig ethnisch konnotiert. Mit zahlreichen Beispielen lässt sich auch die traditionsreiche, für den Militärdiskurs typische Identifizierung der multiethnischen, multikulturellen

5 Anton C. Zijderveld, A Theory of Urbanity. The Economic and Civic Culture of Cities. New Brunswick, New Yersey 1998, 70.

und multikonfessionellen militärischen Verbände aus Kroatien mit der vereinheitlichenden regional- und militärverwaltungsbezogenen Bezeichnung „Kroaten“ belegen.

Manche Autoren, mit dem Kaiser an der Spitze, uniformieren die Gemeinschaften, über die sie aussagen, durch kulturell-ethnische und linguistische Namenlosigkeit und Unbestimmtheit. Gegen mögliche Formen ethnischen oder sprachkulturellen Gruppenbewusstseins schreiben sie mit identifikatorisch leeren Etiketten wie „Einwohner“, „Volk“ oder „Leute“ an.

Die zersplitterte Namenlandschaft, die die mikroterritorialen, geographischen, ethnischen, sprachlichen und politischen Heterogenitäten und Partikularitäten des Landes zum Ausdruck bringt, wird häufig durch die Gesamtbezeichnung „Illyrier“ aufgelöst, einem traditionsreichen Namen, an den die einheimischen Gelehrten in der Kontinuität seit der frühen Neuzeit ihre Bekenntnisse zum Slawentum zu knüpfen pflegten. Diskursive Betätigungen um das Konzept des Slawentums haben in Deutschland eine lange Tradition. Seit dem Humanismus erfreute sich die Frage slawischer Identität eines anhaltenden Interesses deutscher Historiographen und Kosmographen. Im Zusammenhang mit der Wiederentdeckung der Antike und den Konstruktionen des kollektiven Selbst hatten sich deutsche Schriftsteller und Gelehrte bereits im 15. und 16. Jahrhundert ursprungstheoretisch, mythohistorisch und charakterologisch der „Slavic Connection“ zu nähern gesucht. Mit der Aufklärung und der mit ihr aufkommenden Staatenkunde, mit dem Aufblühen der Geschichtswissenschaften und der völkerkundlichen Disziplinen trat das *longue durée*-Projekt der diskursiven Suche nach den Ursprüngen, Gemeinsamkeiten und Differenzen der slawischen Völker in eine neue, vorwissenschaftliche Phase. Seit der zweiten Hälfte des 18. Jahrhunderts wurde diese alte Suche im deutschsprachigen Raum in verschiedenen „universalhistorischen“ Projekten in enger Verbindung mit der Linguistik fortgesetzt, wodurch schließlich die Fundamente für die zukünftige wissenschaftliche Slawistik gelegt wurden. Sei es als Raumbezeichnung für den ganzen Balkanraum oder für den südslawischen Bereich der Länder der ungarischen Krone, sei es als Linguonym für die štokaviše Sprache, die später zum Serbokroatischen und heutigen Kroatisch und Serbisch wurde, oder sei es als Ethnikon für die Südslawen im Allgemeinen und ihren westlichen Zweig im Besonderen – der „illyrische“ Name fungierte in der zweiten Hälfte des 18. und zu Beginn des 19. Jahrhunderts in den wissenschaftlichen Auseinandersetzungen mit den Südslawen als unverzichtbarer Terminus technicus.

Die Einbettung der Kroatien-Diskurse in umfangreiche Elaborationen des Slawentums war im frühen 19. Jahrhundert primär eine Angelegenheit der österreichischen Ethnographie, die staatlich-interventionalistische Ziele verfolgte. Die „Prototouristen“ Bornagius und Widemann, die österreichischen Offiziere in Dalmatien und kulturell uninteressierte Besucher wie Kleemann oder Joseph II. nahmen an den Verhandlungen slawischer Supra-Identität nicht teil und hielten an der kleinräumigen und regionalen Kommentierungsweise fest. Es darf kaum verwundern, dass auch zwei „Hungari“ auf slawisch-integrativ klingende illyrische Benennungen verzichteten.

Mit den „Hungari“ kommt man auf die Identifikationsmodelle der Reisenden selbst und somit auf die am Anfang dieser Arbeit formulierte Frage zurück: Mit welchen Gemeinschaften identifizierten sich die deutschsprachigen Kroatien-Reisenden?

Die Perspektive Balthasar Hacquets dürfte als eine aufklärerisch-kosmopolitische bezeichnet werden, seine Loyalität gilt der westeuropäischen Wissenskultur bzw. der Gelehrtenrepublik und dem Bildungsbürgertum. Eine weitere Bezugsgröße ist für Hacquet der habsburgische Staat. Kleemann dagegen gibt sein Bekenntnis zum bürgerlichen Handelsstand und zu seinem „deutschen Gaumen“ ab, womit er seine sprachlich-kulturelle, wenn nicht bereits nationale Identität offenlegt. Der Unterschied zwischen dem Eigenen und dem Fremden bemisst sich in Raciths Bericht dagegen nach der Differenz zwischen der Bildungselite und dem Volk; die Gemeinschaft, die er argumentativ vertritt, ist eine konfessionelle, und zwar griechisch-orthodoxe. Bornagius' Selbstbild definiert sich ebenfalls konfessionell, hier unter konstanter Bemühung der Unterscheidungssemantik zwischen dem protestantischen Selbst und dem katholischen Anderen. Zu Hause fühlte sich dieser Besucher in der bürgerlichen Kultur, seine Heimat heißt im Text Hessenland, und er selbst versteht sich primär als Hesse. Stephan von Köröskényi gibt zu erkennen, dass er sich unterschiedlichen Gruppen zugehörig fühlt – unter anderem seiner Familie, dem adeligen Stand, der intellektuellen Elite des Landes, der europäischen Gelehrtenrepublik. Als wichtigste überpersonelle Bezugsgröße erweist sich in seinem Text das ungarische Vaterland. Unter dem „Dach“ des ungarischen Staatspatriotismus gibt es bei diesem Adeligen allerdings Platz genug für eine kroatische regionale Identität. Im Unterschied zu Köröskényis Patriotismus von ungarischem Faden und kroatischer Polsterung, ist derjenige Batthyánys von deutschösterreichisch-ungarischem, monarchiefarbenem Geflecht. Die Palette der Identitätsangebote erweitert sich um 1800 um die eindeutig deutschnationale Perspektive Widemanns. Die älteren Identitätsmuster des habsburgischen Staatspatriotismus färben sich um diese Zeit auch bei Joseph Rohrer deutsch-kulturnational(istisch?).

Wenn die hier untersuchten Texte etwas deutlich veranschaulichen, dann die Vielfalt der Identifikationsangebote und eine breite Palette der Bezugsgrößen, der Solidaritäten und Loyalitäten zu Beginn desjenigen Jahrhunderts, in dem schließlich die nationale Variante ihre Erfolgsgeschichte schreiben wird.

Mit dem Stichwort Vielfalt lassen sich auch die Perspektiven und Modi der Auseinandersetzung mit den Others aus Dalmatien, Kroatien und Slawonien in der deutschsprachigen Kultur im untersuchten Zeitraum auf einen gemeinsamen Punkt bringen. Die Vielstimmigkeit gilt auch für Benennungen, Bewertungen und Darstellungen der vertraut-fremden Slawen aus diesem Raum. Diese Weisheit erscheint so banal, dass sie manchmal übersehen wird, in all dem interpretativen Beharren auf den Dichotomisierungen von West und Ost.

Unter die einfache Formel eines Euroorientalismus lassen sich die Alteritätsverhandlungen, wie ich sie in deutschsprachigen Texten über das historische Kroatien antraf, nicht subsumieren. Die identifizierten Heterogenitäten und Ambivalenzen in der Wahrnehmung und Beurteilung sprechen gegen eine solche Annahme. Ebenso wenig lässt sich hier eine monolithische „deutsch-österreichische“ Perspektive auf das slawische Andere festmachen.

Auf der Seite der deutschsprachigen Autoren trifft man eine in sich heterogene Beobachtergruppe, die das in sich geteilte slawische Andere in seinen unterschiedlichen Rollen – meist als Feinde und Verbündete, als Bauern und Soldaten, als Staatssubjekte oder Untertanen – schildert und stereotypisiert. Dem Slawischen als kultureller Kategorie begegnen die deutschsprachigen Autoren in unterschiedlichen Modi und mit nicht minder ambivalenten Haltungen und Gesten: mit ethnographischer Neugierde, dichterischen Aufnahmen und ernstem wissenschaftlichem Interesse, aber auch in der Art der Abwertung und Unterlegenheitserklärung. Kulturelle Symbolisierungen scheinen Prozesse voller Widersprüche zu sein, Prozesse, in denen völkerbezogene Zuschreibungssets im Spielfeld rhetorischen und ideologischen Taktierens, Kommunizierens und Polemisierens ununterbrochen in einer diskursiven Bewegung gehalten werden. Und gerade diese Bewegung in der Wiederholung ist es, die zur Erstarrung ihrer einzelnen Bestandteile beiträgt. Die Polemiken und diskursive Pro-und-Kontra-Aussagen um die kollektiven „Charaktere" sind es, die die Homogenität der Kollektivobjekte, um deren Konstruktion es bei der Stereotypisierung geht, in Frage stellen. Gleichzeitig sprechen sie auch der Kultur, in der sie sich sprachlich realisieren, den Status eines geistig kohärenten kollektiven Subjektes der Alteritätsproduktion ab.

Quellen- und Literaturverzeichnis

Primärquellen

Arneth, Alfred Ritter von: Maria Theresia und Joseph II. Ihre Correspondenz. Sammt Briefen Joseph's an seinen Bruder Leopold. Bd. 1. Wien 1867.

Arnim, Ludwig Achim von / Clemens Brentano: Des Knaben Wunderhorn. Alte deutsche Lieder. Kritische Ausgabe. Bd. 2. Hg. u. kommentiert v. Heinz Rölleke. Stuttgart 1987 [1806/1808].

Diess.: Des Knaben Wunderhorn. Alte deutsche Lieder. Hg. Willi A. Koch. Mit einem Nachwort von Heinz Rölleke. Düsseldorf, Zürich ^{2}2001 [1806/1808].

Bajamonti, Julije: Morlaštvo Homera. Übersetzt von Vladimir Rismondo, *Mogućnosti* 24 (1977), H. 1, 96–101 [1797].

Belägerung und Einnehmung der churfürstlichen pfalzgräfischen Residenz- und Hauptstadt Heidelberg, welche geschehen im Monat September des 1622. Jahrs, in: Ditfurth (Hg.), Die historisch-politischen Volkslieder des dreißigjährigen Krieges, 76–78.

[Bartenstein, Johann Christoph von:] Kurzer Bericht von der Beschaffenheit der zerstreuten zahlreichen Illyrischen Nation in kaiserl. Königl. Erblanden. Frankfurt, Leipzig 1802.

Batthyány, Vincenz Graf von: Über das ungrische Küstenland. In Briefen. Pesth 1805.

Behnisch, Franz Joachim: Kroatenstein, *Lichtung* 9 (1996), H. 1, 47.

Berzeviczy, Gregor von: Ungarns Industrie und Commerz. Weimar 1802.

Beyer, Heinrich: Skoko oder die Verschwörung von Jadera. Ein historisch-romantisches Schauspiel in fünf Aufzügen. Augsburg, Leipzig o. J. [ca. 1816] (Neue Deutsche Schaubühne oder dramatische Bibliothek der neuesten Lust-, Schau-, Sing- und Trauerspiele, 7).

Bissinger, Johann Constantin: General-Statistik des österreichischen Kaiserthumes. Ein Versuch, 1. Teil. Wien, Triest 1807.

Bogišić, Rafo (Hg.): Zbornik stihova i proze XVIII stoljeća. Zagreb 1973 (Pet stoljeća hrvatske književnosti, 19).

[Bornagius, Johann Christian:] Ruhepunkte auf meinen Reisen durch das Salzburgische, Kärnten, Krain, das Littorale und Kroatien. Burg-Friedberg [Frankfurt/M.] 1806.

Breton, Jean Baptiste Joseph: Illyrien und Dalmatien, oder Sitten, Gebräuche und Trachten der Illyrier und Dalmatier, und ihrer Nachbarn. Aus dem französischen nach Hacquet, Fortis und Cassas verfassten Werke des Herrn Breton, übersetzt von Jannus Panonius [...]. 2 Bde. Pesth 1816.

Büsching, Anton Friedrich: Neue Erdbeschreibung. Erster Theil: welcher Dänemark, Norwegen, Schweden, das ganze russische Kaiserthum, Preussen, Polen, Hungarn und die europäische Türkey, mit denen dazu gehörigen und einverleibten Ländern, enthält. Hamburg ^{4}1760.

Ders.: Neue Erdbeschreibung. Zweyter Theil: welcher Portugal, Spanien, Frankreich, Italien und Großbritannien enthält. Bd. 2. Hamburg ^{6}1769.

Ders.: Erdbeschreibung. Zweyter Theil: welcher Ost- und West-Preußen, Polen und Litauen, Galizien und Lodomerien, Ungarn, die denselben einverleibten Reiche und Siebenbürgen, die Republik Ragusa und das osmanische Reich, enthält. Hamburg ^{8}1788.

Ders.: Erdbeschreibung. Vierter Theil: welcher Italien und Großbritannien enthält. Hamburg ^{8}1789.

Csaplovics, Johann von: Slavonien und zum Theil Croatien. Ein Beitrag zur Völker- und Länderkunde. Theils aus eigener Ansicht und Erfahrung (1809–1812), theils auch aus späteren zuverlässigen Mittheilungen der Insassen. Pesth 1819.

[Cassas, Francois Louis / Joseph Lavallée:] Historisch-malerische Reise durch Istrien und Dalmatien. Wien 1803.

de Luca, Ignaz: Geographisches Handbuch von dem östreichischen Staate. Vierter Band: Enthaltend Ungern, Illyrien, und Siebenbürgen. Wien 1791.

Demian, Johann Andreas: Nachrichten von der Militärkommunität Kostainicza in Croatien und dem Handel daselbst, *Archiv für Geographie und Statistik, ihre Hülfswissenschaften und Literatur. Mit vorzüglicher Rücksicht auf die östereichischen Staaten,* Jg. 1804, H. 6, 465–477.

Ders.: Statistische Darstellung des Königreichs Ungern und der dazu gehörigen Länder. 2 Teile. Wien 1805–1806.

Ders.: Statistische Beschreibung der Militär-Gränze. Bd. 1: welcher die Militär-Grenze in Kroatien enthält. Wien 1806.

Ders.: Statistische Darstellung der Illyrischen Provinzen. Teil 1: Die illyrische Militär-Provinz. Tübingen 1810.

Denis, Johann Nepomuk Kosmas Michael: Poetische Bilder der meisten kriegerischen Vorgänge in Europa seit dem Jahr 1756. Augsburg 1768.

Ders.: Auf die Reise Josephs des Zweyten. Gesungen im Herbste 1769. Wien 1769.

Ders.: Auserlesene Gedichte. Passau 1824.

Die neue Bergstraße von Karlstadt bis zum Adriatischen Meere, *Magazin der Handels- und Gewerbskunde* 3 (1805), Bd. 1, 368–372.

Dietmann, Carl Gottlob: Neue Europäische Staats- und Reisegeographie. Bd. 16: worinnen Das Königreich und die Republik Polen sammt dem Herzogthum Curland; Das Königreich Ungarn mit den dahin gehörigen Landschaften; Der Staat und die Republik Ragusa; Der Staat des Türkischen Reichs in Europa, ausführlich beschrieben werden. Dresden, Leipzig 1770.

Ditfurth, Franz Wilhelm Freiherr von: Die historischen Volkslieder des siebenjährigen Krieges, nebst geschichtlichen und sonstigen Erläuterungen. Aus fliegenden Blättern, handschriftlichen Quellen und dem Volksmunde gesammelt und herausgegeben. Berlin 1871.

Ders.: Die historisch-politischen Volkslieder des dreißigjährigen Krieges. Aus fliegenden Blättern, sonstigen Druckwerken und handschriftlichen Quellen gesammelt und nebst den Singweisen zusammengestellt. Hg. Karl Bartsch. Heidelberg 1882 [Nachdr. Leipzig 1972].

Engel, Johann Christian von: Geschichte des Ungrischen Reichs und seiner Nebenländer. 2 Bde. Halle 1797–1798 (Fortsetzung der Allgemeinen Welthistorie durch eine Gesellschaft von Gelehrten in Teutschland und England ausgefertiget. Neun und vierzigster Theil. 2 Bde.).

FABRI, Johann Ernst (Hg.): Samlung von Stadt-, Land- und Reisebeschreibungen. Mit Kupfern und Karten. Halle 1783.

DERS.: Geographisches Lesebuch zum Nutzen und Vergnügen. Bd. 4. Halle 1784.

[FELBIGER, Johann Ignaz von ?:] Erdbeschreibung zum Gebrauche der studirenden Jugend in den kaiserlich königlichen Staaten, Dritter Theil. Wien 1781.

FORTIS, Alberto: Reise in Dalmatien. Aus dem italienischen. Mit Kupfern. 2 Teile. Bern 1776 [1774].

DERS.: Viaggio in Dalmazia I, II. Mit Einführung und Bibliographie herausgegeben von Jovan VUKOVIĆ und Peter REHDER. München, Sarajevo 1974 [1774].

DERS.: Put po Dalmaciji. Priredio Josip BRATULIĆ. Zagreb 1984 [1774]; Split ^{3}2004.

FRANZINGER, Bernd: Jammerhalde. Tannenbergs siebter Fall. Meßkirch ^{2}2009 [2007].

Geographisch-Statistische Beschreibung von See-Osterreich und der cisalpinischen Republik. Nebst einer Landcharte worauf die Theilungen des venetianischen Staats und die neuen Gränzen der cisalpinischen Republik genau angegeben sind. Leipzig 1798.

GLEIM, Johann Wilhelm Ludwig: Preussische Kriegslieder von einem Grenadier. Heilbronn 1882 (Deutsche Literaturdenkmale des 18. Jahrhunderts, 4. Hg. Bernhard SEUFFERT) [Neudruck 1968] [1758].

GRIMMELSHAUSEN, Hans Jacob Christoph: Der abenteuerliche Simplicissimus Teutsch. Stuttgart ^{3}1996 [1669].

HACQUET, Balthasar: Herrn Hacquets [...] Schreiben an Hrn. Ignatz von Born, über verschiedne, auf einer Reise nach Semlin, gesammelte Beobachtungen, *Abhandlungen einer Privatgesellschaft in Böhmen zur Aufnahme der Mathematik, der Vaterländischen Geschichte und der Naturgeschichte*, 2 (1776), 230–257.

DERS.: Lettera Odeporica del Sig. Professore Hacquet al Sig. Cavaliere di Borna, contente I dettagli d'un viaggio fluviatile, fatto pell' Illirio Ungarese e Turchesco da Lubiana in Carniola fino a Semlin nel Sirmio, *Opuscoli scelti sulle scienze e sulle arti*, 1 (1778), 5–27.

DERS.: Oryctographia Carniolica oder Physikalische Erdbeschreibung des Herzogthums Krain, Istrien, und zum Theil der benachbarten Länder. 4 Bde. Leipzig 1778–89.

DERS.: Heilung eines sehr schwer Verwundeten, von Hr. Hacquet, Wundarzt zu Lublana, *Chirurgische Bibliothek* 7 (1784), 773–776.

DERS.: Physikalisch-politische Reise aus den Dinarischen durch die Julischen, Carnischen, Rhätischen in die Norischen Alpen. Bearb. von Hedwig RÜBER und Axel STRASSER. Hg. vom Deutschen Alpenverein. München 1989 [1785].

DERS.: Schreiben eines Reisenden aus Zermanien oder Tedanum des alten Illyriens, welches nun zu dem österreichischen Kroatien gehöret. 1783, *Geographisches Magazin* 2 (1783), H. 7, 326–340.

DERS.: Abbildung und Beschreibung der südwestlichen und östlichen Wenden, Illyrier und Slaven, deren geographische Ausbreitung von dem adriatischen Meere bis an den Ponto, deren Sitten, Gebräuche, Handthierung, Gewerbe, Religion usw. nach einer zehnjährigen Reise und vierzigjährigen Aufenthalte in jenen Gegenden dargestellt [...]. 5 Hefte. Leipzig 1802–1805.

HENSLER, Karl Friedrich: Eugenius Skoko, Erbprinz von Dalmatien. Ein historisches Schauspiel in fünf Aufzügen, nach der Geschichte für die Marinellische Schaubühne bearbeitet. Wien 1798.

HERDER, Johann Gottfried: „Stimmen der Völker in Liedern". Volkslieder. Hg. Heinz RÖLLEKE. Stuttgart 1975 [1778/1779].

DERS.: Ideen zur Philosophie der Geschichte der Menschheit. Berlin o. J. [1784–1791] (Herder's Werke. Neunter bis zwölfter Teil. Nach den besten Quellen revidirte Ausgabe. Hg. u. mit Anmerkungen begleitet v. Heinrich DÜNTZER).

HERMANN, Benedikt Franz: Abriß der physikalischen Beschaffenheit der Oesterreichischen Staaten, und des gegenwärtigen Zustandes der Landwirtschaft, Gewerbe, Manufakturen, Fabriken und der Handlung in denselben. St. Petersburg, Leipzig 1782.

HOCHMAYER, Sebastian: Meine Bemühungen zum Nutzen des Vaterlandes; wie nemlich, auch die kleinen Flüsse des Königreichs Kroatien schiffbar gemacht werden können. Agram o. J. [1799].

HOFF, Heinrich Georg: Historisch-statistisch-topographisches Gemälde vom Herzogthume Krain, und demselben einverleibten Istrien. Erster Theil. Laibach 1808.

HOPPE, David Heinrich: Vorrede, in: SEENUS, Beschreibung einer Reise, 3–8.

HORNER, Emil (Hg.): Vor dem Untergang des alten Reiches. 1756–1795. Leipzig 1830 [Nachdr. Darmstadt 1973] (Deutsche Literatur. Sammlung literarischer Kunst- und Kulturdenkmäler in Entwicklungsreihen. Reihe politische Dichtung, 1).

[JOSEPH II.?/GROSSINGER, Franz Matthäus?:] Verbesserungsanstalten für das Königreich Ungarn, welche S. Kais. Königl. Majestät in einem an die X. Königl. Hungarische Kommissäre eigenhändig erlassenen Befehlschreiben den 30. März 1785 ertheilet hat. In Deutschland [i. e. Salzburg] 1785.

[JOSEPH II.:] Reyse durch Kroatien und das Littorale anno 1775. Österreichisches Staatsarchiv. Haus-, Hof- und Staatsarchiv Wien. Habsburg-Lothringisches Familienarchiv. Hofreisen, Karton 9 [Reinschrift].

KAČIĆ MIOŠIĆ, Andija: Razgovor ugodni naroda slovinskoga. Zagreb 2006 [1756].

KLEEMANN, Nikolaus Ernst: Nikolaus Ernst Kleemanns Reisen von Wien über Belgrad bis Kilianova, durch die Butschiack-Tartarey über Cavschan, Bender, durch die Nogen-Tartarey in die Crimm, dann von Kaffa nach Konstantinopel, nach Smirna und durch den Archipelagum nach Triest und Wien, in den Jahren 1768. 1769. und 1770. Nebst einem Anhange von den besonderen Merkwürdigkeiten der Crimmischen Tartarey. Wien 1771.

DERS.: Nikolaus Ernst Kleemanns Reisen [...]. Zweyte und vermehrte Auflage mit vielen Kupfern. Leipzig 1773.

[DERS.:] Briefe über die Schiffahrt und Handlung in Ungarn, Sklavonien und Kroatien. Geschrieben auf einer Reise in diesen Ländern, im Jahr 1773. Aus dem Italienischen übersetzt von N.E.K. Prag 1783.

KLEIST, Ewald Christian von: Ode an die preußische Armee. April 1757, in: Emil HORNER (Hg.), Vor dem Untergang des alten Reiches, 23–24.

KOPITAR, Bartholomäus (Jernej): Kleinere Schriften sprachwissenschaftlichen, geschichtlichen, ethnographischen und rechtshistorischen Inhalts. Hg. Franz MIKLOSICH. Wien 1857.

KÖRÖSKÉNYI, Stephan von: Rhapsodische Bemerkungen über Kroatien u. einige Gegenden Ungerns, *Zeitschrift von und für Ungern* 1 (1802), Bd. 2, H. 2, 183–202, u. Bd. 2, H. 3, 317–333.

Kurze Nachricht von denen Montenegrinern / Morlacken / Arnauten / Dulcignoten und Mainotten. Deren in dem Venetianischen Türcken-Krieg zum öfftern gedacht wird, *Curieuses Bücher und Staats-Cabinet,* XXIX. Eingang (1715), 1532–1537.

Kurzgefaßte geographisch-statistische Beschreibung des k.k. Herzogthums Venedig und des damit verbundenen Dalmatien und Albanien. Nebst einer Landkarte und dem Plan von Venedig. Wien 1798.

Lannoy, Eduard von: Die Morlaken. Eine große Oper in zwey Aufzügen, aus dem Italienischen des Herrn Joseph August Rossi frey übersetzt und in Musik gesetzt von Eduard v. Lannoy. Zum ersten Mahle aufgeführt auf dem ständischen Theater zu Grätz, bey Anwesenheit der Allerhöchsten Majestäten Franz I. von Österreich und Karoline. Graz 1817.

Lavallée, Joseph: Travels in Istria and Dalmatia, Drawn Up from the Itinerary of L. F. Cassass [...]. Translated from the French. London 1805 [1802].

Lebensgeschichte des Franz, Freiherrn von der Trenck, kaiserl. königl. Obersten Partheigängers, und ersten Errichters und Anführers eines Pandurenkorps. Aus bewährten Urkunden gesammelt. Wien 1787.

Le Bret, Johann Friedrich: Vorlesungen über die Statistik. Erster Theil: Italiänische Staaten. Venedig. Stuttgart 1789.

[Lessing, Gotthold Ephraim:] Vorbericht, in: Gleim, Preussische Kriegslieder, 3–6.

Liechtenstern, Joseph Marx Freiherr von: Skizze einer statistischen Schilderung des östreichischen Staats. Wien 1800.

[Ders.?:] Notizen über Istrien, *Vaterländische Blätter für den österreichischen Kaiserstaat* 43 (1814), 253–254 u. 44 (1814), 259–262.

Liliencron, Rochus von (Hg.): Die historischen Volkslieder der Deutschen vom 13. bis 16. Jahrhundert. 5 Bde. Leipzig 1865–1869 [Nachdr. Hildesheim 1966].

Linhart, Anton Tomaž: Zbrano delo. Bd. 1. Ljubljana 1950.

Lovrich, Giovanni: Osservazioni di Giovanni Lovrich sopra diversi pezzi del Viaggio in Dalmazia del Segnor Abate Alberto Fortis, coll'aggiunta della vita di Socivizca. Venezia 1776.

[Ders.:] Leben des berüchtigten Haiducken Sotschiwizka von der Nation der Morlacken sonst Montenegriner genannt. Aus dem Italiänischen übersezt. Nebst dem Bildniß des Sotschiwizka. Leipzig 1778.

[Ders.:] Auszug aus Lovrichs Anmerkungen über einige Stellen in Fortis Reisen nach Dalmatien, in: Johann Ernst Fabri (Hg.), Samlung von Stadt-, Land- und Reisebeschreibungen. Mit Kupfern und Karten. Halle 1783, 79–204.

[Ders.:] Leben des berüchtigten Sotschiwizka, in: Leben des berüchtigten Haiducken Sotschiwizka und Nikel Lists, des bekannten Räubers. Leipzig 1802, 7–82.

Ders.: Bilješke o Putu po Dalmaciji opata Alberta Fortisa i Život Stanislava Sočivice. Zagreb 1948.

[Maier, Johann Christoph:] Beschreibung von Venedig, Dritten und letzten Theils zweite Abtheilung. Mit Landkarten und Kupfern. Frankfurt, Leipzig 1791.

Meiners, Christoph: Grundriß der Geschichte der Menschheit. Lemgo 1785.

Ders.: Ueber die große Verschiedenheit der Biegsamkeit und Unbiegsamkeit, der Härte und Weichheit der verschiedenen Stämme, und Racen der Menschen, *Göttingisches Historisches Magazin*. Bd. 1, 1787, 210–246, unter <http://www.ub.uni-bielefeld.de/cgi-bin/neubutton.cgi?pfad=/diglib/aufkl/goettihistorimaga/015871&seite=00000218.TIF>, 15.07.2011.

Ders.: Ueber die Gelindigkeit, und Schärfe der Strafen unter verschiedenen Völkern, *Göttingisches Historisches Magazin*, Bd. 2, 1788, 126–142, unter <http://www.ub.uni-bielefeld.de/cgi-bin/neubutton.cgi?pfad=/diglib/aufkl/goettihistorimaga/015881&seite=00000136.TIF&werk=Zeitschriften+der+Aufklaerung>, 15. 07.2011.

DERS.: Ueber die Natur der Slawischen Völker in Europa, *Göttingisches Historisches Magazin*, Bd. 7, 1790, 600–651, unter <http://www.ub.uni-bielefeld.de/cgi-bin/neubutton.cgi?pfad=/diglib/aufkl/goettihistorimaga/015902&seite=00000610.TIF>, 15.07. 2011.

Merckwürdige historische Nachrichten von denen bey jetzigen Kriegen, von neuen bekannt gewordenen Völckern, in welchen deren Charakter, Kleidung, Sitten, Gewohnheiten, Einrichtung, Waffen, Art zu Fechten, Gottesdienst, und noch viel andere angenehme und denckwürdige, den Zustand, derer gegenwärtig in Krieg begriffenen Völker, betreffende Sachen mehr, zu Lust und Nutz der curieusen Welt, aus sichern und zuverlässigen Nachrichten aufrichtig beschrieben werden. Jena 1743.

MÉRIMÉE, Prosper: La Guzla, ou choix de poesies illyriques, recueillies Dans la Dalmatie, la Bosnie, la Croatie et l'Herzegowine. Paris 1827.

MONTESQUIEU, Charles Louis de Secondat: Vom Geist der Gesetze. Stuttgart 1974 [1748].

Nähere Auskunft über den jetzigen Frieden zwischen Sr. Maj. dem Römischen Kaiser und der Republik Frankreich. Nebst einer Charte, worauf die Theilung des Venetianischen Staats und die Grenzen der Cisalpinischen Republik genau angegeben sind. Leipzig 1798.

NICOLAI, Friedrich: Beschreibung einer Reise durch Deutschland und die Schweiz im Jahre 1781. Bd. 4. Berlin, Stettin 1784 (Friedrich Nicolais Gesammelte Werke, 16. Hgg. Bernhard FABIAN / Marie-Luise SPIECKERMANN) [Nachdr. Hildesheim u. a. 1994].

NODIER, Charles: Hans Sbogar. Novelle von Charles Nodier. Nach der Übersetzung v. A. VON HOGGUER frei bearbeitet v. Johannes MUMBAUER. Saarlouis 1914 [1818].

Ode auf den von dem Herrn Feldmarschal Grafen von Daun wider den König von Preußen den 18. des Brachmonats dieses Jahres gänzlich erfochtenen Sieg, in: RICHTER, Oesterreichische Volksschriften und Volkslieder, 34–35.

PANZANI, Joseph: Beschreibung der Krankheiten welche im Jahre 1786 in Istrien geherrscht haben. Aus dem Italienischen v. D. FECHNER. Lübben 1801.

PFENNIG, Johann Christoph: Anleitung zur gründlichen und nützlichen Kenntniß der neuesten Erdbeschreibung, nach den brauchbarsten Landkarten, vornehmlich zum Unterricht der Jugend. Berlin, Stettin ³1783.

PREUSSLER, Ottfried: Krabat. Stuttgart, Wien 1981 [1971].

[RACITH?:] Von und aus Kroatien. 1778, *Stats-Anzeigen* 1 (1782), 360–374, unter <http://www.ub.uni-bielefeld.de/diglib/aufklaerung/suche.htm>, 15.07.2011.

[REUSCH, Erhard:] Alter und neuer Staat des Königreichs Dalmatien, welcher alles und jede historische Merkwürdigkeiten von den ältesten Zeiten an begreift absonderlich diejenigen, so sich den Candischen und letzten Kriege, dann nach dem Carlowitzer Frieden bis auf das Jahr 1717 zugetragen; [...]. Nürnberg 1718.

RICHTER, Heinrich Moriz: Oesterreichische Volksschriften und Volkslieder im siebenjährigen Kriege. Beiträge zur Geschichte der politischen Literatur im achzehnten Jahrhundert. Wien 1864.

RÖDLICH, Hieronymus Franciscus: Skizzen des physisch-moralischen Zustandes Dalmatiens und der Buchten von Cattaro. Mit einer Charte und neun Kupfertafeln. Berlin 1811.

ROHRER, Joseph: Versuch über die slawischen Bewohner der österreichischen Monarchie. 2 Bde. Wien 1804.

ROUSSEAU, Jean-Jacques: Diskurs über die Ungleichheit. Discours sur l'inégalité. Kritische Ausgabe des integralen Textes. Mit sämtlichen Fragmenten und ergänzenden Materialien nach den Originalausgaben und den Handschriften neu ediert, übersetzt und kommentiert von Heinrich MEIER. Paderborn u. a. ^{3}1993 [1755].

[SACHS, Hans:] Ein klag zu got uber die grausam wüterei des grausamen Türken ob seinen viel kriegen und obsiegen, in: LILIENCRON (Hg.), Die historischen Volkslieder der Deutschen, Bd. 4, 57–60.

SARTORI, Franz: Länder- und Völkermerkwürdigkeiten des österreichischen Kaiserthumes, 3 Teile. Wien 1809.

SCHADE, Oskar (Hg.): Deutsche Handwerkslieder. Leipzig 1865 [Nachdr. Wiesbaden 1970].

SCHILLER, Friedrich: Kabale und Liebe. Ein bürgerliches Trauerspiel in fünf Aufzügen. Mit Materialien. Ausgewählt und eingeleitet von Annegrit BRUNKHORST-HASENCLEVER. Stuttgart 1979 [1784].

DERS.: Geschichte des 30jährigen Krieges. Stuttgart, Tübingen 1938 (Schillers sämtliche Werke in zwölf Bänden, 9) [1792].

DERS.: Wallenstein. Ein dramatisches Gedicht. Tübingen 1800. Hg. Joseph KIERMEIER-DEBRE. München 2004 [1800].

SCHINKEL, Karl Friedrich: Reisen nach Italien: Tagebücher, Briefe, Zeichnungen, Aquarelle. Hg. Gottfried RIEMANN. Berlin 1979.

SCHWARTNER, Martin: Statistik des Königreichs Ungern. Ein Versuch. Pest 1798.

SEENUS, Joseph Freiherr von: Beschreibung einer Reise nach Istrien und Dalmatien vorzüglich in botanischer Hinsicht. Mit einer Vorrede begleitet von Herrn Doctor und Professor HOPPE in Regensburg. Nürnberg, Altdorf 1805.

SEIDEL, Carl August Gottlieb: Gallerie der Menschen nach alphabetischer Ordnung. Ein Bilderbuch für die Jugend zur Erweiterung ihrer Kenntnisse und Befriedigung ihrer Wissbegierde. Leipzig 1801.

SEMLER, Salomo / Christan Gottfried SCHÜTZ: Neues Elementarwerk für die niedern Klassen lateinischer Schulen und Gymnasien [...] Zweyter Theil, Geographisches Lehrbuch für die ersten Anfänger, oder die unterste Klasse. Halle ^{2}1786.

SEUME, Johann Gottfried: Mein Leben. Mit Nachträgen von Georg Joachim GÖSCHEN und Christian August Heinrich CLODIUS. Getreu der Ed. v. 1813 neu hrsg. u. mit Anm. vers. v. Rolf Max KULLY. Basel 1972 [1813].

SPON Jacob / Georgius WHELER: Italiänische/Dalmatische/Griechische und Orientalische Reise-Beschreibung [...] aus dem Französischen ins Teutsche übersetzt durch J. MENUDIER. Nürnberg 1681 [1678].

STAËL, Anne-Luise Germaine, Madame de: Corinna oder Italien. Aus dem Französischen von M. BOCK. Mit einem Vorwort von Fr. SPIELHAGEN. Leipzig o. J. [1807].

STERNE, Laurence: Yoricks empfindsame Reise. Frankfurt 2008 [1768].

SZAPÁRY, Johann von: Der unthätige Reichtum Hungarns wie zu gebrauchen. Mit einer kurzen historisch-physikalischen Beschreibung der Oesterreichischen und Hungarischen Seeküste. Nürnberg 1784.

TAUBE, Friedrich Wilhelm von: Historische und geographische Beschreibung des Königreiches Slavonien und des Herzogthumes Syrmien, sowol nach ihrer natürlichen Beschaffenheit, als auch nach ihrer itzigen Verfassung und neuen Einrichtung in kirchlichen, bürgerlichen und militarischen Dingen. 2 Bde. Leipzig 1777.

VALVASOR, Johann Weichard: Die Ehre des Herzogthums Krain. 4 Bde. Hgg. J. KRAJEC / J. PFEIFER. Rudolfswerth ^{2}1877–1879 [1689].

Volgend zwei lieder der armen gefangnen Christen zu Constantinopel, irer jämmerlichen klag und ermanung an gemeine christenheit, in: LILIENCRON (Hg.), Die historischen Volkslieder, Bd. 3, 580–584.

[WIDEMANN, Johann Georg:] Streifzüge durch Innerösterreich, Triest, Venedig, und einen Theil der Terra ferma im Herbste 1800. Leipzig [Wien] 1801.

DERS.: Streifzüge an Istriens Küsten. Wien ^{2}1810 [1805].

WINDISCH, Karl Gottlieb von: Politisch-geographisch- und historische Beschreibung des Königreichs Hungarn. Preßburg 1772.

DERS.: Geographie des Königreichs Ungarn. 2 Teile. Pressburg 1780.

[WOLTERSDORF, Ernst Gabriel:] Die Illyrischen Provinzen und ihre Einwohner. Wien 1812.

WYNNE, Justinne, Gräfin von Orsini und Rosenberg: Die Morlaken. Aus dem Französischen übersetzt von S. G. BÜRDE. Breslau 1790 [1788].

[ZÜCKERT, Johann Friedrich:] Sammlung der besten und neuesten Reisebeschreibungen in einem ausführlichen Auszuge, worinnen eine genaue Nachricht von der Religion, Regierungsverfassung, Handlung, Sitten, natürlichen Geschichte und andern merkwürdigen Dingen verschiedner Länder und Völker gegeben wird. Aus verschiedenen Sprachen zusammengetragen. Bd. 20. Berlin 1780.

Sekundärliteratur

Academia Cravatica, unter <http://academia-cravatica.hr/>, 15.07.2011.

ADAMČEK, Josip: Ekonomsko-društveni razvoj u Hrvatskoj i Slavoniji u 18. stoljeću, in: GROSS (Hg.), Društveni razvoj, 59–83.

ADRIÁNYI, Gabriel: Der deutsche Beitrag zur Kultur Ungarns im 19. Jahrhundert, in: Friedhelm Berthold KAISER / Bernhard STASIEWSKI (Hgg.), Deutsche im europäischen Osten. Verständnis und Missverständnis. Köln 1976, 93–109.

ALMAI, Frank / Ulrich FRÖSCHLE (Hgg.), Deutsche in Ungarn. Ungarn und Deutsche. Interdisziplinäre Zugänge. Dresden 2004 (Mitteleuropastudien, 6).

ALLMAYER-BECK, Johann Christoph / Erich LESSING: Die kaiserlichen Kriegsvölker. Von Maximilian I. bis Prinz Eugen. 1479–1718. München 1978.

ANČIĆ, Mladen: Srednjovjekovni Vlasi kontinentalne Dalmacije, in: KUSIN / BELAMARIĆ / GRČIĆ (Hgg.), Dalmatinska zagora, 161–167.

ANDERSON, Benedict: Die Erfindung der Nation. Zur Karriere eines erfolgreichen Konzepts. Frankfurt/M., New York 1988 [1983].

ANDRAS, Carmen: Romania and its Images in British Travel Writings. In-between Peripherality and Cultural Interference, *TRANS. Internet Zeitschrift für Kulturwissenschaften* 14 (2003), unter <http://www.inst.at/trans/14Nr/andras14.htm>, 15.07.2011.

DIES.: Romania in British Travel Literature. Discursive Geography and Strategies for Liminal Space, unter <http://lett.ubbcluj.ro/~echinox/caiete5/10.html>, 15.07.2011.

ANDROIĆ, Mirko: Prilozi poznavanju društvenih i gospodarskih prilika grada Varaždina u 18. stoljeću, in: DERS. u. a. (Hgg.), Varaždin u XVIII stoljeću i političko-kameralni studij. Zagreb, Varaždin 1972, 13–88.

ANTOLJAK, Stjepan: Doček Franje I. i njegove supruge u Karlovcu i Zagrebu 1818. godine, *Nastavni vjestnik* 51 (1942–1943), H. 1–2, 171–178.

ARAPOVIĆ, Borislav: Povratak hrvatskih pukovnija 1779. Mostar 2000.

ARATÓ, Endre: Karakteristične crte nacionalnih ideologija slavenskih naroda u prvoj polovini 19. stoljeća, *Radovi instituta za hrvatsku povijest* 3 (1973), 259–284.

ARČABIĆ, Goran: Formiranje i rad Hrvatsko-slavonskoga gospodarskog društva u vrijeme preporoda (1841–1848), *Povijesni prilozi* 25 (2003), 309–328.

ARNDT, Astrid u. a. (Hgg.): Imagologie des Nordens. Kulturelle Konstruktionen von Nördlichkeit in interdisziplinärer Perspektive. Frankfurt/M. 2004 (Imaginatio Borealis – Bilder des Nordens, 7).

ARNETH, Alfred Ritter von: Geschichte Maria Theresias. Bd. 9 und 10. Wien 1879.

ASPALTER, Christian u. a. (Hgg.), Paradoxien der Romantik. Gesellschaft, Kultur und Wissenschaft in Wien im frühen 19. Jh. Wien 2006.

DERS. / Anton TANTNER: Ironieverlust und verleugnete Rezeption: Kontroversen um Romantik in Wiener Zeitschriften, in: ASPALTER u. a. (Hgg.), Paradoxien der Romantik, 47–120, unter <http://tantner.net/publikationen/AspalterTantner_Ironieverlust_ParadoxienRomantik.pdf>, 15.07.2011.

BAKIĆ-HAYDEN, Milica: Nesting Orientalisms. The Case of Former Yugoslavia, *Slavic Review* 54 (1995), 917–931.

DIES. / Robert M. HAYDEN: Orientalist Variations on the Theme „Balkans". Symbolic Geography in Recent Yugoslav Cultural Politics, *Slavic review* 51 (1992), 1–15.

BALLINGER, Pamela: „Authentic Hybrids" in the Balkan Borderlands, *Current Anthropology* 45 (2004), 31–60.

BALOGH, András F.: Deutschsprachige Literatur in Ungarn – deutsche oder ungarische Literatur?, in: ALMAI / FRÖSCHLE (Hgg.), Deutsche in Ungarn, 157–179.

BALOGH, András F. / László TARNÓI (Hgg.), Literatur und Kultur im Königreich Ungarn um 1800 im Spiegel deutschsprachiger Prosatexte. Budapest 2000 (Deutschsprachige Texte aus Ungarn, 3).

DIESS. (Hgg.): Die täuschende Copie von dem Gewirre des Lebens. Deutschsprachige Dramen in Ofen und Pest um 1800. Budapest 1999 (Deutschsprachige Texte aus Ungarn, 2).

DIESS. (Hgg.): Deutsche Presse aus Ungarn in der ersten Hälfte des 19. Jahrhunderts. Literatur, Theater, Sprache und Aspekte der Identität. Budapest 2007 (Deutschsprachige Texte aus Ungarn, 6).

BARFOOT, Cedric C. (Hg.): Beyond Pug's Tour. National and Ethnic Stereotyping in Theory and Literary Practice. Amsterdam 1997.

BASKAR, Bojan: Ambivalent Dealings with an Imperial Past. The Habsburg Legacy and New Nationhood in ex-Yugoslavia. Wien 2003 (Wittgenstein 2000, Working papers, 10), 1–21, unter <http://www.theslovenian.com/articles/baskar.pdf>, 15.07.2011.

DERS. / Borut BRUMEN (Hgg.), MESS. Mediterranean Ethnological Summer School, Vol. II. Ljubljana 1998, 99–127.

BASSIN, Mark: Imperialer Raum/Nationaler Raum. Sibirien auf der kognitiven Landkarte Russlands im 19. Jahrhundert, in: CONRAD (Hg.), Mental Maps, 378–403.

BAUER, Werner M.: Journalistische Briefform und politisches Engagement der österreichischen Aufklärung. Zu Franz Kratters „Briefen über den itzigen Zustand von Galizien" (1786), in: KRASNOBAEV / ROBEL / ZEMAN (Hgg.), Reisen und Reisebeschreibungen, 255–279.

Bauerkämper, Arnd / Hans Erich Bödeker / Bernhard Struck (Hgg.), Die Welt erfahren. Reisen als kulturelle Begegnung von 1780 bis heute. Frankfurt/M., New York 2004.

Baumann, Gerd / Andre Ginrich (Hgg.): Grammars of Identity/Alterity. A Structural Approach. New York, Oxford 2004.

Bausinger, Hermann: Volkskunde. Von der Altertumsforschung zur Kulturanalyse. Erweiterte Aufl. Nachdruck der Ausgabe Habel, Darmstadt 1971. Tübingen 1999.

Ders. / Klaus Beyrer / Gottfried Korff (Hgg.): Reisekultur. Von der Pilgerfahrt zum modernen Tourismus. Müchen ^{2}1999.

Beales, Derek: Joseph II. In the Shadow of Maria Theresia 1741–1780. Bd. 1. Cambridge 1987.

Ders.: The False Joseph II., in: ders., Enlightenment and Reform in Eighteenth-century Europe. London, New York 2005, 117–154.

Beer, Adolf: Die Österreichische Handelspolitik unter Maria Theresia und Joseph II. Wien 1898.

Behrisch, Lars (Hg.): Vermessen, Zählen, Berechnen. Die politische Ordnung des Raums im 18. Jahrhundert. Frankfurt/M., New York 2006 (Historische Politikforschung, 6).

Beker, Miroslav: Semiotika književnosti. Zagreb 1991.

Beller, Manfred / Joep Leerssen (Hgg.): Imagology. The Cultural Construction and Literary Representation of National Characters. A Critical Survey. Amsterdam, New York 2007.

Diess: Foreword, in: diess. (Hgg.), Imagology, xiii-xvi.

Belošević, Stjepan: Županija varaždinska i slobodni kraljevski grad Varaždin. Zagreb 1926.

Benda, Kálmán: Nationalgefühl und Nationalitätenkämpfe in Ungarn am Ende des 18. Jahrhunderts, *Anzeiger der Österreichischen Akademie der Wissenschaften (Philosophisch-historische Klasse)* 108 (1971), H. 6, 43–56.

Bernleithner, Ernst: Die Entwicklung der österreichischen Länderkunde an der Wende des 18. und 19. Jahrhunderts. Univ. Diss. Wien 1949.

Bertrand, Gilles: Der Diskurs der Reisenden. Einige Ansätze zu einer vergleichenden Erforschung von Stereotypen der Völker im Europa der Aufklärung, in: Bauerkämper / Bödeker / Struck (Hgg.), Die Welt erfahren, 301–320.

Beškér, Inoslav: Morlaci i morlaštvo u književnosti, *Književna smotra* 34 (2004), Nr. 123 (1), 113–124.

Bićanić, Rudolf: Doba manufakture u Hrvatskoj i Slavoniji (1750–1860). Zagreb 1951.

Bjelić, Dušan I. / Obrad Savić (Hgg.): Balkan as Metaphor. Between Globalization and Fragmentation. Cambridge/MA 2002.

Blaicher, Günther (Hg.): Erstarrtes Denken. Studien zu Klischee, Stereotyp und Vorurteil in englischsprachiger Literatur. Tübingen 1987.

Blanc, André: Zapadna Hrvatska. Studija iz humane geografije. Zagreb 2003.

Blažević, Zrinka: Vitezovićeva Hrvatska između stvarnosti i utopije. Ideološka koncepcija u djelima postkarlovačkog ciklusa Pavla Rittera Vitezovića (1652.–1713.). Zagreb 2002.

Dies.: Rethinking Balkanism: Interpretative Challenge of the Early Modern Illyrism, *Études Balkaniques* 1 (2007), 87–106.

Dies.: Ilirizam prije ilirizma. Zagreb 2008.

Blühm, Elger: Von der Zeitungen Notwendig- und Nutzbarkeit auf der Reise, in: Griep / Jäger (Hgg.), Reisen im 18. Jahrhundert, 1–9.

Bobinac, Marijan (Hg.): Porträts und Konstellationen 1. Deutschsprachig-kroatische Literaturbeziehungen. Zagreb 2001 (*Zagreber Germanistische Beiträge. Jahrbuch für Literatur- und Sprachwissenschaft*, BH 6).

Ders.: Slika Hrvata u njemačkoj književnosti, *Umjetnost riječi* 50 (2006), H. 2–3, 269–286.

Bode, Karl: Die Bearbeitung der Vorlagen in Des Knaben Wunderhorn. Berlin 1909.

Bodi, Leslie: Tauwetter in Wien. Zur Prosa der österrichischen Aufklärung 1781–1795. Frankfurt/M. 1977.

Ders.: Widersprüche der Aufklärung. Das Sprachpatent von 1784 und die Folgen [2001], in: ders., Literatur, Politik, Identität – Literature, Politics, Cultural Identity. St. Ingbert 2002 (Österreichische und internationale Literaturprozesse, 18), 328–338.

Bödeker, Hans Erich u. a. (Hgg.): Aufklärung und Geschichte. Studien zur deutschen Geschichtswissenschaft im 18. Jahrhundert. Göttingen 1986 (Veröffentlichungen des Max-Planck-Instituts für Geschichte, 81).

Ders.: Reisebeschreibungen im historischen Diskurs der Aufklärung, in: ders. u. a. (Hgg.), Aufklärung und Geschichte, 276–298.

Ders.: Reisen. Bedeutung und Funktion für die deutsche Aufklärungsgesellschaft, in: Griep/Jäger (Hgg.), Reisen im 18. Jahrhundert, 91–110.

Boehncke, Heinrich: Lieber tot als lebendig. Die Soldatenverkäufe von Friedrich II., in: Martin Maria Schwarz / Ulrich Sonnenschein (Hgg.), Hessen gefälscht. Orte eigener Wahrheit in Hessen. Marburg 2002, 86–90.

Bohlender, Matthias: Metamorphosen des Gemeinwohls. Von der Herrschaft *guter polizey* zur Regierung durch *Freiheit* und *Sicherheit*, in: Herfried Münkler / Harald Blühm (Hgg.), Gemeinwohl und Gemeinsinn – Historische Semantiken politischer Leitbegriffe. Berlin 2001 (Forschungsberichte der interdisziplinären Arbeitsgruppe „Gemeinwohl und Gemeinsinn" der Berlin-Brandenburgischen Akademie der Wissenschaften, 1), 247–275, unter <http://edoc.bbaw.de/volltexte/2007/269/pdf/21ZuR5edXEQnc_269.pdf>, 15.07.2011.

Born, Robert: Bollwerk und merkantilistisches Laboratorium. Das Temeswarer Banat in den Planungen der Wiener Zentralstellen (1716–1778), in: Maner (Hg.), Grenzregionen der Habsburgermonarchie, 37–49.

Bourdieu, Pierre: Die feinen Unterschiede. Kritik der gesellschaftlichen Urteilskraft. Frankfurt/M. 1982 [1979].

Bracewell, Catherine Wendy: Senjski uskoci. Piratstvo, razbojništvo i sveti rat na Jadranu u šesnaestom stoljeću. Preveli Nenad Popović i Mario Rossini. Zagreb 1997.

Dies.: Bandits as Ambiguous Heroes in Balkan Politics and Culture, in: Naimark / Case (Hgg.), *Yugoslavia*, 22–37.

Dies.: Žene senjskih uskoka, in: Andrea Feldman (Hg.), Žene u Hrvatskoj. Ženska i kulturna povijest. Zagreb 2004, 125–139.

Dies. / Alex Drace-Francis (Hgg.): Under Eastern Eyes. A Comparative Introduction to Eastern Europe Travel Writing on Europe. Budapest, New York 2008 (East Looks West, 2).

Dies.: The Limits of Europe in East European Travel Writing, in: dies. / Drace-Francis (Hgg.), Under Eastern Eyes, 61–121.

Dies.: Travels Through the Slav World, in: dies. / Drace-Francis (Hgg.), Under Eastern Eyes, 147–195.

Bracher, Philipp / Florian Hertweck / Stefan Schröder (Hgg.): Materialität auf Reisen. Zur kulturellen Transformation der Dinge. Berlin 2006 (Reiseliteratur und Kulturanthropologie, 8).

Bratulić, Josip: Alberto Fortis i njegov Put po Dalmaciji, in: Fortis, Put po Dalmaciji, V-XXIV.

Brednich, Rolf W. (Hg.): Grundriß der Volkskunde. Einführung in die Forschungsfelder der Europäischen Ethnologie. Berlin ³2001.

Brenner, Peter J. (Hg.): Der Reisebericht. Die Entwicklung einer Gattung in der deutschen Literatur. Frankfurt/M. 1989.

Ders.: Der Reisebericht in der deutschen Literatur. Ein Forschungsüberblick als Vorstudie zu einer Gattungsgeschichte. Tübingen 1990 (Internationales Archiv für Sozialgeschichte der deutschen Literatur. Sonderheft, 2).

Ders.: Kulturanthropologie und Kulturhermeneutik. Grundlagen interkulturellen Verstehens. Ein Zwischenbericht. Paderborn 1999 (Paderborner Universitätsreden, 69).

Breuer, Dieter / Gábor Tüskés (Hgg.): Das Ungarnbild in der deutschen Literatur der frühen Neuzeit. Bern u. a. 2005.

Brunnbauer, Ulf: „Europa" und der „Balkan": Fremd- und Selbstzuschreibungen. Vorlesung „Einführung in die Geschichte Südosteuropas", Osteuropa-Institut, FU Berlin, unter <http://userpage.fu-berlin.de/~ulf/Europa%20und%20der%20Balkan.pdf>, 15.07.2011.

Ders. / Andreas Helmedach / Stefan Troebst (Hgg.): Schnittstellen. Gesellschaft, Nation, Konflikt und Erinnerung in Südosteuropa. Festschrift für Holm Sundhaussen zum 65. Geburtstag. München 2007 (Südosteuropäische Arbeiten, 133).

Bucher, Gudrun: „Von Beschreibung der Sitten und Gebräuche der Völker". Die Instruktionen Gerhard Friedrich Müllers und ihre Bedeutung für die Geschichte der Ethnologie und der Geschichtswissenschaft. Frankfurt/M. 2000.

Budak, Neven: Hrvatska i Slavonija u ranome novom vijeku. Zagreb 2007.

Ders. / Mario Streha / Željko Krušelj: Habsburzi i Hrvati. Zagreb 2003.

Bugge, Peter: „Land und Volk" – oder: Wo liegt Böhmen, in: Conrad (Hg.), Mental Maps, 404–434.

Burkhart, Dagmar: Paradoxical Communication. The Bosnian Oral Ballad „Hasanaginica" as a Pretext for Literary Texts, *Russian Literature* 59 (2006), H. 1, 25–39.

Buszko, Józef: Wien und die Länder Mittel- und Osteuropas (1789–1848), in: Urbach (Bearb.), Wien und Europa zwischen den Revolutionen, 301–315.

Carmichael, Catherine: Ethnic Stereotypes in Early European Ethnographies. A Case Study of the Habsburg Adriatic c. 1770–1815, *Narodna umjetnost* 33 (1996), H. 2, 197–209.

Cfp. Die bewegungslose Reise, unter <http://hsozkult.geschichte.hu-berlin.de/termine/id=4448>, 15.07.2011.

Chaille, François: Tradition und Trend. Krawatten. Niedernhausen 1997.

Chartier, Roger: Die unvollendete Vergangenheit. Geschichte und die Macht der Weltauslegung. Aus dem Französischen von Ulrich Raulff. Frankfurt/M. 1992.

Christmann, Ernst / Heinz Friedel: Kaiserslautern einst und jetzt. Beiträge zur Geschichte der Großstadt Kaiserslautern von der Vor- und Frühgeschichte bis zu den heutigen Flur- und Strassennamen. Otterbach-Kaiserslautern ²1976 (Schriften zur Geschichte von Stadt und Landkreis Kaiserslautern, 12).

Clarke, John u. a.: Subkulturen, Kulturen und Klasse, in: ders. u. a. (Hgg.), Jugendkultur als Widerstand. Milieus, Rituale, Provokation. Frankfurt/M. 1981, 39–132.

Clewing, Konrad: Staatlichkeit und nationale Identitätsbildung. Dalmatien in Vormärz und Revolution. München 2001 (Südosteuropäische Arbeiten, 109).

Clifford, James / George E. Marcus (Hgg.): Writing Culture. The Poetics and Politics of Ethnography. Berkeley/CA 1986.

Conrad, Christoph (Hg.): Mental Maps. Göttingen 2002 (*Geschichte und Gesellschaft* 28 (2002), H. 3).

Csáky, Moritz: Populus, patria, natio. Zur Entwicklung des neuzeitlichen Nationsbegriffs, in: Bericht über den dreizehnten österreichischen Historikertag in Klagenfurt. Wien 1977 (Veröffentlichung des Verbandes Österreichischer Geschichtsvereine, 21), 57–64.

Ders.: Die Präsenz der ungarischen Literatur in Wien um 1800, in: Zeman (Hg.), Die Österreichische Literatur, Teil 1, 475–489.

Ders.: Die Hungarus-Konzeption. Eine „realpolitische" Alternative zur Magyarischen Nationalstaatsidee, in: Drabek / Plaschka / Wandruszka (Hgg.), Ungarn und Österreich, 71–89.

Ders.: Von der Aufklärung zum Liberalismus. Studien zum Frühliberalismus in Ungarn. Wien 1981 (Veröffentlichungen der Kommission für die Geschichte Österreichs, 10).

Ders.: „Hungarus" oder „Magyar". Zwei Varianten des ungarischen Nationalbewusstseins zu Beginn des 19. Jahrhunderts, *Annales. Sectio Historica* 22 (1982), 71–84.

Ders. / Klaus Zeyringer (Hgg.): Inszenierungen des kollektiven Gedächtnisses. Eigenbilder, Fremdbilder. Innsbruck 2002 (Paradigma Zentraleuropa, 4).

Curk, Jože: Razvoj prometnih zvez v severovzhodni Sloveniji, in: Šiftar (Hg.), Razvoj prometnih zvez, 199–224.

Cvitan Černelić, Mirna: Kravata, in: Budak (Hg.), Croatica, Bd. 1, 362–367.

Čatipović, Milivoj (Hg.): Ivan Lovrić i njegovo doba. Referati i saopćenja sa znanstvenog skupa. Sinj 1979 (Zbornik Cetinske krajine, 1), 181–191.

Čičak-Chand, Ružica / Josip Kumpes (Hgg.): Etničnost, nacija, identitet. Hrvatska i Europa. Zagreb 1998.

Čapo Žmegač, Jasna: Znate li da kravata potječe od Hrvata?, *Hrvatska revija* 8 (2008), Nr. 4, 4–13, unter <http://www.matica.hr/HRRevija/revija2008_4.nsf/AllWebDocs/Znate_li_da_kravata_potjece_od_Hrvata_>, 17.05.2011.

Dies.: Wussten Sie, dass die Krawatte von den Kroaten stammt? Zur nationalen Deutung eines global verbreiteten Gegenstandes, in: Begegnungen. Festschrift für Konrad Köstlin zur Emeritierung am 30. September 2008. Wien 2008 (Veröffentlichungen des Instituts für Europäische Ethnologie, 32), 87–102.

Ćurčin, Milan: Das serbische Volkslied in der deutschen Literatur. Leipzig 1905.

Darovec, Darko (Hg.): Stari krajepisi Istre. Koper 1999.

Despot, Miroslava: Historijat trgovačkih putova između Rijeke i zaleđa u XVIII. i XIX. stoljeću, in: Jakša Ravlić (Hg.), Rijeka. Geografija, ekonomija, saobraćaj, povijest, kultura. Zbornik. Zagreb 1953, 123–132.

Dies.: Strani pisci o Rijeci i Hrvatskom primorju. Bio-bibliografski prilog, *Riječka revija* 3 (1954), H. 1–2, 37–44.

Dies.: Maximilian Fischl o Istri 1800. godine, *Jadranski zbornik*, 11 (1979–1981), 309–317.

Die Oper in Italien und Deutschland zwischen 1770 und 1830. Zelina und Gorano oder die Morlaken-Hochzeit, unter <http://www.oper-um-1800.uni-koeln.de/einzeldarstellung_fassung.php?id_fassungen=3672&herkunft=>, 15.07.2011.

Dietrich, Ute / Martina Winkler (Hgg.): Okzidentbilder. Konstruktionen und Wahrnehmungen. Leipzig 2000 (Ambivalenzen der Okzidentalisierung, 3).

Dorfgemeinschaft Röhrenfurth: Chronik. 800 Jahre Röhrenfurth (1982). Gesichte und Geschichten eines Dorfes. Aktualisierte Ausgabe. Der 30jährige Krieg. Erste Plünderungen in 1623, das Kroatenjahr 1637, Zerstörungen in Röhrenfurth, unter <http://www.roehrenfurth.de/html/html/der_dreigjahrige_krieg.html>, 15.07.2011.

Downs, Roger M. / David Stea: Maps in Minds. Reflections on Cognitive Mapping. New York 1977.

Drabek, Anna M. / Richard G. Plaschka / Adam Wandruszka (Hgg.): Ungarn und Österreich unter Maria Theresia und Joseph II. Neue Aspekte im Verhältnis der beiden Länder. Texte des 2. österreichisch-ungarischen Historikertreffens, Wien 1980. Wien 1982.

Drace-Francis, Alex: A Provincial Imperialist and a Curious Account of Wallachia. Ignaz von Born, *European History Quarterly* 36 (2006), H. 1, 61–89.

Ders.: Toward a Natural History of East European Travel Writing, in: Bracewell / Drace-Francis (Hgg.), Under Eastern Eyes, 1–27.

Drews, Peter: Deutsch-slawische Literaturbeziehungen im 18. Jahrhundert. München 1996 (Slawistische Beiträge, 337).

Driessen, Henk: The Politics of Ethnographic Reading and Writing. Confrontations of Western and Indigenous Views. Saarbrücken 1993.

Dronske, Ulrich: Kroaten in der deutschen Literatur, *Neohelicon* 32 (2005), H. 2, 425–441.

Duda, Dean: Priča i putovanje. Hrvatski romantičarski putopis kao pripovjedni žanr. Zagreb 1998.

Ders.: Putopis. Od pokušaja određenja žanra do Krležina diskurza, *Umjetnost riječi* 40 (1996), H. 2–3, 71–83.

Dukić, Davor: Sultanova djeca. Predodžbe Turaka u hrvatskoj književnosti ranog novovjekovlja. Zadar 2004.

Durdik, Christel: Bevölkerungs- und Sozialstatistik in Österreich im 18. und 19. Jahrhundert, in: Helczmanovski (Hg.), Beiträge zur Bevölkerungs- und Sozialgeschichte Österreichs, 225–266.

Džambo, Jozo: Maledicta ethnica. O nacionalnim stereotipima i verbalnoj agresiji, in: Udruga Đaka Franjevačke gimnazije visoko (Hg.), Dies academicus u čast dr. fra Ignacija Gavrana. Zbornik, Zagreb 1999, 91–119.

Ders., Die Slawen – deutsche und österreichische Zerrbilder, in: Adalbert Stifter Verein (Hg.), Gleiche Bilder, gleiche Worte. Deutsche, Österreicher und Tschechen in der Karikatur (1848–1948). München 1997, 29–44.

Ecker, Gisela / Susanne Röhl (Hgg.): In Spuren reisen. Vor-Bilder und Vor-Schriften in der Reiseliteratur. Berlin 2006 (Reiseliteratur und Kulturanthropologie, 6).

Egger, Sabine: Komparatistische Imagologie im interkulturellen Literaturunterricht, *Zeitschrift für Interkulturellen Fremdsprachenunterricht* 6 (2002), Nr. 3, 1–22, unter <http://zif.spz.tu-darmstadt.de/jg-06-3/beitrag/imagologie.htm>, 15.07.2011.

Ehrhardt, Marie-Luise: Die Krabat-Sage. Quellenkundliche Untersuchung zu Überlieferung und Wirkung eines literarischen Stoffes aus der Lausitz. Marburg 1982.

Dies.: Meister Krabat – ein Zauberer in Volksüberlieferung und Jugendliteratur, in: Heino Gehrts / Gabriele Lademann-Priemer (Hgg.), Schamanentum und Zaubermärchen. Kassel 1986 (Schriftenreihe der Europäischen Märchengesellschaft, 10), 14–41.

Eigen, Sara: Self, Race and Species: J. F. Blumenbach's Atlas Experiment, *German Quarterly* 78 (2005), Nr. 3, 277–298.

Engel-Braunschmidt, Annelore u. a. (Hgg.): Ultima Thule. Bilder des Nordens von der Antike bis zur Gegenwart. Frankfurt/M. 2001 (Imaginatio Borealis – Bilder des Nordens, 1).

Engerisser, Peter: Von Kronach nach Nördlingen. Der Dreißigjährige Krieg in Franken, Schwaben und der Oberpfalz 1631–1635. Weißenstadt ²2007.

Erceg, Ivan: Stanje pomorstva grada Rijeke u vrijeme reinkorporacije (1776/77), *Zbornik Historijskog istituta JAZU* 1960, 373–418.

Ders.: Konfiskacija Zrinsko-Frankopanskih imanja. Postanak i ukinuće Severinske županije u Hrvatskom primorju i Gorskom kotaru, *Jadranski zbornik* 5 (1961–1962), 36–81.

Ders.: Dnevnik Josipa II o prilikama u Hrvatskoj i na jadranskoj obali god. 1775, *Starine JAZU* 53 (1966), 223–262.

Ders.: Aussenhandel der Nordadriatischen Seestädte als Faktor im Entstehen der kapitalistischen Beziehungen in Österreich im 18. und 19. Jahrhundert, *Vierteljahrschrift für Sozial- und Wirtschaftsgeschichte* 55 (1969), 464–480.

Ders.: Trst i bivše habsburške zemlje u međunarodnom prometu. Merkantilizam u drugoj polovici 18. stoljeća. Zagreb 1970.

Ders.: Pokušaji naseljavanja Crnogoraca u Kraljevicu i uz Karolinu. (u 2. polovici 18. stoljeća), *Starine JAZU* 56 (1971), 305–331.

Ders.: Trgovina između Habsburške Monarhije i Turske preko sjevernojadranskih luka, *Jadranski zbornik* 8 (1973), 161–184.

Ders.: Jozefinski popis stanovništva civilne Hrvatske i Slavonije (1785/87), *Rad Hrvatske Akademije Znanosti i Umjetnosti. Razred za društvene znanosti* 31 (1992), 1–24.

Ders.: Maritimpolitik des Wiener Hofes an der Adria im 18. Jahrhundert, *Acta historico-oeconomica* 23–24 (1996/97), 45–56.

Evans, Robert J. W.: Austria, Hungary, and the Habsburgs. Essays on Central Europe, c. 1638–1867. Oxford, New York 2006, 134–146.

Ders.: Joseph II. and Nationality in the Habsburg Lands, in: ders., Austria, Hungary, and the Habsburgs, 134–146.

Ders.: Nationality in East-Central Europe: Perception and Definition before 1848, in: ders., Austria, Hungary, and the Habsburgs, 101–113.

Faber, Eva: Litorale Austriaco. Das österreichische und kroatische Küstenland 1700–1780. Trondheim, Graz 1995.

Dies.: Trieste and the Austrian Littoral 1700–1850, unter <http://www.stm.unipi.it/Clioh/tabs/libri/1/04-Faber(14).pdf>, 15.07.2011.

Fairchild, Hoxie Neale: The Noble Savage. A Study in Romantic Naturalism. New York 1961.

Fassel, Horst: Südosteuropa und der Orient-Topos der deutschen Literatur im 19. und 20. Jahrhundert, *Revue des études sud-est européennes* 7 (1979), 345–358.

Feichtinger, Johannes / Ursula Prutsch / Moritz Csáky (Hgg.), Habsburg postcolonial. Machtstrukturen und kollektives Gedächtnis. Innsbruck 2003 (Gedächtnis – Erinnerung – Identität, 2).

Ders. u. a. (Hgg.): Schauplatz Kultur – Zentraleuropa. Transdisziplinäre Annäherungen. Innsbruck u. a. 2006 (Gedächtnis – Erinnerung – Identität, 7).

Fellner, Fritz: Die Historiographie zur österreichisch-deutschen Problematik als Spiegel der nationalpolitischen Diskussion, in: Lutz / Rumpler (Hgg.), Österreich und die deutsche Frage, 33–60.

Fest, Alfredo: Fiume all'epoca della Prima guerra napoleonica (1797). Fiume 1912 (*Bullettino della Deputazione Fiumana di Storia Patria*. Supplemento al Volume II.).

Feyl, Othmar: Beiträge der slawischen Verbindungen und internationalen Kontakte der Universität Jena. Jena 1960.

Fikfak, Jurij: O Hacquetovih upodobitvah in opisih Drugega, *Hacquetia* 2 (2003), H. 2, 37–48, unter <http://www.zrc-sazu.si/isn/Publikacije/FikfakHacquet.pdf>, 15.07.2011.

Fine, John V. A.: When Ethnicity Did Not Matter in the Balkans. A Study of Identity in Pre-Nationalist Croatia, Dalmatia, and Slavonia in the Medieval and Early Modern Periods. Ann Arbor/Mi. 2006.

Fischer, Manfred S.: Nationale Images als Gegenstand vergleichender Literaturgeschichte. Untersuchungen zur Entstehung der komparatistischen Imagologie. Bonn 1981.

Fisković, Cvito: Ivan Lović i Josip Offner, in: Čatipović (Hg.), Ivan Lovrić i njegovo doba, 181–191.

Florack, Ruth: Stereotypenforschung als Baustein zu einer Interkulturellen Literaturwissenschaft, in: Wiesinger (Hg.), Akten, 37–43.

Foucault, Michel: Archäologie des Wissens. Frankfurt/M. 1973 [1969].

Ders.: Der Wille zum Wissen. Sexualität und Wahrheit 1. Frankfurt/M. 1977 [1976].

Ders.: In Verteidigung der Gesellschaft. Vorlesungen am Collège de France 1975–76. Frankfurt/M. 2001.

Ders.: Sicherheit, Territorium, Bevölkerung. Geschichte der Gouvernementalität I. Vorlesung am Collège de France 1977–1978. Hg. Michel Sennelart. Frankfurt/M. 2006.

Ders.: Die Geburt der Biopolitik. Geschichte der Gouvernementalität II. Vorlesung am Collège de France 1978–1979. Hg. Michel Sennelart. Frankfurt/M. 2006.

Franić, Dragutin: Plitvička jezera i njihova okolica. Zagreb 1910.

Franz, Eckhart G. (Hg.): Die Chronik Hessens. Dortmund 1991.

Franzinetti, Guido: The Idea and the Reality of Eastern Europe in the Eighteenth Century, *History of European Ideas* 34 (2008), 361–368.

Fried, István: Ostmitteleuropäische Studien (Ungarisch-slawisch-österreichische literarische Beziehungen). Szeged 1994.

Ders.: Funktion und Möglichkeit einer deutschsprachigen Zeitschrift in Ungarn, in: ders., Ostmitteleuropäische Studien, 86–106.

Ders.: Zur Frage der ostmitteleuropäischen Region (1985), in: ders., Ostmitteleuropäische Studien, S. 1–60.

Gaisbauer, Adolf: Das antijüdische „Potential" der Aufklärung und des Josephinismus. Bemerkungen zum Werk Joseph Rohrers, *Aschkenas. Zeitschrift für Geschichte und Kultur der Juden* 6 (1996), H. 1, 163–182.

Geier, Wolfgang: Südosteuropa-Wahrnehmungen. Reiseberichte, Studien und biographische Skizzen vom 16. bis zum 20. Jahrhundert. Wiesbaden 2006 (Studien der Forschungsstelle Ostmitteleuropa an der Universität Dortmund, 39).

Genette, Gerard: Die Erzählung. Aus dem Französischen von Andreas Knop. München [2]1998.

Geo- und Umweltportal Freiberg, „Grabentour von Krummenhennersdorf nach Reinsberg", unter <http://www.gupf.tu-freiberg.de/geologie/grabentour.html>, 15.07.2011.

Georgijević, Krešimir: Hrvatska književnost od XVI do XVIII stoljeća u sjevernoj Hrvatskoj i Bosni. Zagreb 1969.

Gerhard, Ute / Jürgen Link: Zum Anteil der Kollektivsymbolik an den Nationalstereotypen, in: Link / Wülfing (Hgg.), Nationale Mythen und Symbole, 16–52.

Gingrich, Andre: Frontier Myths of Orientalism. The Muslim World in Public and Popular Cultures of Central Europe, in: Baskar / Brumen (Hgg.), MESS, 99–127.

Ders.: Kulturgeschichte, Wissenschaft und Orientalismus. Zur Diskussion des „frontier orientalism“ in der Spätzeit der k. u. k. Monarchie, in: Johannes Feichtinger u. a. (Hgg.), Schauplatz Kultur – Zentraleuropa, 279–288.

Ders.: Grenzmythen des Orientalismus: Die islamische Welt in Öffentlichkeit und Volkskultur Mitteleuropas, in: Erika Mayr-Oehring / Elke Doppler (Hgg.), Orientalische Reise. Malerei und Exotik im späten 19. Jahrhundert. Wien 2003, 110–129.

Goldsworthy, Vesna: Der Imperialismus der Imagination. Konstruktionen Europas und des Balkans, in: Kaser u. a. (Hgg.), Europa und die Grenzen, 253–275.

Dies.: Inventing Ruritania. The Imperialism of the Imagination. New Haven, London 1998.

Golec, Ivica: Prilozi poznavanju trgovinskih odnosa u vojnom komunitetu Petrinja (1777–1871), *Acta historico-oeconomica* 23 (1996/97), 57–72.

Gottsmann, Andreas: Das Bild Dalmatiens und der Dalmatiner in der österreichischen Reiseliteratur des 19. und frühen 20. Jahrhunderts, in: *Österreich in Geschichte und Literatur* 43 (1999), 65–83.

Graf, Friedrich Wilhelm: Protestantismus II, in: Müller (Hg.), Theologische Realenzyklopädie, Bd. 27, 551–580.

Gragger, Robert: Preußen, Weimar und die ungarische Königskrone. Berlin, Leipzig 1923.

Granditz, Hannes / Karl Kaser: Familie und Gesellschaft in der habsburgischen Militärgrenze. Lika und Krbava zu Beginn des 18. Jahrhunderts, in: Roksandić (Hg.), Microhistory, 27–69.

Greimas, Algiridas J.: Refleksije o aktantskim modelima. Übersetzt von I. Katić, *Republika* 45 (1989), H. 5–6, 32–49.

Ders.: Aktanti, akteri, figure. Übersetzt von C. Milanja, *Revija* 19 (1979), H. 2, 61–75.

Griep, Wolfgang / Hans Wolf Jäger (Hgg.): Reise und soziale Realität am Ende des 18. Jahrhunderts. Heidelberg 1983 (Neue Bremer Beiträge, 1).

Diess. (Hgg.): Reisen im 18. Jahrhundert. Neue Untersuchungen. Heidelberg 1986 (Neue Bremer Vorträge, 3).

Gross, Mirjana (Hg.): Društveni razvoj u Hrvatskoj (od 16. stoljeća do početka 20. stoljeća). Zagreb 1981.

Grossmann, Henryk: Die Anfänge und geschichtliche Entwicklung der amtlichen Statistik in Österreich, *Statistische Monatsschrift*, N. F. 21 (1916), 331–423.

Gulin, Valentina: Morlacchism between Enlightenment and Romanticism (Identification and Self-Identification of the European *Other*), *Narodna umjetnost* 34 (1997), 77–100.

Gušić, Branimir: Wer sind die Morlaken im Adriatischen Raum?, *Balcanica* 4 (1973), 454–463.

Gutkas, Karl (Bearb.): Österreich zur Zeit Kaiser Josephs II. Mitregent Maria Theresias, Kaiser und Landesfürst. Stift Melk, 29. März – 2. November 1980. Katalog des Niederösterreichischen Landesmuseums, Neue Folge, Nr. 95. Hg. vom Amt der Niederösterreichischen Landesregierung, Abt. III/2 – Kulturabteilung. Wien ²1980.

Ders.: Joseph II. und Ungarn, in: ders. (Bearb.), Österreich zur Zeit Kaiser Josephs II., 105–108.

GYMNICH, Marion / Birgit NEUMANN / Ansgar NÜNNING (Hgg.): Kulturelles Wissen und Intertextualität. Theoriekonzeptionen und Fallstudien zur Kontextualisierung von Literatur. Trier 2006 (ELK, Studien zur Englischen Literatur- und Kulturwissenschaft, 22).

HAAG, Wilhelm: Die Subsidienpolitik des Landgrafen Ludwig X. von Hessen-Darmstadt 1790–1799. Univ. Diss. Frankfurt 1924.

HADROVICS, Ladislaus: Ungarn und die Kroaten, *Ungarische Jahrbücher* 21 (1941), 136–172.

HAFNER, Stanislaus: Josef Rohrers Versuch über die slawischen Bewohner der österreichischen Monarchie, 1804. Zur Frage einer josephinistischen Ethnographie, in: Gernot HEBENSTREIT (Hg.), Grenzen erfahren – sichtbar machen – überschreiten. Festschrift für Erich Prunč zum 60. Geburtstag. Frankfurt/M. 2001, 51–67.

HAHN, Hans Henning (Hg.): Stereotyp, Identität und Geschichte. Die Funktion von Stereotypen in gesellschaftlichen Diskursen. Frankfurt/M. u. a. 2002 (Mitteleuropa – Osteuropa, 5).

HALLET, Wolfgang: Intertextualität als methodisches Konzept einer kulturwissenschaftlichen Literaturwissenschaft, in: GYMNICH / NEUMANN / NÜNNING (Hgg.), Kulturelles Wissen und Intertextualität, 53–70.

HALM, Hans: Österreich und Neurußland. Bd. 1: Donauschiffahrt und -handel nach dem Südosten 1718–1780. Breslau 1943.

Ders.: Österreich und Neurußland. Bd. 2: Habsburgischer Osthandel im 18. Jahrhundert. Donauhandel und -schiffahrt 1781–1787. Mit einer Karte. München 1954 (Veröffentlichungen des Osteuropa-Instituts München, 7).

HAMANN, Günther: Zur Wissenschaftspflege des aufgeklärten Absolutismus: Naturforschung, Sammlungswesen und Landesaufnahme, in: ZÖLLNER (Hg.), Österreich im Zeitalter des aufgeklärten Absolutismus, 151–178.

HANÁK, Peter: Österreichischer Staatspatriotismus im Zeitalter des aufsteigenden Nationalismus, in: URBACH (Bearb.), Wien und Europa zwischen den Revolutionen, 315–330.

HARBSMEIER, Michael: Reisebeschreibungen als mentalitätsgeschichtliche Quellen. Überlegungen zu einer historisch-anthropologischen Untersuchung frühneuzeitlicher deutscher Reisebeschreibungen, in: MĄCZAK / TEUTEBERG (Hgg.), Reiseberichte, 1–32.

HARDER, Hans-Bernd: Johann Gottfried Herder und die slawische Welt, in: DERS., Johann Gottfried Herder. Ein Zeuge der deutschen Klassik aus dem Lande Preußen. Hg. Hans ROTHE. Frankfurt/M. u. a. 2000 (Preußen unter Nachbarn, Studien und Quellen, 1), 39–55.

HÁRS, Endre u. a. (Hgg.): Zentren, Peripherien und kollektive Identitäten in Österreich-Ungarn. Tübingen, Basel 2006 (Kultur – Herrschaft – Differenz, 9).

DERS. u. a.: Zentren peripher: Vorüberlegungen zu einer Denkfigur, in: DERS. u. a. (Hgg.), Zentren, Peripherien und kollektive Identitäten, 1–15.

HARTH, Dietrich: Fiktion des Fremden. Erkundung kultureller Grenzen in Literatur und Publizistik. Frankfurt/M. 1994.

HARTIG, Otto (Hg.): Hacquets Autobiographie, *Die Wahrheit* 42 (1908), H. 1–4. Nachdr. „Hacquets Autobiographie und Testament“, in: HACQUET, Physikalisch-politische Reise, 406–432.

„Hasanaginica“ u svjetskoj književnosti. *Život. Časopis za njiževnost i kulturu* 23, Sarajevo 1974.

HASELSTEINER, Horst: Joseph II. und die Komitate Ungarns. Herrscherrecht und ständischer Konstitutionalismus. Wien, Köln, Graz 1983 (Veröffentlichungen des Österreichischen Ost- und Südosteuropa-Instituts, 11).

DERS.: O držanju hrvatsko-slavonskih županija prema Josipu II 1787–1790, *Historijski zbornik* 39 (1986), 131–146.

HÄUSLER, Wolfgang: Das galizische Judentum in der Habsburgermonarchie. Im Lichte der zeitgenössischen Publizistik und Reiseliteratur 1772–1848. München 1979.

DERS.: Das Nachleben Josephs II. und des Josephinismus bis zur Revolution von 1848, in: GUTKAS (Bearb.), Österreich zur Zeit Kaiser Josephs II., 282–288.

HELMEDACH, Andreas: Die Reiseberichte des Grafen Vincenz Batthyány, *Südost-Forschungen* 49 (1990), 129–192.

DERS.: Das Verkehrssystem als Modernisierungsfaktor. Straßen, Post, Fuhrwesen und Reisen nach Triest und Fiume vom Beginn des 18. Jahrhunderts bis zum Eisenbahnzeitalter. München 2002 (Südosteuropäische Arbeiten, 107).

DERS. (Hg.): Pulverfass, Powder Keg, Baril de Poudre? Südosteuropa im europäischen Geschichtsbuch. Hannover 2007 (Studien zur internationalen Schulbuchforschung, 118).

HELCZMANOVSKI, Heimold: Beiträge zur Bevölkerungs- und Sozialgeschichte Österreichs. Nebst einem Überblick über die Entwicklung der Bevölkerungs- und Sozialstatistik. München 1973.

HENNINGSEN, Bernd (Hg.): Das Projekt Norden. Essays zur Konstruktion einer europäischen Region. Berlin 2002 (Wahlverwandtschaft – Der Norden und Deutschland. Essays zu einer europäischen Begegnungsgeschichte, 9).

HENTGES, Gudrun: Schattenseiten der Aufklärung. Die Darstellung von Juden und „Wilden" in philosophischen Schriften des 18. und 19. Jahrhunderts. Schwalbach/Ts. 1999.

HEPPNER, Harald (Hg.): Slowenen und Deutsche im gemeinsamen Raum. Neue Forschungen zu einem komplexen Thema. München 2002 (Buchreihe der Südostdeutschen Historischen Kommission, 38).

HEROLD, Theodor: Friedrich August Clemens Werthes und die deutschen Zriny-Dramen. Münster 1898.

HERZFELD, Marianne von: Zur Orientpolitik Österreichs unter Maria Theresia. Wien 1919.

HOFFMANN, Peter: Anton Friedrich Büsching (1724–1793). Ein Leben im Zeitalter der Aufklärung. Berlin 2000.

HOFFMANN, Johannes: Stereotypen – Vorurteile – Völkerbilder in Ost und West in Wissenschaft und Unterricht. Teil 3: Eine Bibliographie. Wiesbaden 2006 (Studien der Forschungsstelle Ostmitteleuropa an der Universität Dortmund, 1).

HOLZ, Eva: Nekaj besed o avstrijski Istri v Valvasorjevi Slavi vojvodine Kranjske, in: DAROVEC (Hg.), Stari krajepisi Istre, 163–172.

HOLJEVAC, Željko: Ljudi, voda i prirodna sredina na Triplex confiniumu: Vukasovićeve i Hacquetove ekohistorijske opservacije u Lici i Krbavi, in: ROKSANDIĆ u. a. (Hgg.), Triplex Confinium (1500–1800): Ekohistorija, 145–155.

DERS. / Nenad MOAČANIN: Hrvatsko-slavonska vojna krajina i Hrvati pod vlašću Osmanskoga carstva u ranome novom vijeku. Zagreb 2007.

HÖPKEN, Wolfgang (Hg.): Öl ins Feuer? Oil on Fire? Schulbücher, ethnische Stereotypen und Gewalt in Südosteuropa. Textbooks, Ethnic Stereotypes and Violence in South-Eastern Europe. Hannover 1996 (Studien zur internationalen Schulbuchforschung, 89).

HORMUTH, Dennis / Maike SCHMIDT (Hgg.): Norden und Nördlichkeit – Darstellung vom Eigenen und Fremden. Frankfurt/M. 2010 (Imaginatio Borealis – Bilder des Nordens, 21).

Hornyák, Mária: Brunszvik Teréz óvodái és a sajtó, *Magyar könyvszemle* 120 (2004), H. 4, 353–373, unter <http://epa.niif.hu/00000/00021/00043/Ksz2004-4-03.htm>, 15.07.2011.

Dies.: Az európai óvodaügy hőskora Brunszvik teréz levelezésének tükrében: (3. rész: 1831–1836), *Neveléstörténet* 2, 3–4, 2005, 5–24, unter <http://www.kjf.hu/nevelestortenet/index.php?act=menu_tart&rovat_mod=archiv&eid=32&rid=1&id=174>, 15.07.2011.

Horvat, Josip: Kultura Hrvata kroz 1000 godina. Bd. 2. Zagreb 1980.

Horváth, Robert: Statistische Deskription und Nominalismus, in: Rassem / Stagl (Hgg.), Statistik, 37–51.

Hösler, Joachim: Von Krain zu Slowenien. Die Anfänge der nationalen Differenzierungsprozesse in Krain und der Untersteiermark von der Aufklärung bis zur Revolution 1768 bis 1848. München 2006 (Südosteuropäische Arbeiten, 126).

Hroch, Miroslav: Die Mitte und der Norden. Eine mitteleuropäische Selbstreflexion, in: Henningsen (Hg.), Das Projekt Norden, 65–78.

Huzjan, Vladimir: Pokušaj otkrivanja nastanka i razvoja kravate kao riječi i odjevnoga predmeta, *Povijesni prilozi* 34 (2008), 103–121.

Hund, Wulf D.: Rassismus im Kontext. Geschlecht, Klasse, Nation, Kultur und Rasse, in: Irmtrud Woyak / Susanne Meinl (Hgg.), Grenzenlose Vorurteile. Antisemitismus, Nationalismus und ethnische Konflikte in verschiedenen Kulturen. Frankfurt/M., New York 2002 (Jahrbuch 2002 zur Geschichte und Wirkung des Holocaust), 17–40, unter <http://www.wiso.uni-hamburg.de/fileadmin/wiso_dwp_soz/Hund/Rasse.pdf>, 15.07.2011.

Ihle, Alexander: Christoph Meiners und die Völkerkunde. Göttingen 1931.

Ilwolf, Franz: Flussregulierungen und Wasserbauten 1772–1774, *Archiv für österreichische Geschichte* 57 (1909), 523–583.

Imhof, Michael, Stereotypen und Diskursanalyse. Anregungen zu einem Forschungskonzept kulturwissenschaftlicher Stereotypenforschung, in: Hahn (Hg.), Stereotyp, Identität und Geschichte, 57–71.

Isaković, Alija (Hg.): Hasanaginica, 1774–1974. Prepjevi, studije, varijante, bibliografija. Sarajevo 1975.

Jäger, Siegfried: Kritische Diskursanalyse. Eine Einführung. Münster ^{4}2004.

Jakob, Georg: Belsazar Hacquet, der Erschließer der Ostalpen, in: Hacquet, Physikalisch-politische Reise, 433–473.

Janković Mira: Ossian kao poticaj za skupljanje narodnih pjesama kod Južnih Slavena, *Zbornik za narodni život i običaje* 38 (1954), 177–221.

Dies.: Škotski mecena i djela o Dalmaciji. Zagreb 1954 (*Zbornik radova. Filozofski fakultet. Sveučilište u Zagrebu*, Bd. 2, 1954, 245–253).

Jarowski, Rudolf: Zur Frage vormoderner Nationalismen in Ostmitteleuropa, *Geschichte und Gesellschaft* 5 (1979), 398–417.

Jezernik, Božidar: Wild Europe. The Balkans in the Gaze of Western Travellers. London 2004.

Jiriček, Constantin: Die Wlachen und Maurowlachen in den Denkmälern von Ragusa. Prag 1880 (*Sitzungsberichte der königlich böhmischen Gesellschaft der Wissenschaften in Prag*, Jg. 1879, 109–125).

Jochum, Uwe: Textgestalt und Buchgestalt. Überlegungen zu einer Literaturgeschichte des gedruckten Buches, *Zeitschrift für Literaturwissenschaft und Linguistik* 26 (1996), H. 103, 20–34, unter <kops.ub.uni-konstanz.de/bitstream/handle/urn:nbn:de:bsz:352-opus–12765/textgestalt.pdf?sequence=1>, 15.07.2011.

Jordan, Sonja: Die kaiserliche Wirtschaftspolitik im Banat im 18. Jahrhundert. München 1967 (Buchreihe der Südostdeutschen Historischen Kommission, 17).

Jurčić, Hrvoje: Das ungarisch-kroatische Verhältnis im Spiegel des Sprachenstreites 1790–1848, *Ungarn-Jahrbuch. Zeitschrift für die Kunde Ungarns und verwandte Gebiete* 3 (1971), 69–87.

Južnič, Stanislav: Gabrijel Gruber in navigacijski inženir Jurij Vega, *Arhivi* 26 (2003), Nr. 1, 69–80, unter <http://www.arhivsko-drustvo.si/publikacije/arhivi/pdfxxvi1/juznic.PDF>, 15.07.2011.

Ders.: Hacquetova bibliografija, *Arhivi* 27 (2004), H. 1, 167–187, unter <http://www.arhivsko-drustvo.si/publikacije/arhivi/pdfxxvii1/juznic.pdf>, 15.07.2011.

Ders.: Gruber's Karst Research. Gruberjevo raziskovanje krasa, *Acta carsologica* 33 (2004), Nr. 2, 277–298, unter <http://carsologica.zrc-sazu.si/downloads/332/juznic.pdf>, 15.07.2011.

Ders.: Gabriel Gruber. Od ljubljanskega prekopa do jezuitskega generala. Ljubljana 2006.

Kabić, Slavija / Goran Lovrić (Hgg.): Mobilität und Kontakt. Deutsche Sprache, Literatur und Kultur in ihrer Beziehung zum südosteuropäischen Raum. Zadar 2009.

Kaiser, Alfons: Du bist, was du trägst. Die Krawatte, in: ders. / Susanne Kusicke (Hgg.), Poncho, Parka, Prada-Täschchen. Kleines Glossar der unentbehrlichen Kleidungsstücke. München 2006, 38–43.

Kakanien Revisited, unter <http://www.kakanien.ac.at.>, 15.07.2011.

Kann, Robert A.: Geschichte des Habsburgerreiches 1526 bis 1918. Wien, Köln, Weimar ^{3}1993 (Forschungen zur Geschichte des Donauraumes, 4).

Karaman, Igor: Trgovinska magistrala Sisak-Karlovac-Rijeka i merkantilistička politika bečkog dvora u godinama 1749–1767, *Starine JAZU* 53 (1966), 263–311.

Ders.: Aus der Geschichte der maria-theresianischen merkantilistischen Politik in Kroatien, *Österreichische Osthefte* 7 (1965), 89–102.

Ders.: Plovidba na dunavskim pritokama Dravi i Savi u XVIII-XIX st., in: Vasa Čubrilović (Hg.), Plovidba na dunavu i njegovim pritokama kroz vekove. Beograd 1983, 359–377.

Kaser, Karl: Freier Bauer und Soldat. Die Militarisierung der agrarischen Gesellschaft an der kroatisch-slawonischen Militärgrenze (1535–1881). Wien, Köln, Weimar ^{2}1997 (Zur Kunde Südosteuropas II/22).

Ders. u. a. (Hgg.): Europa und die Grenzen im Kopf. Klagenfurt 2003 (Wieser Enzyklopädie des europäischen Ostens, 11).

Ders. / Hannes Grandits / Siegfried Gruber: Popis Like i Krbave 1712. godine. Obitelj, zemljišni posjed i etničnost u jugozapadnoj Hrvatskoj. Zagreb 2003.

Katušić, Maja: Usmene predaje o caru Josipu II., *Povijesni prilozi* 29 (2005), 151–165.

Keim, August Alexander: Geschichte des 4. Großherzoglich Hessischen Infanterie-Regiments (Prinz Karl) Nr. 118 und seiner Stämme 1699–1878. Berlin 1879.

Kelemina, Jakob: Handwerksburschengeographie, ein niederösterreichisches Lied des 18. Jahrhunderts, *Zeitschrift des Vereins für Volkskunde* 18 (1908), H. 3, 296–300.

Kerekes, Gábor: Die deutsche Literatur in den Zeitschriften Jelenkor und Társalkodó, in: László Tarnói (Hg.), Rezeption der deutschen Literatur in Ungarn 1800–1850. Teil 2: Zeitschriften und Tendenzen. Budapest 1987, 51–64.

Kessler, Wolfgang: Buchproduktion und Lektüre in Zivilkroatien und -slawonien zwischen Aufklärung und „Nationaler Wiedergeburt" (1767–1848), *Archiv für Geschichte des Buchwesens* 16 (1976), 339–790.

Ders.: Kulturbeziehungen und Reisen im 18. und 19. Jahrhundert, in: ders. / Henryk Rietz / Gerd Robel (Hgg.), Kulturbeziehungen in Mittel- und Osteuropa im 18. und 19. Jahrhundert. Festschrift für Franz Ischreyt zum 65. Geburtstag. Berlin 1982 (Studien zur Geschichte der Kulturbeziehungen in Mittel- und Osteuropa, 9), 264–288.

Ders.: Politik, Kultur und Gesellschaft in Kroatien und Slawonien in der ersten Hälfte des 19. Jahrhunderts. Historiographie und Grundlagen. München 1981 (Südosteuropäische Arbeiten, 77).

Ders.: Die Südslawen und Herder. Einige Anmerkungen, in: Hans-Bernd Harder / Gert Hummel / Helmut Schaller (Hgg.), Festschrift für Wolfgang Gesemann. Bd. 3: Beiträge zur slawischen Sprachwissenschaft und Kulturgeschichte. Neuried 1986 (Typoskript-Edition Hieronymus: Slavische Sprachen und Literaturen, 8), 157–171.

Khevenhüller-Metsch, Johann Josef: Aus der Zeit Maria Theresias. Tagebuch des Fürsten Johann Josef und Nachträge von anderer Hand 1774–170. Hrsg. von Maria Breunlich-Pawlik und Hans Wagner. Wien 1972.

Király, Béla K.: Hungary in the Late Eighteenth Century. The Decline of Enlightened Despotism. New York, London 1969.

Kisler, Karl Michael: Joseph II. in der Literatur, in: Gutkas (Bearb.), Österreich zur Zeit Kaiser Josephs II., 298–305.

Klemun, Marianne: Raumkonzepte im Werk Belsazar Hacquets, *Hacquetia* 2 (2003), H. 2, 49–53.

Dies.: The Royal Natural History Collection in Vienna (18th) Century: From Possessing Minerals as a Private Treasure Towards Territorial Ambitions as Consciousness, in: Cornelis F. Winkler Prins / Stepehn K. Donovan (Hgg.), VII International Symposium „Cultural Heritage in Geosciences, Mining and Metallurgy: Libraries – Archives – Museums': „Museums and Their Collections", Leiden (The Netherlands), 19–23 May 2003. Leiden 2004 (Scripta Geologica Special Issue 4), 193–199, unter <http://www.repository.naturalis.nl/document/43865>, 15.07.2011.

Dies.: Writing, „Inscription", and Fact: Eighteenth Century Mineralogical Books Based on Travels in the Habsburg Regions, the Carpathians Mountains, in: Patrick N. Wyse Jackson (Hg.), Four Centuries of Geological Travel. The Search of Knowledge on Foot, Bicycle, Sledge and Camel. London 2007, 49–63.

Klen, Danilo (Hg.): Povijest Rijeke. Rijeka 1988.

Kliemann, Hendriette: Aspekte des Nordenbegriffes in Deutschland um 1800, in: Henningsen (Hg.), Das Projekt Norden, 37–58.

Klingenstein, Grete: Was bedeuten „Österreich" und „Österreichisch" im 18. Jahrhundert? Eine begriffsgeschichtliche Studie, in: Plaschka / Stourzh / Niederkorn (Hgg.), Was heißt Österreich, 150–220.

Knies, Carl Gustav Adolph: Die Statistik als selbständige Wissenschaft. Zur Lösung des Wirrsals in der Theorie und Praxis dieser Wissenschaft. Kassel 1850 [Neudr. Frankfurt/M. 1969].

Kohl, Karl Heinz: Entzauberter Blick. Das Bild vom Guten Wilden und die Erfahrung der Zivilisation. Frankfurt/M., Paris 1983, 71–80, unter <http://www.scribd.com/doc/42158/Kohl-KarlHeinz-Entzauberter-Blick>, 15.07.2011.

Komlosy, Andrea: Grenze und ungleiche regionale Entwicklung. Binnenmarkt und Migration in der Habsburgermonarchie. Wien 2003.

DIES.: Innere Peripherien als Ersatz für Kolonien? Zentrenbildung und Peripherisierung in der Habsburgermonarchie, in: HÁRS u. a. (Hgg.), Zentren, Peripherien und kollektive Identitäten, 55–78.

KONSTANTINOVIĆ, Zoran: Deutsche Reisebeschreibungen über Serbien und Montenegro. München 1960 (Südosteuropäische Arbeiten, 56).

KOSELLECK, Reinhart: Einleitung, in: BRUNNER / CONZE / KOSELLECK (Hgg.), Geschichtliche Grundbegriffe. Bd. 1. Stuttgart 1972, XIII-XXVII.

KOSTIĆ, Mita: O dunavsko-savskoj trgovini, lađama, lađarima i lađarskim cehovima u XVIII i XIX veku do pojave železnica, *Istorijski časopis* 9–10 (1959), 259–293.

DERS.: Štetan utecaj francuskog filozofa Bayle-a na temišvarskog episkopa Petra Petrovića, *Glasnik istorijskog društva u Novom Sadu* 1 (1928), 1–4.

KRAHWINKLER, Harald (Hg.): Staat – Land – Nation – Region. Gesellschaftliches Bewusstsein in den österreichischen Ländern Kärnten, Krain, Steiermark und Küstenland 1740 bis 1918. Klagenfurt u. a. 2002 (Unbegrenzte Geschichte/Zgodovina brez meja, 9).

KRAJASICH, Peter: Die Militärgrenze in Kroatien. Wien 1974.

KRASNOBAEV, Boris / Gert ROBEL / Herbert ZEMAN (Hgg.): Reisen und Reisebeschreibungen im 18. und 19. Jahrhundert als Quellen der Kulturbeziehungsforschung. Berlin 1980 (Studien zur Geschichte der Kulturbeziehungen in Mittel- und Osteuropa, 6).

KREBS, Christopher B.: Negotiatio Germaniae. Tacitus' Germania und Enea Silvio Piccolomini, Giannantonio Campano, Conrad Celtis und Heinrich Bebel. Göttingen 2005 (Hypomnemata, 158).

KRESTIĆ, Vasilije: Stanje saobraćaja u Hrvatskoj u vreme illirskog pokreta, *Kolo* N. F. 4 (1966), H. 8/10, 194–199.

KRIEGLEDER, Wynfrid: Die Romantik in Österreich, in: ZEMAN (Hg.), Literaturgeschichte Österreichs, 361–377.

KRIL, Mykhailo: Balthasar Hacquet as a Historian, *Hacquetia* 2 (2003), H. 2, 49–53.

KRUHEK, Milan u. a. (Hgg.), Hrvatsko-mađarski odnosi 1102.–1918. Zbornik radova. Zagreb 2004.

KÜHN, Arthur: Die Neugestaltung der deutschen Geographie im 18. Jahrhundert. Leipzig 1939 (Quellen und Forschungen zur Geschichte der Geographie und Völkerkunde, 6).

KULA, Onur Bilge: Beiträge der „Newen Zeitungen" zum Türkenbild in der ersten Hälfte des 16. Jahrhunderts, in: WIESINGER (Hg.), Akten, 21–29.

KULCSÁR, Krisztina: II. József utazásai Magyarországon, Erdélyben, Szlavóniában és a Temesi Bánságban 1768–1773. Budapest 2004.

DIES.: Die Reisejournale Kaiser Josefs II. über seine Reisen durch Ungarn, Siebenbürgen, Slawonien und das Temeswarer Banat (1768–1773), in: Eva FRIMMOVÁ / Elisabeth KLECKER (Hgg.), Itineraria Posoniensia. Zborník z medzinárodnej konferencie Cestopisy v novoveku, ktorá sa konala v dňoch 3.–5. novembra 2003 v Bratislave. Akten der Tagung Reisebeschreibungen in der Neuzeit, Bratislava, 3.–5. November 2003. Bratislava 2005, 159–166.

DIES.: Vor der Entdeckung der Landschaft. Objektive Bedingungen des Reisens anhand des Beispiels der Reisetätigkeit Kaiser Josephs II., in: Franc ROZMAN (Red.), Neuzeitliche Reisekultur im pannonischen Raum bis zur Mitte des 19. Jahrhunderts. Internationales Kulturhistorisches Symposium Mogersdorf 2003. International Historico-Cultural Symposium Mogersdorf 2003 in Murska Sobota, 1. bis 4. Juli 2003. Hg. Univerza v Mariboru. Maribor 2004, 92–109.

KUSIN, Vesna / Joško BELAMARIĆ / Marko GRČIĆ (Hgg.), Dalmatinska zagora-nepoznata zemlja. Galerija Klovićevi dvori, Jezuitski trg 4.4. rujna – 21. listopada 2007. Ausstellungskatalog. Zagreb 2007.

LANG, Bernhard: Der Orientreisende als Exeget, in: ECKER / RÖHL (Hgg.), In Spuren reisen, 31–61.

LAUER, Reinhard: Genese und Funktion des illyrischen Ideologems in den südslawischen Literaturen (16. bis Anfang des 19. Jahrhunderts), in: Klaus Detlev GROTHUSEN (Hg.), Ethnogenese und Staatsbildung in Südosteuropa. Beiträge des Südosteuropa-Arbeitskreises der Deutschen Forschungsgemeinschaft zum III. Internationalen Südosteuropa-Kongreß der Association Internationale d'Études du Sud-Est Européen. Bukarest, 4.–10.9.1974. Göttingen 1974, 116–143.

DERS.: Schlözer und die Grundlegung slavistischer Methodologie, *Zeitschrift für Slawistik* 30 (1985), H. 5, 634–644.

LAZANIN, Sanja / Drago ROKSANDIĆ: J. W. Valvasor and J. Rabatta on the Croatian Military Border in 1699 and 1719. Stereotypes and Mentality in the Triple Frontier Comparative Perspectives, in: ROKSANDIĆ (Hg.), Microhistory, 88–110.

LEERSSEN, Joep / Karl Ulrich SYNDRAM (Hgg.): Europa Provincia Mundi. Essays in Comparative Literature and European Studies Offered to Hugo Dyserinck on the Occasion of his Sixty-fifth Birthday. Amsterdam 1992.

DERS.: Identity/Alterity/Hybridity, in: BELLER / LEERSSEN (Hgg.), Imagology, 335–341.

LEMBERG, Hans: Zur Entstehung des Osteuropabegriffs im 19. Jahrhundert. Vom „Norden" zum „Osten" Europas, *Jahrbücher für Geschichte Osteuropas* 33 (1985), 48–91, unter <http://mdz10.bib-bvb.de/~db/bsb00003833/images/index.html?seite=56>, 15.07.2011.

LEMKE, Thomas: Biopolitik im Empire – Die Immanenz des Kapitalismus bei Michael Hardt und Antonio Negri, *Prokla. Zeitschrift für Kritische Sozialwissenschaft* 32 (2002), Nr. 4, 619–629.

DERS.: Gouvernementalität und Biopolitik. Wiesbaden 2007.

LINDSTROM, Nicole / Maple RAZSA: Reimagining the Balkans. The Role of Balkanism in the Construction of Croatian National Identity, unter <http://www.hks.harvard.edu/kokkalis/GSW1/GSW1/03%20Lindstrom%20Razsa.pdf>, 15.07.2011.

LINK, Jürgen: Elementare Literatur und generative Diskursanalyse (mit einem Beitrag von Jochen Hörisch und Hans-Georg Pott). München 1983.

DERS.: Interdiskurs, System der Kollektivsymbole, Literatur. Thesen zu einer generativen Diskurs- und Literaturtheorie, in: Achim ESCHBACH (Hg.), Perspektiven des Verstehens. Bochum 1986, 128–146.

DERS.: Literaturwissenschaftliche Grundbegriffe. München ^{6}1997.

DERS. / Wulf WÜLFING (Hgg.): Bewegung und Stillstand in Metaphern und Mythen. Fallstudien zum Verhältnis von elementarem Wissen und Literatur im 19. Jahrhundert. Stuttgart 1984.

DERS. / Wulf WÜLFING (Hgg.): Nationale Mythen und Symbole in der zweiten Hälfte des 19. Jahrhunderts. Strukturen und Funktionen von Konzepten nationaler Identität. Stuttgart 1991.

DERS. / Wulf WÜLFING: Einleitung. In: DIESS. (Hgg.), Nationale Mythen und Symbole, 7–15.

LINS, Eberhard: Sächsisch auf Deutsch. Herkunft und Bedeutung sächsischer Wörter. München 1974.

LONČARIĆ, Magdalena: Plemstvo županije varaždinske. Der Adel des Komitats Varaždin. Varaždin 1996.

Lopašić, Radoslav: Karlovac. Poviest i mjestopis grada i okolice. Zagreb 1879 [Nachdr. 1993].

Losch, Philipp: Soldatenhandel. Mit einem Verzeichnis der Hessen-Kasselischen Subsidienverträge und einer Bibliographie. Kassel 1933 [Nachdr. Kassel 1974].

Loschek, Ingrid: Accessoires. Symbolik und Geschichte. München 1993.

Lucerna, Camilla: Die südslavische Ballade von Asan Agas Gattin und ihre Nachbildung durch Goethe. Berlin 1905 [Nachdr. Hildesheim 1978].

Lutz, Gerhard: Geographie und Statistik im 18. Jahrhundert. Zu Neugliederung und Inhalten von „Fächern" im Bereich der historischen Wissenschaften, in: Rassem / Stagl (Hgg.), Statistik, 249–269.

Lutz, Heinrich / Helmut Rumpler (Hgg.): Österreich und die deutsche Frage im 19. Jahrhundert. Probleme der politisch-staatlichen und soziokulturellen Differenzierung im deutschen Mitteleuropa. München 1982 (Wiener Beiträge zur Geschichte der Neuzeit, 9).

Mączak, Antoni / Hans Jürgen Teuteberg (Hgg.): Reiseberichte als Quellen europäischer Kulturgeschichte. Wolfenbüttel 1982 (Wolfenbütteler Forschungen, 21).

Maggs, Barbara W.: Three Phases of Primitivism in Portraits of Eighteenth-Century Croatia, *Slavonic and East European Review* 67 (1989), H. 4, 546–563.

Maier, Anja K. / Burkhardt Wolf (Hgg.): Wege des Kybernetes. Schreibpraktiken und Steuerungsmodelle von Politik, Reise, Migration. Münster 2004 (Reiseliteratur und Kulturanthropologie, 4).

Maixner, Rudolf: Charles Nodier i Ilirija, *Rad JAZU* 229 (1924), 1–48.

Maner, Hans-Christian (Hg.): Grenzregionen der Habsburgermonarchie im 18. und 19. Jahrhundert. Ihre Bedeutung und Funktion aus der Perspektive Wiens. Münster 2005 (Mainzer Beiträge zur Geschichte Osteuropas, 1).

Ders.: Zentren und Grenzregionen in der Habsburgermonarchie im 18. und 19. Jahrhundert. Eine Einführung, in: ders. (Hg.), Grenzregionen der Habsburgermonarchie, 9–24.

Marinelli-König, Gertraud: Die Südslaven in den Wiener Zeitschriften und Almanachen des Vormärz (1805–1848). Versuch einer kritischen Bestandsaufnahme der Beiträge über Bosnien, Bulgarien, Dalmatien, die Herzegowina, Istrien, Krain (Kärnten, Steiermark), Kroatien, das Küstenland, die Militärgrenze, Montenegro, Serbien und Slawonien. Wien 1994.

Dies.: Autoren aus Oberungarn in Wiener Zeitschriften zu Beginn des 19. Jahrhunderts. Wem „gehören" sie?, *Studia Caroliensia* 1 (2004), 38–50. (Symposiumsbeiträge: Ungarn in Europa, Budapest, 3.6. – 4.6.2004), unter <http://www.kre.hu/rektori/files/studiacikkek/2004.1.szam/05Marinelli_Ny.pdf>, 10.05.2009 [Seite am 15.07.2011 nicht mehr zugänglich].

Marković, Mirko: Dinara kao sezonska planina stočara sjeverne Dalmacije, *Zbornik za narodni život i običaje Južnih Slavena* 51 (1989), 19–107.

Ders.: Hrvatska na starim zemljovidima. Zagreb 2002.

Matić, Tomo: Prosper Mérimée's Mystifikation kroatischer Volkslieder, *Archiv für slavische Philologie* 28 (1906), 321–350 u. 29 (1907), 49–79.

Matijašić, Robert: Putopisi i starinoznanstvo XVII. i XVIII. stoljeća na našoj obali, *Nova Istra* 3 (1998), 122–131.

Matković, Petar: Putovanja po balkanskom poluotoku za srednjega vieka, *Rad JAZU* 42 (1878), 56–184.

Matl, Josef: Ragusa (Dubrovnik) in der deutschen Literatur, in: ders., Südslawische Studien. München 1965 (Südosteuropäische Arbeiten, 63), 337–363.

Ders.: Europa und die Slaven. Wiesbaden 1964.

MAY, Wolfgang: Reisen „al incognito". Zur Reisetätigkeit Kaiser Josephs II., *Mitteilungen des Instituts für österreichische Geschichtsforschung* 98 (1985), 59–91.

DERS.: Die Reisen Josephs II., in: GUTKAS (Bearb.), Österreich zur Zeit Kaiser Josephs II., 82–84.

DERS.: Tafel 2. Kat. Nr. 450. Die Reisen Kaiser Josephs II. in Europa, in: GUTKAS (Bearb.), Österreich zur Zeit Kaiser Josephs II., 713.

DERS.: Tafel 3. Kat. Nr. 451. Die Reisen Kaiser Josephs II. in der österreichischen Monarchie, in: GUTKAS (Bearb.), Österreich zur Zeit Kaiser Josephs II., 714.

MEHNERT, Elke (Hg.): Bilderwelten-Weltbilder. Vademekum der Imagologie. Chemnitz 1997.

MEISTERLE, Stefan: Die koloniale Ostindienpolitik des Wiener Hofes in den Jahren 1775–1785, *Wiener Geschichtsblätter* 62 (2007), H. 4, 17–29.

MERHAR, Johann: Valvasor als Ethnograph. Eine Charakteristik. Triest 1910 (*Jahresbericht des k. k. Staats-Gymnasiums in Triest* 60 (1909/10)).

MEYER, Silke: Die Ikonographie der Nation. Nationalstereotype in der englischen Druckgraphik des 18. Jahrhunderts. Münster u. a. 2003.

MICHELSEN, Peter: Laurence Sterne und der deutsche Roman des achtzehnten Jahrhunderts. Göttingen 1962.

MIKLOSICH, Franz: Ueber Goethe's „Klaggesang von der edlen Frauen des Asan Aga", *Sitzungsberichte der Philosophisch-historischen Classe der Kaiserlichen Akademie der Wissenschaften* 103 (1883), 413–490.

MILOVIĆ, Jevto, M.: Goethe, seine Zeitgenossen und die serbokroatische Volkspoesie. Leipzig 1941 [Nachdr. Nendeln/Liechtenstein 1968].

MIRDITA, Zef: Vlasi u historiografiji. Zagreb 2004.

MITROFANOV, Paul von: Joseph II. Seine politische und kulturelle Tätigkeit. Aus dem Russischen ins Deutsche übersetzt von V. von DEMELIČ. 2 Bde. Wien, Leipzig 1910.

MLINARIĆ, Dubravka: Glad i bolesti u demografiji od 15. do 19. stoljeća, in: KUSIN / BELAMARIĆ / GRČIĆ (Hgg.), Dalmatinska zagora, S. 245–255.

MÜLLER-FUNK, Wolfgang / Peter PLENER / Clemens RUTHNER (Hgg.), Kakanien revisited. Das Eigene und das Fremde (in) der österreichisch-ungarischen Monarchie. Tübingen, Basel 2002 (Kultur – Herrschaft – Differenz, 1).

MÜLLER, Karl Ludwig: Übertragener Gebrauch von Ethnika in der Romania. Eine vergleichende Untersuchung unter Berücksichtigung der englischen und der deutschen Sprache. Meisenhein am Glan 1973.

MULJAČIĆ, Žarko: Iz korespondencije A. Fortisa s J. S. Wyttenbachom, *Radovi Filozofskog fakulteta u Zadru* 7 (1968), H. 7, 113–118.

DERS.: Još o Fortisovim putovanjima po Hrvatskoj, *Pomorski zbornik* 7 (1969), 555–571.

DERS.: Dalmacija viđena očima Britanca F. A. Herveya 1797.–1799. godine, *Dubrovnik* n. F. 2 (1991), H. 3–4, 205–214.

DERS.: Prilog proučavanju veza Alberta Fortisa s Hrvatima, *Rad Zavoda povij. znan. HAZU* 37 (1995), 583–593.

DERS.: Putovanja Alberta Fortisa po Hrvatskoj i Sloveniji (1765–1991). Split 1996.

MURKO, Matthias: Das Original von Goethes „Klaggesang von der edlen Frauen des Asan Aga" (Asanaginica) in der Literatur und im Volksmunde durch 150 Jahre. Brünn u. a. 1937.

NADLER, Joseph: Literaturgeschichte Österreichs. Linz 1948.

NAGL, Johann Willibald / Jakob ZEIDLER / Eduard CASTLE (Hgg.): Deutsch-Österreichische Literaturgeschichte. Ein Handbuch zur Geschichte der deutschen Dichtung in Österreich-Ungarn, 4 Bde. Wien 1914.

NAIMARK, Norman M. / Holly CASE (Hgg.): Yugoslavia and its Historians. Understanding the Balkan Wars of the 1990s. Stanford/CA 2003.

NAMOVICZ, Tadeusz: Herder und die slawisch-osteuropäische Kultur, in: Martin BOLLACHER (Hg.), Johann Gottfried Herder. Geschichte und Kultur. Würzburg 1994, 341–355.

NEDO, Paul: Der Zauberer Krabat. Zur Entstehung einer demokratischen sorbischen Volkserzählung, in: Hans Holm BIELFELDT (Hg.), Vorträge auf der Berliner Slawistentagung (11.–13. November 1954). Berlin 1956 (Veröffentlichungen des Instituts für Slawistik, 8), 271–284.

NEHRING, Karl: Kaiserliche Gesandtschaftsberichte und Finalrelationen aus Konstantinopel als Quelle zur Geschichte Südosteuropas im 16. und 17. Jahrhundert, *Études balkaniques* 22 (1986), Bd. 3, 110–115.

NEIDENBACH, Sieglinde: Die Reisen Kaiser Josephs II. ins Banat. Univ. Diss. Wien 1967.

NÉMETH, Katalin S.: Fiktionalität und Realität in den deutschen Ungarnbeschreibungen des 17. Jahrhunderts, in: BREUER / TÜSKÉS (Hgg.), Das Ungarnbild, 55–77.

NENEZIĆ, Zoran D.: Masoni u Jugoslaviji (1764–1980). Pregled istorije slobodnog zidarstva u Jugoslaviji. Prilozi i građa. Beograd ²1987.

NEUMANN, Birgit: Kulturelles Wissen und Literatur, in: GYMNICH / NEUMANN / NÜNNING (Hgg.), Kulturelles Wissen und Intertextualität, 29–51.

NOVAK, Grga: Jedan anonimni rukopis iz godine 1775/6 o dalmatinskim Zagorcima (Morlakima), Primorcima i Otočanima, *Narodna starina* 1930, 21–37.

DERS.: Dalmacija god. 1775/6. gledana očima jednog suvremenika, *Starine JAZU* 49 (1959), 5–78.

DERS.: Poljoprivreda Dalmacije u drugoj polovini XVIII stoljeća, *Starine JAZU* 50 (1960), 461–518.

DERS.: Poljoprivreda na dalmatinskom primorju i otocima u XVIII stoljeću, *Starine JAZU* 51 (1962), 61–111.

DERS.: Rudarstvo i iskorišćavanje rijeka i mora u Dalmaciji u XVIII stoljeću, *Starine JAZU* 52 (1962), 5–48.

DERS.: Trgovina i pomorstvo Dalmacije u drugoj polovini XVIII stoljeća, *Starine JAZU* 53 (1966), 5–47.

DERS.: Morlaci (Vlasi) gledani s mletačke strane, *Zbornik za narodni život i običaje* 45 (1971), 579–603.

DERS.: Prošlost Dalmacije. Zagreb 2001 [1944].

NUBER, Joern: Simplex bei den Croatischen Scharen, in: KABIĆ / LOVRIĆ (Hgg.), Mobilität und Kontakt, 243–249.

OBAD, Vlado: Regionalität und Universalität am Beispiel der deutschsprachigen Literatur in Slavonien, in: Anton SCHWOB (Hg.), Methodologische und literaturhistorische Studien zur deutschen Literatur Ostmittel- und Südosteuropas. München 1994 (Veröffentlichungen des Südostdeutschen Kulturwerks München. Reihe B: Wissenschaftliche Arbeiten, 67), 107–122.

OGNJANOV, Ljubomir: Die Volkslieder der Balkanslaven und ihre Übersetzungen in deutscher Sprache. Berlin 1941.

Oraić Tolić, Dubravka: Hrvatski kulturni stereotipi. Diseminacije nacije, in: dies. / Ernő Kulcsár Szabó (Hgg.), Kulturni stereotipi. Koncepti identiteta u srednjoeuropskim književnostima. Zagreb 2006, 29–47.

Osterhammel, Jürgen: Die Entzauberung Asiens. Europa und die asiatischen Reiche im 18. Jahrhundert. Müchen 1998.

Osterrieder, Markus: Krieg und Frieden im Mythos. Auszug aus: Das wehrhafte Friedensreich. Bilder vom Krieg und Frieden in Polen-Litauen (1505–1595). Reichert Verlag, Wiesbaden 2005, 93–103, unter <http://www.celtoslavica.de/bibliothek/kf_mythos.pdf>, 15.07.2011.

Otruba, Gustav: Verwaltung, Finanzen, Manufakturen, Gewerbe, Handel und Verkehr, technisch-gewerbliche Bildung und Bevölkerungsentwicklung, in: Zöllner (Hg.), Österreich im Zeitalter des aufgeklärten Absolutismus, 103–151.

Paldus, Josef: Die militärischen Aufnahmen im Bereiche der Habsburgischen Länder aus der Zeit Kaiser Josephs II. Ausgeführt durch den k. k. Generalquartiermeisterstab in den Jahren 1763–1785. Ein Beitrag zur historischen Landeskunde. Wien 1919 (Denkschriften der Akademie der Wissenschaften in Wien, philosophisch-historische Klasse, 63/2).

Padover, Saul K.: Joseph II. Ein Revolutionär auf dem Kaiserthron. Übersetzt von Rosemarie Heyd. Düsseldorf, Köln 1969.

Pasquino, Pasquale: Politisches und historisches Interesse. „Statistik" und historische Staatslehre bei Gottfried Achenwall (1719–1722), in: Bödeker u. a. (Hgg.), Aufklärung und Geschichte, 144–169.

Pavlović, Cvijeta: Les Morlaques i La Guzla: Dva čitanja Fortisova Puta po Dalmaciji, *Umjetnost riječi* 40 (1996), H. 2–3, 139–151.

Dies.: Morlacchism according to the Novel Les Morlaques by Justinne Wynne the countess Rosenberg-Ursini (Venice, 1788), *Narodna umjetnost* 35 (1998), H. 1, 225–275.

Dies.: Alberto Fortis i hrvatska književnost, *Umjetnost riječi* 48 (2004), H. 1, 25–41.

Pederin, Ivan: Balthasar Hacquet, prvi folklorist i etnolog hrvatskih krajeva, *Radovi Filiozofskog fakulteta u Zadru, Razdio lingvističko-filološki* 11 (1972–1973), 421–440.

Ders.: Der Pandurenoberst Franz von der Trenck als Held österreichischer, deutscher und kroatischer Literatur, *Österreich in Geschichte und Literatur* 17 (1973), H. 6, 382–402.

Ders.: Istra u austrijskim i njemačkim putopisima 18. do 20. st., *Istarski mozaik* 11 (1973), H. 6, 54–68.

Ders.: Austrijski putopisci prema Hrvatima Dalmacije s obzirom na ratove 1797.–1814., 1848., 1859. i 1866. godine, *Radovi Centra JAZU u Zadru* 21 (1974), 197–215.

Ders.: Die Morlaken in der deutschen Reiseliteratur, *Die Welt der Slaven* 19–20 (1974–75), 271–298.

Ders.: La Dalmazia nelle relazioni di viaggio austriace e tedesche, *Aevum* 49 (1975), H. 5–6, 485–505.

Ders.: Nastanak književnog mita o Franji Trenku, *Forum* 15 (1976), Bd. 31, H. 3, 550–558.

Ders.: Österreichs Weg an die Adria. Das Bild Dalmatiens in der Reiseliteratur bis zu Hermann Bahr, *Österreich in Geschichte und Literatur* 20 (1976), S. 33–48.

Ders.: Balkanski okvir slike Slovenaca i Hrvata u austrijskom i njemačkom zavičajnom romanu, *Slavistična revija* 36 (1988), H. 3, 283–291.

Ders.: Njemački putopisi po Dalmaciji. Split 1989.

DERS.: Die venezianische Wirtschaft in Dalmatien mit einem Ausblick – Die wirtschaftlichen Probleme Dalmatiens im Blickfeld österreichischer Reiseschriftsteller des XIX. Jh., *Studi veneziani* 18 (1989), 67–176.

DERS.: Jadranska Hrvatska u austrijskim i njemačkim putopisima. Zagreb 1991.

DERS.: Rousseauova misao u Hrvatskoj i njezine evropske preobrazbe, *Dometi* 24 (1991), H. 4–5, 191–324.

DERS.: Dalmatien als Ausgangspunkt des (trivial-)tragischen habsburgischen Mythos, *Godišnjak njemačke narodnosne zajednice,* 1997, 107–120.

PETERS, Martin: Altes Reich und Europa. Der Historiker, Statistiker und Publizist August Ludwig (v.) Schlözer (1735–1809). Münster u. a. [2]2005 (Marburger Schriftenreihe zur Frühen Neuzeit, 6).

PETKOV, Kiril: Infidels, Turks, and Women: The South Slavs in the German Mind, ca. 1400–1600. Frankfurt/M. u. a. 1997.

PETROVIĆ, Nikola: Die Schiffahrt und Wirtschaft im mittleren Donauraum in der Zeit des Merkantilismus. Der Bau des Donau-Theiss-, des Franzens-Kanals und die Bestrebungen gegen Ende des XVIII. Jahrhunderts, den mittleren Donauraum mit dem Adriatischen Meer zu verbinden. Übersetzung aus dem Serbokroatischen von Dr. Martin ZÖLLER. Novi Sad, Beograd 1982.

PEUKERT, Herbert: Deutsche Südslawen-Klassifikationen, in: Wolfgang STEINITZ u. a. (Hgg.), Ost und West in der Geschichte des Denkens und der kulturellen Beziehungen. Festschrift für Eduard Winter zum 70. Geburtstag. Berlin 1966 (Quellen und Studien zur Geschichte Osteuropas, 15), 341–355.

PFISTER, Manfred: Autopsie und intertextuelle Spurensuche. Der Reisebericht und seine Vor-Schriften, in: ECKER / RÖHL (Hgg.), In Spuren reisen, 11–31.

PICKL, Othmar: Mur und Drau als Verkehrswege nach dem Südosten, in: ŠIFTAR (Hg.), Razvoj prometnih zvez, 225–240.

PILLERI Giorgio / D. MUŠIČ: La vita di Belsazar Hacquet e il suo viaggio a vela sulla Sava da Lubiana a Semlin. Autobiografia di Joannes Antonius Scopoli. Waldau, Bern 1984.

PIVKA, Otto von / Bryan FOSTEN: Napoleon's German Allies (5): Hessen-Darmstadt & Hessen Kassel. London 1982.

PLASCHKA, Richard G. / Gerald STOURZH / Jan Paul NIEDERKORN (Hgg.): Was heißt Österreich? Inhalt und Umfang des Österreichbegriffs vom 10. Jahrhundert bis heute. Wien 1995 (*Archiv für österreichische Geschichte* 136).

PLASCHKA, Richard Georg: Zum Begriff des Nationalismus und zu seinen Strukturen in Südosteuropa im 19. und zu Beginn des 20. Jahrhunderts, in: DERS.: Nationalismus, Staatsgewalt, Widerstand. Aspekte nationaler u. sozialer Entwicklung in Ostmittel- u. Südosteuropa. München 1985 (Schriftenreihe des Österreichischen Ost- und Südosteuropa-Instituts, 11), 119–153.

POTTHOFF, Wilfried: Geschichte und Geschichtsmythen in den südslavischen Literaturen, in: DERS. (Hg.), Konfliktregion Südosteuropa. Vergangenheit und Perspektiven. Vorträge der Ringvorlesung an der Rheinischen Friedrich-Wilhelms-Universität Bonn im Wintersemester 1995/96 und Sommersemester 1996. München 1997 (Aus der Südosteuropa-Forschung, 8), 165–177.

PRATT, Mary Louise: Imperial Eyes. Travel Writing and Transculturation. London, New York 1992.

PROMITZER, Christian: Grenzen und ethnische Identitäten. Eine theoretische Annäherung am Beispiel der habsburgischen Militärgrenze (18. und 19. Jh.), in: ROKSANDIĆ (Hg.), Microhistory, 111–124.

DERS.: Vermessene Körper: „Rassenkundliche" Grenzziehungen im südöstlichen Europa, in: KASER u. a. (Hgg.), Europa und die Grenzen, 365–393.

RADICS, Paul von: Die Reisen Kaiser Joseph II. und die Volkswirtschaft in Oesterreich-Ungarn. Wien 1890.

RADOVANI, Ivana: Tradicijski lov na žabe, rakove, ribe i ptice, in: KUSIN / BELAMARIĆ / GRČIĆ (Hgg.), Dalmatinska zagora, 499–503.

RASSEM, Mohammed / Justin STAGL (Hgg.): Statistik und Staatsbeschreibung in der Neuzeit (vornehmlich im 16.–18. Jahrhundert). Bericht über ein interdisziplinäres Symposion in Wolfenbüttel, 25.–27. September 1978. Paderborn u. a. 1980 (Quellen und Abhandlungen zur Geschichte der Staatsbeschreibung und Statistik, 1).

DIES.: Exposé, in: DIESS. (Hgg.), Statistik, 11–16.

REGELE, Oskar: Beiträge zur Geschichte der staatlichen Landesaufnahme und Kartographie in Österreich bis zum Jahre 1918. Wien 1955.

REITER, Ilse: Ausgewiesen, abgeschoben. Eine Geschichte des Ausweisungsrechts in Österreich vom ausgehenden 18. bis ins 20. Jahrhundert. Frankfurt/M. u. a. 2000.

RETZER, Joseph Friedrich Freyherr von (Hg.): Michael's Denis Literarischer Nachlass. Wien 1801.

RÉZ, Heinrich: Deutsche Zeitungen und Zeitschriften in Ungarn von Beginn bis 1918. München 1935.

RICHARD, Jean: Križari i putnici u srednjovjekovnoj Slavoniji, *Croatica christiana periodica* X (1986), Nr. 18, 27–39.

RIHTMAN AUGUŠTIN, Dunja: Etnički identitet – etnocentrizam – nacionalizam, in: ČIČAK-CHAND / KUMPES (Hgg.), Etničnost, nacija, 47–56.

ROBERTSON, Ritchie: Joseph Rohrer and the Bureaucratic Enlightenment, in: DERS. / Edward TIMMS (Hgg.), The Austrian Enlightenment and its Aftermath. Edinburgh 1991, 22–43.

RÖDLICH, Eduard Franz: Das Leben des Generals Hieronymus Roedlich (1767–1833). Mit Bild nebst Unterschrift. Berlin 1882.

RÖHLING, Horst: Zum Druck serbischer Schulbücher im 18. Jahrhundert. Die Anfänge der Prosveta. In: DERS., Slavica-Bibliotheca-Ecclesia orientalis. Aufsätze und Rezensionen aus den Jahren 1963–1979. Frankfurt/M. u. a. 1981 (Symbolae Slavicae, 12), 133–145.

ROKSANDIĆ, Drago: Vojna Hrvatska. La Croatie militaire. Krajiško društvo u Francuskom Carstvu (1809–1813),.2 Bde. Zagreb 1988.

DERS. (Hg.): Microhistory of the Triplex Confinium. International Project Conference Papers (March 21–22, 1997). Budapest 1988.

DERS.: The Triplex Confinium. International Research Project: Objectives, Approaches and Methods, in: DERS., Microhistory, 7–25.

DERS. / Nataša ŠTEFANEC (Hgg.): Constructing Border Societies on the Triplex Confinium. International project conference papers 2. „Plan and practice. How to construct a border society? The Triplex Confinium c. 1700–1750" (Graz, December 9–12, 1998). Budapest 2000 (CEU History Department, Working Paper Series 4).

Ders. u. a. (Hgg.): Triplex Confinium (1500–1800): Ekohistorija. Zbornik radova sa međunarodnog znanstvenog skupa održanog od 3. do 7. svibnja 2000. godine u Zadru. Split, Zagreb 2003 (Biblioteka Knjiga Mediterana, 28).

Ders.: Triplex Confinium. Ili o granicama i regijama hrvatske povijesti. 1500–1800. Zagreb 2003.

Ders.: Dalmatinska zagora u ranome novom vijeku: pitanja za raspravu, in: Kusin / Belamarić / Grčić (Hgg.), Dalmatinska zagora, 185–195.

Ders.: The Dinaric Vlahen/Morlaken in the East Adriatic from the 14. to the 18. Century: How Many Identities?, unter <http://www.istitutoveneto.it/balcani/Drago_Rocsandic.pdf>, 09.05.2009 [Seite am 15.07.2011 nicht mehr zugänglich].

Rölleke, Heinz: Kommentar, in: Arnim / Brentano, Des Knaben Wunderhorn, 424–571.

Rothenberg, Gunther Erich: Die österreichische Militärgrenze in Kroatien 1522 bis 1881. Wien, München 1970.

Rumpel, Herbert: Die Reisen Kaiser Joseph II. nach Galizien. Univ. Diss. Erlangen 1946.

Ruthner, Clemens: Kulturelle Imagines und innere Kolonisierung. Ethnisch kodierte Selbst- und Fremdbilder der k. u. k. Monarchie – eine Projektskizze, in: Moritz Csáky / Klaus Zeyringer (Hgg.), Inszenierungen des kollektiven Gedächtnisses, 30–53.

Ders.: K. u. k. „Kolonialismus" als Befund, Befindlichkeit und Metapher: Versuch einer weiteren Klärung, unter <http://www.kakanien.ac.at/beitr/theorie/CRuthner3.pdf>, 15.07.2011.

Ders.: Kakaniens Kleiner Orient. Konstruktionen des „balkanischen" Fremden in kulturellen Texten Österreichs: Bosnien-Herzegowina, 1878–1918, unter <http://www.ua.ac.be/main.aspx?c=*OCTANT&n=19567>, 06.02.2006 [Seite am 15.07.2011 nicht mehr zugänglich].

Said, Edward W.: Orientalism. London ^{3}2003 [1978].

Ders.: Kultur und Imperialismus. Einbildungskraft und Politik im Zeitalter der Macht. Aus dem Amerikanischen von Hans-Horst Henschen. Frankfurt/M. 1994 [1993].

Sauder, Gerhard: Sternes Sentimental Journey und die empfindsamen Reisen in Deutschland, in: Griep / Jäger (Hgg.), Reise und soziale Realität, 302–319.

Sauer, Walter (Hg.): K. u. k. kolonial. Habsburgermonarchie und europäische Herrschaft in Afrika. Wien 2002.

Scattolin, Roberto A.: Istria Military – the Town of Rijeka and the Contingencies of Napoleonic Warfare in the Years 1796–1797, unter <http://www.napoleon-series.org/research/miscellaneous/c_Istria.html>, 15.07.2011.

Schenk, Frithjof Benjamin: Mental Maps. Die Konstruktion von geographischen Räumen in Europa seit der Aufklärung, in: Conrad (Hg.), Mental Maps, 493–514.

Ders.: The Historical Regions of Europe. Real or Invented? Some Remarks on Historical Comparison and Mental Mapping, in: ders. (Hg.), Beyond the Nation. Writing European History Today. St. Petersburg 2004, 15–24.

Ders.: Das Paradigma des Raumes in der Osteuropäischen Geschichte, *zeitenblicke* 6 (2007), Nr. 2, unter <http://www.zeitenblicke.de/2007/2/schenk/index_html>, 15.07.2011.

Ders. / Martina Winkler (Hgg.): Der Süden. Neue Perspektiven auf eine europäische Geschichtsregion. Frankfurt/M. 2007.

Scherber, Peter: Michael Denis und die Anfänge der neueren Literatur Sloveniens, in: Hans Bernd Harder (Hg.), Festschrift für Alfred Rammelmeyer. München 1975, 185–197.

Schlesier, Renate / Ulrike Zellmann (Hgg.): Reisen über Grenzen. Kontakt und Konfrontation, Maskerade und Mimikry. Münster 2003.

SCHMEISSNER, Rainer H.: Steinkreuze in der Oberpfalz. Regensburg 1977.
SCHMITT, Carl: Land und Meer. Eine weltgeschichtliche Betrachtung. Stuttgart 1954.
SCHMIDT, Daniel: Statistik und Staatlichkeit. Wiesbaden 2005.
SCHMIDT, Wolf Gerhard: „Homer des Nordens" und „Mutter der Romantik". James Macphersons Ossian und seine Rezeption in der deutschsprachigen Literatur. Bd. 1. Berlin, New York 2003.
SCHMIDT-HARTMANN, Eva (Hg.): Formen des nationalen Bewusstseins im Lichte zeitgenössischer Nationalismustheorien. München 1994 (Bad Wiesseer Tagungen des Collegium Carolinum, 20).
SCHREIBER, Georg: Habsburger auf Reisen. Wien 1994.
SCHUBERT, Gabriella: Berlin und Südosteuropa, in: Klaus MEYER (Hg.), Berlin und Osteuropa. Ergebnisse einer Vortragsreihe. Berlin Verlag 1991 (Wissenschaft und Stadt, 19), 177–209.
DIES.: Deutschsprachige Reiseberichte zu Eßgewohnheiten und Tischsitten der Muslime auf dem osmanisch besetzten Balkan, in: Dagmar BURKHART (Hg.), Körper, Essen und Trinken im Kulturverständnis der Balkanvölker. Wiesbaden 1991 (Balkanologische Veröffentlichungen des Osteuropa-Instituts an der Freien Universität Berlin, 19), 107–117.
DIES.: Imaginäre Geografien der Peripherie. Der „Balkan" im Spannungsfeld europäischer Paradigmen, in: HÁRS u. a. (Hgg.), Zentren, Peripherien und kollektive Identitäten, 41–53.
DIES. / Wolfgang DAHMEN (Hgg.): Bilder vom Eigenen und Fremden aus dem Donau-Balkan-Raum. München 2003 (Südosteuropa-Studien, 71).
DIES. / Zoran KONSTANTINOVIĆ / Ulrich ZWIENER (Hgg.): Serben und Deutsche. Traditionen der Gemeinsamkeit von Feindbildern / Srbi i Nemci. Tradicije zajedništva protiv predrasuda. Jena, Erlangen 2003.
Dies.: Zur Rezeption serbischer Volkspoesie und Belletristik in Deutschland, in: DIES. / KONSTANTINOVIĆ / ZWIENER (Hgg.), Serben und Deutsche, 107–124.
DIES.: Südosteuropäische Identitäten im Spannungsfeld von Zentrum und Peripherie, in: DIES. / Holm SUNDHAUSSEN (Hgg.), Prowestliche und antiwestliche Diskurse in den Balkanländern/Südosteuropa. München 2008 (Südosteuropa-Jahrbuch, 34), 181–203.
SCHÜNEMANN, Konrad: Die Wirtschaftspolitik Josephs II. in der Zeit seiner Mitregentschaft, *Mitteilungen des österreichischen Instituts für Geschichtsforschung* 47 (1933), 13–56.
SEEWANN, Gerhard: Zur Identität der Ungarndeutschen in Geschichte und Gegenwart, in: ALMAI / FRÖSCHLE (Hgg.), Deutsche in Ungarn, 1–9.
SEIBT, Ferdinand: Nationalismustheorie und Mediaevistik, in: SCHMIDT-HARTMANN (Hg.), Formen des nationalen Bewusstseins, 77–86.
SEIFERT, Arno: Staatenkunde. Eine neue Disziplin und ihr wissenschaftstheoretischer Ort, in: RASSEM / STAGL (Hgg.), Statistik, 217–248.
SEIDLER, Andrea / Wolfram SEIDLER: Das Zeitschriftenwesen im Donauraum zwischen 1740 und 1809. Kommentierte Bibliographie der deutsch- und ungarischsprachigen Zeitschriften in Wien, Pressburg und Pest-Buda. Wien 1988.
SERŠE, Aleksandra u. a. (Hgg.): Gabrijel Gruber S. J. 1740–1805. Razstava ob 200 letnici smrti. Ljubljana 2005, unter <http://www.arhiv.gov.si/fileadmin/arhiv.gov.si/pageuploads/publikacije/gruber/Katalogo.pdf.>, 15.07. 2011.
SIKIRIĆ, Marija: Morlaci, in: Enciklopedija Jugoslavije. Bd. 6, 1965, 162–163.
SIMONEK, Stefan: Möglichkeiten und Grenzen postkolonialistischer Literaturtheorie aus slawistischer Sicht, in: FEICHTINGER / PRUTSCH / CSÁKY (Hgg.), Habsburg postcolonial, 129–139.

Ders.: Mit Clemens Ruthner unterwegs im Wilden Osten. Eine Replik, *Newsletter Moderne. Zeitschrift des Spezialforschungsbereichs „Moderne – Wien und Zentraleuropa um 1900"*, 4 (2001), H. 2, 30–31, unter <http://www.kakanien.ac.at/rez/SSimonek1.pdf>, 15.07.2011.

Singer, Samuel: Beiträge zur Literatur der kroatischen Volkspoesie. Agram 1882.

Skok, Petar, Vlah, in: Enciklopedija Jugoslavije, Bd. 8, 1971, 514–515.

Smičiklas, Tade: Poviest Hrvatska. Bd. 2. Zagreb 1879.

Smith, Anthony D.: Nationalism and Modernism. A Critical Survey of Recent Theories of Nations and Nationalism. London, New York 1998.

Söhns, Franz: Die Parias unserer Sprache. Eine Sammlung von Volksausdrücken. Heilbronn 1888.

Stagl, Justin: Die Apodemik oder „Reisekunst" als Methodik der Sozialforschung vom Humanismus bis zur Aufklärung, in: Rassem / Stagl (Hgg.), Statistik, 131–205.

Ders.: Eine Geschichte der Neugier. Die Kunst des Reisens 1550–1800. Wien, Köln, Weimar 2002.

Stadt Kaiserslautern – Chronik, unter <http://www.kaiserslautern.de/tourismus/stadtportrait/chronik/index.html?lang=de>, 15.07.2011.

Stauber, Reinhard: Nationalismus vor dem Nationalismus? Eine Bestandsaufnahme der Forschung zu „Nation" und „Nationalismus" in der Frühen Neuzeit, *Geschichte in Wissenschaft und Unterricht* 47 (1996), H. 3, 135–165.

Steindorff, Ludwig: Kroatien. Vom Mittelalter bis zur Gegenwart. Regensburg 2001.

Ders.: Kroatien. Vom Mittelalter bis zur Gegenwart. Regensburg [2]2007.

Stockhorst, Stefanie: Was leistet ein *cultural turn* in der komparatistischen Imagologie? Henry Crabb Robinson als Vermittler deutscher Dichter- und Gelehrtenkultur nach England, *Arcadia* 40 (2005), 354–374.

Stojković, Marijan: Morlakizam, *Hrvatsko Kolo* 10 (1929), 254–273.

Ders.: Je li „Peitro Scalmer Chersino" pseudonim Alberta Fortisa?, *Nastavni vjesnik* 38 (1930), 216–221.

Stojsavljević, Bogdan: Povijest sela. Hrvatska – Slavonija – Dalmacija. 1848–1918. Zagreb 1973.

Stolch, Axel: „Die Schlacht bei Nördlingen", <http://www.schwedenlager-bopfingen.de/home2009.htm>, 15.07.2011.

Storfer, Albert Joseph: Wörter und ihre Schicksale. Berlin 2000 [1935].

Störzner, Franz: Geschichte(n) in Stein: volkstümliche Kleindenkmale an Thüringer Wanderwegen. Ilmenau 2001.

Strigl, Daniela: Schneidige Husaren, brave Bosniaken, feige Tschechen. Nationale Mythen und Stereotypen in der k. u. k. Armee, in: Hárs u. a. (Hgg.), Zentren, Peripherien und kollektive Identitäten, 128–143.

Struck, Berhard: Nicht West – nicht Ost. Frankreich und Polen in der Wahrnehmung deutscher Reisender zwischen 1750 und 1850. Göttingen 2006.

Strutz, Johann (Hg.): Istrien. Klagenfurt 1997 (Europa erlesen).

Stukenbrock, Anja: Sprachnationalismus. Sprachreflexion als Medium kollektiver Identitätsstiftung in Deutschland (1617–1945). Berlin, New York 2005.

Stulli, Bernard: Prometni problemi Hrvatske od početka 18. stoljeća do 1918. godine, in: Šiftar (Hg.), Razvoj prometnih zvez, 87–118.

SUNDHAUSSEN, Holm: Der Einfluß der Herderschen Ideen auf die Nationsbildung bei den Völkern der Habsburger Monarchie. München 1973 (Buchreihe der Süddeutschen Historischen Kommission, 27).

DERS.: Nationsbildung und Nationalismus im Donau-Balkan-Raum, in: Hans-Joachim TORKE (Hg.), Forschungen zur Osteuropäischen Geschichte. Bd. 48. Wiesbaden 1993, 233–259.

DERS.: Europa balcanica. Der Balkan als historischer Raum Europas, *Geschichte und Gesellschaft* 25 (1999), 625–653.

SZABO, Gjuro: Kroz Hrvatsko Zagorje. Zagreb [1939].

ŚWIDERSKA, Małgorzata: Studien zur literaturwissenschaftlichen Imagologie. Das literarische Werk F. M. Dostoevskijs aus imagologischer Sicht mit besonderer Berücksichtigung der Darstellung Polens. München 2001 (Slavistische Beiträge, 412).

ŠARIĆ, Marko: Ekohistorijski osvrt na planine i morlački svijet, in: KUSIN / BELAMARIĆ / GRČIĆ (Hgg.), Dalmatinska zagora, 221–231.

ŠIFTAR, Vanek (Hg.): Razvoj prometnih zvez v panonskem prostoru do 1918. leta. Razvoj prometnih veza u panonskom prostoru do 1918 godine. Die Entwicklung des Verkehrswesens im pannonischen Raum bis 1918. A közlekedési összeköttetések fejlődése Pannonia térségében 1918-ig. Maribor 1977 (Internationales kulturhistorisches Symposion Mogersdorf, 9).

ŠIŠIĆ, Ferdo: Franjo barun Trenk i njegovi panduri. Zagreb 1900.

DERS.: Putovanje cara Josipa II. po Slavoniji godine 1768, *Vienac* 46 (1901), 929–931.

DERS.: Povijest Hrvata: pregled povijesti hrvatskoga naroda. 1526–1918. Drugi dio. Split 2004 [1922].

ŠETIĆ, Nevio: Prilog poznavanju prošlosti Rijeke i njena zaleđa za francuske uprave, *Grobnički zbornik* 2 (1992), 78–99.

ŠKLOVSKIJ, Viktor: Der parodistische Roman. Sternes „Tristam Shandy", in: Jurij STRIEDTER (Hg.), Russischer Formalismus. Texte zur allgemeinen Literaturtheorie und zur Theorie der Prosa. München ^{2}1971.

ŠKREB, Zdenko: Name und Gestalt des Kroaten in der deutschen Dichtung, *Anzeiger für slavische Philologie* 9 (1977), 281–299.

DERS.: Lik i ime Hrvata u njemačkoj književnosti, *Croatica* 9–10 (1977), 209–215.

ŠOKČEVIĆ, Dinko: Slika drugoga. Promjene u predodžbi koju su Hrvati stvarali o Mađarima u 19. stoljeću, in: KRUHEK u. a. (Hgg.), Hrvatsko-mađarski odnosi, 223–234.

ŠPOLJARIĆ, Branimir: Petrinjska ulica dobila ime iz inata prema caru Josipu II., *Vjesnik,* 29. prosinca 1989, unter <http://www.vjesnik.hr/html/1998/12/29/Zagreb.htm>, 03.05.2009 [Seite am 15.07.2011 nicht mehr zugänglich].

ŠTAMBAK, Dinko: Tužna pjesamca o Hasanaginici ili romantički poziv na ilirsko putovanje, *Mogućnosti* 24 (1977), Nr. 10, 1174–1180.

TADIĆ, Jorjo: Promet putnika u starom Dubrovniku. Dubrovnik 1939.

TALBOT, Michael: The Pietà as Viewed by Johann Christoph Maier (1795), *Studi vivaldiani* 4 (2004), 75–117.

TANTNER, Anton: Ordnung der Häuser, Beschreibung der Seelen. Hausnummerierung und Seelenkonskription in der Habsburgermonarchie. Innsbruck, Wien, Bozen 2007 (Wiener Schriften zur Geschichte der Neuzeit, 4); auch unter <http://othes.univie.ac.at/28/1/tantner_diss.pdf>, 15.07.2011.

TARNAI, Andor: Bemerkungen zur Geschichte der österreichisch-ungarischen literarischen Beziehungen im 18. Jahrhundert, in: ZEMAN (Hg.), Die Österreichische Literatur, 463–475.

TARNÓI, László: Nachwort, in: BALOGH / TARNÓI (Hgg.), Literatur und Kultur im Königreich Ungarn, 655–672.

TOMASOVIĆ, Mirko: Morlakizam i Fortisologija, in: DERS.: Komparatističke i romanističke teme. Split 1993, 138–141.

TODOROVA, Maria: Imagining the Balkans. New York 1997.

DIES.: Der Balkan als Analysekategorie. Grenzen, Raum, Zeit, in: *Geschichte und Gesellschaft* 28 (2002), 470–492.

URBACH, Reinhard (Bearb.): Wien und Europa zwischen den Revolutionen (1789–1848). Wien, München 1978 (Wiener Schriften, 39).

UMEK, Eva: Trgovinski promet po Savi v XVIII stoletju, *Kronika. Časopis za slovensko krajevno zgodovino* 12 (1964), 194–200.

Dies.: Plovba po Savi v 18. stoletju, *Zgodovinski časopis* 40 (1986), H. 3, 233–268.

VALERA, Gabriella: Statistik, Staatengeschichte, Geschichte im 18. Jahrhundert, in: BÖDEKER u. a. (Hgg.), Aufklärung und Geschichte, 119–144.

VALJAVEC, Fritz: Geschichte der deutschen Kulturbeziehungen zu Südosteuropa. 5. Bde. München 1953–1970 (Südosteuropäische Arbeiten, 41–45).

VÁRI, András: Die Palette ethnischer Stereotypen in Ungarn 1790–1848, in: SCHMIDT-HARTMANN (Hg.), Formen des nationalen Bewusstseins, 173–196.

DERS.: The Functions of Ethnic Stereotypes in Austria and Hungary in the Early Nineteenth Century, in: WINGFIELD (Hg.), Creating the Other, 39–56.

VELAGIĆ, Zoran: Identitet Hrvata katolika u osamnaestom stoljeću i njihov odnos spram pravoslavnih i protestanata, in: ČIČAK-CHAND / KUMPES (Hgg.), Etničnost, nacija, 153–167.

VERMEULEN, Han F.: Early History of Ethnography and Ethnology in the German Enlightenment: Anthropological Discourse in Europe and Asia, 1710–1808. Leiden 2008.

DERS.: The German Invention of Völkerkunde. Ethnological Discourse in Europe and Asia, 1740–1798, in: Sara EIGEN / Mark LARRIMORE (Hgg.), The German Invention of Race. Albany/NY 2004, 123–144.

VETTER, Sabine: Wissenschaftlicher Reduktionismus und die Rassentheorie von Christoph Meiners. Ein Beitrag zur Geschichte der verlorenen Metaphysik in der Anthropologie. Aachen 1997.

VINCE PALLUA, Jelka: Tragom vlaških elemenata kod Morlaka srednjedalmatinskoga zaleđa, *Ethnologica Dalmatica* 1 (1992), 137–143.

DIES.: Apsyrtides – Fortis na stazama Argonauta prema europskoj etnologiji/antropologici, *Narodna umjetnost* 44 (2007), Nr. 2, 135–146, unter <http://hrcak.srce.hr/index.php?show=clanak&id_clanak_jezik=36656>, 15.07.2011.

VOCELKA, Karl: Das Nachleben Josephs II. im Zeitalter des Liberalismus, in: GUTKAS (Bearb.), Österreich zur Zeit Kaiser Josephs II., 293–298.

VOGEL, Christian: Hessen-Darmstadt in der Staatskrise von 1796, *Archiv für hessische Geschichte und Altertumskunde* 63 (2005), 73–125.

VUKOVIĆ, Josip: Tunelom kroz veliku kapelu do mora, *Hrvatske šume* 64 (2002), 39–40, unter <http://casopis.hrsume.hr/pdf/064.pdf#page=41>, 15.07.2011.

VUJASINOVIĆ, Branko: Radovi na uređenju Kupe za plovidbu izvedeni do kraja 18. stoljeća, *Hrvatske vode: časopis za vodno gospodarstvo* 7 (1999), H. 29, 433–441.

DERS.: Plovidba Savom pokraj Zagreba u prošlosti, *Hrvatske vode: časopis za vodno gospodarstvo* 9 (2001), H. 37, 477–485.

WALAS, Teresa (Hg.): Stereotypes and Nations. Cracow 1995.

WANDRUSZKA, Adam: Die Historiographie der theresianisch-josephinischen Reformzeit, in: DRABEK / PLASCHKA / WANDRUSZKA (Hgg.), Ungarn und Österreich, 13–27.

WESTENFELDER, Frank: Der Soldatenhandel. Die Legende von den „verkauften Hessen", unter <http://www.kriegsreisende.de/absolutismus/hessen.htm>, 15.07.2011.

WIESINGER, Peter (Hg.): Akten des X. Internationalen Germanistenkongresses Wien 2000. „Zeitenwende – Die Germanistik auf dem Weg vom 20. ins 21. Jahrhundert". Bd. 9: Literaturwissenschaft als Kulturwissenschaft. Bern u. a. 2003 (Jahrbuch für internationale Germanistik, Reihe A, Band 61).

WINGFIELD, Nancy M. (Hg.): Creating the Other. Ethnic Conflict and Nationalism in Habsburg Central Europe. New York, Oxford ²2004.

WODA, Nathalie: Reisen französischer Pilger zwischen Venedig und Korfu im 15. Jahrhundert, *Hortus Artium Medievalium* 12 (2006), 243–252.

WOLFF, Larry: Inventing Eastern Europe. The Map of Civilization on the Mind of the Enlightenment. Stanford/CA 1996.

DERS.: Venice and the Slavs. The Discovery of Dalmatia in the Age of Enlightenment. Stanford/CA 2001.

DERS.: The Rise and Fall of Morlacchismo: South Slavic Identity in the Mountains of Dalmatia. In: NAIMARK / CASE (Hgg.), Yugoslavia, 37–53.

DERS.: Dalmatinische und italienische Reisen: Das Paradies der mediterranen Rückständigkeit, in: SCHENK / WINKLER (Hgg.), Der Süden, 207–229.

WUTHENOW, Ralph-Rainer: Die erfahrene Welt. Europäische Reiseliteratur im Zeitalter der Aufklärung. Frankfurt/M. 1980.

ZANTOP, Susanne: Ansichten und Angesicht. Foster und Meiners als physiognomische Grenz-Gänger, in: SCHLESIER / ZELLMANN (Hgg.), Reisen über Grenzen, 165–177.

ZARKOVICH, Slobodan: The Beginning of Statistics in Yugoslavia, *International Statistical Review* 58 (1990), H. 1, 19–28.

ZEGER, Josef: Die historische Entwicklung der staatlichen Vermessungsarbeiten (Grundlagenvermessungen) in Österreich. Bd. 1. Wien 1992.

ZEMAN, Herbert (Hg.): Die Österreichische Literatur. Ihr Profil an der Wende vom 18. zum 19. Jahrhundert (1750–1830). 2 Teile. Graz 1979.

DERS. (Hg.): Literaturgeschichte Österreichs. Von den Anfängen im Mittelalter bis zur Gegenwart. Graz 1996.

ZEMAN, Mirna: Reisen und Beschreiben im Dienste der Monarchie. Deutschsprachige ethnographische Texte und Reiseberichte über das mediterrane und Dinarische Kroatien (1782–1804), in: MAIER / WOLF (Hgg.), Wege des Kybernetes, 186–217.

DIES.: Reisen in Supren „illyrischer Barden". Gemeinplätze des literarischen Morlakismus, in: ECKER / RÖHL (Hgg.), In Spuren reisen, 125–144.

DIES.: „Illyrische" Mahlzeiten – gastronomische Diskurse. Deutschsprachige Kroatienreisende des 18. und 19. Jahrhunderts, in: Claudia LILLGE / Anne Rose MEYER (Hgg.), Interkulturelle Mahlzeiten. Kulinarische Begegnungen und Kommunikation in der Literatur. Bielefeld 2008, 185–203.

DIES.: Reisende und Nachahmer. Ostadria-Repräsentationen in deutschsprachigen Texten des späten 18. und frühen 19. Jahrhunderts. Eine imagologische Studie, in: Wilfried POTTHOFF u. a. (Hgg.), Dalmatien als europäischer Kulturraum. Beiträge zu den Internationalen wissenschaftlichen Symposien „Dalmatien als Raum europäischer Kultursynthese“ (Bonn, 6.–10. Oktober 2003) und „Städtische Kultur in Dalmatien. Die Genese eines europäischen Kulturraums“ (Bonn, 9.–13. Oktober 2006). Split 2010, 621–644.

DIES.: Kroatische Imagothemen. Deutschsprachige Fremddarstellungen „illyrischer Völkerschaften“, in: Mirosława CZARNECKA / Thomas BORGSTEDT / Tomasz JABŁECKI (Hgg.), Frühneuzeitliche Stereotype. Zur Produktivität und Restriktivität sozialer Vorstellungsmuster. V. Jahrestag der Internationalen Andreas Gryphius Gesellschaft Wrocław 8. bis 11. Oktober 2008. Bern u. a. 2010 (Jahrbuch für Internationale Germanistik, Reihe A: Kongressberichte, 99), 129–150.

DIES.: Käufliche Stereotype, trinkbare Sagen, vermarktete Nationen. Zu Kroaten, Krabat-Schnaps und Krawatte, in: Maik BIERWIRTH / Oliver LEISTERT / Renate WIESER (Hgg.), Ungeplante Strukturen. Tausch und Zirkulation. München 2010 (Schriftenreihe des Graduiertenkollegs „Automatismen“, 2), 235–252.

ZETT, Robert: Zur Geschichte des Kroatennamens, in: Peter BRANG u. a. (Hgg.), Schweizerische Beiträge zum VIII. Internationalen Slavistenkongress in Zagreb und Ljubljana, September 1978. Bern u. a. 1978 (Slavica Helvetica, 12), 283–293.

ZIJDERVELD, Anton C.: A Theory of Urbanity. The Economic and Civic Culture of Cities. New Brunswick, New Jersey 1998.

ZÖLLNER, Erich (Hg.): Österreich im Zeitalter des aufgeklärten Absolutismus. Wien 1983.

DERS.: Geschichte Österreichs. Von den Anfängen bis zur Gegenwart. München ^{8}1990.

ZORIĆ, Mate: Hrvat, Skjavun, Dubrovčanin, Morlak i Uskok – kao stereotipi i pjesnički motivi u talijanskoj književnosti, *Književna smotra* 24 (1992), 47–55.

ZUPANČIĆ, Mirko: Literarno delo mladega A. T. Linharta. Ljubljana 1972.

ŽANIĆ, Ivo: Simbolični identitet Hrvatske u trokutu Raskrižje-predziđe-most, in: Husnija KAMBEROVIĆ (Hg.), Historijski mitovi na Balkanu. Sarajevo 2003, 161–203, unter <http://www.filg.uj.edu.pl/~wwwip/postjugo/files/82/identitet-hrvatske.pdf>, 15.07.2011.

ŽANIĆ, Ivo: Prevarena povijest. Guslarska estrada, kult hajduka i rat u Hrvatskoj i Bosni i Hercegovini 1990–1995. godine. Zagreb 1998.

Nachschlagewerke / Bio- und bibliographische Lexika / Bild- und Kartenquellen

BRUNNER, Otto / Werner CONZE / Reinhart KOSELLECK (Hgg.): Geschichtliche Grundbegriffe. Historisches Lexikon zur politisch-sozialen Sprache in Deutschland. 8 Bde. Stuttgart 1972–1997.

BUDAK, Neven (Hg.): Croatica – Hr: Hrvatski udio u svjetskoj baštini. 2. Bde. Zagreb 2007.

BÜSCHING, Anton Friedrich: Beyträge zu der Lebesgeschichte denkwürdiger Personen, insonderheit gelehrter Männer. Bd. 4. Halle 1786.

CZIKANN, Jakob / Franz GRÄFFER (Hgg.): Oesterreichische National-Encyklopädie. 6 Bde. Wien 1835–1837.

Enciklopedija Jugoslavije. Hg. Leksikografski zavod FNRJ. 8. Bde. Zagreb 1954–1971.

GORZNY, Willy (Hg.): Deutscher biographischer Index. Bearbeitet von Hans-Albrecht KOCH, Uta KOCH, Angelika KOLLER. 4 Bde. München 1986.

GRADMANN, Johann Jacob (Hg.): Das gelehrte Schwaben: oder Lexicon der jetzt lebenden schwäbischen Schriftsteller. Ravensburg 1802.

HAMBERGER, Georg Christoph / Johann Georg MEUSEL: Das gelehrte Teutschland oder Lexikon der jetzt lebenden teutschen Schriftsteller. 23 Bde. Lemgo ^{5}1796–1831 [Nachdr. Hildesheim 1965–1966].

Königliche Akademie der Wissenschaften Berlin, Historische Kommission (Hg.): Allgemeine Deutsche Biographie. 56 Bde. Berlin 1875–1912 [Neudr. Berlin 1967–1971].

HOLZMANN, Michael / Hans BOHATTA (Hgg.): Deutsches Anonymen-Lexikon. Aus den Quellen bearbeitet. 8 Bde. Weimar 1902–1928 [Nachdr. Hildesheim 1961].

JUSSEN, Bernhard (Hg.), Liebig's Sammelbilder. Vollständige Ausgabe der Serien 1 bis 1138. Auf der Grundlage der Sammlung Hartmut Köberich. The Yorck Project. Gesellschaft für Bildarchivierung. Berlin 2002 (Atlas des Historischen Bildwissens, 1), 2 CD-ROMs.

KRÜCKEN, Oszkár / PARLAGI, Imre (Hgg.): Das geistige Ungarn. Biographisches Lexikon, 2 Bde. Wien, Leipzig 1918.

LUCA, Ignaz de: Das gelehrte Oesterreich. Ein Versuch, 2. Bde. Wien 1776–1778.

MALEKOVIĆ, Goran (Hg.): Granice Hrvatske na zemljovidima: od XII. do XX. stoljeća. Borders of Croatia on Maps: from 12th to 20th century. Grenzen Kroatiens auf Landkarten: vom 12. bis 20. Jahrhundert. Muzej za umjetnost i obrt, Zagreb, 22.XII.1992 – 14.II.1993. Katalog izložbe. Zagreb 1992.

MENSING, Otto: Schleswig-Holsteinisches Wörterbuch. Volksausgabe. Bd. 3. Neumünster 1931.

MEUSEL, Johann Georg: Litteratur der Statistik. Bd. 1. Leipzig 1790.

MÜLLER, Gerhard (Hg.): Theologische Realenzyklopädie. Bd. 27: Politik/Politologie-Publizistik/Presse. Berlin 1997.

NOPITSCH, Christian Conrad (Hg.): Georg Andreas Will's Nürnbergisches Gelehrten-Lexicon oder Beschreibung aller Nürnbergischen Gelehrten beyderley Geschlechts [...]. Bd. 6. Altdorf 1805.

OBERMAYER-MARNACH, Eva (Red.): Österreichisches biographisches Lexikon 1815–1950. Herausgegeben von der Österreichischen Akademie der Wissenschaften. Nach Vorarbeiten von Anton Bettelheim und Oswald Redlich unter Mitwirkung bewährter Sachkenner und der Leitung von Leo SANTIFALLER. Bisher 13 Bde. Graz, Köln, Wien 1954-2009.

PUTZGER, Friedrich W.: Historischer Weltatlas. Neu hrsg. von Walter LEISERING. 100. Aufl., 5. Druck. Berlin u. a. 1983.

SCHERF, Walter: Das Märchenlexikon. Bd. 1. München 1995.

SCHMUCK, Hilmar / Willi GORZNY (Red.): Gesamtverzeichnis des deutschsprachigen Schrifttums (GV) 1700–1910. Bd. 120: Rot-Rum. München u. a. 1984.

[SCHWALDOPLER, Johann:] Historisches Taschenbuch. Mit besonderer Hinsicht auf die Oesterreichischen Staaten. Erster Jahrgang. Geschichte des Jahres 1801. Wien ^{2}1808 (Geschichte des neunzehnten Jahrhunderts. Mit besonderer Hinsicht auf die Oesterreichischen Staaten. Bd. 1: Geschichte des Jahres 1801).

SCRIBA, Heinrich Eduard: Biographisch-literärisches Lexikon der Schriftsteller des Großherzogthums Hessen im ersten Viertel des neunzehnten Jahrhunderts, 2. Abt. Darmstadt 1843.

SIEBMACHER, Johann: Die Wappen des Adels in Ungarn. Neustadt an der Aisch 1982 (J. Siebmacher's großes Wappenbuch, 33).

Ders.: Der Adel von Kroatien und Slavonien. Neustadt an der Aisch 1986 (J. Siebmacher's großes Wappenbuch, 35).

Šentija, Josip (Hg.): Opća enciklopedija Jugoslavenskog leksikografskog zavoda. 8 Bde. Zagreb 1977–1982.

The British Library. General Catalogue of Printed Books to 1975. Bd. 169: JOURN-K., V. S. London u. a. 1983.

Treszl, Anton: Wer ist wer? Erstes ungarndeutsches Biographielexikon. Bous 1993.

Wikimedia Commons, unter <http://commons.wikimedia.org/wiki/Main_Page>, 15.07.2012.

Winklern, Johann Baptist von: Biographische und litterärische Nachrichten von den Schriftstellern und Künstlern welche in dem Herzogthume Steyermark geboren sind, und in, oder außer demselben gelebt haben und noch leben. Graz 1810.

Vujić, Antun (Hg.): Hrvatski leksikon. 2 Bde. Zagreb 1996–1997.

Wurzbach, Constantin von: Biographisches Lexikon des Kaisertums Österreich, 60 Bde. Wien 1856–91, auch Online unter <http://www.literature.at/collection.alo?objid=11104>, 15.07. 2011.

Zedler, Johann Heinrich: Johann Heinrich Zedlers grosses vollständiges Universallexicon aller Wissenschaften und Künste. Halle, Leipzig 1731–1754, unter <http://www.zedler-lexikon.de>, 15.07.2011.

Rezensionen

[Albaum, Franz Ulrich:] Die Sitten der Morlacken aus dem Italiänischen übersetzt […], *Allgemeine deutsche Bibliothek,* Bd. 31 (1777), Stück 2, 535–536, unter <http://www.ub.uni-bielefeld.de/diglib/aufklaerung/suche.htm>, 15.07.2011.

Bern. Die Sitten der Morlaken […], *Frankfurter Gelehrte Anzeigen,* Nr. XVIII und XIX, den 1. und 5. März 1776, 149–150.

Briefe über die Schiffahrt und Handlung in Ungarn, Sklavonien und Kroatien […], *Handlungsbibliothek,* Bd. 1, 1785, 171–172, unter <http://www.ub.uni-bielefeld.de/diglib/aufklaerung/suche.htm>, 15.07.2011.

[Ferber, Johann Jakob:] Abbate Alberto Fortis Reise in Dalmatien. Zwey Theile […], *Allgemeine deutsche Bibliothek,* Bd. 36 (1778), Stück 2, 518–520, unter <http://www.ub.uni-bielefeld.de/diglib/aufklaerung/suche.htm>, 15.07.2011.

[Haller, Albrecht von:] Scardona. Unter diesem ungewöhnlichen Titel zeigen wir eine physicalische Reise an […], *Göttingische Anzeigen von Gelehrten Sachen,* 30. Stück, den 11. März 1773, 249–252, unter <http://resolver.sub.uni-goettingen.de/purl?PPN31973076X_1773_01>, 15.07.2011.

[Ders.:] Venedig. Bei Milocco ist in zwey Quartbänden A. 1774 abgedruckt: Viaggio in Dalmatia dell' Abbate Alberto Fortis […], *Göttingische Anzeigen von Gelehrten Sachen,* 1. Stück, den 3. Jan. 1775, 4–8, unter <http://resolver.sub.uni-goettingen.de/purl?PPN 31973076X_1775>, 15.07.2011.

[Ders.:] Venedig. Der zweyte Band der Dalmatinischen Reise des Hrn. Abt Fortis […], *Göttingische Anzeigen von Gelehrten Sachen,* 22. Stück, den 21. Februar 1775, 177–180, unter <http://resolver.sub.uni-goettingen.de/purl?PPN31973076X_1775>, 15.07.2011.

[Ders.:] Venedig. Wir haben des Hrn. Abt Fortis Reise nach Dalmatien und seine Nachrichten von den Morlaken zu seiner Zeit angesagt […], *Göttingische Anzeigen von Gelehrten Sachen,* 90. Stück, den 28. Juli 1777, 716–718, unter <http://resolver.sub.uni-goettingen.de/purl?PPN31973076X_1777>, 15.07.2011.

[Ders.:] Bern. Die typographische Gesellschaft hat aus der Reise des Abbate Fortis, die Sitten der Morlachen, besonders herausgegeben, *Göttingische Anzeigen von Gelehrten Sachen*, 61. Stück, den 21. Mai 1776, 518–519, unter <http://resolver.sub.uni-goettingen.de/purl?PPN31973076X_1776>, 15.07.2011.

[Kopitar, Bartholomäus (Jernej):] Slavische Völkerkunde, *Annalen der Literatur und Kunst in dem österreichischen Kaiserthum,* August 1811, 187–214.

[Langer, Ernst Theodor:] Briefe über die Schiffahrt und Handlung in Ungarn, Sklavonien und Kroatien. Geschrieben auf einer Reise in diesen Ländern, im Jahre 1773. Aus dem Italienischen übersetzt von N.E.K. Prag, bey Gerle 1783 […], *Allgemeine deutsche Bibliothek,* 57 (1784), 1. Stück, 256–257, unter <http://www.ub.uni-bielefeld.de/diglib/aufklaerung/suche.htm>, 15.07.2011.

Landwehr, Achim: Larry Wolff: Venice and the Slavs. The Discovery of Dalmatia in the Age of Enlightenment, Stanford: Stanford University Press 2001, unter <http://www.sehepunkte.de/perform/review.php?id=302>, 15.07.2011.

[Merck, Johann Heinrich:] Des Abbate Alberto Fortis Reise in Dalmatien Ister und 2ter Th., *Der Teutsche Merkur,* 1778, 2. Vierteljahr, 67–70, unter <http://www.ub.uni-bielefeld.de/diglib/aufklaerung/suche.htm>, 15.07.2011.

[Ders.:] Fortis Reisen. Zweyter Theil, *Der Teutsche Merkur,* Vierteljahr 1778, 160–162, unter <http://www.ub.uni-bielefeld.de/diglib/aufklaerung/suche.htm>, 15.07.2011.

Mildenberg, Joseph Heinrich Benigni Edler von: Statistik. Tübingen, bey Cotta: Statistische Darstellung der Illyrischen Provinzen. Von J. A. Demian. Erster Theil. Die illyrische Militär-Provinz […], *Annalen der Literatur und Kunst in dem österreichischen Kaiserthume,* July 1811, Bd. 3, 25–43.

[Sartori, Franz?:] Reisebeschreibungen. Streifzüge an Istriens Küsten. Vom Verfasser der Streifzüge nach Triest und Venedig (Hrn. Widemann). Wien 1805 […], *Neue Annalen der Literatur des österreichischen Kaiserthumes,* Jg. 1, Bd. 1, Januar 1807, 37–39.

Statistik. Tübingen, bey Cotta: Statistische Darstellung der Illyrischen Provinzen. Von J. A. Demian […], *Annalen der Literatur und Kunst in dem Oesterreichischen Kaiserthume,* Bd. 3, 1811, 25–43.

Statistik. Darstellung der österreichischen Monarchie nach den neuesten statistischen Beziehungen von J. A. Demian […], *Annalen der Literatur und Kunst in dem österreichischen Kaiserthume,* April 1809, 156–164.

Wiener Taschenbuch für 1803, Taschenformat. Wien bey J. V. Degen […] Auch unter dem Titel: Historisch malerische Reise durch Istrien und Dalmatien. Wien, 1803 bey demselben. Mit 1 Titelkupfer, 2 gestochenen Titelblättern, und 16 schön gearbeiteten Kupferstichen von Gerstner und Blaschke […], *Annalen der österreichischen Literatur,* 1, Jänner 1803, 6–8.

Verzeichnis der Abbildungen

Umschlagbild: **Kriegsvölker**, nach Abbildungen aus Merckwürdige historische Nachrichten von denen bey jetzigen Kriegen, von neuen bekannt gewordenen Völckern [...]. Jena 1743, bearbeitet von Vijay Kishan. Quelle: Merckwürdige historische Nachrichten von denen bey jetzigen Kriegen, von neuen bekannt gewordenen Völckern [...]. Jena 1743, Niedersächsische Staats- und Universitätsbibliothek Göttingen, 8 H HUNG I, 510

Abbildungen auf Tafeln

Personenregister

Autorennamen wurden bei Nennung im laufenden Text aufgenommen sowie bei Thematisierung ihrer Argumentation in den Fußnoten. Die Nennung in den Fußnoten ist mit * gekennzeichnet.

Orts- und Sachregister

Seitenangaben mit Stern markieren Treffer in den Fußnoten. Die Ortsnamenangaben folgen in der Erstansetzung in der Regel dem Sprachgebrauch im benützten Quellenkorpus.